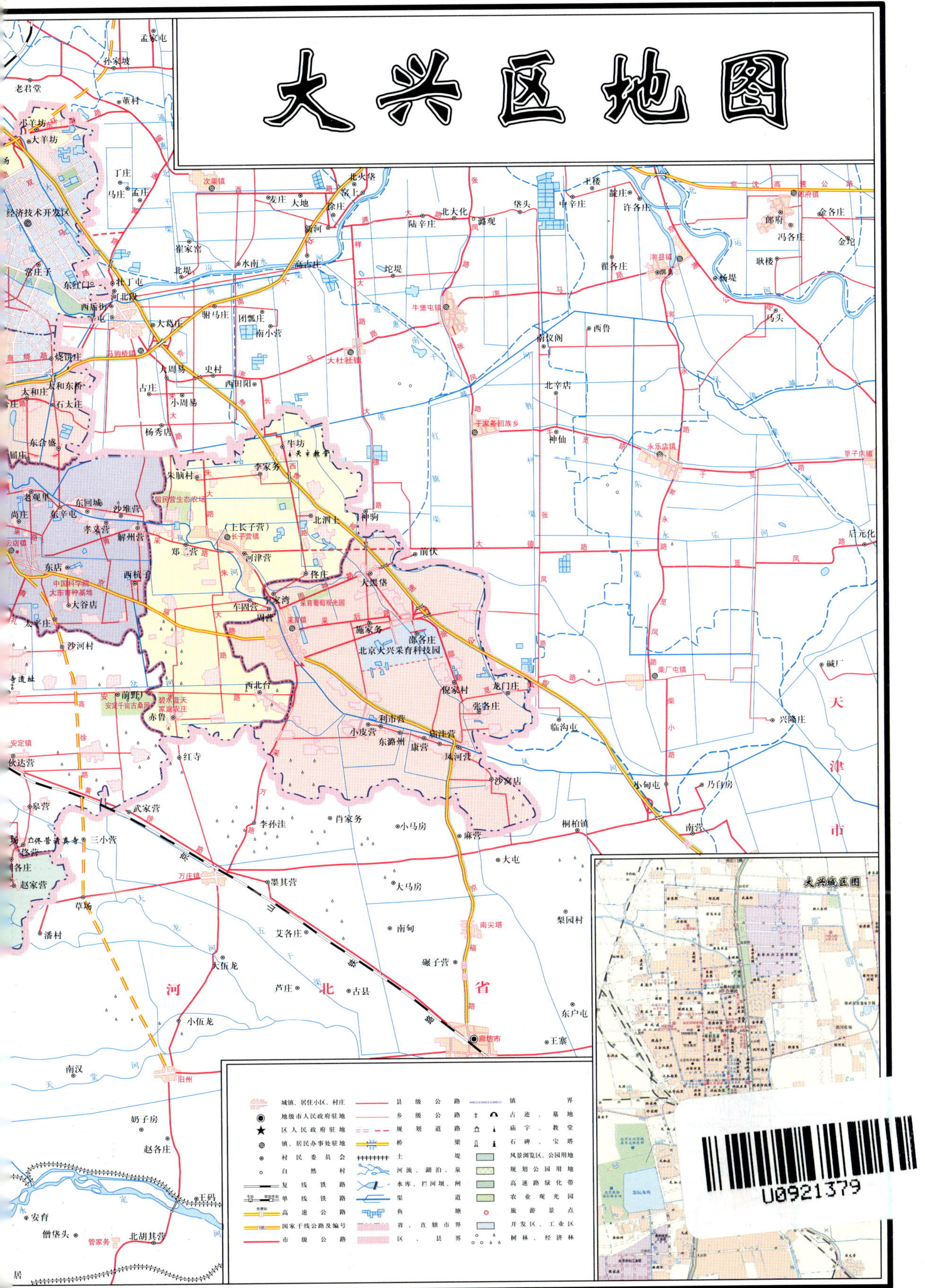
大兴区地图
孟家屯
孙家坡
老君堂
董村
小羊坊
大羊坊
丁庄
马庄
孟庄
次渠镇
经济技术开发区
北火垡
富上
友庄
大地
徐庄
新河
北大化
陆辛庄
路观
垡头
王楼
中辛庄
龙庄
许各庄
郎府镇
郎府
金各庄
冯各庄
金坨
崔家窑
水南
高古庄
坨堤
翟各庄
漷县镇
杨堤
耿楼
北堤
旧宫
东红门
牡丁屯
河北营
西盾街
亦庄
大葛庄
驸马庄
团瓢庄
南小营
牛堡屯镇
南仪阁
西鲁
马头
瀛海镇
马驹桥镇
大杜社镇
史村
大周易
西田阳
古庄
小周易
杨秀店
北辛店
于家务回族乡
神仙
永乐店镇
东合盛
牛坊
李家务
朱脑村
留民营生态农场
西
北泗上
神驹
老观里
东回城
沙堆营
尚庄
东辛屯
孝义营
解州营
（上长子营）
长子营镇
郑二营
河津营
前伏
后元化
东店
西杭子
佟庄
大黑垡
中国科学院大东南种基地
大谷店
车固营
周营
采育镇
采育葡萄观光园
施家务
郜各庄
北京大兴采育科技园
沙河村
太平庄
碱厂
天
西北台
倪家村
龙门庄
前野厂
安定千亩古桑园
碧水蓝天家庭农庄
赤鲁
利市营
张各庄
临沟屯
兴隆庄
小皮营
东潞州
康营
庙注营
凤河营
安定镇
伙达营
红寺
沙窝店
小甸屯
乃自房
津
皋营
武家营
李孙洼
肖家务
小马房
麻营
桐柏镇
南营
市
三小营
大屯
赵家营
万庄镇
墨其营
大马房
草场
潘村
艾各庄
南甸
南尖塔
梨园村
碾子营
大伍龙
芦庄
古县
河
北
省
东户屯
小伍龙
王寨
廊坊市
南汉
旧州
奶子房
赵各庄
王码
安育
僧堡头
管家务
北胡其营
大兴城区图
城镇、居住小区、村庄
地级市人民政府驻地
区人民政府驻地
镇、居民办事处驻地
村民委员会
自然村
复线铁路
单线铁路
高速公路
国家干线公路及编号
市级公路
县级公路
乡级公路
规划道路
桥梁
土堤
河流、湖泊、泉
水库、拦河坝、闸
渠道
鱼塘
省、直辖市界
区、县界
镇界
古迹、墓地
庙宇、教堂
石碑、宝塔
风景浏览区、公园用地
规划公园用地
高速路绿化带
农业观光园
旅游景点
开发区、工业区
树林、经济林

北京大兴年鉴

BEIJING DAXING NIANJIAN

2011

北京市大兴区史志办公室 编

中央文献出版社

图书在版编目(CIP)数据

北京大兴年鉴 2011/北京市大兴区地方志编纂委员会编.
——北京：中央文献出版社，2011.11
ISBN 978－7－5073－3416－6
Ⅰ.①北… Ⅱ.①北… Ⅲ.①大兴区－2011－年鉴
Ⅳ.①Z521.3
中国版本图书馆CIP数据核字(2011)第220488号

北京大兴年鉴 2011

编　　者/《大兴年鉴》编委会
责任编辑/孙　翊
封面设计/大兴区史志办公室

出版发行/中央文献出版社
地　　址/北京西四北大街前毛家湾1号
邮　　编/100017
经　　销/新华书店
排　　版/中国人民解放军第4210工厂
印　　刷/中国人民解放军第4210工厂

787×1092 mm　16开　39.875印张　132插页　790千字
2011年11月第1版　2011年11月第1次印刷　印数1－1500册

ISBN 978－7－5073－3416－6　定价:218.00元

大兴区地方志编纂委员会

《2011北京大兴年鉴》编辑部

中共中央政治局委员、中央政法委副书记、中央社会治安综合治理委员会副主任王乐泉，中央政治局委员、北京市委书记刘淇到大兴调研指导社会管理创新工作

中共中央政治局委员、国务委员刘延东参观科博会亦庄展区

中央政治局委员、北京市委书记刘淇，中共中央委员、国务委员、国务院党组成员、公安部长孟建柱等领导到大兴调研指导村庄社区化管理工作

市委书记刘淇调研大兴基层党组织建设、开展创先争优活动

市委书记刘淇调研南海子公园

贾春旺等领导参观视察精品梨园

市领导为大兴生物医药产业基地重点项目启动仪式奠基

第二十二届北京大兴西瓜节开幕式

南海子公园开园仪式

中国共产党北京市大兴区第三次代表大会第六次会议

林克庆

北京市大兴区第三届人民代表大会第六次会议

张书领

北京市大兴区第三届人民代表大会第六次会议

李长友

政协北京市大兴区第三届委员会第五次会议

高树旺

北京市大兴区第三届委员会第十一次全体（扩大）会议

大兴区、北京经济技术开发区人才工作会议

新华社新华网、北京大兴区人民政府推进新华网新媒体产业基地建设战略合作签字仪式

北京石油化工学院、大兴区人民政府战略合作框架协议签约仪式

宜家北京大兴商场奠基典礼

市委常委、市公安局局长傅政华到大兴专题调研村庄社区化管理工作

北京市大兴区青年创业促进会暨大兴创业办公室成立大会

区政协委员视察法院立案工作

区领导视察兴展公司榆垡回迁房沙盘

火神庙商业中心

地铁公园

京开高速公路（北京段）全线贯通仪式

亦庄经济技术开发区

大红灯笼高高挂营造喜气祥和的节日气氛

轨道交通大兴线亦庄线开通答谢晚会

大兴区2010年新春慰问演出

融合发展共建新区——大兴区2010中秋游园晚会

第二十二届北京大兴西瓜节 兴农杯 全国西甜瓜擂台赛

北京大兴“春华秋实”系列活动启动仪式中华名梨·全国梨王擂台赛颁奖仪式

第三届北京大兴“庞各庄杯”全国甘薯擂台赛

北臧村草莓采摘

任我在线社区便民店

2010年全国中国式摔跤锦标赛决赛

北京时尚体育公园一期北京伍得沃德开营仪式

奔驰新款车型下线

市政协主席阳安江到本区视察地铁大兴线试运行情况

南

海

子

公

园

编辑说明

一、《北京大兴年鉴》是一部综合性、资料性工具书和史料文献。在中共北京市大兴区委和大兴区人民政府的领导下,由区地方志编纂委员会主持编纂,区史志办公室负责实施编辑工作。

二、本年鉴以马列主义、毛泽东思想、邓小平理论和“三个代表”重要思想为指导,认真贯彻科学发展观,坚持党的基本路线,遵循实事求是的原则,与时俱进,开拓创新,科学地反映客观情况。

三、本年鉴从2008年开始,按年度逐年编纂出版。本年度出版的年鉴是记述2010年大兴区政治经济和社会发展各方面的基本情况和重大事件,记述时限为2010年1月1日到2010年12月31日。凡在本书中直书月、日的,均指2010年的日期,文中“本年”、“年内”、“全年”一律指2010年。

四、本年鉴采用分类编辑体例,用文章和条目两种形式,以条目为主。用规范的语体文、记述体直书其事,文字力求言简意赅。全书设类目、栏目、分目、条目4个层次。条目标题统一用黑体字并加【】明。类目、栏目、分目的标题分别用不同型号的字体加以区别。

五、本年鉴的文字内容,设有概述、特载、大事记、党派、政权政治协商、群众团体、政法军事、经济管理、财政税务审计、农业、工业、商业旅游、交通邮电、城乡建设、科教文卫体、社会生活、街道镇、人物、统计资料、附录等类目。全书除文字部分外,还配以地图、彩色照片、表格、力求具体、形象、生动地反映大兴区的发展全貌。

六、本年鉴收录大兴区党、政、军、团体、镇(街道办事处)和部分企业负责人名录,以2010年内任职为限,其中有任免情况的分别予以注明。收录2010年内获得市级以上(含市级)各类先进人物、先进单位名单,所收录内容均以各单位提供的材料为准。

七、选入本年鉴的文章和条目,除部分资料由年鉴编辑部人员直接收集外,其他均由各部门、各单位确定的专人撰写或提供,并经部门、单位主要领导审阅、区委、区政府有关部、委、办领导审查。组织机构负责人名单由区委组织部提供,照片由各有关单位和大兴报社提供。

八、本书中引用的统计数字,原则上是以大兴区统计局2010年度《统计年鉴》为准,也有的数字由于统计口径、时间有出入、仍从原出处,未按《统计年鉴》更改。正文之前收录的大兴区行政区划图》由北京市测绘设计研究院制图中心提供。

九、本年鉴的编辑工作得到各撰稿单位及各方面的热情关怀和大力支持,深表谢意。由于编者水平有限,书中难免存在疏漏之处,恳请各界批评指正,以利于今后改进。

目　　录

概　　述

特　　载

大 事 记

党　　派

·组织工作·

政权·政治协商

群众团体

政法·军事

·政 法·

·政法委工作·

·公安工作·

经济管理

·发展改革·

·统计工作·

财税·金融·审计

农　业

工　业

商业·旅游

·商　业·

·旅　游·

·大兴区旅游景点简介·

交通·邮电

·交　通·

·公路交通·

·运输管理·

·邮　电·

·邮　政·

·电　信·

城乡建设

科·教·文·卫·体

· 药品监督管理 ·

· 体　育 ·

社会生活

· 民政工作 ·

· 流动人口管理 ·

街道·镇

人　物

统计资料

附　录

概　　述

区情综述

大兴区位于北京市南部，全区总面积1036平方公里，下辖黄村、西红门、旧宫、亦庄、瀛海、青云店、长子营、采育、礼贤、安定、榆垡、魏善庄、庞各庄、北臧村14个镇和清源、兴丰、林校、观音寺、天宫院5个街道办事处，527个行政村，户籍人口59.5万人。区政府所在地大兴新城距市区南三环仅13公里。

2010年国民经济和社会发展

2010年，在大兴区委、区政府和开发区工委、管委的领导下，新区紧抓北京城南行动计划和大兴区与北京经济技术开发区行政资源整合的新契机，坚持以科学发展观统领全局，按照“超常规、高水平、跨越式”的发展要求和“坚持科学发展，走城乡一体化道路，建设宜居宜业和谐新大兴”的总体思路，面对复杂的经济形势，攻坚克难，统一思想促融合、集中精力谋发展，全面完成各项工作任务，经济总体实现平稳较快发展。年内，新区完成全社会固定资产投资659.3亿元，比上年增长31.3%，其中大兴区完成422.7亿元，比上年增长19.3%；开发区完成236.6亿元，比上年增长60.1%。新区工业投资完成146.7亿元，占全社会固定资产投资的比重为22.3%。大兴区工业投资26.7亿元，比上年增长8亿元；开发区工业投资120亿元，比上年增长54.7亿元。截至年底，新区户籍人口达到59.5万人。

农业

农业生产基本稳定，都市型现代农业进一步发展。年内，随着各项惠农政策的落实和实施，全区农业得到稳步发展。全年，全区实现农林牧渔业总产值48.2亿元，比上年增长0.7%。辖区总面积1036平方公里，辖14个镇，527个行政村，户籍人口59.5万人。“十一五”期间，全区认真落实北京市“221行动计划”，按照“调整基础产业、提升主导产业、发展新兴产业”的总体思路，形成了以蔬菜、西甜瓜、果品、甘薯、花卉、生猪、奶牛、肉羊、家禽为主的九大主导产业，农业总量达到北京市的1/6强，成为北京市重要的农产品供应基地。以“五业促一村”为重点内容，不断转变农业发展方式，拓展农业新功能，都市型现代农业取得了突破性进展，农村产业逐步融合，产业设施不断完善，农村面貌明显改观，农民生活水平显著提升。

工业

年内，新区规模以上工业总产值完成

2661.3亿元,比上年增长14%。其中大兴区完成439.6亿元,比上年增长19.9%;开发区完成2221.7亿元,比上年增长13%。大兴区规模以上现代制造业快速发展,工业总产值达到97.1亿元,比上年增长27.7%,高于规模以上增速7.8个百分点,占规模以上工业总产值的比重稳定在22%左右。开发区电子信息、装备制造、生物工程和医药、汽车及交通设备四大主导产业共完成产值1990.3亿元,比上年增长13.6%,拉动开发区工业增长12.1个百分点,四大主导产业占开发区工业总产值的比重为89.6%。2010年,新区新批企业4632家,其中三资企业66家。大兴区新批企业3766家,其中三资企业24家,实际利用外资1.2亿美元,比上年增长13.2%。2010年,新入开发区企业866家,比上年增加237家,其中三资企业42家;新批企业投资总额(含增资)60.7亿美元,比上年增长1.2倍;外商实际投资3.2亿美元,比上年增长3.6倍。年内,中关村示范区大兴生物医药产业基地实现总收入56.9亿元,比上年增长29.1%;工业总产值54.9亿元,比上年增长50.1%;新签约产业项目27个。年内,国家新媒体产业基地实现总收入131.2亿元,比上年增长45.9%;工业总产值31亿元,比上年增长26%;新增注册及入驻企业40余家。截至年底,北京经济技术开发区累计入区企业3870家(不含分支机构),累计投资总额250.8亿美元。

商业

居民家庭耐用消费品拥有量进一步增加。新区社会消费品零售总额实现283.7亿元,比上年增长25.6%。其中大兴区实现133.7亿元,比上年增长16%;开发区实现150亿元,比上年增长35.7%。大兴区城镇居民人均可支配收入为24368元,比上年增长8.1%;农村居民人均纯收入12335元,比上年增长10.8%。城镇居民人均生活消费支出15805元,比上年增长12.1%;农村居民人均生活消费支出9806元,比上年增长13.1%。全年,平均百户城镇居民家庭拥有汽车42辆,电脑93台,移动电话204部。平均百户农村居民家庭拥有汽车22辆,电脑56台,移动电话213部。

外经　外贸

年内,开发区进出口总额260.6亿美元,比上年增长17.1%。其中出口总额130.3亿美元,比上年增长11%。机电产品出口总额128.4亿美元,比上年增长10.8%,占开发区出口总额的98.5%。外商及港澳台投资企业出口总额128.3亿美元,比上年增长10.6%,占开发区出口总额的98.5%。

邮电　旅游

邮政业务不断扩大。年内,大兴区邮政业务总量2577万元,比上年增长9%;累计订销报刊1809万份,比上年增加244万份;订销报刊流转额1383万元,比上年增加204万元。

年内,本区共有旅游单位768个,比上年增加38个,其中民俗旅游单位551个。接待总人数434.5万人,比上年增长0.3%,其中民俗旅游接待265万人,比上年增长0.9%。营业收入9.5亿元,比上年增长18.4%,其中民俗旅游收入1.9亿元,比上年增长13.1%。旅游从业人员14058人,其中民俗旅游从业人员10478人。

城乡建设与管理

公共事业稳步发展。新区建筑业实现总产值470.9亿元,比上年增长10.5%。其中大兴区建筑业总产值190.1亿元,比上年增长53.8%;开发区建筑业总产值280.8亿元,比上年下降7.2%。新区累计完成房地产开发投资279.5亿元,比上年增长65.2%。大兴区房地产开发投资224.8亿元,比上年增长58.9%;商品房屋销售面积199.3万平方米,比上年增长110.9%;商品房屋销售额268.7亿元,比上年增长1.8倍。开发区房地产开发投资54.7亿元,比上年增长97.6%。2010年,全区完成8个小区雨污分流工程,建成九龙、义和庄等4个变电站,黄村垃圾运转站投入使用。实行生活垃圾分类、密闭、无害化处理,垃圾无害化处理率达到89%。年内,轨道交通大兴线、亦庄线建成通车,兴华大街改造、轻轨沿线周边环境综合整治同步完成,蒲黄榆快速路、兴亦路等一批重点道路建成通车。截至年底,全区公路里程达到2608.6公里,其中,国道33.6公里,省道130.5公里,县道388.2公里,乡道1045.4公里。按公路等级分:一级公路103.9公里,二级公路364.6公里,三级公路319.9公里,四级公路1820.2公里。全区货物周转量17797万吨公里,货运车辆12788辆,货运量17.9万吨;客运车辆3948辆,客运量7847.2万人次。年内,大兴区实施生态景观工程35个,南海子公园一期、地铁文化公园、兴华公园等一批高品质公园建成。南海子公园、新城滨河森林公园新建水面近2000亩,实现了大兴水景观建设的重大突破。年内,全区完成绿化面积7.3万亩,植乔灌木650万株,城市绿地率达到51.9%,林木绿化率达到25.5%。全年,全区空气质量达到二级和好于二级的天数累计达到256天,比上年增加12天。开发区空气质量达到二级和好于二级的天数累计达到267天,比上年增加23天。

财税 金融 税收

财政收入保持增长,支出结构明显优化。2010年新区GDP突破千亿元大关。税收收入293.6亿元,比上年增长25.2%。大兴区完成一般预算收入30.1亿元,比上年增长30.5%;开发区完成财政收入244亿元,比上年增长22.8%。截至年底,全区金融机构人民币存款余额839.2亿元,比上年末增加151.9亿元,增长22.1%,其中居民储蓄存款余额435.8亿元,比上年末增加68.9亿元,增长18.8%。大兴区金融机构人民币贷款余额344.5亿元,比上年末增加92.2亿元,增长36.5%。

科技 教育 文化 卫生 体育

科技创新环境不断优化,企业自主创新能力进一步加强。年内,全区开发新产品110项;申请专利2366件,其中发明专利922件,实用新型1179件,外观设计265件;专利授权1639件,其中发明专利281件,实用新型995件,外观设计363件。登记技术合同78项,交易金额9252万元。

教育事业稳步发展。年内,新区小学阶段在校生40404名,中学阶段29629名,特殊学校46名,实验学校国际部100名,国际艺术学校579名,中等职业学校6441名,电子科技职业学院4825名。新区小学阶段专职教师3161名,中学阶段3377名,特殊学校20名,实验学校国际部20名,国际艺术学校101名,中等职业学校451名。其中开发区小学阶段在校生1397名,中学阶段教育1441名,实验学校国际部100名,国际艺术学校579名,电子科技职业学院4825名。小学阶段专职教师126名,中学阶段99名,实验学校国际部20名,国际艺术学校101名。

文化事业繁荣发展。全年,全区"文艺演出星火工程"接待市属专业院团演出527场,业余团队演出1054场,观众人数达30万人,演出任务全部完成。"周末剧场演出"完成44场,票房收入19万元,观众达5万余人。全年举办青年歌手大赛、评剧票友大赛等大型群众文化活动10余项,参与活动的群众达2万余人。年内,建设完成193个益民书屋。完成地铁大兴线艺术品方案设计、制作、安装工作。全年,开发区完成送电影进企业330场、进工地30场、进社区99场,共计459场,观众达3.7万余人次,累积更新影片150部;开展周末演出场15场;开展各类讲座90次,听课3000余人次。

医疗卫生服务能力持续增强。年内,全区共有卫生机构725家,其中医院30家,镇卫生院17家。卫生机构共有床位4288张,其中医院3509张。大兴区卫生技术人员达到7372人,其中执业(助理)医师2942人,注册护士2639人。

体育事业蓬勃发展。年内,全区体育运动场馆面积308.7万平方米,教练员23人,裁判员150人,全民健身工程620个,全民健身工程面积达到38.6万平方米。北京市第十三届运动会上,大兴区421人的代表团有226人进入单项比赛的决赛,共获得金牌20枚、银牌13枚、铜牌11枚,团体总分达到了588分。年内,开发区举办第四届和谐杯乒乓球赛,直接参赛1500余人,参与者6000多人,并组队参加北京市总决赛,获得一等奖1名,二等奖2名;在企业中举办篮球、乒乓球、羽毛球、网球等活动;成功举办第五届社区运动会。建设完成博大公园乒乓球长廊、健身路径等体育设施。积极申请市级扶持资金10万元,在博大公园,建成面积约700平方米的20张乒乓球台,并配备一座夜间照明设施的室外乒乓球场。

人民生活和社会保障

2010年,新区全社会用电量59.4亿千瓦时,比上年增长17.5%,其中居民生活用电7.3亿千瓦时,比上年增长0.5%;工业用电34.7亿千瓦时,比上年增长18.3%。全年,全区全社会用电量36.8亿千瓦时,比上年增长16.6%,其中居民生活用电6.4亿千瓦时,比上年增长0.3%;工业用电17.4亿千瓦时,比上年增长19.8%。年内,开发区全社会用电量22.6亿千瓦时,比上年增长19.2%,其中居民生活用电0.86亿千瓦时,比上年增长1.9%;工业用电17.4亿千瓦时,比上年增长16.8%。年内,全区全社会总用水量36784万立方米,比上年减少3.1%,其中农业用水26422万立方米,工业用水2166万立方米,家庭居民生活用水4391万立方米,公共服务用水3463万立方米。

年内,大兴区城镇登记失业率1.4%,比上年下降0.6个百分点;登记人员就业率达到49%,比上年提高8个百分点。参加基本医疗保险人数33.9万人,比上年增加5.4万人。年内,开发区缴费企业2616家,比上年增长22.6%,参保人数21.9万余人,比上年增长17.9%。共收缴社会保险基金20.2亿元,比上年增加5.5亿元,比上年增长37.5%。养老、医疗、失业、工伤、生育五类保险全面完成全年征缴目标。

（摘自《大兴区统计公报》）

特　　载

中共北京市大兴区委工作报告

——在中共北京市大兴区第三次代表大会第六次会议上

（2010年12月28日）

北京市大兴区区委书记　林克庆

各位代表、同志们：

这次大会的主要任务是，深入学习贯彻党的十七届五中全会、中央经济工作会和市委十届八次全会、市经济工作会精神，总结2010年工作，部署明年工作任务，动员各级党组织和广大党员干部进一步统一思想、紧抓机遇、改革创新、扎实工作，为“十二五”开好局、起好步。下面，我受区委全委会委托，向大会作报告。

一、2010年工作回顾

2010年是新区紧抓机遇、融合发展的一年，是打破常规、探索创新的一年，是攻坚克难、成效显著的一年。区委坚持以科学发展观为指导，坚决贯彻落实市委、市政府决策部署，按照“机制新、活力大、效率高”和“超常规、高水平、跨越式”发展要求，以做大做强北京经济技术开发区和加快城乡一体化进程为重心，全力推进两区行政资源整合，加快转变经济发展方式，加大创新驱动力度，着力优化发展环境。两区领导班子和广大党员干部始终保持奋发有为、昂扬向上的精神状态，讲党性、讲团结、讲奉献，重创新、求突破、促发展，巩固和发展了心齐气顺、劲足风清的良好局面，全区经济建设、政治建设、文化建设、社会建设以及生态文明建设和党的建设取得新成就，圆满完成“十一五”规划各项任务，为新区在更高起点上跨越发展奠定了坚实基础。预计新区全年完成税收278亿元，同比增长18.6%（大兴区完成地方一般预算财政收入29.9亿元，同比增长30%，北京经济技术开发区完成财政收入230亿元，同比增长15.8%）；实现工业总产值2670亿元，同比增长12%；完成全社会固定资产投资650亿元，同比增长27.1%；实现社会消费品零售额278.7亿元，同比增长23.4%。大兴区城镇居民人均可支配收入实现24360元，同比增长8%；农民人均纯收入实现12030元，同比增长8%。

2010年的工作概括起来有以下几个特点：

积极稳妥推进两区行政资源整合，取得

"1+1>2"的良好成效,为首都发展高端产业创造了新优势。坚持一切服从、服务发展,结合实际提出"三个融合"、"四个有利"、"五个不变",实现思想认识、发展思路、资源要素调配的统一,重点推进统计、规划、招商、就业、卫生、教育、人才、社会建设、城市管理、信息宣传等工作有效对接,积极争取市级审批权限下放和各方面支持,形成推动发展的强大合力,多项工作取得历史性突破。联合招商取得新突破。以"北京?? 亦庄"为主体平台,实现两区招商工作品牌、力量、布局、园区基础设施"四个统一",成功引进重大项目109个,吸引投资超过600亿元。促进就业取得新突破。坚持培训、岗位、管理、政策资源共享,搞好劳动力供需对接,全年北京经济技术开发区吸纳大兴区劳动力6000余名,是去年的5.1倍。产业发展空间拓展取得新突破。顺利完成北京经济技术开发区12平方公里扩区拆迁任务,探索将北京经济技术开发区政策覆盖6个专业园区,将旧宫镇、瀛海镇等周边地区纳入北京经济技术开发区综合服务配套区。公共管理服务取得新突破。推进教育、卫生等资源向北京经济技术开发区延伸覆盖,将亦庄地区教育纳入整体规划,设立120急救站和三所社区卫生服务站,积极筹备在亦庄地区设置街道办事处。重大项目推进取得新突破。京东方八代线主体厂房工程基本完工,已有10余家配套企业相继签约入区,7家已开工建设。引进康宁二期项目,投资8亿美元建设世界一流的LCD玻璃基板工厂,是康宁在美国之外的最大一笔投资,将与京东方八代线共同打造新的千亿级产业园。成功进行首次海外并购,收购了通用汽车转向及传动业务,获得全球领先的转向系统技术,是迄今为止我国在汽车零部件领域投资额最大的海外并购。首台云计算服务器下线,使我国云计算事业从技术概念阶段成功跨越到实体操作阶段。中国食品药品检定研究院开工建设,成为区内首家国家级检定机构。英特宜家购物中心项目一期工程开工,将建设宜家家居亚洲最大的旗舰店。采育新能源汽车基地首批纯电动轿车下线。与新华网签订了战略合作协议。科技人才工作取得新突破。组织召开了北京经济技术开发区建区以来规格最高、规模最大的科技工作大会,全面推动科技强区战略的实施。新增一批国家和市级研发机构,诺基亚全球研发中心二期建成使用。建立科技企业孵化平台,获批全国产学研合作示范基地。组建知识产权创新联盟,主导或参与制定多项国际、国家和行业标准。优化人才发展环境,建立两区人才工作协调机制,研究制定"十二五"人才发展规划和中长期人才发展规划纲要,出台鼓励高层次人才创新创业等3个意见,聘请16名同志为首批政府特聘专家。总的来看,两区整合促进了首都南部地区经济与社会、城市与农村一体化协调发展,促进了城市化、工业化可持续发展,强化了经济社会发展的内生动力,为首都经济结构战略性调整提供了有力支撑。实践证明,市委、市政府的决策是完全正确的。

加大统筹力度,坚持"拆、建、管"并举,城乡一体化发展取得重要进展。城乡结合部和镇区拆迁改造加快推进。围绕北京经济技术开发区扩区、新城建设和镇区开发,发挥国有企业作用,完成包括8个市级重点挂账村在内的55个村拆迁,启动了大兴新城核心区建设。基础设施建设实现新飞跃。轨道交通大兴线、亦庄线建成通车,兴华大街改造、轻轨沿线周边环境综合整治同步完成,蒲黄榆快速路、兴亦路等一批重点道路建成通车。重点区域管控成效明显。严格南部地区违法建设管控,为首都新机场建设奠定了良好基础。"三农"工作取得新成绩。新农村建设稳步推进,认真落实各项惠农政策措施,都市观光农业快速发展,设施农业、精准农业和农产品加工业规模不断壮大。提前实现五项基础设施全覆盖,农民生产生活条件不断改善。农村土地承包经营权流转进一步规范。深入开展了农村集体经济产权制度改革、集体林权制度改革。农村金融综合改革取得新进展，一批小额贷款公司、村镇银行和农村资金互助社相继成立。

突出社会管理创新，注重保障和改善民生，和谐社会建设取得新成效。搬迁村农民长远利益保障机制初步建立。研究制定《关于建立搬迁村农民长远利益保障机制的意见》，成立区镇两级的“四有”工作领导小组和办公室，初步形成“安置就业有岗位、经营增收有资产、稳定生活有保障、服务管理有组织”工作机制。率先探索建立村庄社区化管理新模式。在西红门镇16个村先行试点的基础上，全区151个村已实现村庄社区化管理，在维护稳定、改善民生、促进发展等方面发挥了积极作用，受到广大群众的拥护，得到中央和市委、市政府的充分肯定，目前正在全市推广。创新流动人口服务管理机制。探索“以补促管”新模式，规范房屋出租行为，有效控制流动人口无序增长。社区建设管理水平有新提高。扎实推进街道“三个一”工程和社区规范化建设，老旧社区人防、物防、技防建设得到加强，社区办公服务用房紧张等问题初步解决。加强社区工作者队伍建设，社会工作运行体系初步确立。综合行政服务体系进一步健全。基本完成了各镇、街道办事处综合服务中心建设，为企业和群众提供更加方便快捷的服务。社会事业加快发展。完善促进就业政策措施，引导劳动力向二三产业转移就业1万人。覆盖城乡的社会保障体系不断完善，保障水平进一步提高。建成保障性住房21万平方米，困难群众住房问题得到初步解决。引进一批优质教育、卫生资源，公共服务水平得到提升。科学技术、文化、体育、人口和计划生育、老干部、老龄等各项事业取得新进展。社会安全稳定工作进一步加强。落实中央三项重点工作部署，妥善化解社会矛盾，完善社会治安防控体系，整合规范专职辅警、专职巡防队员和流动人口管理员队伍，推进社会治安重点整治，狠抓校园安全防范，严格控制非法用地、违法建设，开展市场经营秩序、交通秩序和城乡环境秩序治理，社会治安综合治理能力明显增强，“平安大兴”建设成效显著。

加强文化建设，拓展社会宣传载体，新区影响力和凝聚力显著提升。理论教育和社会宣传得到加强。以学习型党组织建设为抓手，强化区处两级中心组理论学习，增强了学习的针对性和实效性。举办了“百姓大课堂”、“社区周末大讲堂”等基层理论教育活动。精神文明创建活动扎实推进。广泛开展了“做文明有礼的北京人”等系列活动。以“融合发展、文明先行”为主题，北京经济技术开发区一批部门、驻区企业与大兴区镇村结成共建对子。开展了丰富多彩的文化活动。大兴历史文化得到挖掘弘扬。以南海子公园建设为契机，进一步展现了大兴历史文化的深厚底蕴。将人文理念引入地铁建设，建设地铁文化公园，对地铁大兴线站点进行艺术品设计、制作，使地铁大兴线成为新区标志性文化名片。整体宣传推介效果明显。紧紧围绕两区行政资源整合、城南行动计划等重大任务，开展全方位、多角度的宣传报道，极大提升了新区影响力和知名度。

践行绿色发展理念，加大生态建设力度，生态文明成果不断扩大。生态公园建设扎实推进。历时8个月，建成南海子公园一期，极大改善了城乡结合部面貌，提升了亦庄新城环境品质，增强了对高端要素的吸附力。完成凉水河沿岸景观等一批生态工程，新城滨河森林公园等工程进展顺利。城乡环境整治得到加强。围绕提高居民生活品质，加大环境整治和绿化美化工作力度，强化专业队伍建设，建立长效管护机制。资源能源节约集约利用成效明显。大力推进节能减排、垃圾无害化处理、再生水利用等工作，淘汰一批高耗能、高污染和“小散低劣”企业，太阳能、沼气等新能源利用工程得到推广。严格控制用地规模，提高对建筑密度容积率和投资强度的要求，北京经济技术开发区产业用地地均产值保持国家级开发区领先水平。

深入开展创先争优活动,着力夯实基层基础,党的建设取得重要成果。民主政治建设进一步加强。区委充分发挥领导核心作用,坚持总揽全局、协调各方,支持区人大、区政府、区政协依法履行职能、开展工作。分别召开区委人大工作会和区委政协工作会,为人大、政协工作提供强有力的保障。两区领导班子协调运转,整体合力进一步增强。充分发挥统一战线优势,各民主党派围绕中心、服务大局做了大量工作,民主党派中央和市委负责同志对新区发展更加关注和支持。全面推进工会、共青团、妇联、人民武装、工商联、民族宗教、红十字会、对台等工作,在服务新区发展中创造新业绩。创先争优活动全面深入推进。紧扣“新区建设我争先,大兴发展我奉献”和“讲党性、促融合、谋发展,超常规、高水平、跨越式推进南部现代制造业新区建设”的主题,围绕中心任务、推动经常性工作、服务人民群众、加强基层党组织建设开展创先争优活动,创造了“一带二比三落实”等典型经验,得到了中央、市委领导的充分肯定。领导班子和干部人才队伍整体优化。明确“五个选人用人导向”,按照“五个一批”的用人要求,深入推进干部人事制度改革。研究制定《2010～2013年大兴区处级党政领导班子建设规划实施方案》,加大干部交流力度,加强处级领导班子配备,注重培养年轻干部,加大竞争性选拔干部力度,分两批选取29个处级岗位进行公开选拔。研究制定加强处级领导班子思想政治建设的意见,对处级干部任期经济责任审计情况、集中考察和作风建设检查情况进行讲评。采取轮训、挂职、交流学习等方式,共培训处级干部2716人次。基层组织建设水平全面提升。深入落实“三四五”强基工程。顺利完成农村两委换届工作,村党支部书记、村委会主任“一人兼”比例大幅提高,达到64.5%,实现选优配强班子、两提高两降低、应选尽选、确保农村社会稳定的目标。对800多名新任职村党支部书记、村委会主任进行了培训。积极探索城乡结合部党建新机制,形成搬迁村党建“四个四”工作模式。“三级联创”活动连续9年在全市创建评比中排名一类。“五型机关”、国企“四优四强”等创建工作成效明显。深入开展社区党建“三有一化”工作,率先推进楼宇党建评定工作,规模以上非公企业党组织和党的工作基本实现全覆盖。反腐倡廉建设深入推进。细化量化党风廉政建设责任制,认真落实《中国共产党党员领导干部廉洁从政若干准则》,推动廉政风险防范管理向区级领导班子和领导干部延伸,形成了具有大兴特色的“一三三二”工作模式。重点对100个项目实施分类分级监督检查,促进工程建设程序合规、工作高效、资金安全、人员廉洁。扎实开展民主评议政风行风和专项治理,切实加强行政投诉和信访举报工作,严肃查处违纪违法案件,惩治和预防腐败体系建设取得新成效。

各位代表、同志们,新区发展取得显著成绩,关键在于市委、市政府的正确领导,为新区发展指明方向、明确要求。同时,得益于新区干部群众坚决执行市委、市政府决策部署,统一思想、坚定信心,抢抓发展机遇,积极推进对接融合;得益于新区干部群众始终坚持超常规工作理念,开拓进取、锐意创新,不断探索新机制、新模式,着力破解发展难题;得益于新区基层组织和广大党员充分发挥作用,埋头苦干、攻坚克难,坚持一切为了发展,营造了干事创业的浓厚氛围;得益于市直各部门、驻区中央市属单位和部队的大力支持,人大代表、政协委员和社会各界的共同努力。在此,我代表区委全委会表示衷心的感谢!

各位代表、同志们,在充分肯定成绩的同时,我们也清醒地看到存在的问题和不足:一是领导科学发展的能力还需要提高,加快转变经济发展方式还需付出艰苦努力;二是促进城乡均衡协调发展还需加大力度,特别是在建立健全失地农民长远利益保障机制方面还要加强研究和探索;三是深入推进改革、加强基层基础管理等方面工作还需下更大功夫。对于这些问题,我们高度重视,将采取更加有力的措施,不断加以解决。

二、形势和要求

2011 年是中国共产党成立 90 周年,是"十二五"开局之年,是两区深度融合关键之年,做好全年工作具有十分重要的意义。当前,新区发展面临新的形势,呈现新的阶段性特征:一是处于发展黄金期。城南行动计划深入实施,为区域发展环境带来了历史性巨变。两区行政资源整合深入推进,为高端产业发展和城乡一体化提供了强大动力。市委"十二五"规划建议提出,打造南部高技术制造业和战略性新兴产业聚集区,抓好首都新机场建设,进一步凸显了新区的重要战略地位,为新区发展提供了新的强大引擎。二是处于创新孕育期。新一轮技术革命正在兴起,科技创新孕育新的突破。市委提出率先形成创新驱动的发展格局,对新区发展战略性新兴产业、打造"北京创造"品牌寄予厚望,必须持续加大创新驱动力度,努力提升核心竞争力,抢占未来发展战略制高点。三是处于改革攻坚期。发展环境和阶段的深刻变化,对深化改革提出了更为迫切的要求。必须以更大决心和勇气,积极推进财政、金融、农村、国有企业、社会管理等领域改革,在重点领域和关键环节取得突破。四是处于社会转型期。城市化、工业化快速推进,大量农村居民转变为城市居民,人口大规模流入,促使社会结构和形态深刻变化,不同社会群体的价值观念和利益诉求更趋多元,促进不同群体利益的均衡与协调、更好地保障和改善民生、促进社会和谐的任务更加艰巨。总的来看,做好明年工作,既面临一系列重大机遇,也面临诸多严峻挑战,但机遇大于挑战,2011 年仍是我们大发展、大建设、大有作为的一年。我们要进一步坚定发展的信心和决心,全力推动新区又好又快发展。

2011 年全区工作的总体要求是:全面贯彻党的十七届五中全会、中央经济工作会和市委十届八次全会、市经济工作会精神,以科学发展为主题,以加快转变经济发展方式为主线,按照"人文北京、科技北京、绿色北京"战略和向中国特色世界城市迈进的要求,统一思想、紧抓机遇、改革创新、扎实工作,着力推进两区深度融合,着力推进创新驱动,着力推进高技术制造业和战略性新兴产业发展,着力推进城乡一体化进程,着力推进民生改善,为"十二五"开好局、起好步,推动新区走一体化、高端化、国际化道路,向建设宜居宜业和谐新大兴迈出坚实步伐。

统一思想,就是切实把思想和行动统一到中央以科学发展为主题、以加快转变经济发展方式为主线的重大战略决策上来;切实把思想和行动统一到市委、市政府重大决策部署,推动两区深度融合上来;切实把思想和行动统一到对未来五年形势的科学判断和发展的统筹谋划上来;切实把思想和行动统一到"十二五"开局之年的工作部署和要求上来,确保各项任务圆满完成。

紧抓机遇,就是牢牢把握重大历史机遇期,勇敢地担负起促发展的历史重任,紧抓加快转变经济发展方式、推动经济结构战略性调整的机遇;紧抓全市集中力量打造南部高技术制造业和战略性新兴产业聚集区的机遇;紧抓重大项目建设带动的机遇,真正把机遇转化为现实。

改革创新,就是牢固树立超常规发展理念,勇于探索实践,敢于创新突破,注重用创新的思路和办法破解发展难题,积极探索新机制、新途径,创造出一批"大兴模式"和"亦庄品牌"。

扎实工作,就是牢固树立"书写新区发展历史"的思想意识,切实增强加快发展的责任感和使命感,认真履行岗位职责,切实提高执行力,埋头苦干、任劳任怨,把心思用在推进工作上,把本事用在攻坚克难上,把功夫用在抓好落实上。

三、2011 年经济社会发展主要任务

深入贯彻落实市委"率先形成创新驱动

的发展格局”、“率先形成城乡经济社会发展一体化新格局”的决策部署,加快转变经济发展方式,推动两区深度融合,促进城乡均衡协调发展,处理好人口资源环境关系,统筹推进全区各项事业取得新的更大进展。

(一)大力推进深度融合和改革,切实增强发展活力

完善和创新两区融合发展机制。继续贯彻落实市委、市政府决策部署,坚持在融合中谋发展,在发展中促融合,创新体制机制,推动优势互补,努力实现超常规、高水平、跨越式发展。完善协调配合机制。建立健全两区重大事项决策机制,深化两区职能部门工作对接,提高决策、执行效率。统筹推进北京经济技术开发区及其周边地区基础设施、公共服务设施建设。推动公共服务和社会管理向北京经济技术开发区覆盖,在北京经济技术开发区探索建立检察院和法院派出机构,完成在亦庄地区设立街道办事处工作。完善产业发展机制。进一步推动北京经济技术开发区政策向大兴区覆盖,研究制定加快新区产业发展相关政策措施。放大北京经济技术开发区行政审批高效优势,落实市级审批权限下放等工作。发挥北京经济技术开发区总公司土地一级开发优势,全面启动12平方公里扩区范围基础设施建设。继续推动北京经济技术开发区拓展发展空间。创新重大项目推进机制,加大项目推进的组织领导,促进项目早落地、早投产、早见效。建立合作共建机制。与中央部委、央企进行重大项目合作,争取各方面支持。探索建立与周边地区合作发展、利益共享机制。

推进投融资改革。加快产业投融资体制创新,建立战略性新兴产业专项基金。发挥亦庄国际等融资平台功能,创新融资模式,拓宽融资渠道。发挥国有企业参与城镇开发建设的重要作用。积极探索村集体资产保值增值、参与新区建设和产业发展的新机制。完善鼓励企业上市政策,扩大直接融资比重。

推进农村综合改革。落实乡镇机构改革任务,完善镇政府社会管理和公共服务职能。深化农村集体经济产权制度改革,加强集体资产经营管理,提高运营效率。继续推进农村金融综合改革试验区建设,促进村镇银行、小额贷款公司、农村资金互助社等农村金融机构规范发展,扩大政策性农业保险覆盖面。深化集体林权制度改革。

(二)大力推进产业结构调整,构建创新驱动发展格局

积极调整产业结构。坚持优化一产、做强二产、做大三产,大力发展高端、高效、高辐射产业,引导产业集群发展。提升都市型现代农业发展水平,探索环境农业、高效农业和特色农业发展模式。着力推进以北京经济技术开发区为龙头的“一区六园”建设,打造高技术制造业和战略性新兴产业集群,实施重大产业项目带动战略,巩固提高电子信息、生物医药、装备制造、汽车制造四大主导产业,加快培育新能源和新材料、航空航天、文化创意三大新兴产业,配套发展生产性服务业、科技创新服务业、都市产业三大支撑产业。落实“北京服务”战略,推动服务业转型升级,加快轨道交通沿线生产性服务业聚集区和重点商圈建设,大力发展现代金融、现代商业、现代流通等产业。完善产业发展评价体系,提高项目准入标准。加大“四个一批”工作力度,落实责任,加强督促考核,抓好数字电视产业园、移动硅谷产业园、生物医药产业园等重大产业项目建设。

加快实施科技强区战略。着力加强科技创新体系建设,推进科技创新八大工程。以加快培育和发展战略性新兴产业为核心,进一步完善产业链孵化模式,打造全流程、多功能的创新服务环境,集中引进和建设一批研发机构和公共技术研发平台,争取一批国家重大科技专项和重大科技成果转化及产业化项目。加大“北京创造”品牌建设力度,培育一批、推广一批、壮大一批知名品牌,努力成

为"北京创造"主力军。继续实施中小企业知识产权战略推进工程,增加专利引擎试点企业数量。进一步活跃技术市场交易,支持科技创新中介服务机构发展。完善科技奖励政策,表彰一批优秀科技企业和科研人员。以科技进步和创新为重要支撑,进一步提升单位土地投资强度和产出效益,降低单位产值水耗和能耗。

加快实施人才强区战略。组织实施"十二五"人才发展规划,重点推进十大人才工程建设。深入推进两区人才工作融合对接。落实高层次人才创新创业和专项服务政策措施,营造有利于人才发展的良好环境。"引资"和"引智"相结合,加大海外高层次人才的引进力度。加强高技能人才的选拔和培养,为高技术制造业和战略性新兴产业发展提供高素质技能人才。深入实施"一线创新人才培养"项目,提高一线人才创新能力。加强教育卫生等专业技术人才的引进和培养。充分发挥政府特聘专家作用。选派优秀中青年干部出国参加中长期培训。畅通新区优秀人才参政议政渠道,支持新区优秀人才入选人大代表、政协委员。

(三)大力推进城乡统筹发展,构建城乡一体化新格局

扎实推进社会主义新农村建设。加大强农惠农力度,引导集体经济和专业合作组织健康发展,千方百计提高农民收入。继续完善农村基础设施,高标准建设新型农村社区,加强农村社会管理和公共服务体系建设,健全城乡一体的社会保障体系。在自愿有偿的基础上规范土地承包经营权流转,推进农业集约规模经营。落实新一轮"菜篮子"工程,有效保障市场供给、物价稳定、农民增收。

以镇区开发为重点带动新市镇建设。按照高标准、现代化、有特色的要求,重点推进庞各庄、魏善庄、安定和采育四个新市镇镇区开发,强化产业和人口聚集功能,辐射带动周边农村城镇化。明确镇域功能定位,完善基础设施和公共服务设施,依托产业园区,大力发展特色产业,强化产业支撑。发挥政府主导和农民主体作用,继续推进城乡结合部城市化工程,确保按时完成市级重点村建设任务。加强对南六环沿线发展带的研究规划,尽早启动实施。在保障失地农民长远利益的前提下有序推进拆迁工作。

高水平规划建设三座新城。完善新城建设体制机制,高标准规划设计,统筹市政基础设施和公共服务资源布局,提升新城宜居宜业水平,更好地承担疏解中心城区功能的责任。落实亦庄新城规划,完善城市空间结构,增强城市服务功能,打造以北京经济技术开发区为依托的国际高端产业新城。高标准推动大兴新城核心区建设,完善片区开发,推进组团式发展,依托地铁大兴线和生物医药产业基地,加快发展城市经济,促进城与业协调发展。加强新航城研究规划,做好首都新机场配套服务工作。坚持高起点规划、保护性开发,提升南中轴沿线发展水平。

提升城镇建设管理水平。进一步完善区域道路网络和公交运营体系,加大交通拥堵治理力度,倡导低碳绿色出行。大力推进供水、供电、天然气等基础设施建设。推广网格化管理模式,充分利用信息化手段,提高城市精细化管理水平。进一步理顺城市管理体制,强化街道办事处、地区办事处主体作用,发挥职能部门积极性。加强环境综合整治,严厉查处非法占地、违法建设,增强垃圾处理能力,净化美化城市环境。

(四)大力推进和谐社会建设,在改善民生上扎扎实实办实事

完善搬迁村农民"四有"工作机制。建立健全保障搬迁村农民长远利益的长效机制,完善"四有"工作考评体系。优化搬迁过渡期和回迁后党组织、自治组织、经济组织和社会组织设置,形成整体合力,强化管理服务功能,实现基层组织平稳过渡,确保回迁社区办公服务场所等设施按时投入使用。探索建

立多元化征地补偿模式,制定搬迁村农地规模化流转补贴政策。强化就业指导服务功能,建立劳动力职业技能培训基地,完善就业托底安置机制和就业补贴、培训奖励等政策。加强社会保障,建立低保救助机制和富余回迁房集中托管机制。增强对搬迁村农民思想观念的引导。

推进社会服务管理创新。积极推进社会服务管理创新折子工程,构建党委领导、政府负责、社会协同、公众参与的社会建设格局。创新社会组织管理机制,加快构建"枢纽型"社会组织工作及志愿服务体系,引导、培育公益服务类社会组织健康有序发展。理顺体制机制,深化"三个一"工程,积极推进社区规范化建设,提升社区工作者专业化、职业化水平。全面推行村庄社区化管理,进一步丰富内涵,提升服务管理水平,推进村内向村外延伸、硬件向软件延伸、管理向服务延伸。健全社区参与式治理机制,探索团河、天堂河等驻区单位服务管理新途径,形成区域协作、属地统筹的新机制。

加快各项社会事业发展。完善促进就业机制,健全就业服务体系,优化就业环境,努力解决好城镇化过程中的农民就业问题,确保完成北京经济技术开发区企业吸纳大兴区劳动力就业 8000 名的目标。加快社会保障制度整合与衔接,扩大养老保险、医疗保险覆盖面,稳步提高社会保障待遇水平。加强保障性住房建设,增强对中低收入群众住房保障能力。推行教育改革创新,均衡配置教育资源,全面推进素质教育,大力扶持学前教育、职业教育,继续实施校舍加固工程,加大国际教育引进发展力度。积极稳妥推进医药卫生体制改革,加强公共卫生服务体系建设,引进优质医疗卫生资源,提高医疗卫生服务能力。抓好社会福利中心项目建设。推进全民健身活动配套设施建设。继续办理一批与群众生产生活息息相关的实事和折子工程。

全力维护社会安全稳定。贯彻全国政法工作会精神,继续深化三项重点工作,着力提升服务两区融合发展、维护社会和谐稳定的能力。严格落实维护稳定工作责任制,妥善处理各种利益诉求,加快构建"大调解"工作体系,完善社会稳定风险评估机制,着力预防和化解因土地征占、拆迁拆违、城市管理和重大工程项目建设等引发的社会矛盾。加强社会治安综合治理,依法严厉打击各类违法犯罪活动,健全人防、物防、技防相结合的网格化社会治安防控体系,强化基层综治维稳力量建设,推进"科技创安"工程,持续抓好"平安大兴"建设。完善群体性事件预警处置机制,妥善应对各类突发事件。继续采取"以补促管"等综合措施,探索建立人口发展动态预警监测机制,强化流动人口规模调控和属地化管理、市民化服务。加大市场监管力度,确保市场平稳有序。严格落实安全监管责任,坚决防止重特大生产安全事故发生。

(五)大力推进文化建设,提升新区文化软实力

充分放大文化引导社会、教育群众、推动发展的功能。以传统节日、公共纪念日、主题宣传日为契机,扎实做好理论教育和社会宣传活动。以提升群众道德素质为切入点,强化群众性精神文明创建工作,做到群众文明素质提升与经济社会发展同步。创新两区文化宣传联动机制,深入开展"融合发展,文明先行"主题教育实践活动。以系列品牌活动为依托,满足多样化需求,使精神文化产品和社会文化生活更加丰富多彩。深化文化体制改革,创新文化生产和传播方式,解放和发展文化生产力,开展文化品牌宣传,增强文化发展活力。

(六)大力推进生态文明建设,打造低碳绿色家园

进一步优化生态环境,加快推进南海子公园二期、新城滨河森林公园等生态项目建设,做好南中轴森林公园和永定河绿色生态发展带规划设计和前期工作。落实节约优先

战略，严格执行耕地保护和节约用地制度，加强水资源再生利用。弘扬生态文明理念，倡导绿色低碳生活方式。大力发展绿色经济，加大资源综合利用和循环利用项目扶持力度，引导高耗能、高污染企业有序退出。加快北京经济技术开发区国家生态工业示范园和太阳能光伏发电集中应用示范区建设，推广太阳能、生物质能等清洁能源，改善能源消费结构。强化环境保护，着力做好水、土地、大气、噪声等污染治理。

四、全面加强和改进党的建设

做好2011年工作，为“十二五”开好局、起好步，关键在党的领导。要以提高领导科学发展能力为重点，不断提升党建科学化水平，确保中央大政方针和市委、市政府决策部署的贯彻落实，为新区各项事业发展提供坚强保障。

（一）进一步完善领导体制机制

充分发挥区委的领导核心作用，发挥区人大依法监督、区政府依法行政、区政协民主监督职能，坚持和完善区级领导班子协调运转机制。进一步完善常委会议事规则，推进常委会决策的规范化、制度化和科学化。认真落实党代会常任制、党代会年会、常委会和全委会票决任用党政领导干部、全委会票决重大事项等制度。深化党代表任期制，完善党代表提案提议、联系群众等制度。发挥民主党派作用，落实“凝心聚力”工程，服务科学发展。充分发挥工会、共青团、妇联、人民武装、工商联、民族宗教、红十字会、对台等服务新区发展的重要作用。继续加强离退休老干部的管理服务工作。

（二）切实加强领导班子和干部队伍建设

强化思想作风建设。严格落实《关于进一步加强和改进处级领导班子思想政治建设的意见》。大力弘扬求真务实的作风，倡导超常规工作理念，着力落实“四个明确”。精心组织区镇两级领导班子换届选举。把区镇两级领导班子换届作为明年组织工作的中心任务，认真落实发扬民主、推进改革、严肃纪律三项关键举措，确保换届选举工作有序、健康、平稳进行。深化干部人事制度改革。牢固树立“五个选人用人导向”，认真落实“五个一批”，切实把想干事、能干事、干成事、不出事的干部选拔到领导岗位上来。完善干部选拔任用机制，进一步拓宽选拔干部渠道，改善处级班子整体结构。继续落实“2.3.5百名后备人才”培养工程。重视培养选拔优秀女干部、少数民族干部和党外干部。加大干部学习培训力度。以建设学习型党组织为抓手，深入落实《北京市贯彻〈2010～2020年干部教育培训改革纲要〉实施意见》精神，强化区处两级中心组理论学习，继续深入开展大规模干部培训。加强监督检查，将学习态度、参与程度、学习成果作为评价和使用干部的重要依据。

（三）统筹抓好基层党建

深化创先争优活动。紧紧围绕“推动科学发展、促进社会和谐、服务人民群众、加强基层组织”的目标要求，以庆祝建党90周年为主题，以创建“五个好”先进党组织、争当“五带头”党员为主要内容，拓展活动载体，开展先进基层党组织、优秀共产党员评比表彰活动，坚持把创先争优活动融入到推进项目、融合发展、服务群众、促进和谐等具体工作中。抓好农村党建工作。从强化组织功能、优化组织设置、发挥党员作用、健全保障机制等方面入手，加强搬迁村党组织建设。组织社区党组织与搬迁村党组织开展结对共建活动，推进村级组织向社区组织过渡。健全完善村务运行机制，规范村级组织工作。坚持“两定三评”，研究分类考核办法。探索优秀村干部选聘工作。采取分类、分层培训的办法，加强农村干部培训。完善非选举干部选拔制度。完善各镇党委书记抓农村基层党建工作专项述职制度。强化社会领域、机关、国企党建工作。创新社会领域党建工作，结合推动网格化社会管理、村庄社区化管理，加快社会组织、非公经济组织、商务楼宇的党建工作,尽快实现党的组织、党的工作全覆盖,带动社会服务管理工作的全覆盖。全面推行"在职党员进社区"工作,使党员做到身份亮出来、作用显出来。不断强化机关、事业单位、国企和枢纽型社会组织党建工作。

(四)加大新形势下宣传工作力度

围绕纪念建党90周年,以学习型党组织建设为载体,加强党的历史、理论、经验成就和先进典型的宣传,加强"十二五"时期发展总体要求、目标任务、重要举措的宣传。围绕两区融合发展,重点宣传新区在加快转变经济发展方式、推进改革创新、推进城乡一体化进程、保障和改善民生、生态文明建设等方面的做法和成效。完善新闻发言人制度,进一步加强新闻发言人队伍建设。完善多部门参与的新闻宣传联动机制,提高宣传质量。加强与区外新闻媒体的沟通、合作,提高对社会舆论的引导能力。加强区内重要新闻媒体建设,重视互联网等新兴媒体运用、管理,把握正确舆论导向,提高传播能力。

(五)深入推进反腐倡廉建设

坚持标本兼治、综合治理、惩防并举、注重预防的方针,着力完善惩治和预防腐败体系建设。切实加强反腐倡廉教育和廉政文化建设,筑牢党员干部拒腐防变的思想道德防线。狠抓党风廉政建设责任制,提升廉政风险防范管理工作水平。按照明确职责、规范程序、突出重点、完善制度的要求,加大党务公开力度,坚持做到与政务、厂务、村务公开有机结合、相互促进。继续完善和深化分类分级监督检查办法,强化联动督查机制和网络建设,坚持重点工程、重点项目监督检查全覆盖,确保资金、人员双安全。深入开展教育、医疗、保障性住房等民生问题的专项治理工作,切实解决损害群众利益的问题。畅通行政投诉和信访举报渠道,坚决查处各类违纪违法案件。

各位代表、同志们,在新的更高起点上加快推动新区科学发展,任务更加艰巨,使命更加光荣,前景更加美好。让我们紧密团结在以胡锦涛同志为总书记的党中央周围,高举中国特色社会主义伟大旗帜,在市委的坚强领导下,统一思想、紧抓机遇、改革创新、扎实工作,在推动两区深度融合上取得更大进展,在加快转变经济发展方式上取得更大突破,以优异的成绩迎接中国共产党成立90周年!

北京市大兴区政府工作报告

——2011年1月6日在北京市大兴区第三届人民代表大会第六次会议上

(2010年1月6日)

北京市大兴区区长　李长友

各位代表:

现在,我代表北京市大兴区人民政府,向大会报告政府工作,并对"十二五"规划纲要(草案)作说明,请予审议,并请区政协各位委员提出意见。

一、2010年工作回顾

2010年是全区经济社会发展极为重要的一年。一年来,在市委、市政府和区委领导下，全区人民深入学习实践科学发展观，按照“超常规、高水平、跨越式”发展的要求和“坚持科学发展、走城乡一体化道路，建宜居宜业和谐新大兴”的总体思路，深入推进大兴区和北京经济技术开发区行政资源整合，抢抓城南行动等重大战略机遇，振奋精神，顽强拼搏，攻坚克难，勇于创新，圆满完成区三届五次人代会确定的各项任务，全区经济、政治、文化、社会和生态文明建设迈上了新的台阶。

（一）经济发展方式加快转变，全区综合实力显著增强

认真贯彻市委、市政府各项决策部署，加快转变经济发展方式，推动产业升级，促进项目落地，经济总体实现平稳较快发展。预计地区生产总值比上年增长10%以上；财政收入完成29.9亿元，比上年增长30%，是“十五”末的2.7倍；预计社会消费品零售额完成134亿元，比上年增长16%；固定资产投资完成410亿元，比上年增长15%。高技术制造业和战略性新兴产业发展势头良好，充分发挥北京经济技术开发区龙头带动作用，大兴生物医药产业基地、国家新媒体产业基地等重点产业园区规模效应初显，京东方八代线、中检所、金晶等一批国内外知名企业和检验机构相继开工，新华网等重点项目签约落地，“四个一批”项目建设机制初步形成，高端集聚效应凸显。金融结算、研发服务、商业旅游等第三产业对全区经济的贡献进一步增强，民生银行、王府井百货等金融机构、商业企业正式开业，地铁大兴线沿线生产性服务业项目建设加快推进。建筑业、房地产业不断优化升级，全年完成建筑业产值155亿元，实现房地产业投资额240亿元。对外开放水平不断提高，实际利用外资连续两年超过1亿美元，外贸出口实现29.7亿元，南部高端制造业新区初具雏形。

（二）新农村建设成效明显，农民生产生活条件持续改善

着力促进都市型现代农业与二、三产业融合发展，设施农业、精准农业、观光休闲农业和农产品加工业规模不断壮大。御林古桑园等10个观光园区提升工程加快推进，建成韩风路设施农业产业带，带动周边近2万户农民增收致富，农业的休闲、生态功能进一步拓展。持续深化院区合作，积极推进“科技助农”工程，开展农民实用技术培训6.5万人次，农业科技服务体系不断完善。面向连锁超市和高端市场，积极搭建“农超对接”和网络销售平台，农产品销售渠道进一步拓宽。全面实施新农村“5+3”工程，提前两年基本实现五项基础设施全覆盖，累计完成农村街坊路硬化近1100万平方米，全区35万农民安全饮水问题得到解决，实施土地整理和中低产田改造6.8万亩，太阳能、生物质能等新型能源在农村得到初步推广。全面启动285个村的集体经济产权制度改革，集体林权制度改革有序推进。认真落实“共同致富行动计划”，着力解决低收入农户增收问题，全区低收入农户年人均纯收入增长10%以上。继续实施政策性农业保险，覆盖范围进一步扩大。深化村务公开、村账托管、民主决策，规范农村集体土地承包经营权流转程序，农村民主管理水平不断提高。

（三）城市功能更趋完善，综合承载能力明显提升

着力提升城市品质，基础设施建设实现重大突破，地铁大兴线、亦庄线建成通车，大兴与中心城区的一体化程度进一步深化。高标准完成兴华大街综合改造工程，科学布局沿线景观、绿地、公园和产业，实现“城”与“业”的融合发展，新城形象得到较大改观。着力提高道路通行能力，蒲黄榆快速路、兴亦路、金星路建成通车，全年新建改建道路里程48公里。加快完善市政设施，完成8个小区雨污分流工程，建成九龙、义和庄等4个变电站，黄村垃圾转运站投入使用，城市综合承载能力不断增强。坚持政府主导、农民主体、部门联动、社会参与的原则，着力改善群众生产

生活条件,加快城乡结合部改造建设,率先完成8个市级挂账村拆迁改造工作。年初确定的64个村庄拆迁工作全面启动,完成13700户民宅、511万平方米拆迁任务,最大限度维护群众合法权益,基本实现了和谐无震荡拆迁,探索出全市城乡结合部改造的“大兴经验”。采育、庞各庄、榆垡等重点镇区建设顺利推进,镇区“上承新城、下接新村”的作用不断增强。坚持“建管并重”,切实加强城市管理。围绕社区居民高度关注的生活环境等焦点问题,实施街道、公园、社区“三个一”综合整治工程,得到广大群众普遍拥护。深入开展“百日整治行动”,实施“双千”工程,城市街面秩序、交通秩序、市容环境秩序和社会治安秩序明显好转。加大非法占地、违法建设查处力度,全年共拆除违法建设60万平方米,为经济社会发展营造了良好氛围。

(四)生态文明建设初见成效,城乡环境更加宜居

坚持把生态文明作为“宜居宜业和谐新大兴”建设的基础工程,累计投入45亿元,实施生态景观工程35个,南海子公园一期、地铁文化公园、兴华公园等一批高品质公园建成使用,为广大市民提供更多休闲场所。城市绿地率达到33%,人均绿地面积达到51平方米,比“十五”末均提高6%。高度重视水环境建设,南海子公园、新城滨河森林公园新建水面近2000亩,实现了大兴水景观建设的重大突破。黄村再生水厂等工程顺利推进,城乡水环境得到有效改善。高度重视节能减排,实行生活垃圾分类、密闭、无害化处理,全区垃圾无害化处理率达到89%。加强大气污染防控,全区二级和好于二级的天数达到255天,大兴的天更蓝了。有序关停11家高耗能、高耗水、高污染企业,积极发展循环经济,万元地区生产总值能耗、水耗进一步下降。

(五)社会建设管理取得突破,公共服务不断加强

着力促进经济与社会的协调发展,健全社会建设与管理机构,投入7500万元,完成19个社区办公用房改造提升工程,健全社区警务站、便民超市、健身场所等相关设施,推进“一刻钟社区服务圈”建设,54个老旧小区人防、物防、技防建设得到加强,广大居民切实享受到方便、快捷、放心的服务。圆满完成第八届村委会换届选举工作。认真落实“安置就业有岗位、经营增收有资产、稳定生活有保障、服务管理有组织”的“四有”工作机制,搬迁村农民长远利益得到切实保障。充分发挥基层创造的主动性,全区151个村探索建立村庄社区化管理模式,作为典型经验在全市推广。实施“以补促管”等流动人口服务管理制度,人口宏观调控初见成效。更加注重与广大群众密切相关的教育、卫生、文化等社会事业发展,着力完善硬件设施,提升服务质量。投入5亿元,用于学校、医院、文体设施的新建、改造和加固,全区公共服务设施得到根本改观。与北京师范大学、首都医科大学等首都优质教育医疗资源合作不断深化,全区群众享受到更高水平的教育医疗服务。文化体育事业繁荣发展,“四级”文化工作网络格局进一步巩固。新建“益民书屋”193个,率先实现“村村有书屋”的目标。广泛开展群众体育,积极发展竞技体育,在北京市第13届运动会中取得优异成绩,展现了大兴干部群众良好的精神风貌。完成人口和计划生育各项指标,第六次人口普查工作有序开展。广播电视事业发展迅速,服务经济社会发展能力进一步增强。档案、老龄、红十字会等各项事业健康发展。

(六)社会保障程度不断增强,人民生活质量稳步提高

坚持政府促进就业,加大就业奖励力度,劳动力就业促进机制更加完善。积极开发就业岗位,加大农民就业指导和培训力度,实现农村富余劳动力向二、三产业转移就业1万

人，超过6000名大兴区劳动力到开发区企业就业，群众在两区深度融合中得到更多实惠。认真落实北京市社会保障各项政策，覆盖城乡居民的社会保障体系不断完善，保障水平进一步提高。高度关注中低收入群体的住房困难，建成保障性住房21万平方米，4457户群众住房困难问题得以解决。制定《大兴区回迁安置房建设标准》，切实维护拆迁群众的实际利益。坚持从群众的实际需求出发，努力为群众办理一批重要实事，全面落实"九养政策"和老年优待办法，继续安排专项资金300多万元，为农村低收入家庭、重残人缴纳养老保险，广大群众充分享受到改革发展的成果。千方百计提高群众收入，预计2010年城镇居民人均可支配收入达到24500元，农民人均纯收入达到12100元，分别比"十五"末增长61%、63%。

（七）两区融合不断深化，体制机制创新有序推进

按照"机制新、活力大、效率高"的要求，努力推动大兴区与北京经济技术开发区思想、感情、发展深度融合，促进规划、招商、公共服务等八个方面实现充分对接，政府部门主动服务于开发区发展的意识不断强化，措施更为有力，各项工作超常规推进，圆满完成12平方公里、18个村、近5000户民宅的拆迁工作，开发区发展空间进一步拓宽。坚持政策、标准、品牌、服务四统一原则，整合招商资源，成功引进德信、利亚德等109个重大项目，总投资超过600亿元，两区行政资源整合成效凸显，实现了"1+1>2"的目标。积极争取市级行政审批权限下放，重大项目"绿色通道"审批机制实现常态化，政府行政效率进一步提高。着力推进政府综合服务向基层延伸，健全镇、街道集中审批大厅，企业和群众办事更加便捷。加快推进农村金融综合改革试验区建设，着力拓宽融资渠道，完善融资平台，深化与金融部门合作，小额贷款公司、村镇银行等新型农村金融机构不断发展，为经济社会建设提供有力的资金支持。创新人才机制，立足高端产业发展需求，引进、培养高级专业技术人才近200名。着力提高科技创新能力，实施市级科技重大项目12个。积极开展科普教育活动，群众科学素养进一步提高。着力推进国有企业改制、重组、合作向纵深发展，充分借助市属企业优势，支持国有企业参与经济社会建设，不断壮大企业总体实力，国有企业改革持续深化。高度重视民营企业和中小企业发展，研究建立中小企业信用担保风险补偿机制，民营企业竞争力不断增强。

（八）精神文明建设成效凸显，民主法制不断加强

深入学习实践科学发展观，扎实推进创先争优活动，政府部门落实科学发展观的自觉性和领导科学发展的能力不断增强。紧紧围绕两区融合、产业发展和重点工程建设等方面，深入开展"爱首都、讲文明、树新风"、"争做文明大兴人"等系列精神文明创建活动，全区群众的凝聚力进一步增强。坚持依法行政，强化行政首长出庭应诉制，深入推进政府信息公开，行政执法行为进一步规范。强化廉政风险防范体系建设，政府部门廉洁自律意识不断增强。加大安全生产管理力度，全区安全生产形势良好。加强应急演练，公共突发事件应对和处置水平明显提高。坚持打防并重，始终保持高压态势，全区刑事案件和治安案件发案率持续下降。国防教育、双拥工作和国防后备力量建设得到加强。民族、宗教、侨务、妇女儿童各项事业取得新的成绩。

一年来，区政府及组成部门认真执行区人民代表大会及其常委会的决议，坚持做好向区人大常委会报告专项工作，自觉接受人大依法监督。围绕区人大关于强化城市管理和社区建设两个议案，区政府高度重视，充分借助人大代表、政协委员和干部群众的力量，深入调研，加大投入，高质量办复两个议案，

有力促进了各项工作,取得了良好的社会效益。坚持重大事项主动向区政协协商、通报制度,自觉接受政协民主监督。高度重视代表、委员意见建议,全年共办理人大代表议案、建议和政协提案267件,代表委员满意率超过97%。

各位代表,一年来,全区经济和社会各项事业取得新的成绩,积累了许多宝贵经验,集中体现在以下五个方面:

科学定位是前提。一年来的实践,一条重要的经验就是我们按照市委、市政府的要求,在认真探索的基础上,逐步明确了建设北京南部高技术制造业和战略性新兴产业新区这个定位,利用科学定位统一思想,凝聚人心,进而形成强大的发展动力。

把握机遇是关键。能够及时准确把握机遇并形成竞争优势,是执行力的重要体现。我们在认真分析市情、区情的基础上,准确把握两区整合、城南行动、地铁大兴线、南海子公园和北京新机场落地等重大机遇,找准抓手,及时推进,迅速取得突破,为下一步加快发展创造了条件。

埋头苦干是基础。实干创造机遇,实干赢得尊重。面对严峻的经济形势和艰巨的发展任务,政府部门坚持埋头苦干,顽强拼搏,扎扎实实推进每一项工作,锻炼出一支作风过硬的干部队伍,形成了全区加快发展的良好氛围。

基层创新是动力。实践永无止境,创新永无止境。一年来,各镇、各街道、各部门坚持从实际出发,充分发挥主观能动性和创造性,实践探索出城乡结合部拆迁改造、重点镇区建设、村庄社区化管理、“以补促管”人口调控机制等富有鲜活生命力的典型经验,成为全区干部提振精神、开拓进取的新动力。

团结协作是保障。发展是硬道理,团结是核心竞争力。一年来,全区上下在区委领导下,坚持一盘棋、一条心、一股劲,形成部门联动、无缝衔接、上下一体、共谋发展的良好工作机制,确保了各项工作的圆满完成。

各位代表,这些成绩和经验的取得是市委、市政府和区委正确领导的结果,是区人大依法监督、区政协民主监督及各民主党派、无党派人士、人民团体支持帮助的结果,是两区各部门、各镇及全体干部群众辛勤努力、共同拼搏的结果,是驻区中央、市属单位、驻区院校、部队、企业积极参与的结果。在此,我代表区人民政府表示崇高的敬意和衷心的感谢!

在看到成绩的同时,我们也清醒地认识到,前进中还存在不少困难和不足,主要是:区域竞争日趋激烈,迫切要求做大做强经济总量,加快转变经济发展方式,注重创新驱动,切实提高核心竞争力;农业、农村、农民问题依然突出,农村基础设施和公共服务相对滞后,农民持续增收的长效机制还未形成;围绕转非安置,“四有”工作机制还需进一步深化,推进城镇化和城乡一体化任重而道远;人口、资源、环境矛盾日益显现,建设资源节约型和环境友好型社会压力很大;城市管理和社会服务管理还需创新,全区软、硬环境建设还需进一步加强。对此,我们必须抓住难得的发展机遇,以更加奋发有为的精神,下大力气破解全区发展面临的难题,在更高水平上推动全区的科学发展。

二、2011年工作重点

2011年是实施“十二五”规划的开局之年,是两区深度融合的关键之年。做好2011年各项工作,意义十分重大。必须全面贯彻党的十七届五中全会、中央经济工作会和市委十届八次全会精神,按照区委“统一思想、紧抓机遇、改革创新、扎实工作”的总体要求,坚持以科学发展观统领全局,抢抓重大历史机遇,突出发展的质量和效益,实现产业跨越,提升新城品质,推动低碳绿色,创新服务管理,促进民生改善,着力推进北京南部高技术制造业和战略性新兴产业聚集区建设,打造“北京创造”品牌,占领产业发展高端,为全区经济社会实现跨越式发展奠定坚实的基础。

2011年全区经济发展主要预期目标是：地区生产总值比上年增长10%；财政收入比上年增长12%；社会消费品零售额比上年增长12%；城镇居民人均可支配收入比上年增长8%；农民人均纯收入比上年增长8%；万元地区生产总值能耗、水耗不断降低。

为圆满完成各项任务目标，重点做好以下工作：

（一）着力推动高端集聚，促进产业发展实现新跨越

立足优化产业结构，着力转变经济发展方式，大力发展高技术制造业和战略性新兴产业，实现主导产业高端、集聚、循环发展。按照“优化一产、做强二产、做大三产”的总体要求，着力“做强二产”，注重“做大三产”，促进金融研发、服务外包等生产性服务业发展壮大，促进三次产业融合发展。

加快拓展产业空间。按照“一区六园”产业空间发展格局，着力拓展北京经济技术开发区和生物医药产业基地、新能源汽车基地等专业园区发展空间，为重大项目落地创造条件。

积极推进项目建设。坚持政策、标准、品牌、服务四个统一，突出项目质量和效益，不断完善项目评审和准入机制，提高单位土地贡献率，着力吸引高端大项目入区。加快推进京东方八代线、中检所、以岭二期、同仁堂等项目建设，确保金晶等建成投产，新能源汽车及零部件项目实现规模化生产，尽快形成经济效益。集聚发展地铁大兴线沿线服务业，充分发挥生产性服务业大厦的平台作用，吸引高端服务业项目入区，促进宜家项目建设，提升新城商业品质。制定相关政策，引导企业调整产业和产品结构，提高市场竞争力。高度重视企业上市工作，按照“近期扶持一批、中期培育一批、远期规划一批”的思路，力争年内企业上市取得新的进展。

不断完善配套设施。继续安排2亿元财政专项资金，引导支持各专业园区不断完善道路、水、电、气、热等各项配套基础设施，增强承载能力。立足淘汰落后产能，清理和规范一批小散低劣企业，力争年内腾退低端产业用地1000亩，为高端项目落地创造条件。

高度重视节能减排。坚持低碳、循环发展理念，集约、节约利用土地等各类资源，大力发展高端、高效、高辐射产业，引导产业集群发展。着力促进高耗能、高耗水、高污染企业有序退出。强化工程减排，加快推进黄村再生水厂和瀛海污水处理厂建设。加大垃圾减量、分类工作力度，努力实现垃圾资源化、减量化、无害化的目标。认真做好大气污染防控工作，确保空气质量二级和好于二级天数增长与全市同步。

夯实北京新机场建设基础工作。配合国家和北京市有关部门，按照新机场规划建设要求，全力做好新机场选址范围限控和相关准备工作。着力发展临空经济等新兴产业，提前启动招商选资，做好项目储备，努力培育全区经济发展新的增长点。

（二）着力完善城市功能，促进新城品质得到新提升

必须坚持“规、建、管”并举，统筹兼顾新城区建设拓展和建成区改造提升，不断完善城市功能，增强综合承载能力，提升城市品质，展现新区良好形象。

坚持规划引领。按照亦庄新城规划、大兴新城规划总体要求，完善城市空间结构，增强城市综合服务能力，实现功能互补，促进“城”与“业”协调发展。坚持精品理念，发挥大兴建筑艺术委员会作用，着力深化街区专项规划，形成整体协调、富有特色的城市建筑精品。科学布局周边产业、服务和配套设施，编制完善新航城建设规划。

建设宜居宜业新城。坚持高水平设计、高质量建设原则，加快启动大兴新城核心区建设，努力建设靓丽新区。着力打造城市精

品,科学规划、合理布局、有序推进地铁沿线产业、居住项目建设,提升大兴新城整体形象。合理疏解大兴新城建成区功能,实施兴丰大街和京开公路沿线整治建设工程,推进老旧小区改造,促进大兴新城建成区管理升级、环境改善、品质提升、宜居宜业。坚持位置、标准、质量、风格与周边商品房一致的原则,高度重视回迁楼建设。立足完善亦庄新城相关配套服务功能,统筹规划旧宫地区、南海子公园周边区域基础设施、公共服务设施建设,做到功能互补,为广大居民提供一流的服务。

切实加强城市管理。推进网格化管理制度,形成科学有效的精细化常态管理模式,着力提高城市管理水平。围绕改善新城交通状况,着力打通大兴新城与中心城区连接线,年内完成马西路南延、万寿路南延、兴华大街南延等道路建设,实施"两路两桥"建设改造工程,切实提高通行能力。科学规划地铁与公交换乘接驳,进一步方便群众出行。采取购买、租赁、合作等多种形式,探索大兴新城东片区环境综合整治途径,力争年内取得实质性进展。强化属地管理职责,进一步理顺管理体制机制,整合执法资源,加大执法力度,严厉查处非法占地、违法建设,加大对突击建房、侵街占道等违法行为的整治力度,努力营造良好的发展环境。

(三)着力强化统筹联动,促进城乡一体化迈出新步伐

加快完善农村基础设施和公共服务设施,改善农村生产生活条件,有序推进重点镇区建设,促进城镇与农村统筹联动发展,加速全区城乡一体化进程。

加快城乡结合部改造和新市镇建设。坚持把城乡结合部改造作为实现城乡一体化的突破口,努力推进旧宫、黄村、西红门等地区城市化进程。结合各镇产业特色,加快镇区发展,年内启动魏善庄、安定镇区建设,带动区域逐步实现城镇化。

促进农业产业结构调整。加快农业产业结构战略性调整,加大经济林产业、农产品加工业、籽种农业、观光休闲农业扶持力度,着力拓展农业的生态、旅游、休闲功能,提高农业附加值。继续实施"科技助农"工程,完善农业服务体系,促进农业高端化发展。

深入推进农村改革发展。加快200个村集体经济产权制度改革,探索多种集体资产经营模式,进一步规范农村土地承包经营权流转程序,推进整建制转居村集体资产处置工作,确保群众长期收益。加大民族村经济社会发展支持力度。

加强生态文明建设。认真做好永定河绿色生态发展带和南中轴森林公园前期规划工作,加快推进南海子公园二期工程建设,确保大兴新城滨河森林公园年内开园。更加重视绿化细节和品质,切实建成一批小公园、小绿地、小景观,让绿色遍布社区。探索立体绿化思路,在新城地区适度增加乔木、灌木种植,让森林走进城市。大力改善水环境,加快天堂河、新凤河等河道治理,做好南水北调工程建设相关配合工作,为全区经济社会发展提供良好的生态保障。

突出抓好城乡环境。环境是品牌,环境是形象,环境更是一个地区核心竞争力的重要内容。必须强化"环境的产权属于每一个大兴人"的理念,形成"人人抓环境、个个树形象"的良好氛围。坚持集中治理整顿与建立长效机制并举,进一步明确行业、属地责任,强化"门前三包"等制度建设,突出抓好公共场所、道路、铁路、河道沿线整治工作,打造整洁靓丽的城乡环境。

(四)着力引导基层创造,促进民生改善取得新进展

坚持以人为本,高度重视事关群众切身利益的民生问题,着力提高公共服务和社会保障水平,更加注重基层创造,不断加强社会建设与管理,加快构建宜居宜业和谐新大兴。

高度重视就业工作。坚持政府促进就

业，继续安排财政专项资金，用于奖励和支持就业工作。加强政策引导，完善就业服务体系，围绕产业园区和重大项目建设，实现全区劳动力资源状况、入区企业建设情况和用工需求情况“三个早知道”，不断提高就业服务水平。积极开发就业岗位，年内实现农村富余劳动力向二、三产业转移 1 万人以上。着力做好拆迁转非劳动力就业工作，针对实际需求，大力开展就业指导和职业技能培训，力争实现充分就业。认真做好残疾人就业工作，提高就业技能，促进社会和谐。

提高社会保障水平。认真落实城乡居民养老保险、“新农合”、城乡低保和城镇居民基本医疗保险制度，提高保障水平，扩大覆盖范围，逐步建立统筹城乡的社会保障体系，稳步推进公费医疗制度向基本医疗保险制度过渡。加大住房保障力度，努力改善困难群众住房条件。提高城乡社会救助水平，推进社会福利中心建设，搭建三级救助网络，着力改善和保障民生。

增强公共服务能力。坚持教育优先发展战略，落实北京市学前教育三年行动计划，启动大兴十幼等 5 所幼儿园建设，不断满足学前教育需求。完成大兴新城北区九年一贯制等学校建设，继续实施中小学校舍抗震加固工程。加强教师队伍建设，强化师德教育，提高教育质量。着力改善群众就医条件，确保疾控中心和监督所投入使用，做好广安门医院南区建设筹备工作。推进医药卫生体制改革，按照“社区首诊、分级就诊、双向转诊、康复在社区”的要求，着力提升基层医疗服务水平，逐步建立二级医院医护人员进农村、进社区的长效机制。完善公共卫生服务体系，提高突发公共卫生事件应急处置能力。坚持计划生育基本国策，稳定低生育水平，提高人口素质。不断完善城乡公共文化和体育设施，启动重点镇文体活动中心建设，更好的满足群众需求。

加强社会建设管理。完善亦庄新城范围内街道社区管理机构，着力增强公共服务能力。加强新型社区建设，改善社区办公环境，提高社区服务管理水平。认真落实区委关于社区建设“三个一”工程，不断改善居民生活环境。深化“四有”工作机制，着力解决好搬迁村群众安置、转非、就业等实际问题，切实保障群众长远利益。全面推行村庄社区化管理，坚持分类指导，着力在丰富内涵、提升服务水平上下功夫，做到村内向村外延伸、硬件向软件延伸、管理向服务延伸，实现村庄社区化管理全覆盖。完善“以补促管”机制，提高流动人口服务管理水平，逐步形成与经济社会发展相适应的人口结构。

高度重视安全稳定。加大生产、食品、交通等安全监管力度，建立校园安全管理长效机制，加强消防应急演练，强化地下空间管理，创新监管机制，积极推进分级分类企业安全生产管理系统应用工程和安全社区试点工作，有效防止重特大安全事故发生。完善突发公共事件应急机制，形成规范有序、保障有力的应急管理体系。严厉打击各种刑事犯罪，加强社会治安综合治理，健全网格化社会治安防控体系，推进“科技创安”工程，切实维护长期稳定的社会局面，为全区经济社会发展创造良好的治安环境。高度重视价格监管工作，保持物价水平基本稳定和市场供应平稳有序。进一步拓宽社情民意反映渠道，完善信访工作机制，加强基层调解，及时梳理群众反映的各类问题，着力从源头上预防和减少矛盾，逐步形成解决群众问题的长效机制，促进社会和谐。

（五）着力创新体制机制，促进改革开放实现新突破

实现新区“超常规、高水平、跨越式”发展，必须在体制机制创新上下功夫，增强创新驱动能力，进一步提高改革开放水平。

深度推进两区融合。围绕市级审批权限下放，着力推进两区各项工作全方位对接，固化相关工作机制，实现思想、感情、发展的深

度融合。突出“北京·亦庄”品牌,进一步创新招商机制,提高招商选资水平。创新开发模式,促进北京经济技术开发总公司实施各专业园区一级开发,提高专业园区的承载能力。进一步发挥大兴区资源空间、社会管理、公共服务等优势,着力提升服务水平。

促进投融资体制改革。发挥农村金融综合改革试验区先行先试作用,积极培育发展新型农村金融机构,促进农村金融要素集聚,建立与农村发展需求相适应的金融体系。强化区级融资平台担保作用,进一步拓宽融资渠道,为全区产业发展、基础设施建设和重大项目推进提供有力的资金支持。

着力做大做强国有企业。支持区属国有企业与中央、市属企业充分对接,积极参与区内外重大基础设施建设,进一步提高国有企业市场竞争力。着力完善国有企业法人治理结构,提高经营管理水平,促进国有企业发展壮大。

支持民营企业和中小企业加快发展。紧紧围绕民营企业和中小企业“融资难”等实际问题,探索建立金融担保支持机制,帮助企业扩大再生产,逐步形成多种经济形式相互促进、共同发展的良好环境。

创新人才培养使用机制。围绕产业发展需求,积极引进和培养产业急需的高层次专业技术技能和管理人才,搭建人才交流与合作平台,为全区经济社会发展提供智力支持。努力创造良好的人才发展环境,激发人才的创新、创造活力。鼓励科技创新,完善扶持政策,营造创新发展的良好氛围。

(六)着力加快职能转变,促进政府自身建设适应新要求

坚决执行区人大及其常委会决定、决议,自觉接受人大依法监督和政协民主监督。坚持重大事项向人大常委会报告制度和政协协商、通报制度。认真办理人大代表议案、建议和政协提案。贯彻落实国务院《关于加强法治政府建设的意见》,提高政府依法行政水平。立足转变政府职能,强化社会管理和公共服务,加快镇级政府机构改革。严格执行党风廉政建设各项规定,加大廉政风险防范措施落实力度,做到用制度管权、管事、管人。抓好工程建设领域专项治理,强化政府资金使用决策和流向管理。做好增收节支工作,减少行政性开支,进一步健全支出约束机制,提高资金使用效率,促进经济发展和民生改善。

面对全年艰巨的发展任务,政府部门必须切实加强自身建设,增强服务能力,在国际视野、沟通能力、创新意识、拼搏精神、服务理念上下功夫,努力建立一支与新区发展相适应的公务员队伍。

必须具备更加开阔的国际视野。实现新区一体化、高端化、国际化发展,必须进一步开阔视野、更新观念,熟悉国际通行规则,丰富参与国际合作经验,掌握市场经济理论,增强领导科学发展的能力。

必须具备更加出色的沟通能力。从当前情况看,出色的沟通能力集中表现为提高做好群众工作的能力,必须正确处理不同利益群体的关系,善于运用说服教育、示范引领和提供服务等方法把群众工作做深、做细、做实,组织带领、凝聚激励广大群众共同建设美好家园。

必须具备更加强烈的创新意识。面临全区城镇化、产业化快速推进的重大机遇,必须充分发挥大兴基层创造的积极性和主动性,以创新求得突破,以创新促进发展,科学处理好改革、发展、稳定等重大问题,促进全区各项工作迈上新的台阶。

必须具备更加顽强的拼搏精神。拼搏是一种昂扬向上的精神状态,更是一种顽强的工作作风。面对前进中的困难,必须树立顽强的拼搏意识,始终保持攻坚克难的精神状态,不畏难、不抱怨,不推诿、不松懈,埋头苦干,以脚踏实地的干劲、以追求卓越的精神促进全区经济社会实现跨越式发展。

必须具备更加超前的服务理念。服务是宗旨,更是责任。政府部门必须切实提高服务水平和服务质量,把解决群众反映的问题和基层遇到的难题,作为政府工作的重中之重,为基层和广大群众提供更加便捷、高效的服务,以一流的服务打造品牌,以一流的服务提高效率,以一流的服务提升政府公信力和执行力。

三、关于《大兴区国民经济和社会发展第十二个五年规划纲要(草案)》的说明

区委三届十一次全会通过的《关于制定大兴区国民经济和社会发展第十二个五年规划的建议》,提出了未来五年全区经济社会发展的指导思想、发展目标和主要任务。根据《建议》要求,区政府制定了《北京市大兴区国民经济和社会发展第十二个五年规划纲要(草案)》,已提请大会审议。下面,简要说明几个问题。

(一)关于"十二五"规划《纲要(草案)》的编制过程和主要特点。

区委、区政府高度重视"十二五"规划编制工作。根据区委总体安排,区政府成立了规划编制领导小组,按照"政府主导、专家领衔、部门合作、公众参与、科学决策、依法办事"的原则,从去年4月份启动编制工作。组织有关部门、研究机构对事关全区发展的重大问题进行专题研究,多次召开专题会议听取汇报。区人大常委会、区政协组织代表、委员深入调研,提出重要的意见建议,为规划编制工作奠定了良好基础。《纲要(草案)》初步形成后,区委多次召开专题会议,对一系列重大问题进行研究决策。《纲要(草案)》广泛征求了人大代表、政协委员、各民主党派和"两区"各部门、各镇、各街道负责同志,以及专家学者、老同志、驻区中央市属单位、驻区部队的意见,认真吸收了全区群众大量建议和意见。应该说,《纲要(草案)》的编制过程,是充分发扬民主、集思广益、科学决策的过程。

《纲要(草案)》力求反映社会主义市场经济发展和改革开放新形势的要求,体现宏观性、战略性。在规划内容上,注重解决制约全区发展的突出矛盾和问题,研究提出实现目标的具体路径、措施和重大项目,突出规划的可操作性。在规划指标上,紧扣科学发展主题,注重增加社会发展、绿色发展、创新发展等专项指标,增强了规划的战略性和指导性。在语言风格上,注重文本创新,采用愿景描述,力求让群众愿意读、读得懂,使规划起到凝聚共识、鼓舞人心的作用,充分调动全社会共同实施规划的积极性。

(二)"十一五"时期大兴区经济社会发展的主要情况

"十一五"时期是大兴区发展史上极不平凡的五年。在市委、市政府和区委领导下,全区人民深入学习实践科学发展观,以昂扬的斗志和过硬的作风,圆满完成北京奥运会和新中国成立60周年庆祝活动服务保障任务,实现了"十一五"时期经济社会发展的各项目标,全区发展进入一个新的历史阶段!

经济总量实现新的跨越。成功应对国际金融危机,保持了全区经济平稳较快发展的良好势头。五年累计完成全社会固定资产投资超过1100亿元,全区经济保持年均14%以上的增幅,经济结构不断优化,经济增长的质量和效益显著提高。

社会建设取得重大突破。公共服务水平不断提升,区文化馆、影剧院、少年宫和妇女儿童活动中心、农村文化大院等文化服务设施建成投入使用,与首都优质教育、医疗资源对接合作不断深化。搬迁农民"四有"保障机制初步建立,覆盖城乡的社会保障水平逐渐提高。在全市创造了村庄社区化管理新模式,社会管理更加规范有序。

城乡总体面貌焕然一新。深入落实"城南行动计划",地铁大兴线、亦庄线等一批重大基础设施建成投入使用,全区基础设施整体水平大幅提升。生态环境建设成效凸显,南海子公园、凉水河改造、新城集中供热等重大工程圆满完成。城乡一体化加速推进,新城建设、城乡结合部拆迁改造和新农村建设取得阶段性成果,城乡面貌和人民生活明显改善。群众文明程度显著提高,爱大兴、建大兴的热情进一步高涨,成为推动全区经济社会发展的巨大力量源泉。

体制机制创新深入推进。坚决落实市委、市政府重大决策部署,积极推进两区行政资源整合,实现优势互补,放大政策品牌效应,为经济社会发展注入了强大动力。各项改革有序推进,发展活力进一步增强。

实践证明,过去的五年,是全区发展史上具有里程碑意义的五年,是发展最快、质量最高、城乡面貌变化最大、人民群众得到实惠最多的时期之一。五年取得的成绩来之不易,积累的经验弥足珍贵,创造的精神财富影响深远,为"十二五"建设发展奠定了坚实的基础。

(三)"十二五"时期大兴区经济社会发展的指导思想、总体定位、空间格局和发展目标

《纲要(草案)》根据《中共北京市大兴区委关于制定大兴区国民经济和社会发展第十二个五年规划的建议》,提出今后五年全区经济社会发展总的指导思想是:高举中国特色社会主义伟大旗帜,以邓小平理论和"三个代表"重要思想为指导,深入贯彻落实科学发展观,以科学发展为主题,以加快转变经济发展方式为主线,按照"人文北京、科技北京、绿色北京"战略和向中国特色世界城市迈进的要求,突出跨越发展,突出创新驱动,突出民生为本,突出绿色保障,走一体化、高端化、国际化道路,建设宜居宜业和谐新大兴。

《纲要(草案)》根据市委、市政府的战略部署和大兴区的区位特点,确定了"战略产业新区、区域发展支点、创新驱动前沿、低碳绿色家园"这一总体定位。立足北京市赋予大兴区的功能定位,努力建设成为北京南部高技术制造业和战略性新兴产业聚集区。根据国家推进京津冀区域统筹发展战略,成为区域发展的重要枢纽和支撑。围绕转变发展方式,先行先试,探索与战略性新兴产业发展相适应的体制机制。突出低碳和可持续发展理念,着力建设绿色大兴。

《纲要(草案)》把未来五年以至更长时期,大兴区的区域空间格局确定为"三城、三带、一轴、多点、网络化"。"三城",就是快速推进大兴新城和亦庄新城的发展,结合新航城规划建设,打造功能互补、联动发展、国际化承载能力显著提升的新城市群。"三带",就是依托京津塘高速沿线发展带、京开高速沿线和永定河绿色生态发展带、南六环沿线发展带,构筑连接天津、河北和北京南部地区的区域发展走廊。"一轴"就是围绕"生态绿轴、文化中轴"的定位,对南中轴实施保护性开发,打造以生态涵养和文化创意产业发展为主体的功能轴线。"多点",就是以四个重点小城镇和产业功能区为节点,促进人口和产业有序聚集,建设高标准、有特色的新市镇。"网络化",就是通过基础设施、产业设施等合理布局,实现区域内"城、带、轴、点"的有机衔接和紧密结合,形成网络化、一体化发展新格局。

"十二五"时期总体发展目标是:坚持科学发展,走一体化、高端化、国际化道路,建设宜居宜业和谐新大兴。地区生产总值年均增长10%,地方财政收入年均增长12%,城镇居民人均可支配收入年均增长8%,农民人均纯收入年均增长8%。

(四)"十二五"时期大兴区经济社会发展的主要任务

按照市委、市政府关于"十二五"时期本区着力打造北京南部高技术制造业和战略性新兴产业聚集区的要求,《纲要(草案)》对未来五年大兴区的重点工作提出了明确的任务及措施。

第一、坚持加快产业结构调整和发展方式转变,推动全区经济实现跨越式发展。着

力优化产业结构，大力发展环境一产、高效一产、特色一产。立足打造"北京创造"主阵地，占领北京现代制造业发展高端。认真落实"北京服务"战略，推动第三产业发展壮大和优化升级。引导形成十大产业集群，壮大电子信息、汽车制造、生物医药、装备制造四大主导产业，加快发展新能源和新材料、航空航天、文化创意三大新兴产业，有效提高生产性服务业、科技创新服务业和都市产业三大支撑产业的比重和水平，为产业创新和城镇化提供支撑。加快推进开发区扩区，完善基础设施和配套设施，增强对高端项目的吸附力，辐射带动生物医药产业园、新媒体产业园、生产性服务业产业园、新能源汽车产业园、军民结合产业园、新空港产业园六大专业园区协同发展壮大。实行更加严格的产业准入、资源利用和环境约束标准，推进产业升级和发展方式转变，促进经济循环发展。

第二、坚持改善农村生产生活条件和促进农民持续增收，全力推进城乡一体化发展。按照"把握重点、有序推进"的原则，实施村庄拆迁改造，力争"十二五"末全区城镇化率达到80%。完善农村基础设施，推进城市基础设施向农村延伸，不断加强农村路网建设，提升农村地区公共服务设施水平。推进都市农业发展，充分发挥都市农业在促进生态建设、产业发展和农民增收方面的重要作用，努力实现都市农业经济效益和生态效益的有机结合。着力加快农民增收步伐，坚持"减少农民、富裕农民"，促进农业规模化、集约化经营，着力推进农村富余劳动力向二、三产业转移，加快农村集体经济产权制度改革，持续增加农民收入。

第三、坚持优化城市空间结构和完善功能，增强城市综合承载能力。紧紧围绕城市基础设施建设和完善功能，着力提升亦庄新城、大兴新城的城市品质和综合服务能力，有效承接中心城区功能转移。高标准制定新航城发展规划，加快启动北京新机场选址区域基础设施建设，提升国际化水平。推动庞各庄、魏善庄、安定和采育镇区开发，突出特色，打造高标准、现代化、有特色新市镇，辐射带动区域实现城镇化。着力完善基础设施，立足提升道路通行能力，完善主干路网和微循环体系。加快电力设施、污水处理设施建设，提高资源能源基础设施水平。切实加强城市管理，以城市网格化管理为手段，促进城市运行管理的精细化和智能化，提高日常管理水平。

第四、坚持提高保障水平和持续改善民生，提升政府公共服务水平。着力提高就业质量，坚持更加积极的就业政策，多形式、多渠道开发就业岗位，加大培训力度，提高农民到二、三产业特别是高端新兴产业就业的能力。建立覆盖城乡的社会保障体系，创新医疗保险、社会救助、养老服务、住房保障等方面体制机制，探索建立不同社会保险制度相互衔接的基础平台，实现人人享有社会保障的目标。大力促进教育均衡发展，强化政府学前教育管理职责，统筹优化中小学教育资源配置，引进优质教育资源。努力促进职业教育与区域产业发展相结合，为产业发展培养专门技术人才。深入推进医药卫生体制改革，充分借助首都丰富的医疗资源，通过设立分院、开展交流合作等多种方式，提升医疗服务水平。不断增强文化软实力，坚持继承与发展并重，注重新区文化建设，突出大兴特色，丰富文化内涵。大力发展文化事业和文化产业，实现公共文化设施全覆盖，着力打造人文新区。

第五、坚持创新社会管理和扎实推进基层基础工作，促进社会建设迈上新的台阶。深化"四有"工作机制，有效解决搬迁群众就业、持续增收、社会保障等问题。提高社区服务水平，加强公益性社会组织和服务设施建设，推动政府部分社会服务管理职责向社会组织转移。创新社会管理机制，围绕提高城乡居民文明程度，完善村庄社区化管理模式。强化人口服务管理，逐步形成与城市可持续发展和城市功能相适应的人口发展格局。坚持预防为主，建立完善应急管理机制，增强公共安全基础设施抗灾和快速恢复能力,提高预防、应对和处置突发公共事件的水平。

第六、坚持资源节约和低碳绿色发展理念,增强经济社会可持续发展能力。必须实现资源节约、环境保护和经济社会协调发展,不断加强生态保护和环境治理,为宜居宜业和谐新大兴建设提供生态保障。以资源节约和新能源开发利用为核心,重点扶持资源循环利用的重大项目和技术示范产业化项目。实施新农村新能源示范工程,加快太阳能、生物质能等新能源的推广和利用。高度重视节能减排,深入推进居住社区和公共建筑节能,减少碳排放。按照"一轴、两带、三环、多园、多廊"的目标,高质量、高水平规划建设重大生态工程,加强绿化美化工作,提高全区整体生态水平,打造生态园林新区。

第七、坚持创新驱动和人才强区战略,建立适应科学发展要求的体制机制。深化行政管理体制改革,深入推进两区行政资源整合,加强多方面、多层次融合。分类推进事业单位改革,增强事业单位发展活力。着力完善产业促进政策,推动重大项目落地和企业发展壮大。加快投融资体制改革,为产业发展提供持续资金保障。以农村金融综合改革试验区建设为契机,建立多层次的农村金融服务机构。强化信用平台建设,不断规范政府投资行为。坚持人才强区,按照"一体化、高端化、国际化"要求,制定开放的人才政策,加大培养、引进力度,促进高端人才集聚。

各位代表!党的十七届五中全会和中央经济工作会议为我们指明了前进的方向,"十二五"规划为我们展现了一幅壮丽的宏伟蓝图。我们的任务更加艰巨,使命更加光荣,前景更加美好!让我们紧密团结在以胡锦涛同志为总书记的党中央周围,高举中国特色社会主义伟大旗帜,以邓小平理论和"三个代表"重要思想为指导,深入贯彻落实科学发展观,在市委、市政府和区委正确领导下,在区人大依法监督和区政协民主监督支持下,统一思想,紧抓机遇,改革创新,扎实工作,为圆满完成全年各项任务而努力奋斗!

政府工作报告有关名词解释和说明:

一、关于数据说明

政府工作报告中使用的数据,其中"2010年工作回顾"、"2011年工作重点"两部分及"'十一五'时期大兴区经济社会发展的主要情况"全部是大兴区的数据,不包括北京经济技术开发区有关数据。

"十二五"时期主要指标,即:地区生产总值年均增长10%、地方财政收入年均增长12%、城镇居民人均可支配收入年均增长8%、农民人均纯收入年均增长8%,是两区经济社会发展指标。

二、有关名词解释

1. 四个一批:指在项目建设上,投产见效一批、开工建设一批、签约在谈一批、跟踪储备一批。

2. 农超对接:指通过农户、合作组织和商家签订意向性协议书,向超市和便民店直供农产品,促进优质农产品向超市、高端市场流通。

3. "三个一"综合整治工程:指在各个街道办事处实施的一条样板街道、一个标准化社区和一个标准化街心公园建设,切实改善群众生活环境,提升城市形象。

4. "双千"工程:指由政府投资1000万元,招用1000名保洁员,对辖区公路、铁路、河道沿线可视范围内捡拾漂浮物、清理小广告。

5. 一刻钟社区服务圈:指通过优化社区周边商业网点布局等多种举措,使社区居民步行一刻钟内即可满足商业、生活、文体娱乐等方面的服务需求。

6. 村庄社区化管理:指以提高村庄社会管理能力和公共服务水平为目标,借鉴城市社区管理经验,参照城市社区的相关标准,对村庄进行社区化改造,发挥组织建设、公共管理、维护稳定、服务群众等综合功能的一种创新性社会管理模式。

7. 以补促管:指通过规范房屋租赁市场

秩序,引导村(居)民有序出租房屋,保障出租人和承租人合法权益的一种综合措施。

8. 九养政策:《北京市市民居家养老(助残)服务(“九养”)办法》,从2010年起,建立万名“孝星”评选表彰制度、居家养老(助残)券服务制度和百岁老人补助医疗制度、建立城乡社区(村)养老(助残)餐桌、建立城乡社区(村)托老(残)所、招聘居家服务养老(助残)员、配备养老(助残)无障碍服务车、开展养老(助残)精神关怀服务、实施家庭无障碍设施改造、为老年人(残疾人)配备“小帮手”电子服务器九项养老助残措施,以此构建北京市居家养老服务助残体系。

9. 两路两桥:“两路”指京开高速公路景观工程、兴丰大街改造工程;“两桥”指黄村大街与兴丰大街路口过街天桥、火神庙商业街过街天桥。

10. 道路微循环体系:指通过完善优化干道网络以外的窄巷、小街以及便道等道路,达到干道网络分流,缓解交通拥堵的目的。

11. 城市网格化管理:指以社区为单位,按照权属和服务管理人口数量等要素划分工作网格,将人、地、物、事、组织、服务资源、管理项目等全部纳入工作网格之中,明确责任主体、责任人,统一进行分级、分类管理。

12. 城镇化率:又称城市化率、城市化度、城市化水平或城市化指标。是一个国家或地区经济发展的重要标志,也是衡量一个国家或地区社会组织程度和管理水平的重要标志。城镇化率通常用市人口和镇人口占全部人口百分比来表示,用于反映人口向城市聚集的过程和聚集程度。

北京市大兴区人大常委会工作报告

——在北京市大兴区第三届人民代表大会第六次会议上

(2011年1月7日)

北京市大兴区人大常委会主任　张书领

各位代表:

我受大兴区第三届人民代表大会常务委员会委托,向大会报告工作,请予审议。

2010年的主要工作

2010年,本区人民代表大会制度建设和人大工作取得重要进展。区委召开第三次人大工作会议,充分肯定了人民代表大会制度在全区改革建设事业中发挥的巨大作用,对新形势下坚持和完善人民代表大会制度,支持人大及其常委会依法履行职能,进一步做好人大工作作出了重要部署,增强了全区各级党组织、国家机关和广大人民群众坚持和完善人民代表大会制度的自觉性和坚定性。一年来,区人大常委会在区委的领导下,认真贯彻执行区人大三届五次会议决议,按照“同心、同向、同步”的工作原则,依法有效履行职能。全年共召开常委会会议7次、主任会议28次,主任专题会议和代表专题会议6次,组织代表开展执法检查、视察16次。听取和审议"一府两院"专项工作报告16项,提出审议意见80余条,依法作出4项决定。任免国家机关工作人员66人次,其中人大常委会工作机构负责人11人次,区政府工作人员27人次,"两院"工作人员28人次,全面完成了区人大三届五次会议确定的各项工作任务,为推进全区经济社会科学发展发挥了重要作用,做出了积极贡献。

一、积极发挥人大职能作用,保证和推动全区经济平稳较快发展

过去的一年,常委会围绕经济发展大局,积极发挥职能作用,有效推动了经济工作。

(一)加强对经济运行情况的监督,推动全区经济实现较快发展

高度关注全区经济社会发展态势。听取审议了区政府关于国民经济和社会发展计划执行情况的报告。会前,常委会围绕科学发展、结构调整、财政税收、改善民生等问题进行深入调研,建议充分发挥北京经济技术开发区对全区经济的引领带动作用,高水平建设北京南部高技术制造业和战略性新兴产业聚集区;做大经济总量,转变经济发展方式,增强核心竞争力;妥善处理人口、资源、环境矛盾,确保城乡建设可持续发展。区政府进一步加大新兴产业规划的调整力度、加快产业新区建设、加速推进城乡一体化进程,全区经济实现平稳较快发展,投资规模、投资效益和经济总量均达到历史最好水平。

(二)加强对政府重大投资项目的监督,提高政府投资的经济效益和社会效益

围绕政府重大投资这一关系发展全局的关键问题,常委会听取审议了区政府2010年区级政府投资计划安排情况的报告。对政府投资的120个重点项目进行了认真审议,就投资方向、投资规模、投资结构提出审议意见。下半年,专项听取了区政府投资计划执行情况的报告,要求政府相关部门完善投资决策机制,增强计划执行力度,加强对完工项目的审计和绩效考核,确保资金使用效益,充分发挥政府投资在促进经济平稳较快发展中的辐射带动和支撑保障作用。

(三)加强对城南发展行动计划落实情况的监督,促进全区超常规、高水平、跨越式发展

城南发展行动计划是市委、市政府统筹协调发展的重要举措,给本区带来了重大历史发展机遇。2010年是计划实施的第一年。区人大常委会在深入调研、视察的基础上,围绕基础设施、公共服务和产业园区、生态环境等方面建设情况,听取审议了区政府专项工作报告。要求相关部门进一步加强领导,增强合力,突出重点,明确责任,确保计划扎实推进。要将落实城南发展行动计划同制定实施"十二五"规划、区级政府投资计划统筹安排,做到着手落实一批项目,推动发展一批项目,超前谋划研究一批项目。城南发展行动计划实施一年来,区政府紧抓机遇,加大工作力度,地铁大兴线、跨区交通通道、区内主干道路建设加快推进;南海子公园等一批公园相继投入使用;节能减排、水系治理、供电供热等一批重大工程开工建设,全区环境面貌进一步改善,对高端要素吸附力进一步增强。

二、突出重点,改进方式,增强监督工作实效

以关系全区改革发展稳定大局和关系民生的突出问题为着力点,按照该做能做,有用有效的工作要求,不断改进完善工作方式,保障、支持和督促"一府两院"依法行政和公正司法。

(一)围绕中心,服务大局,着力强化工作监督

为进一步加快农业产业发展,促进农民增收,听取审议了区政府关于促进农民增收情况的报告。提出要进一步加大"三农"投入力度,强化政策支撑引领作用;加强教育培训,推动劳动力向二三产业转移等审议意见。

区政府加大政策扶持力度;加快城乡一体化步伐;采取有效措施推进农业产业发展,促进了农民增收。针对体育基础设施建设滞后等突出问题,听取审议了区政府关于贯彻落实《北京市全民健身条例》情况的报告,就加强宣传,形成全民健身良好氛围;加大资金投入,科学合理规划建设体育基础设施提出了意见,推动了全民健身工作的开展。

坚持监督与支持相结合,围绕重点难点工作,搞好专题研讨,破解发展难题。针对搬迁农民长远利益保障、居民小区物业管理、代表议案建议办理等群众关心、代表关注的热点难点工作,以主任专题会议和代表专题座谈会的形式与“一府两院”及相关部门进行了6次专题研讨,有效促进了相关问题的解决。

为进一步提高监督工作实效,常委会围绕工作大局,先后组织代表对南海子公园、地铁大兴线、兴华大街改造、代表建议办理、食品安全等情况进行了专项视察,对统一思想,鼓舞士气,改进工作起到了积极作用。

(二)围绕促进预算管理体制建设,加强和改进预算监督

加强对财政预算的监督,是坚持和完善人民代表大会制度,保障人民当家作主的一项重要内容。常委会听取审议了区政府2009年决算、2010上半年预算执行和审计工作报告。提出要加大对预算执行的监管力度,强化预算执行严肃性;制定财政资金绩效考核办法,加大对审计问题的督办落实;建立完善责任追究制度,确保财政资金规范运行和有效使用。

为推进预算资金的绩效审计,强化部门预算管理,主任会议听取了区审计局关于2009年度部门预算执行审计工作情况的报告、听取了部分项目财政支出绩效审计工作情况的报告。就积极推进绩效审计评估制度建设,增强部门预算约束力提出意见,进一步深化了预算监督工作。

(三)围绕促进依法行政,公正司法,强化法律监督

常委会针对群众反映比较突出的城市环境卫生管理问题,对区政府贯彻落实《北京市市容环境卫生条例》情况进行了执法检查。为增强检查实效,采取区、镇、街道联动的检查方式,围绕市容环境卫生管理工作长效机制建立和责任制落实,对新城主要街道、重点餐饮单位及各镇政府所在地市容环境卫生情况进行了深入检查,针对检查出的各类问题提出整改意见,促进了市容环境卫生管理长效监管机制的建立和管理水平的提高。

加强对“两院”工作的监督。听取审议了区人民法院关于刑事审判工作情况和区人民检察院关于加强和改进渎职侵权检察工作情况的报告,推进了刑事司法和渎职侵权检察工作。强化普法工作监督,对“五五”普法规划实施情况进行了检查视察,对“六五”普法规划的制定提出意见,推进了普法工作的深入开展。

三、加强议案办理工作,推动人民群众普遍关心的重点问题的解决

区人大三届五次会议主席团确定的“强化城市管理,提升新城形象”、“加强社会建设,强化社区管理”两项代表议案,都是关系全局、涉及群众切身利益、社会普遍关注的重点问题。办理好两项议案,对于充分发挥人民代表大会制度优势、保证人民当家作主、促进全区经济发展、社会和谐具有重要意义。常委会着力改进工作方式,分别成立了由主任和分管副主任牵头的专项工作组,对议案涉及问题进行深入调研,制定督办方案。通过发放调查问卷、座谈等多种形式,广泛听取各方面意见,就市容环境、交通秩序、水污染防治、社区管理、公共服务设施建设等方面向区政府提出了30项重点办理意见。在督办过程中与区政府同步进行调查研究,加强沟通协调,形成了共同办理议案的合力。年底,常委会对两项议案办理情况进行了专题审

议,增强了办理工作实效。

区政府高度重视议案办理工作,分别成立了由区长和主管副区长牵头的办理工作领导小组,围绕常委会工作组提出的重点办理意见,研究制定工作方案,明确责任,狠抓落实。实施了主干道路、重点大街、老旧小区改造、城市绿化美化、社区建设"三个一"等建设工程;推进了物业管理和村庄社区化管理;加强了便民服务体系建设;开展了市容环境秩序、城市交通秩序、治安秩序等专项整治工作,新城形象明显提升,社会建设稳步推进。

四、以发挥代表主体作用为核心,强化代表工作

(一)加强代表服务保障体系建设,提高为代表服务水平

进一步完善代表工作格局,强化服务保障措施。一是改进代表活动方式,认真组织了3次代表统一活动,对全区经济社会发展和重点工程建设情况进行了集中视察,为代表知情知政创造了条件。二是对代表参加常委会活动进行统筹安排,扩大了代表参与常委会工作的广度和深度。三是加强为市代表服务保障工作,完善了市代表与各镇、街道及区代表的联系网络,为市代表发挥作用搭建了平台。

(二)强化代表联系选民网络体系建设,进一步发挥闭会期间代表作用

密切代表与人民群众的联系,进一步改进完善代表联系选民网络工作机制,网络运行实效更加突出。全体代表以高度的责任感,深入走访选民,积极参加上站接待。一年来,各网络工作站共开展接待选民活动796次,代表走访和接待选民12300余人次,收到选民提出的意见建议495件,已全部转交相关部门办理,对于维护群众利益,改进"一府两院"工作,促进和谐社会建设发挥了重要作用。

(三)加大督办力度,代表建议办理实效不断增强

进一步完善常委会主任、副主任牵头重点督办、相关委室结合部门工作分类督办、代表联络室统筹督办的工作机制。在各有关部门的共同努力下,区人大三届五次会议期间,代表提出的109件意见建议,已按法定时限全部办复,其中问题得到解决、基本解决或取得较大进展的占78%,有效维护了人民群众的切身利益,推动了"一府两院"工作。

五、以提高依法履职水平为目标,加强常委会自身建设

一年来,常委会着力强化思想、组织和作风建设,加强学习培训,规范工作制度,不断提高依法履职能力和水平。

(一)加强政治理论学习,不断提高思想理论水平

认真学习贯彻市委、区委第三次人大工作会议精神,把坚持党的领导、人民当家作主、依法治国有机统一贯彻到人大的各项工作中,保持人大工作正确的政治方向。积极推进学习型机关建设,围绕人大及其常委会的职能和任务,增强学习的针对性和实效性,常委会组成人员和机关干部政治业务素质和履职能力进一步提高。

(二)强化制度建设,改进工作方式,努力提高工作质量和实效

以推进工作制度化、规范化为着力点,研究制定了政府投资项目监督办法、议案督办办法、规范了主任专题会议和代表专题会议组织程序,为常委会依法履职提供了保障。围绕提高常委会审议质量,注重会前调研论证,增强审议意见的针对性和可操作性。会后抓好审议意见的跟踪督办,保证常委会审议意见的有效落实。

(三)加强宣传和信访工作

认真办好人大信息刊物、人大网站,全年刊发各类工作信息230多件,较好的宣传了人民代表大会制度和人大工作。密切联系群众,认真做好信访工作,全年共接待群众来信来访157件,全部妥善办复,为维护社会和谐

稳定发挥了积极作用。

此外,常委会还加强了对基层人大的联系和指导,认真组织基层人大学习培训、工作交流等活动。围绕加强镇人大建设开展了专题调研,推动了基层人大工作水平的提高。

各位代表,过去的一年,常委会各项工作稳步推进,成效显著。这是在区委正确领导下,全体区人大代表、常委会组成人员辛勤工作的结果,也是"一府两院"、各镇人大密切配合、共同努力的结果,更是社会各方面和广大人民群众关心、支持、帮助的结果。在此,我代表区人大常委会,向各位代表和所有关心、支持人大工作的同志们、朋友们,表示崇高的敬意和衷心的感谢!

在肯定成绩的同时,我们也清醒的认识到,常委会的工作同区委的要求,同代表和人民群众的期望还有一定的差距。监督力度,监督实效有待进一步增强;为代表履职服务水平和保障能力有待进一步提高;常委会及其机关自身建设还需进一步加强,我们将在工作中认真加以改进。

2011 年的工作安排

2011 年是实施"十二五"规划的开局之年,也是落实城南行动计划关键年,区人大常委会要在区委的领导下,认真贯彻落实党的十七届五中全会和市委、区委第三次人大工作会议精神,坚持同心、同向、同步的工作原则,按照围绕大局,突出重点,完善方式,增强实效的工作思路,充分发挥地方国家权力机关在推动全区科学发展中的重要作用,进一步开创人大工作新局面。

一、加强法律监督,积极推进民主法制建设

服务发展大局,努力为全区科学发展提供有力法制保障。一是围绕促进依法行政,开展防震减灾法执法检查。二是围绕法律法规的有效落实,重点对水污染防治法、科技进步法、市容环境卫生条例等执法检查意见进行跟踪督办。三是围绕促进公正司法,听取审议区人民法院开展司法便民工作情况的报告、区人民检察院民事和行政检察工作情况的报告。加强对"两院"工作的检查视察,进一步提高审判工作、检察工作水平。四是围绕提高全民法律素质,深入推进法制宣传教育工作,听取审议区政府制定"六五"普法规划情况的报告,并作出相应决议。

二、加强工作监督,着力增强监督工作实效

立足人大监督的特点和优势,扎实推进工作监督。一是以促进全区科学发展,加快经济发展方式转变为着力点,加强对经济运行、政府投资、财政预算的监督。二是促进"两区"融合,加快发展,听取审议区政府建设北京南部高技术制造业和战略性新兴产业聚集区情况的报告。三是关注民生,重点对保障性住房、搬迁农民长远利益保障机制、小区配套设施、学前教育等问题进行审议。就推进教育、文化、卫生事业发展开展深入调研,并与区政府进行专题研讨。四是围绕增强监督实效,对 2010 年常委会提出的 9 个方面 80 余条审议意见落实情况进行跟踪督办。五是积极探索创新,进一步改进和完善监督方式,努力在监督工作质量和实效上实现新的突破。

三、加强和改进代表工作,充分发挥代表作用

一是加强对代表履职的服务和保障。组织好代表统一活动,抓好代表培训和代表活动积极分子评选工作,提高代表参与常委会工作的广度和深度。二是密切代表与人民群众的联系。进一步规范完善代表联系选民网络工作机制,充分发挥网络的桥梁纽带作用。三是强化代表建议办理工作,创新督办方式,提高办理实效。

四、认真做好区镇人大代表换届选举工作

今年区、镇人大代表将同步进行换届选举，常委会要在区委领导下，搞好相关法律法规的学习培训，结合新情况、新问题开展深入的调查研究，科学制定工作方案，加强统筹协调，确保代表换届选举工作依法有序顺利完成。

五、加强常委会自身建设，不断提高工作水平

一是认真抓好市委、区委三次人大工作会议精神的贯彻落实，深化对人大制度的认识，进一步增强做好人大工作的责任感和使命感。二是加强学习培训，准确把握新时期人大工作的特点和规律，提高常委会的履职能力和工作水平。三是不断创新工作机制，强化制度建设，增强工作实效。四是加强对镇人大工作的联系和指导，深化对镇人大工作研究，加强工作交流，充分发挥基层人大作用。

各位代表，本区现代化建设跨入新的历史阶段，任务艰巨，使命光荣。让我们在区委领导下，统一思想、紧抓机遇、改革创新、扎实工作，为坚持和完善人民代表大会制度，实现全区“超常规、高水平、跨越式”发展，全面完成“十二五”规划各项任务，建设宜居宜业和谐新大兴而努力奋斗！

中国人民政治协商会议北京市大兴区第三届委员会常务委员会工作报告

——在政协北京市大兴区第三届委员会第五次会议上

(2011年1月5日)

高树旺

各位委员：

我受政协北京市大兴区第三届委员会常务委员会委托，向大会报告工作，请予审议。

2010年工作回顾

2010年是全面落实大兴区国民经济和社会发展“十一五”规划纲要、编制“十二五”规划纲要关键一年，是实施市委、市政府促进城市南部地区加快发展行动计划第一年，是继承和发扬人民政协60年优良传统和宝贵经验、踏上新里程开端之年。大兴区政协在中共大兴区委领导下，以中国特色社会主义理论体系为指导，努力践行科学发展观，紧紧围绕“坚持科学发展，走城乡一体化道路，建宜居宜业和谐新大兴”奋斗目标，集中精力求发展，心无旁骛干事业，动员和号召广大政协委员进一步树立“大兴发展我行动、大兴辉煌我荣耀”的观念，将2010年确定为建设年，切实发挥政协组织和政协委员的特点和优势，扎实有效地履行政治协商、民主监督、参政议政职能，为推进大兴区各项事业发展做出积极贡献。

一、明确宗旨，提高认识，夯实思想基础建设

坚持把思想建设摆在首位，引导政协委员和政协机关干部以正确思想武装头脑，以科学理论指导实践，切实把思想和行动统一到中共中央关于推进党的建设新的伟大工程和推进人民政协事业发展的新部署新要求上来。组织全体委员进一步学习中共十七届四中、五中全会精神，深刻领会胡锦涛同志在庆祝中国人民政治协商会议成立60周年大会上讲话精神。

认真学习领会市委三次政协工作会议和《中共北京市委关于加强人民政协政治协商制度建设的意见》文件精神。积极协助区委召开区第三次政协工作会议。会议总结了区第二次政协工作会议以来的全面工作，充分肯定了大兴区政协工作，从全局和战略的高度，从深入学习贯彻市委精神，进一步加强和改善党对政协工作的领导，努力开创政协工作新局面等方面提出了明确要求。会后认真领会新形势下加强政协工作新要求、新任务，研究贯彻落实市委、区委精神和各项规定，进一步明确了工作指导思想和方法步骤。

二、围绕中心，服务大局，助力全区发展建设

市委、市政府做出城南行动计划和两区行政资源整合决策，为大兴发展带来前所未有的历史机遇，区政协坚持围绕区委中心工作，将推进全区经济社会协调发展作为履行职能、服务大局的主攻方向，积极助力全区发展。

（一）重点围绕落实城南行动计划加强履职

区政协先后接待了市政协领导和市政协学习和文史委、经济委、民族宗教委，民盟中央、民进中央、农工党中央、致公党中央领导，市农工党调研组，北京市安监局专家组，首都西南区域新型城镇化研究课题组等单位来大兴视察调研。我们将这些活动视为对大兴工作指导和传经送宝的机会，视为凝聚大兴发展共谋良策的合力，视为对大兴经济社会发展给予精神鼓舞和工作激励的动力。通过认真做好接待、协助工作，借力发力，为大兴发展争取外力支持，营造良好氛围。

围绕南海子公园、新城滨河森林公园、兴华大街沿线改造、新城回迁房、新城北区标志性建筑及连通地铁站点、火神庙国际商业中心等区重点工程及采育新能源汽车、地铁大兴线等重大项目开展视察调研。通过实地视察、听取通报、座谈、研讨等履职活动，为推进重点建设项目出谋献计、做好宣传，推动宜居宜业和谐新大兴建设。地铁大兴线工程是重大项目的重中之重，为促进项目建成精品工程，区政协多次建言献策，第十六次常委会听取了地铁沿线兴华大街改造建设情况通报；主席会成员及第十八次常委会先后两次视察地铁建设情况；组织委员召开地铁建设情况专题通报座谈会，从实用性、观赏性、发展可持续性等方面提出有价值的意见和建议。回顾从提出建议案之初，到心系建设的每个阶段，其间凝聚着政协人大量智慧和心血，如今地铁大兴线已顺利建成通车，我们深感自豪和欣慰。

继续开展招商引资工作，召开政协统战工商联系统招商引资工作总结表彰座谈会，借助论坛、会议、视察、调研等平台宣传招商引资政策，积极协调各职能部门，帮助委员解决招商引资工作中实际困难。2010年，区政协、统战、工商联系统委员、成员共引进和意向引进项目22个，投资额4.4亿元人民币。

（二）做好“十二五”规划政治协商工作

大兴区国民经济和社会发展“十二五”规划纲要，关系大兴未来五年及更长远的发展，为开展好“十二五”规划政治协商工作，多次以常委会、主席会等形式，就“十二五”期间关系大兴发展重大问题进行视察、调研。各专门委员会分别就文化、教育、卫生、商务等领域进行对口协商。组织委员先后三次参加市政协召开的北京市“十二五”规划经济发展专题研讨会，开阔了视野和思路。政协第二十次、二十一次常务委员会议,对"十二五"规划纲要和大兴区票决重大建设项目进行政治协商。协商会议对纲要编制工作和票决重大建设项目给予充分肯定,并提出中肯的意见和建议。

(三)围绕改善民生献计出力

主席会视察康庄两限房公益配套服务设施建设情况,认为两限房既是为实现北京市城市发展整体部署做贡献,也是为大兴人民谋利益,因此提出必须规划好、建设好、配套好、管理好的建议。组织委员视察本区学前教育工作。各专委会选取群众普遍关心、呼声强烈问题立项调研,为有关部门决策提供参考。学习和文史委员会就"征地超转老人医药费报销问题"进行调研。市、区政协教文卫体委员会联合开展"关于建设和谐医疗秩序"专题调研;与区文明办、区社工委联合开展"关于引导搬迁农民科学理财"专题调研。

始终关注弱势群体权益保障问题。社会法制与民族宗教委员会组织委员视察了区法院统一立案工作情况、全区中小学阳光体育运动工作开展情况。社会福利与社会保障界别组组织委员视察礼贤儿童福利院、大兴区精神病农疗康复基地。

(四)倡导科学发展,促进生态建设

认真落实科学发展观,积极倡导低碳环保理念。为了加快实施"人文北京、科技北京、绿色北京"发展战略,向全体委员发出《"实践低碳生活、建设绿色北京"倡议书》。号召委员从自身做起并带动周围群众行动起来,在日常生活、工作、学习中树立节约意识,倡导低碳环保健康文明生活方式。

(五)利用西南五区经济发展论坛集约效应,为大兴发展营造良好环境

首都西南区域经济发展论坛自举办以来效果显著,为西南区域经济社会发展创造了新机遇。大兴区政协广泛发动各界委员、各民主党派、工商联及各界人士,积极参与论坛活动,取得了积极成果。共提交调研文章29篇,其中《首都西南区域应走集约联合发展之路》一文被《北京观察》转载,《北京市应紧急介入山西引黄入晋工程,为恢复永定河生态环境争取水源》考察报告被组委会编辑提案线索文集确定为第一提案线索。区政协主管领导先后两次接受北京电视台专访。在有关论坛上区政府领导作《紧抓机遇,密切协作,实现首都西南五区跨跃式发展》主题发言,区发改委负责同志作《未来基础设施重点项目为支撑的五区建设发展》主题发言。对《促进城市南部地区加快发展行动计划》、《永定河绿色生态走廊建设规划方案》等重大政策措施的出台与实施,都起到积极推进作用。

三、发扬民主,增进团结,促进和谐社会建设

充分发挥政协组织包容性强的特点,努力促进政党关系、民族关系、宗教关系、阶层关系、海内外同胞关系和谐。运用政协组织联系广泛,政协委员接触社会直接的有利条件,深入体察民情,充分反映民意。

(一)努力提升提案工作质量

区政协三届四次会议期间共收到提案224件。经审查立案195件,其中涉及经济方面40件;城镇建设与管理、道路交通方面80件;教育、卫生、体育方面42件;民族宗教方面5件;群众生活方面40件;其它方面17件。所提提案关注经济、心系发展,针对实施城南行动计划、加快城乡一体化进程、加大重大项目招商引资力度、优化发展环境等积极提出意见和建议。围绕提高医疗服务质量、加强基础教育、强化社区建设、促进社会和谐等积极建言。以人为本,科学发展,关注节能减排和环境保护提出建设性意见。关注城市发展,为完善新城公共基础设施建设、建立新型物业管理模式,科学治理交通献策。通过提案办理工作培训、保障委员知情权、加强提案立案审查。落实主席、副主席、秘书长检查督办制度,召开提案督办会,共督办提案70件,进一步提升提案工作质量和实效。区委区政府及各提案承办单位对提案工作越来越

重视，将提案办理工作列入重要议事日程和考核体系，提案反馈机制越来越规范，区政府及各职能部门专门召开提案办理工作会。所有立案提案均如期办复，办理效果良好，委员满意率进一步提高。

（二）积极做好反映社情民意工作

广大政协委员认真履职，及时了解和反映社会不同阶层、不同群体愿望和要求，促进政府解决好关系人民群众切身利益的实际困难和具体问题，积极协助党政部门做好协调关系、化解矛盾、理顺情绪、维护稳定工作。坚持认真及时做好社情民意的收集报送工作，围绕全区中心工作和有关热点问题，共收集社情民意25条，编发《社情民意》8期，均得到区委、区政府领导批办。如委员提出的“关于将‘三海子公园’更名为‘南海子公园’的建议”，得到采纳并落实，使委员真切感受到议政成效，进一步增强履职荣誉感和责任感。

（三）进一步加强特邀监督员工作

认真做好特邀监督员推荐、服务和管理工作，根据各单位工作性质及对监督员要求，为全区23家单位聘请60名特邀监督员。参加各单位召开的特邀监督员工作会，及时沟通情况。组织召开特邀监督员工作座谈会，总结工作，交流经验和体会，研讨如何进一步加强和改进特邀监督员工作，为加快推进本区经济社会发展和民主政治建设发挥积极作用。

（四）加强同民主党派和人民团体联系与合作，认真做好民族宗教工作

注重听取各民主党派和人民团体对大兴发展和政协工作意见和建议。发挥民主党派智力资源，提案委员会与农工党大兴区工委共同完成《关于进一步促进生物医药产业发展的建议》调研报告，为促进本区生物医药产业发展建言。

注重党和国家民族宗教政策落实，关心少数民族聚居地区发展建设。社会法制与民族宗教委员会联合区民委，走访有关镇村，就民族村经济发展问题进行深入调研，完成《大兴区低收入民族村经济发展融资情况的调查与建议》调研报告。与市政协民族宗教委员会联合视察、调研本区清真副食品市场管理与服务、清真饮食网点建设情况。视察和调研成果提供给有关部门作为决策参考。

四、优化队伍，挖掘潜质，加强政协自身建设

不断加强政协自身建设，优化机关和委员两支队伍建设，扎实推进工作创新。注重培养委员履职意识和履职能力，重视委员述职工作，坚持高标准评选优秀委员。以“创先争优”活动为契机，推进机关干部队伍建设，注重发挥中共党员的带头作用和先进典型的引导示范作用，切实转变思想作风和工作作风。不断提升政协委员和政协机关工作人员个人修养和工作能力。

（一）提升两支队伍素质

积极组织政协委员和机关干部学习全国“两会”精神、统一战线和人民政协理论，参加市政协举办的宏观经济形势报告会，举办“转型期的社会风险与社会和谐”报告会和上半年经济发展形势通报会，保障委员履职知情权，增强委员忧患风险意识，提高委员为构建和谐社会建言的能力。召开新任职委员培训座谈会，引导新委员快速进入角色。举办常委暑期读书班，组织参观上海世博园，近距离感受“城市让生活更美好”的主题，瞻仰黄龙红军长征纪念碑，表达对革命先烈敬仰之情。组织观看专题片《政协主席》，与来访中央社会主义学院、台湾交通大学著名管理学家及朝阳区、海淀区、通州区、房山区、湖北省巴东县政协同行相互交流学习，举办防震减灾知识讲座，组织参观唐山地震纪念馆。组织参加庆“七一”歌咏比赛、“大兴区第八届全民健身体育节”等活动，取得积极成效。

（二）探索政协文化建设新途径

为进一步推进政协理论、中华优秀传统文化学习，举办“政协文化与中华优秀传统文化”知识竞赛，由专委会、界别活动组、委员联

络组、民主党派、荣誉委员等组成的13支代表队参加竞赛。竞赛活动营造了良好学习氛围,激发了委员学习政协理论和优秀传统文化、励志履行好政协职责的热情。参赛选手中还有社会各界人士,他们从中学习政协知识,了解政协工作,从而扩大了政协社会影响。

为进一步活跃政协工作,成立了"大兴区政协聚星文化艺术协会",为充分发挥会员专业艺术特长,打造和宣传政协工作创造了新平台。

(三)开创界别工作新局面

界别性是政协特点。为充分发挥界别特色,年初调整完善界别组织,提出以界别为单位开展活动新思路。各界别活动组积极响应号召,分别召开工作会议,传达区委有关工作精神,部署本界别年度工作。各界别活动组工作责任感进一步增强,工作思路进一步拓宽,并取得良好成效。

(四)加大宣传和文史工作力度

通过《人民政协报》、《北京日报》等主流媒体报道政协全会、政协工作、专委会活动信息和委员履职事迹风采。在《大兴报》刊登"政协全会"专版6版、"建言与献策"专版3期及"地铁大兴线建设——政协"专版。与大兴电视台联合录制《政协之窗》和制作《地铁情缘》专题片。

如期向市政协和区史志部门报送2009年《大兴政协年鉴》,完成《大兴区志(1991年—2010年)》政协部分及续编《中国共产党北京市大兴区组织史资料(1987-2010)》政协系统初稿。编辑出版《清乾隆皇帝御制南海子诗文辑录》。收集整理区第一届委员会以来优秀提案。

各位委员,过去的一年,我们各项工作开展顺利,成效显著,呈现出良好发展态势。这些成绩的取得,是市政协亲切指导,是中共大兴区委坚强领导,是区人大、区政府和社会各界大力支持的结果,是政协各参加单位和广大政协委员共同努力的结果,在此,我代表三届区政协常委会表示衷心感谢!

在总结成绩同时,我们也应该看到,还有许多方面工作仍需进一步完善,如,调研工作的深入性和专业性有待提高;政治协商工作制度化、规范化、科学化进程尚需深入贯彻落实等。同时新的发展形势要求政协组织拓宽履职视野,要求政协委员提高履职能力。真诚希望广大委员对常委会工作提出意见和建议。

2011年工作思路

2011年是实施"十二五"规划开局之年,是深入实施城南行动计划,推进两区深度融合关键一年。区政协要在中共大兴区委领导下,紧密团结在以胡锦涛同志为总书记的中共中央周围,高举中国特色社会主义伟大旗帜,以邓小平理论、"三个代表"重要思想为指导,深入落实科学发展观,认真贯彻中共十七届五中全会和中共中央经济工作会议精神,围绕中心,服务大局,更加关注大兴经济发展方式转变和产业结构调整,更加关注城乡一体化发展和生态环境建设,更加关注民生改善和社会和谐稳定,更加关注民主政治建设和政协工作创新,富有成效地履行政治协商、民主监督、参政议政职能,为坚持科学发展,加快一体化、高端化、国际化进程,建设宜居宜业和谐新大兴做出更大贡献。

区政协将2011年确定为高起点年。我们深刻认识到在"十一五"发展成就基础上,在国家和首都发展迈进新阶段的有利环境中,新区发展迎来了十分难得的重大历史机遇。2011年注定是大兴新一轮历史发展的高起点。区政协将紧紧围绕区委战略意图,紧跟形势发展需要,站在更高的起点上,准确把握和自觉服务发展大局,与全区人民群众一起齐心共志,合力攻坚,高水平、高效率、高质量、高效益开展政协工作，全心致力于推动大兴科学发展。

高起点内在要求是高水平、高效率、高质量、高效益。高水平是指加强学习，不断提高履职能力和水平，适应新形势发展需要。高效率是指以更加饱满的工作热情，更加昂扬的工作斗志，全身心投入到高水平建设南部高技术制造业和战略性新兴产业聚集区的行列之中，为实现“超常规、高水平、跨越式”发展贡献智慧和力量。高质量是指使政协工作有的放矢，提出的意见建议更具操作性、建设性。高效益是指紧紧围绕全区发展大局，充分发挥自身的特点和优势，积极开展多形式、多渠道、多领域的交流合作，吸引有识之士到大兴发展创业。充分依靠市政协大平台，积极争取各民主党派和各方面专家、学者对大兴发展的支持，形成推动新一轮科学发展的强大合力。认真开展政治协商，进一步规范和推进政治协商制度建设。创新提案办理工作机制，提高提案办理质量，高度关注社会各阶层利益诉求，多渠道了解社情民意，促进社会和谐稳定。努力搞好调研，提高工作效益，丰富工作成果，及时做好转化。

一、站在高起点上，把握大兴发展大局

大兴区“十二五”规划发展蓝图已经绘就，北京市重点规划建设以北京经济技术开发区和大兴区整合后空间资源为依托的南部高技术制造业和战略性新兴产业聚集区，打造“北京创造”品牌，为新区新一轮科学发展指明了方向和目标。新区发展机遇大于挑战，在新的更高的起点上，新区迎来了大发展、大跨越、大有作为的重大历史机遇期和发展黄金期。区政协要切实增强责任感和使命感，坚定信心、振奋精神、抢抓机遇、奋力拼搏，充分发挥政协组织和政协委员的特点和优势，积极履职，倾力贡献。同时营造政协平台，团结更广泛的力量，筑造更坚固的统一战线，融于大兴发展建设洪流中，为实现新区经济社会“超常规、高水平、跨越式”发展而共同努力。

二、站在高起点上，谋划政协工作方略

强化学习，巩固共同的思想政治基础。深刻领会和全面把握十七届五中全会精神和“十二五”规划建议核心内容，进一步明确科学发展这个主题，牢牢抓住转变经济发展方式这条主线，着力凝聚参加政协的各民主党派、各人民团体、各界委员及政协机关干部的思想共识。把学习贯彻十七届五中全会精神与政协工作实际结合起来，找准政协履职着力点，高瞻远瞩为发展献策，不断提高建言献策针对性和实效性。

认真贯彻落实市、区第三次政协工作会议精神。紧密结合大兴政协工作实际，从全局和战略高度，充分认识市委、区委第三次政协工作会议重要意义，切实发挥自身积极性、创造性和主动性。努力提高政治协商工作质量和水平，并以加强协商工作为引领，努力探索政治协商、民主监督、参政议政三大职能有机结合和深入实现，进一步做好履行职能的各项基础性工作。

回顾历史，面向未来。全面总结第三届政协期间各项工作，分析发展历程，汇集创新成果，提炼有益经验。

三、站在高起点上，履行政协工作职能

立足服务大局，推动科学发展。重点围绕城南行动计划深入实施、两区深度融合、南部高技术制造业和战略性新兴产业聚集区规划建设、北京新机场规划建设等重大发展问题认真开展调研，努力形成高水平调研成果，为决策提供参考。

进一步推进政治协商制度化、规范化、程序化建设，就党委政府制定的事关全局的重大决策，根据区委确定的协商议题，制定政治协商方案，抓好协商活动的组织和协商成果的整理报送，提高政治协商的质量和水平。

积极履行参政议政和民主监督职能，就改善大兴新城基础设施、加强公益性服务设施建设、南海子公园二期工程、永定河绿色生态带规划落实等重点工程开展视察调研，提出建设性意见和建议。发挥民主党派和政协委员的桥梁作用,吸引专家学者对新城交通治理、低碳清洁能源发展,节水和水资源循环利用等问题的关注和研究,寻求解决良策,为建设绿色宜居新区贡献力量。

关注民生改善,促进社会和谐稳定。以发现、反映、解决超常规发展中面临的涉及民生方面的难题和出现的新问题为重点,协助党和政府做好协调关系、化解矛盾、争取民心,凝聚力量的工作,促进社会和谐稳定。大力宣传党的民族宗教政策,维护民族团结和宗教和睦。

认真承办好第五届首都西南区域经济发展论坛。以"突破结点,超常发展"为主题,总结论坛所做工作,表彰论坛优秀成果,展望未来,呼吁永定河沿岸首都西南区域继续延伸合作。

四、站在高起点上,推进政协自身建设

新形势和高起点要求政协工作要有优秀的组织人才和高效的工作机制作为必要保障,因此我们坚持在创新中上台阶,在树人育人中求发展。努力探索有利于适应新情况、解决新问题的工作机制,不断尝试高效率的工作形式和工作方法。继续在专委会、界别活动组、委员联络组等工作方面寻求创新突破。切实加强政协机关建设,增强政务性服务能力,努力建设学习型、服务型、创新型、和谐型机关。注重加强政协委员队伍建设,着力培养适应新形势发展需要的履职能力。加强政协机关干部思想建设、组织建设、作风建设和能力建设。充分发挥聚星文化艺术协会的辐射带动作用,推动政协文化建设,提高政协组织凝聚力。有计划、有重点地组织新闻媒体宣传政协工作及其成果,扩大政协社会影响力,营造良好舆论氛围。

各位委员,新的一年,呈现在我们面前的是光明的前途和艰巨的使命,抢抓机遇、跨越发展的大潮已经涌起,政协人"深解韶光贵,不待扬鞭自奋蹄"。让我们在中共大兴区委坚强领导下,站在更高的起点上,统一思想,紧抓机遇,改革创新,扎实工作,为实现"十二五"规划良好开局,走一体化、高端化、国际化道路,建设宜居宜业和谐新大兴贡献智慧和力量!

关于北京市大兴区2010年国民经济和社会发展计划执行情况与2011年国民经济和社会发展计划草案的报告

——在北京市大兴区第三届人民代表大会第六次会议上

(2011年1月6日)

北京市大兴区发展和改革委员会主任　绳立成

各位代表:

受区人民政府委托,向大会提交大兴区2010年国民经济和社会发展计划执行情况与2011年国民经济和社会发展计划草案的报告，请予审议。

2010 年经济和社会发展计划执行情况

2010 年是北京市实施城南行动计划、大兴区和北京经济技术开发区行政资源整合、高水平建设南部高技术制造业和战略性新兴产业聚集区的起步之年，是实施大兴区“十一五”规划的收官之年。在区委的正确领导下，大兴区以科学发展观统领经济社会发展全局，按照“坚持科学发展，走城乡一体化道路，建宜居宜业和谐新大兴”的总体思路，紧抓机遇，扎实工作，经济社会实现又好又快发展，年初确定的主要任务目标预计基本完成。

其中，地区生产总值计划增长 10%，预计增长 10% 以上；农林牧渔业总产值计划增长 2%，预计与 2009 年持平；工业总产值计划增长 12%，预计增长 15%；财政收入计划增长 10%，预计增长 30%；社会消费品零售额计划增长 12%，预计增长 16%；外贸出口交货值计划增长 2%，预计增长 3%；实际利用外资计划增长 10%，预计增长 13%；城镇居民人均可支配收入计划增长 8%，预计增长 8%；农民人均纯收入计划增长 8%，预计增长 8%。万元地区生产总值能耗计划降低 3%，预计降低 3%；万元地区生产总值水耗计划降低 3%，预计降低 5%；农村劳动力向二、三产业转移计划完成 8000 人以上，预计完成 10000 人；城镇登记失业率计划保持在 2. 3% 以内，预计控制在 2. 3% 以内；城镇登记失业人员就业率计划达到 65% 以上，预计达到 65%；全区林木覆盖率计划达到 30% 以上，预计达到 30%；人口自然增长率计划保持在 4. 5‰以内，预计控制在 3. 5‰以内；空气质量二级和好于二级天数保证率与市级同步。

一、经济结构优化，质量效益明显提升

2010 年，大兴区经济在调整优化过程中保持较快发展速度。预计全年地区生产总值同比增长 10% 以上，实现工业总产值 489 亿元，同比增长 15%；预计完成全社会固定资产投资 410 亿元，同比增长 15%；预计实现社会消费品零售额 134 亿元，同比增长 16%；预计财政收入完成 29. 9 亿元，同比增长 30%。

预计全年实际利用外资 1. 15 亿美元，同比增长 13%；受国际经济缓慢复苏影响，预计全年完成外贸出口交货值 29. 7 亿元，同比增长 3%；受种植面积减少和年初严寒天气影响，预计全年实现农林牧渔业总产值 47. 9 亿元，与 2009 年持平；城镇居民人均可支配收入预计全年达到 24360 元，同比增长 8%；农民人均纯收入预计全年达到 12030 元，同比增长 8%。

经过引进高端、淘汰落后、产业集群、协同发展的战略性调整，大兴区产业发展的质量和效益明显提升，全年表现出以下特点：

一是持续培育的高技术制造业和战略性新兴产业进入快速成长期。规模以上现代制造业预计实现工业总产值 89. 8 亿元，同比增长 23. 4%。重点产业园区产业集聚效应突出显现。生物医药产业园预计实现工业总产值 54. 4 亿元，同比增长 56. 3%；预计上缴税金 2. 8 亿元，同比增长 10. 7%。康美药业、协和制药等 10 个项目挂牌落地，中检所、四环科宝等 6 个项目顺利开工，同仁堂、步长等 22 个项目签约入园，协议投资 122 亿元。国家重大新药创制专项项目总投资 5. 2 亿元，项目一期已通过国家重大专项组验收，项目二期已启动。新能源汽车产业园预计实现工业总产值 13 亿元，同比增长 37%；预计上缴税金 2000 万元，同比增长 10%。北汽模塑、李尔电子、普莱德电池等项目相继投产，将有力拉动新一轮跨越式发展。鼓励支持区内企业做大做强，建立企业上市培育体系，成功实

现企业上市零的突破。

二是与制造业和新兴产业相配套的生产性服务业快速协同发展。生产性服务业预计实现总收入300亿元,同比增长27.5%。京南物流基地预计实现业务收入27.2亿元,同比增长30%;预计上缴税金5000余万元,同比增长20%。地铁沿线生产性服务业被列为市服务业综合改革试点。

三是以新媒体产业基地为主体平台的文化创意产业蓬勃发展。文化创意产业预计实现总收入32.3亿元,同比增长26.6%。新媒体产业基地预计实现技工贸总收入120亿元,同比增长35.9%;预计上缴税金3.7亿元,同比增长63.7%。新媒体大厦主体完工,星光影视园二期独立传媒聚集区基本建成,新华网重大项目成功签约。

四是都市型现代农业体系得到进一步巩固和发展。新建、改造设施农业5000亩,全区设施农业面积达到10.2万亩,农业生产环境继续改善,生产能力持续提高。完成十大农业观光园区提升工作,预计全年实现农业旅游综合收入8.8亿元,同比增长8%。设施农业、观光农业已成为本区农业的主导形态。

五是两区行政资源整合使招商引资水平和效果跨入新阶段。两区实现招商融合,设立两区重大项目招商领导小组及其办公室,组建专业化招商团队,统一品牌、统一标准、统一政策、统一服务,成功引进德信、利亚德等109个重大项目,总投资超过600亿元,招商工作实施新机制、走上新台阶、实现新突破。

六是调整产业结构,提高发展质量和效益,加大淘汰落后产能的力度。区政府设立专项资金,提升高端产业承载能力,加快腾退低效用地,腾退出产业用地1460亩。

七是国有经济实力明显增强。国企改制重组取得突破性进展,法人治理结构不断完善,建立了比较完备的业绩考核、产权管理和统计评价体系;区国有企业积极参与农村金融综合改革试验,参股村镇银行、小额贷款公司,增资区担保公司。国有企业总资产达到529亿元,同比增长57%。

二、城市建设加快,宜居水平日益提高

以城南行动为契机,着力提高新城和产业园区的道路交通、资源能源、生态环境和民生改善等基础设施水平,大力推进城南行动涉及本区32个重点项目的建设,基础设施建设实现重大突破。

一是道路交通网络更加丰富。地铁大兴线载客运行,兴亦路竣工通车,新源大街道路及管线工程顺利完工,天河西路、永大路、永兴路等9条道路基本完工,魏永路中段工程开工建设,启动万寿路南延工程。纵横交织、四通八达的道路交通体系使新城居民的生活更加便利。

二是城区建设改造更加有力。入区项目陆续开工建设,地铁沿线地标楼宇形貌崭露,火神庙商业中心建成开业。完成黄村大街、清源路等主要街道景观照明工程,兴华大街沿线改造和美化效果明显,实施街道、公园、社区“三个一”工程,老旧小区改造有序推进,新城面貌正在并继续发生着翻天覆地的变化。全年共完成新城范围5个村、45.1万平方米拆迁工作,基本实现和谐无震荡拆迁。

三是城市运行管理进一步完善。完成33条街路户外广告牌匾标识规划及重点部位户外广告整治工作,完成54个老旧居民小区、155个院落治安防范体系建设。新城范围拆除违法建设46宗,拆除总面积13万平方米,非法占地、违法建设行为得到有效遏制。已有151个村实行社区化管理,城乡结合部社区化服务管理模式得到中央和北京市肯定。在新城“四纵四横”主要街道两侧社区设立再生资源回收站点,共建成了69个再生资源回收站点。

四是生态环境建设更加突出。南海子公

园一期国庆开园，新城滨河森林公园和地铁沿线景观工程进度过半，南中轴森林公园、永定河绿色生态发展带前期规划研究顺利进行。全年共完成101个村庄绿化，绿化面积121.7万平方米，城市绿化覆盖率达到40%以上，全年空气质量二级和好于二级天数与市级同步。

三、“三农”工作加强，新农村更显新成效

始终将解决“三农”问题作为工作的重中之重，以科技和金融促进农业现代化，以基础设施提升带动农村城市化，从而使广大农民的收入水平和生活质量持续提高。

一是加大科技助农和金融支农力度。完善农业科技服务体系，推进科技助农工程，全年共建设和提升30个农业标准化基地，建设12个农业实验示范基地，建设100个典型村级科技示范样板田，引进和推广新品种、新技术近百项，完成6.5万人次农民实用技术培训。完善农村金融服务体系，扩大金融支农范围，增加农业保险覆盖面，全年完成种植业入保面积25.5万亩、养殖业入保牲畜22.8万头（只），同比分别增长55%和5%，区内金融机构全年提供涉农贷款达23亿元。

二是加强农产品销售渠道拓展工作。通过社区便民网、农村惠农网和电子商务配送平台“两网一平台”的建设，建成22家社区体验店和418家农村连锁店的“村村连锁”服务网，增强了社区商业的服务功能，提升了农村消费品质。农超对接构建农产品流通新渠道。促成40家规模以上的农民合作组织与市区20余家大型连锁超市建立了长期的供货关系。

三是加快推进新农村基础设施建设。完成72个村庄规划编制工作，稳步推进五项基础设施建设，全年完成200万平方米的街坊路硬化工程、180万平方米街坊路绿化工程、870公里自来水老化管网改造和20184户一户一表安装工程、16150座户厕改造和193座农村公厕建设工程，农村人居环境进一步改善。

四是加紧实施新农村环境综合治理。坚持“村收集、镇运输、区处理”的农村垃圾处理机制，完成7个镇垃圾源头分类处理设施。生活垃圾无害化处理率达到90%以上，垃圾密闭化率达到100%。长子营镇留民营村荣获2010年度“北京最美的乡村”称号。

四、民生保障有力，公共服务均等覆盖

坚持科学发展，以保障和改善民生作为各项工作的出发点和落脚点，积极促进就业，完善社会保障，提高教育卫生等公共服务的均等化水平。

一是统筹城乡就业取得新突破。两区行政资源整合后，统筹促进本地劳动力就业，全区劳动力5500人进入开发区工作。加大就业指导和培训力度，完成劳动力培训2800余人，实现农村富余劳动力向二、三产业转移1万人。本区城镇登记失业率控制在2.3%以内，登记人员就业率达到65%，“零就业家庭”保持动态消零。依法保障劳动者权益，新签集体劳动合同企业169户，签订工资集体协商企业89户，完成全年任务指标。

二是社会保障体系取得新进展。着力拓宽城乡居民养老、医疗保险参保覆盖面，提高新型农村合作医疗补偿水平，城镇职工五险收缴率均在95%以上，城乡居民养老保险参保覆盖率达到92%，新型农村合作医疗参合率达到97%。为城乡5.2万名无社会保障老人发放福利养老金，建立了以最低生活保障制度为基础的城乡老年社会救助体系。建成保障性住房21万平方米，4457户困难群众住房问题得以解决。

三是教育教学环境取得新改善。义务教育教学环境持续改善，本区中小学校舍基本实现楼房化。投入1.8亿元实施学校抗震加固工程，加固面积9万多平方米。安定中心小学和幼儿园新建改造工程竣工；新城北区九年一贯制学校工程开工建设；北臧村九年一贯制学校计划年底开工;大兴第五中学建设工程加紧办理前期手续。公办学校校园“三防”到位,校园防范能力得到加强,营造安全和谐的教育环境。

四是医疗卫生水平取得新提高。区疾病预防控制中心及卫生监督所建设工程基本完成,公共卫生服务体系不断完善。区人民医院、亦庄医院、旧宫镇中心卫生院、榆垡镇中心卫生院等四家医疗机构加入北京大学人民医院医疗卫生服务共同体。两区卫生工作对接顺利进行,在亦庄新城增设1个120急救工作站和天宝园、天华园、永康公寓3个社区卫生服务站,有效缓解了亦庄新城急救能力相对不足和基层医疗卫生服务机构不足问题。

五、创新驱动显效,跨越发展动力增强

积极推进体制机制和科学技术的创新突破,为实现“超常规、高水平、跨越式”发展提供动力保障。

一是积极推进两区行政资源整合。按照市委市政府的指示精神,以“机制新、活力大、效率高”为目标要求,积极推进大兴区和北京经济技术开发区行政资源整合,实现“三个融合”、“八个对接”,“1+1>2”成效凸显。积极争取下放部分市级审批权限,做好对接工作,并梳理优化行政审批流程,提高项目落地的速度。

二是积极推进自主创新成果转化。本区企业开发新产品110项,申请专利2001项,授权专利1750项;输出技术成果1100项,交易额31亿元;吸纳技术成果650项,交易额8亿元。新增民营科技企业60家,新增高新技术企业30家。

三是积极推进农村综合改革工作。稳步推进农村集体经济产权制度改革,启动285个村的改革工作,基本完成230个村的清产核算、人员界定、股份设置、建章建制等改革工作。进一步完善转合同文本和签约程序,新签订的30年家庭承包合同鉴证率达到100%。大力推进农村金融综合改革试验区建设,全年组建“三农”信贷专营机构1家,村镇银行2家,小额贷款公司2家。全市首家农村资金互助社已获批筹,农业龙头企业上市培育工作有序推进。大兴区已成为全市新型农村金融机构起步最早、数量最多、种类最全的区县。

四是积极推进医药卫生体制改革。按照市医改领导小组及市医改办的工作部署,成立区医改办,制定了医改实施方案。与市医改领导小组签订《深化医药卫生体制改革2010年主要工作任务责任书》,加快推进基本医疗保障制度建设、国家基本药物制度建设等6方面改革工作。

六、节能力度加大,新能源利用成效明显

在快速工业化和城市化过程中,充分注重资源、能源的节约利用,实现高水平、高效益、可持续发展。

一是更加注重节约能源。推进能源监测系统三期建设,年内实现近140家用能单位在线监测。落实市、区“三高”企业退出计划,全年完成10家“三高”企业退出任务。康庄和观音寺集中供热厂建设基本完成,每年可节约燃煤11.9万吨。开展绿色照明工程,向居民及行政事业单位累计发放节能灯、荧光灯150万只。完成新建节能民居610户、既有住房节能改造750户。

二是更加注重新能源利用。完成5000盏太阳能路灯改造项目。建设新能源示范村,完成留民营沼气站七村沼气联供工程。完成29处太阳能公共浴室工程,可解决2.1万人的四季洗浴问题。

各位代表,在区委的正确领导下,经过大家坚持不懈的努力,2010年本区各项工作取得了优异的成绩。但在经济运行和社会发展中存在的一些问题和矛盾也较为突出:一是产业结构需要加快调整,高技术制造业和战略性新兴产业需要做大做强,农业和服务业需要优化升级,打造一批“北京创造”品牌的任务非常紧迫，腾退落后产能的任务依然艰巨；二是产业发展空间需要拓展，产业园区基础设施需要完善，产业招商力度需要加大，项目准入标准需要提高；三是新农村、新市镇和新城的规划建设管理水平需要提升，私搭乱建、违法停车、交通拥堵和卫生脏乱等问题反映比较突出，流动人口管理工作需进一步加强；四是转移农民“四有”工作机制需要进一步落实，尤其是就业问题越来越突出；五是公共服务和社会管理水平需要进一步提升。面对存在的问题和矛盾，我们应抓住机遇，迎难而上，力争在“十一五”辉煌成就和更高起点的基础上取得超常规、高水平、跨越式的新一轮科学发展。

北京市大兴区2010年国民经济和社会发展计划执行情况与2011年国民经济和社会发展计划草案的报告

——2011年1月6日在北京市大兴区第三届人民代表大会第六次会议上大兴区发展和改革委员会

（2011年1月6日）

各位代表：

受区人民政府委托，向大会提交大兴区2010年国民经济和社会发展计划执行情况与2011年国民经济和社会发展计划草案的报告，请予审议。

2010年经济和社会发展计划执行情况

2010年是北京市实施城南行动计划、大兴区和北京经济技术开发区行政资源整合、高水平建设南部高技术制造业和战略性新兴产业聚集区的起步之年，是实施大兴区“十一五”规划的收官之年。在区委的正确领导下，大兴区以科学发展观统领经济社会发展全局，按照“坚持科学发展，走城乡一体化道路，建宜居宜业和谐新大兴”的总体思路，紧抓机遇，扎实工作，经济社会实现又好又快发展，年初确定的主要任务目标预计基本完成。

其中，地区生产总值计划增长10%，预计增长10%以上；农林牧渔业总产值计划增长2%，预计与2009年持平；工业总产值计划增长12%，预计增长15%；财政收入计划增长10%，预计增长30%；社会消费品零售额计划增长12%，预计增长16%；外贸出口交货值计划增长2%，预计增长3%；实际利用外资计划增长10%，预计增长13%；城镇居民人均可支配收入计划增长8%,预计增长8%;农民人均纯收入计划增长8%,预计增长8%。万元地区生产总值能耗计划降低3%,预计降低3%;万元地区生产总值水耗计划降低3%,预计降低5%;农村劳动力向二、三产业转移计划完成8000人以上,预计完成10000人;城镇登记失业率计划保持在2.3%以内,预计控制在2.3%以内;城镇登记失业人员就业率计划达到65%以上,预计达到65%;全区林木覆盖率计划达到30%以上,预计达到30%;人口自然增长率计划保持在4.5‰以内,预计控制在3.5‰以内;空气质量二级和好于二级天数保证率与市级同步。

一、经济结构优化,质量效益明显提升

2010年,大兴区经济在调整优化过程中保持较快发展速度。预计全年地区生产总值同比增长10%以上,实现工业总产值489亿元,同比增长15%;预计完成全社会固定资产投资410亿元,同比增长15%;预计实现社会消费品零售额134亿元,同比增长16%;预计财政收入完成29.9亿元,同比增长30%。

预计全年实际利用外资1.15亿美元,同比增长13%;受国际经济缓慢复苏影响,预计全年完成外贸出口交货值29.7亿元,同比增长3%;受种植面积减少和年初严寒天气影响,预计全年实现农林牧渔业总产值47.9亿元,与2009年持平;城镇居民人均可支配收入预计全年达到24360元,同比增长8%;农民人均纯收入预计全年达到12030元,同比增长8%。

经过引进高端、淘汰落后、产业集群、协同发展的战略性调整,大兴区产业发展的质量和效益明显提升,全年表现出以下特点:

一是持续培育的高技术制造业和战略性新兴产业进入快速成长期。规模以上现代制造业预计实现工业总产值89.8亿元,同比增长23.4%。重点产业园区产业集聚效应突出显现。生物医药产业园预计实现工业总产值54.4亿元,同比增长56.3%;预计上缴税金2.8亿元,同比增长10.7%。康美药业、协和制药等10个项目挂牌落地,中检所、四环科宝等6个项目顺利开工,同仁堂、步长等22个项目签约入园,协议投资122亿元。国家重大新药创制专项项目总投资5.2亿元,项目一期已通过国家重大专项组验收,项目二期已启动。新能源汽车产业园预计实现工业总产值13亿元,同比增长37%;预计上缴税金2000万元,同比增长10%。北汽模塑、李尔电子、普莱德电池等项目相继投产,将有力拉动新一轮跨越式发展。鼓励支持区内企业做大做强,建立企业上市培育体系,成功实现企业上市零的突破。

二是与制造业和新兴产业相配套的生产性服务业快速协同发展。生产性服务业预计实现总收入300亿元,同比增长27.5%。京南物流基地预计实现业务收入27.2亿元,同比增长30%;预计上缴税金5000余万元,同比增长20%。地铁沿线生产性服务业被列为市服务业综合改革试点。

三是以新媒体产业基地为主体平台的文化创意产业蓬勃发展。文化创意产业预计实现总收入32.3亿元,同比增长26.6%。新媒体产业基地预计实现技工贸总收入120亿元,同比增长35.9%;预计上缴税金3.7亿元,同比增长63.7%。新媒体大厦主体完工,星光影视园二期独立传媒聚集区基本建成,新华网重大项目成功签约。

四是都市型现代农业体系得到进一步巩固和发展。新建、改造设施农业5000亩,全区设施农业面积达到10.2万亩,农业生产环境继续改善,生产能力持续提高。完成十大农业观光园区提升工作,预计全年实现农业旅游综合收入8.8亿元,同比增长8%。设施农业、观光农业已成为本区农业的主导形态。

五是两区行政资源整合使招商引资水平

和效果跨入新阶段。两区实现招商融合，设立两区重大项目招商领导小组及其办公室，组建专业化招商团队，统一品牌、统一标准、统一政策、统一服务，成功引进德信、利亚德等109个重大项目，总投资超过600亿元，招商工作实施新机制、走上新台阶、实现新突破。

六是调整产业结构，提高发展质量和效益，加大淘汰落后产能的力度。区政府设立专项资金，提升高端产业承载能力，加快腾退低效用地，腾退出产业用地1460亩。

七是国有经济实力明显增强。国企改制重组取得突破性进展，法人治理结构不断完善，建立了比较完备的业绩考核、产权管理和统计评价体系；区国有企业积极参与农村金融综合改革试验，参股村镇银行、小额贷款公司，增资区担保公司。国有企业总资产达到529亿元，同比增长57%。

二、城市建设加快，宜居水平日益提高

以城南行动为契机，着力提高新城和产业园区的道路交通、资源能源、生态环境和民生改善等基础设施水平，大力推进城南行动涉及本区32个重点项目的建设，基础设施建设实现重大突破。

一是道路交通网络更加丰富。地铁大兴线载客运行，兴亦路竣工通车，新源大街道路及管线工程顺利完工，天河西路、永大路、永兴路等9条道路基本完工，魏永路中段工程开工建设，启动万寿路南延工程。纵横交织、四通八达的道路交通体系使新城居民的生活更加便利。

二是城区建设改造更加有力。入区项目陆续开工建设，地铁沿线地标楼宇形貌崭露，火神庙商业中心建成开业。完成黄村大街、清源路等主要街道景观照明工程，兴华大街沿线改造和美化效果明显，实施街道、公园、社区"三个一"工程，老旧小区改造有序推进，新城面貌正在并继续发生着翻天覆地的变化。全年共完成新城范围5个村、45.1万平方米拆迁工作，基本实现和谐无震荡拆迁。

三是城市运行管理进一步完善。完成33条街路户外广告牌匾标识规划及重点部位户外广告整治工作，完成54个老旧居民小区、155个院落治安防范体系建设。新城范围拆除违法建设46宗，拆除总面积13万平方米，非法占地、违法建设行为得到有效遏制。已有151个村实行社区化管理，城乡结合部社区化服务管理模式得到中央和北京市肯定。在新城"四纵四横"主要街道两侧社区设立再生资源回收站点，共建成了69个再生资源回收站点。

四是生态环境建设更加突出。南海子公园一期国庆开园，新城滨河森林公园和地铁沿线景观工程进度过半，南中轴森林公园、永定河绿色生态发展带前期规划研究顺利进行。全年共完成101个村庄绿化，绿化面积121.7万平方米，城市绿化覆盖率达到40%以上，全年空气质量二级和好于二级天数与市级同步。

三、"三农"工作加强，新农村更显新成效

始终将解决"三农"问题作为工作的重中之重，以科技和金融促进农业现代化，以基础设施提升带动农村城市化，从而使广大农民的收入水平和生活质量持续提高。

一是加大科技助农和金融支农力度。完善农业科技服务体系，推进科技助农工程，全年共建设和提升30个农业标准化基地，建设12个农业实验示范基地，建设100个典型村级科技示范样板田，引进和推广新品种、新技术近百项，完成6.5万人次农民实用技术培训。完善农村金融服务体系，扩大金融支农范围，增加农业保险覆盖面，全年完成种植业入保面积25.5万亩、养殖业入保牲畜22.8万头（只），同比分别增长55%和5%，区内金融机构全年提供涉农贷款达23亿元。

二是加强农产品销售渠道拓展工作。通过社区便民网、农村惠农网和电子商务配送平台“两网一平台”的建设,建成22家社区体验店和418家农村连锁店的“村村连锁”服务网,增强了社区商业的服务功能,提升了农村消费品质。农超对接构建农产品流通新渠道。促成40家规模以上的农民合作组织与市区20余家大型连锁超市建立了长期的供货关系。

三是加快推进新农村基础设施建设。完成72个村庄规划编制工作,稳步推进五项基础设施建设,全年完成200万平方米的街坊路硬化工程、180万平方米街坊路绿化工程、870公里自来水老化管网改造和20184户一户一表安装工程、16150座户厕改造和193座农村公厕建设工程,农村人居环境进一步改善。

四是加紧实施新农村环境综合治理。坚持“村收集、镇运输、区处理”的农村垃圾处理机制,完成7个镇垃圾源头分类处理设施。生活垃圾无害化处理率达到90%以上,垃圾密闭化率达到100%。长子营镇留民营村荣获2010年度“北京最美的乡村”称号。

四、民生保障有力,公共服务均等覆盖

坚持科学发展,以保障和改善民生作为各项工作的出发点和落脚点,积极促进就业,完善社会保障,提高教育卫生等公共服务的均等化水平。

一是统筹城乡就业取得新突破。两区行政资源整合后,统筹促进本地劳动力就业,全区劳动力5500人进入开发区工作。加大就业指导和培训力度,完成劳动力培训2800余人,实现农村富余劳动力向二、三产业转移1万人。本区城镇登记失业率控制在2.3%以内,登记人员就业率达到65%,“零就业家庭”保持动态消零。依法保障劳动者权益,新签集体劳动合同企业169户,签订工资集体协商企业89户,完成全年任务指标。

二是社会保障体系取得新进展。着力拓宽城乡居民养老、医疗保险参保覆盖面,提高新型农村合作医疗补偿水平,城镇职工五险收缴率均在95%以上,城乡居民养老保险参保覆盖率达到92%,新型农村合作医疗参合率达到97%。为城乡5.2万名无社会保障老人发放福利养老金,建立了以最低生活保障制度为基础的城乡老年社会救助体系。建成保障性住房21万平方米,4457户困难群众住房问题得以解决。

三是教育教学环境取得新改善。义务教育教学环境持续改善,本区中小学校舍基本实现楼房化。投入1.8亿元实施学校抗震加固工程,加固面积9万多平方米。安定中心小学和幼儿园新建改造工程竣工;新城北区九年一贯制学校工程开工建设;北臧村九年一贯制学校计划年底开工;大兴第五中学建设工程加紧办理前期手续。公办学校校园“三防”到位,校园防范能力得到加强,营造安全和谐的教育环境。

四是医疗卫生水平取得新提高。区疾病预防控制中心及卫生监督所建设工程基本完成,公共卫生服务体系不断完善。区人民医院、亦庄医院、旧宫镇中心卫生院、榆垡镇中心卫生院等四家医疗机构加入北京大学人民医院医疗卫生服务共同体。两区卫生工作对接顺利进行,在亦庄新城增设1个120急救工作站和天宝园、天华园、永康公寓3个社区卫生服务站,有效缓解了亦庄新城急救能力相对不足和基层医疗卫生服务机构不足问题。

五、创新驱动显效,跨越发展动力增强

积极推进体制机制和科学技术的创新突破,为实现“超常规、高水平、跨越式”发展提供动力保障。

一是积极推进两区行政资源整合。按照市委市政府的指示精神,以“机制新、活力大、效率高”为目标要求,积极推进大兴区和北京经济技术开发区行政资源整合,实现“三个融合”、“八个对接”,“1+1>2”成效凸显。积极争取下放部分市级审批权限,做好对接工作,并梳理优化行政审批流程,提高项目落地的速度。

二是积极推进自主创新成果转化。本区企业开发新产品110项,申请专利2001项,授权专利1750项;输出技术成果1100项,交易额31亿元;吸纳技术成果650项,交易额8亿元。新增民营科技企业60家,新增高新技术企业30家。

三是积极推进农村综合改革工作。稳步推进农村集体经济产权制度改革,启动285个村的改革工作,基本完成230个村的清产核算、人员界定、股份设置、建章建制等改革工作。进一步完善转合同文本和签约程序,新签订的30年家庭承包合同鉴证率达到100%。大力推进农村金融综合改革试验区建设,全年组建"三农"信贷专营机构1家,村镇银行2家,小额贷款公司2家。全市首家农村资金互助社已获批筹,农业龙头企业上市培育工作有序推进。大兴区已成为全市新型农村金融机构起步最早、数量最多、种类最全的区县。

四是积极推进医药卫生体制改革。按照市医改领导小组及市医改办的工作部署,成立区医改办,制定了医改实施方案。与市医改领导小组签订《深化医药卫生体制改革2010年主要工作任务责任书》,加快推进基本医疗保障制度建设、国家基本药物制度建设等6方面改革工作。

六、节能力度加大,新能源利用成效明显

在快速工业化和城市化过程中,充分注重资源、能源的节约利用,实现高水平、高效益、可持续发展。

一是更加注重节约能源。推进能源监测系统三期建设,年内实现近140家用能单位在线监测。落实市、区"三高"企业退出计划,全年完成10家"三高"企业退出任务。康庄和观音寺集中供热厂建设基本完成,每年可节约燃煤11.9万吨。开展绿色照明工程,向居民及行政事业单位累计发放节能灯、荧光灯150万只。完成新建节能民居610户、既有住房节能改造750户。

二是更加注重新能源利用。完成5000盏太阳能路灯改造项目。建设新能源示范村,完成留民营沼气站七村沼气联供工程。完成29处太阳能公共浴室工程,可解决2.1万人的四季洗浴问题。

各位代表,在区委的正确领导下,经过大家坚持不懈的努力,2010年本区各项工作取得了优异的成绩。但在经济运行和社会发展中存在的一些问题和矛盾也较为突出:一是产业结构需要加快调整,高技术制造业和战略性新兴产业需要做大做强,农业和服务业需要优化升级,打造一批"北京创造"品牌的任务非常紧迫,腾退落后产能的任务依然艰巨;二是产业发展空间需要拓展,产业园区基础设施需要完善,产业招商力度需要加大,项目准入标准需要提高;三是新农村、新市镇和新城的规划建设管理水平需要提升,私搭乱建、违法停车、交通拥堵和卫生脏乱等问题反映比较突出,流动人口管理工作需进一步加强;四是转移农民"四有"工作机制需要进一步落实,尤其是就业问题越来越突出;五是公共服务和社会管理水平需要进一步提升。面对存在的问题和矛盾,我们应抓住机遇,迎难而上,力争在"十一五"辉煌成就和更高起点的基础上取得超常规、高水平、跨越式的新一轮科学发展。

2011年经济和社会发展计划草案

2011年是实施"十二五"规划的开局之年,是两区深度融合的关键之年。中央明确提出以科学发展为主题、以加快转变经济发展方式为主线,市委"十二五"规划建议提出打造以北京经济技术开发区和大兴区整合后的空间资源为依托的南部高技术制造业和战略性新兴产业聚集区,建设首都新机场等重点项目,为本区加快发展指明了方向。我们面临的发展机遇和有利因素前所未有,同时也要冷静地看到发展存在的问题和挑战:国际经济危机的后续影响仍在持续,经济运行的不确定性依然较大,国内外经济形势十分复杂。国际贸易保护主义势头加剧、人民币升值压力加大;国内经济结构调整进入关键时期,信贷投资规模进一步调整,通货膨胀压力加大等。总体看来,2011 年机遇与挑战并存,机遇大于挑战,全年工作必须坚定信心、科学谋划、合理安排、狠抓落实。

2011 年全区经济和社会发展的总体要求是:全面贯彻党的十七届五中全会、中央经济工作会议和市委十届八次全会精神,以科学发展为主题,以加快转变经济发展方式为主线,落实"人文北京、科技北京、绿色北京"战略,牢牢把握新区功能定位,加大创新驱动力度,加快发展高技术制造业和战略性新兴产业,着力保障和改善民生,为"十二五"时期发展开好局、起好步,推动新区走一体化、高端化、国际化道路,向建设宜居宜业和谐新大兴迈出坚实步伐。

主要预期指标:

地区生产总值增长 10%

财政收入增长 12%

工业总产值增长 12%

社会消费品零售额增长 12%

规模以上工业企业出口交货值增长 2%

实际利用外资增长 8%

城镇居民人均可支配收入增长 8%

农民人均纯收入增长 8%

主要调控目标:

万元地区生产总值能耗达到市级要求

万元地区生产总值水耗达到市级要求

农村劳动力向二、三产业转移 10000 人以上

城镇登记失业率控制在 2.3% 以内

城镇登记失业人员就业率达到 65% 以上

计划生育率达到 95%

全区林木绿化率保持 28% 以上

空气质量二级和好于二级天数与市级同步

主要措施:

一、突出发展重点,促进产业集聚发展

按照北京市确定的南部高技术制造业和战略性新兴产业聚集区这一产业功能定位,优化一产、做强二产、做大三产,重点发展十大产业,加快产业结构战略性调整,促进三次产业协调发展。

一是积极调整农业结构。加快农业产业结构战略性调整,优先发展环境农业、高效农业和特色农业,促进农业现代化。重点支持经济林产业、农产品加工业、籽种农业、观光农业,促进农业高端化、生态化发展。大力发展畜牧种业,改造 10 个规模畜禽场。大力发展花卉产业,建设月季生产基地,改造菊花生产基地,提升香草基地。改造提升 1000 亩传统品种梨基地,新建水蜜桃基地 2000 亩,建设出口梨基地 2000 亩。发展合作农业,加强与外埠地区合作,建立"大兴农业"品牌的合作基地。提升庞安路都市型现代农业产业带品质,推进永定河绿色生态发展带建设。培育特色农产品深加工业,培育农业龙头企业上市。

二是引导产业集聚发展。优化产业空间布局,重点建设"一区六园",发挥北京经济技术开发区产业发展主体平台的高端辐射带动作用,引导企业向专业园区聚集发展。继续安排 2 亿元产业发展专项资金,加大对生物医药产业园和新媒体产业园等园区基础设施建设改造,加快生物医药产业园二、三期建设。统筹产业发展空间拓展工作,促进军民结合产业园和新能源汽车产业园建设发展。创新开发模式,力争形成"腾退—盘活—激励—托建—落地"的良性运转产业链条,缩短项目审批周期,实现项目快速落地。

三是培育新兴产业项目。通过引进国内外行业性龙头公司,促进新兴产业发展。吸引发展生物医药项目,推进拜耳、辉瑞等国际项目入驻,促进桂龙药业、深圳康泰等15个项目土地上市,实现润和生物、同仁堂物流中心等16个项目开工。加快发展汽车制造项目,重点确保亚太汽车底盘、新能源汽车、海纳川航盛汽车电子等8个项目尽早实现经济效益,做好新能源汽车配套企业引进工作。

四是发展生产性服务业。加快推进地铁沿线生产性服务业招商工作,重点布局金融、工业设计、研发服务和商务服务企业。完善京南物流基地基础设施,重点建设京南物流基地污水干线工程和海南西路。启动中建钢材交易中心项目建设,积极吸引交易型物流项目入驻。集聚国际优质要素,提高国际服务能力,鼓励服务外包企业做大做强。

五是推进文化创意产业。努力推进星光影视节目制作基地建设,配合做好各项服务,积极吸引省级电视台驻京机构入驻,力争建设成国内最大最强的综艺节目制作中心。加快北区1号地、2号地开发建设,积极推动以新华网项目为代表的重大项目建设。

六是做好产业空间储备。加快推进产业园区土地一级开发,完善园区基础设施,提高产业园区承载能力。做好开发区中心区12平方公里扩区后续工作,着手实施开发区中心区和生物医药等专业园的进一步拓展。加大支撑产业发展的重点功能区的产业用地预储,积极争取政策和资金支持,建立产业用地储备长效机制。加快原有低效闲置资产的腾退工作,建立闲置资产项目库和计划腾退企业项目库,年内力争腾退产业用地1000亩。

七是同步加强节能减排。加强重点用能企业在线监测平台建设,年内逐步完成全区千吨标煤以上用能单位的用能在线监测。加快落实市、区"三高"企业退出计划,年内争取完成8-10家"三高"企业退出任务,进一步优化产业结构。实施大兴新城老城区15座锅炉房的并网工程,推进大兴新城老旧供热管网改造工程和大兴新城政府机关、学校、医院的公共建筑供热计量改造工程。

二、强化统筹联动,促进新城全面发展

高标准建设、高水平管理新城,综合统筹新城建设和发展的各项工作,促进大兴新城全面发展。

一是加快新城建设步伐。加快城市化建设进程,加快启动大兴新城核心区建设,统筹规划景观和建筑布局,树立大兴新城良好形象。加快推动建成区改造,实施兴丰大街、京开路沿线景观改造工程,重点包括路灯、步道、两侧广告、建筑物、过街天桥等景观建设。继续实施老旧小区改造工程,推动新城商业设施的升级改造,提升居住环境和生活质量。着力改善新城东部地区形象,重点对团河农场、天堂河农场和驻区部队地区加大拆违和整治力度。统筹规划建设亦庄新城及旧宫、瀛海、南海子等周边地区,加快完善亦庄新城功能。推进新城高端商业设施、社区商业便民服务体系建设,促进火神庙商业中心全面开业,加快宜家等一批重大商业项目建设,提升新城商业品质。

二是提升城市管理水平。推进城市网格化服务管理平台建设,构建区、街道(镇)、社区和工作网格的"四级服务管理"平台,建立城市管理服务系统和公众呼叫服务系统,促进人性化、精细化、规范化、信息化、动态化的社会管理工作机制建设。着力推进城乡结合部、新城地区和重点镇区的拆迁改造力度,改善城镇整体环境。以环境卫生、交通秩序为重点,进行街面秩序整治,解决一批群众反映强烈的环境秩序问题。采取综合措施,提升交通组织和管理水平,缓解交通拥堵,提高区内道路的通行能力。整治环境卫生秩序,完善网格化管理制度,对全区环境实施精细化管理。加强社区建设,改善居民生活环境和社区办公环境,提高社区服务管理水平。加大人口调控力度,探索农村社区化管理模式,加强产业园区公共服务配套设施建设,提高人口承载能力,充分发挥产业发展对人口疏导的导向性作用。着力增强对公共安全和突发事件的应急处理能力。

三是完善道路交通体系。年内完成马西路南延、万寿路南延等与中心城连接线工程,完成兴华大街南延工程;加快推进魏永路中段横向连接线建设,魏永路中段工程(京开路-104国道)和南西路工程(京开路-马西路)年底完成道路主体工程;推进芦花路(京堡路-区界)建设工程,启动东环路(黄亦路-天和东路)建设工程。

四是提高生态建设水平。突出低碳绿色理念,加快生态环境建设,提高地区生态文明水平,增强地区发展软实力。进一步加大生态林、生态经济林基础设施建设力度。完成大兴新城滨河森林公园建设,计划年内向市民开放。推进南海子公园二期建设,做好永定河绿色生态发展带和南中轴森林公园一期前期工作。推进黄村再生水厂、瀛海污水处理厂等重点项目建设,提高新城污水处理能力。继续实施“双千”工程,推广“全区村庄环境网格化包片保洁机制”,保持辖区公路、铁路、河道两侧环境干净整洁。实施垃圾分类处理,加快推进垃圾减量化、无害化、资源化。在大兴新城建立智能、便民的自行车租用网络体系,倡导居民使用低碳绿色出行方式。

三、统筹城乡发展,全面加快新农村建设

加快推进产业结构调整,完善农业服务体系,加强生态环境建设,加大城乡统筹发展和强农惠农力度,继续建设社会主义新农村。

一是完善农村服务体系。实施科技助农,发挥农业推广站作用,计划培养科技示范户1600户,培训农产品经纪人200名,建设5个农村实用人才实训成果展示基地,建设典型村级科技示范户样板田100个,新建、提升农业标准化基地30个。建设村级全科农技员队伍,扶持组建5支农民科技服务队。加强农产品质量安全监督检查,完善农产品质量检测体系,建立多形式、多内容的农产品销售服务体系。提高农业信息服务队伍能力,完善现代化农业管理信息服务体系。扩大农业保险范围和险种,完善农业防灾减灾体系建设。

二是深入推进新农村建设。继续抓好五项基础设施工程后续建设,完成56个村的街坊路硬化工程和77个村的街坊路绿化工程,完成16座水厂的老化管网和一户一表工程。在庞各庄、安定、魏善庄等镇启动20-30个“新民居、新社区”建设试点。继续加大农村环境建设力度,加强生态文明区、文明镇、文明村的创建。继续实施路灯改造、太阳能公共浴室、沼气站、秸秆气化站建设等“三起来”工程,探索推进压缩燃气建设,改善农民人居环境和生产生活条件,促进农村节能减排和资源的循环利用。

四、着重关注民生,提升公共服务水平

推进基本公共服务全覆盖,提高公共服务水平,加快就业、社会保障、教育、医疗卫生和文化体育等社会事业发展,继续抓紧办理一批群众最关心、最直接、最现实的实事和折子工程。

一是统筹加强就业服务。做好重大项目跟踪服务,做实项目带动就业工作。切实维护搬迁村农民长远利益,深化“安置就业有岗位、经营增收有资产、稳定生活有保障、服务管理有组织”的“四有”工作机制,在区“四有”工作领导小组及其工作办公室领导下,强化组织领导、完善政策制定、加强协调统筹,确保在城市化进程和转非安置过程中,有就业意愿和能力的劳动力基本实现就业安置,搬迁村农民变为有资产居民,夯实城乡一体化发展基础。提高城乡劳动力技能素质,实施“三年两万”培训计划,全员普及入职培训。依托现有教育资源,建设大兴区劳动力职业技能实训基地,培训符合岗位需求和产业发展需要的劳动者,每年不少于1万人。

完善促进就业政策机制，继续实施培训就业奖励政策，对就业人员实行“以奖代补”。充分利用两区融合资源，开发区每年安置大兴区劳动力不少于8000人。

二是完善社会保障体系。继续做好城乡低保、新型农村合作医疗和城乡居民养老保险等各项工作。完善公费医疗制度，本区享受公费医疗的400余家单位3万余人纳入医疗保险制度。推动实现社会保险统一经办目标，进一步完善“五险合一”经办窗口业务流程。切实做好建设征地转非人员参加社会保险工作。继续加大住房保障力度，做好政策性住房的资格审核工作，解决好困难群众住房问题。

三是改善教育卫生条件。加快教育卫生事业发展。改善办学条件，启动大兴十幼等5所幼儿园建设，完成大兴六小、采育小学及幼儿园、大兴新城北区九年一贯制学校新建工程，推进北臧村九年一贯制学校等4所中小学新建、改扩建工程，加固学校11所，翻建校舍2.5万平方米。提升医疗卫生整体水平，与北京大学人民医院合作，加强医疗卫生服务共同体建设，确保区疾病预防控制中心及卫生监督所年内投入使用。

四是提升文化软实力。进一步做好“文明市民学校”、农村文化大院建设工作，继续完善城乡文化体育设施，启动重点镇文体活动中心建设工程，不断满足群众文化生活需要。提高旅游服务水平，扩大文化品牌宣传，提升新区的知名度和影响力。

五、创新体制机制，深化各项制度改革

一是推进两区深度融合。推动两区优势互补，发挥北京经济技术开发区产业发展主体平台的带动作用，坚持统一品牌、统一标准、统一政策、统一服务，高水平规划建设“一区六园”。充分发挥大兴区空间资源、社会管理、公共服务等方面优势，积极推进开发区扩区，完善开发区中心区及周边综合配套服务功能，在亦庄地区设立街道办事处。建立健全两区重大事项决策机制，深化两区职能部门对接机制，创新重大项目推进机制，积极落实市级审批权限下放工作。

二是完善产业促进机制。继续创新招商机制，完善鼓励引导政策，提高政府服务水平，扩大投资吸引力。完善产业发展评价体系，建立健全科学的招商准入机制，提高项目准入标准。加大项目推进力度，明确责任，加强考核，实现跟踪储备一批、签约在谈一批、开工建设一批、投产见效一批。

三是推进国有企业发展方式创新。积极稳妥推进区属国有企业与央企、市企的对接和各种所有制形式的并购重组，打造具有区域内产业支撑的大集团、大公司。鼓励支持国有企业参与区域内重点工程、项目建设，确保重大项目和资金及时、安全有效投放。发挥国有企业的优势，搭建工业用地预储备平台，为区域内经济发展做好基础性工作。

四是推进农村金融综合改革试验。深化城乡统筹背景下的农村金融综合改革试验，进一步完善体系和机制建设，着力加强“三农”金融产品和服务的创新，强化农民理财知识培训。坚持“资产变股权、农民当股东”的改革方向，加快推进200个村的集体经济产权改革，在已完成改革的村社进一步深化改革和完善管理。探索集体资产经营模式、整建制搬迁村社区股份合作制改革模式以及转非劳动力就业安置和社会保障管理模式，为全区城乡统筹发展奠定基础。

五是深入推进社会服务管理创新。加快构建“枢纽型”社会组织工作及志愿服务体系。全面推行村庄社区化管理，做好规划，丰富内涵，提升水平，突出实效，做到村庄向村外延伸，硬件向软件延伸，管理向服务延伸。加强流动人口属地化管理、市民化服务，深入推进“以补促管”，通过拆迁、整治、控违等措施，加强对流动人口的调控。建立人口发展动态预警监测机制，加强人口布局引导，努力实现新城居住区、小城镇居住区、产业居住区和新农村居住区协调发展,实现“控总量、调结构、优素质”的目标。深入开展“平安大兴”建设,加强社会治安综合治理,强化镇(街道)综治维稳中心的职能,推进“科技创安”工程。加大重点部位整治、防范力度,不断完善社会治安网格化防控体系,完善群体性事件处置机制,完善安全管理体系,落实安全监管责任制,防止重特大安全事故发生。

六是推进医药卫生体制改革。按照国家、北京市推进医改工作要求,区医改办各成员单位制定完成分阶段医改工作计划。研究印发《2010年医药卫生体制改革工作任务分解方案》及职责分工和工作机制,明确各牵头单位和参与单位的职责和任务,建立会议制度、联络制度、信息报送制度等。区医改办加强协调,各个部门协同推进,确保医改工作任务落到实处。

各位代表,2011年是“十二五”规划的开局年,是落实城南行动计划的关键年,是全区新一轮科学发展的攻坚年。市委市政府对我们的工作提出了更高的要求,全市人民也对大兴区的未来充满期待。我们要在市委、市政府和区委的正确领导下,在区人大依法监督、区政协民主监督支持下,深入落实科学发展观,不断增强责任感和使命感,坚定信心,抢抓机遇,迎接挑战,开拓创新,努力完成全年经济和社会发展的各项任务目标,实现全区经济社会全面协调可持续发展,高水平建设宜居宜业和谐新大兴。

附件:

1. 大兴区2010年经济和社会发展主要预期指标完成情况
2. 大兴区2010年经济和社会发展主要调控目标完成情况
3. 大兴区2011年经济和社会发展主要预期指标
4. 大兴区2011年经济和社会发展主要调控目标
5. 相关名词解释

附件1:

大兴区2010年经济和社会发展主要预期指标完成情况

指标名称	单位	2010年	
		计划增长	预计增减
1. 地区生产总值	%	10	10以上
2. 农林牧渔业总产值	%	2	0
3. 工业总产值	%	12	15
4. 社会消费品零售额	%	12	16
5. 外贸出口交货值	%	2	3
6. 实际利用外资额	%	10	13
7. 城镇居民人均可支配收入	%	8	8
8. 农民人均纯收入	%	8	8
9. 财政收入	%	10	30

附件2:

大兴区2010年经济和社会发展主要调控目标完成情况

指标名称	单位	2010年	
		计划	预计完成
1. 万元地区生产总值能耗降低	%	3	3
2. 万元地区生产总值水耗降低	%	3	5
3. 农村劳动力向二、三产业转移完成	人	8000以上	10000
4. 城镇登记失业人员就业率	%	65以上	65
5. 城镇登记失业率	%	2.3以内	2.3
6. 全区林木覆盖率	%	30以上	30
7. 人口自然增长率	‰	4.5以内	3.5
8. 空气质量二级和好于二级天数保证率	%	与市级同步	与市级同步

附件3：

大兴区2011年经济和社会发展主要预期指标

指标名称	单位	2011年计划
1. 地区生产总值	%	10
2. 工业总产值	%	12
3. 社会消费品零售额	%	12
4. 规模以上工业企业出口交货值	%	2
5. 实际利用外资额	%	8
6. 城镇居民人均可支配收入	%	8
7. 农民人均纯收入	%	8
8. 财政收入	%	12

附件4：

大兴区2011年经济和社会发展主要调控目标

指标名称	单位	2011年计划
1. 万元地区生产总值能耗	%	达到市级要求
2. 万元地区生产总值水耗	%	达到市级要求
3. 农村劳动力向二、三产业转移人数	人	10000以上
4. 城镇登记失业人员就业率	%	65
5. 城镇登记失业率	%	2.3
6. 计划生育率	%	95
7. 林木绿化率	%	28
8. 空气质量二级和好于二级天数保证率	%	与市级同步

附件5：

相关名词解释

1. 高技术制造业：指广泛采用先进技术、设备和现代管理手段，科技含量较高的制造业形态，主要包括：电子及通信设备制造业、医药制造业、航空航天器制造、电子计算机及办公设备制造业、医疗设备及仪器仪表制造业等。

2. 战略性新兴产业：是以重大技术突破和重大发展需求为基础，对经济社会全局和长远发展具有重大引领带动作用，知识技术密集、物质资源消耗少、成长潜力大、综合效益好的产业。在我国，积极有序发展新一代信息技术、节能环保、新能源、生物、高端装备制造、新材料、新能源汽车等产业。

3. 文化创意产业：是指以创作、创造、创新为根本手段，以文化内容和创意成果为核心价值，以知识产权实现或消费为交易特征，为社会公众提供文化体验的具有内在联系的行业集群。

4. 万元地区生产总值能耗：指一定时期内一个国家或地区的全社会综合能耗与地区生产总值之比。

5. 万元地区生产总值水耗：指一定时期内一个国家或地区的全社会用水量与地区生产总值的比率。

6. 新农村建设“五项基础设施”工程和“三起来”工程：“五项基础设施”包括街坊路硬化和绿化、老化管网改造和一户一表、污水处理、垃圾处理、厕所改造；“三起来”即“亮起来、暖起来、循环起来”工程，指在新农村建设中为解决农村照明、农民取暖和农业资源循环利用问题所采取的举措。

7. 一区六园：即“一个中心区、六个专业园”。“一区”是指北京经济技术开发区中心区，“六园”指生物医药产业园、新媒体产业园、新能源汽车产业园、军民结合产业园、生产性服务业产业园、新空港产业园。

8. 小额贷款公司：是由自然人、企业法人与其他社会组织投资设立，不吸收公众存款，经营小额贷款业务的有限责任公司或股份有限公司。

9. 村镇银行：是经中国银行业监督管理委员会依据有关法律、法规批准，在农村地区设立的主要为当地农民、农业和农村经济发展提供金融服务的银行业金融机构。

10. 农村资金互助社:农村资金互助社是指经银行业监督管理机构批准,由乡镇、行政村农民和农村小企业自愿入股组成,为社员提供存款、贷款、结算等业务的社区互助性银行业金融业务。实行社员民主管理,以服务社员为宗旨,谋求社员共同利益。

11. 双千:由区政府安排资金1000万元,以各镇、街道办事处为主体,招用1000名保洁员,负责对道路、铁路、河道两侧环境进行保洁,主要任务是捡拾轻飘物、清理乱贴小广告,消除白色污染。

12. 全区村庄环境网格化包片保洁机制:以镇为管理主体,成立村庄环境管理领导小组。以每个村庄为基本管理单位,成立每个村庄的保洁人员小组,由专人负责管理,检查本村的环境保洁情况。镇环境办负责每周检查本镇环境,并对每片环境进行评比、考核。

13. 合同鉴证:鉴证是工商行政管理机关审查合同的真实性、合法性的一种监督管理制度。合同鉴证一般根据双方当事人的申请办理。合同鉴证可以到合同签订地、合同履行地工商行政管理机关办理。

14. 三防:为加强校园安全工作,一是加强"人防"力量,为本区学校配备专职保安;二是加大"技防"投入,实现技防配设;三是加大学校"物防"力度,为本区中小学、幼儿园配备了催泪喷射器、镐把、橡胶警棍等必要的安全防卫器具。

15. 医疗卫生服务共同体:是由北京大学人民医院主持设计,以信息化建设为纽带,将中心医院有机融入区域医疗卫生服务,在不同级别、不同种类医疗机构内,将医务人员之间的功能、活动和运作通过拥有或结盟等形式进行协调整合,明确各级区域医疗卫生服务机构在疾病预防、诊断、治疗和慢病管理等方面承担的功能任务,形成新的健康服务链,在技术上实现各医院之间跨系统的医疗信息共享与交换及视频会诊、跨医疗机构的预约与转诊等。

16. 三个融合:是指思想、感情、发展三个方面融合。

17. 八个对接:是指规划编制、对外招商、劳动就业、数据统计、社会管理、城市管理、公共服务和信息资源等八个方面进行对接。

18. 一体化:就是要加大统筹发展力度,坚持一体化规划、建设和管理,形成城市与农村经济社会发展一体化新格局,实现行政区与功能区、新城与小城镇、经济社会与人口生态环境一体化协调发展。

19. 高端化:就是要加快转变经济发展方式,大力发展高端、高效、高辐射产业,增强自主创新能力,打造一批"北京创造"品牌,提高资源能源利用水平,实现产业集约、集聚、循环发展,全面提升产业竞争力,高水平建设南部高技术制造业和战略性新兴产业聚集区。

20. 国际化:就是要紧跟北京向中国特色世界城市迈进的步伐,扩大对外开放,加强国际合作,集聚国际优质要素,提高国际服务能力,努力建设具有国际水平和国际影响力的新区。

21. 战略产业新区:是指从北京市赋予本区的产业职能出发,强化开发区的产业发展主体平台地位,提高辐射带动能力,努力发展成为国家高技术制造业、高端服务业和战略性新兴产业聚集区。

22. 区域发展支点:是指从国家推进京津冀区域统筹发展出发,发挥本区"承上启下、连接两端"的区位优势,使本区成为区域发展的重要枢纽和支撑。

23. 创新驱动前沿:是指从转变发展方式、转换发展动力、突破发展瓶颈、化解突出矛盾的需要出发,按照"机制新、活力大、效率高"的要求,先行先试,锐意创新,探索与促进自主创新、科技成果产业化、城乡一体化建设、战略性新兴产业培育相适应的体制机制。

24. 低碳绿色家园：是指从绿色经济、可持续发展理念出发，引导建立和完善绿色生产体系、绿色消费体系和绿色环境体系，以点带面，覆盖全区，营造宜居宜业绿色家园。

25. 十大产业：是指本区“十二五”期间重点发展的十大产业，具体包括：电子信息产业、生物医药产业、装备制造产业、汽车制造产业、新能源和新材料产业、航空航天产业、文化创意产业、生产性服务业、科技创新服务业和都市产业。

26. 三个一工程：即各街道要各自打造一条样板街、一个街心公园和一个标准化的社区。

北京市大兴区人民法院工作报告

——在北京市大兴区第三届人民代表大会第六次会议上

（2011 年 1 月 7 日）

北京市大兴区人民法院代院长　马来客

各位代表：

现在，我代表区法院向大会报告工作，请予审议。

2010 年主要工作

2010 年，我院在区委领导、区人大监督和市高级法院的指导下，在区政府支持、区政协民主监督和社会各界的帮助下，深入贯彻落实科学发展观，坚持“三个至上”工作指导思想，围绕三项重点工作的要求，按照“改进管理、加强学习、完善架构、转变作风、夯实基础、精细司法”的工作思路，认真履行宪法和法律赋予的职责，服务好首都和全区工作大局，各项工作实现了新发展。

一、充分发挥审判职能，维护社会和谐稳定

2010 年，我院案件呈现出数量居高不下，类型日益多样，涉拆迁案件、群体性案件等疑难复杂案件增多，当事人之间利益冲突尖锐，审理难度增大等特点。我院狠抓执法办案第一要务，全面加强审判和执行工作，全年共受理各类案件 19503 件，同比下降 0.17%；审（执）结案件 19446 件，同比增加 0.21%；解决诉讼标的额 21.03 亿元，同比增加 0.1%，为本区经济社会和谐发展营造了良好的法治环境。

（一）依法打击刑事犯罪，维护社会安全稳定

坚持宽严相济刑事政策，依法惩处犯罪。审结刑事案件 1327 件，判处罪犯 1790 人。严惩杀人、抢劫、强奸、绑架等严重危害社会治安的犯罪，审结此类案件 148 件，判处罪犯 237 人，其中 95 名罪犯被判处 5 年以上有期徒刑。依法惩处经济犯罪和职务犯罪案件，审结信用卡诈骗、合同诈骗、制售假币等破坏市场经济秩序犯罪案件 98 件，判处罪犯 124

人;审结贪污贿赂、职务侵占犯罪案件41件,判处罪犯55人。加大对侵财、贪利犯罪适用财产刑力度,共判处罚金1071万元,剥夺罪犯重新犯罪的资本。对初犯、从犯、偶犯、过失犯等犯罪情节轻微、主观恶性不深的罪犯依法从宽处理,对未成年罪犯落实教育、感化、挽救方针,依法给予从轻或减轻处罚。共免于刑事处罚5人,判处缓刑503人,努力减少社会对抗。

(二)有效化解民商事纠纷,保障民生,促进发展

妥善处理各类民商事纠纷,促进社会和谐,服务本区经济发展。共审结婚姻家庭、继承、合同、权属、侵权等各类民商事案件11845件,解决诉讼标的额12.52亿元,切实维护了公民的人身、财产权益,促进了市场交易秩序的稳定。妥善处理因拆迁引发的房屋买卖、土地承包、分家析产等案件,做好研判及应对协调工作,有效化解大量纠纷,为全区城镇化建设的稳步推进提供了有力保障。深入推进诉讼调解工作,坚持开展全程、全员、全方位调解,民商事案件调撤率达55.42%,同比提高4.75%。积极开展诉前调解,将大量矛盾化解在诉讼程序启动前。积极参与大调解格局建设,派出法庭通过与镇(街道)司法所和村、居委会调解组织建立的诉调联动机制,将涉及劳动争议、邻里纠纷等大量矛盾化解在萌芽状态。

(三)依法审理行政争议案件,推动建立和谐的行政管理秩序

切实维护行政相对人合法权益,促进行政机关依法行政,审结土地、规划、劳动和社会保障、治安等各类行政诉讼案件169件,办结非诉行政执行案件125件。坚持与行政机关开展联席会议制度,共同研讨行政执法与行政审判中遇到的普遍性问题。加大重大复杂案件协调力度,注重纠纷的实质性解决。妥善化解北京经济技术开发区西扩等全区重大项目实施中发生的行政纠纷,保障了重点项目的顺利进行。

(四)加大执行工作力度,最大限度实现当事人合法权益

推进执行机构建设,成立执行局,增加执行部门的人员配备。探索分段集约执行机制,将3万元以上金钱给付案件的实施权、审查权分解,由不同的承办人负责,强化对执行权力的制约;成立查控组专职负责银行存款、房地产、车辆和工商档案等信息的查询和财产的控制,实现评估拍卖、发还案款等工作的集中办理,提高了执行效率。切实推进执行威慑机制建设,加大拘留、查封、扣押等强制措施适用力度,对拒不履行义务的被执行人采取媒体公开曝光、限制出境等措施,督促被执行人自动履行法律义务。每月固定两天时间由执行机构主管院长、庭长、执行人员全员接待当事人,直接听取及解决当事人反映的问题。服务本区经济发展大局,妥善办理一批涉及全区重点工程的执行案件。全年共执结执行案件6085件,执结标的额8.3亿元。

(五)发挥司法能动作用,主动参与社会治安综合治理

开展法制教育,组织干警深入社区、企业、学校宣讲法律,积极接待干部、群众、学生旁听案件审理。重视法制宣传,加强与媒体的深度合作,与《法制晚报》、《大兴报》合办法制宣传专栏,加大就案说法力度,全年共发表法制宣传稿件3000余篇。对审判执行中发现的管理隐患,及时向有关单位提出司法建议41件,帮助相关单位改进管理、堵塞漏洞。积极参与社区矫正工作,对120名适用缓刑犯罪人员进行有针对性的帮教,协助有关部门做好罪犯回归社会工作。

二、完善司法为民举措,保障当事人的合理要求

积极回应人民群众的新要求新期待,不断丰富便民利民措施,确保当事人打一个公正、明白、便捷、受尊重的官司。

（一）改进便民服务工作，保障当事人及时行使诉讼权利

我院立案工作原由派出法庭和立案庭分别负责，派出法庭管辖案件的当事人只能在固定立案日到法庭立案，给当事人诉讼带来不便。我院今年建立了大立案工作模式，立案庭统一行使立案权，同时到派出法庭巡回立案，保证相关当事人可以选择地点随时立案，同时实行预约立案、上门立案等方式，为群众诉讼提供便利。成立审判事务管理办公室，增强窗口服务功能，为当事人提供导诉、案件查询、代收诉讼材料等服务。完善来访接待制度，每天有一名庭长在立案大厅值班，接待群众来访。加强司法救助工作，对经济上确有困难的当事人缓、减、免诉讼费26.15万元。开辟绿色通道，快速处理涉及农民工、老弱妇残及经济困难当事人的案件，对卧病在床的当事人实行上门开庭，强化司法的人文关怀。

（二）坚持司法公开，增加群众对法院工作的了解

进一步落实审判公开制度，保障群众对法院工作的知情权和监督权。对73件典型案件进行庭审网络文字和视频直播，刑事和商事裁判文书实现网上发布，提高了审判工作的透明度。以“阳光司法，感受公正”为主题，积极组织法院开放日活动，邀请村镇人民调解员、部队官兵、大中学生近距离感受法院审判工作。深入开展“听呼声、走百家、送服务”为民实践活动，院领导分别带队深入部分乡镇、社区、企业，采取座谈交流、法律宣讲等方式，了解基层群众对我院工作的意见和需求，认真解决群众反映的问题。

（三）全力做好涉诉信访工作，维护群众合法权益

设立信访办公室，完善涉诉信访工作机制。做实做细信访案件的化解工作，对信访老案、难案逐案研究，院长、主管院长亲自参与化解；对因案件而生活困难的信访者，启动司法救助资金予以帮扶；积极争取党委、政府及有关部门的支持，法律、行政和经济手段多措并举，化解仅凭法院力量难以解决的案件。坚持源头预防工作，规范司法行为，改进审判作风，减少信访案件的发生。今年我院涉诉信访工作呈现出初信初访率和重复信访率双下降的良好态势，全年涉诉信访案件数量同比下降40%。

三、切实完善审判管理，促进司法公正高效

结合审判规律和特点，完善审判管理，规范法官裁量权，切实维护司法权威。

（一）加强审判监督，确保办案质量

认真开展案件评查活动，对涉诉信访和发回、改判等案件，由院、庭领导负责评查，针对存在问题的薄弱环节，及时采取措施加以改进。针对涉及拆迁、房地产、劳动争议、交通损害赔偿等容易出现质量问题的案件，认真开展专项调查研究，制定统一的办案规范。成立裁判文书校核室，由专业人员对法律文书进行校核，文书质量明显提高。

（二）加强案件流程管理，努力提高办案效率

严格案件审限延长报批条件和程序，加强对审限中止事由的监督，减少超审限案件的发生。推进均衡结案工作，合理确定审判业务庭的季度和月结案率，对审判人员核定办案数量的最低指标，按期考核，公开排名。实行民商事审判周报和执行工作月报等制度，严格落实提示、通报、督促机制，提高结案效率。全年结案率达到96.25%。

（三）大力加强制度建设，进一步规范审判行为

按照务实、管用的原则，进一步修订完善内部规章制度，出台《落实审判公开规定》、《执行工作规范》等制度，形成较为完整、科学、规范的内部管理体系。狠抓制度落实工作，对案件审限、诉讼保全、上诉卷宗移送、审判人员办案态度、接待用语等加

强检查,及时通报。认真推进量刑规范化改革,细化执行标准,统一法律适用,约束法官的自由裁量权。建立审判作风常态调查机制,针对当事人关注的公正执法、文明服务等事项,随机选取案件当事人进行回访,调查结果纳入对法官的综合评价,促进了审判作风的转变。

四、全面加强队伍建设,提高队伍整体素质

坚持抓教育、抓学习、抓基础,努力提高法院队伍的政治和业务素质。

(一)加强思想政治建设,狠抓司法廉洁

认真组织专题培训,开展党课教育,举办干警论坛,扎实开展“人民法官为人民”主题实践活动。落实党支部和党员承诺制,举行新党员集体宣誓和老党员重温入党誓词仪式,开展“党员办案标兵评比”活动,将党建创新与服务审判工作相结合,深入推进创先争优活动。开展“以案析理”优秀征文活动,用身边案教育身边人。通过学习教育,增强了干警司法为民的意识及推进三项重点工作的自觉性和坚定性。认真落实党风廉政建设责任制,在审判执行岗位设立廉政监督员,扎实开展廉政风险防范管理工作,多措并举落实“五个严禁”规定,加大诫勉性谈话力度,对倾向性、苗头性问题及时处理。全年没有发生重大违法违纪问题。

(二)建设学习型法院,提高干警法律修养

开展干警每人每年至少阅读1本专业书籍及12篇学术文章活动,提高干警的法律理论水平。分专业组织干警集中脱产学习,有针对性地解决审判执行工作中遇到的热点、难点问题。安排新招大学生到基层工作锻炼,由优秀法官担任大学生的指导教师,帮助他们尽快掌握审判技能及群众工作能力。

(三)调整部门和人员结构,保证资源合理配置

根据案件数量、审理难度增加,审判专业化要求日益提高的情况,增设8个庭室,未成年人刑事案件、劳动争议案件等实现专业化审理,信息技术、文书校核做到专职管理。依照公开、公平、公正的原则,32名中层领导干部竞争上岗,优化了中层领导干部队伍结构。完成30名研究生、6名本科生的招录工作,全院研究生学历人员达到96人,占在编干警的43.24%,保障了法院工作的可持续发展。

五、落实司法民主,自觉接受社会各界监督

向区人大常委会报告开展刑事审判工作情况,根据区人大常委会的审议意见,认真制定整改措施。加强人大代表联络工作,征求人大代表的意见和建议,不断改进工作。认真接受政协民主监督,根据政协委员视察意见改进了立案工作。召开特邀监督员座谈会,征求对法院工作的意见及建议,及时反馈改进情况。积极接受检察机关法律监督,与区检察院签署检察长列席审判委员会工作规范。以人民陪审员换届选举为契机,选聘32名新一届人民陪审员,84.8%的普通程序案件由人民陪审员参加审理。

各位代表,过去的一年,是我院迎接挑战、奋力拼搏的一年。我院能够完成繁重的审判任务,是区委正确领导、区人大有效监督的结果,也得益于区政府、区政协及有关方面的大力支持,同时也凝聚着各位代表的关心、理解和帮助。在此,我代表区法院全体干警,向各位代表、各级领导和社会各界人士表示衷心的感谢!

同时,我们也清醒地认识到,我院的工作同党和人民的要求相比还存在着差距,也面临着一些困难和问题:一是面对首都和大兴区发展的新形势,干警的执法观念和工作作风还需进一步转变。二是人民群众不断增长的司法需求与审判力量不足的矛盾仍然突出。三是办案质量、效率和规范化水平有待

进一步提升。对上述问题,我院将继续加强研究,认真加以解决。

2011 年工作思路

2011 年,是实施“十二五”规划开局之年,是大兴区和北京经济技术开发区两区深度融合关键之年。我院要深入落实党的十七大和十七届五中全会精神,按照建设“人文北京、科技北京、绿色北京”的战略要求和建设中国特色世界城市的目标,紧紧围绕全区的中心工作,充分发挥审判职能作用,努力为首都和大兴区经济发展与社会和谐稳定提供有力的司法保障。

第一,抓好审判执行工作,服务全区工作大局。刑事审判要坚持宽严相济刑事政策,严厉打击严重破坏社会治安和市场经济秩序的犯罪,同时落实好宽大政策,做好未成年犯罪审判及轻微犯罪的刑事和解工作,维护社会安定。民商事审判要适应本区城市化进程加速推进的要求,在切实改善民生、维护市场经济秩序方面发挥有效作用。行政审判要坚持能动司法,切实保护群众合法权益,服务好本区重大工程项目建设。执行工作要进一步完善分段集约执行机制,推进执行联动威慑机制建设,努力提高案件实际执行率。成立知识产权审判机构,为本区发展高技术制造业和战略性新兴产业提供支持。对高端、新兴产业及跨国企业可能涉及的司法问题进行研究,提高审理前沿、新型、涉外案件的能力,使我院的审判水平适应两区深度融合及本区产业园区未来发展的新需求。

第二,切实改进工作方式,努力践行司法为民。牢固树立群众观念,认真把握群众诉求,规范审判事务集中管理工作,进一步改进立案接待工作,加强立案前矛盾化解工作,发挥信息化建设作用,更好地方便群众诉讼。进一步落实审判公开制度,严格落实立案、庭审、执行、听证、文书、审务等六个方面的公开,拓宽民意沟通渠道,最大限度地方便人民群众接近司法、了解司法、监督司法。

第三,进一步完善司法管理,促进司法公正高效。抓好案件质量管理,以庭审规范化、裁判文书规范化、卷宗规范化为载体,切实提升审判工作水平,促进案件质量的不断提高。加强调解工作,努力提高调解案件自动履行率,切实做到案结、事了、人和。抓好审判效率管理,加强对审判资源的合理配置,强化办案环节间的协调和监控,实现审判、执行工作的高效运转。

第四,切实加强队伍建设,确保公正廉洁执法。认真开展各项主题教育活动,培养干警“公正、廉洁、为民”的核心价值观,提高为大局服务、为人民司法的自觉性和坚定性。坚持以党建带队建,以队建促审判,推进法院工作科学发展。继续抓好学习型法院建设,提高队伍司法能力。狠抓工作作风和反腐倡廉建设,严格执行各项廉政规定,确保司法廉洁。

各位代表,在新的一年里,我们将以更加奋发有为的精神状态,求真务实的工作态度,改革创新的有力举措,不断开创法院工作新局面,以优异的工作成绩迎接建党 90 周年,为建设宜居、宜业、和谐新大兴作出新的更大贡献!

北京市大兴区人民检察院工作报告

——在北京市大兴区第三届人民代表大会第五次会议上

(2011年1月7日)

北京市大兴区人民检察院检察长　赵　成

各位代表:

现在,我代表大兴区人民检察院向大会报告工作,请予审议,并请区政协委员和其他列席人员提出意见。

2010年工作回顾

2010年,我院在区委及市检察院的正确领导下,在区人大及其常委会有力监督下,紧紧依靠全区人民,深入贯彻科学发展观,坚持"强化法律监督、维护公平正义"的检察工作主题,紧紧围绕中央政法委提出的"社会矛盾化解、社会管理创新、公正廉洁执法"三项重点工作,切实服务"城南行动计划"和"建设宜居宜业和谐新大兴"的工作大局,全面履行检察职能,各项检察工作取得新进展。

一、深入推进社会矛盾化解,维护大兴社会和谐稳定

认真落实中央关于化解社会矛盾的精神,立足大兴经济社会发展现状,及时研究检察工作中的新情况新问题,制定《关于加强社会矛盾化解实施意见》,确保行使职责过程中推进社会矛盾的化解。

(一)严厉打击各类刑事犯罪,努力营造安全稳定的社会环境。充分发挥打击犯罪的职能作用,加强与公安、法院的协调配合,形成合力,依法严厉打击危害城乡一体化发展和平安大兴建设的严重刑事犯罪,加大打击严重经济犯罪特别是非法吸收公众存款等涉众型经济犯罪力度,努力从源头上预防和减少不稳定因素。共受理提请审查批准逮捕案件1169件1592人,同比分别上升16.55%和10.71%,批准和决定逮捕916件1224人;受理移送审查起诉案件1440件1884人,同比分别上升23%和18%,向法院提起公诉1079件1406人。一些严重影响本区社会稳定的涉黑涉恶势力犯罪案件、严重破坏本区市场经济秩序的经济犯罪案件依法得到了处理,为全区经济社会平稳较快发展提供了有力的司法保障。

(二)加大查办和预防职务犯罪力度,着力构建廉洁高效的政务环境。进一步加大惩治职务犯罪力度,严肃查办涉农利益、教育医疗等领域发生的容易引发社会矛盾的职务犯罪,初查贪污贿赂案件41件,同比上升64%;立案14件18人,人数同比上升28.6%;大要案8件9人,挽回经济损失200余万元。立案查处了首都医科大学临床科技中心原总经理梁宏涉嫌贪污200余万元的大案;大兴区水务局原副局长韩志文挪用公款案、城管监察大队原大队长周长生贪污受贿案等一批有影响的大要案得到法院有罪判决。向区人大常委会专项报告渎职侵权检察工作,制定《进一步加强和改进渎职侵权检察工作方案》,初查渎职侵权案件9件,立案2件,协查4件。与区安监局会签《大兴区生产安全事故报告和调查处理基本程序》,积极介入生产安全事故调查6件,有效提出强化安全事故预警、预防对策建议。积极开展行贿档案查询和宣传活动,为各类企业、单位进行招投标等活动提供行贿档案查询82次。利用与北京印刷学院、石化学院建立的"检校合作"等平台,院领导带队讲授廉政教育法制课,将职务犯罪预防关口前移。同时,积极加强预防职务犯罪的研究工作,对重点领域及其典型案例,通过专项预防报告与检察建议的形式,深挖犯罪原因,总结经验教训,提出对策建议,效果良好。

(三)切实贯彻宽严相济的刑事政策,确保源头化解矛盾纠纷。着眼于法律、政治、社会三效果的有机统一,认真开展释法说理、心理疏导等工作,积极引导和帮助当事人,将化解矛盾、促进社会和谐贯穿于执法办案的全过程。对初犯、偶犯以及因邻里、亲友纠纷引发的轻伤害等案件依法从宽处理251件324人,其中,决定不起诉50人。健全快速办理轻微刑事案件的工作机制,依法快速办理案情简单、事实清楚、证据确实充分、犯罪嫌疑人、被告人认罪的轻微刑事案件294件328人。对未成年犯罪嫌疑人适用非羁押强制措施31人,对犯罪情节轻微、主观恶性小的未成年犯罪嫌疑人依法适用不起诉8人,建议或同意法院判处缓刑49人,为他们重获新生奠定了良好基础。化解矛盾工作也得到了当事人的充分肯定,给检察机关送来了写有"春风化雨救学子,宽严相济筑和谐"、"法理同辉,服务为民"等内容的锦旗多面。

(四)健全信访调解工作机制,减少和预防涉检信访。切实增强群众工作能力,积极完善信访排查备案和重点信访陪同代理机制,探索建立农村检察联络员制度,构建举报、信访、维稳"三网合一"体系,综合采取依法处理、教育疏导、救助救济等措施,办理各类信访案件399件,接待群众来访291人。积极开展涉法涉诉案件评查工作,一批上级挂账督办、历时多年的涉检信访积案都得到成功化解,在一定程度上减少了社会不和谐因素。制定《民事行政检察和解工作规定》,与区司法局会签《关于建立检调对接工作机制的实施办法》,积极构建"大调解"工作格局。对民事申诉、轻微刑事等案件,在查明事实、分清是非基础上,积极做好调解工作,努力促成45件案件中的双方当事人达成和解。经过检察机关的不懈努力,一起历经多年民事诉讼、涉案标的达2900万元的合同纠纷案得到成功和解,不仅使双方化解了积怨,而且促成了双方在沟通基础上的进一步合作,该案也获选北京市民事行政监督"十大精品案例",并获得高检院、市院领导的高度肯定,在全市引起良好反响。

二、积极参与社会管理创新,服务大兴城乡一体化建设

紧紧围绕"城南行动计划"与两区行政资源整合等工作大局,制定《关于积极参与社会管理创新的实施意见》,按照高检院提出的着力解决检察环节维护社会和谐稳定的源头性、根本性、基础性问题的要求,立足检察职能、把握法律监督属性、结合执法办案积极参与大兴城乡一体化发展一线的社会管理活动,更好地服务全区的大发展大建设。

(一)深化法制共建活动,有效服务社会治安综合治理。继续深入实施院处两级负责、部门协调配合、联络员定期沟通三机制,形成检镇(街)共建、检企共建、检校共建三模式,法制共建范围覆盖全区各镇、街道和主要企业、学校。认真落实检察环节综合治理的各项措施,积极参加由党委和政府统一领导开展的对社会治安重点地区的大排查、大整治,建立流动检务工作站,设立检察官联络员,畅通有利于民意表达的司法渠道。积极参与平安大兴创建活动,加强法制宣传教育,广泛开展进社区、进企业、进学校、进农村等相关活动50余次。结合执法办案工作,深入开展调查研究,向有关部门和企事业单位提出消除隐患、强化管理的检察建议130份,普遍得到认真及时地采纳,促进了管理水平的不断提高。

(二)积极提供法律服务,保障农村"两委"换届以及拆迁工作顺利进行。认真开展服务农村"两委"换届选举专项工作,积极配合区委、区政府开展法律咨询、教育培训32次,促进"两委"换届的顺利推进。高度重视由拆迁引发的案件办理工作,成立专门办案组,通过依法提前介入、深入拆迁现场调查等手段,坚持从维护全区大局出发,依法办理涉拆迁刑事案件15件28人、民事行政申诉案件9件9人,在一定程度上促进了相关工作的顺利开展。利用青年检察官宣讲团、法制共建、送法服务队等平台,积极深入重点工程走访调研,加大对拆迁、规划等民事行政法律法规、政策的宣传力度,以案释法、以案析理,努力为拆迁工作顺利开展营造良好的法律氛围。

(三)积极参与未成年人的教育保护,努力维护未成年人合法权益。制定《办理未成年人刑事案件规定》,不断完善符合未成年人特点的办案机制。全年共计办理未成年人犯罪案件100件142人,均做到案前重调查,案中重帮教,案后重回访。加强与家庭、共青团、学校配合,积极构建家庭、学校、社会、司法"四位一体"的未成年人保护体系。选派优秀检察官在21所中、小学兼任法制副校长,开展形式多样的法制宣传教育活动,引导未成年人学法、懂法、守法、用法,增强自我保护能力,预防和减少违法犯罪。成功举办"未成年人权益保护"全国研讨会,引起良好社会反响,促进了本区未成年人保护工作的积极开展。

(四)积极参加社区矫正工作,协助做好重点地区特殊人群的管理。完善对社区矫正进行法律监督的方法和措施,通过采取专题教育、警示谈话等方式,开展对社区服刑人员的矫正帮教96次,提高社区服刑人员的守法意识。加强与区公安、法院、司法等机关及社区矫正组织的沟通联系,建立联席会议、衔接管理、风险评估等制度,防止和纠正脱管、漏管等问题,促进工作依法规范开展。设立检察官信箱,依法受理社区服刑人员的举报、控告、申诉,建立案件线索受理、移交、办理和反馈的绿色通道,有效维护其合法权益。

三、切实加强公正廉洁执法,进一步提高执法公信力

以促进公正廉洁执法为目标,制定《加强公正廉洁执法实施意见》,全面加强和改进诉讼监督工作,进一步强化对自身执法活动的监督制约,加大检务保障力度,切实提高队伍执法公信力。

(一)切实履行法律监督职责,促进公正廉洁执法。深入贯彻市人大常委会《关于加强人民检察院对诉讼活动的法律监督工作的决议》,转变监督观念,狠抓监督能力,加大监督力度。共办理立案监督案件21件24人,依法监督立案4件5人;不予批准逮捕140人,不起诉6人;追捕6人,追诉漏犯32人,追诉漏罪93起,移送案件线索19份;对刑事案件提起抗诉8件,建议法院再审4件;对民事案件提请抗诉2件,建议抗诉4件,提出再审检察建议3件;对监管场所开展经常性安全防范、交付执行等检查累计307次。对侦查、审判、执行环节的违法办案问题发出书面纠正违法通知书19份,发出检察建议书25份,大部分得到整改回复。在全市诉讼监督案件评比中,先后有1件案件入选全市十大精品案件,2件案件入选全市优秀案件。上述监督工作既注重对案件公正的监督,也注重对案件办理程序合法性的监督,努力促进本区司法权的有效和正确行使。

（二）积极争取各方支持，营造良好监督环境。主动向区委、区人大汇报加强法律监督、促进公正廉洁执法的情况，听取意见和要求。与法院、公安机关就执行人大常委会决议召开联席会议，取得理解与支持。积极推进行政执法与刑事司法“两法衔接”工作机制，推动“两法衔接”网络平台建设。健全完善与侦查、审判机关的沟通协调机制，与区公安分局会签《开展刑事立案监督工作的实施细则》等四份规范性文件，与区法院会签《区人民检察院检察长列席区人民法院审委会会议工作规范》，努力做到既依法监督、坚持原则，又加强沟通、注意方式方法，将监督与支持结合起来，将检察机关的法律监督与其他执法司法机关的内部纠错机制结合起来，共同营造法治环境的廉洁与高效，共同提高执法办案的质量与效果，共同维护执法司法的公正与权威。

（三）狠抓队伍建设，确保公正廉洁执法。扎实开展“创先争优”活动，各项工作得到有力推动，成效明显。深入开展“恪守检察职业道德、促进公正廉洁执法”主题实践活动，着力培育检察人员的职业道德素养。狠抓“反特权思想、反霸道作风”等专项教育活动，向人大、政协等社会各界发放征求意见函及调查问卷184份，针对查找出来的有关问题，制定措施，限时整改，确保实效。通过成立国家检察官学院大兴教学示范基地导师组、选派干警到国家检察官学院学习、聘请9名知名专家、教授博导成立专家咨询委员会、更新院级人才库、举办中层干部领导力培训班等多种有效形式，不断加大人才培养力度。严格落实领导干部选拔任用的制度要求，配齐配强中层干部和业务骨干。积极参加全区各项活动，并在庆七一“旗帜颂”歌咏比赛中获得一等奖。

（四）积极加强检务保障，夯实公正廉洁执法物质基础。以保障检察工作的物质需要和良性运转为目标，以经费保障、科技装备建设、“两房”建设和信息化建设为重点，抓保障、保中心、促发展，全面加强检务保障建设。深入推进信息化建设，实行办案过程网络化管理、流程化控制，全面推进办理职务犯罪案件讯问犯罪嫌疑人全程同步录音录像工作。加大“两房”建设力度，院附属业务楼工程正式开工，建成后将进一步缓解办公办案用房紧张的局面。

各位代表，2010年我院在区委及市检察院正确领导、人大依法监督、政府大力支持、政协及社会各界关心、帮助下，各项检察工作都得到一定程度的提升，主要业务工作进步明显，整体工作水平处于全市上游。在此，我代表区检察院向各位人大代表、政协委员，向所有关心支持检察工作的领导和同志们表示衷心的感谢，并致以崇高的敬意！

同时，我们也清醒地认识到，对照科学发展观的要求，检察工作还存在一些问题和不足：一是人才培养方面还需要加大力度。高层次、领军型、骨干型人才数量不足，制约了检察工作发展；二是基础工作需要下大气力解决。办案规范化、管理科学化程度还不能适应形势的需要，管理能力、协调能力、群众工作能力需要普遍尽快提高；三是工作开展不平衡。一些工作开展成效显著，但也有一些工作进展不明显；四是工作中创新精神和能力不够，检察改革效果还不突出。对于这些问题，我们将高度重视，积极采取措施，努力加以解决。

2011年工作安排

2011年，我院将以党的十七大、十七届五中全会精神为指引，以科学发展观为统领，紧紧围绕三项重点工作，强化法律监督，深化检察改革，加强自身建设，推动检察工作全面发展进步,努力为本区加快经济发展方式转变、实现经济平稳较快发展,促进社会和谐稳定提供有力的司法保障。

第一,围绕工作大局,积极推动检察工作科学发展。牢牢把握大兴重要战略机遇期,围绕“城南行动计划”与城乡一体化建设等本区工作大局,全面正确履行打击、监督、预防、教育、保护等检察职能,统筹做好各项检察工作,在积极维护社会和谐稳定的同时,实现检察工作自身科学发展。

第二,立足工作重点,充分发挥服务保障作用。全面准确把握检察工作的切入点和结合点,将执法办案与推进三项重点工作紧密联系起来,进一步明确责任、细化步骤、狠抓落实,更加主动地服务和保障加快转变经济发展方式。建好派驻亦庄地区检察处,抓好各项服务开发区措施的落实。

第三,履行监督职能,着力提高执法水平和办案质量。深入贯彻落实市人大常委会决议精神,继续加大诉讼监督力度,突出监督重点、拓宽监督渠道,优化监督环境,继续保持诉讼监督良好的发展态势。扎实推进机制改革创新,严格规范和考核各个环节的执法办案工作,切实维护司法公正。

第四,加强队伍建设,切实提高执法公信力。大力加强法律监督能力建设,以培养专业化检察队伍为目标,以国家检察官学院教学示范基地为依托,重点加强对中层干部、后备干部、检察人才的教育,逐步完善检察职业道德的培训、奖惩及考评机制,全面提升干警职业道德素质和执法办案能力。

各位代表,在新的一年里,我院将认真贯彻落实本次会议精神,以更加坚定的信心、更加务实的作风、更加有力的措施,做好各项检察工作,为构建宜居、宜业、和谐新大兴作出更加积极的贡献!

大 事 记

2010 年大兴区大事记

1 月

5 日~7 日,区政协召开三届四次会议。会议表决通过了政协三届四次会议政治决议、关于三届区政协常委会工作报告的决议。

6 日~8 日,区人大召开三届五次会议。会议通过了各项决议,进行了补选事项。

15 日,本区召开全体会议。会议部署了 2010 年重点工作。

16 日,三海子郊野公园建设开工仪式正式启动。

30 日,全国政协主席贾庆林到北京经济技术开发区视察。

2 月

1 日,本区召开三届五次纪委全会暨全区党风廉政建设工作会。区委书记林克庆与各镇、街道、区直单位代表签订了党风廉政建设责任书。

3 日~4 日,本区召开区四套班子领导和北京经济技术开发区领导班子座谈会、北京经济技术开发区领导干部大会。会议宣读了市委决定、介绍了两区基本情况和重点工作。

4 日,本区召开 2010 年老干部新春团拜会。会议通报了 2009 年全区的经济社会发展情况。介绍了 2009 年全区老干部工作情况和 2010 年的主要任务

5 日,北京市经济技术开发区召开离退休干部新春团拜会,会上通报了开发区经济发展情况。

8 日,北京经济技术开发区召开第四届“博大贡献奖”表彰大会暨开发区高层次人才春节慰问座谈会。宣布表彰决定,获奖者代表和高层次人才代表分别发言。

10 日,本区召开领导干部大会。宣读了市委、市政府关于大兴区与北京经济技术开发区行政资源整合和领导干部任职的决定。

22 日,本区召开 2009 年度经济工作总结表彰大会。对 2009 年度经济工作先进单位和个人进行了表彰。部署了 2010 年经济工作。

26 日,北京经济技术开发区召开 2010 年度工作会议。

3 月

2 日,本区召开区委理论学习中心组学习(扩大)会。会议专题报告开发区发展情况。对贯彻实施《中国共产党党员领导干部廉洁从政若干准则》提出要求。

3 日,区三届人大常委会举行第二十二次会议。会议表决通过了《北京市大兴区人大常委会关于接受张晓林辞去大兴区人民政府副区长职务请求的决定;决定任命张伯旭、谈

诸祥为大兴区人民政府副区长;听取、审议并批准了区政府关于2010年区级政府投资计划安排情况的报告;通过了区人大常委会2010年工作要点;通过了其他有关人事任免事项。

是日,区三届政协常务委员会召开第十六次会议。会议通报了对兴华大街沿线建设整体推进情况;审议通过了〈政协北京市大兴区第三届委员会常务委员会2010年工作要点(草案);传达了区委书记、开发区工委书记林克庆在全区领导干部大会上的讲话精神。

5日,本区召开2010年政治工作会。

12日,北京经济技术开发区召开2010年党群工作会议。

是日,本区举行干部培训动员暨周末大讲堂启动仪式。会议部署了2010年干部培训工作。市发改委副主任、北京大学中国区域经济研究中心主任、经济学教授、博士生导师杨开忠作了题为《北京全面建设世界级城市的战略决策》的专题报告。

17日,市政协副主席赵文芝就民族村经济发展情况到本区进行调研。

24日,市委书记刘淇就"转变经济发展方式,加快产业结构优化升级"到本区、北京经济技术开发区调研。

28日,本区与国家测绘局签订国家地理信息产业园建设战略合作协议。

4月

1日,召开两区领导班子(扩大)会议。会议传达了刘淇、郭金龙等市领导到两区专题调研的指示精神。

9日,本区召开2010年处级班子思想作风建设大会。会议对处级干部任期经济责任审计情况、对2009年处级班子集中考察和作风建设检查情况进行了讲评,明确了加强任期经济责任审计和改进干部队伍建设的措施和要求。

14日,区三届政协常务委员会召开第十七次会议。会议通报三海子郊野公园、新城滨河森林公园项目情况,并进行了实地查看。

28日,市领导刘淇、郭金龙、王安顺就地铁建设到本区进行专题调研。

29日,农业部副部长张桃林到本区调研。

是日,大兴区、北京经济技术开发区召开两区理论学习中心组学习(扩大)会。会议介绍北京经济技术开发区产业发展情况及未来产业发展规划。传达关于起草《加快体制机制创新促进战略性新兴产业集聚建设南部现代制造业新区意见》的建议(征求意见稿)。传达市委组织部《关于认真学习贯彻干部选拔任用工作四项监督制度的通知》精神。

5月

11日,市政协副主席傅惠民率市政协委员对两区新能源产业发展情况进行调研。

14日,区三届人大常委会举行第二十三次会议。会议听取审议了区政府关于促进农民增收情况、区人民法院关于刑事审判工作情况、区人民检察院关于加强渎职侵权工作情况的报告,通过了有关人事任免。

15日,市委常委牛有成到本区就三海子郊野公园建设进行调研。

20日,全国人大常委会副委员长、民进中央主席严隽琪率领民进中央考察团到星光影视园参观考察。

25日,本区召开双拥工作领导小组成员全会。会议传达了市双拥模范城(县)试点会议精神和区常委会精神,下发了《大兴区争创双拥模范区"四连冠"参评方案》及《大兴区双拥工作领导小组成员单位职责》。

26日,区政协召开第三届委员会第二十五次主席会议。会议集体视察了采育汽车零部件基地及新能源汽车项目建设情况、康庄两限房社区公益配套服务设施建设情况,听取了相关工作汇报。

28 日，第二十二届北京大兴西瓜节开幕式在庞各庄镇举行。

是日，本区举办经济发展论坛暨 2010 年招商信息发布会。

6 月

1 日，苟仲文副市长到本区参加全市安全生产月活动启动仪式并实地调研了大兴生物医药产业基地和国家新媒体产业基地发展情况。

2 日，第九届北京大兴安定桑椹文化节开幕。

7 日，市委书记刘淇围绕“加强基层党组织建设，深入开展创先争优活动”主题到本区进行专题调研。

10 日，中共中央政治局委员、中央书记处书记、中央组织部长李源潮就创先争优活动到本区进行专题调研。

17 日，本区召开深入开展创先争优活动工作会。会议传达了中央和市委有关精神，宣讲了区委《关于进一步深化创先争优活动的意见》。

19 日，召开两区领导班子务虚会。会议听取了两区有关领导关于“十二五”规划工作的汇报。

23 日，本区召开区委第三次人大工作会议。会议宣讲了《区人大常委会党组关于加强和改进人大工作的意见》。

29 日，市政协副主席沈宝昌、赵文芝率市政协部分常委到本区视察新兴产业发展和重大项目建设情况。

30 日，市政协副主席陈平率文史和学习委员会委员就城南发展与文物保护工作到本区视察。

7 月

3 日，中共中央政治局委员、北京市委书记刘淇，国务委员、公安部部长孟建柱围绕“推行村庄社区化管理，促进‘平安北京’建设”主题到本区进行专题调研。

17 日，中国青年创业国际计划（YBC）全国办公室领导及市委常委、市委秘书长李士祥一行到本区视察指导青年创业工作。

20 日，副市长苟仲文到生物医药基地调研。

21 日，区三届人大常委会举行第二十四次会议。会议听取和审议了区政府《关于 2009 年财政预算执行和其它财政收支情况的审计工作报告》、《关于 2009 年财政决算和 2010 年上半年预算执行情况报告》、《关于 2009 年上半年国民经济和社会发展情况的报告》，批准了 2009 年区本级财政决算。

28 日，本区召开区委三届十次全会（扩大）暨半年经济形势分析会。会议观看了两区上半年工作总结专题片，部署下半年经济社会发展工作任务、产业发展及开发区重点工作。

30 日，农业部副部长陈晓华带队就北京市农业信息化建设情况到本区进行调研。

8 月

8 日，本区召开 2010 年拆迁工作阶段总结会。实地查看了采育、旧宫、瀛海镇拆迁现场，听取了全区拆迁工作情况和 12 平方公里拆迁情况的汇报，并进行了慰问。

9 日，本区召开青年创业促进会暨大兴创业办公室成立大会。会议为大兴创业促进会和创业办公室揭牌，颁发捐赠证书聘书，发放创业资金。

11 日，全市开展社区化管理工作推进会在西红门镇召开。

18 日，中央政治局委员、中央政法委副书记、中央综治委副主任王乐泉、中共中央政治局委员、市委书记刘淇就“推进社会管理创新”到本区调研。

是日,副市长苟仲文率市发改委等9个部门就推动北京中医药产业发展到大兴生物医药产业基地调研。

9月

10日,本区召开庆祝第26个教师节大会。

13日,市长郭金龙就公租房项目建设情况到两区调研。

15日,市人大常委会副主任吴世雄一行到大兴区、经济开发区进行调研。

16日,本区召开大兴区、北京经济技术开发区创先争优活动推进大会。

26日,中国药品生物制品检定所迁址项目举行开工奠基仪式。

是日,南海子公园(一期)举行开园仪式。

30日,本区召开安全稳定工作会议。会议传达了全市领导干部大会精神。通报了全区社会稳定和安全生产情况。

10月

11日,市委书记刘淇就"推动资源整合,优化区域发展环境"到本区进行专题调研。

20日,本区召开区人大常委会主任专题会议。

23日,本区召开两区领导班子务虚会暨理论学习中心组学习(扩大)会。会议传达学习了中共十七届五中全会和市委常委扩大会议精神,通报了新区"十二五"规划产业发展思路和开发区产业发展思路及明年工作思路、重点。

26日,区委召开第三次政协工作会议。会议宣读了《中共北京市大兴区委关于加强政协政治协商制度建设的意见》,安排部署了政协工作。

27日,本区与北京石油化工学院举行《战略合作框架协议书》签约仪式。

30日,首届北京农村金融改革论坛在本区举办。

11月

2日,本区召开区政协第三届委员会常务委员会第十九次会议。会议传达学习了中共十七届五中全会精神;观看了专题片《砥柱》;通报了关于区纪委、监察局2010年党风廉政建设情况、关于区政府2010年办理区政协提案工作情况;部署了对《北京市大兴区国民经济和社会发展第十二个五年规划纲要(征求意见稿)》政治协商准备工作。

4日,市委书记刘淇围绕"加快重大项目投资,加强交通基础设施建设"主题到本区进行专题调研。

5日,两区理论学习中心组举行学习(扩大)会。听取解读《中共中央关于制定国民经济和社会发展第十二个五年规划的建议》和专题报告。

23日,本区举行区三届人大常委会第二十六次会议。听取和审议了关于2010年促进落实城南行动计划落实情况的报告、关于2010年区级政府投资计划执行情况的报告;讨论通过了《北京市大兴区人大常委会关于区政府投资项目监督暂行办法(草案)》;听取和审议了区政府关于"强化城市管理,提升新城形象"、关于"加强社会建设,强化社区管理"两项议案办理情况的报告。

12月

1日,本区召开区委三届十一次全体(扩大)会议。会议就制定"十二五"规划建设作了说明。审议通过了《区委关于制定大兴区国民经济和社会发展第十二个五年规划的建议》和全会决议。

7日,市政协主席阳安江到本区调研。

是日，中国红十字会总会党组书记、常务副会长王伟到本区进行调研。

8日，本区召开2010年新兵入伍欢送大会。

15日，宜家家居北京大兴商场奠基典礼暨英特宜家购物中心北京项目一期工程举行启动仪式。

是日，副市长程红到本区调研。

16日，本区举行区三届人大常委会第二十七次会议。会议通过了有关人事任免事项；听取和审议了区政府关于2010年经济和社会发展计划执行情况与2011年经济和社会发展计划（草案）的报告、区政府关于2010年财政预算执行情况和2011年财政预算（草案）的报告，讨论了《北京市大兴区人大常委会工作报告》，同意将上述三项报告提交区三届人大六次会议审议；作出了《关于召开北京市大兴区第三届人民代表大会第六次会议的决定》。

19日，本区召开政法工作会议，迅速贯彻落实全国政法工作会议精神。

20日，北汽首批纯电动轿车下线、试验运行交车暨北汽大洋电机科技有限公司成立揭牌仪式在采育开发区举行。

是日，召开大兴区、北京经济技术开发区人才工作会议。会议对首批“政府特聘专家”代表颁发了证书。

21日，农工党北京市委与大兴区委联合举办“打造大兴中国药谷”生物医药发展论坛。

23日，北京市预防工程建设领域职务犯罪巡展启动仪式在本区举行。

24日，本区举行区三届人大常委会第二十八次会议。会议听取了区政府关于大兴区国民经济和社会发展第十二个五年规划纲要（草案）编制情况的说明；听取和审议了区政府关于办理区三届人大五次会议代表建议、批评和意见工作情况的报告；通过了区三届人大六次会议有关事项；接受了周静溪辞去大兴区人民代表大会常务委员会副主任职务的请求，并报大兴区人民代表大会备案；通过了其他有关人事任免事项。

27日，全国人大常委会副委员长、民盟中央主席蒋树声率民盟中央调研组到本区调研。

28日，本区召开区委第三次党代表会第六次会议。会议听取并审议了《区委2010年工作报告》，书面审议了《区纪委2010年工作报告》，审议通过了《中国共产党北京市大兴区第三次代表大会第六次会议决议（草案）》。

党 派

中国共产党大兴区委员会

【概况】 2010年是新区紧抓机遇、融合发展的一年,是打破常规、探索创新的一年,是攻坚克难、成效显著的一年。区委坚持以科学发展观为指导,坚决贯彻落实市委、市政府决策部署,按照“机制新、活力大、效率高”和“超常规、高水平、跨越式”发展要求,以做大做强北京经济技术开发区和加快城乡一体化进程为重心,全力推进两区行政资源整合,加快转变经济发展方式,加大创新驱动力度,着力优化发展环境。两区领导班子和广大党员干部始终保持奋发有为、昂扬向上的精神状态,讲党性、讲团结、讲奉献、重创新、求突破、促发展,巩固和发展了心齐气顺、劲足风清的良好局面,全区经济建设、政治建设、文化建设、社会建设以及生态文明建设和党的建设取得新成就,圆满完成“十一五”规划各项任务,为新区在更高起点上跨越奠定了坚实基础。新区全年完成税收278亿元,同比增长18.6%;实现工业总产值2670亿元,同比增长12%;完成全社会固定资产投资650亿元,同比增长27.1%;实现社会消费品零售额278.7亿元,同比增长23.4%。大兴区城镇居民人均可支配收入实现24360元,同比增长8%;农民人均纯收入实现12030元,同比增长8%。积极稳妥推进两区行政资源整合,形成推动发展的强大合力,取得了“1+1>2”的良好成效。在联合招商、促进就业、产业发展空间拓展、公共管理服务、重大项目推进及科技人才等项工作都取得历史性新突破,为首都发展高端产业创造了新优势。加大统筹力度,坚持“拆、建、管”并举,城乡一体化发展取得了重要进展。城乡结合部和镇区拆迁改造加快推进、基础设施建设实现新飞跃、重点区域管控成效明显、“三农”工作取得新成绩。突出社会管理创新,注重保障和改善民生,和谐社会建设取得新成效。初步建立了搬迁村农民长远利益保障机制;率先探索建立了村庄社区化管理新模式;创新流动人口服务管理机制;社区建设管理、综合行政服务、社会事业、社会安全稳定等项工作得到进一步加强,有了新的提高。加强文化建设,拓展社会宣传载体,新区影响力和凝聚力显著提高。加大理论教育和社会宣传力度,扎实有效的推进精神文明创建活动。以南海子公园、地铁线建设为契机,围绕两区行政资源整合,城南行动计划等重大任务全方位、多角度宣传大兴,弘扬历史文化,极大提升了新区影响力和凝聚力。践行绿色发展理念,生态建设力度加大,生态文明成果不断扩大。历时8个月,建成南海子公园一期。完成凉水河沿岸景观一批生态工程,新城滨河森林公园等工程进展顺利。资源能源节约集约利用成效明显。大力推进节能减排等工作,淘汰了一批高耗能、高污染和“小散低劣”企业,开发区产业用地地均产值保持国家级开发区领先水平。深入开展创先争优活动，着力夯实基层基础，党的建设取得了重要成果。民主政治建设进一步加强，区委充分发挥领导核心作用，坚持总揽全局，协调各方，支持工作。两级领导班子协调运转，整体合力进一步增强。创先争优活动深入推进，创造了“一带二比三落实”等典型经验，得到了中央、市委领导的充分肯定。领导班子和干部人才队伍整体优化，基层组织建设水平全面提升，“三级联创”活动连续9年在全市创建评比中排名一类。率先推进楼宇党建评定工作，规模以上非公企业党组织和党的工作基本实现全覆盖。反腐倡廉建设深入推进。形成了具有大兴特色的“一三三二”工作模式。

名称：中国共产党北京市大兴区委员会
地址：北京市大兴区兴政街15号
电话：69242412
邮编：102600

主要工作和重大活动

【全国政协主席贾庆林到开发区视察】 1月30日，全国政协主席贾庆林到北京经济技术开发区视察。区委书记林克庆就两区整合行政资源，理顺管理体制，打造新的发展空间，建设南部现代制造业新区等有关情况进行了汇报。市领导刘淇、郭金龙、阳安江、蔡赴朝、吉林、李士祥、苟仲文、陈刚、黎晓宏和区领导李长友、张晓林及全国政协、中央办公厅、市区有关部门领导参加了此次活动。

（孙荣华）

【市政协副主席赵文芝到本区调研】 1月17日，市政协副主席赵文芝就民族村经济发展情况到本区进行调研。听取了民族村经济发展情况汇报，参观了礼贤镇的肉牛养殖项目，对本区民族村经济发展工作给予了充分肯定。区领导李长友、王新、常红岩、路志权、李维民及市政协有关部门领导陪同调研。

（孙荣华）

【市委书记刘淇到本区调研】 3月24日，市委书记刘淇就“转变经济发展方式，加快产业结构优化升级”到大兴区、北京经济技术开发区调研。参加了中关村国家自主创新示范区大兴生物医药产业基地重点项目启动仪式，察看了京东方8.5代线项目和北京数字电视产业园建设情况。听取了关于两区行政资源整合工作进展情况和关于开发区2010年1～2月份经济发展情况的汇报。市领导郭金龙、杜德印、王安顺、吉林、李士祥、赵凤桐，区领导林克庆、李长友、张书领、高树旺、赵广义、张文、王新及市区相关部门负责同志参加了此次活动。

（孙荣华）

【全国人大常委杨邦杰到本区调研】 4月16日，全国人大常委、全国人大华侨委副主任、致公党中央副主席杨邦杰到本区调研。市委统战部副部长李卫东，区领导王新、李春亭陪同调研。

（孙荣华）

【市政协经济委领导到本区调研】 4月19日，市政协经济委领导到本区调研。听取了大兴区与北京经济技术开发区行政资源整合和发展规划情况的汇报。调研组一行对此给予高度评价，并在规划、产业、管理体制等方面提出了意见和建议。市政协领导李进山、李凤玲、马士华，区领导林克庆、高树旺、王新、谈绪祥、文献、路志权参加了此次活动。

（孙荣华）

【市政协副主席沈宝昌到本区调研】 4月19日，市政协副主席沈宝昌到本区视察三海子郊野公园建设情况，并参加了植树活动。

区领导林克庆、高树旺、李春亭陪同调研。

(孙荣华)

【市公安局长傅政华到本区调研】 4月25日,市公安局局长傅政华到本区调研。听取了相关工作情况汇报,到西红门镇察看了村庄封闭式管理情况,并参加了本区社会面巡逻防控工作启动仪式。市公安局副局长高煜、单志刚,区领导林克庆、李长友、王新、马武英、朱家林、常红岩参加了此次活动。

(孙荣华)

【市领导刘淇、郭金龙、王安顺到本区调研】 4月28日,市领导刘淇、郭金龙、王安顺就地铁建设到本区进行专题调研。慰问了地铁工程建设者,实地察看了地铁大兴线南兆路车辆段、义和庄站和轨道工程建设情况,听取了建设世界一流地铁,方便群众出行,打造宜居宜业和谐城市等方面情况汇报,对大兴线建设给予充分肯定。市领导吉林、李士祥、陈刚,市政府秘书长孙康林,区领导林克庆、李长友、谈绪祥、邵恒及市区有关部门负责同志参加了此次活动。

(孙荣华)

【农业部领导张桃林到本区调研】 4月29日农业部副部长张桃林到本区调研。听取了有关工作情况汇报,察看了青云店镇、安定镇农业服务体系建设和基层农技推广体系改革试点工作情况,对本区各项工作给予充分肯定。农业部领导白金明、刘恒新,市农委主任王孝东、农业局局长赵根武、副局长王振邦、马荣才,区领导林克庆、李春亭及市、区农口相关单位领导参加了此次活动。

(孙荣华)

【市领导牛有成到本区调研】 5月15日,市委常委牛有成到本区就三海子郊野公园建设进行调研。听取了三海子郊野公园建设总体方案及目前进度情况汇报,实地察看公园建设情况,对公园建设给予了充分肯定。市政府副秘书长安钢,市园林绿化局局长董瑞龙、副局长史贵升、强健,区领导李长友、李春亭参加了调研。

(孙荣华)

【全国人大副委员长严隽琪到本区考察】 5月20日,全国人大常委会副委员长、民进中央主席严隽琪率领民进中央考察团到星光影视园参观考察。察看了星光影视园发展建设情况,听取了两区经济社会发展情况的汇报。严隽琪副委员长对两区经济社会发展取得的成绩给予肯定。全国人大常委、民进中央副主席王佐书,全国人大常委、民进中央副主席、市人大常委会副主任、民进市委主委刘新成,全国人大常委、民进中央副主席兼秘书长朱永新,区领导林克庆、张书领、戴明超、李维民及市区相关部门负责人陪同考察。

(孙荣华)

【全国人大副委员长桑国卫到本区视察】 5月21日,全国人大副委员长、中国工程院院士桑国卫带领科技重大专项检查组到北京经济技术开发区和大兴生物医药基地就“重大新药创制”科技重大专项落实情况进行视察。两区领导林克庆、李长友、张书领、赵昕昕、杜新安、谢冠超陪同视察。

(孙荣华)

【副市长苟仲文到本区调研】 6月1日,苟仲文副市长到本区参加全市安全生产月活动启动仪式并实地调研了大兴生物医药产业基地和国家新媒体产业基地发展情况。区领导林克庆、谈绪祥、绳立成、谢冠超等陪同调研。

(孙荣华)

【市委书记刘淇到本区调研】 6月7日,市委书记刘淇围绕“加强基层党组织建设,深入开展创先争优活动”主题到本区进行专题调研。察看了榆垡镇求贤村荣誉室、数字家园、党员活动室和刘家铺村通过“高接换优、节水滴灌”等技术改良果树品种增收致富等情况，了解两村加强两委班子建设、开展创先争优活动、为农民提供农业生产生活服务、加强精神文明建设和依托支部加强协会形式为村民服务等情况。市领导吕锡文、李士祥、牛有成、夏占义，区领导林克庆、李长友、王新、戴明超、李春亭、王有国及市区有关部门负责同志陪同调研。

（孙荣华）

【北京银监局领导楼文龙到本区调研】　6月8日，北京银监局局长楼文龙到本区就农村金融工作情况进行调研。听取了本区经济和金融发展情况汇报，实地察看了农产品加工企业发展情况，对本区农村金融改革工作给予充分肯定。北京银监局相关处室负责人，区领导李长友、谈绪祥、李春亭、绳立成及区内金融机构负责人参加了调研。

（孙荣华）

【中央政治局委员李源潮到本区调研】　6月10日，中共中央政治局委员、中央书记处书记、中央组织部部长李源潮就创先争优活动到本区进行专题调研。察看了榆垡镇求贤村荣誉室、数字家园和设施农业发展情况，详细了解村开展创先争优活动情况，听取了区委书记、开发区工委书记林克庆有关全区开展创先争优活动工作情况和榆垡镇、区人力社保局、区妇幼保健院有关工作的汇报，对北京市和大兴区的工作给予充分肯定。中共中央政治局委员、北京市委书记刘淇一同调研。中组部和市领导王秦丰、王安顺、吕锡文、傅思和，区领导李长友、王新、王有国参加调研。

（孙荣华）

【中央领导到本区调研】　7月3日，中共中央政治局委员、北京市委书记刘淇，国务委员、公安部长孟建柱围绕“推行村庄社区化管理，促进‘平安北京’建设”主题到本区进行专题调研。察看并详细询问了西红门镇大生庄村村庄社区化管理工作开展情况，到该村村民杨桂梅家察看了外来人口登记等情况，到该镇综治维稳中心察看了流动人口登记、各村实时治安动态监控等情况，观看了本区村庄社区化管理多媒体演示片，听取了区委书记、开发区工委书记林克庆关于本区社会管理创新和维护稳定相关工作情况和市公安局局长傅政华关于全市城乡结合部有关管理工作情况的汇报。国务委员、公安部部长孟建柱对本区推行村庄社区化管理工作和市公安工作给予充分肯定。市领导郭金龙、吉林、李士祥、刘敬民、孙康林，公安部领导黄明、刘绍武、白少康，区领导李长友、王新、马武英、戴明超、谈绪祥、常红岩及市区有关部门负责同志陪同调研。

（孙荣华）

【市纪委领导来本区调研】　7月9日，市纪委副书记、监察局长张厚崑就纪检监察组织建设和市政府重大工程建设到本区调研。听取了本区关于加强全区纪检监察组织建设情况工作的汇报，察看了三海子郊野公园建设情况，详细了解了市政府重大工程建设情况及本区开展的重点工程建设项目分级分类监督检查制度。对本区纪检监察工作给予了充分肯定。区领导林克庆、李艳萍、市纪委领导边学愚参加调研。

（孙荣华）

【副市长苟仲文到本区调研】　7月20日，副市长苟仲文到生物医药基地调研。听取了相关工作汇报。市领导戴卫，区领导李长友、谢冠超陪同调研。

（孙荣华）

【农业部领导到本区调研】　7月30日，农业部副部长陈晓华带队就北京市农业信息化建设情况到本区进行调研。视察了本区安定镇农业综合服务中心市区两级221信息平台应用情况,农业产前信息服务、农民技能培训、产中问题咨询、产后市场信息发布、销售引导等农业信息一站式服务及应用情况,听取了北京市221信息平台建设情况及大兴区应用情况的汇报,对本区农业信息化工作给予了充分肯定。农业部总经济师张玉香,市领导牛有成、夏占义和市农委、市科委、市经信委、市农业局、北京农林科学院等单位有关领导,区领导林克庆、李长友、李春亭参加了调研。

(孙荣华)

【中央领导到本区调研】 8月18日,中央政治局委员、中央政法委副书记、中央综治委副主任王乐泉、中央政治局委员、市委书记刘淇就"推进社会管理创新"到本区调研。察看了旧宫镇庑店村拆迁现场、西红门镇大生庄村村庄社区化管理情况,听取了区委书记、开发区工委书记林克庆关于全区城乡结合部地区拆迁、建设、管理等工作情况汇报。并召开座谈会,听取了市委副书记王安顺关于全市深入开展"三项重点工作"和社会管理创新工作汇报,对北京市和本区社会管理创新等工作所取得的成绩给予充分肯定。中央政法委领导陈冀平、鲍绍坤,市领导李士祥、梁伟、傅政华、刘敬民、池强、慕平,区领导李长友、王新、马武英、常红岩及中央政法委、市区有关部门负责同志陪同调研。

(孙荣华)

【副市长苟仲文率市9部门领导到本区调研】 8月18日,副市长苟仲文率市发改委等9个部门就推动北京中医药产业发展到大兴生物医药产业基地调研。参观了北京以岭药业企业文化展厅及符合欧盟GMP标准的中药制剂车间。两区领导绳立成、杜新安陪同调研。

(孙荣华)

【市长郭金龙到本区调研】 9月13日,市长郭金龙就公租房项目建设情况到两区调研。实地察看了开发区公租房发展建设情况、十二平方公里拆迁现场、拆迁区的产业规划、安置房规划情况,听取了相关部门关于公租房建设管理工作的汇报,对两区公租房、安置房建设工作给予了充分肯定。市领导苟仲文、陈刚、孙康林,两区领导林克庆、张伯旭、赵广义、赵昕昕、邵恒、白文及市区有关部门领导陪同调研。

(孙荣华)

【市人大领导到本区调研】 9月15日,市人大常委会副主任吴世雄一行到大兴区、开发区进行调研。听取了关于开发区产业规划、三海子公园建设以及12平方公里功能拓展区拆迁、产业规划和安置房规划情况的汇报,实地查看了三海子公园一期建设和12平方公里功能拓展区拆迁现场,对大兴区和开发区的工作给予了充分肯定。市人大领导刘宝杰、王火、梁平、郑树森,两区领导林克庆、张伯旭、张书领陪同调研。

(孙荣华)

【市委书记刘淇到本区调研】 10月11日,市委书记刘淇就"推动资源整合,优化区域发展环境"到本区进行专题调研。实地察看了南海子公园、12平方公里扩区拆迁指挥现场、中金数据系统有限公司、神州细胞工程有限公司,听取了有关工作情况汇报,对本区的工作给予了肯定。市领导赵凤桐、苟仲文,两区领导林克庆、李长友、张伯旭、赵广义、张文、王新等及市区有关部门负责同志陪同调研。

(孙荣华)

【市委书记刘淇到本区调研】 11月4日,市委书记刘淇围绕"加快重大项目投资,加强交通基础设施建设"主题到本区进行专题调研。察看了地铁大兴线枣园站和西红门站建设情况,沿线了解大兴线与 4 号线贯通运营准备工作完成情况,听取了市轨道交通建设管理有限公司和市基础设施投资有限公司相关工作情况的汇报。市领导刘淇、郭金龙、李士祥、黄卫,市政府秘书长孙康林和区领导林克庆、李长友、邵恒及市区有关部门负责同志陪同调研。

(孙荣华)

【市政协主席阳安江到本区调研】 12 月 7 日,市政协主席阳安江到本区调研。先后察看了地铁大兴线西红门站、高米店北站、枣园站、南兆路车辆段和京东方八代线建设情况,听取了相关工作情况汇报。区委书记、开发区工委书记林克庆就两区行政资源整合以来重点工作情况进行了汇报,区政协主席高树旺就政协在促进区域经济和社会发展方面发挥作用情况进行了汇报。市政协主席阳安江对两区整合情况和区政协工作给予充分肯定。市领导沈宝昌、闫仲秋,区领导张伯旭、赵广义、张晓林、贲勇、邵恒、刘志茹、路志权及市区相关部门负责同志参加了此次活动。

(孙荣华)

【副市长程红到本区调研】 12 月 15 日,副市长程红到本区调研,先后视察了“任我在线”三合南里便民超市、“任我在线”公司配送中心运营情况和庞各庄镇薛营村经济发展情况,对本区大力发展社区便民设施、加快少数民族村经济发展等工作给予了充分肯定。市商务委、市民委领导卢彦、申建军、韩雯,区领导李长友、常红岩陪同调研。

(孙荣华)

【全国人大领导到本区调研】 12 月 27 日,全国人大常委会副委员长、民盟中央主席蒋树声率民盟中央调研组到本区调研。听取了北京经济技术开发区发展情况、12 平方公里拆迁和安置房建设情况及生物医药产业基地建设情况的介绍,参观了诺基亚通信有限公司。区委书记、开发区工委书记林克庆汇报了两区行政资源整合后主要工作情况。市委常委、统战部长牛有成对两区整合后所取得的成绩给予充分肯定。民盟中央副主席索丽生,民盟北京市委主委、北京市政协副主席葛剑平,全国工商联副主席谢经荣,民盟北京市委副主委、中科院高技术研究与发展局局长田静和两区领导李长友、张伯旭、张书领、高树旺、赵广义、王新、张晓林、文献、邓景全、王荣彬、李维民、罗伯明及民盟中央、民盟市委、市区有关部门负责同志陪同调研。

(孙荣华)

【区政协召开三届四次会议】 1 月 5 日 ~7 日,召开区政协三届四次会议。区政协主席高树旺向大会作工作报告,区政协副主席彭喜忠向大会报告区政协三届三次会议以来的提案工作情况,会议表决通过了三届四次会议政治决议和常委会工作报告的决议。表彰了 2009 年度优秀提案。区委书记林克庆出席会议并讲话。市政协副主席王永庆,区领导李长友、张书领、王新及驻区全国和市政协委员参加了会议。

(孙荣华)

【区人大召开三届五次会议】 1 月 6 日 ~8 日,召开区人大三届五次会议。会议由区人大主任张书领主持,区长李长友作了《大兴区人民政府工作报告》,通过了大会选举办法、各项决议,进行了补选事项。区委书记林克庆出席会议并讲话。区领导高树旺、王新等领导参加了会议。

(孙荣华)

【举行地铁大兴线贯通仪式】 1 月 6 日,地铁大兴线举行贯通仪式。副市长陈刚、区领导李长友、邵恒参加了此次活动。

(孙荣华)

【农业部,市农委领导到本区调研】 1月6日,农业部市场信息司副司长李昌健、农业部信息中心副主任吴秀媛,市农委副主任张贵忠等一行18人到本区就农业信息化建设进行调研。区领导李春亭陪同调研。

(孙荣华)

【举行“两节”送温暖活动启动仪式】 1月8日,市红十字会“两节”送温暖活动启动仪式在本区举行。市红十字会常务副会长韩陆、副会长孙硕鹏和区领导郭宝东、王荣彬参加了启动仪式。

(孙荣华)

【市司法局领导到本区调研】 1月10日,市司法局局长吴玉华到本区就社区矫正和帮教安置工作进行调研。区领导林克庆、马武英、常红岩等一同调研。

(孙荣华)

【区政府召开全体会议】 1月15日,区政府召开全体会议,部署了2010年重点工作。区四套班子主要领导,区委各部委办负责同志,区政府部门科以上干部,区人大、政协委室主任和部分人大代表、政协委员、人民团体负责人参加了会议。

(孙荣华)

【三海子郊野公园建设开工仪式正式启动】 1月16日,三海子郊野公园建设开工仪式正式启动。市领导牛有成、夏占义、赵凤山、安钢,区四套班子领导参加活动。

(孙荣华)

【举行经济犯罪法制教育巡回展启动仪式】 1月20日,北京市打击防范涉众型经济犯罪法制教育巡回展大兴区启动仪式在黄村镇举行。市司法局领导吴军,区领导王新、刘志茹参加此次活动。

(孙荣华)

【造血干细胞捐献库北京管理中心领导到本区调研】 1月20日,中国造血干细胞捐献库北京管理中心主任金辉,副主任梁永清就造血干细胞采集工作到本区调研。

(孙荣华)

【中视达国际传媒公司董事长贾中达到本区调研】 1月28日,中视达国际传媒公司董事长贾中达就建设影视主题公园相关事宜到本区调研。区领导绳立成参加了调研。

(孙荣华)

【召开区纪委三届五次全会】 2月1日,区纪委三届五次全会暨全区党风廉政建设工作会召开。区委副书记王新主持会议。区委常委、纪委书记李艳萍作纪委工作报告。区委书记林克庆与各镇、街道、区直单位代表签订了党风廉政建设责任书并讲话。

(孙荣华)

【市民防局领导到本区检查工作】 2月3日,市民防局局长李长栓率领检查组到本区检查民防工作。听取了相关工作汇报,实地查看了人防工程使用情况,对本区工作给予了充分肯定。北京卫戍区领导沈鲁朝陪同检查。

(孙荣华)

【市社区规范化领导小组办公室领导到本区检查验收试点工作】 2月3日,市社区规范化领导小组办公室副主任、团市委副书记刘震,市委社会工委领导刘轩带领社区规范化建设和楼宇党建工作检查验收组,到本区检查验收社区规范化建设及商务楼宇党建试点工作。

(孙荣华)

【召开区四套班子领导和开发区领导班子会议、开发区领导干部大会】 2月3日、4日，区四套班子领导和北京经济技术开发区领导班子座谈会、北京经济技术开发区领导干部大会相继召开。会议宣读了市委决定，介绍了两区基本情况和重点工作。区委书记、开发区工委书记林克庆讲话。

（孙荣华）

【商务部、农业部领导到本区调研】 2月4日，商务部援外司副司长高元元、农业部国际合作司亚非处处长唐盛尧到本区长子营镇留民营沼气站进行调研。

（孙荣华）

【市经信委主任朱炎到本区调研】 2月8日，市经信委主任朱炎就经济发展及规划情况到本区调研。区领导李长友、绳立成参加了此次活动。

（孙荣华）

【召开本区领导干部大会】 2月10日，本区召开领导干部大会。会议宣读了市委、市政府关于大兴区与北京经济技术开发区行政资源整合和领导干部任职的决定。区委书记、开发区工委书记林克庆讲话。李长友、张伯旭、张书领、高树旺等区四套班子领导，区直各单位和各镇、街道主要负责同志参加了会议。

（孙荣华）

【经济工作总结表彰会】 2月22日，本区召开2009年度经济工作总结表彰会。会议对2009年度经济工作先进单位和个人进行了表彰。区长李长友对2010年经济工作进行了全面部署。区委书记、开发区工委书记林克庆讲话。区领导张伯旭、张书领、高树旺、王新参加了会议。

（孙荣华）

【2010年度工作会议】 2月26日，北京经济技术开发区召开2010年度工作会议。区委副书记、开发区工委副书记、区长李长友主持会议。区委副书记、开发区工委副书记、开发区管委会主任张伯旭作北京经济技术开发区2010年工作报告。区委书记、开发区工委书记林克庆讲话。赵广义、张文、张晓林、王敬东、赵昕昕、邓志荣、王合生、文献、杜新安、白文、罗伯明、宋卫民等领导参加了会议。

（孙荣华）

【怀柔区领导到本区考察】 2月26日，怀柔区区委常委、副区长赵文广率相关部门负责人到本区参观考察农业建设情况。区领导王新、李春亭一同考察。

（孙荣华）

【督查组到本区督导检查】 3月1日，市委督查组到本区就贯彻落实全市政法维稳工作部署和全国“两会”安保工作进行督导检查。区领导马武英参加了此次活动。

（孙荣华）

【2010年度“三八”妇女维权周活动】 3月1日，由市妇联、市司法局、首都综治办、市流管办联合主办的“服务妇女民生、促进平安和谐”2010年度“三八”妇女维权周活动在本区瀛海镇举行。市妇联领导李彦梅，区领导郭宝东参加了活动。

（孙荣华）

【区委理论学习中心组学习（扩大）会】 3月2日，区委召开理论学习中心组学习（扩大）会。区委副书记、开发区工委副书记、管委会主任张伯旭就开发区发展情况作了专题报告。区委书记、开发区工委书记林克庆讲话。区委理论学习中心组成员，各镇党委、政府，区委区政府各部委办局中心公司，各人民团体、各街道办事处副处级以上实职干部参加了会议。

（孙荣华）

【育苗新技术与南北双向温室生产观摩交流会】 3月2日,北京市农林科学院设施农业创新团队、国家蔬菜现代农业体系北京站育苗新技术与南北双向温室生产观摩交流会在本区举行。

（孙荣华）

【区三届人大常委会第二十二次会议】 3月3日,区三届人大常委会举行第二十二次会议。会议听取了有关情况的说明。表决通过了《北京市大兴区人大常委会关于接受张晓林辞去大兴区人民政府副区长职务请求的决定》;决定任命张伯旭、谈绪祥为大兴区人民政府副区长;听取、审议并批准了区政府关于2010年区级政府投资计划安排情况的报告;通过了区人大常委会2010年工作要点;通过了其他有关人事任免事项。区人大主任张书领,副主任李永贵、周静溪、陈晓英、靳文浦、邓景全出席会议。区领导李春亭、绳立成列席会议。

（孙荣华）

【区三届政协常务委员会第十六次会议】 3月3日,区政协第三届委员会常务委员会召开第十六次会议。会议听取了对兴华大街沿线建设整体推进情况的通报;审议通过了《政协北京市大兴区第三届委员会常务委员会2010年工作要点》(草案);传达了区领导林克庆在全区领导干部大会上的讲话精神。区政协主席高树旺,副主席路志权、李维民、刘月娥、郭耕出席会议,各专门委员会主任、机关各室主任等列席会议。

（孙荣华）

【市监察局领导到本区专项督查】 3月3日,市监察局副局长刘东波带队到本区就问题奶粉彻查工作进行专项督查。区领导李艳萍、谈绪祥参加了此次活动。

（孙荣华）

【召开政治工作会议】 3月5日,本区召开2010年政治工作会议。区委书记、开发区工委书记林克庆出席会议并讲话。区领导李长友、张书领、高树旺、王新,全区各单位负责同志参加了会议。

（孙荣华）

【朝阳区领导到本区参观考察】 3月5日,朝阳区政协主席辛燕琴一行到本区进行参观考察。区政协主席高树旺、副主席路志权一同考察。

（孙荣华）

【市调研小组领导到本区调研】 3月5日,由市社会工委、市财政局组成的调研小组到本区就社区工作者工作情况和待遇问题进行调研。区领导郭宝东参加了调研。

（孙荣华）

【召开纪念“三八”国际劳动妇女节庆祝大会】 3月8日,本区召开纪念“三八”国际劳动妇女节100周年庆祝大会。会议由区委副书记王新主持。区委书记、开发区工委书记林克庆致辞。市妇联主席赵津芳,区四套班子领导、各单位女领导及全区各界妇女代表600余人参加了会议。

（孙荣华）

【召开人力资源和社会保障工作会】 3月9日,本区召开2010年人力资源和社会保障工作会。区领导李长友出席会议并讲话。市人力社保局领导宋丰景,区领导王新、谈绪祥、靳文浦、路志权参加了大会。

（孙荣华）

【举行种子执法年启动仪式】 3月11日，北京市2010年种子执法年启动仪式在本区采育镇文化广场举行。全国农业技术推广服务中心副主任邓光联、市农业局局长赵根武，区领导李春亭参加了启动仪式。

（孙荣华）

【德国考察团到本区参观考察】 3月12日，德国拜耳考察团到生物医药基地进行参观考察。就拜耳“8因子”项目进行了深入交流，区领导李长友详细介绍了北京经济技术开发区产业发展情况和招商引资政策。副市长夏占义，区领导林克庆、谢冠超，开发区领导赵昕昕、杜新安参加考察。

（孙荣华）

【召开党群工作会】 3月12日，北京经济技术开发区召开2010年党群工作会。区委书记、开发区工委书记林克庆出席会议并讲话。赵广义、张文、张晓林、贲勇、王敬东、邓志荣、文献、杜新安、罗伯明、宋卫民等领导参加了会议。

（孙荣华）

【举行培训动员暨周末大讲堂启动仪式】 3月12日，本区举行干部培训动员暨周末大讲堂启动仪式，会议部署了2010年干部培训工作。市发改委副主任、北京大学中国区域经济研究中心主任、经济学教授、博士生导师杨开忠作了题为《北京全面建设世界级城市的战略决策》的专题报告。区委书记、开发区工委书记林克庆出席会议并讲话。区领导王新、王有国，全区处级领导干部参加了启动仪式。

（孙荣华）

【陕西、河北省到本区参观】 3月12日，陕西省科技厅、河北省科技厅等单位到本区参观沼气科技示范工程。

（孙荣华）

【两区领导干部参加义务植树活动】 3月27日，大兴区、北京经济技术开发区领导率各委办局副处级以上干部400余人在三海子郊野公园开展以“兴亦同携手，南城播新绿”为主题的义务植树活动。

（孙荣华）

【财政部领导到本区参加植树活动】 3月28日，财政部部长谢旭人带领部内25个司局干部110余人在半壁店森林公园开展共建绿色家园义务植树活动。市领导吉林，杨晓超、董瑞龙，区领导李长友、李春亭参加了植树活动。

（孙荣华）

【签订国家地理信息产业园建设战略合作协议】 3月28日，本区与国家测绘局签订国家地理信息产业园建设战略合作协议。国家测绘局领导徐德明、王春峰、宋超智，区领导林克庆、绳立成出席了签约仪式。

（孙荣华）

【召开两区领导班子（扩大）会议】 4月1日，召开两区领导班子（扩大）会议。会议传达了刘淇、郭金龙等市领导到两区专题调研的指示精神，区委书记、开发区工委书记林克庆讲话。两区领导班子成员和大兴区有关部门负责同志及开发区工委管委会各部门及驻区职能局主要负责人参加了会议。

（孙荣华）

【召开本区处级班子思想作风建设大会】 4月9日，本区召开2010年处级班子思想作风建设大会。会议对处级干部任期经济责任审计情况进行了讲评，对2009年处级班子集中考察和作风建设检查情况进行了讲评。区委书记、开发区工委书记林克庆出席并讲话。区委、区政府班子成员，区人大主任、区政协主席及区人大、区政协委室主任，处级党政机关、事业单位、人民团体、区属国有(集体)企业副职以上干部参加了会议。

(孙荣华)

【召开三届区政协常务委员会第十七次会议】 4月14日,区政协第三届委员会常务委员会召开第十七次会议。会议听取了对三海子郊野公园、新城滨河森林公园项目情况的通报,并进行了实地查看。区政协领导高树旺、路志权、李维民、刘月娥、郭耕出席了会议。区领导李春亭,区有关部门负责人列席会议。

(孙荣华)

【市质监局领导到本区调研】 4月15日,市质监局党组书记、局长赵长山到本区进行调研。听取了本区整体工作情况汇报。市质监局领导喻红,区领导李长友、谈绪祥参加了调研。

(孙荣华)

【天津市委统战部到本区考察】 4月21日,天津市委统战部举办的民主党派中青年骨干培训班一行35人到新媒体基地参观考察。市委统战部副部长、社会主义学院党组书记李卫东,区领导绳立成参加了活动。

(孙荣华)

【召开一季度经济分析会】 4月22日,本区召开一季度经济分析会。会议听取了有关部门对一季度两区经济运行情况的汇报。对重点工作进行部署,区委副书记、区长、开发区工委副书记李长友出席会议并讲话。区四套班子领导,开发区工委、管委、投资总公司领导和两区有关部门负责人参加了会议。

(孙荣华)

【召开建设国家地理信息产业园情况通报会】 4月29日,国家测绘局与本区联合召开了关于建设国家地理信息产业园情况通报暨产业界座谈会。会议通报了产业园建设情况及入园企业可享受的相关优惠政策。国家测绘局党组书记、局长徐德明参加会议并讲话。国家测绘局领导王春峰、宋超智,区领导李长友、绳立成等参加了会议。

(孙荣华)

【召开两区理论学习中心组学习(扩大)会】 4月29日,大兴区、北京经济技术开发区召开两区理论学习中心组学习(扩大)会。会议介绍了开发区产业情况及未来产业发展规划。传达关于起草《加快体制机制创新促进战略性新兴产业集聚建设南部现代制造业新区意见》的建议(征求意见稿)。区委书记、开发区工委书记林克庆传达市委组织部《关于认真学习贯彻干部选拔任用工作四项监督制度的通知》精神并讲话。两区领导及有关部门负责同志参加了会议。

(孙荣华)

【举行极限体育营地开营仪式】 5月15日,北京时尚体育公园一期——北京伍沃德(Woodward Beijing)极限体育营地举行开营仪式。营地位于星明湖度假村内,拥有目前世界顶级的室内外极限运动设施,场地设计融入了国际极限道具的最新理念。新华社、人民日报等媒体进行了报道。市政协副主席沈宝昌,国家体育总局体育经济司司长、中国极限运动协会主席刘扶民,协会秘书长魏星,区领导王荣彬出席了活动。

(孙荣华)

【市有关局领导到本区检查工作】 5月14日,市园林绿化局局长董瑞龙带领市财政局、发改委、水务局等单位主管领导到本区检查工作。听取了滨河公园建设总体方案及目前进度情况汇报,并进行了实地检查。区领导林克庆、李春亭一同检查。

(孙荣华)

【召开区三届人大常委会二十三次会议】 5月14日，区三届人大常委会举行第二十三次会议。会议听取审议了区政府关于促进农民增收情况、区人民法院关于刑事审判工作情况、区人民检察院关于加强渎职侵权工作情况的报告，通过了有关人事任免。区人大主任张书领，副主任李永贵、周静溪、陈晓英、靳文浦、邓景全出席会议。

（孙荣华）

【中央社会主义学院考察团到本区考察】 5月24日，中央社会主义学院第23期民主党派干部培训班学员到本区考察。考察团参观了国家新媒体产业基地星光影视园、乐平御瓜园。区领导林克庆、高树旺、王新、刘志茹、路志权、李维民等陪同考察。

（孙荣华）

【举行西瓜节开幕式】 5月28日，第二十二届北京大兴西瓜节开幕式在庞各庄镇举行。开幕式由区委副书记王新主持，区委常委、常务副区长谈绪祥致辞，市旅游局副局长安金明代表主办单位发言，区领导高树旺、张书领分别向全国西甜瓜擂台赛获奖代表、获得本区首批北京市乡村旅游新业态单位进行颁奖、颁牌。市委领导牛有成、沈宝昌，区领导林克庆，张伯旭共同启动开幕式。市、两区及相关部门领导参加了开幕式。

（孙荣华）

【举办经济发展论坛暨招商信息发布会】 5月28日，本区举办经济发展论坛暨2010年招商信息发布会。邀请国内外知名专家、学者，企业代表，投资商及各类中介组织代表，围绕北京战略性新兴产业发展，北京南城高端制造业新区发展等议题进行了研讨。介绍了两区整体投资环境及优惠政策，推介重点招商项目25个。国家地理信息中心等10个项目进行了现场签约，投资总额超过120亿元。中国国防科技工业企业管理协会会长徐鹏航，市领导沈宝昌，市经信委、市投资促进局领导李洪、周旭，两区领导林克庆、张伯旭、张书领、高树旺、赵广义等参加了活动。

（孙荣华）

【举行西瓜节暨农超对接洽谈会】 5月31日，第二十二届北京大兴西瓜节暨农超对接洽谈会在庞各庄镇举行。农业部领导李昌键，市农委、市商委领导康森、李薇薇，区领导李春亭、周静溪、常红岩、李维民参加了活动。

（孙荣华）

【桑椹文化节开幕】 6月2日，第九届北京大兴安定桑椹文化节开幕。区领导张书领、王新、郭宝东、李春亭、王有国、李永贵、陈晓英、刘志茹、李维民参加了活动。

（孙荣华）

【举行动漫公共技术服务平台揭牌仪式暨高峰论坛】 6月2日，新媒体动漫公共技术服务平台揭牌仪式暨新媒体动漫产业高峰论坛举行。活动由国家文化部产业司、市文化创意产业领导小组办公室、大兴区政府联合主办。文化部领导高政、宋奇慧、赵传超，市领导张淼，市文化局、市委宣传部领导关宇、龙晓雯，区领导绳立成及有关部门的专家、从业人员200余人参加了此次活动。

（孙荣华）

【举行重大工业项目签约仪式】 6月6日，本市重大工业项目签约仪式在首都大酒店举行。全市16项重大工业项目进行集中签约，其中，本区国家地理信息产业园、三元食品工业园、京粮集团古船粮食加工基地3个项目分别登台签约。

（孙荣华）

【区四套班子领导到开发区参观】 6月9

日,区四套班子领导到北京经济技术开发区参观。听取了开发区总体发展规划等方面情况介绍,参观了诺基亚通信有限公司、北京奔驰汽车有限公司、京东方光电科技有限公司展厅和生产车间。开发区工委、管委会、总公司领导及两区相关部门负责同志参加了此次活动。

(孙荣华)

【开发区领导到大兴区参观】 6月10日,北京经济技术开发区领导到大兴区参观。实地察看了星光影视园、地铁大兴线南兆路车辆段、乐平御瓜园、安定御林古桑园,了解了新媒体产业发展、轨道交通一体化建设和以高科技成果为特色的现代农业等方面情况。区领导及两区相关部门负责同志参加了此次活动。

(孙荣华)

【重点小城镇产业发展拉练观摩座谈会在本区召开】 6月11日,北京市重点小城镇产业发展拉练观摩座谈会在本区召开,并进行拉练观摩活动。市委农工委领导高华,副区长邵恒,市发改委、农委等部门主管领导和10个远郊区县主管区县长、主管部门负责人、42个重点小城镇主要负责人参加了活动。

(孙荣华)

【召开两区领导班子务虚会】 6月19日,召开两区领导班子务虚会。听取了两区有关领导关于“十二五”规划工作的汇报。区委书记、开发区工委书记林克庆就今后一个时期全区总体发展讲话。两区领导李长友、张伯旭、张书领、高树旺、赵广义,两区有关部门及各镇、街道办事处负责同志参加了会议。

(孙荣华)

【昌平区领导到本区参观考察】 6月18日,昌平区委书记侯君舒带队到本区参观考察。先后参观考察了北京经济技术开发区诺基亚通信有限公司、旧宫镇庑店二、三村拆迁、西红门镇寿保庄村村庄社区化管理和星光影视园,听取了有关工作情况和本区经济社会发展情况的介绍。区领导林克庆、李长友、张伯旭、马武英、谈绪祥、张晓林、常红岩、邵恒和昌平区委、区政府有关领导及两区有关部门负责同志参加了此次活动。

(孙荣华)

【青海省西宁市观摩团到本区参观考察】 6月18日,青海省西宁市农林项目观摩团到本区参观考察。市农委领导张贵忠,区领导李春亭参加了活动。

(孙荣华)

【召开区委第三次人大工作会议】 6白23日,本区召开区委第三次人大工作会议。会议宣讲了《区人大常委会党组关于加强和改进人大工作的意见》。区委书记、开发区工委书记林克庆出席并讲话。区四套班子领导和区人大常委会委员及各单位党政一把手参加了会议。

(孙荣华)

【区处级领导班子到开发区参观学习】 6月24日,大兴区处级领导班子到北京经济技术开发区参观学习。听取了开发区总体发展规划等方面情况介绍,参观了诺基亚通信有限公司、北京奔驰汽车有限公司、京东方光电科技有限公司。两区领导张文、郭宝东、谈绪祥、王合生和两区相关部门负责同志参加了此次活动。

(孙荣华)

【开发区处级领导班子到本区参观学习】 6月25日,北京经济技术开发区处级领导班子到本区参观学习。先后参观了星光影视园、地铁大兴线南兆路车辆段、庞各庄乐平御瓜园，听取了本区新媒体产业发展、轨道交通一体化建设和都市型现代农业等方面情况介绍。两区领导王新、邓志荣、王合生、邵恒、绳立成和两区相关部门负责同志参加了此次活动。

（孙荣华）

【中央巡视组到本区巡视】 6月28日，中央巡视组到本区开展巡视工作。先后察看了星光影视园、乐平御瓜园、开发区北京京东方光电科技有限公司、北京金风科创风电设备有限责任公司。详细询问了企业生产经营情况，对本区经济社会发展和文化创意产业、都市型现代农业、现代创造业的发展给予充分肯定。中央委员，中央马克思列宁主义理论研究与建设工程咨询委员会主任，十一届全国人大财政经济委员会副主任委员，中央巡视组组长徐光春，副组长管雷、李明波，市领导苟仲文、薄钢、赵玉金，区领导林克庆、张伯旭、张书领、高树旺、李艳萍、谈绪祥、王有国、赵昕昕、绳立成及中央巡视组、市区有关部门负责同志参加了此次活动。

（孙荣华）

【召开纪念中国共产党成立89周年暨表彰会】 6月29日，本区召开纪念中国共产党成立89周年暨"群众心目中的好党员"表彰会。会议对10名"群众心目中的好党员"进行了表彰，4名获得市级"群众心目中的好党员"代表做了典型发言。区委副书记王新讲话。区领导郭宝东、王有国及各镇党委、各街道工委、区直各工委、国资委党委书记参加了会议。

（孙荣华）

【市政协领导到本区视察】 6月29日，市政协副主席沈宝昌、赵文芝率市政协部分常委到本区视察新兴产业发展和重大项目建设情况。视察了北京瓦里安医疗设备有限公司、三海子郊野公园、北京星光影视园等企业和项目建设情况，市政协领导和常委肯定了本区经济社会发展取得的成就。区领导林克庆、高树旺、谈绪祥、路志权陪同视察。

（孙荣华）

【开发区召开庆祝中国共产党成立89周年表彰会暨报告会】 6月30日，开发区召开庆祝中国共产党成立89周年表彰会暨七一党课报告会。会议宣读了表彰决定，区委书记、开发区工委书记林克庆作了题为《大力加强干部队伍建设为推动新区超常规高水平跨越式发展提供坚强保障》的党课报告。开发区领导张晓林、责勇、赵昕昕、邓志荣、杜新安、白文、罗伯明、宋卫民和两区有关部门负责同志、开发区机关全体党员干部参加了会议。

（孙荣华）

【举办村干部培训班】 7月8日~10日，本区举办农村党支部书记、村委会主任培训班。区委书记、开发区工委书记林克庆进行开班动员，区长李长友以"全区发展形势及新形势下如何当好农村干部"为题进行授课。林克庆同志对这次农村两委换届选举工作和农村基层基础工作取得的成绩给予肯定。区领导王有国、常红岩和各镇党委副书记、组织部长、新当选党支部书记、村主任等共830余人参加。

（孙荣华）

【举行区三届人大常委会第二十四次会议】 7月21日，区三届人大常委会举行第二十四次会议。会议听取和审议了区政府《关于2009年财政预算执行和其它财政收支情况的审计工作报告》、《关于2009年财政决算和2010年上半年预算执行情况的报告》、《关于2009年上半年国民经济和社会发展情况的报告》,批准了2009年区本级财政决算。区人大领导张书领、李永贵、同静溪、陈晓英、靳文浦、邓景全出席会议,区领导谈绪祥、绳立成列席会议。

（孙荣华）

【两区领导班子参加“军事日”活动】 7月24日,两区领导班子到驻区66011部队参加“军事日”活动,听取了该部队有关情况介绍,参观了作战指挥中心、队史馆、部队内务设施,观看了纪录片和军事科目表演,进行了实弹射击体验,并向部队赠送慰问金。区领导林克庆、李长友、区国防动员委员会成员,开发区相关部门、各镇街道负责同志参加了此次活动。

（孙荣华）

【区委召开三届十次全会(扩大)】 7月28日,区委召开三届十次全会(扩大)暨半年经济形势分析会。会议通过专题片的形式,对新区上半年工作进行了全面总结。区委副书记、区长,开发区工委副书记李长友对下半年经济社会发展工作进行了部署。区委副书记、副区长,开发区工委副书记、管委会主任张伯旭对新区产业发展和开发区重点工作做出部署。区委书记、开发区工委书记林克庆作总结讲话。39名区委委员、7名候补委员参加了会议。两区领导班子成员;区纪委委员;区委书记、区长助理;开发区管委会主任助理;开发区工委、管委会各部门主要负责人,开发区总公司经理助理、各部门经理及各子公司书记、经理,驻区各职能局主要负责人;各镇党委书记、镇长,各街道工委书记、办事处主任,各部委办局中心公司,各人民团体党政一把手;区人大、区政协各委室主任;驻区市十次党代会代表,驻区第十三届市人大代表,驻区第十一届市政协委员及各民主党派主要负责人列席了会议。

（孙荣华）

【召开产业园区对接会】 7月29日,本区召开产业园区基础设施建设对接会。研究了开发区参与生物医药基地等6个产业园区基础设施建设的具体方式、领导机制,明确了工作主体。两区领导赵广义、绳立成、白文及有关单位负责同志参加了会议。

（孙荣华）

【大兴创业办公室成立大会】 8月9日,本区召开青年创业促进会暨大兴创业办公室成立大会。会议由团市委书记王少峰主持并先后为大兴创业促进会和创业办公室揭牌,为捐赠代表颁发捐赠证书聘书,为创业青年发放创业资金。区委书记、开发区工委书记林克庆出席并讲话,YBC全国办公室领导,市领导李士祥,梁伟,团市委领导邓亚萍,两区领导李长友、张伯旭、郭宝东、谈绪祥及本区青年创业促进会全体成员,各镇、街道主管领导等参加了会议。

（孙荣华）

【全市社区化管理工作推进会召开】 8月11日,全市开展社区化管理工作推进会在本区西红门镇召开,实地参观了西红门镇大生庄村和寿宝庄村村庄社区化管理的工作情况,听取了本区、昌平区、丰台区关于村庄社区化工作的汇报,市委常委、政法委副书记、市公安局局长傅政华对推进村庄社区化管理工作进行了部署。市委副书记、政法委书记王安顺出席会议并讲话。市领导夏占义,市政法委、首都综治办、市流管办、市委社会工委、市农委、市公安局、市民政局,各区县政法委书记、相关部门负责同志,区领导李长友、王新、马武英参加了会议。

（孙荣华）

【丰台区党政领导到本区参观考察】 8月20日,丰台区党政领导到本区参观考察。参观了12平方公里拆迁现场和西红门镇大生庄村社区化管理情况，听取了有关工作介绍。区领导林克庆、李长友、王新、马武英、朱家林、李春亭、邵恒和丰台区委、区政府有关领导及两区相关部门负责人参加此次活动。

（孙荣华）

【举行葡萄文化节开幕式】　8月26日，第十届北京大兴采育葡萄文化节开幕式暨2010年“采育杯”全国马术场地障碍冠军赛在京城马汇（北京）国际马术俱乐部举办。区领导张书领、高树旺、李艳萍、郭宝东、李春亭、周静溪、陈晓英、靳文浦、常红岩、路志权和区直相关委办局领导参加了开幕式。

（孙荣华）

【召开庆祝教师节大会】　9月10日　本区召开庆祝第26个教师节大会暨文艺演出。区委书记、开发区工委书记林克庆出席并讲话。区领导张书领、高树旺、戴明超、周静溪、王荣彬、刘志茹参加了大会，并观看了文艺演出。

（孙荣华）

【区四套班子领导检查工程进展情况】　9月15日，区四套班子领导拉练检查“三个一”工程进展情况，实地检查了五个街道办事处“三个一”工程进展情况，听取了社会工委和五个街道办事处有关工作情况汇报，对工作所取得的成绩给予肯定。区领导林克庆、张书领、高树旺、王新、李艳萍、郭宝东、王有国、常红岩和有关部门、各街道办事处负责同志参加此次活动。

（孙荣华）

【举行开工奠基仪式】　9月26日，中国药品生物制品检定所迁址项目举行开工奠基仪式。国家食品药品监督管理局副局长边振甲，区委书记、开发区工委书记林克庆，市委常委赵凤桐致辞。全国人大副委员长桑国卫，卫生部领导邵明立，市人大领导赵凤山，两区领导李长友、张书领、赵广义、王新等及国家、市区有关部门负责同志参加了奠基仪式。

（孙荣华）

【举行开园仪式】　9月26日，南海子公园（一期）举行开园仪式。播放《影像南海子》专题片，区委书记、开发区工委书记林克庆和副市长夏占义分别致辞，开发区企业代表和社区居民代表分别发言，市、区领导共同启动开园仪式。市领导牛有成、赵凤山、蔡国雄，北京卫戍区副司令员石志远，两区领导班子及市区有关领导参加了开园仪式。

（孙荣华）

【召开安全稳定工作会】　9月30日，本区召开安全稳定工作会。会议传达了全市领导干部大会精神，通报了全区社会稳定和安全生产情况，并对今后工作进行了部署。区委书记、开发区工委书记林克庆出席会议并讲话。区四套班子领导和处级单位负责同志参加了会议。

（孙荣华）

【通州区领导到本区参观考察】　10月12日，通州区党政领导到本区参观考察。参观了12平方公里扩区拆迁指挥部选房安置中心和南海子公园建设情况，听取了相关情况介绍。对本区工作给予充分肯定。两区领导林克庆、张伯旭、高树旺、赵广义、王新，通州区党政领导及相关部门负责同志参加了此次活动。

（孙荣华）

【市电力公司领导到本区调研】　10月13日，市电力公司总经理朱长林到本区调研。详细介绍了本区经济社会发展和电力建设情况。市电力公司领导对本区发展所取得的成绩给予充分肯定。区领导林克庆、李长友、绳立成,市电力公司领导郑林、李百顺及市电力公司、区有关部门负责同志参加了此次活动。

(孙荣华)

【召开两区领导班子务虚会】 10月23日,本区召开两区领导班子务虚会暨理论学习中心组学习(扩大)会。会议传达学习了中共十七届五中全会和市委常委扩大会议精神,通报了新区“十二五”规划产业发展思路和开发区产业发展思路及明年工作思路、重点。两区领导林克庆、李长友、张伯旭、张书领、高树旺、赵广义,两区有关部门及各镇、街道办事处负责同志参加了会议。

(孙荣华)

【区委召开第三次政协工作会议】 10月26日,区委召开第三次政协工作会议。会议宣读了《中共北京市大兴区委关于加强政协政治协商制度建设的意见》,区政协党组书记、主席高树旺对全区政协工作进行了回顾总结和安排部署。区委书记、开发区工委书记林克庆出席会议并讲话。区四套班子领导和全区处级单位负责同志及区政协常委、委员联络组组长,各民主党派负责人参加了会议。

(孙荣华)

【举行《战略合作框架协议书》签约仪式】 10月27日,本区与北京石油化工学院举行《战略合作框架协议书》签约仪式。区长李长友与北京石油化工学院院长郭文莉签署《战略合作框架协议书》,北京石油化工学院党委书记高锦宏致辞,区委书记、开发区工委书记林克庆简要介绍了新区经济社会发展基本情况及未来产业发展方向。区领导戴明超、王荣彬、绳立成参加了签约仪式。

(孙荣华)

【北京农村金融改革论坛在本区举办】 10月30日,首届北京农村金融改革论坛在本区举办。本次论坛以“城乡统筹背景下的农村金融综合改革”为主题,来自中央政策研究室、农业部、财政部、中国农业大学等单位的近30位专家学者围绕“新型农村金融机构的机遇、挑战和对策”和“农村金融促进城乡统筹发展”两个主题,就城乡统筹背景下如何进一步推进农村金融改革,为“三农”提供有效的金融供给、适需的金融产品、便捷的金融服务进行深入交流和研讨。市委常委牛有成,市相关部门领导及两区领导林克庆、李长友、张伯旭、李春亭、文献、绳立成参加了论坛活动。

(孙荣华)

【区政协第三届委员会常务委员会召开第十九次会议】 11月2日,区政协第三届委员会常务委员会召开第十九次会议。会议传达学习了中共十七届五中全会精神,观看了专题片《砥柱》,听取了区委常委、纪委书记李艳萍关于区纪委、监察局2010年党风廉政建设情况通报及副区长常红岩关于区政府2010年办理区政协提案工作情况通报;部署了对《北京市大兴区国民经济和社会发展第十二个五年规划纲要(征求意见稿)》政治协商准备工作。区政协领导高树旺、刘志茹、路志权、刘月娥、郭耕出席会议,政协各专门委员会主任、机关各室主任等列席会议。

(孙荣华)

【和田地区领导到本区参观考察】 11月3日,和田地区党政代表团到本区参观考察。参观了北京同仁堂股份有限公司亦庄生产基地、国家新媒体产业基地星光影视园,听取了开发区规划建设、两区行政资源整合等情况介绍。市政府副秘书长、和田地委副书记、北京市援疆和田指挥部党委书记、指挥刘剑,区领导林克庆、李长友、张伯旭及和田地区有关部门负责同志参加了此次活动。

(孙荣华)

【举行两区理论学习中心组学习(扩大)会】 11月5日,两区理论学习中心组举行学习(扩大)会。听取了国务院发展研究中心资源与环境政策研究所副所长、研究员、博士、博士生导师李佐军解读《中共中央关于制定国民经济和社会发展第十二个五年规划的建议》和中央党校博士生导师梁妍慧教授就"新形势下的党群关系"作的专题报告。两区领导班子成员,两区处级单位主要负责人及有关部门的班子成员、各民主党派主要负责人参加了会议。

(孙荣华)

【本区代表团到丰台区参观考察】 11月18日,本区党政代表团到丰台区参观考察。听取了果园村集体经济组织发展、精图社区撤村建居和丰台区农村集体经济组织产权制度改革及撤村建居工作情况的汇报。区领导林克庆、张伯旭、张书领、高树旺、王新等和丰台区四套班子领导及两区有关部门负责同志参加了此次活动。

(孙荣华)

【市农委领导到本区调研】 11月18日,市农委主任王孝东到本区就"十二五"都市型现代农业发展规划情况进行调研。听取了本区都市型现代农业"十二五"规划工作情况。市农委领导张贵忠、李海平,区领导李春亭参加了调研。

(孙荣华)

【举行区三届人大常委会第二十六次会议】 11月23日,区三届人大常委会举行第二十六次会议。听取和审议了区政府关于2010年促进落实城南行动计划落实情况的报告、关于2010年区级政府投资计划执行情况的报告;讨论通过了《北京市大兴区人大常委会关于区政府投资项目监督暂行办法(草案)》;听取和审议了区政府关于"强化城市管理,提升新城形象"、关于"加强社会建设,强化社区管理"两项议案办理情况的报告。区人大领导张书领、李永贵、周静溪、陈晓英、靳文浦、邓景全出席会议。区领导谈绪祥、常红岩、邵恒列席会议。

(孙荣华)

【区委召开三届十一次全会(扩大)】 12月1日,区委召开了三届十一次全会(扩大)。会议审议通过了《中共北京市大兴区委关于制定大兴区国民经济和社会发展第十二个五年规划的建议》和《中共北京市大兴区第三届委员会第十一次全体会议决议》。区委书记、开发区工委书记林克庆传达了市委十届八次全会精神并讲话。39名区委委员、7名候补委员参加了会议。两区领导班子成员;区纪委委员;区委书记、区长助理;开发区管委会主任、总公司经理助理;开发区工委、管委会各部门和驻区各职能局主要负责人,总公司机关各部门主要负责人;各镇党委书记、镇长,各街道工委书记、办事处主任;党组织在大兴区的各部委办局中心公司,人民团体党政一把手;区人大、区政协各委室主任;驻区市十次党代会代表,驻区第十三届市人大代表,驻区第十一届市政协委员及各民主党派主要负责人列席了会议。

(孙荣华)

【举行奠基典礼仪式】 12月15日,宜家家居北京大兴商场奠基典礼暨英特宜家购物中心北京项目一期工程举行启动仪式。宜家大兴商场是宜家在北京开设的第二家商场,计划总投资约40亿元。项目位于西红门商业综合区,将建成具有国际化标准的超级区域性购物中心,成为北京最大的宜家旗舰店。项目建成后预计每年可吸引2000万人流量,预计年销售额可达2亿元,年纳税额6000万元。市领导程红、卢彦,区领导林克庆、李长友、谈绪祥及市区有关部门负责同志参加启动仪式。

（孙荣华）

【举行区三届人大常委会第二十七次会议】 12月16日,区三届人大常委会举行第二十七次会议。会议通过了有关人事任免事项;听取和审议了区政府关于2010年经济和社会发展计划执行情况与2011年经济和社会发展计划(草案)的报告、区政府关于2010年财政预算执行情况和2011年财政预算(草案)的报告,讨论了《北京市大兴区人大常委会工作报告》,同意将上述三项报告提交区三届人大六次会议审议;会议作出了《关于召开北京市大兴区第三届人民代表大会第六次会议的决定》。区人大主任张书领,副主任李永贵、周静溪、陈晓英、靳文浦、邓景全出席会议,区委常委、常务副区长谈绪祥列席会议。

（孙荣华）

【举行揭牌仪式】 12月20日,北汽首批纯电动轿车下线、试验运行交车暨北汽大洋电机科技有限公司成立揭牌仪式在采育开发区举行。市委常委赵凤桐对北汽新能源汽车过去几年的工作给予充分肯定。科技部、工信部领导张志宏、苏怀山,市科委领导张继红,区领导李春亭参加了揭牌仪式。

（孙荣华）

【两区召开人才工作会议】 12月20日,大兴区、北京经济技术开发区召开人才工作会议。会议对首批"政府特聘专家"代表颁发了证书。区委书记、开发区工委书记林克庆出席会议并讲话。市人力社保局领导张祖德,区领导张书领、高树旺、赵广义、张文、王新等参加了会议。

（孙荣华）

【举行授牌仪式】 12月19日,中关村科技园区大兴生物医药产业基地院士专家工作站授牌仪式在北京以岭药业有限公司举行。市科协领导夏强为院士专家工作站进行授牌,区领导王有国致辞。院士专家工作站是本市首个以科技园区为平台建立的工作站,将依托专业园区聚集产业要素,培育产业支撑能力的优势,充分发挥院士专家工作站的带动和示范效应,有效推动本区高技术制造业和战略性新兴产业整体水平的提升。国家发改委领导师荣耀、市科协领导周立军、区领导林克庆参加了授牌仪式。

（孙荣华）

【举办人才发展论坛】 12月20日,大兴区、开发区举办以"人才、新区、发展"为主题的人才发展论坛。特邀嘉宾北京理工大学博士生导师、教授王兆华,北京双高人才发展服务中心主任、北京海外学人中心主任袁方,神州细胞工程有限公司总经理谢良志和大兴区星光影视集团董事长陈瑞福分别就人才开发、建设、引进、培养等方面进行了精彩的演讲。两区领导王有国、邓志荣及有关部门负责人、新兴企业代表和人才工作领域的专家学者参加了此次活动。

（孙荣华）

【举办生物医药发展论坛】 12月21日,农工党北京市委与大兴区委联合举办"打造大兴中国药谷"生物医药发展论坛。中关村自主创新示范区大兴生物医药基地与中国步长(制药)集团、美国东方生物技术有限公司、华润(集团)有限公司、浙江新和成股份有限公司签署项目合作协议。区领导林克庆,农工党北京市主委于文明,市委统战部副部长李卫东分别致辞,中国步长(制药)集团董事长赵步长代表签约企业致辞。国家中医管理局科教司司长苏钢强、北京生物医药产业促进中心副主任李琼、农工党北京市委医科院委员会主任吴松、美国东方生物技术有限公司首席技术官 Tom Du 分别进行精彩演讲。全国政协领导陈宗兴,中国工程院院士、中国医学科学院首席研究员李连达,市药监局领导袁林、屠志涛,区领导李长友、高树旺、谢冠超、李维民及农工党北京市委、市区有关部门负责同志参加活动。

(孙荣华)

【举行区三届人大常委会第二十八次会议】 12 月 24 日,区三届人大常委会举行第二十八次会议。会议听取了区政府关于大兴区国民经济和社会发展第十二个五年规划纲要(草案)编制情况的说明;听取和审议了区政府关于办理区三届人大五次会议代表建议、批评和意见工作情况的报告;通过了区三届人大六次会议有关事项;接受了周静溪同志辞去大兴区人民代表大会常务委员会副主任职务的请求,并报大兴区人民代表大会备案;通过了其他有关人事任免事项。区人大主任张书领,副主任李永贵、陈晓英、靳文浦、邓景全出席会议,区委常委、常务副区长谈绪祥列席会议。

(孙荣华)

【区委召开三届十二次全会】 12 月 26 日,区委召开了三届十二次全会。会议听取了 2008 年~2010 年区委全委会票决项目进展情况及提请区委全委会票决的 2011 年重点项目情况的通报;票决通过了 2011 年 6 个区级重点项目;审议通过了《区委工作报告》(讨论稿);审议通过了《中共北京市大兴区第三届委员会第十二次全体会议关于召开中国共产党北京市大兴区第三次代表大会第六次会议的决议》(草案)。区委委员、候补委员,区纪委委员及本区出席市第十次党代表参加了会议。

(孙荣华)

【召开第三次党代会第六次会议】 12 月 28 日,区委召开第三次党代会第六次会议。会议听取并审议了《区委 2010 年工作报告》,书面审议了《区纪委 2010 年工作报告》,审议通过了《中国共产党北京市大兴区第三次代表大会第六次会议决议(草案)》。区委书记、开发区工委书记林克庆出席会议并讲话。297 名党代表参加了会议,非党代表的区人大党员副主任、区政府党员副区长、区政协党员副主席,非党代表的各镇和区直单位党政一把手,非党代表的区纪委委员列席了会议。

(孙荣华)

组织工作

【概况】 2010 年,大兴区委组织部认真贯彻落实全市组织部长会议精神和《大兴区委 2010 年组织工作要点》要求,牢固树立首当其责意识,坚持围绕中心、服务大局,深入开展创先争优活动,扎实推进两区行政资源整合和干部、人才、基层党建、自身建设工作创新,努力提高组织工作科学化水平。突出思想作风建设,提高领导班子和领导干部队伍建设水平。加强处级领导班子和领导干部队伍建设,制定《关于进一步加强和改进处级领导班子思想政治建设的意见》和《2010~2013 年大兴区处级党政领导班子建设规划实施方案》。大力加强干部教育培训。制订 2010 年培训工作要点,实施“三项能力建设计划”,创新培训方式,创办了“周末大讲堂”、尝试异地培训模式等,全年举办各类培训班 17 期,培训处级干部 2716 人次。严格干部管理和监督。突出夯实基础,统筹推进基层党建工作。深入开展创先争优活动,明确了“围绕一个主题、突出四个重点、落实五个争当、实现六个一目标”的总体思路。强化农村干部队伍建设。切实抓好农村两委换届,村党支部书记、村委会主任一人兼比例达到了 64.5%。加强后备干部队伍建设,建立了千名后备干部人才库。抓好拆迁村党建工作。推出拆迁村党建“四个四”工作模式。完善村级班子工作机制。制定三年工作规划和党建工作计划,推行两委任期承诺制和年度承诺制。规范村级非选举干部的选拔任用,制定“三任三定”考核机制。强化党员教育管理。制定折子工程,坚持党员活动日和党员承诺制度,加强流动党员管理。深化农村党建保障机制。增设拆迁村党建、党员活动日、党建创新等奖励项目。建立镇党委书记抓农村基层党建工作述职制度。完善创建考核指标体系,增加创先争优、两委换届、拆迁村党建等工作的比重。进一步强化百家单位联百村工作。统筹抓好机关、社会和国企领域党建。开展创建“五型机关”活动,成立黄村、瀛海、亦庄、旧宫、西红门五个地区社会工作党委,推进商务楼宇党建工作的规范化建设,召开全区非公企业党建交流会。突出完善干部选任机制,深化干部人事制度改革。加大竞争性选拔干部工作力度,组织开展两次公开选拔。完善干部任用决策机制。实行区委常委会票决制,研究制定《关于区委常委会讨论任免处级干部实行票决制的实施办法(试行)》。坚持区委全委会票决制度。研究制定《关于进一步规范科级干部队伍选拔任用工作实施意见》。扎实做好领导班子调整配备。按照区委五个选人用人导向和五个一批的总体要求,不断加大干部调整力度。突出对接融合,扎实做好人才工作。健全人才工作领导体系,充分发挥组织部门牵头抓总作用。调整区人才工作领导小组,明确成员单位职责。建立两区人才工作协调领导小组,制定了《大兴区、北京经济技术开发关于深入推进人才工作的意见》等三个意见,编制《“十二五”人才发展规划》和《中长期人才发展规划纲要》。以高层次人才为重点,统筹抓好各支人才队伍建设。两区共同开展海外高层次人才评审认定,研究制定了《大兴区2010年农村实用人才工作意见》,组织参加北京市农村实用人才创业成果展示推介活动,获得了8项产品奖和“最佳组织奖”。做好人才服务保障,营造良好环境。组织20名高层次人才代表休假考察。开展大兴区人才工作服务经济社会发展状况调研。突出带头创先争优,加强组织部门自身建设。带头创建“五型机关”。出台《进一步加强组织部门自身建设的意见》。开展组工干部“读书活动”、组工干部“手拉手”帮贫扶困活动,举办组工信息业务培训班、组工干部专题培训班等,努力提高组工干部能力和素质。完成“大组工网”终端接入。严格执行“十严禁”,开展廉政风险防范管理工作,组织“做党性最强的组工干部”主题演讲比赛活动。积极宣传组织工作亮点,荣获“北京市区县组织部门2010年度信息工作先进单位”称号。全年报送信息76篇,约8万字,被市以上刊物采用30篇次,其中中组部采用1次,市委组织部领导批示2次。编发《大兴组工动态》37期,多篇调研文章分获“京郊党建征文”一、二、三等奖。

名称:中共北京市大兴区委组织部
地址:北京市大兴区兴政街15号
电话:61298633
邮编:102600

【开展创先争优活动】 年内,召开三次动员会,对创先争优活动进行动员部署,出台并下发了《关于在全区基层党组织和党员中深入开展创先争优活动的实施意见》、《关于进一步深化创先争优活动的意见》及折子工程,明确活动安排和工作重点。活动开展以来,积极创新推出了榆垡镇求贤村“一带二比三落实”等活动载体。中组部李源潮部长和市委刘淇书记到本区调研农村创先争优活动和基层党组织建设时给予充分肯定和表扬。

(邓小娟)

【完成农村“两委”换届选举】 年内,完成农村“两委”换届选举工作，实现了区委提出的选优配强班子、“两提高两降低”、应选尽选、确保农村社会稳定四项目标。通过换届，村党支部书记、村委会主任一人兼比例达到64.5%，比上届提高33.8个百分点；两委交叉任职比例达到50.98%，比上届提高16个百分点；不是党员的村委会主任占比14.91%，比上届下降16.36个百分点；村委会成员中没有党员的“白点村”3个，占0.69%，比上届下降0.47个百分点。村党组织书记直选村达到88个。

（邓小娟）

【扎实推进处级领导班子和领导干部思想作风建设】 年内，形成《处级班子集中考察和作风建设检查情况报告》，向区委常委会进行了专题汇报。4月9日，组织召开了全区处级班子和领导干部思想作风建设大会。区委常委、纪委书记李艳萍同志对2006年以来处级主要领导干部任期经济责任审计情况进行了讲评，区委常委、组织部长王有国同志对集中考察和作风建设检查情况进行了讲评，区委书记、开发区工委书记林克庆同志以《抢抓发展机遇，加强班子建设，为推动超常规高水平跨越式发展提供坚强保障》为题，对加强处级班子思想作风建设提出了明确要求。会后，以《兴办通报》形式，向全区处级班子印发了三个报告，要求处级班子对照检查，进一步加强处级班子民主集中制建设，切实整改提高。

（王 强）

【两区人才工作会议召开】 12月20日，在北京经济技术开发区博大大厦报告厅召开“大兴区、北京经济技术开发区人才工作会议”。区委书记、北京经济技术开发区工委书记林克庆出席会议并讲话。两区党政机关、企业负责人及各界代表约530人参加会议。会上播放了两区人才工作纪实专题片。解读了《大兴区、北京经济技术开发区“十二五”时期人才发展规划》以及深入推进人才工作意见等三个文件。宣读了聘请沈岩等同志为大兴区、北京经济技术开发区首批政府特聘专家的决定，并为政府特聘专家获得者颁发了荣誉证书。SMC（中国）有限公司赵彤、大兴区北臧村镇温震先后作大会典型发言。

（齐 静）

【举办两区人才论坛】 12月20日，大兴区、北京经济技术开发区在北京经济技术开发区博大大厦举办以“人才·新区·发展”为主题的人才论坛。论坛由中央电视台崔志刚主持。参加论坛的嘉宾有北京双高人才发展中心主任、北京海外学人中心主任袁方等四位专家。四位专家分别从高端人才开发，解读人才发展规划纲要、描绘未来新区人才发展的远景等方面进行了阐述。

（齐 静）

【研究制定加强处级领导班子思想政治建设的意见】 年内，根据市委组织部《关于进一步加强和改进领导班子思想政治建设的意见》精神，针对全区处级班子考察和作风建设检查中发现的问题和不足，研究制定了《关于进一步加强和改进处级领导班子思想政治建设的意见》，紧紧围绕加强思想理论建设、执政能力建设、民主集中制建设和作风建设四个方面的内容，明确指导思想、主要目标，提出了13项具体措施，对今后一个时期加强处级班子思想政治建设，提出了明确要求。

（王 强）

【参加全市公开选拔局处级领导干部工作】 4月，按照市委组织部统一部署，选取专业性较强的11个副处级职位，参加2010年北京市公开选拔领导干部工作。研究制定了《贯彻落实〈北京市2010年公开选拔领导干部工作意见〉的实施方案》,成立了公开选拔工作领导小组和监督领导小组。按照“民主、公开、竞争、择优”的原则,坚持标准、严格程序,精心组织,周密安排,认真组织完成宣传动员、网上报名、资格审查、笔试、面试、体检、资格复审、组织考察、岗前培训等工作。报名共596人,参加笔试498人,面试66人,33人进入考察。经区委常委会研究决定,10人走上了领导岗位(市政管委副主任空缺)。

(王　强)

【与经济技术开发区共同组织开展公开选拔工作】　11月,大兴区与开发区选取19个职位共同组织开展公开选拔(其中大兴区13个,正处1个,副处12个)。加强与开发区组织部和北京双高人才中心的沟通协调,制作完成了职位说明书、单位简介。11月10日,与开发区联合召开了公开选拔工作新闻发布会,在北京日报和双高网发布公告。11月12日,组织召开镇党委、街道工委、区直各工委有关领导参加的公开选拔动员会,印发《公开选拔工作实施方案》,广泛开展宣传动员。经过网络报名,19个职位共832人参与报名,715人符合条件,其中大兴区职位555人。11月27日组织大兴区职位笔试,501人参加了笔试。12月18日,组织进行面试,13个职位的79个考生参加了面试。

(王　强)

【做好《干部任用条例》检查工作】　年内,对2006年5月以来选拔任用的处级干部档案、考察文书档案、相关制度法规和干部名册进行整理,撰写完成《区委组织部贯彻执行〈条例〉情况自查报告》。向全区处级单位下发《关于对贯彻执行〈干部任用条例〉进行自查的通知》。指导被抽查的区卫生局、青云店镇、区广电中心、区物资总公司,做好干部档案、文书档案、工作报告等文字材料工作。认真配合市委检查组,完成对本区贯彻执行《干部任用条例》检查工作。市委检查组对本区条例执行情况给予较高评价,在区县中排名前列。根据检查反馈情况,制定整改措施上报市委组织部。

(王　强)

【开展“四项监督制度”学习宣传和贯彻落实】　年内,与区委宣传部配合,组织区委理论中心组对“四项监督制度”进行专题学习。向全区处级班子转发了《关于认真学习贯彻干部选拔任用工作四项监督制度》的通知和“四项监督制度”单行本,进行专门部署。印发《干部选拔任用工作四项监督制度主要内容参考测试题》,对处级领导干部进行答题测试。制定“四项监督制度”培训计划,将“四项监督制度”作为处级领导干部培训重要内容,认真组织实施。加大宣传力度。通过公开媒体,加强对“四项监督制度”等文件的宣传报道,增强干部群众参与干部选拔任用监督的意识,营造良好的监督氛围。认真完成“四项监督制度”学习宣传统计上报工作。

(王　强)

【做好干部选派选调工作】　年内,按照市委组织部关于选派援疆、援藏干部工作要求,进行思想动员、组织报名、体检和组织考察,经区委研究后,确定选派人选。完成援疆、援藏干部相关材料整理、上报和组织培训工作。协调帮助解决援藏干部子女入学问题。按照中组部、市委组织部、市委统战部、市农委干部选调干部工作的要求,协助做好组织报名、人员筛选、干部推荐等工作。向中组部推荐6人参加集中差额选调,向市委统战部推荐3人,向市农委推荐4人,向市委组织部推荐岗位人选11人,其中:4人进入面试,1人进入考察,1人正式调入市委组织部电教中心。做好公开选拔乡镇科级干部工作。与人力社保局协调配合，研究确定了榆垡镇计划生育办公室副主任和旧宫镇民政科副科长两个职位参加全市公开选拔。

（王 强）

【举办新任职村党支部书记、村委会主任培训班】 7月，举办了新任职农村党支部书记、村委会主任培训班。区委书记林克庆同志进行开班动员，区长、区纪委书记、副区长等区领导分别出席开班动员和进行授课。各镇党委副书记、组织部长、新当选村党支部书记、村委会主任共830余人参加了培训。培训主要采取专家领导讲授、外出参观考察、研讨交流心得相结合的形式进行。

（邓小娟）

【深化农村党建保障机制】 年内，增设拆迁村党建、党员活动日、党建创新等奖励项目，落实创建活动基本保障和党建创新奖励制度。完善创建考核指标体系，结合年度中心任务和各项工作对考核指标进行了调整，增加了创先争优、两委换届、拆迁村党建等工作的比重，并对拆迁工作进行单独体系考核。

（邓小娟）

【全面优质完成2010年干部教育培训工作】 年内，多渠道、大规模组织开展各级各类干部培训，举办包括处级干部轮训班2期、新任处级干部培训班1期、专题培训班9期、挂职交流学习培训1期、局处级干部周末大讲堂5期、境外培训班1期、科级干部大讲堂5期、农村党支部书记、村委会主任培训班1期在内的各级各类培训班共36期，共培训干部55707人次，其中处级干部4979人次，科级以下干部37749人次，各类专业技术人员12979人次。局级干部人均132.5学时，处级干部人均137.1学时。完成局处级干部在线学习598人，完成率100%，在全市排名第一。制订了大兴区委关于贯彻《北京市贯彻〈2010～2020年干部教育培训改革纲要〉实施意见》的实施方案（讨论稿）、《大兴区干部教育培训经费管理办法（试行）》。

（赵 亮）

【全面开展自主选学】 根据向全区处级、科级干部培训需求调查结果，确定全年培训班次，并发至各单位，要求干部自主选学1～2个班次。500余名处级干部全部进行了自主选学。通过自主选学，实现了分级培训向分类培训、一般性轮训向专题培训、中长期学制向短期学制三个转变。

（赵 亮）

【举办干部培训暨大讲堂启动仪式】 3月12日，组织举办2010年干部教育培训暨周末大讲堂启动仪式，区委书记、开发区工委书记林克庆做全年开班动员讲话，区委常委、组织部长王有国部署了2010年干部培训工作，全区处级及部分处级以上干部646人参加了启动仪式。这是本区第一次举办周末大讲堂。全年，共举办5期周末大讲堂，邀请杨开忠、肖炼、公方彬、杨毅等著名专家学者分别作了“北京全面建设世界级城市的战略决策”、“当前国内国际经济形势分析”、“核心价值观与民族精神”、“中国崛起与面临的安全形势”等讲座，2310人次局处级干部参加学习。

（赵 亮）

【区院合作举办城镇建设专题培训班】 年内，借助驻区高校北京建筑工程学院专业优势，探索“区院合作”培训模式，共建合作培养干部，加快提升领导干部专业素质。3月13日～6月5日，百名干部参加城镇建设专题培训班举办，授课教师全部为建工学院知名教授、专家，授课采取讲座形式，共12期，全部安排在周六下午举办，确保干部按时参学。

（赵 亮）

【**首次开展异地党校培训**】　10 月 30 日至 11 月 5 日,组织各镇主管工业副镇长、各园区副职 20 人赴苏州市委党校、上海市委党校,开展一周产业发展专题班异地培训,培训采取授课与实地考察相结合的形式,增强了学习效果,积累了异地培训的经验。

(赵　亮)

【**首次与开发区合办赴英境外培训班**】　在大兴区与北京经济技术开发区行政资源整合后,首次合办境外培训,两区干部(其中大兴区 5 名)于 8 月 29 日至 9 月 18 日赴英国参加"科技创新与发展"培训班。

(赵　亮)

【**农村远教终端站点建设**】　年内,下发《关于加强全区农村党员干部现代远程教育站点播放收看工作的通知》,提出了"集中学习与分类学习相给合、教育培训与典型示范相结合、农村远教与现场辅导相结合"的具体要求。组织各镇党委对本地区终端站点设备设施运行维护情况、站点覆盖率、站点基本功能、机制建设情况等进行的自查,限时清查整改,保证每个站点都能正常运行。建立了播放收看通报制度。每季度对各镇远教站点开展活动情况、存在主要问题进行通报,并与年底"三级联创"工作挂钩,将站点全年使用率作为"五好村党支部"评选要求之一。下发《关于深化党员电教示范播放点创建活动的实施方案》,按照标准评选出 48 个区级党员电教示范点,并在此基础上进行遴选,参加市级党员电教示范点的评选。

(许　明)

【**党员电教制片工作**】　年内,完成本区区第二届党员电教片观摩评比活动。共收集各单位上报电教片 26 部,评出一等奖 4 名,二等奖 6 名,三等奖 6 名。围绕全区创先争优活动,拍摄了反映榆垡镇求贤村深入开展创先争优活动的党员电教片《一带二比三落实》,并上报中组部,同时被收录在《北京党员电教》第四期向全市下发。在大兴电视台开办《党旗飘飘》栏目,重点宣传基层带头人、党员先进典型和在村级组织运行机制、城乡结合部党建、基层党组织工作创新等方面涌现出的一批推动发展、服务群众的事迹典型。

(许　明)

【**"大兴党建"网站建设工作**】　年内,在大兴党建网开辟"创先争优活动"专栏,设文件精神、领导讲话、活动简报、典型事迹四个版块。规范党(工)委党建栏目建设,促进优秀党建成果的推广、转化和应用,扩大经验交流,同时在内容设置、信息更新、发布审查等方面提出具体要求。

(许　明)

【**党内统计工作**】　年内,完成 2010 年党内统计工作,并通过采取在线答疑、远程操作协助、单位间互查等方式确保了报表质量。截至年底,全区共有 47440 名党员,1789 个基层党组织,全年发展党员 1002 名。

(许　明)

【**开展"双学双比双提高"活动**】　组织基层党组织和党员群众参与,同时指导他们结合自身实际,在北京长城网相关专栏发布评论,比工作成绩、比岗位奉献,不断提高基层党组织的工作水平和共产党员的素质能力。

(许　明)

【**开展人才工作调研**】　9 月,区委组织部成立课题调研组,以"人才服务经济社会发展"为主题开展专题调研,分析"十二五"时期经济社会发展对人才工作的新要求,从需要什么样的人才、人才发展有什么需求两个层面展开调研。调研发现,加快建设高技术制造业和战略性新兴产业聚集区,必须拥有一大批科技创新人才和产业领军人才。通过调研,梳理出人才创新创业、住房保障、子女入学等方面的“五个盼望”。针对区域高技术企业及科技研发人员相对短缺的问题,提出推动两区人才资源优势互补相关措施,形成创新驱动的人才发展新格局。

(齐 静)

【开展“群众心目中的好党员”评选活动】 7月,区委评选表彰10名“群众心目中的好党员”,其中,李书国、刘淑玲、吕小英、张军四名同志被评为北京市“群众心目中的好党员”。

(邓小娟)

【实现档案日常管理现代化】 年内,完成档案库房改造工作。安装调试电子档案柜,实现档案日常查借阅、盘库的自动化,在十个远郊区县率先实现了档案日常管理的现代化。

(沈靓松)

【加强处级单位档案管理培训】 年内,采取以干代训的方式,对全区74个处级单位的89名组织人事干部进行了档案材料的审核、整理和装订的业务培训,提高了全区组织人事干部对档案材料的甄别能力和归档意识,使全区整体档案管理水平得到了提升。

(沈靓松)

【“做党性最强的组工干部”演讲比赛】 9月,组织大兴区“做党性最强的组工干部”主题演讲比赛,选拔2名选手参加市委组织部复赛,以1、2名成绩全部进入决赛,获得“优秀组织奖”。

(蒋帮奎)

宣传工作

【概况】 2010年是实施“十一五”规划的最后一年,是落实城南行动计划的第一年,也是全区加快向现代化城市发展新区转变、加速推进城乡一体化、实现历史新跨越的关键之年。一年来,区委宣传部按照区委部署,紧扣区委中心工作,坚持服务大局,唱响主旋律,打好主动仗,在理论教育、内外宣传、精神文明建设、文化工作等方面开展了卓有成效的工作,为推进大兴科学发展、和谐发展、加快建设南部现代制造业新区提供了坚实有力的思想保障,营造了和谐有序的文化氛围和安定团结的舆论环境。

名称:中共北京市大兴区委宣传部

地址:北京市大兴区兴政街15号

电话:61298639

邮编:102600

网址:www. dxxcb. gov. cn

【区处两级中心组理论学习】 年内,本区邀请国务院发展研究中心博士生导师李佐军博士解读了《中共中央关于制定国民经济和社会发展第十二个五年规划的建议》,邀请中央党校博士生导师梁妍慧教授就“新形势下的党群关系”作了专题报告,区各级党委中心组在学习中做到了“四个结合”,即集中学习与分散自学相结合;读原著原文与听辅导报告相结合;理论学习与调查研究相结合;举办高层讲座与开展基层座谈相结合。探索示范联学的形式,开展区委中心组与处级中心组、区直委办局党委(党组)中心组与镇党委中心组联学活动,从而达到中心组之间互助交流、互学互动的良好效果。年内,区委宣传部、区委组织部将组成工作组,参加镇、街道、区直各部门中心组学习。充分利用“宣讲家网站”丰富专家报告资源,为处级中心组提供了知名专家热点报告,各处级中心组每位成员上交了不少于1篇的理论文章,区委宣传部在年底将开展理论学习文章评选活动,并通过政务信息网、宣传部网站、《宣传通讯》和区内新闻媒体,开设理论专题专栏,刊发优秀理论文章,组织好学习交流,提高处级干部理论学习效果。

（高　巍）

【扎实推进学习型党组织建设】　年内,根据市委关于推进学习型党组织建设的总体要求和部署,紧密结合本区当前发展实际,于4月份出台了《大兴区关于推进学习型党组织建设的实施意见》,建立健全学习制度,完善考核激励机制。开展"读书月·学习季"系列活动。将9月份定为"读书月",10月到12月定为"学习季",在全区党员干部中开展了以"讲学习、提素质、促发展"为主题的大型学习活动,每月10日确定为党员读书日、每月开展一次集中学习、组织"吟诵经典"大赛、党员干部每人签名推荐一本好书、举办学习型党组织建设经验交流会等十项活动。

（高　巍）

【推进基层理论教育和社会宣传工作】　年内,以本区"理论宣讲团"为平台,开展"百姓大课堂"活动。聘请理论功底扎实、实践经验丰富的党校教师、退休老干部、教育系统退休老教师等共62人为讲师,开设"百姓大课堂",继续开展"社区周末大讲堂"活动。截至年底,"百姓大课堂"完成100场授课,"北京周末社区大讲堂"共开展16场。以"十爱"为内容,开展"百姓爱心故事"征集活动。以"爱党、爱祖国、爱社会、爱家乡、爱家庭、爱岗位、爱他人、爱环境、爱自然、爱生活"为主要内容,采取集中征集和社会征集相结合的方式,组织开展"百姓爱心故事"征集评选活动。共征集到稿件445篇,数量位居全市各区县之首。由区委宣传部、大兴电视台、大兴报社组成初评组,经过认真评选,共评选出50余篇百姓爱心故事,从6月10日起,同时在大兴电视台、《大兴报》上予以刊播,累计已在《大兴报》发表新闻32篇,总字数近7万字;在电视台播出爱心故事系列报道26条,节目播出总时长超过300分钟。在全市爱心故事评选活动中,本区荣获优秀组织奖,刘万钧、王福芝获爱心故事奖,宋薛宣、张军荣获爱心故事提名奖。

（高　巍）

【外宣工作】　年内,全区在《人民日报》、《农民日报》《北京日报》、《北京晚报》等中央、市属媒体刊发新闻稿件1400余篇。其中,在《人民日报》发稿8篇,同比增长100%,在《北京日报》一版发稿32篇,同比增长33%,中央电视台、北京电视台播出本区新闻80余条,树立了大兴良好的对外形象。专题宣传力度明显加大。以专题宣传为例,西瓜节刊发24个专版,南海子开园刊发9个专版,地铁大兴线开通和大兴生态宣传即将分别刊出9个和5个专版,年内刊发专版近60个,与相关媒体合作刊发整版宣传近30个,是有史以来刊发专版、专题最多的一年。组织30余场新闻发布会,有力推动了外宣形势,收到良好效果。

（高　巍）

纪检　监察

【概况】　2010年,在市纪委和区委的正确领导下,区纪委围绕大兴区和北京经济技术开发区行政资源整合、城南行动计划实施等重大决策部署,以科学发展观为统领,坚决贯彻落实市纪委十届六次全会精神,深入推进反腐倡廉各项工作,努力构建具有大兴特色的惩防体系,做到预防更有效、监督更到位、惩处更有力,为全区实现超常规、高水平、跨越式发展提供了坚强的政治和纪律保障。

名称:中共北京市大兴区纪律检查委员会
　　　北京市大兴区监察局
地址:北京市大兴区兴政街15号
电话:61298855

邮编:102600
网址:www. dxjjjc. gov. cn

【确保党风廉政建设责任制落到实处】 年初,坚决贯彻区委《2010年党风廉政建设和反腐败工作要点》,将全年党风廉政建设和反腐败工作分解为7大类17项56个具体工作任务,明确14名区级领导分管、30个单位牵头负责。区委书记、区长与各处级单位党政"一把手"签订《大兴区党风廉政建设责任书》,根据镇、街道和区直单位不同职责和任务,分别量化为10方面任务和60项具体工作,明确领导责任、增强可操作性。各处级单位将责任书签订到基层、落实到个人,形成一级抓一级,一级对一级负责,层层抓落实的责任体系。

（周颖桥）

【创新分类分级督查办法】 年内,本区研究制定《关于重点工程建设项目分类分级监督检查意见》,按照工程项目性质、社会影响程度和投入资金额度的不同分为A、B、C三类,根据项目不同环节存在的风险点,明确监督检查重点内容,牵头协调21家相关单位,组成项目审批和建设进度、项目纪律和效能等6个监督检查组,针对不同类别项目确定不同监督检查主体,实施有效监督检查。全年共确定100个重点项目。其中,区纪委监察局在重点对25个A类项目实施监督检查的同时,指导督促42个基层纪委对75项重点工程建设项目实施监督检查,全年共开展监督检查305次,指出各种问题303个,提出工作建议95条,得到市有关部门的奖励。

（周颖桥）

【党风廉政宣传教育】 年内,本区对新提拔交流的78名处级干部开展廉政谈话等"五个一"的初任廉政教育活动,突出反面典型警醒作用,以违纪违法人员忏悔为主要内容编印《忏悔警示录》,发给全区处级以上领导干部。协助市纪委、市检察院等部门筹备北京市预防工程建设领域职务犯罪巡展,在本区举行首展仪式,组织全区处级以上领导干部和重点部门科级干部3000余人进行参观。严明农村两委换届工作纪律,向全区各级党组织、机关干部、农村党员干部提出了"13个不准",对新任农村两委干部开展集中廉政教育,在14个镇进行农村反腐倡廉警示教育巡展。

（周颖桥）

【廉政风险控制延伸】 年内,区四套班子共25名局级领导主动自律,突出将"决策权"作为防范重点,围绕"三重一大"方面的决策风险、违反规定干预和插手市场经济活动方面的风险、违反规定选拔任用干部方面的风险等内容,带头认真查找风险点,通过自己查、群众帮、集体审等形式,共查找廉政风险点307个,制定防控措施307条,确定了16个廉政风险防控重点项目,明确目标要求、责任部门和落实措施,区四套班子主要领导对副职领导干部廉政风险防控识别表进行了审核把关,并在一定范围内进行了公示,局级领导干部还结合工作特点作出了公开廉政承诺,接受群众监督。

（周颖桥）

【加强政风行风建设】 年内,本区重点在68个部门和行业的442个基层站所,深入开展了民主评议工作。按照《大兴区民主评议基层站所工作方案》和《大兴区民主评议督导组工作制度》要求,成立5个督导组,明确工作流程和任务分解,建立5个环节工作台账,做到"七有",即:有计划、有部署、有措施、有领导机制、有评议队伍、有工作台账、有效果考评。突出问题意识、监督意识、整改意识和形象意识,38个行业和部门中,共查找问题735个,坚持边查边改、边整边改,有针对性地制定整改措施740余条。

（周颖桥）

【畅通群众诉求渠道】 年内，在全区62个行政机关及相关单位成立行政投诉办理机构，明确各单位行政投诉工作分管领导、负责科室和具体负责人，实现机构、人员、办公场所“三到位”。对62家上线单位进行培训，强化做好行政投诉的责任意识和工作能力。规范投诉件承办、强化直查件协办和联办工作，确保投诉事项“事事有回音，件件有答复”。搭建政府与媒体联动监察平台，6月，会同发改委、住建委、规划分局走进“首都之窗”直播间，就社会普遍关注的大兴城市发展情况，倾听群众诉求，现场答疑解惑。全年共受理各类投诉2784件，办结2502件。

（周颖桥）

【信访工作】 年内，本区制定了信访举报工作手册，搭建信访信息共享平台，坚持每周集体排查评估信访举报线索。针对农村两委换届、拆迁改造等容易引发信访的新形势，主动下访，加强指导、协调和督办。农村两委换届期间，全区反映农村两委干部的信访举报32件，比上年同期的65件下降50.8%；做好重访、疑难信访化解工作，让当事人息诉罢访。5月，根据中央纪委、市纪委的部署，成功化解一起到中纪委恶性缠访事件并将有关人员成功劝返，中纪委信访室对此专门致函给予表彰；以查办信访案件为入口，强化信访监督工作，通过信访谈话、信访建议书等形式，消除轻度信访苗头。全年共受理信访371件次。

（周颖桥）

【案件查处工作】 年内，完善办案工作组织协调机制、建立健全区委反腐败协调小组领导体制和工作机制、制定《关于进一步加强反腐败组织协调工作的实施意见》、规范案件管理工作、建立案件管理台账制度，将案件日常管理细化为各类台账予以统计管理；制定《案件统计工作考核办法》，对基层纪委案件统计工作实行量化考核；加大案件直查力度，制定了《对涉嫌违反党纪政纪有关重要案件线索统一管理办法（试行）》，将科级干部违纪违法案件纳入区纪委直查范畴，实行案件线索“下管一级”。严肃查处了某镇中心幼儿园园长违反财经纪律案、某镇安全科长重大生产安全事故失职案。全年共初核违纪线索31件，立案18件，通过执纪办案为国家和集体挽回直接经济损失179万余元。

（周颖桥）

【提高案件审理质量】 全年，共审结案件17件，给予党纪处分13人，其中开除党籍5人；给予政纪处分4人，其中行政撤职2人，未发生一起申诉、复议案件。

（周颖桥）

统战工作

【概况】 2010年，全区统战工作坚持以邓小平理论和“三个代表”重要思想为指导，以科学发展观为统领，深入贯彻落实党的十七届四中、五中全会和全市统战部长会议精神，紧紧围绕“坚持科学发展，走城乡一体化道路，建宜居宜业和谐新大兴”目标，认真贯彻落实《中共北京市大兴区委2010年统战工作要点》，以围绕区域经济社会发展凝聚力量、围绕稳定大局促进和谐社会建设、围绕改革推进工作创新为重点，求真务实、开拓创新，巩固和发展新时期爱国统一战线团结、和谐、开拓、奋进的良好局面，为建设宜居宜业和谐新大兴做出新的贡献。

名称：中共北京市大兴区委统一战线工作部

地址：北京市大兴区兴政街15号

电话：61298690

邮编：102600

【协助民主党派开展调查研究】　年内，协助各民主党派紧紧围绕“城南行动计划”、两区行政资源整合、编制“十二五”规划和区域经济社会发展等重要内容确定调研课题，为全区科学发展提供智力支持。全年，各民主党派共形成调研报告22篇，其中高水平的调研报告占到70%以上。

（贾海菊）

【邀请党派中央领导到本区调研】　5月20日，全国人大副委员长、民进中央主席严隽琪率团考察本区文化创意产业；9月26日，全国人大副委员长、农工党中央主席桑国卫考察本区生物医药产业发展；12月27日，全国人大副委员长、民盟中央主席蒋树声考察两区行政资源整合进展情况。全年，各民主党派中央主席、副主席、各党派市委领导到本区考察、调研、推介项目、帮助解决问题等活动共计15次。

（贾海菊）

【开展招商引资】　年内，农工党北京市委、农工党大兴区工委引进大型制药企业中国步长集团落户大兴生物医药产业基地。民进大兴区工委引进北京长生万信生物科技股份有限责任公司、北京西诺壹加壹生物技术有限公司两个大型企业。

（贾海菊）

【协助举办“生物医药发展论坛”】　12月21日，协助农工北京市委，在本区举办“打造大兴中国药谷——生物医药发展论坛”，邀请国内外专家、学者300人参会，聘请知名院士和企业家演讲。全国政协副主席、农工中央常务副主席陈宗兴出席。美国东方生物技术有限公司、华润（集团）有限公司等四家企业分别和大兴生物医药产业基地签约。

（贾海菊）

【发展民族经济】　年内，与区民委共同研究、协商，确定低收入民族村肉牛肉羊养殖、观光采摘果园建设等经济发展项目，项目资金约350万元。发挥清真企业商会的平台和组织作用，扶持清真企业健康发展，全年共申报清真企业扶持项目11个，资金约180万元。

（贾海菊）

【启用黄村福音堂】　4月，正式启用基督教黄村福音堂，保障广大信教群众开展正常守法的宗教活动。

（贾海菊）

【正式启动区台商服务中心】　3月25日，正式启动大兴区台商服务中心，全面开展本区对台交流、服务、联络工作。

（贾海菊）

【成立区台资企业联谊会】　5月26日，召开北京台资企业协会大兴区台资企业联谊会成立大会。市台办副主任王兰栋、大兴区委副书记王新等领导出席大会。

（贾海菊）

调研工作

【概况】　区委研究室是主管本区综合性政策研究，为区委科学决策服务的区委工作部门。按照转变职能、理顺关系的原则。年内，为全区调研工作搭建平台，充分展示和有效利用各单位调研工作成果，积极推动成果转化，切实起到了推动全区各项事业科学发展的积极作用。

名称：中共大兴区委研究室

地址：北京市大兴区兴政街15号

电话：61298683

邮编：102600

【组织开展市级关注课题】　年内，组织两区整合运行体制机制创新问题的课题研究,开展相关调研活动,邀请有关专家,召开“两区体制机制创新研讨会”,探讨两区整合模式问题,形成了《大兴区和北京经济技术开发区行政资源整合的研究与思考》课题报告。

(裴丽娜)

【完成“十二五”规划建议起草】 年内,协调区发改委等相关部门,统筹各方资源,围绕发展目标、总体定位、空间布局等方面展开积极展开联合调研,在此基础上形成了《大兴区委关于制定大兴区国民经济和社会发展第十二个五年规划的建议》,为新区“十二五”规划的制定提供了有力指导。

(裴丽娜)

【完成区委工作报告起草】 年内,起草了《林书记在三届六次党代会上的讲话》、《区委工作报告》以及会议决议草案,完成报告征求意见、提交常委会讨论、报告成稿印刷、汇总代表意见建议、报告修改定稿等相关工作。

(裴丽娜)

【完成一系列重要讲话的起草】 年内,起草了区委主要领导《在大兴区四套班子领导干部会议上的讲话》、《在大兴区领导干部大会上的讲话》、《在开发区领导干部会议上的讲话》、《在大兴区和开发区领导班子座谈会上的讲话》以及向中央和市委、市政府领导同志汇报两区整合工作相关文稿。起草了林书记《在驻区单位新春座谈会上的讲话》、《在老干部新春团拜会上的讲话》、《市人代会分组讨论发言提纲》、《在庆“三八”国际劳动妇女节大会上的讲话》、《在全区思想政治工作大会上的讲话》、《关于上半年村庄社区化管理汇报提纲》、《在全市半年经济形势分析会上的发言提纲》、《林书记在全市上半年务虚会上的汇报提纲》、《在全区务虚会上的讲话》、《在两区局级领导班子扩大会上的讲话》、《向全国人大视察汇报材料》、《向中央巡视组视察汇报材料》、《在区委三届十次全委会上的讲话》、《在区委三次人大工作会上的讲话》、《在南海子开园仪式上的致辞、讲话》、《在第三次政协工作会上的讲话》、《在区“十一”安全稳定工作动员会上的讲话》、《落实区县功能定位进展情况汇报提纲》《在市委十届八次全会上的发言》、《在区委三届十一次全会上的讲话》、《在区委常委会上的总结讲话》、《在全市经济工作会上的讲话》、《在人大三届六次会议闭幕式上的讲话》、《在三届五次政协会议闭幕式上的讲话》等一系列文稿。

(裴丽娜)

【完成一系列工作建议和办法的起草】 年内,与区发改委、经信委合作,深入研究天津滨海新区、上海浦东新区、重庆两江新区等地的管理体制和运行机制,起草了《〈加快体制机制创新,促进战略性新兴产业集聚,建设南部现代制造业新区意见〉的建议》。完善调研工作考核制度,修订《镇街道办事处2010年科学发展绩效考核办法》。

(裴丽娜)

老干部工作

【概况】 区委老干部局(大兴老干部活动中心)大楼建筑面积为4815平方米,可同时容纳400名老干部学习、娱乐和健身。设有多功能大厅、贵宾大厅、KTV小歌厅(2个),离休干部荣誉室、乒乓球室、棋牌室(3个)、阅览室、阅文室、台球厅(2个)、健身房、接待室,可容纳200人开会的大会议室,40人左右的圆桌会议室,20人左右的小会议室。本局现有工作人员52名(其中临时工14人)。

名称:中共北京市大兴区委老干部局

地址:北京市大兴区黄村兴政南巷9号

电话:69243526
邮编:102600
网址:http://www.lgb.cn

【老干部活动中心修缮改造】　4月,区政府拨付650万元,对大兴老干部活动中心进行了全面的修缮改造。针对老同志的特点,修缮了活动场所,增加了乒乓球、台球、沙狐球、健身房等活动站室。根据老同志的实际需求,配置了相应的活动设备。对活动中心院落重新设计,道路重新设计施工,增加花草植被等园林美化设施。改造后的活动中心宽敞明亮、环境舒适,更适合老同志的特点,为满足广大老同志的活动需求创造了更好的条件,充分体现了党和政府的关怀。全新的老干部活动中心已经正式投入使用,得到了广大离退休老干部的高度赞扬。

(毛其林)

【举办老干部新春团拜会】　2月4日,本区召开了2010年老干部新春团拜会。区四套班子领导、区老干部工作领导小组成员单位领导及各单位主管老干部工作领导、工作人员、老干部代表230余人欢聚一堂,喜迎新春。区委常委、组织部部长王有国同志主持了团拜会。会上,区委常委谈绪祥同志简要地向与会老同志通报了2009年大兴区的经济建设和发展情况。区委副书记王新同志向老同志介绍了2009年大兴区的工作情况和2010年的主要任务,并对2010年的老干部工作提出具体要求。区委老干部局与有关单位共同组织编排了一台精彩的文艺节目,为参加团拜会的领导和老干部们拜年,受到了与会老干部的欢迎和称赞。

(毛其林)

【领导春节期间慰问离休老干部】　春节前夕,区委书记林克庆,区委副书记、区长李长友,区人大主任张书领,区政协主席高树旺,区委副书记王新等四套班子主要领导,在区委老干部局王雅玲局长的陪同下,分别看望慰问了本区部分离休老干部,向他们致以新春的问候和良好的祝福,并送去了节日慰问品、慰问金。

(毛其林)

【向老干部解读区委工作报告】　3月10日,区委老干部局聘请区委政策研究室副主任陈建民同志为原四套班子的离退休老干部解读区委书记、北京市经济技术开发区工委书记林克庆在中共北京市大兴区第三次代表大会第五次会议上的区委工作报告。会上,陈主任从2009年的工作回顾、形势和要求及2010年经济社会发展主要任务等多个角度,深入浅出地为老领导们剖析解读了报告精神。

(毛其林)

【召开第二十三次老干部座谈会】　3月11日,召开了第二十三次老干部座谈会。区委书记、北京市经济技术开发区工委书记林克庆;区委副书记王新;副区长、区老干部工作领导小组副组长王荣彬;区委组织部副部长、老干部局局长王雅玲及老干部领导小组成员单位领导出席了会议。各单位主管老干部工作的领导、工作人员和老干部代表近160人参加了会议。区委书记林克庆同志介绍了2010年本区的发展形势以及面临的挑战,对如何进一步做好本区2010年的老干部工作提出了更高的标准和要求。

(毛其林)

【召开社团成立大会】　3月31日,大兴老干部大学召开了社团成立大会。成立诗词社、印社、书法社、绘画社等四个社团,通过各社团章程,选举出各社社长、副社长,社团的成立给广大的老年学员又提供了一个展示自我风采的平台,使老干部大学的教育教学工作又迈上了一个新台阶。

（毛其林）

【举办第一期老干部党支部书记培训班】 4月1日,区委老干部局举办2010年第一期老干部党支部书记培训班。全区30名离、退休老干部党支部书记、党小组长参加了培训。老干部局副局长信荣久作了总结发言。

（毛其林）

【举办老干部工作人员培训班】 4月13日,区委老干部局在大兴宾馆举办了老干部工作人员培训班。全区60多个单位80多人参加了培训。区委组织部副部长、老干部局局长王雅玲作了开班动员。副局长赵礼刚对2009年老干部工作作了简单回顾并部署了2010年老干部重点工作。生活待遇科、政治待遇科、活动科三个职能科室的科长分别向参加培训的工作人员简要的介绍了老干部的生活待遇、政治待遇及组织活动等方面的相关内容和具体工作。

（毛其林）

【市直局职离退休干部学习班在本区举行】 5月18日至21日,由北京市老干部局主办,大兴区委组织部、老干部局承办的市直局职离退休干部学习班在星明湖度假村举行。北京市老干部局巡视员、副局长张庆朝,大兴区委常委、组织部长王有国参加开班式并作动员讲话,来自市直系统的近40名老干部参加了学习班。区委书记、北京经济技术开发区工委书记林克庆同志专程来到学习班驻地看望与会老同志,并向老同志详细介绍了大兴区经济社会发展情况,特别是在大兴区和北京经济技术开发区实现行政资源整合后,两区融合发展的措施与成效。

（毛其林）

【开展主题参观活动】 6月18日,区委老干部局集中组织全区150余名老干部,前往北京经济技术开发区开展主题为“爱家乡、知区情、看发展”参观活动。此次活动得到了区委领导的高度重视,区委副书记、副区长、开发区工委副书记、管委会主任张伯旭接待并亲自为老干部汇报了开发区的发展情况。主要从开发区的建设、经济发展、产业结构、投资环境和政府服务、领导关怀、未来发展规划、资源整合等方面进行了讲解。随后在开发区领导同志的陪同下,参观了北京同仁堂制药股份有限公司,使老同志们亲身感受到“两区”行政资源整合后的变化。

（毛其林）

【举办第二期老干部党支部书记培训班】 年内,为迎接建党89周年,进一步加强和改进离退休干部党支部建设工作,大兴区委老干部局在星明湖度假村举办了为期三天的老干部党支部书记培训班。培训班就本区“学先进争五好”老干部党支部工作情况进行交流座谈。全区26名离、退休老干部党支部书记、党小组长参加了培训。

（毛其林）

【举行2009～2010学年度结业典礼】 年内,大兴老干部大学2009～2010学年度结业典礼在老干部大学四楼大会议室隆重召开。局领导、校领导和21个结业班的全体师生参加了大会。优秀学员晁秀芳代表结业的学员发言,句句真言,情真意切。学员代表张兰成和王素英夫妇向学校赠送了自己精心创作的书画作品以此表达自己对学校的感激之情。局领导校领导分别为优秀征文获奖者、优秀班干部、优秀学员颁发了奖品和证书。

（毛其林）

【全区老干部参观大兴地铁线】 9月17日,区委老干部局集中组织全区近150余名老干部,前往北京大兴地铁四号线进行参观。通过实地参观、现场听取地铁工作人员介绍和试乘后，老同志们十分震撼，对当前大兴建设发展所取得的成绩给予充分肯定。

（毛其林）

【开展健康体检活动】 9月27日至29日，在大兴区中医院体检中心组织全区老干部开展主题为“真实的了解、真挚的关爱”健康体检活动，共有近200名老同志参加。

（毛其林）

【组织离退休老领导参观北京南海子郊野公园】 10月13日，区委老干部局组织原四套班子的离退休老干部参观了位于大兴新城、亦庄新城与中心城区之间的南海子郊野公园。区委组织部副部长、老干部局局长王雅玲同志陪同参观游览。园林绿化局党委书记、南海子公园负责人刘春起同志向老同志们详细介绍了公园概况、景观规划设计和南海子从一个大垃圾场变成了北京最大的湿地公园的建设过程。老干部们看到了、听到了、感受到了公园的“绿化、美化、香化、彩化”的功能。又一次感受到了大兴的发展变化激发了热爱自然、爱护环境、保护环境的自觉性。

（毛其林）

【老干部局举办重阳节庆祝活动】 区委老干部局于10月15日在大兴老干部大学举办老干部“庆重阳、健身心、乐晚年”文艺演出活动。近有180余名老干部参加。区委常委、组织部部长王有国同志致词，代表区委、区政府向各位离退休老干部致以节日的祝贺，并简要介绍了本区当前经济社会发展情况。随后大兴老干部艺术团给大家带来了一台丰富的文艺演出，老干部们在观看的过程中掌声是接连不断。

（毛其林）

【上门巡诊暖人心】 年内，组织区医院老干部综合门诊医生，深入到离休干部家中，对行动不便，尤其是长期重病卧床的离休干部，开展上门巡诊活动。为他们测量血压、查体、测心率等一系列检查，根据每位老同志的病情特点，提出了具体的治疗、护理方案。老同志们十分感动，感受到了组织的关心与温暖，精神上得到了慰藉，此举受到老干部及其亲属的好评。

（毛其林）

【举办第三期老干部党支部书记培训班】 10月29日，区委老干部局举办了第三期老干部党支部书记培训班。全区23名离、退休老干部党支部书记、党小组长参加了培训。培训班上，副局长信荣久同志传达了京组发〔2010〕5号《关于组织离退休干部党支部和离退休干部党员深入开展创先争优活动的意见》。会后组织离、退休老干部党支部书记、党小组长参观游览了位于大兴新城、亦庄新城与中心城区之间的南海子郊野公园。

（毛其林）

【展示办学成果】 12月29日，大兴老干部大学与建兴社区举办了新年联欢会。区委老干部局、林校街道、区文化馆、建兴社区居委会的领导及建兴合唱团、老干部大学声乐、合唱、电子琴、太极拳、交谊舞等班部分学员共计200余人参加了活动。

（毛其林）

党校工作

【概况】 2010年，区委党校内设四个处室：办公室、教务处、教研室、总务处。在职人员37人，其中专职教师7人（高级讲师2人，讲师4人，助理讲师1人）。本校深入开展争先创优活动，实践科学发展观，争做学习型组织，深入学习十七届五中全会精神和市委党校工作会议精神，致力于大兴区党员干部教育事业的发展,加强教师队伍建设,加强教科研工作,完善各项制度,提高办学水平,圆满完成了区委交给的各项培训任务,为本区的经济建设,为构建和谐大兴做出了应有的贡献。

名称:中共北京市大兴区委党校
地址:北京市大兴区兴丰大街132号
电话:69243526
邮编:102600

【教职工培训】 6月11日,王治国老师主讲"如何学习写信息",党校全体人员参加,6月21日,聘请原区委政策研究室王卫健主讲《如何写调研报告》,用自己的亲身体会讲解如何撰写优秀的调研报告,党校20余人参加了培训。9月20日《大兴党校信息》第一期出版;组织教师开展公开课活动,并进行认真的评讲,使其相互学习、相互促进、相互提高,为提高教学质量和教学水平,明确了努力的方向;教职工积极参加区直单位的各项培训,3月18日至4月8日党校有8人参加大兴区公务员初任培训,4月12日至4月28日,有1人参加大兴区科级干部初任培训。

(王海燕)

【干部培训】 全年共举办各类主体班次12期,总计2310人。3月12日,周末大讲堂及2010年培训启动仪式,参训人数600人。与北京建工学院联合举办《城镇建设专题培训班》,参训人数100人。举办《大兴区2010年产权制度改革专题培训班》,参训人数60人。举办《大兴区2010年第一期处级干部轮训班》,参训人数49人。举办《大兴区2010年公共管理专题培训班》,参训人数53人。举办《大兴区档案人员在岗任职培训》,参训人数60人。举办《大兴区新任处级干部培训班》,参训人数86人。举办《大兴区区域经济专题班》,参训人数41人,其中赴上海、苏州进行异地培训20人。举办《大兴区人才培训班》,参训人数61人。

(王海燕)

【成人学历教育】 根据市委党校成人教育学院和研究生部2010年教学计划的要求,全年完成了17个教学班1070名在校学员的教学任务。年内招收新生75人,送走毕业生402人。

(王海燕)

史志工作

【概况】 大兴区史志办公室是区委,区政府双管职能部门,内设三科一室(党史科、区志科、年鉴科、办公室),编制人员15人,实有人员16人。2010年区史志办在区委、区政府的正确领导下,在市委党史研究室、市地方志办公室的指导下,认真贯彻落实党的十七大精神,深入学习实践科学发展观,加强队伍建设,努力做好本职工作,坚持史志工作与服务大局、服务基层相结合,切实发挥了史志工作存史、资政、育人的作用,在推动区域经济社会发展中作出了应有的贡献。

名称:北京市大兴区史志办公室
地址:北京市大兴区兴政街15号
电话:61298673
邮编:102600
网址:http://sztd.bjdx.gov.cn/web/szb/

【调整编委会】 年内,本区主要领导进行了调整,根据二轮续修《大兴区志》编委会的要求,于8月进行编委会调整(第五届编委会),并报请区委批准。

(刘会臣)

【地方志工作纳入大兴区十二五规划】 年内,按照北京市地方志办公室的要求,各区县制定本区地方志工作10年规划,年内,本区规划已经编制完成,送区政府审阅。协调发改委,将地方志工作已初步纳入本区十二五规划文化建设一篇之中。

(刘会臣)

【指导基层修志】 年内,为瀛海镇完成《瀛海镇志》条目修订调整,并与主要编写人员进行交流,指出原稿缺少的部分内容、断线年代等,提出下一步的修改建议。指导区统计局编写《大兴统计志》为大兴人事局编写志稿纲目。完成《北京大兴军事志》终审稿。大兴军事志全书70万字,进行建议修改处300余处。完成了《大兴区畜牧水产志》二审稿件,全书20多万字,完成《采育镇志》复审工作。全书共60多万字,1000余处进行了修改并给予了意见。完成对《北臧村镇志》二稿复审,全书30万余字,改动1800多处,并对其中三章进行了大幅度的删改和搬家。

(刘会臣)

【《大兴新城的变迁》编辑出版】 《大兴新城的变迁》一书是区主要领导点的题,于上年5月正式启动。上年年底拿出初稿。经多方征求意见,反复修改,10月进入出版程序,12月正式出版发行。全书约30万字。

(胡岩芳)

【《大兴区组织史》资料征集和初稿编写】 《大兴组织史》是北京市向党的九十周年生日献礼的重要项目之一。按照全市统一要求,本区的组织史由区委组织部牵头,区史志办、区档案局三家单位联合编写。4月,组织召开组织史9个编写组会议和全区组织史编写人员大会,全区组织史编写工作全面开展。截至年底,已经完成前五个阶段的工作。

(胡岩芳)

【年鉴工作上新台阶】 年内,围绕上报《北京年鉴》和《北京农村年鉴》大兴篇供稿工作,编纂、出版《北京大兴年鉴》这个核心任务,在市地方志办公室和市农研中心的指导下,在全区各供稿单位的支持下,逐年按照制定的工作计划,扎实开展工作,顺利完成了《北京年鉴》和《北京农村年鉴》大兴篇供稿工作并获得北京市农研中心颁发的《2009北京农村年鉴》优秀图片奖,《2010北京农村年鉴》优秀稿件奖。完成了《北京大兴年鉴2009》的编纂、出版任务。

(宋朝辉)

区直机关工委工作

【概况】 在区委、区政府的领导下,在区委组织部的指导下,在所属总支、支部及广大党员支持下,坚持以科学发展观为指导,认真贯彻落实党的十七届四中、五中全会和区第三次党代会精神,按照区委《关于实施"三四五"强基工程进一步构建城乡统筹的基层党建工作新格局的意见》及建设"五型"机关的总体要求,坚持围绕中心、服务大局理念,创新党建、提高素质,求真务实、锐意进取,进一步加强机关党的思想、组织、作风及党风廉政建设,以一流的精神风貌、一流的工作标准、一流的工作热情,创造一流的工作业绩。机关工委口共有112名入党积极分子参加了培训。年内机关工委共改选、增补总支、支部16个。共发展党员58名,党员转正53名,转入转出党员195名。2010年机关工委被评为首都全民义务植树先进单位;募捐工作优秀组织奖。

名称:中共北京市大兴区直机关工委

地址:北京市大兴区兴政街15号

电话:61298694

邮编:102600

【开展创先争优活动】 年内,紧紧围绕"新区建设我争先,大兴发展我奉献"为主题的创先争优活动,确定了工委创建"五型"机关的活动载体;典型带动,促进交流。11月9

日工委召开了所属单位党建工作负责人参加的创先争优活动交流会,区委副书记王新参加了此次交流会,100 名基层党组织负责人参加了会议,会上区检察院、区法院、区妇联、区行政服务中心四个基层党组织及区卫生局所属的一名优秀党员代表马秀华作了典型发言;加强宣传,营造氛围。在所属各单位支持下,完善定期刊发《机关工委简讯》15 期,2010 年各单位报工委信息和宣传、经验材料共 126 篇,采用了 55 篇。工委在大兴信息刊登信息 10 篇、大兴组工动态刊登信息 3 篇、支部生活刊登文章 1 篇、中国纪检监察报刊登文章 1 篇、大兴报刊登文章 4 篇,通过这些信息宣传营造了良好的舆论氛围。

(盖　静)

【悉区情,组织大兴区情答卷活动】 2 月 10 日,为了让广大机关党员干部熟悉并了解大兴区情及工作重点,机关工委印制了《大兴区情知识答卷》,口内 46 个单位共交答卷 3000 余份,并根据实际,发放了 300 份纪念品。

(盖　静)

【庆"三八"组织妇女趣味运动会】 3 月,为丰富广大妇女干部的文体生活,在"三八"节到来之机,组织 21 个单位的 100 余名妇女干部举办了庆"三八"趣味运动会。

(盖　静)

【庆"七一"歌咏比赛】 4 月,机关工委组织了所属 46 个处级单位 5000 余名机关党员干部参与,并特别邀请了北京经济技术开发区组队,开展以旗帜颂为主题的庆"七一"歌咏比赛活动。整个活动历时 3 个月,通过各单位自主进行的预赛和工委组织的复赛,15 支代表队进入了最后的决赛,决赛于"七一"当日举行,共有 20 余位区领导和 500 余名机关党员干部观看了决赛,活动结束后,工委专门刻制了 500 余份歌咏决赛光盘下发到各单位,得到一致好评。

(盖　静)

【支部书记外出】 9 月,机关工委组织所属单位的党委副书记、党总支书记、党支部书记 40 余人,分两批前往南方进行学习培训,培训内容包括参观世博会和到上海黄浦区机关工委学习考察。

(盖　静)

【重点岗位科级干部培训班】 9～10 月份,联合区人力资源和社会保障局举办了一次水平相对较高的重点岗位科级干部培训班,培训班以讲座的形式共分五期举办,全区共有 88 个单位的 2500 余人次的重点岗位科级干部参加了培训。内容涉及了"大兴区情"、"如何当好科级干部"、"卫星遥感改变我们的生活"、"文明礼仪知识"和"幸福学教育"等。

(盖　静)

【编印党员学习小册子】 机关工委精心编印了党员学习小册子。此项工作从 9 月份筹备,12 月 30 日印制完成,向所属各单位下发了 5000 余份。党员学习小册子的内容有:大兴区情,为人之道,做事之道,廉政之道四部分。编发学习小册子旨在让广大机关党员干部通过学习,了解大兴的过去、现在和未来,懂得为人的道理,明白做事的道理,理解廉政的道理,始终牢记宗旨,树立正确的人生观和价值观。

(盖　静)

【风险防范工作】 12 月 30 日前,机关工委党员干部结合岗位职责,经过三上三下共确定风险点 177 个,制定防控措施 177 条,本口领导干部述职述廉 310 人次,其中,局级领导 16 人次,处级干部 118 人次,科级干部 176 人次;廉政谈话 75 人次,其中,局级领导 3 人次，处级干部23人次，科级干部49人次；诫勉谈话科级4人次。对党员领导干部遵纪守法、廉洁自律、作风建设等苗头性问题，及时提醒帮助，强化党员干部廉政意识，提高拒腐防变能力。

（盖　静）

【组织文体活动单项赛】　年内，机关工委于12月份组织所属单位的110余名机关干部，举办了羽毛球单项比赛，评出一等奖2名，二等奖4名，三等奖6名。

（盖　静）

【表彰先进】　2010年度机关工委共表彰优秀党员114人，表彰先进基层党组织10个。

（盖　静）

民主党派

【概况】　年内，本区有7个民主党派组织，其中有5个党派组织为区工委，2个党派组织为支部。党派成员633名。其中，民革大兴区工委112人，民盟大兴工委115人，民建大兴支部81人，民进大兴区工委97人，农工党大兴区工委131人，致公党大兴支部19人，九三学社大兴区工委78人。党派成员中担任处级以上实职领导干部20人，其中：副局级2人，正处级2人，副处级16人。各党派在2010年工作中坚持以邓小平理论和“三个代表”重要思想为指导，贯彻落实科学发展观，围绕“坚持科学发展，走城乡一体化道路，建宜居宜业和谐新大兴”目标，认真履行民主监督、政治协商、参政议政职能，积极开展工作。

【党派活动】　民革：年内，研究制定《民革大兴区工委关于开展学习和践行社会主义核心价值体系系列活动实施方案》，突出民革特色，开展“四个一”（即每名党员读一本好书，每个支部开展一次学习交流座谈会，在职党员每人完成一篇学习体会，每个支部推荐一篇高质量的学习心得）系列学习活动。积极开展对台工作，致力于促进两岸关系和平发展，配合中国科协“紫金山计划”，共接待两期港奥台大学生暑期活动。与北林大合作，接待台湾各高校同行进行“宏观生物学”探讨。区工委郭耕副主任为中央社会主义学院台湾大学生夏令营做“生态文明与绿色行动”的报告，系统介绍大陆60年来的自然保护成果，宣传低碳理念。4月，经民革市委第十三届委员会第三十二次主委会议审议决定，增补王潇丽同志为区工委副主任委员。5月16日，区工委参加了在重庆举办的“纪念抗日名将张自忠将军殉国70周年纪念大会”，并向重庆梅花山小学张自忠中队捐赠了民革党员编写的《为保护环境随手可做101件小事》等环保著作。6月，举办“基层干部培训班”，邀请党内有多年基层工作经验的老党员李冰老师为基层干部进行政策理论及管理知识培训。11月，举办了以“如何开展支部活动”为主题的工作培训会，年内，民革大兴区工委获得“民革中央优秀宣传工作奖”。区工委李凤云、甘书梅等6名女党员获得了“民革北京市委优秀女党员”称号。民盟：3月11日，召开入盟积极分子培训会，学习民盟发展历史、章程。6月5日，选派13名新盟员参加市委统战部和各党派市委联合举办的“北京市民主党派新成员培训班”，加强理论水平和政治素养学习。9月26日，召开全体盟员大会。11月27日，接待民盟石景山区工委经济委员会调研组，共同探讨开发区经济对区域经济的影响。民建：2010年，组织开展纪念中国民主建国会成立65周年庆祝活动。11月，参与民建市委慰问大兴SOS儿童村，并捐赠了图书室。民进：年内，开展学习和践行社会主义核心价值体系系列活动。参加由民进中央宣传部组织的“民进树立和践行社会主义核心价值体系先进会员事迹宣讲大会”;组织会员积极参加“文明观世博 热情迎亚运 和谐迎国庆—做文明有礼的中国人”网上签名寄语活动;组织会员观看电影《第一书记》放映活动。年内,区工委民进会员、大兴一中教师赵建玲参加由民进北京市委组织的赴湖南国家级贫困县沅陵县及西北边远山区的支教培训活动。5月27日,组队参加由区政协举办的“政协文化和中华优秀传统文化”知识竞赛。民进区工委作为唯一一个党派代表队晋级决赛,并获“三等奖”。7月11日,与民进西城区工委、民进房山支部在北京德云社共同组织了“创建特色支部,迎会庆60周年”大型活动。年内,积极参加由民进市委组织的庆祝中国民主促进会成立60周年活动,创作排练诗歌联唱《东方红》,举办图片展览活动。区工委荣获“优秀组织者”,会员肖翠玲、杨海霞荣获“优秀组织者”,会员江怡、刘志茹等6位同志获得“优秀会员”,大兴区工委联合支部获得“优秀支部”称号。农工:年内,深入开展树立和践行社会主义核心价值体系学习教育活动。制定学习教育活动计划,举办新党员培训班,开展农工民主党建党八十周年庆祝活动。年内,确定为区工委“基层组织建设年”,成立青委会、经委会和老龄委三个专委会。遵照农工党市委精神,顺利完成四个支部的换届选举工作。4月27日,是第20届助残日,区工委协同区残联开展了助残送医活动,组织大兴区医院、北京仁和医院、大兴区中医院、区妇幼保健院专家,到采育温馨家园为广大残疾群众进行义诊。11月16日,区工委邀请著名青少年心理专家、国内学习治疗创始人之一、中华学道运动首创者宋少卫老师,为大兴一中学生家长讲授青少年青春期生理和心理变化、家长与学生沟通的方式与方法。年内,区工委的任文涛同志被农工中央评为“社会服务先进个人”。江欣、戴君妹同志被农工市委评为“理论研究个人”三等奖。致公:年内,开展学习和践行社会主义核心价值体系活动。4月11至16日,参加致公党组织的“致公党党史报告”,8月10日至15日,组织党员集中学习。九三:1月30日,协助九三学社中央书画院、北京九三书画院在本区西红门镇的瑞海、宏大园等社区开展“送文化进社区”活动。九三学社中央副主席兼秘书长邵鸿等参加。2月,经九三学社市委研究决定,增补刘学宪同志为兴区工委副主任委员。4月21日,协助九三学社市委科技服务专家团在本区召开工作会议。响应2010年北京科技周活动的号召,5月16日、8月17日,与九三学社市委、丰台区工委联合举办健康义诊活动。年内,区工委罗道全同志九三学社市委授予“信息工作突出奖”和“优秀建议奖”。

政权·政治协商

北京市大兴区人民代表大会常务委员会

【概况】 2010年,区人民代表大会制度建设和人大工作取得重要进展。区委召开第三次人大工作会议,充分肯定了人民代表大会制度在全区改革建设事业中发挥的巨大作用,对新形势下坚持和完善人民代表大会制度,支持人大及其常委会依法履行职能,进一步做好人大工作作出了重要部署,增强了全区各级党组织、国家机关和广大人民群众坚持和完善人民代表大会制度的自觉性和坚定性。一年来,区人大常委会在区委的领导下,认真贯彻执行区人大三届五次会议决议,按照"同心、同向、同步"的工作原则,依法有效履行职能,共举行7次常委会会议,28次主任会议,听取和审议"一府两院"工作报告16项,提出审议意见80余条,依法做出决定4项,组织执法检查、代表视察16次,依法任免国家机关工作人员66人次,全面完成了区人大三届五次会议确定的各项工作任务,为推进全区经济社会科学发展发挥了重要作用,做出了积极贡献。

名称:北京市大兴区人民代表大会常务委会

地址:北京市大兴区兴政街15号

电话:61298800

邮编:102600

【三届五次会议】 1月5日至8日,北京市大兴区第三届人民代表大会第五次会议举行。会议听取和审议了大兴区人民政府工作报告;审议了大兴区2009年经济和社会发展计划执行情况与2010年经济和社会发展计划草案的报告,审查和批准了2009年经济和社会发展计划执行情况与2010年经济和社会发展计划;审议了大兴区2009年财政预算执行情况和2010年财政预算草案的报告,审查和批准了大兴区2009年财政预算执行情况,审查了大兴区2010年财政总预算草案,批准了区本级预算;听取和审议了大兴区人大常委会工作报告;听取和审议了大兴区人民法院工作报告;听取和审议了大兴区人民检察院工作报告;1月8日投票选举靳文浦为北京市大兴区人民代表大会常务委员会副主任,马来客为北京市大兴区人民法院院长。

(钱玉芝)

【常委会第二十二次会议】 3月3日,北京市大兴区第三届人大常委会举行第二十二次会议。出席会议的常务委员会组成人员共24人。会议由区人大常委会主任张书领,副主任李永贵、靳文浦分别主持。区委副书记、区长李长友出席会议,并就有关情况作了说明。区委常委、副区长李春亭,副区长绳立成、区人民法院院长马来客、区人民检察院检察长赵成列席会议。列席会议的还有各镇人大专职主席、副主席,区人大常委会各街道工委主任、副主任和部分区人大代表。会议进行了人事任免事项;听取和审议了副区长、区发改委主任绳立成受区政府委托所作的大兴区人民政府关于2009年区级政府投资计划完成情况和2010年区级政府投资计划安排情况的报告。经表决,会议作出了批准该项报告的决定;讨论通过了区人大常委会2010年工作要点。

(钱玉芝)

【常委会第二十三次会议】 5月14日,北京市大兴区第三届人大常委会举行第二十三次会议。出席会议的常务委员会组成人员共22人。会议由区人大常委会主任张书领,副主任李永贵、靳文浦分别主持。区人民法院院长马来客、区人民检察院检察长赵成列席会议。列席会议的还有各镇人大专职主席、副主席,区人大常委会各街道工委主任、副主任和部分市、区人大代表。会议听取和审议了区农委主任汪宝国受区政府委托所作的关于促进农民增收情况的报告;听取和审议了区人民法院院长马来客代表区人民法院所作的关于刑事审判工作情况的报告;听取和审议了区人民检察院检察长赵成代表区人民检察院所作的关于加强渎职侵权检察工作的报告;通过了有关人事任免事项。

(钱玉芝)

【常委会第二十四次会议】 北京市大兴区第三届人大常委会第二十四次会议于7月21日举行。出席会议的常务委员会组成人员共22人。会议由区人大常委会主任张书领、副主任靳文浦分别主持。常务副区长谈绪祥、副区长绳立成、区人民法院院长马来客、区人民检察院有关领导列席会议。列席会议的还有各镇人大专职主席、副主席,区人大常委会各街道工委主任、副主任和部分市、区人大代表。会议听取和审议了区审计局局长郭金江受区政府委托所作的大兴区2009年本级预算执行和其它财政收支的审计工作报告;听取和审议了区财政局局长郑怀志受区政府委托所作的大兴区2009年财政决算及2010年上半年预算执行情况的报告。经表决,批准了大兴区2009年区本级财政决算;听取和审议了副区长、区发改委主任绳立成所作的关于大兴区2010年上半年国民经济和社会发展计划执行情况的报告。

(钱玉芝)

【常委会第二十五次会议】 9月21日,北京市大兴区第三届人大常委会举行第二十五次会议。出席会议的常务委员会组成人员共23人。会议由区人大常委会主任张书领,副主任周静溪、陈晓英、靳文浦分别主持。区委常委、常务副区长谈绪祥、区人民法院院长马来客、区人民检察院检察长赵成列席会议。列席会议的还有各镇人大专职主席、副主席,区人大常委会各街道工委主任、副主任和部分区人大代表。会议听取和审议了区财政局局长郑怀志受区政府委托所作的大兴区2010年预算调整(草案)的报告。经表决,做出了批准大兴区2010年财政预算调整的决定;听取和审议了区体育局局长年晓波受区政府委托所作的大兴区贯彻落实《北京市全民健身条例》情况的报告;听取和审议了区人大执法检查组关于《北京市市容环境卫生条例》执法检查情况的报告;通过了有关人事任免。

(钱玉芝)

【常委会第二十六次会议】 11月23日,北京市大兴区第三届人大常委会举行第二十六次会议。出席会议的常务委员会组成人员共23人。会议由区人大常委会主任张书领,副主任李永贵、陈晓英、靳文浦分别主持。区委常委、常务副区长谈绪祥,副区长常红岩、邵恒,区人民法院院长马来客,区人民检察院检察长赵成和政府有关部门负责人列席会议。列席会议的还有各镇人大专职主席、副主席,区人大常委会各街道工委主任、副主任和部分市、区人大代表。会议听取和审议了区发改委张岭受区政府委托所作的关于2010年大兴区政府促进城南行动计划落实情况的报告；听取和审议了区发改委张岭受区政府委托所作的关于2010年区级政府投资计划执行情况的报告；通过了区人大常委会关于区政府投资项目监督暂行办法；听取和审议了区政府副区长邵恒代表区政府所作的关于“强化城市管理，提升新城形象”议案办理情况的报告；听取和审议了区政府副区长常红岩代表区政府所作的关于“加强社会建设，强化社区管理”议案办理情况报告。

（钱玉芝）

【常委会第二十七次会议】　12月16日，北京市大兴区第三届人大常委会举行第二十七次会议。出席会议的常务委员会组成人员共23人。会议由区人大常委会主任张书领，副主任李永贵、靳文浦分别主持。区委常委、常务副区长谈绪祥，区人民检察院检察长赵成，区人民法院有关人员和政府有关部门负责人列席会议。列席会议的还有各镇人大专职主席、副主席，区人大常委会各街道工委主任、副主任和部分区人大代表。会议听取和审议了区发改委主任张岭受区政府委托所作的关于2010年国民经济和社会发展计划执行情况与2011年国民经济和社会发展计划（草案）的报告；听取和审议了区财政局局长郑怀志受区政府委托所作的关于2010年财政预算执行情况和2011年财政预算（草案）的报告；讨论通过了区人大常委会工作报告；通过了关于召开区三届人大六次会议的决定；通过了有关人事任免。

（钱玉芝）

【常委会第二十八次会议于举行】　12月24日，北京市大兴区第三届人大常委会第二十八次会议于举行。出席会议的常务委员会组成人员共22人。会议由区人大常委会主任张书领，副主任李永贵、靳文浦分别主持。区委常委、常务副区长谈绪祥，区人民法院院长马来客，区人民检察院检察长赵成和政府有关部门负责人列席会议。列席会议的还有各镇人大专职主席、副主席，区人大常委会各街道工委主任、副主任和部分区人大代表。会议听取了大兴区国民经济和社会发展第十二个五年规划纲要（草案）编制情况的报告；听取和审议了常务副区长谈绪祥代表区政府所作的关于办理区三届人大五次会议代表建议、批评和意见工作情况的报告；通过了区三届人大六次会议有关建议事项；通过了关于接受周静溪辞去北京市大兴区人民代表大会常务委员会副主任职务请求的决定及有关人事任免事项。

（钱玉芝）

【推进依法治区进程】　年内，围绕促进依法行政，公正司法，常委会强化法律监督工作，针对群众反映比较突出的城市环境卫生管理问题，对区政府贯彻落实《北京市市容环境卫生条例》情况进行了执法检查。为增强检查实效，采取区、镇、街道联动的检查方式，围绕市容环境卫生管理工作长效机制建立和责任制落实，对新城主要街道、重点餐饮单位及各镇政府所在地市容环境卫生情况进行了深入检查，针对检查出的各类问题提出整改意见，促进了市容环境卫生管理长效监管机制的建立和管理水平的提高。针对体育基础设施建设滞后等突出问题，听取审议了区政府关于贯彻落实《北京市全民健身条例》情况的报告，就加强宣传，形成全民健身良好氛围；加大资金投入，科学合理规划建设体育基础设施提出了意见，推动了全民健身工作的开展。在加强对“两院”工作的监督方面，听取审议了区人民法院关于刑事审判工作情况和区人民检察院关于加强和改进渎职侵权检察工作情况的报告，推进了刑事司法和渎职侵权检察工作。强化普法工作监督,对“五五”普法规划实施情况进行了检查视察,对“六五”普法规划的制定提出意见,推进了普法工作的深入开展。

(钱玉芝)

【发挥监督职能】 年内,常委会围绕经济发展大局,积极发挥职能作用,有效推动了经济工作。听取审议了区政府关于国民经济和社会发展计划执行情况的报告。会前,常委会围绕科学发展、结构调整、财政税收、改善民生等问题进行深入调研,建议充分发挥北京经济技术开发区对全区经济的引领带动作用,高水平建设北京南部高技术制造业和战略性新兴产业聚集区;做大经济总量,转变经济发展方式,增强核心竞争力;妥善处理人口、资源、环境矛盾,确保城乡建设可持续发展。区政府进一步加大新兴产业规划的调整力度、加快产业新区建设、加速推进城乡一体化进程,全区经济实现平稳较快发展,投资规模、投资效益和经济总量均达到历史最好水平。围绕政府重大投资这一关系发展全局的关键问题,常委会听取审议了区政府2010年区级政府投资计划安排情况的报告。对政府投资的120个重点项目进行了认真审议,就投资方向、投资规模、投资结构提出审议意见。下半年,专项听取了区政府投资计划执行情况的报告,要求政府相关部门完善投资决策机制,增强计划执行力度,加强对完工项目的审计和绩效考核,确保资金使用效益,充分发挥政府投资在促进经济平稳较快发展中的辐射带动和支撑保障作用。城南发展行动计划是市委、市政府统筹协调发展的重要举措,给本区带来了重大历史发展机遇。2010年是计划实施的第一年。区人大常委会在深入调研、视察的基础上,围绕基础设施、公共服务和产业园区、生态环境等方面建设情况,听取审议了区政府专项工作报告。要求相关部门进一步加强领导,增强合力,突出重点,明确责任,确保计划扎实推进。要将落实城南发展行动计划同制定实施“十二五”规划、区级政府投资计划统筹安排,做到着手落实一批项目,推动发展一批项目,超前谋划研究一批项目。城南发展行动计划实施一年来,区政府紧抓机遇,加大工作力度,地铁大兴线、跨区交通通道、区内主干道路建设加快推进;南海子公园等一批公园相继投入使用;节能减排、水系治理、供电供热等一批重大工程开工建设,全区环境面貌进一步改善,对高端要素吸附力进一步增强。为进一步加快农业产业发展,促进农民增收,听取审议了区政府关于促进农民增收情况的报告。提出要进一步加大“三农”投入力度,强化政策支撑引领作用;加强教育培训,推动劳动力向二三产业转移等审议意见。区政府加大政策扶持力度;加快城乡一体化步伐;采取有效措施推进农业产业发展,促进了农民增收。加强对财政预算的监督,是坚持和完善人民代表大会制度,保障人民当家作主的一项重要内容。常委会听取审议了区政府2009年决算、2010上半年预算执行和审计工作报告。提出要加大对预算执行的监管力度,强化预算执行严肃性;制定财政资金绩效考核办法,加大对审计问题的督办落实;建立完善责任追究制度,确保财政资金规范运行和有效使用。为推进预算资金的绩效审计,强化部门预算管理,主任会议听取了区审计局关于2009年度部门预算执行审计工作情况的报告、听取了部分项目财政支出绩效审计工作情况的报告。就积极推进绩效审计评估制度建设,增强部门预算约束力提出意见,进一步深化了预算监督工作。在监督工作中,坚持监督与支持相结合,围绕重点难点工作,搞好专题研讨,破解发展难题。针对搬迁农民长远利益保障、居民小区物业管理、代表议案建议办理等群众关心、代表关注的热点难点工作,以主任专题会议和代表专题座谈会的形式与“一府两院”及相关部门进行了6次专题研讨,有效促进了相关问题的解决。为进一步提高监督工作实效,常委会围绕工作大局,先后组织代表对南海子公园、地铁大兴线、兴华大街改造、代表建议办理、食品安全等情况进行了专项视察,对统一思想,鼓舞士气,改进工作起到了积极作用。

(钱玉芝)

【开展代表活动】 年内,常委会以发挥代表主体作用为核心,强化代表工作。进一步完善代表工作格局,强化服务保障措施。改进代表活动方式,认真组织了3次代表统一活动,对全区经济社会发展和重点工程建设情况进行了集中视察,为代表知情知政创造了条件。对代表参加常委会活动进行统筹安排,扩大了代表参与常委会工作的广度和深度。加强为市代表服务保障工作,完善了市代表与各镇、街道及区代表的联系网络,为市代表发挥作用搭建了平台。密切代表与人民群众的联系,进一步改进完善代表联系选民网络工作机制,网络运行实效更加突出。全体代表以高度的责任感,深入走访选民,积极参加上站接待。全年,各网络工作站共开展接待选民活动796次,代表走访和接待选民12300余人次,收到选民提出的意见建议495件,已全部转交相关部门办理,对于维护群众利益,改进"一府两院"工作,促进和谐社会建设发挥了重要作用。区人大三届五次会议主席团确定的"强化城市管理,提升新城形象"、"加强社会建设,强化社区管理"两项代表议案,都是关系全局、涉及群众切身利益、社会普遍关注的重点问题。办理好两项议案,对于充分发挥人民代表大会制度优势、保证人民当家作主、促进全区经济发展、社会和谐具有重要意义。常委会着力改进工作方式,分别成立了由主任和分管副主任牵头的专项工作组,对议案涉及问题进行深入调研,制定督办方案。通过发放调查问卷、座谈等多种形式,广泛听取各方面意见,就市容环境、交通秩序、水污染防治、社区管理、公共服务设施建设等方面向区政府提出了30项重点办理意见。在督办过程中与区政府同步进行调查研究,加强沟通协调,形成了共同办理议案的合力。年底,常委会对两项议案办理情况进行了专题审议,增强了办理工作实效。区政府高度重视议案办理工作,分别成立了由区长和主管副区长牵头的办理工作领导小组,围绕常委会工作组提出的重点办理意见,研究制定工作方案,明确责任,狠抓落实。实施了主干道路、重点大街、老旧小区改造、城市绿化美化、社区建设"三个一"等建设工程;推进了物业管理和村庄社区化管理;加强了便民服务体系建设;开展了市容环境秩序、城市交通秩序、治安秩序等专项整治工作,新城形象明显提升,社会建设稳步推进。

(钱玉芝)

【办理代表建议】 年内,常委会加大督办力度,进一步完善常委会主任、副主任牵头重点督办、相关委室结合部门工作分类督办、代表联络室统筹督办的工作机制,代表建议办理实效不断增强。在各有关部门的共同努力下,区人大三届五次会议期间,代表提出的109件意见建议,已按法定时限全部办复,其中问题得到解决、基本解决或取得较大进展的占78%,有效维护了人民群众的切身利益,推动了"一府两院"工作。

(钱玉芝)

【基层人大工作】 常委会组织召开2010年度基层人大工作会议,总结和交流2009年镇人大、街道人大工委工作经验,提出2010年基层人大工作的指导意见。坚持镇人大专职主席(副主席)、街道人大委专职主任(副主任)列席区人大常委会会议制度;坚持常委会主任、副主任分工联系指导基层人大工作制度,深入基层,走访调研,加强工作指导;认真组织基层人大学习培训、工作交流等活动,围绕加强镇人大建设开展了专题调研,推动了基层人大工作水平的提高。

(钱玉芝)

【提高依法履职水平】 2010年,常委会着力强化思想、组织和作风建设,加强学习培训,规范工作制度,不断提高依法履职能力和水平。加强政治理论学习,不断提高思想理论水平。认真学习贯彻市委、区委第三次人大工作会议精神,把坚持党的领导、人民当家作主、依法治国有机统一贯彻到人大的各项工作中,保持人大工作正确的政治方向。积极推进学习型机关建设,围绕人大及其常委会的职能和任务,增强学习的针对性和实效性,常委会组成人员和机关干部政治业务素质和履职能力进一步提高。强化制度建设,改进工作方式,努力提高工作质量和实效。以推进工作制度化、规范化为着力点,研究制定了政府投资项目监督办法、议案督办办法、规范了主任专题会议和代表专题会议组织程序,为常委会依法履职提供了保障。围绕提高常委会审议质量,注重会前调研论证,增强审议意见的针对性和可操作性。会后抓好审议意见的跟踪督办,保证常委会审议意见的有效落实。加强宣传和信访工作。认真办好人大信息刊物、人大网站,全年刊发各类工作信息230多件,较好的宣传了人民代表大会制度和人大工作。密切联系群众,认真做好信访工作,全年共接待群众来信来访157件,全部妥善办复,为维护社会和谐稳定发挥了积极作用。常委会适应形势任务要求,努力改进工作方式,规范各项制度,不断强化思想作风建设,履职能力和水平进一步提高。

(钱玉芝)

【调查研究】 年内,围绕全区重点工作和社会普遍关注的热点难点问题,开展专题调研,完成了16项调研报告,找准了问题,提出了对策,有效推动了各项工作的开展。

(钱玉芝)

大兴区人民政府

【概况】 2010年,大兴区人民政府在市委、市政府和区委领导下,在区人大依法监督、区政协民主监督支持下,坚持以邓小平理论和“三个代表”重要思想为指导,深入开展学习实践科学发展观活动,全面贯彻中央大政方针和市十次党代会工作部署,按照区委总体要求,认真落实区三届三次人代会各项任务,团结和带领全区人民,锐意进取,努力拼搏,扎实工作,圆满完成国庆服务保障各项任务,在经济、政治、文化、社会和生态文明建设进程中实现了新的突破。全区经济平稳协调较好发展,综合实力稳步增强;新农村建设扎实有序推进,农民生产生活条件不断改善;新城建设取得新突破,综合承载能力进一步提升;着力改善民生,和谐社会建设稳步推进;体制机制创新进一步深化,发展活力持续增强;加强民主法制和政府自身建设,发展环境不断优化。

名称:北京市大兴区人民政府办公室
地址:北京市大兴区兴政街15号
电话:89212345
邮编:102600

【政府信息工作】 年内,共编发《大兴信息》专、普刊和《大事记》刊物326期,区政府办公室向市政府办公厅报送信息730条,被《昨日市情》刊物刊登信息152条,得到市、区领导批示9条。大兴区政府办公室被市政府办公厅评为全市优秀信息工作单位。

(赵晓然)

【建议提案办理】 全年,区人大三届五次会议和区政协三届四次会议提交区政府办理的人大议案2件、建议104件、政协提案163件,共计269件,涉及全区经济社会发展各个方面,在区政府各承办单位的共同努力下按期圆满办复,代表、委员满意率达到97%以上。其中,人大建议、政协提案当年得到圆满解决的(A1类)有75件;汲取代表委员意见,工作有进展或取得一定成效,需要在今后工作中长期坚持的(A2类)有132件;受政策、法规限制,目前不能解决,向委员作了详细说明的(A3类)有16件;已经列入工作计划,预计两三年内可以解决的(B类)有26件;因财力、物力不足等原因,留待以后逐步解决的(C类)有16件;留作参考的(D类)有2件。

(李京涛)

【组织机构及制度建设】 2010年,建立政府公开信息送交制度,确保政府公开信息及时、完整地送到政府信息查阅场所,提高政府信息查阅场所公共服务能力;按照区委办、政府办《关于印发2011年对镇街道办事处和区直单位科学发展绩效考核办法的通知》(京兴办发[2011]7号)要求,对大兴区人民政府信息公开考核办法实施细则进行了修改,建立日常检查与年终检查相结合的考评制度;在区级依申请主管区长签字环节增加公开办的答复建议,为领导决策提供依据。

(郝愿超)

【信息公开培训工作】 年内,信息公开业务培训已经形成了"多层次、立体化"的培训模式。即对全区各部门的统一培训、对某一个单位的专题培训和对工作基础薄弱的单位信息专办员的单独培训。同时,我们通过电话寻访、网上沟通、集中研讨会等形式,将信息公开的经验与做法穿插在实际案例中,以查代训,提高各部门信息公开水平。年内共组织各类培训8次,培训人数达300余人。

(郝愿超)

【主动公开信息情况】 年内,通过政府信息公开专栏主动公开政府信息9171条,全文电子化率为100%。其中,机构职能类信息211条,占总体的比例为2.3%;法规文件类信息488条,占总体的比例为5.32%;规划计划类信息65条,占总体的比例为0.71%;行政职责类信息77条,占总体的比例为0.84%;业务动态类信息8330条,占总体的比例为90.83%。政府信息公开专栏点击量累计为14650人次。

(郝愿超)

【依申请公开信息情况】 年内,共收到各类政府信息公开申请61件,同上年相比,增加40件。其中,当面申请37件,占总数的60.7%,同上年相比,增加19条;通过互联网提交申请15件,占总数的24.6%,同上年相比,增加13条;以信函形式申请9件,占总数的14.7%,同上年相比,增加8条。

(郝愿超)

政府法制工作

【概况】 2010年,区法制办在区委、区政府的正确领导下,深入学习实践科学发展观,以建设法治政府为目标,认真贯彻落实国务院《纲要》和《决定》,深入推进依法行政,切实服务"城南行动计划"和"两区行政资源整合"等全区工作大局,为建设宜居宜业和谐新大兴创造了良好的法制环境。各行政执法单位进一步加大执法力度,查处各类违法违章行为,年内共实施行政处罚共计51万起,罚没金额1.44亿元,拆除违法建设共1751宗,拆除总面积123.4万平方米。

名称:北京市大兴区法制办公室

地址:北京市大兴区兴政街15号

电话:61298587

邮编:102600

【依法行政工作】 1月29日,区委、区政府召开2010年依法行政综合行政服务政府信息公开暨网站建设工作会议。会议由副区长常红岩主持,区委常委、常务副区长张晓林做了《规范行政行为 推进依法行政 全面提高政府综合服务水平》的工作报告,区委副书记王新提出四点工作要求,区人大副主任周静溪、区政协副主席刘志茹等领导出席了会议。制定了《大兴区2010年全面推进依法行政工作要点》,并以区政府办公室文件的形式公布实施。编印《大兴区依法行政工作制度汇编》,并向全区各镇、街道,区政府各职能部门等免费发放共计1000余册。

(刘振启)

【执法监督指导】 年内,对全区26个行政执法单位报送的72卷行政处罚案卷进行评查,优秀率96%,选出10卷报送市法制办参加全市行政处罚案卷评查。年内共受理强拆申请36件,均已全部审结,其中,拟定强拆决定32件,住建委撤回4件。年内实际执行强拆1件,自动履行12件,待执行19件;年内共受理强制拆违申请36件,审结35件,拟定批复34件,中止1件。已强制执行2件,自动履行28件,待执行4件。

(刘振启)

【审核规范性文件】 年内,共审核规范性文件24件,对各单位报送的4件规范性文件进行了备案审查,完成市规章草案征集意见27件,内容涉及农业、执法、卫生、经济等诸多方面。完善规范性文件清理工作,对2009年年底之前以区政府和区政府办名义制发的81件规范性文件进行了清理,其中废止12件,修改7件,保留62件。草拟《大兴区行政规范性文件定期清理制度》,进一步规范了文件清理工作。

(刘振启)

【行政复议与应诉】 年内,共接待群众复议信访案件90件,解答法律咨询172人次。办理行政复议案件33件,其中市政府为复议机关、区政府为被申请人10件,区政府为复议机关、区属单位为被申请人21件,不服市政府给区政府批复2件。办结30件,其中维持18件、不予受理5件、驳回申请3件、终止3件、转送市政府1件。加大复议监督力度,针对旧宫镇政府在拆违执法中存在对"违建面积认定无证据支持"问题,发出《行政复议意见书》,加强了对行政行为的纠错力度,有效发挥了复议监督作用。共办理以区政府为被告的应诉案件22件,其中一审案件14件,二审上诉案件8件。已办结21件,均维持了区政府的具体行政行为。全年行政首长出庭应诉19件,同比增加10件。各单位行政诉讼文书备案117份,同比增加52份。

(刘振启)

【法制宣传培训】 年内,组织13家区属执法部门的158名执法人员进行行政处罚执法资格公共法律知识考试,并将执法人员信息纳入行政处罚执法资格数据库进行备案管理。全区新备案执法人员数据共11个单位,308人,全区备案执法人员共40个单位,3941人。

(刘振启)

对外事务

【概况】 2010年,大兴区外事工作紧密围绕国家、首都外交大局及服务大兴区实施城市南部行动计划,两区资源整合的发展大局,紧密围绕区政府"坚持科学发展,走城乡一体化道路,建宜居宜业和谐新大兴的目标",本着外事无小事的原则,着重在规范管理、严格审批程序、搭建对外友好交流平台、加强调研摸底、转变工作理念及推进本区国际化进程等方面做了大量工作。

名称:北京市大兴区外事办公室

地址:北京市大兴区兴政街 15 号
电话:61298553
邮编:102600

【外事管理】 2010 年,继续围绕制止公款出国(境)旅游专项治理开展工作。完善由区纪委监察局、组织部、外事办、财政局、审计局、人事局为成员单位的大兴区制止公款出国(境)旅游专项工作小组的职责。年内,本区未出现超期绕道增访等违规违纪现象,因公证照收缴率达到 100%。区委组织部、外事办不定期对区内重点单位持用因私护照出国(境)执行公务情况进行抽查,全年未出现党政干部持用因私证件出国(境)执行公务现象。

(栗振旺)

【因公出国(境)审批工作】 年内,全区实际成行团组共计 53 批 76 人,其中自组团 4 批 11 人,党政机关人员 43 批 57 人。压缩出访团组 3 批 8 人次,含局级团组 2 批 12 人次。确保了本区党政干部出访人数压缩 10% 的目标。

(栗振旺)

【外事接待】 年内,圆满完成涉外接待和礼宾工作。全年共接待中欧政党高层论坛代表、非洲多国政府组织代表团等党宾、国宾和其他各类外国代表团来访约 170 人次。

(栗振旺)

应急指挥

【概况】 2010 年,区应急办在大兴区委、区政府和区应急委的正确领导下,在市应急委、市应急办和市相关部门的指导帮助下,在全区各专项应急指挥部办公室和应急系统各部门、各单位的支持配合下,按照“超常规、高水平、跨越式”建设大兴新区的总要求,始终坚持预防与应急并重和安全发展理念,进一步加强应急体系建设、加强应急机制建设,进一步巩固国庆 60 周年成果,保证首届世界武搏会平安顺利举办。区领导高度重视应急工作,全年做出重要批示 14 次,各级领导赶赴突发事件现场 37 人次。通过努力,基本实现了“政府统筹协调、群众广泛参与、防范严密到位、处置快捷高效”的工作目标。

名称:北京市大兴区应急指挥中心
地址:北京市大兴区兴政街 15 号
电话:61298500
邮编:102600

【预案管理工作】 年内,对《北京市大兴区突发事件总体应急预案》进行了重新修订。完善区级专项预案 55 个,其中新发布《电力专项应急预案》等区级预案 3 个,修订镇、街道及村、社区应急预案 246 个。开展了卫生、危化、防汛等 30 余次区级专项应急演练,各单位 833 次开展应急演练效果明显,应急预案的实操性不断增强。生产经营单位预案备案工作进一步深入,共有 10557 家单位完成备案 12519 份。

(应急办)

【综合信息工作】 全年未发生迟报、谎报、瞒报、漏报情况。全年共编辑《应急工作》、《应急动态》、《值班要情》等应急刊物 54 期,更新应急工作网站 4 次。以区委、区政府两办,区应急委、区应急办名义下发各种指导性文件 23 期,向市应急办报送应急动态信息 86 条,采用 25 条,应急文件、信息、刊物的决策服务作用持续增强,特别是信息、情报的收集、汇总、快报工作,得到了区委、区政府各级领导的肯定与认可。

(应急办)

【宣教动员】 年内,宣教动员体系建设稳步发展。先后 3 次开展基层应急管理专项培训,周密部署"防灾减灾日"活动宣传,与区社会办在富强西里社区共同开展了宣传进社区活动,营造了人人关注并积极参与公共安全宣传的良好氛围。法制宣传全面铺开,配合市应急办组织开展《国家突发事件应对法》、《北京市实施〈国家突发事件应急对法〉办法》专项检查。区卫生、安监、消防、民防、药监、红十字会及各镇、各街道开展丰富多彩的宣传活动346次,累计发放各种资料71.5万余份,涉及群众百万余人次。依托电视、报刊及网络等多种主流媒体平台开设宣传栏目,播出应急知识宣传节目1302期,宣传普及率、覆盖率大幅提高。应急法制宣传已列入大兴区"五五"普法宣传计划,全年共培训165567人次,应对法和应急管理知识培训覆盖全区。

(应急办)

【技术通信】 年内,升级800兆无线通讯设备软件,开展800兆电台操作及应急移动通信技术培训演练,基本完成全区应急系统IP电话配发、设置工作,实现了应急网络、800兆电台、视频监控、有线电话和应急移动通信系统互为补充的应急通信网络,全年与市应急指挥平台的互联互通基本正常。

(应急办)

【突发事件应急处置】 年内,全区社会秩序总体平稳,无重大及特别重大自然灾害、事故灾难、公共卫生和社会安全事件发生,并有效防止了重大传染病疫情以及重大动物疫情的集中传播和爆发。全年共发生各类突发事件54起,死亡33人,伤14人,同比分别下降15.6%、17.5%和61.1%;其中,事故灾难类40起,死亡20人,伤14人;公共卫生类2起,无人员伤亡;社会安全类12起,死亡13人;未发生自然灾害类突发事件。会同有关部门及时妥善处置大海群舟部分商户、前后高米店村民、购买柳林园违章建筑的部分业主等多起到区政府门前聚集、上访情况。

(应急办)

【应急体系建设】 年内,以大兴区政府办公室名义印发了《关于进一步加强基层应急管理工作的意见》,明确了各镇、各街道要在同级党组织领导下实行行政领导负责制。开展本区应急管理工作领导机构、主管科室、专兼职管理人员的核实登记。完成本区通信保障和信息安全应急指挥部及其办公室的组建工作,划转了本区电力事故应急指挥部及其办公室相关职能。成立了大兴区综合应急救援支队,完善了消防、危化、电力、供水、防汛、燃气、地震、人防、供暖、道路、交通、市政设施、森林防火、建筑工程、医疗急救和动物卫生等16支涉及多种行业的应急保障队伍建设,落实了应急物资储备,与区财政局联合下发了《大兴区应对突发事件专项准备资金管理暂行办法》。区、镇(街道)、村(社区)三级应急管理责任体系全面确立。

(应急办)

【值守应急情况】 年内,实行区应急办统筹安排区委、区政府领导带班工作,全年5次(春节、全国两会、五一、武搏会、国庆)启动值守应急机制,落实"零报告"制度,维护本区安全的作用明显增强。利用800兆电台、电话、值守网络等形式,9次开展全区值守应急工作检查,并将检查情况以正式文件形式通报全区,效果良好,全区各单位值班工作全部落实。全年共转发大雾、冰雪、高温、大风、强降雨等预警信息37次,不断加强安全防范应对准备。

(应急办)

【便民电话工作】 年内,区应急办共接便民热线电话3400余件/次,受理市政府非紧急救助服务中心交办事项9669件,办理《市长电话值班专报》5件,协调解决"北京人民广播电台城市管理广播转办函"52件,与有关部门接待处理上访事件62次。主要涉及政策咨询、投诉建议、问题举报和关系民生的水、电、汽、热、行、住、物业纠纷及土地承包、占地拆迁等。全年交办件按照交办时限办结率100%。

(应急办)

行政事务管理工作

【概况】 大兴区政府机关后勤中心为区政府直属正处级事业单位,编制62名,经费为全额拨款,负责区委、区政府机关和区综合行政服务中心两个办公区的保障和服务工作,确保两个办公机关工作的正常运转。现有职工81人,其中在职职工59人、退休职工22人。在职职工中,干部6人、工人53人(其中社会化合同工6人)。处级领导三名,两正一副,内设4个科室。2009年,机关后勤服务中心在区委、区政府的领导下,以邓小平理论和"三个代表"重要思想为指导,坚持以科学发展观为统领,以做好"三个服务"为宗旨,不断加强干部职工思想和作风建设,拓宽工作思路,切实履行"管理、保障、服务"职能,不断推进机关后勤机制创新、管理创新和服务创新,积极推进机关后勤服务工作、和谐机关和节约型机关建设。在全体干部、职工共同努力下,较好地完成了各项工作任务,有效保障了区委、区政府机关和区综合行政服务中心两个办公区域工作的正常运转。

名称:北京市大兴区机关后勤服务中心

地址:北京市大兴区兴政街15号

电话:61298505

邮编:102600

【总务工作】 加强对机关大院内的电力设施、线路照明、动力设施、自来水管道、中央空调送风管道、暖气管道、硬气管道、排污管道、门、窗、桌、椅、地板、墙面等进行定期检查、及时维修,有效保证了电力设备的安全运行、管道的畅通使用和门窗桌椅地板的及时修缮。利用国庆节七天长假的时间进行抢修,更换了天花板、楼梯扶手、墙面石材、涂料刷新等,监控等设施重新布线,并安装了节电的红外线楼道照明灯等。从关心机关工作人员身体健康的角度出发,对两个办公区的中央空调系统管道、出风口等进行了全方位的维修、清洗和消毒,针对31#楼中央空调夏季制冷效果不佳和办公楼地面空鼓的情况,对空调系统设备进行了更新和改造,对地面局部进行了重新铺设。

(王盛富)

【财务工作】 严格执行相关的会计法规和财务制度,细致的做好财务的预算、核算、支出、统计、账务归档、餐卡充值等每一项工作。做到专款专用,杜绝浪费,提高资金利用率。执行区财政规定的大额资金集中支付、小额资金授权支付制度。加强资产管理,建立固定资产台账,将固定资产进行分类,并落实具体负责人。严格执行固定资产报废制度,并将报废残值上交区财政。

(王盛富)

【食堂工作】 为了更好的进行服务,在餐饮服务上不断地进行改善和创新。坚持以人为本,狠抓食堂管理,建立健全各项规章制度,严把食品卫生关、原材料采购关、菜谱制定关、食品加工制作关、餐具消毒关、成本控制关等。从工作流程的制定到制作过程的监督,从一片菜叶、菜根,甚至茄子皮的利用,到用餐人员数量情况,适时增减饭菜等等,做到最大限度控制成本。全年推出新菜品300多种,主食种类达到50余种,完成几十万人次用餐;接待各单位公务用餐近万人次。

(王盛富)

【安全保卫工作】 安保工作是机关后勤工作

的一项重要内容,无论是防火防盗、治安巡逻、群众性上访的劝阻疏导机动车辆停放管理等,那一项都不能疏于防范和管理。加强机关安保制度的落实。建立健全各项安保制度,完善和落实岗位责任制,始终坚持预防为主,查防并举的原则;加大对出入大院人员和车辆的询问、检查力度,加强对公车使用车证管理;加强对消防设施的检查和管理,制定消防应急预案,培训消防骨干,及时维修和更换了消防器材。加强保安队伍建设。保安员是机关办公秩序正常运转的护卫队,经过岗前、岗中培训,开展各种应急预案的演练和学习,思想觉悟和安保能力有了很大程度的提升。特别是协助相关单位接待上访群众维持秩序,面对上访群众的无端指责和打骂,他们做到了打不还手,骂不还口,多次被过激的上访群众辱骂或打伤,但他们表现出了令人信服的克制与冷静,他们的所作所为受到区领导的表扬。

(王盛富)

【物业管理工作】 指导物业公司对区综合行政服务中心物业服务项目开展了创市优活动,工作中,物业公司投入大量的人力、物力,对综合行政服务中心物业服务项目进行整改、完善和推新,建立了较为完善的管理和服务机制。11月8日,接受了市评优专家的考核和验收,并被评为北京市物业管理服务“四星”项目,通过创优活动,使得物业服务水平得到显著提高。

(王盛富)

【节约能源工作】 积极响应中央和国家机关开展节能工作的号召,做好节能工作。一是加大节能宣传。通过宣传展板、温馨提示等方式加大节能宣传力度。降低空调能耗,严格执行空调温度控制标准,夏季室内空调温度设置不低于26摄氏度,下班及时关闭空调,节假日,办公楼中央空调机组实行减半运行;控制照明用电,白天充分利用自然光,尽量不开灯或少开灯,杜绝白昼灯、长明灯,做到人走灯灭、随手关灯;办公楼公共区域的照明灯,在不影响安全防范要求的情况下,减少照明灯数量,并且做到晚开早关;电开水炉、电梯节能,节假日,办公楼开水炉实行隔层供应,电梯实行减半运行;办公设备节能,各单位计算机、打印机、复印机等办公设备,在不使用情况下,及时关闭电源,减少待机电耗。加大节能设施的改造。对两个办公区的照明灯具全部进行了改造,将楼内照明灯具全部更换为节能灯管,公共区域安装了节能的红外线楼道照明灯。

(王盛富)

【其他工作】 全年完成电视电话会议、区委常委会、区长办公会等各类会议服务2000多次场,25000多人次;完成区领导和机关工作人员电话接转和查询10万多个;完成接待理发服务2600余人次;洗浴人员2万多人次。组织职工捐款捐物,体现“一方有难,八方支援”的献爱心活动;组织“弘扬团队精神,牢固树立服务理念——我与机关后勤”演讲比赛活动;组织“大兴区情”知识答题和竞赛活动;结合“百家单位联百村”一助一共建活动,对帮扶村提供20套书柜,解决了该村图书室、农业技术培训室资料、书籍无处放的问题。

(王盛富)

信访工作

【概况】 2010年,在区委、区政府正确领导下,在市信访办指导帮助下,大兴区信访办按照中央、市委和区委的统一部署,结合本区大建设、大发展的新形势,紧紧围绕“强化基础、提质提效”这一信访工作总体目标,以密切党和政府同人民群众的血肉联系为主线,以立足预防、推进“事要解决”、夯实基层基础为重点,提高信访接待和办结水平,着力提高信访办结率,全力维护全区社会稳定。全年,全区共受理群众来信来访3265件(案),与上年同期2432件(案)相比上升34.3%。其中受理群众来信1820件,与上年同期1541件相比上升18.1%,受理群众来访1445批8746人次,与上年同期893批4306人次相比,批次上升61.8%,人次上升103%,其中集体访237批6576人次,与上年同期129批2890人次相比,批次上升83.7%,人次上升128%。

名称:北京市大兴区信访办公室

地址:北京市大兴区兴政街20号

电话:69268175

邮编:102600

网址:www.dxxfb.gov.cn

【抓矛盾排查】 排查工作主要立足于“早发现、早控制、早解决、早处置”。一是坚持定期排查。即村(社区)周排查、镇(街道)月排查、区季度排查的工作方式,共排查出信访矛盾324件。二是开展重点专项排查。着重对城市“双拆”、流动人口管理、拖欠农民工工资、城市及小区物业管理、新农村建设等方面进行了重点专项排查,共排查出信访矛盾15件。三是加强敏感节点排查。对全国“两会”、“世博会”、国庆节、十七届五中全会以及亚运会等敏感节点时期进行了排查,共排查出信访矛盾91件、重点人17人。

(李志强)

【领导接待】 全年14名区级领导参与每周二信访接待日,共接待群众来访156批559人次。3月,为落实全国“两会”期间领导干部大接访工作要求,区四套班子成员都参与了领导干部大接访活动,共接待群众来访18批34人次,化解信访矛盾18件。

(李志强)

【抓包案代理】 年内,区信访办按照主要领导是第一责任人的要求和“一包到底、一案一清”的原则,实行“五定四包”制,即:定牵头领导、定部门责任人、定具体办案人、定结案时间、定回访巩固率;包掌握情况、包思想教育、包调处化解、包息诉罢访。全年区级领导包案83件,镇级领导包案126件。

(李志强)

【抓协调解难】 年内,区信访办注重发挥联席会议和七个专项治理小组作用。对于重大疑难信访问题以及“三跨、三分离”的案件,通过联席会议以及七个专项治理小组,合力研究解决。全年召开区联席会议专项小组会议12次,解决矛盾纠纷12件。注重多部门联合接访解决跨部门信访问题。对于一个部门不好解决的信访问题,联合多个单位、多个部门组成接访小组共同化解。

(李志强)

【抓督查落实】 年内,重点对北五镇地区因流动人口聚集、建筑行业用工不规范、城市“双拆”、大额资产处置以及撤村转制等方面易引发的信访问题进行了全程督办。

(李志强)

人力资源与社会保障

【概况】 2010年,大兴区人力资源和社会保障局围绕两区整合的发展大局,努力推动就业工作融合,狠抓技能培训和岗位开发,深入落实市、区促进就业政策,全年实现城镇登记失业人员就业6871人,城镇登记失业率1.41%,登记失业人员就业率65%。实现农村富余劳动力转移就业10544人,经认定的55户“纯农就业家庭”全部实现至少有一人就业,全区就业局势保持基本稳定;覆盖城乡全体居民的社会保障体系从“制度全覆盖”向“人群全覆盖”转移,各项社会保险覆盖面进一步扩大,待遇水平稳步提高;以两区整合为契机,人事制度改革不断深化,各类人才队伍建设进一步加强,开创了新区人事人才工作的新局面;按照劳动关系建设要为经济社会发展大局服务的总体思路,针对存在的问题进行了一系列有益探索和尝试。通过积极落实《劳动合同法》,全区规模以上企业劳动合同签订率达到96%以上,全区劳动关系继续保持整体和谐稳定。

名称:北京市大兴区人力资源和社会保障局

地址:大兴区兴丰南大街138号

电话:69292484

邮编:102600

网址:www.dxldbz.gov.cn

【两区就业资源整合】 年内,按照"建立一项机制、发挥两区优势,坚持三个主动,建立四个共享,实现五个突破"的思路,建立就业部门协调联动机制,发挥各自优势,努力提高劳动力的就业能力,开辟就业渠道,建立托底就业机制,调整现行促进就业政策,建立岗位、培训、管理、政策四个共享机制,在对接融合、招工方式、就业空间、就业人数、收入水平等五个方面实现新突破,实现劳动力到开发区企业就业6046人。

(朱　维)

【就业为导向的培训服务机制】 年内,针对辖区内重点规模企业推行"企业用工预报制度",开展"精品培训",根据企业需求实施技能培训和企业特色培训,提高劳动力的适岗能力;针对开发区企业开展"入职培训",促使劳动力转变就业观念、树立正确的就业意识。重点在朗立夫、沃尔玛、奔驰汽车等企业按照用工预报、信息发布、组织报名、入职培训、面试、录用、技能培训、跟踪反馈等八个有效环节进行了试点。

(朱　维)

【基层就业组织】 年内,全面推广黄村镇就业工作经验,印发《大兴区关于全面建立镇、街道就业服务中心的通知》,在全区14个镇、5个街道办事处建立就业服务中心,初步实现了对劳动力有组织的管理和输出。

(朱　维)

【劳动力动态监管平台】 年内,建立和完善区、镇两级劳动力动态监管平台,实现对全区28.3万劳动力的"一对一、点对点"的动态、实时管理服务。

(朱　维)

【岗位开发】 年内,加强与区发改委、区国资委、区经信委、区工商分局等部门定期沟通,提前掌握驻区项目、注册企业的基本信息;同时,建立投资项目就业跟踪服务制度。对区内重大建设项目和企业进行跟踪,主动收集用工信息,促使项目、企业投产后最大限度使用本区劳动力。通过事前沟通与事后跟踪,进一步挖掘、掌握了适合劳动力就业的岗位信息。

(朱　维)

【大兴区职业介绍服务中心迁址】 3月至5月,大兴区职业介绍服务中心由兴丰南大街138号搬迁至清源路36号。新址使用面积达到900平方米,是原址的4倍以上,能同时容纳50家企业现场招聘。

(朱　维)

【社会保险收支】 全年养老、医疗、失业、工伤、生育五项社会保险累计收缴18.5亿元,同比增加2.9亿元;累计支付15.8亿元,同比增加2.8亿元。

(朱　维)

【社会保险覆盖】 全年,全区参保单位1.1万家,参保职工34万人,同比分别增加2171家、5.65万人。享受城乡无保障老年人福利养老金5.2万人,参加城镇居民医疗保险7.8万人,同比增加7316人。城乡居民养老保险累计参保人数18.7万人,同比增加6843人,参保率达到95.6%。

(朱 维)

【医疗保险结算方式改革】 年内,落实"持卡就医实时结算"工作,医保结算方式实现重大改革,全区88家定点医疗机构在全市率先通过验收,发放社会保障卡23.39万张,累计减轻个人垫付款负担1.3亿元。

(朱 维)

【整建制转非安置和社会保险费补缴】 年内,完成全市50个重点搬迁村之一的黄村镇三合庄村整建制转非安置和社会保险费补缴工作。为202名转非劳动力补缴社会保险1577万元,发放一次性就业补助费1233万元,确保转非安置人员实现由农村居民向城镇居民的平稳过渡。

(朱 维)

【人才引进】 年内,为昆仑润滑油等新区重点企事业单位引进京外高端成熟人才74名(其中大兴区22名,开发区52名)。按照保证重点、照顾急需的原则,全年为机关、教育卫生系统和重点企业引进外埠优秀大学毕业生773人(其中大兴区276人,开发区497人)。

(朱 维)

【人才评选】 年内,遴选出首批6名海外高层次人才,确定5人为大兴区2010年新世纪百千万人才工程市级推荐人选,4人为大兴区享受政府特殊津贴人员推荐人选。大兴区1人和1个单位分获北京市"人民满意的公务员"和北京市"人民满意的公务员集体"称号。

(朱 维)

【人事服务】 全年完成26次国家及北京市部署的考试任务,考生总人数5.3万人,同比增长112%。继续做好"大学生"村官管理工作,新遴选"大学生"村官274名,完善区、镇、村三级管理体系,积极开辟多种途径,促进"大学生"村官发挥所长、建功立业。

(朱 维)

【机关事业单位公开招聘】 全年招聘公务员140名,事业单位工作人员559人。新录用人员中,大学本科以上学历占98%,其中研究生及以上学历占50%。

(朱 维)

【人事制度改革】 年内,全区涉及改革任务的63个主管部门、478个事业单位已全部完成首次岗位设置管理工作,岗位聘用总人数17672人;稳步推进义务教育与医疗卫生事业单位实施绩效工资工作。

(朱 维)

【教育培训】 年内,将培训与新区发展面临的新形势、新机遇相结合,打破单一培训模式,采取观摩、观看电教片等多种多样的教育形式,全年开展各类培训25期,培训总人数3926人。

(朱 维)

【劳动监察专项执法检查】 年内,转变监察方式,在低端企业比较集中的北五镇开展了针对低端企业"签合同、上保险、保工资"的专项执法大检查,共检查用人单位2991家,涉及职工5万多人,其中外地职工4.1万人。通过执法检查,共实施行政处罚495起,罚款金额467万元,有279户低端小企业搬离,涉及职工8686人,腾退产业用地201亩。

(朱 维)

【落实"无拖欠工资"目标】 全年查处拖欠

工资案件793件,涉及职工5014人,追回被拖欠工资2631万元。共受理群众举报、投诉案件926起,结案率达到100%。

(朱　维)

【仲裁制度创新】　年内,推行用人单位公开听审观摩制度,探索建立用人单位完善人力社保工作建议书制度。组织公开听审18次,用人单位参加听审数量已达327家。对发生败诉并存在劳动争议隐患的28家用人单位邮寄了《用人单位完善人力社保工作建议书》。全年处理劳动争议案件3465件,同比下降11.5%。

(朱　维)

国有资产管理

【概况】　2010年,在区委、区政府的正确领导下,国资委上下精诚团结、密切协作、坚定信心,以"强化企业监管、深化企业改革、促进企业重组、推进结构调整、提高资产效益、壮大国有经济"为主线,牢固树立科学发展观,紧抓机遇、开拓创新、真抓实干,使全区的国有企业发展方向更加明确、制度结构更加科学、监管考核更加有效、资产增值更加明显,全面完成了既定的各项工作任务。截至年底,国资委监管企业主要经济指标为:资产总额529亿元,同比增加191亿元,增长56.5%;企业负债总额437亿元,同比增加135亿元,增长44.7%;资产负债率为84%,同比下降5个百分点;企业净资产92亿元,同比增加56亿元,增长155.6%;上缴税金1.2亿元,同比增长20%。

名称:北京市大兴区人民政府国有资产监督管理委员会

地址:北京市大兴区兴华大街三段15号6层

电话:81296251

邮编:102600

网址:www. dxgzw. gov. cn

【完成折子工程】　年内,土地一级开发共完成投资94亿元,新城北区、生物医药基地东配套区、西红门商业综合区、采育城镇中心区、魏善庄镇区等一级开发工作正按照时限要求稳步推进;基础设施建设不断完善,共承担市政基础设施建设40余项;包括大兴经济开发区在内的两大基地建设进一步发展,新媒体基地加速推进时尚体育公园、多维创新园创意工厂等一批项目的实施,生物医药基地公司已经签约同仁堂健康、步长、悦康等22个入区项目,协议投资额122亿元。公益设施建设扎实推进。新城北区9号地和13号地、西红门城市绿地、北程庄公园、新城北区高米店公园二期、滨河公园等项目正在按计划推进实施;加快回迁安置房建设,新城北区22号地(一期)、东配套区、核心区、康庄回迁楼和两限房(二期)、采育、庞各庄、罗奇营等回迁房建设正有序进行。

(国资委)

【加快公司制改建步伐】　年内,对大兴经济开发区开发经营总公司、大兴宾馆、城建开发公司等8家全民所有制企业进行了公司制改建,建立起董事会、监事会、经理层,完善公司法人治理结构。

(国资委)

【加大企业内部资源整合】　年内,大兴粮油总公司组建了北京兴拓丰达资产管理有限公司,统筹企业内部资产运营管理和资本收益使用监管,提高国有资产使用效益。积极筹备建立区供销社系统资产经营公司,着力解决系统内存在的土地权属纠纷等遗留问题。

(国资委)

【推进招商引资工作进展】　年内,实现与央企、市企的对接合作,先后组织召开驻区央企、市企座谈会,不断探索合作发展新领域。积极参与了北京路桥集团的引进洽商工作,并达成了战略合作框架协议;协调区粮油总公司与古船集团合作,成立粮油加工企业,正在办理工商注册等相关手续;加快推进已有合作项目开工建设,国资委与铁五院合建高科技机械产业园区项目已注册成立新公司,正稳步推进工程建设。

(国资委)

【着力扶持企业发展壮大】 年内,对企业注册资本金不实情况进行了全面摸底调查,并争取财政支持资金8.6亿元,及时拨入企业,解决了企业注册资本金不实问题,为提高企业实力和竞争力打下坚实基础。

(国资委)

【强化重大事项管理】 截至年底,全区共受理上报重大事项62项,其中报告事项55项,备案事项7项。通过事前、事中、事后"三位一体"管理,及时为企业解决了生产经营中的各种重大问题。

(国资委)

【融资渠道进一步拓宽】 截至年底,通过银行贷款、担保和各项政策性资金争取,已经融资111亿元,基本完成区政府交给的融资任务。同时就榆垡镇居住区项目、庞各庄镇镇区改造安置房项目与民生银行、农发行和国开行等达成了初步贷款协议,预计年底前可实现融资36亿元;开发区经营总公司融资34亿元。

(国资委)

【规范采购行为】 年内,制定完成《大兴区政府采购监督管理办法》,通过外部监督与内部监督两种方式,进一步规范采购行为。通过开展实物评标,实物评标更加直观、科学,更加有助于提高采购质量进一步加大项目的前期论证工作力度。完成2009年收尾项目17个,采购预算4920万元,实采金额4430万元,资金节约率10%。完成2010年当年项目25个,采购预算6045万元,实际采购金额5485万元,资金节约率9%。

(国资委)

【大兴宾馆】 大兴宾馆全年完成营业收入3157万元,较上年同期增加222万元,增幅7.56%。其中客房收入1119万元,同比增加26万元,增幅2.38%,超额计划指标2.66%;餐饮收入1656万元,同比增加115万元,增幅7.46%,超额计划指标25.17%;其它收入382万元,同比增加81万元,增幅21.2%。实现利润203万元,同比上年增加97万元,增幅91.51%。营业税金及附加165万元,同比上年增加11万元,增幅7.14%。净资产收益率为6.64%,较国资委下达的计划指标超额完成了3.59个百分点。经济增加值为-10.76万元,较国资委下达的计划指标超额完成了77.57万元。社会贡献率为35.10%,较国资委下达的计划指标超额完成了18.43个百分点。全年共接待宾客39000人次,同比上年增加2100人次,上升5.61%,客房出租率58.95%,同比增加2.1%。

(路龙华)

【大兴粮油总公司】 区粮油总公司召开了2010年度计划工作会议。党委书记董金龙主持会议,副总经理梁晓苏代表公司对2009年工作进行了总结,对2010年工作进行了部署。总公司成立安全稳定办公室,负责全系统安全稳定工作,侯永忠兼任办公室主任。总公司与北京古船食品有限公司举办合作成立北京大兴福兴古船食品有限公司合作签约仪式。总公司组织开展向"云南五省"、"青海玉树"、"博爱在京城"、区"红十字会"等捐款活动5次,共有7个单位538人次干部职工自愿为灾区群众捐款17990元。总公司完成第一批社保卡的发放工作,共发放社保卡1043张。总公司党员干部踊跃参加“共产党员献爱心”活动,共筹集慈善捐款5950元,全部送交到区慈善协会。大兴青云店粮食收储库顺利完成GB/T19001-2008质量改版认证审核。总公司在直属基层各单位开展了“送温暖献爱心”主题社会捐助活动,收到捐赠资金4860元、棉衣棉被等物品169件,有5个单位183名干部职工参加。12月12日,北京古船福兴食品有限公司正式注册成立。公司一期投入启动资金900万元,北京古船食品有限公司以资金和设备出资,大兴面粉工业公司以土地、厂房出资,最终项目总投资达到2亿元人民币。

(粮油总公司)

【大兴供销合作社】 年内,大兴区供销社党委紧紧围绕企业经济发展,以学习实践科学发展观和创先争优为契机,深入开展“服务发展做表率,服务基层当先进,服务群众争先锋”活动。共表彰先进党支部3个,优秀共产党员45名夯实了党建工作基础。区社纪委,紧紧围绕企业发展稳定工作大局,加强教育,完善机制,强化监督。对全系统企业职工福利待遇情况进行全面的摸底调查,建立、完善军转干部台账。重申“三重一大”制度,增强企业领导干部风险意识,规范企业领导干部从业行为,全年未发生一起企业领导干部信访案件。截至年底,大兴区供销合作社商品销售总额完成17.12亿元,比去年同期8.62亿元,增加8.5亿元,增长98.61%;商品零售额完成11.98亿元,比去年同期6.26亿元,增加5.72亿元,增长91.37%;纳税总额实现153.6万元,比去年同期145万元增加8.5万元,增长5.86%。年内,推荐4名重点经纪人冯乐平、宋绍堂、王亚秋、贾尚进入全国农产品经纪人库。举办农产品经纪人培训班,取得农产品经纪人资格证书742人,其中高级109人、中级171人、初级462人。开展电话收费服务,全年共收费54695笔,总金额630万元,比去年同期增加130万元。为会员单位和农户发布产品供求信息693条,上网推介企业27个,宣传政策法规85条,市场行情1000条,行业动态205条,实用科学技术445条,网上点击率达39868人次。年内,区社与农委、商务局协调,对原采育食品厂进行改造,筹建大兴区农业生产资料连锁购销服务中心,满足大兴区城乡一体建设需要。已对租赁户进行清退,项目进入规划设计阶段。北京多利洁物资回收有限责任公司引进阳阳快餐连锁,投资200万元组建了“阳阳餐饮有限公司”。截至年底,已在兴华大街地铁沿线选址九处,完成地铁沿线早餐点布局。回收公司所属聚鑫隆华市场投入248万元对市场内门脸房进行升级改造,共改造房屋1100平方米,新建大厅630平方米,每年可累计增收102万元。实现了环境与经济效益同步发展。北京诚盛发生产资料公司,投资196万元,对原库房和经营场所进行改造,总建筑面积3500平方米,改善了办公环境,塑造了企业形象。青云店商贸有限公司拆除危旧房屋550平方米,改造维修危房136平方米,新建经营场所1020平方米,排除了安全隐患。北京政兴物业管理处与观音寺街道办事处协商,投资500万元对双河南里小区绿化、路面、停车泊位、自行车存放处等进行整体升级改造,为双河南里小区居民创造崭新的宜居环境。黄村供销社杰通小商品市场投资38.3万元,对原三层服装厅进行改造,引进汉达阳餐饮姑那里有限公司的汉斯特自助烤肉,安装了观光电梯,满足了市场消费需求,提高了企业经济效益。北京帝园商城对童装厅经营进一步规范,引进卡酷全卡通,累计销售35万元,带动了儿童商品的销售。投资530万元对西二层、中区二层及东二层进行改造,引进国内外一线知名品牌,品牌结构进一步优化,十一黄金周服装城和鞋城销售额同比增长分别为30%和35%。年内,北京恒利顺土产杂品有限公司与北京市烟花鞭炮公司联合经营,增强了企业竞争力,鞭炮销售额470万元,同比增长320万元,企业经济效益明显提高。年内,随着大兴区城乡一体化进程的加快,涉及到区社系统4个基层社拆迁。其中庞各庄供销社土地6宗,土地面积46154.49平方米,北臧村供销社土地3宗,土地面积17469.8平方米,采育供销社土地10宗,土地面积45868.54平方米,红星供销社土地9宗,土地面积29306.79。年内,全系统各企业积极落实安保责任,制订《安全生产大检查实施方案》,配备专兼职企业安全管理干部。加大安全检查工作力度,开展全员安全生产知识培训,进行多次紧急疏散演练。年内,响应区委、区政府号召,共捐款4次,捐款总额57015元。

(刘　健)

【大兴区煤炭公司】 2010年,公司经济建设保持了持续稳定的发展态势,全面完成了2010年各项工作目标,承担好政府交付的"以补促管"工作运营主体工作,企业经济实力得到提升,履行社会责任能力得到加强,和谐氛围愈发浓厚,党组织战斗能力更加突出。年内,区煤炭公司完成煤炭经营15.18万吨,综合利润149万元,净资产收益率4%,上缴税金278万元。截至年底,金泰宏业房地产经纪中心已与南九镇的386个村的73416户村(居)民签订了"以补促管"协议书,为其发放补助金7300余万元。

(韩　乐)

【北京兴展国有资产经营公司】 2010年公司创新融资方式、拓宽融资渠道,共实现融资14.54亿元,并将光大银行13.5亿元和中信信托4.94亿元过桥贷款顺利地转换成了国开行长期贷款。公司担保平台年审批通过担保项目68个,金额14.03亿;已审批通过的项目中,已经放款的项目共计57个,金额5.8亿元;为农民、下岗工人、退伍军人,未就业大学毕业生提供的小额贷款担保在保项目审批通过共26个,金额145万元,在保项目44个,在保余额247万元。2010年3月注册成立了北京市农业担保有限责任公司大兴分公司,与市农担的合作协议框架已签署。2010年11月,兴展融达担保公司注册资金从2亿元增加到30亿元,担保实力显著增强。与政府贷款项目单位签订资金使用协议书12份,总金额12.03亿元;对配套资金票据进行收集、分类、统计,共收集配套资金5.89亿元。对新城康庄、兴华大街南延工程、青云店镇中小学改扩建、区医院急诊抢救中心等29个工程项目进行了造价评审,评审额7.29亿元,确认支付额7.06亿元。全年代建项目共10个,分别是妇幼项目、疾控项目、教委项目、法院业务楼扩建工程、老干部局活动中心修缮项目、公安局地下车库项目、公安三合一、检察院附属业务用房、民政局三合一项目和党校修缮工程。其中妇幼、疾控项目和公安局项目为区政府2010年折子工程。在建及完工的项目总计建筑面积7.15万平方米,总投资额3.23亿元。公司按照保质量、保安全、保进度、控投资的"三保一控"原则,完成了年度代建任务。一级开发方面,庞各庄镇区改造项目顺利完成了民宅6个村,1508个自然院落,38.7万平方米的住宅和10万平方米的非住宅拆迁工作,完成投资32.69亿元;另代龙熙拆迁88个自然院落,拆迁面积2万平方米、代爱达星拆迁69个自然院落,拆迁面积2.2万平方米;青云店镇金晶项目完成征地433亩,基础建设达到三通一平,提供上市土地面积342亩,实现投资7169万元,完成土地上市摘牌工作。榆垡项目一级开发完成全部民宅的拆迁工作。完成投资10.4亿元。庞各庄安置房项目部分楼宇主体结构到12层,完成项目全部土建任务的45%。

(崔　轩)

【北京兴创投资有限公司】 北京兴创投资有限公司成立于2000年8月,为国有独资公司,注册资金1.66亿元。公司主要任务是根据北京市土地整理储备中心大兴区分中心委托,负责大兴新城北区、生物医药基地东配套区、大兴新城核心区、西红门商业综合区、采育城镇中心区等9个区域26平方公里土地一级开发,进行区域市政基础设施建设,从事区内公益设施的参股经营,配合做好相关开发区域土地上市工作,同时,积极拓展房地产二级开发业务。公司设开发部、拆迁部、工程部、投融资部、企业发展部、安全生产部、劳动人事部、计划财务部8个部门,有5家全资子公司和5家参股公司,员工219人,平均年龄33岁。年内,公司主要工作有:启动核心区内佟场、大洼、宋庄和饮马井民宅、公房、公产拆迁工作。完成采育镇城镇中心区14个村3230个院落民宅拆迁,完成8万平方米非住宅房屋拆迁。新城北区22#地回迁安置房建成并组织回迁入住。东配套区回迁安置房完成工程量的55%,13栋住宅楼实现结构封顶。核心区、饮马井回迁安置房完成方案设计和总平面、户型方案。采育镇区回迁安置房一期完成结构工程的40%,二期完成方案设计。新城北区兴盛路(康庄—金星)道路改造工程、兴丰大街(康庄—金星)道路及管线工程建成投用。新城西区永华路建成投用,芦求路配套管线、辅路及绿化工程完成。东配套区启动新源大街、天河西路、永大路、永兴路、永旺路、庆丰路、华佗路、思邈路、新源东街、民和东路等10项道路及管线工程建设,7项完成工程建设,3项完成地下管线工程。新源大街沿线景观绿化工程完成。新城北区9#地学校教学楼、配套楼完成主体工程和二次结构施工。兴华公园建成投用,地铁大兴线高架段桥体夜景照明工程完成。地铁大兴线义和庄、韩园子、天宫院站前广场景观绿化工程完成。新城北区18#地商业金融项目完成主体结构、外立面幕墙和夜景照明工程。新城北区28#地商业金融项目实现主体结构封顶,完成地铁大堂施工并交付使用。取得西红门商业综合区三、四期商业金融项目二级开发权。完成核心区商务中心项目功能定位研究,编制完成项目开发建设计划。年内争取各类资金81.34亿元。

(原国栋)

安全生产监督管理

【概况】 2010年,大兴区安全监管工作在区委、区政府的领导下,在区人大的依法监督和区政协的民主监督下,全区安全生产监管监察系统认真贯彻落实《国务院关于进一步加强企业安全生产工作的通知》精神,坚持“安全第一、预防为主、综合治理”的工作方针,落实“两个主体、两个责任制”,扎实推进安全生产“三项行动”和“三项建设”,以安全生产保障工作为主线,以创新监管思路、构建长效机制为手段,以“治理隐患、压减事故”为目标,在教育培训、机制创新、执法检查、隐患排查与专项整治等方面做了大量的工作,全年全区没有发生较大以上生产安全事故,安全生产形势呈现整体稳定、趋于好转的良好态势。大兴区首次被市安委会评为先进单位,同时被评为“2010年全国安全生产月活动优秀单位”。

名称:北京市大兴区安全生产监督管理局
地址:北京市大兴区兴华大街三段15号
电话:69244457　81296776
邮编:102600
网址:http://www.dxaj.gov.cn

【宣传教育培训扎实有效】 年内,各属地、安委会成员单位在各辖区和兴城广场设置咨询点19处,解答广大群众的咨询,制作各类展板346块,发放各类宣传材料32万多份,取得了良好的宣传效果。

(李长龙　张　磊)

【安全生产教育培训工作】　年内，举办生产经营单位法定代表人和安全管理人员培训班123期，培训人员13651人次。分3期对全区348名基层安全员进行了脱产培训。组织特种作业培训考核10期，共计12610人次。组织有限空间作业安全生产培训5期，共计259人次。

（李长龙　张　磊）

【高危行业培训工作】　年内，分4期对396人进行了专业考核。严格烟花爆竹销售网点主要负责人资格培训考核，56名销售网点负责人取得了安全资格证书。西红门镇培训工作实现了全覆盖。

（李长龙　张　磊）

【安全生产监管手段不断创新】　年内，各镇政府、街道办事处共检查生产经营单位12846家次，下达行政执法文书8437份，发现各类安全隐患46219处，已整改46108处。对203家存在安全隐患的生产经营单位责令停产停业整顿，立案查处案件99起，罚款184.9万元。

（李长龙　张　磊）

【企业分级分类管理】　年内，投入403万元资金专门用于此项工作，在调查摸底阶段，培训普查人员759人次，成立了由21人组成的7个督查组，各属地和行业部门共组织756人，调查摸底企业25455家。在评级分类阶段，各属地和行业部门先后抽调403人，对企业进行分类评级，确定A级企业209家、B级企业5315家、C级企业9822家、D级企业849家。为确保分级分类管理工作顺利实施，专门为各属地、行业部门配发电脑35台，上网本135台，打印机35台。

（李长龙　张　磊）

【安全生产指标控制考核完成情况】　年内，市政府下达安全生产事故死亡指标8人，本区共发生生产安全死亡事故7起，造成9人死亡、4人重伤，未发生较大以上生产安全事故。与上年相比，死亡事故总起数减少2起，下降22%，死亡人数减少3人，下降25%。全年发生在建筑业的生产安全事故共计3起，死亡3人，占事故总起数和死亡总人数的42.9%和33.3%；电信业发生1起事故，造成1人死亡。占事故总数和死亡总人数的14.3%和11.1%；电力业发生的2起事故，死亡3人，占事故总起数和死亡总人数的28.6%和33.3%；水利业发生事故1起，造成2人死亡，占事故总起数和死亡总人数的14.3%和22.2%。

（尉志强　李青松）

【率先出台《安全生产综合监管工作机制》】　4月22日，区安委会组织全区22个属地单位和18家行业部门召开综合监管专题工作会，贯彻部署《安全生产综合监管工作机制》。市安监局魏丽萍处长参加了会议。

（张　磊）

【危险化学品行政许可】　年内，区安全监管局按照行政许可程序共受理危险化学品经营许可申请2项，审核2项，发放《危险化学品经营许可证》（乙类）2个；受理非药品类易制毒化学品第二类、第三类生产经营备案8项，发放《非药品类易制毒化学品第二类、第三类生产经营备案证明》8个。

（张　杰）

【危险化学品生产经营单位开复工检查】　2月20日，区安全监管局对全区危险化学品生产经营单位进行了开复工检查，重点检查企业对职工的再教育、应急管理和隐患排查等情况，共检查危险化学品生产经营单位48家，发现隐患17项，下达整改指令书4份，强制措施决定书一份。

（张　杰）

【危险化学品生产经营单位专项整治】 4月1日至30日、9月6日至30日,区安全监管局在全区范围内,两次开展危险化学品生产经营单位安全生产专项整治工作。专项整治共出动执法检查车次85次,执法人员270人次,共检查危险化学品生产经营单位192家,实现了全覆盖,下达责令改正指令书43份,强制措施决定书10份,发现并消除隐患118条。

(张 杰)

【烟花爆竹知识培训】 1月23日、24日,区安全监管局组织全区176家烟花爆竹经营(零售)单位的352名从业人员参加了烟花爆竹法律法规及有关知识培训。

(张 杰)

【烟花爆竹回收工作】 3月7日,本区烟花爆竹零售网点的剩余产品全部回收完毕,共回收烟花爆竹3127箱,其中,北京恒利顺土产杂品有限公司433箱,逗逗烟花鞭炮有限公司2175箱,熊猫烟花有限公司519箱。

(张 杰)

【“打非打违”专项行动】 8月中旬至11月底,在全区范围内集中开展以“打击非法违法、治理违规违章”为重点的安全生产“打非打违”专项行动。共排查出隐患1185条,整改1169条,整改率达98.6%,对65家存在安全生产违法行为的生产经营单位进行了立案查处,收缴行政罚款123万元。各属地单位在专项活动期间,共出动检查人次6538人次,出动检查车辆2976台,发现非法违法行为463起。

(张 帆)

【“百日会战”专项行动】 11月中旬至12月底,区安全监管局开展了冬季火灾防控“百日会战”专项行动,组织联合区民防局、区住建委、区公安分局、区消防支队、区卫生局、区质监局、区教委、区体育局、区旅游局、区商务局、区文化委、区工商分局、区交通局,共检查有限空间生产经营单位5家、辖区内医院5家、学校5家、饭店酒店5家、商场超市5家、网吧歌厅5家、在建重点工程施工工地4个、交通运输单位12家。出动执法检查车辆48车次,出动执法人员252人次,下达责令改正指令书47份,强制措施决定书3份,发现安全隐患141条,已整改落实131条。

(张 帆)

【隐患排查治理】 年内,本区三分之二属地、行业部门完成了年初既定工作目标,全区累计65356家生产经营单位开展了隐患排查治理工作,全年累计发现生产安全隐患94639项,完成整改93528项,隐患整改率为98.8%。全年未发现重大隐患。

(崔丽雅)

【应急预案体系建设】 年内,本区完成生产经营单位应急预案备案工作,全区生产经营单位应急预案体系已基本建立。全区共有11467家生产经营单位,备案了13018份应急预案,其中行业部门备案了1033家单位的1067份应急预案,属地政府备案了10434家单位的11951份应急预案。

(杨宗彬)

【应急救援模拟演练】 年内,全区共组织演练单位149个,演练183次,其中行业部门组织演练33个单位,演练33次;属地政府组织116个单位,演练150次。

(杨宗彬)

【高危行业的培训考核工作】 年内,按照北京市安全监管局统一安排,共组织4期考核工作,共计396人次,考核合格297人,合格率为75%。

(侯 勇)

人口和计划生育

【概况】 2010年,大兴区人口计生工作在区委、区政府的正确领导下,在市人口计生委的大力支持和指导下,紧紧围绕"稳定低生育水平,统筹解决人口问题,促进人的全面发展"这一主线,在创建国优基础上,坚持以人为本,求实创新地开展本区的人口与计划生育工作。全年人口计生经费投入3148.4万元,人均计生经费达到26.58元;流动人口经费总投入400万元,较好地完成了各项工作任务。

名称:北京市大兴区人口和计划生育委员会

地址:北京市大兴区黄村西大街80号

电话:69244788

邮编:102600

网址:http://www.dxjhsy.gov.cn

【基础建设】 全年组织区、镇两级人口计生干部业务培训680多人次,村级计生专干基础业务知识培训2000多人次。为抓好生殖健康咨询师队伍建设工作,专门聘请国家人口计生委科研所的吴尚纯、裴开颜教授对区、镇(街道)两级百余名计生干部进行了节育避孕、优生优育等咨询能力的培训,挑选出15名基层计生专干参加国家人口计生委的生殖健康(助理)咨询员考试。为提高区、镇(街道)领导总揽全局的能力,区人口计生委组织区级、各镇、街道主管领导及计生办主任到南京人口管理干部学院进行培训,请专家教授从人口转变理论与生殖健康、计划生育优质服务管理以及统筹解决人口问题的管理方略等方面进行了深入浅出地讲解,有效提高了人口计生干部队伍整体素质和综合能力。

(杜 娟)

【依法行政】 年内,全区共办理再生育审批371件,办结371件;收到群众来信、来访、电话及电子访件共计7755件。其中:举报类8件,咨询类5254,求决类2493。已经全部予以核实、解决,没有出现行政复议和行政诉讼案例。

(杜 娟)

【宣传教育】 年内,各级人口计生宣教部门制作了大批围裙、购物袋、小扇子、折叠凳、小按摩器等数十种家居实用宣传品20万个,结合两条地铁线路的开通,定制了一万张市政公交一卡通,精心设计了四种卡片宣传贴,贴在卡的背面进行发放。在方便百姓出行的同时,宣传了计生奖励、避孕药具、叶酸服用以及婴幼儿早期教育等人口计生知识。随着家庭电脑的普及,U盘被广泛使用,区人口计生委在免费发放的U盘内设计flash动画,只需插入U盘,电脑就会自动播放简短动画,进行计生常识和惠民政策的宣传,同时公布了大兴人口计生委的咨询电话和网址,方便群众进一步咨询。请大兴电台录制了人口计生政策播音节目,除了在网上进行视频直播以外,还将声音文件制成SD卡,配上插卡式收音机进行发放,达到了能够反复收听的长期宣传的效果。年内,利用电台、电视台、报刊杂志等媒体资源大力宣传人口计生知识和各项工作。大兴电视台播出了10个专题片,《大兴报》做了4个人口计生专版,刊登信息40多条;在市级以上新闻媒体发表文字消息110多篇,市人口计生委网站登载300多篇。创作的纪录片《奶香飘出的幸福》荣获中国广播电视协会举办的第二届"生命的钥匙——中国家庭纪录片周"作品三等奖,区人口计生委还被授予特殊贡献单位称号。

(杜 娟)

【生殖健康技术服务】 年内,共为56000余人次已婚育龄群众进行了B超、乳腺、妇检、TCT等多种项目的生殖健康检查,建立了生殖健康档案,并进行了体检结果分析,对下一步生殖健康服务决策起到了积极的促进作用。全年共开展健康讲座500余期;咨询宣传22500余人次。对计划生育术后、产后、新婚夫妇使用避孕药具等情况进行不同形式、不同内容的访视,随访率达97%。全区生殖健康技术服务中心服务流动人口4000余人,发放宣传材料近4000余份。查出宫内节余器下移80例,早孕46例,妇科疾病119例,对患病者进行了及时的随访指导。

(杜 娟)

【流动人口服务与管理】 年内,稳步推进流动人口"蓝天工程",成立流动人口生殖健康基地。年内共采集流动人口出生信息7034条,其中,外区县转入信息612条,本区转给外区县信息1151条,分娩后离开本区的流动人口信息1439条,地址不详信息534条,入户核查率为100%。

(杜 娟)

【药具工作】 年内,建立起区、镇(街)、村(居)三级药具服务网络,区计划生育药具管理站统一制作了《计划生育手术术后随访及使用药具随访登记本》600余册,发放到镇(街道)、村(居委会)。使用药具随访落实率达95%以上,在全区范围内推行"五必访"的工作方法,全区药具发放网点达到了1423个,做到了全区覆盖。

(杜 娟)

【协会工作】 年内,利用WIS系统创建协会信息网络平台。建立计划生育协会会员信息档案,将全区62356名协会会员个人信息全部录入微机系统,实现了信息资源共享。强化平台载体建设,创建示范会员之家。投资30万元,在市级7个示范会员之家的基础上全面启动"创建区级示范会员之家"工作,对19个镇、街道申报的21个基层协会组织、实地考察、综合审评,确定了8个协会组织为2010年区级示范会员之家。年内,对86个村、居计生协进行评估认定抽查,做到严格要求、严格标准、严格工作环节。

(杜 娟)

【人口和计划生育数据】 年内,大兴区户籍人口为59.14万人,全年出生5318人,计划生育率为95.45%,晚育率为78.01%,人口出生率为9.04‰,自然增长率-0.93‰。全区现有户籍育龄妇女15.17万人,已婚育龄妇女11.01万人,一孩育龄妇女7.52万人。全年独生子女父母领证率为79.5%。

(杜 娟)

【创办《大兴人》杂志】 1月1日,《大兴人》创刊,此刊物由大兴区人口计生委主编,每季度发行一期,以"准确定位,服务大局;理念创新,打造精品;挖掘特色,与时俱进"为办刊宗旨,打造一个人口计生宣教"大平台"。

(杜 娟)

【开展春节慰问活动】 1月27日,市人口计生委正局级委员、市人口计生委副主任李芸莉、市人口计生委流管处处长张瑞霞在大兴区副区长王荣彬、区人口计生委党组书记陈照立、主任甘连义的陪同下,慰问了本区部分独生子女贫困家庭,为他们送去慰问金、慰问品及节日的问候。随后,区人口计生委分五组对全区38户独生子女贫困户、118户特困家庭、38名村级计生专干和84名镇级计生办人员进行慰问,送去米、面、油等生活必须品。

(杜 娟)

【召开大兴区人口计生工作会议】 3月26日,区委、区政府召开2010年人口和计划生育工作大会。市人口计生委副主任丁勇,区委副书记王新,区委常委、宣传部长戴明超,区人大副主任周静溪,副区长王荣彬,区政协副主席李维民、市人口计生委规统处处长臧萝茜、各镇、街道、各委办局、党政一把手及相关人员参加了此次大会。会上表彰了75个计划生育优质服务创建工作先进集体,24名人口计生工作优秀领导干部、172名人口计生工作先进个人、22个人口计生工作示范村示范社区以及22个人口和计划生育工作综合治理先进单位。

(杜 娟)

【落实各项奖励政策】 年内,全区共发放独生子女父母各项奖励费650万元,奖励扶助对象1225人,独生子女死亡和伤残家庭特别扶助对象320人,各项扶助金全部及时发放到个人手中。完成贴息贷款1535.7万元,扶持281户独生子女家庭增收致富,共为418户兑现利息122.6万余元。

(杜 娟)

【纪念7·11世界人口日活动】 年内,全区19个镇、街道共举办节目选拔赛13场,区人口计生委与区文委共同对上报的33个节目集中进行了两场调演,并于6月28日在大兴区少年宫剧场举行了"大兴区纪念'7·11'世界人口日文艺汇演",北京市人口计生委宣教处处长刘凤婷到现场观看。与此同时还选拔优秀节目参加了市人口计生委的调演活动,最终获得节目三等奖和单位组织奖。

(杜 娟)

【落实"避孕药具不良反应/事件监测"项目】 年内,监测上报国家避孕药具不良反应/事件251例,不良事件134例。为国家避孕药具采购决策,避孕药具的安全使用提供了依据。

(杜 娟)

保密工作

【概况】 2010年大兴区保密工作在区委区政府的领导下,在市保密局指导帮助下,突出重点,狠抓落实,较好完成全年工作任务。年内完成市局对本区涉密载体清理工作及信息系统和信息设备使用保密管理的检查。建立涉密载体销毁库房及制作涉密文件待销袋在全市推广。完成了保密局日常工作。完成2008~2009年保密先进集体和先进个人的表彰工作,对40个先进集体,77个先进个人进行了表彰。组织销毁涉密文件3次15吨。下发文件35份、简报8期。上报信息21篇。

名称:北京市大兴区保密局
地址:北京市大兴区兴政街15号
电话:61298620
邮编:102600

【营造宣传氛围】 年内,区保密局利用电视台播出庆祝新修订的《中华人民共和国保守国家秘密法》施行;利用18块宣传展板在重点单位进行展出。利用区保密局网站登载宣传保密法的相关内容。开展保密法、释义及宣传画的征订工作。全区共征订1691份(套)相关书籍及宣传画,要求各单位将宣传画张贴在明显位置,营造保密法学习宣传氛围。

(李秀香)

【修订后保密法学习】 年内,利用全国保密承诺人员答题活动,开展全区保密承诺人员保密知识答卷活动。将修订后的保密法的相关内容揉进上级发的答卷,以达到学习的目的。全区4000多人参加这次活动。开展大兴区保密知识竞赛活动。各单位涉密人员自愿参加,重点涉密单位必须参加。知识竞赛分为预赛和决赛,8月17日进行预赛,共有42支队伍参加。决出了区委办、政府办、组织部、检察院、公安局、住建委6支队伍。9月17日进行决赛,组织全区各单位保密员观看。在选手答题的同时对全区保密员进行再学习、再教育、再提高。对区级领导干部采取的是分散学习的形式。采取下发相关的书籍、张贴宣传画等形式,让领导干部进一步了解信息化条件下保密工作的新形势。

（李秀香）

【做好学习宣传的延深工作】　年内,区保密局对基层学习宣传工作进行检查。利用年底考核加强对各单位保密法学习宣传工作的考核。制作保密法宣传2000份挂历、台历,下发到各基层单位,继续延深对学法的宣传工作。组织送法下乡活动。将相关宣传学习保密法的材料送至村、社区,进一步扩大保密法学习宣传的覆盖面,让广大公民知法、守法。

（李秀香）

【制定下发《大兴区保密工作手册》】　年内,区保密局从组织建设、保密日常管理、信息系统信息设备保密管理、保密宣传教育等方面制定下发《大兴区保密工作手册》,各单位以手册为抓手有序开展本单位保密工作,并为年终绩效考核打下基础。

（李秀香）

【开展基础培训工作】　年内,举办保密干部培训班。10月27日、28日,对全区159名专兼职保密干部进行系统再培训。请市保密局两位副局长和各处室的处长来授课,通过对当前保密工作形势、任务深入浅出的分析,强化了保密意识,使保密干部进一步明确了自己所肩负的使命;通过对修订后保密法及相关法律法规系统的讲解,进一步增强了保密干部的保密法制观念,提高了依法管理保密工作的能力;通过对日常保密工作管理及信息化条件下保密技能的培训,丰富了保密干部日常保密知识,提高了保密防范技能,对本区的保密工作将起到积极的推动作用。本次培训班115名新上岗保密干部通过考核取得了保密干部上岗证书。3月23日,区保密局以《新时期保密工作的形势、特点和任务》为题,从7个方面对全区120名新任公务员进行了保密知识培训。以发人深醒的案件,警示大家一定要提高保密意识,履行保密职责,做好新形势下的保密工作。培训班下发《保密工作指南》、《保密提醒》等保密知识读本360份。深入到清源办事处、榆垡镇等部分重点单位讲授保密知识、定密常识及信息公开保密审查等保密课程。

（李秀香）

【堵塞泄密漏洞】　年内,对区委办、政府办、纪检委、统战部、组织部等60余家重点党政机关开展检查。对各单位非涉密计算机开展涉密及敏感信息的搜索,对涉密计算机开展连接外网及移动存储介质的检查。有效的消除的泄密隐患。年初针对涉密载体纸介质有重点的对旧货市进行规范、检查。通过检查在旧货市场及废旧物品回收站没有发现涉密文件。对8家军工保密认证进行检查。完成5家军工保密认证企业实地勘验及初审工作。加强对9家涉密定点印刷企业的保密管理,在各企业上报涉密印刷台账的基础上进行实地检查。完成高考、中考及高中会考、成人高考、成人自考保密室检查。加强对高考保密工作的管理,区保密局成立高考保密检查领导小组,制定严格的《高考保密方案》、《高考保密应急预案》。坚持每半天对区考试中心保密室检查一次,全区6个高考考点,13个中考考点,4个会考考点普查不留死角。加强对阅卷点的保密检查,并积极与教委沟通,及时整改。

（李秀香）

档案工作

【概况】　2010年,大兴区档案局坚持以科学发展观为指导,坚持以人为本、自主创新,把握创建和谐社会的时代特征,加强档案工作的研究。利用馆藏资源,充分发挥档案局的社会化功能,现已成为面向社会指导型、开放型、服务型、现代化、多功能的档案局。

名称:北京市大兴区档案局

地址:北京市大兴区兴政街18号

电话:69244557

邮编:102600

【档案人员专业知识(岗位)培训】 5月25日至6月2日,区档案局举办了为期6天的档案工作人员岗位培训班。来自机关、企事业单位及所属单位的62名档案工作人员参加了培训。此次培训对《档案人员上岗必读》教材的内容进行了全面系统的讲授。并针对培训对象的特点和需求以实例和实际操作讲解为重点。以分组培训和实践指导相结合的方式进行了实际操作培训。对完成规定课时学习的学员,进行了理论知识闭卷笔答和实际操作知识考试,对考试合格者颁发了《档案工作人员专业知识培训证书》。

(档案局)

【编写《北京志·档案志》】 年内,区档案局为配合市档案局做好《北京志·档案志》第二轮编纂工作,将编纂工作的内容分解到各科,由专人负责编写。编写人员遵循详实、准确、精炼的原则,通过文字、数据、表格等多种形式进行编写。为了全面、客观、系统地编纂《档案志》,确保质量,根据编写志书初稿,广泛征求意见,并不断修改完善,最后完成《档案志》定稿37943字,68页。

(档案局)

【档案接收】 年内,区档案局对有移交档案任务的单位进行检查和移交鉴定,核对纸质目录和电子目录,清点档案数量,除尘消毒后入库,顺利完成2000~2001年度的档案接收工作。共接收23个立档单位各门类档案2776卷(件)。其中西瓜节、科学发展观等重大活动档案367件。

(档案局)

【档案利用服务】 年内,区档案馆共接待查档利用者3169人次,查阅档案14309卷次。利用人次比去年增长了52.9%,利用卷次增长了64.8%。电话代查162人次,电话咨询2436人次,复印档案资料5604页,出具证明1491份。

(档案局)

【销毁鉴定】 年内,区档案馆对馆藏保管已到期的长期、定期文书档案及会计档案进行了鉴定。共鉴定333卷,其中117卷继续保存,建议216卷销毁。经鉴定委员会审核,确定为待销毁。

(档案局)

【档案信息资源整合】 年内,区档案馆在确保数据安全、有效、真实的前提下共整理电子目录总计1052567条,其中涉及民生专题目录196622条,馆藏文件级目录855945条。

(档案局)

【档案开放】 年内,区档案馆继续做好馆藏第十二批(1980年)开放档案目录的工作。此次共开放档案391卷,目录4542条。开放档案目录已在大兴区档案局网站公布。截至年底,区档案馆已向社会开放档案11064卷,全引目录177057条。

(档案局)

综合行政服务工作

【概况】 北京市大兴区综合行政服务中心(简称"中心")成立于2006年10月,是区行政许可和服务协调管理委员会的常设机构。成立"中心"是区委、区政府进一步优化发展环境,强化政府服务职能,提高办事效率,更好地为基层、企业、群众提供规范、优质、高效服务的一项重要举措。"中心"位于大兴区兴华大街三段15号,综合行政服务大厅建筑面积2800平方米,设有30个驻厅单位窗口,工作人员100余名,承办行政许可和服务事项288项,其中行政许可219项、服务类事项69项。日均受理各类行政许可和服务事项450项。

名称:北京市大兴区综合行政服务中心
地址:北京市大兴区兴华大街三段15号
电话:81296088
邮编:102600
网址:http://www.dxxzfw/gov.cn

【窗口综合服务】 全年,区行政服务中心受理行政许可和服务事项11.3万项,承诺件在承诺时限内办结率100%;年内接待咨询群众24.6万人次。全程代办工作全年受理12.6万件。简化审批程序,下放审批权限,切实提高行政效率,完成100%。推进全程办事代理制服务向村(社区)延伸,延伸服务覆盖面达到100%。落实首问责任制100%;一次性告知制100%;承诺时限内办结率100%;重大项目审批件办结率100%;非政府投资重大项目联审办结时限比常规压缩50%以上。全年,收到企业和群众赠送的锦旗20面,表扬信1555封。

(行政服务中心)

【改革基层行政服务工作】 年内,召开镇、街道综合行政服务汇中心成立即动员部署大会,统一在全区各镇、街道成立综合行政服务中心并建设服务大厅,实现窗口下移,由"代办"变"直办",成为北京市首个成立镇(街道)及综合行政服务中心的区县。

(行政服务中心)

【创新窗口管理制度】 年内,区综合行政服务中心为创新综合行政服务运行模式和管理方式制定和完善了《驻厅单位窗口及工作人员管理的制度》、《各驻厅单位窗口及工作人员考核的办法》、"中心"内部制度,并新制定了《驻厅副职领导管理工作的意见》、《机关工作人员联系各驻厅单位窗口的暂行意见》、《特邀监督员工作意见》、《关于机关工作人员联系各驻厅单位窗口的暂行意见》等规章制度。

(行政服务中心)

【成立中心机关党支部】 3月18日,区综合行政服务中心召开机关党支部成立大会,制定了《党支部制度汇编》、《党支部工作制度》、《党支部书记职责》、《党支部委员职责》

(行政服务中心)

【压缩审批时限】 年内,各部门进厅承办事项均须明确和公示办理时限、具体办理流程。"中心"召开有关会议,减少办事环节,压缩审批时间,使承诺件平均压缩时限率达到55%,即办件办理更加快捷。

(行政服务中心)

老龄工作

【概况】 2010年,区老龄办在区委、区政府的正确领导下,在市老龄办的关怀指导下,继续坚持以邓小平理论和"三个代表"重要思想为指导,全面落实科学发展观,立足本职岗位开展创先争优活动,以保障和改善民生为重点,大力开展为老服务工作,积极落实《北京市市民居家养老(助残)服务("九养")办法》(简称"九养政策"),采取有效措施,加大工作力度,各项工作稳步推进,老龄事业呈现出良好的发展势头。

名称:北京市大兴区老龄工作委员会办公室
地址:北京市大兴区黄村兴政街15号
电话:61298543
邮编:102600

【贯彻落实"九养政策"】 1月1日《北京市

市民居家养老(助残)服务("九养")办法》正式在全市开始实施。区老龄办结合大兴区工作实际,组织制定的《大兴区关于贯彻落实北京市市民居家养老(助残)服务("九养")办法的实施意见》(兴政办发[2009]95号)并于1月1日正式实施生效。全年大兴区按照:建立万名"孝星"评选表彰制度;建立居家养老(助残)券服务制度和百岁老人补助医疗制度;建立城乡社区(村)养老(助残)餐桌;建立城乡社区(村)托老(残)所;招聘居家服务养老(助残)员;配备养老(助残)无障碍服务车;开展养老(助残)精神关怀服务;实施家庭无障碍设施改造;为老年人(残疾人)配备"小帮手"电子服务器等九方面内容开展老龄工作。

(郝西辰)

【领导高度重视九养政策的落实】 年内,大兴区政府将贯彻落实"九养政策"列入到大兴区2010年为民办实事折子工程中;主管老龄工作的副区长王荣彬先后四次召开"九养政策"落实督查会,听取汇报。区老龄办多次协调区财政局、区人力社保局、区民政局、区残联共同研究商讨在"九养政策"执行中遇到的难点、热点问题,并相继出台了"孝星"评选表彰办法、聘用养老(助残)员考核管理办法、养老(助残)券管理使用情况规定等一系列制度,使"九养政策"在本区得以贯彻落实,圆满完成市老龄办、区委、区政府交办的工作任务。

(郝西辰)

【"孝星"评选表彰】 年初,根据北京市"孝星"评选范围和条件,区老龄办制定了评选表彰实施细则。经过村(居)委会推荐和自荐,镇(街道)对孝星事迹材料的初审和"孝星"事迹的逐一核实,再经区老龄办的审核,从近千份人选中差额选定了648名"孝星"报市老龄办最终审批。通过镇(街道)、区、市严格把关,层层筛选,全区共有648名市级"孝星"受到了市、区两级表彰。各镇(街道)组成"孝星"事迹报告团在社区、学校、进行巡回演讲。10月14日,在九九重阳节到来之际,本区36名"孝星"代表、为老服务先进单位代表参加了在北京会议中心举行的北京市"万名孝星暨千家为老服务单位表彰大会"。大兴区评出市级为老服务先进单位60个。

(郝西辰)

【养老(助残)券和百岁老人补助医疗】 年内,全区1.1万80周岁及以上老年人申领了养老(助残)券,结算金额为1328万元;发展各类为老服务商200多家。全区16位百岁老人,全部领取了《北京市百岁老年人高龄津贴和医疗补贴领取证》,百岁老人产生的个人负担的医疗费全部按时得到了报销,报销金额3800元。

(郝西辰)

【城乡社区(村)养老(助残)餐桌】 年内,通过区老龄委成员单位和各镇(街道)的共同努力,采取与辖区内餐饮企业签约、引入餐饮连锁企业开办、依托辖区内部食堂开办、农家院民俗旅游户开办、社区服务中心、敬老院、温馨家园开办等形式。截至到年底全区共签约养老(助残)餐桌75个,基本实现了有需求人群全覆盖。

(郝西辰)

【建立城乡社区(村)托老所】 根据老年人、残疾人的需要,大兴区主要依托现有的社区服务中心、社区星光老年之家、社区残疾人温馨家园、社区卫生服务站、敬老院、家庭互助点等六种发展模式,建立托老(残)所35个。

(郝西辰)

【招聘居家养老(助残)员】 年内,区老龄办、区财政局、区人力社保局、区民政局、区残联组织了居家养老(助残)员的招聘工作,年内分两批共招聘养老(助残)员57名,经过对其岗前业务培训,全部分配到各镇(街道)从事养老(助残)工作。

(郝西辰)

【配备养老(助残)无障碍服务车】 6月18日,本区举行养老(助残)无障碍服务车发放仪式,副区长常红岩及相关领导出席活动。全区14个镇、5个街道全部配备了1辆无障碍服务车,为老年人、残疾人参加各种活动、更好的融入社会提供了便利。

(郝西辰)

【开展养老(助残)精神关怀服务】 年内,本区依托"96156"社区服务热线,利用社区"星光老年之家"(老年活动站、室)、社区市民学校、老年学校、基层医疗卫生机构、职业康复中心、村级文化大院等场所,在各居(村)社区设立精神关怀室、聊天室,通过邻里互助、"一帮一"、"多助一"结对关爱等形式,为老年人、残疾人及其家庭成员提供心理咨询、健康促进、生活指导服务及相关知识培训,通过聊天、读书(报)、情感交流、心理疏导、探访等形式开展精神关怀服务。

(郝西辰)

【实施家庭无障碍设施改造工作】 全年本区共对1700户老年特困家庭、残疾人家庭完成了无障碍改造工作。

(郝西辰)

【配备"小帮手"电子服务器】 "小帮手"电子服务器的配备方式采用的是在个人自愿申请、购买的基础上,政府审核并补贴部分资金,有计划地优先为本区户籍、有使用需求的65周岁以上的城镇"三无"、农村"五保"、享受城乡最低生活保障待遇、民政部门公布的低收入家庭人群和80周岁及以上的老年人配备。全年共为2640个老年人发放了小帮手电子服务器,为他们在生活服务、紧急救援、信息咨询等方面提供帮助,受到老年人欢迎。

(郝西辰)

【加强老年人法律援助工作】 全年区老龄办重点以贯彻实施《老年法》、《北京市老年人权益保障条例》为抓手,切实加强老年维权工作。各镇(街道)法律援助工作站建立了辖区内老年人受援对象工作台账,及时收集和掌握困难老人法律援助需求,对有针对性地做好老年人法律援助工作起到了指导和推动作用。

(郝西辰)

【市领导走访慰问高龄特困老人】 9月27日,市民政局副巡视员由世钧在副区长王荣彬、区老龄办主任马海峰等领导陪同下,到大兴区青云店镇慰问高龄特困老人。慰问团一行为青云店镇堡上村李凤荣老人、枣林村于占礼老人送去米、面、油等生活必需品及1000元慰问金。市区领导与老人亲切交谈,了解老人的生活状况,倾听老人的需求,祝福老人健康长寿。

(郝西辰)

【区领导慰问老年人】 在春节、重阳节"两节"期间,区四套班子领导慰问离退休老干部、百岁老人、高龄特困老人代表28户。向全区300多户高龄特困老人发放慰问金、慰问品计15万余元。

(郝西辰)

【完善老龄委成员单位职责】 10月15日,由副区长、区老龄委主任王荣彬主持召开了大兴区老龄工作委员会成员单位会议,区委组织部、宣传部、司法局、卫生局、老龄办等

20多个成员单位参加会议。会上重新修订了《大兴区老龄工作委员会成员单位职责》,并要求相关单位结合各单位实际情况,认真履行职责,切实抓好为老服务工作的落实。

(郝西辰　王月雷)

【开展老年文体活动】　年内,大兴区依托老年大学、夕阳红课堂、市民文明学校、老年学校等平台,相继组织举办了“庆重阳、健身心、乐晚年”文艺演出;南城老年书画联展;“十字绣”;纱绣、新秧歌培训;“身心关爱”健康体检;举办了“艺苑康乐杯”老年象棋赛;中老年京、评、梆票友大赛;千人秧歌、千人双环舞、千人功夫扇、千人手盒舞大型表演展示;组织“孝星”代表、老年人协会骨干代表游览南海子郊野公园,参观乘坐大兴地铁线,吸引了更多老年人参与,使更多的老年人关注大兴的发展和未来。

(王月雷)

【“晚霞情深”老年书画展】　6月25日,为庆祝七一,建党八十九周年,大兴区“晚霞情深”老年书画展在区老年活动站举行,共展出书画作品80余幅。

(王月雷)

【举办五区老年书画联展】　10月15日,“熏风劲迅 城南隆兴”城南五区(大兴、丰台、原宣武、原崇文、房山)老年书画联展,在大兴区文化馆隆重开幕。此次书画联展,共有五区老年书画家的100余幅书画作品参展,老年人用他们手中的画笔,描绘着城南的新发展、新面貌。

(王月雷)

【开展创先争优活动】　年内,区老龄办积极参加区委开展的创先争优活动,坚持以关注民生、关注老年人生活为落脚点,立足本职岗位,为老年人做好事办实事,将党和政府的惠老政策送到老年人的身边。

(郝西辰)

【市老龄办李建国到本区调研】　6月12日,市老龄办常务副主任、市老龄协会会长李建国及相关领导就老年人“九养政策”工作到大兴区兴丰街道三合南里社区服务中心考察。李建国对兴丰街道老年工作给予了肯定,并祝街道老年工作再上新台阶。区老办主任马海峰陪同一起考察。

(曹　文)

【市老龄办刘景林到本区调研】　4月29日,市老龄办副主任刘景林在区老龄办主任马海峰的陪同下,专程赴大兴区天堂河社区,就社区托老所和“阳光心态聊天室”等方面的工作进行实地调研。并就“九养政策”的落实和在实际工作中存在的问题及困难等情况与街道、社区老龄工作人员进行了座谈。

(郝西辰　王月雷)

【市领导检查孝星评选工作】　6月2日,市老龄办副主任刘景林携同宣传处处长邢伟等一行5人,到大兴区检查孝星评选工作进展。之后,检查组来到青云店镇孝星候选人家里进行实地走访调研。

(郝西辰　王月雷)

【市人大领导到本区调研老龄工作】　6月7日,市人大常委会委员、内司委主任委员李小娟和副主任委员王德修及6名市人大代表到兴丰街道三合南里社区调研老龄工作,在实地察看了兴丰街道社区公共服务中心、听取了工作汇报后,对兴丰街道老龄工作给予了充分肯定。区人大常委会副主任李永贵等有关领导陪同调研。

(郝西辰　王月雷)

【奖励优秀助老单位】　年内,本区以“以奖代补”的形式对设施较为完善、功能基本齐全、服务水平较高的38家做出突出贡献的餐饮服务单位给予了1～20万元的资助。同时,对2家提供日托、文化娱乐、精神关怀的托老(残)所也给予了一定的物质奖励。

(曹　文)

【老龄工作取得丰硕成果】　12月,在人民大会堂举行的“第四届全国敬老主题教育活动”表彰大会上,“北京市大兴区人民政府”荣获由全国老龄办、民政部、教育部等七部委授予“全国敬老模范单位”称号。大兴区黄村镇石苓霞获得“中华孝亲敬老楷模提名奖”,并受到了回良玉副总理的亲切接见。年内,大兴区老龄办曹文被全国老龄工作委员会授予“全国老龄工作先进个人”荣誉称号,大兴区老龄办被北京市人民政府授予“北京市敬老爱老为老服务先进单位”。

(王月雷)

中国人民政治协商会议
北京市大兴区委员会

【概况】　2010年是全面落实大兴区国民经济和社会发展“十一五”规划纲要、编制“十二五”规划纲要关键一年,是实施市委、市政府促进城市南部地区加快发展行动计划第一年,是继承和发扬人民政协60年优良传统和宝贵经验、踏上新里程开端之年。区政协以中国特色社会主义理论体系为指导,努力践行科学发展观,紧紧围绕“坚持科学发展,走城乡一体化道路,建宜居宜业和谐新大兴”奋斗目标,集中精力求发展,心无旁骛干事业,动员和号召广大政协委员进一步树立“大兴发展我行动、大兴辉煌我荣耀”的观念,将2010年确定为建设年,切实发挥政协组织和政协委员的特点和优势,扎实有效地履行政治协商、民主监督、参政议政职能,为推进大兴区各项事业发展做出积极贡献。

名称:中国人民政治协商会议北京市大兴区委员会

地址:北京市大兴区兴政街15号

电话:61298900

网址:zhengxie. bjdx. gov. cn

【全委三届四次会议】　1月5日至7日在大兴政协委员活动中心举行全委三届四次会议,203名政协委员出席,区政协副主席刘志茹主持开幕式。会议审议通过主席高树旺所作的常委会工作报告和副主席彭喜忠所作的提案工作报告;列席区三届人代会五次会议,听取讨论政府工作报告及其他报告;举行大会发言;选举李维民为副主席;通过会议决议。市政协副主席王永庆,区委副书记、区长李长友,区人大常委会主任张书领出席。区委书记林克庆在闭幕式上讲话。区政协副主席路志权主持闭幕式。

(黄　伟)

【第14次常委会议】　1月6日,第14次常委会议在政协委员活动中心常委会议室召开,主席高树旺出席。接受《中共北京市大兴区委、北京市大兴区各民主党派、各人民团体关于补选政协北京市大兴区第三届委员会副主席人选的联合建议书》,同意副主席候选人选。讨论选举办法(草案),总监票人、监票人名单(草案),常委会工作报告的决议(草案)及政治决议(草案)。审议通过提案情况通报。区委常委、组织部长王有国参加。

(黄　伟)

【第15次常委会议】　1月7日,第15次常委会议在政协委员活动中心常委会议室召开,主席高树旺出席。听取区政协两个报告和区政府工作报告、大会选举事宜、常务委员会工作报告的决议(草案)及政治决议(草案)讨论情况汇报。审议通过大会选举事宜;审议通过常务委员会工作报告的决议(草案)及政治决议(草案)。

(黄　伟)

【第16次常委会议】 3月3日,第16次常委会议在政协委员活动中心常委会议室召开,主席高树旺出席,副主席路志权主持。听取副区长常红岩对兴华大街沿线建设整体推进情况通报;审议通过年度工作要点;传达区委书记、开发区工委书记林克庆在全区领导干部大会上讲话。

(黄　伟)

【第17次常委会议】 4月14日,第17次常委会议在政协委员活动中心常委会议室召开,副主席路志权主持。集体视察三海子郊野公园、新城滨河森林公园建设情况,听取副区长李春亭对三海子郊野公园、新城滨河森林公园项目情况通报;主席高树旺讲话。

(黄　伟)

【第18次常委会议】 7月1日,第18次常委会议在政协委员活动中心常委会议室召开,主席高树旺出席,副主席路志权主持。审议通过委员调整事宜;集体视察地铁大兴线建设情况。

(黄　伟)

【第19次常委会议】 11月2日,第19次常委会议在政协委员活动中心常委会议室召开,副主席刘志茹主持。传达中共十七届五中全会精神;观看专题片《砥柱》;听取区委常委、区纪委书记李艳萍关于党风廉政建设情况通报及副区长常红岩关于区政府办理提案工作情况通报;部署对《北京市大兴区国民经济和社会发展第十二个五年规划纲要(征求意见稿)》政治协商准备工作;主席高树旺讲话。

(黄　伟)

【第20次常委会议】 11月19日,第20次常委会议在政协委员活动中心常委会议室召开,区委常委、常务副区长谈绪祥参加,副主席路志权主持。协商区"十二五"规划纲要;主席高树旺讲话。

(黄　伟)

【第21次常委会议】 12月16日,第21次常委会议在政协委员活动中心常委会议室召开,区委常委、常务副区长谈绪祥参加,副主席刘志茹主持。决定全会日程;审议通过常委会工作报告(讨论稿)、提案工作报告(讨论稿)及有关事宜;协商2011年区委重点项目;主席高树旺讲话。

(黄　伟)

【第25次主席会议】 5月26日,第25次主席会议在政协委员活动中心五楼常委会议室召开,主席高树旺出席并讲话,副区长绳立成陪同视察。集体视察采育汽车零部件基地及新能源汽车项目建设情况、康庄两限房社区公益配套服务设施建设情况;听取区有关部门负责同志对采育汽车零部件基地发展情况和新能源汽车项目建设情况通报、副区长邵恒及区住建委负责同志对康庄两限房社区公益配套服务设施建设情况通报。

(黄　伟)

【第26次主席(扩大)会议】 9月14日,第26次主席(扩大)会议在大兴供电公司多经总公司三楼会议室召开,主席高树旺出席并讲话,副区长绳立成参加。集体视察大兴供电公司调度所、黄村供电所;听取大兴供电公司负责同志关于公司基本情况及大兴地区供用电情况通报。

(黄　伟)

【学习与文史委员会】 年内,形成《关于搬迁村超转老人医药费报销问题与建议》调研报告;召开《优秀提案集》编写小组座谈会;成立拆迁村超转老人医疗费报销问题调研小组;与政府就本区征地超转人员医疗费报销问题座谈;召开《清乾隆御制皇家苑囿南海子诗文辑录》编写小组座谈会;赴门头沟学习文物遗产利用工作经验;视察全区学前教育工作;出版发行《清乾隆御制皇家苑囿南海子诗文辑录》一书。

(黄　伟)

【提案委员会】 年内,形成《关于进一步促进本区生物医药产业发展的建议》调研报告;召开提案审查立案会议;与区人大、政府联合召开办理人大建议、政协提案工作会议;召开综合计划口、商务政法口、卫生口人大代表建议、政协委员提案办理汇报会;听取区政府办提案办理工作情况通报;与农工党区工委人员调研中关村科技园区大兴生物医药产业基地生物医药产业发展情况。

(黄　伟)

【重要活动】 10 月 26 日,大兴区第三次政协工作会议在大兴宾馆新二楼大会议厅召开。区委书记、开发区工委书记林克庆出席会议并讲话。区委副书记、区长、开发区工委副书记李长友,区人大常委会主任张书领,区政协主席高树旺等区四套班子领导出席会议,区委常委、纪委书记李艳萍主持会议。会议的主题是深入贯彻落实市委第三次政协工作会议精神,全面总结大兴区第二次政协工作会议以来的工作,研究部署新形势下加强政协工作新要求、新任务,进一步推进大兴区政协事业发展和民主政治建设。中共北京市大兴区委下发《关于加强人民政协政治协商制度建设的意见》。

(黄　伟)

群众团体

工会工作

【概况】 大兴区工会是全区工会组织的领导机关,诞生于1950年,现有基层工会组织792个,会员6.7万人。50年来,各级工会努力学习马列主义、毛泽东思想、邓小评理论,认真贯彻江泽民同志“三个代表”的重要思想,坚持党的基本路线,紧紧围绕党和政府工作的大局,充分发挥工会组织的作用,团结、动员广大职工,积极参加建设和改革,为大兴经济发展和社会稳定做出了应有的贡献。

名称:北京市大兴区总工会
地址:北京市大兴区兴丰北大街3段7号
电话:69244953
邮编:102600
网站:http://www.dxgh.cn/web/gh/

【开展组建工会工作】 全年新建工会组织46家,发展会4050人,按时完成市总工会下达的建会任务。

(孙晓圣)

【开展民主管理厂务公开】 全区各基单位在1月20日和7月20日召开职工代表大会,进行厂务公开,区四套领导和各委、办、局、公司领导,深入基层指导民主管理厂务公开工作。

(孙晓圣)

【两节期间慰问劳模】 年内共走访劳模17人,发放慰问金62500元。

(孙晓圣)

【慰问困难职工】 慰问困难职工112户,发放慰问金112000元。8月为困难职工和单亲女职工家庭子女44名学生,发放助学83900元。

(孙晓圣)

【开展工资集体协商】 全年在各基层单位推进职工工资集体协商,177家企业与职工进行了工资集体协商,参与人数达17530人次。

(孙晓圣)

【做好劳模推荐评选工作】 年内,劳模评选工作创新,在劳动模范事迹介绍一项中增加人物视频介绍,并专门成立考评委员会,大兴区评选出的27名劳动模范、先进个人和3个模范集体。

(孙晓圣)

【为退休劳模办理公园年票】 年初,区总工会为10名退休劳模办理了公园免费年票。

(孙晓圣)

【开展经济技术创新活动】　年内,组织动员广大职工以推动大兴科学发展、促进产业结构优化升级、提高自主创新能力结合不同行业、不同企业的自身特点,重大工程和重大项目,开展形式多样、内容丰富的经济技术创新活动,申报经济技术创新工作室2个。

(孙晓圣)

【法律援助促和谐】　3月23日,大兴区总工会联系区司法局、妇联、老龄委、团委、公证咨询处、兴涛律师事务所等8家单位以"促民生、促和谐法律援助在身边"为主题,在大兴区星城文化广场开展法律援助宣传活动。现场发放各种法律宣传材料共3000余份,共接受咨询40余人,咨询问题主要有房产纠纷、劳资纠纷、民间借贷等。

(孙晓圣)

【百名劳模植树忙】　4月3日,市总工会组织部分全国和北京市劳动模范代表、市总工会机关干部、事业单位党政领导约180人到大兴区永定河河畔的"劳动模范世纪林"开展了以"展劳模风采 建绿色家园"为活动主题的义务植树活动。

(孙晓圣)

【开展安康杯竞赛活动】　全年,参与事故调查分析和处理事故9起;7月份与区安监局分四期对各单位工会劳动保护监督检查员170人进行了安全生产及劳动保护知识的培训,经过培训考核,均取得了上岗资格证。2010年度推荐上报北京市"安康杯"竞赛:优胜单位企业8家,优秀班组3个;推荐全国优胜单位2家,优秀班组3个。

(孙晓圣)

【"京卡·互助服务卡"信息采集】　加强"京卡.互助服务卡"和12351职工服务信息平台建设,完善会员信息数据库,根据建会和会员变化情况,及时更新数据信息,实现对工会组织和会员的动态管理。到12月底会员信息采集48018人;办理京卡·互助服务卡14784人。会员信息采集率达到71.2%以上,办卡率达到30.8%。

(孙晓圣)

【建立健全工会服务站】　完善工会三级服务体系,通过党建工作站、工会服务站、社会工作站"三站合一"联合共建等形式,实现服务体系对所辖区域的全覆盖。按照市总要求,5个街道、14个乡镇、1个工业园区(生物医药基地)都建立了工会服务站,并开展了工作。

(孙晓圣)

【建立劳动争议调解组织和联动机制】　建立区总工会、人力社保局、司法局、信访办、法院等部门劳动争议调解联动机制。区劳动争议调解中心自5月19日揭牌到12月底,共立案2600件,结案2588件,结案率99.5%;调解成功2223件,调解成功率88.5%;履行金额874.87万元。其中关于劳动报酬的2263件,调解成功1956件;保险福利的83件,调解成功64件;劳动合同的102件,调解成功77件。涉及农民工的案件共1245件,涉及1245人,成功调解1179件,涉及金额达472.4万元。

(孙晓圣)

【实现法律服务全覆盖】　自2010年11月起由一格律师事务所为每个工会服务站(调解室)配备一名律师,保证每周座班一天,接待职工来电来访,做好法律咨询、服务与援助。保证了及时化解矛盾,把矛盾化解在基层,依法维护员工权益。同时与12351服务平台贯通,截至年底,共接12351转来事项9件,结案率达到100%,按规定时间办结率达到100%。

(孙晓圣)

【党组织管理工会干部工作】　为落实好《北京市关于加强和改进工会工作的意见》，积极争取区委的领导，今年5月印发了《中共大兴区委员会关于进一步加强和改进工会工作的意见》。按照“街道、镇工会主席按照同级副职配备并进入同级党的委员会，配备正科级工会副主席和专职工会干部”的规定，到2010年底已有两名工会主席进入了本单位党委班子，加大了所在单位工会工作力度。

（孙晓圣）

共青团工作

【概况】　2010年，在区委、区政府正确领导下，全区各级团组织认真学习贯彻党的十七届五中全会精神，围绕新区发展大局，紧抓工作落实。以引入YBC机制，帮扶青年创业就业；推进“两新”团建，扩大组织覆盖；在全区共青团系统开展创先争优活动；多措并举，优化青少年成长环境；全力打造希望工程品牌形象，推进未成年人保护工作。通过不懈努力，圆满完成全年各项任务，推动大兴共青团事业迈上新台阶。

名称：共青团北京市大兴区委员会
地址：北京市大兴区兴政街15号
电话：61298653
邮编：102600
网址：http://www.dxyouth.gov.cn

【青年突击队工作总结会】　1月22日，北京青年突击队协会大兴分会在北京燕岭宾馆召开了2009年工作总结会。区青年突击队领导小组成员单位，来自万兴、天恒、宏伟建筑公司的26名突击队长和所在单位的团委负责人共计30余人参会。会议对2009年工作进行了总结，同时对荣获2008年度市级荣誉的8支队伍进行了表彰，8支新申请加入突击队的队伍进行了工作汇报，与会领导为他们授队旗并提出了要求。

（陈宝旺）

【召开2010年共青团工作会】　2月5日，团区委召开了2010年大兴共青团工作会议。各镇、街道、区直单位团组织负责人及部分基层团干部和团员代表参加了议。会议全面回顾了2009年全区共青团各项工作，对获得市级荣誉的先进集体和先进个人进行了表彰，确定了2010年共青团工作要点，安排部署了2010年团的各项工作任务。

（陈宝旺）

【春节城市志愿服务活动】　2月13日至21日，团区委组织青年志愿者开展了春节城市志愿服务活动。全区共开放了区人民医院、清源路口和兴城广场3个城市志愿服务站点，300余名城市志愿者依托志愿服务岗亭，开展信息咨询、健康咨询、秩序维护等志愿服务活动，累计上岗时间达900小时。各站点在开展常规志愿服务的同时，还结合站点位置及志愿者特长，开展为就医群众量血压、测血糖，向过往市民派送手工剪纸等特色志愿服务活动，营造了浓厚的志愿服务氛围。

（陈宝旺）

【YBC全国办领导考察本区青年创业工作】　2月27日，YBC全国办公室有关领导来本区考察青年创业工作，听取了团区委关于大兴区青年创业工作开展情况的汇报，实地考察了本区首个YBC项目——北京爱农星食用菌种植基地和大兴区新媒体产业基地创业园。YBC全国办领导在充分肯定YBC大兴工作站工作的同时，提出了下一步工作要求。

（陈宝旺）

【召开青年志愿者项目对接会】　3月2日，

团区委举行了大兴区青年志愿者志愿服务项目对接会。各镇、街道、相关委办局、驻区高校的团组织负责人共计60多人参加了会议。驻区高校团组织负责人和基层团组织委负责人介绍了各自特点和志愿服务活动情况,结合学生专业和社会热点情况,就志愿活动资源和服务项目进行了对接。

(陈宝旺)

【举办青年歌手大赛】 3月16日至4月28日,团区委、西红门镇党委等单位联合举办了"第十二届北京乡村青年文化节"系列活动之"大兴区青年歌手大赛",500余名青年报名参赛。经过初赛、复赛,12名参赛选手入围决赛。

(陈宝旺)

【举办CNM杯大兴青年创业大赛】 4月30日,在区少年宫礼堂举办2010北京青年创业群英会暨CNM杯大兴区青年创业大赛启动仪式。团市委副书记于庆丰,区委常委郭宝东,区委常委、常务副区长谈绪祥,区人大常委会周静溪主任,区政协李维民出席了会议。

(陈宝旺)

【举办促进青年创业就业工作会】 5月13日,团区委举办促进青年创业就业工作座谈会,区委书记、北京经济技术开发区工委书记林克庆,区委常委郭宝东,区委常委、常务副区长谈绪祥,以及区委社工委、区人力社保局、团区委等相关领导出席了会议。会议对全年青年创业工作进行了部署。区委书记林克庆同志发表讲话对青年创业工作提出了要求。

(陈宝旺)

【青年创业促进会、YBC大兴办公室成立】 8月9日,大兴区青年创业促进会暨大兴创业办公室成立大会在北京经济技术开发区管委会隆重举行。YBC总干事、导师委员会主席杨华东一行到会祝贺。市委常委、秘书长李士祥,市委常委、市总工会主席梁伟,团市委书记王少峰,区委书记、开发区工委书记林克庆,区委副书记、区长、开发区工委副书记李长友,区委副书记、副区长、开发区工委副书记、管委会主任张伯旭等领导和创业导师,创业青年代表共计200余人出席大会。会上,区委书记林克庆表示,大兴区将利用好YBC的网络、智力和人才优势,积极帮助青年创业。会后,YBC全国办公室专家和领导就YBC的模式、运作原理、项目评审和导师辅导工作对大兴区初任创业导师进行了培训。

(陈宝旺)

【YBC大兴办举行第一期项目评审会】 9月26日,YBC大兴办公室第一期项目评审会举行,大兴办10名评审导师认真审阅了第一期8个评审项目的商业计划书,就项目内容、经营方式、市场拓展、资金核算等进行了详细的审查,并进行实地考察。YBC全国办公室总干事助理高永、项目官员田春芳参加评审会。

(陈宝旺)

【"阳光学子"获赠助学金】 9月30日,团区委开展了"圆梦金秋·助学行动"助学金发放活动,将筹集的8.8万元助学金和励志书籍发放到21名"阳光学子"手中。区委常委郭宝东出席了此次活动。

(陈宝旺)

【开展捐书助学活动】 10月12日,团区委在礼贤镇大辛庄中学开展"千本图书汇聚千颗爱心"捐书助学活动,共捐赠图书1826册,总价值3万余元。

(陈宝旺)

【YBC全国办到本区考察】 10月14日,

YBC全国办总干事助理高永、办公室主任邹淑君带领全国办部分官员及20余名来自山东、山西、内蒙古、上海等地方办公室负责人到本区参观考察青年创业工作及YBC模式在本区的进展情况，团区委书记贾卫国陪同调研。

(陈宝旺)

【YBC大兴办举行第二期项目评审会】 10月26日，YBC大兴办成功举行第二期项目评审会，对四个项目进行了实地考察。YBC全国办项目官员卞春山、朱胜林、YBC烟台办公室副主任孔磊参加了评审会。

(陈宝旺)

【举办"CNM"杯大兴青年创业大赛颁奖仪式】 11月30日，团区委举办"CNM"杯大兴青年创业大赛颁奖仪式，各基层团组织负责人、创业青年代表共400余人参加了仪式，团市委事业部部长郭文杰、青农部副部长李雪红和区相关部门领导出席了会议。出席大会领导分别为创业大赛的一等奖、二等奖、三等奖和优秀奖获得者颁发了奖金和奖杯。

(陈宝旺)

【YBC大兴办举行第一批启动金发放仪式】 11月30日，YBC大兴创业办公室为第一批通过YBC项目审核的创业青年举行了启动金发放仪式。11名创业青年分别获得了五万元无息、免担保贷款作为创业启动资金和"一对一"的导师帮扶。

(陈宝旺)

【开展青年志愿者献血活动】 12月7日，团区委、区青年志愿者协会、区献血办在大兴区影剧院成功开展了青年志愿者义务献血启动仪式。300余名青年志愿者参加了活动，68人体检合格，现场献血15200毫升。

(陈宝旺)

【YBC大兴办第四期项目评审会举行】 12月29日，YBC大兴办公室举行第四期项目评审会。2010年，YBC大兴创业办公室共对31个创业项目进行评审，通过复审给予资金或导师帮扶项目20个，发放创业帮扶贷款70万元。

(陈宝旺)

妇联工作

【概况】 2010年，区妇联在区委、区政府的领导和市妇联的指导下，全面贯彻"三个代表"重要思想，深入学习实践科学发展观，以创先争优活动、城南行动计划和大兴与亦庄开发区行政资源整合为契机，"围绕一个主题，贯穿两条主线，开展三大行动，落实四项重点工作"，突出解决妇女群众最关心、最直接、最现实的利益问题，使妇女儿童工作实现了较大发展与进步，为和谐新大兴建设做出了新的贡献。区妇联被评为全国维护妇女儿童权益和全国城乡妇女岗位建功先进集体，推荐的天宫院街道天堂河社区和清源街道兴华园社区被评为全国学习型家庭创建示范社区，另有36个集体、73名个人分获全国、市、区级"三八"红旗集体等多项荣誉。

名称：北京市大兴区妇女联合会
地址：北京市大兴区黄村兴政街15号
电话：61298684
邮编：102600
网址：womendx@ chuna. com

【召开二届二次执委会】 1月12日，区妇联召开了二届二次执委会，替补王晓红，增补高玉芳、任春红为区妇联第二届执委。在这次会上建立了常委联系执委、执委联系代表制度。此制度的建立使"一次会议代表"转变为“一届工作代表”,延伸了妇女组织的“手臂”,扩大了妇女工作的覆盖面。

(高洪艳)

【举办女领导干部联谊会】 3月5日,区妇联在妇女儿童活动中心举办了大兴区女干部联谊会,全区150余名处级以上女干部、19个镇、街道妇联主席参加了活动,区委常委郭宝东到会并致辞。区委常委、纪委书记李艳萍、区人大副主任陈晓英、副区长常红岩和首届妇女之友参加了活动。

(高洪艳)

【关注农村两委中女性参选议政】 3月26日,市妇联主席赵津芳一行就农村妇女参选议政情况到大兴区调研,先后到庞各庄镇、采育镇进行调研,区妇联主席张伟就全区农村两委女性参政情况作了汇报,礼贤、庞各庄、长子营、安定、采育等镇进行了专题发言。

(高洪艳)

【村妇代会换届】 年内,区妇联完成了对村级妇代会的换届。换届后的情况如下:全区523名妇代会主任平均年龄43岁,比上届降低1岁,同比降低2.3%。中共党员255人,占48.8%;群众268人,占51.2%;无民主党派。汉族512人,占97.9%;少数民族11人,占2.1%。连任393人,占75.1%;新任130人,占24.9%。进党支部123人,进村委会91人,交叉任职61人,占妇代会主任总数的52.6%。享受村级班子副职待遇87人。

(高洪艳)

【村妇代会换届确保两委中女性比例】 11月5日,区委组织部批准了《大兴区妇联关于提高农村妇女参政议政有关比例采取措施的建议》,确保村“两委”中至少有一名女性。调整后总体情况:“两委”中共有女性693人,其中交叉任职64人;女书记29人,女支委357人,女性进党支部比例为16.5%,较调整前提高了2.8个百分点;女村主任10人,女委员297人,女性进村委会比例为15.9%,较调整前提高了4.6个百分点;妇代会主任进支委135人,进党支部比例为25.47%,较调整前提高了0.27个百分点,进村委135人,进村委会比例为21.1%,较调整前提高0.2个百分点;女性在“两委”中的配备率为100%。空白点村人员调配情况:实施补救措施后,人员调配共涉及266个村,295人。其中,女村官237人,女包村干部52人,妇代会主任6人;党员147人,团员132人,群众16人;大专及以上文化程度288人,占97.6%,中专高中文化程度1人,占0.3%,初中文化程度6人,占2.1%。调整后女性进党支部136人,进村委会159人。

(高洪艳)

【基层组织创建工作】 清源街道办事处和3社区、村:观音寺街道金华里社区、清源街道金惠园二区社区、榆垡镇西瓮各庄村,被全国妇联评为基层组织示范创建街道、社区和村。

(高洪艳)

【解决村、社区妇联组织活动经费】 按照户籍女性人口30万,人均1元钱标准,财政拨付经费30万元,并形成长效保障机制,以解决村妇代会及社区妇联工作经费问题。

(高洪艳)

【绩效考核和百分考核推优工作】 根据区委《关于镇街道办事处科学发展绩效考核办法的通知》、《大兴区妇联2009年度百分考核意见》要求,对大兴区14个镇、3个街道妇联进行了考核,根据考核情况,推选出12名北京市妇联系统优秀妇联干部和7个妇联工作先进集体;推选18人获得北京市“三八”红旗奖章,9个北京市“三八”红旗集体。

(高洪艳)

【各界妇女庆“三八”大会】 3月8日，区委在区妇女儿童活动中心召开了“纪念‘三八’国际劳动妇女节100周年庆祝大会”。会议由区委副书记王新主持，区委书记、开发区工委书记林克庆致辞。北京市妇联主席赵津芳也到会并讲话。会上表彰了三八红旗集体、三八红旗手等不同类别的优秀集体和先进个人180名，区四套班子主要领导、局级女领导、大兴区首届妇女之友和各镇街道、各工委主管领导及全区各界妇女代表600余人参加了会议。

（高洪艳）

【对外宣传】 利用大兴电视台、大兴报“巾帼风采”专栏和大兴妇联网宣传优秀妇女典型20人，先进集体10个，全年妇联系统外宣稿件171篇，其中市级以上新闻媒体49篇，区级媒体142篇。

（高洪艳）

【开展“节能减排我最行”系列活动】 4月至8月，区妇联开展了以“节能减排我最行”为主题的系列活动。系列活动包括“节能减排我最行”征文、“寻找低碳家庭”、“家庭低碳计划十五件事”、生活小窍门等。共收征文395篇，发放了近10万份致全区广大家庭的一封信，举办了31场形式多样、内容丰富的文娱活动，受到了广大妇女和家庭的好评。

（高洪艳）

【和谐家庭创建活动】 年内，开展以健康时尚、科学致富、绿色环保、文化示范、文明和谐为内容的文明家庭评选活动，评选出1000户文明家庭，在“三八”节表彰大会上与区文明办共同进行了表彰。

（高洪艳）

【百姓读书主题活动】 区妇联开展了百姓读书征文活动，号召广大妇女多读书、读好书，精选20篇征文，参与市妇联征文评选活动。

（高洪艳）

【开展学习型社区的评选表彰活动】 区妇联在全区社区中开展了学习型社区的推荐评选活动，经过评选，清源街道滨河北里社区、天宫院街道天堂河社区被全国妇联评为全国学习型社区。

（高洪艳）

【金玫瑰志愿者服务队活动】 7月1日，区妇联在清源街道举办了“为党旗增辉，展巾帼风采”金玫瑰志愿者服务队授旗活动，全区210支巾帼志愿者服务队，近千名志愿者参加了此次活动。市妇联副主席沈洁、区委常委郭宝东、区社会工委副书记孟令勇、区文明办副主任王焕玉、团区委副书记施艳青参加了活动，活动由区妇联主席张伟主持。

（高洪艳）

【女性健身操推广活动】 年内，选派5名有二级资质的社区体育指导员参加了市妇联组织的为期两天的培训，将所发光盘进行刻制向全区各镇、街道妇联进行了发放，普及推广女性健身操。7月21日，在妇女儿童活动中心进行了集中培训，全区52名小教员参加了培训。

（高洪艳）

【大众读书会】 全年全区征订20万元，5000个会员，分发图书7.5万册。

（高洪艳）

【开展数字生活大赛】 年内与区科协一起组织全区家庭开展数字生活大赛活动，全区2万余户家庭参与，大兴区获得优秀组织二等奖。

（高洪艳）

【市领导到大兴区检查指导工作】 4月27日,由市妇联发展部部长刘玲带队,市卫生局工会、国资委党群处、市直机关工委工会等市"巾帼建功"、"双学双比"活动协调小组成员单位领导对本区的"巾帼文明示范村"、"巾帼文明岗"、"双学双比"示范基地、"巧娘工作室"进行了检查验收,这次检查验收采取实地考察、集中汇报两种形式进行。检查组实地考察了榆垡镇求贤村、庞各庄乐平西甜瓜专业合作社、北臧村镇兴秀手工艺品产销协会、大兴地税局第一税务所等单位,听取了区妇联工作汇报。市检查组对大兴妇联的工作表示肯定,并指出,各有关部门要在就业、维权等方面为妇女提供必要的帮助,为女性的发展提供更加广阔的空间和切实的保障。

(贾连营)

【本区首家手工艺发展促进会成立】 8月27日,大兴区首家手工艺发展促进会成立,并在妇女儿童活动中心召开了大兴区手工艺发展促进会第一届会员大会。区委常委郭宝东出席成立仪式。区妇联此次成立大兴区手工艺发展促进会,旨在为妇女创业就业拓宽渠道,同时为广大妇女增收致富拓展空间,同时为女性人才施展才智搭建起一个平台。促进会目前有会员16名。

(贾连营)

【开展妇女维权宣传工作】 "三八"节期间,以"温暖你我他,维权服务进万家"为主题,采取区镇联动的形式,开展了"三八"妇女维权周宣传活动,共举办法律讲座100余场,举办各类普法宣传活动150余场,发放宣传资料4万余份。

(冯桂莲)

【宣传贯彻系列活动】 年内,区妇联权益部与妇儿工委办公室共同举办了《实施办法》征文及知识竞赛活动,10月,组队参加了北京市妇联、市妇儿工委、市司法局联合主办的全市《实施办法》知识竞赛,获三等奖,并获优秀组织奖。

(冯桂莲)

【走进高墙内帮教】 3月4日,区妇联来到北京市天河监狱,举行大兴区"纪念'三八'国际劳动妇女节100周年暨天河姐妹驿站授牌仪式"。北京市监狱管理局副局长张冠群、大兴区委常委郭宝东、北京市妇联权益部部长李静、大兴区政法委常务副书记王大舜、大兴区司法局副处级调研员袁小平等领导参加了此次活动。北京市妇联权益部部长李静同志向"天河姐妹驿站"授牌。

(冯桂莲)

【建立58个区级姐妹驿站】 年内,区委将社区姐妹驿站建设列为折子工程,为此,将各街道办事处和转置镇作为社区姐妹驿站建设的重点,建立区级姐妹驿站58个。截至目前,已在全区建立区级姐妹驿站90个,服务妇女3万余人次,在维护地区和谐稳定中发挥了积极的作用。

(冯桂莲)

【接待群众来访】 全年区各级妇联组织共接待群众来信来访共接访307件,比去年减少338件,同比减少52.4%。来信12件,来访216件,来电79件。其中区妇联接访198件,其中来信12件,来访135件,来电51件。

(冯桂莲)

【强化服务帮扶弱势群体】 "两节"期间,对区妇联贫困母亲数据库中的152名单亲贫困母亲、有创业意向的贫困母亲进行了慰问,送去慰问品及慰问金折合人民币4万元。为5名有创业意向的贫困母亲每人送去5000元创业资金,逐步缓解了他们家庭的生活困境。

(冯桂莲)

【“面对面宣教艾滋病”活动】 3月份以来，全区各级妇联组织开展了形式多样的宣传活动，全年共有3万余人上街宣传，发放宣传材料4万余份，发放安全套24000余个，张贴宣传画1761张，举办培训班5期，直接受益人数5万余人次，收到了良好社会效果。

（冯桂莲）

【表彰“巾帼维权岗”和“巾帼维权先进个人”】 推荐10个优秀巾帼维权岗及10名巾帼维权先进个人进行了表彰，并择优在“巾帼风采”系列报道中宣传，起到示范带动作用。

（冯桂莲）

【家庭成长行动启动】 4月30日，“大兴发展我行动——家庭成长行动”启动仪式在观音寺街道五楼会议室举行。北京市妇联儿童部部长陈延平、区社会工委书记、社会工作办公室主任张德广、区教委党组书记李广成、区妇联党组书记、主席张伟及各级妇联干部、首批家庭成长指导师、社区居民、学生及家长120余人参加了启动仪式。

（王旖旎）

【城市流动青少年篮球联赛】 5月8日，区妇联以“我快乐、我自信、我健康”为主题在北京石油化工学院篮球场开展了大兴区“让我玩”城市流动青少年体育篮球联赛，来自本区15所学校的300余名流动儿童积极参加了比赛。

（王旖旎）

【开展“不让毒品进我家”活动】 6月23日，区妇联与天堂河戒毒康复中心联合举办了“珍爱生命共建和谐——不让毒品进我家”为主题的禁毒宣传活动。区妇联副主席李燕和天堂河劳教所副所长孙本良等领导以及100余名社区群众参加了本次活动。

（王旖旎）

【开展安全用药家庭行动】 8月13日，区妇联和区药监局联合举办的“安全用药家庭行动”启动仪式在区妇女儿童活动中心举行。市妇联权益部部长李静；区委常委郭宝东；区委常委、宣传部部长戴明超；副区长王荣彬等领导以及来自14个镇、5个街道办事处的130余名妇女代表参加了启动仪式。

（王旖旎）

【为打工子弟学校送爱心】 9月9日，联合国儿童基金会项目官员宋慧艳、李涛、区妇联副主席李燕、区教委社教科科长张香坦及中粮福临门的高管来到大兴区建业学校，给那里的流动打工子弟学校的老师们送去了节日的祝福及91箱共364桶食用油。

（王旖旎）

【开展“家教下乡”活动】 9月27日，区妇联在长子营第二中心小学开展了北京市家庭教育进乡村活动。北京市妇联副主席、北京妇女儿童发展基金会副理事长周志军、市妇联儿童部部长陈延平、大兴区妇联副主席刘莹、李燕、大兴区教委纪委书记王翠华等相关领导出席活动。北京市“家庭教育进乡村”志愿者服务团、长子营二小400多名孩子和家长参与活动。

（王旖旎）

【举办2010年摄影展、成果展】 3月4～8日，区妇联在妇儿中心举办了“展女性智慧绽大兴风采”庆“三八”成果展、摄影展、女性服装服饰展及女性书画笔会。区领导郭宝东、李春亭及相关部门的负责同志参加了展览仪式，并为获得摄影大赛一、二、三等奖的选手颁发了奖金和证书。

（金丽丽）

【开展妇女法知识竞赛】 1月，在全区范围内组织各镇、街道开展妇女法知识竞赛，共

100余人参加,在区直妇委会开展妇女法知识答题活动,宣传妇女法,共2000人参加了答题活动,在法律宣传日上街开展妇女法宣传活动,共发放宣传材料2000余份。

（王　斌）

【开展姐妹安康公益行动】　4月22日,在黄村镇狼垡二村村委会举行"大兴发展我行动——姐妹安康行动"启动式。与华农财产保险公司合作,以关注妇女健康、倡导健康生活方式、促进家庭和谐为目标,涉及女性两癌保健知识讲座、义诊、发放健康知识读本、举办女性健康知识竞赛及赠送华农妇女安康保险、为失地失业妇女提供就业机会等六项内容。截至目前,12个镇、5个街道、5个区直单位培训,35场,3000人次受益。

（王　斌）

【开展家庭成长公益行动】　4月30日,启动了"大兴发展我行动——家庭成长行动"。采取菜单式上门服务和个性化指导等方式深入街道、社区、学校,送去了青春期与孩子沟通、早期教育、理财教育、亲子游戏、隔代人课堂、家庭和谐相处艺术等内容的课程23场,惠及群众2000余人。

（王　斌）

【妇女儿童规划编制工作推进会】　8月11日,大兴区妇儿工委办公室召开了"十二五"妇女儿童规划编制工作推进会,区委常委、常务副区长、区妇儿工委主任谈绪祥,副区长、区妇儿工委副主任王荣彬,区妇联主席、妇儿工委副主任张伟出席了会议。会议介绍了本区"十二五"时期妇女儿童发展规划编制进展情况,并部署了下一步工作。

（王　斌）

【成立妇女儿童规划的工作机构】　9月,认真设计制定了编制"十二五"妇女儿童规划的工作方案,为编制"十二五"妇女儿童规划聘请了专家,完成了本区"十二五"时期妇女儿童发展规划框架的编写及征求意见工作,为编制工作的实施创造了有利条件和充分的准备。

（王　斌）

【开展"流动儿童读书、写作"促进项目】　区妇儿工委办公室根据本区实际特点,积极协调市妇儿工委办公室,争取到了"流动儿童读书、写作"促进项目。为本区经纬学校、海迪学校和荣乾学校争取到图书10000余册,帮助3所学校建立了图书室,为3所学校争取到了15000元资金。项目开展期间各学校分别开展了读书征文、朗诵比赛、读书故事会等活动,项目各项活动安排进展顺利,达到了预期效果。

（王　斌）

【女性金融知识公益培训项目】　年内,为拆迁过程中失地和失业的、外来务工的和贫困的弱势女性提供基础金融知识、资金管理的技巧,引导她们进行合理的人生规划,提高在金融方面对子女的教育能力。项目共开展14期培训,争取资金152880元,涉及本区5个街道、和9个拆迁镇,截至年底,已经在亦庄镇、黄村镇、瀛海镇、兴丰街道开展了四期培训,其余9期将在2011年陆续开展。

（王　斌）

残疾人联合会工作

【概况】　2010年,大兴区残疾人工作在区委区、政府的正确领导下、在市残联的关怀指导和社会各界的大力支持下,坚持以邓小平理论和"三个代表"重要思想为指导,全面贯彻落实科学发展观,认真履行“服务、代表、管理”职能,围绕中心,服务大局,较好地完成了各项工作任务,为建设宜居宜业和谐新大兴做出了贡献。

名称:北京市大兴区残疾人联合会

地址:北京市大兴区黄村兴政街20号

电话:69209952

邮编:102600

网址:www. dxcl. org

【扶贫与助残】 年内,争取资金25.8万元,走访慰问1723名一户多残、老残一体、患有重大疾病和意外灾害的贫困残疾人家庭,对6名贫困残疾人家庭给与了临时救助;中秋、国庆两节争取资金18万元,慰问934户残疾人;对全区享受农村特困760人、城镇特困164人、城镇待业151人发放三项补助金额共计72.9万余元;完成了325名新享受三项补助贫困残疾人的申报审批工作;符合享受农村残疾人低保待遇的残疾人有1075人,已经全部享受了农村最低生活保障;符合享受城镇最低生活保障待遇的残疾人有315人,已全部享受了城镇低保;全区共有3355名重度残疾人享受重残无业补助,补助资金874.8万元;配合中残联党员干部做好创先争优“结对子、交朋友”活动,中残联宣文部与本区4位困难残疾人结对子;为5986人发放助残券;为281名重残人安装了一键通电子“小帮手”,为689名重残人申请了中国移动“小帮手”,已有358部下发到残疾人手中;为本区183名残疾人在校大学生、高中生及享受低保的残疾人子女在校大学生、高中生发放助学补助款55.994万余元,解决了残疾学生的实际困难。

(残联)

【康复工作】 年内,区残联为48名贫困听力残疾人免费配发了助听器;为26名贫困精神病稳定期患者办理了康复基地入住事宜;依托各级康复服务机构为751名术后及偏瘫至残的肢体残疾人提供了康复训练;对713名精神及智力残疾人进行了系统康复训练,并随训练进展建立相应档案;审批145名残疾儿童少年享受康复补助政策,其中社区康复训练120名,机构康复训练13名,人工耳蜗植入2例,免费发放残疾儿童少年各类辅具10件,共计36万余元;完成188名残疾人小型辅助器具适配评估工作;为8名贫困肢体残疾人安装了假肢;建立并完善残疾人社区康复室122个;对本区42名康复工作管理人员及693名康复协调员分期分批进行了为期四天的集中培训,确保了本区全面实现残疾人“人人享有康复服务”总目标的完成;对本区各镇、街道残联理事长及初审录入人员及各评估机构医务人员共44人进行了业务培训,借助社区康复服务资源进行宣讲活动,为120名精神、智力、肢体等残疾人亲属及监护人进行了知识讲座、政策解答等不同形式的培训。

(残联)

【残疾人温馨家园及职康站建设】 年内,共建成5个镇、街道级残疾人温馨家园,总建筑面积2800平方米,辐射残疾人达3500余人;参加职康劳动的797名残疾人全部纳入意外伤害险;为10个镇、街道配发了无障碍助残服务车;完成5个新建残疾人职康站项目申报初审和上报工作。

(残联)

【就业与职业培训】 年内,对54名农村残疾人进行了蔬菜种植培训;为25名有就业意向的残疾人办理了求职登记,20名实现就业;建立了北臧村扶贫助残基地,集中安置8名残疾人参加种养业劳动,辐射带动9个村、21户残疾人家庭脱贫;举办了残疾人专场招聘会,提供了8个工种57个岗位,112名残疾人与企业达成了用工意向;新安置84名残疾人就业。

(残联)

【残疾人就业保障金审核工作】 年内,区残联审核用人单位 26302 家,审核率为 81.5%。审核资金 7364 万元,入库 6000 万元。

(残联)

【无障碍建设】 年内,区残联完成 1700 户残疾人家庭无障碍改造,为广大残疾人特别是农村残疾人的出行和日常生活带来了极大便利。

(残联)

【文体与宣传】 年内,联合区妇幼保健院开展"人工耳蜗-重建听的希望"系列宣传教育活动,发放宣传科普资料 3000 余份,营造了爱耳护耳的良好社会氛围;在第十九个国际残疾人日联合市残联福利基金会、大兴区商委、大兴区教委、林校街道办事处与 Tesco 乐购店举办"爱心天使"助残公益活动暨大兴特教中心实践基地揭牌捐赠仪式,乐购公司为大兴区特教中心捐赠人民币 5 万元,建立实践基地,促进了学生的日常学习、学校的教育教学活动,为特殊儿童提供了成长的平台,增加了走进生活、融入社会的机会;开展了以"关爱动物,和谐共存"为主题的春游活动,组织残疾人到北京野生动物园参观游园,共计 62 人参加了此次游园活动;组织温馨家园人员到采育葡萄园采摘,丰富了残疾人的生活,开发了残疾人的动手能力,让他们体验丰收的喜悦,体会通过自己的努力得到收获的乐趣;举办了残疾人火灾逃生演练,锻炼了残疾人遇到火灾等突发事件时的应变逃生能力,取得良好效果;举办了"祖国在我心中"为主题的书画作品展。残疾朋友以及热心公益事业的社会人士,用自己的画笔讴歌对祖国的热情,共有 33 名残疾人和书画名家参加,共创作书画作品 50 多幅;大兴区残联代表队共 21 名队员参加了北京市第五届特殊奥林匹克运动会,比赛中队员们团结一心,克服自身困难,取得 9 枚金牌、13 枚银牌、8 枚铜牌的好成绩;举办了大兴区盲人保健按摩技能大赛,全区 14 家盲人保健按摩店全部报名,共计 33 名盲人按摩师参加了比赛;在第 24 届北京市残疾人棋牌比赛中,大兴棋牌队团结进取,顽强拼搏,取得了盲人象棋全市第二名、第三名,团体总分远郊区第二名的好成绩;组织 16 名专职委员和部分有行动能力的残疾人到玉渊潭公园参观游玩,通过此次活动,进一步加强了残疾人之间的联系沟通,丰富了他们的业余文体生活;举行了残疾人趣味运动会,共计 45 人参加了套圈、托球接力、穿筷子等比赛项目。所有的残疾人选手均在自己拿手的项目上展示了技能、赛出了水平,彰显了残疾人朋友们永不言败的精神;在清源街道残疾人温馨家园成立了清馨书画院,为残疾人和热心于残疾人公益事业的书画爱好者提供了展示自我、奉献社会的平台;发布工作信息 193 条,镇、街道级信息 72 条;上报工作简报 12 期,制作助残日专刊 1 期。

(残联)

【第二十次全国助残日系列活动】 年内,组织第二十次全国助残日活动。4 月 27 日上午,助残日系列活动在采育镇残疾人温馨家园拉开序幕,10 名农工党员组成的医疗专家组,在采育镇举办了医疗下乡义诊咨询活动,共为 200 多名残疾人进行了健康咨询和康复指导,区残联还联合区卫生局、区体检中心,为全区符合条件的 837 名农村低保残疾人进行了免费体检;5 月 11 日上午,举办了 600 余人参加的大型文艺演出活动,北京市心灵之声残疾人艺术团、北京市兴华影艺袖珍人皮影艺术团为大家呈现了一台精彩纷呈的演出,得到了残疾人朋友和来宾们的一致好评;5 月 14 日,大兴区特教中心与大兴六小学生开展"特奥心连心 爱心开心满人间"融合特奥运动会。区教委党组书记、区委教育工委副书记、区政府教育督导室主任李广成、兴丰街道工委书记鲁德祥、大兴区关心下一代工作委员会主任李克仁、大兴区民政局副局长孙静、大兴残联副理事长杨海军出席了活动，大兴六小学生代表和特教学生手拉手做朋友，共同参与运动、分享成功快乐，既交流了技艺，又增进友谊；5 月 16 日，中国残联直属机关团委、青联组织团干部、团员代表和青联委员共 50 余人，来到礼贤镇，与残疾人及孤残儿童一起，开展了“走进基层、关爱帮扶农村贫困残疾人”助残活动，收效良好。

（残联）

【信访及维权】 年内，共接待来电、来访 2000 余人次，信访件 12 件，法律维权 4 人次，均得到及时有效的解决；鉴定 3857 人次，为其中符合标准的 3091 人办理了残疾人证。

（残联）

红十字会工作

【概况】 2010 年，区红十字会在市红十字会和区委区政府的领导和支持下，围绕市红十字会确定的工作重点和区委区政府的中心工作，抓住机遇，务实求新，在募捐、救助、应急救护教育、社区服务、造血干细胞捐献、宣传传播等工作中取得突破性进展，圆满完成全年各项工作任务，受到多项表彰，荣获“2009～2010 年度中国红十字会总会报刊宣传表扬奖”、“博爱在京城募捐组织发动特殊贡献奖”、“北京市红十字系统先进集体”、“北京市群众性救护技能演练优秀组织奖”、“落实市政府办实事项目突出贡献奖”，在北京市红十字会和北京电视台联合举办的“红十字与世界城市知识竞赛”中获二等奖，区红十字会作为对大兴区有突出贡献的先进集体受到区委、区政府的通报表彰。

名称：北京市大兴区红十字会
地址：北京市大兴区黄村西大街 86 号
电话：60283586
邮编：102600
网址：http://www.dxrc.org.cn

【落实政府为民办实事项目】 年内，区红十字会承担并完成了市政府为民办实事项目——在教育系统和公安系统中开展应急救护知识和技能培训。培训中小学班主任和中学生安全员 3471 人，公安干警 1050 人。开展对 0～18 岁白血病、血友病、再生障碍性贫血、肾衰竭和恶性肿瘤患儿的救助工作，区红十字会投入救助款 42 万元，救助患儿 32 名。区委常委郭宝东，副区长、区红十字会会长王荣彬亲自入户慰问，基层红十字会名誉会长、会长和秘书长也分别走访慰问了所属辖区内的大病患儿家庭。

（符　静）

【募捐工作】 全年共募捐 643.34 万元，其中全区各级红十字会积极参与“博爱在京城 博爱在大兴”募捐活动，募集善款 117.58 万元，同比增长 19%。区红十字会积极响应中国红十字会总会和北京市红十字会的号召，在全区范围内开展为西南旱灾、玉树地震等灾区救灾募捐活动，共为玉树、舟曲、西南干旱灾区募捐 525.76 万元，全部上缴市会，用于灾区的救助及重建工作。

（符　静）

【救灾救助工作】 全年，全区共拨付救助款 159.46 万元，同比增长 72%，惠及 3687 户家庭，受益人数 12904 人。帮助 19 个镇和街道解决实际问题 82 件，拨付救助款 26.3 万元。在配合镇和街道搬迁拆违工作中，区红十字会及时救助多户特殊困难家庭，帮助基层化解矛盾，解决难点问题。投入救助款物 45.41 万元，慰问 2550 户困难家庭，同比增长49%。端午节前慰问困难家庭,发放米、面各600份。重阳节前慰问百名困难老人,发放奶粉140桶、棉被100床。对因火灾、车祸等突发事件和因病致贫的困难家庭实施救助。共发放救助款物45.75万元,惠及1023户,3070人受益。

(符　静)

【应急救护培训工作】 年内,区红十字会制定培训工作计划。完成取证培训6914人,同比增长33%,普及培训11万人,同比增长57%。拓展培训范围,将应急救护知识培训内容纳入公务员、科级和处级干部培训计划。针对特殊群体开展培训,多次到女子劳教所、戒毒所、少教所和特种部队开展普及培训,共培训2393人。广泛开展应急知识宣传普及,通过28个基层组织向5万户家庭发放了家庭版急救手册。

(符　静)

【造血干细胞捐献工作】 年初经区编办批准,区红十字会成立了中国造血干细胞捐献者资料库北京管理中心大兴工作站,在公安大学、印刷学院,石油化工学院等高校和社会志愿者中采集血样359人份,成功入库300人份。

(符　静)

【社区服务工作】 年内,在兴丰街道富强南里社区、天宫院街道海子角西里社区和长子营镇车固营一村新建了3个社区红十字服务站。区红十字会为各站及时配备了血压计、轮椅、拐杖、急救包等便民设施,调配发放了部分救助物资。年内各服务站累计为群众提供服务5977次,6954人受益。结合三八妇女节、世界红十字日、世界急救日等重要节日组织各种便民服务、健康教育、宣传义卖等活动50次,2858人受益。

(符　静)

【世界急救日等宣传活动】 9月,区红十字会及各基层组织在全区范围内开展了纪念第11个世界急救日的“急救为人人”为主题的宣传、培训、演练活动,上万人在活动中受到教育。举办红十字博爱月系列宣传活动并参与科技节宣传活动。

(符　静)

工商联工作

【概况】 2010年区工商联紧紧围绕区委、区政府工作中心,顾全大局,服务全局,拓展职能,创新举措,全力构筑服务非公经济的桥梁和平台,积极发挥纽带和助手作用,与非公企业一起为区域经济发展和社会和谐稳定做出贡献。

名称:北京市大兴区工商业联合会

地址:北京市大兴区兴政街42号

电话:69299172

邮编:102600

【第三届非公企业运动会】 4月29日,区工商联在大兴区体育局举办了第三届非公企业运动会。以“唱响全民健身运动”为主旋律,以提高会员企业员工的健康水平和身体素质为目标,充分展示企业员工良好的精神面貌。副区长王荣彬、政协副主席路志权、工商联党组书记陈占山、主席刘金龙等参加了开幕式。此次运动会吸引了本区近20多家非公企业的参与,近300名企业员工参加了乒乓球、篮球、拔河三大项目的比赛。

(王　静)

【召开座谈会】 5月25日,在大兴区政协活动中心,全国工商联与大兴区及丰台区部分民营企业家就“政府依法行政与民营企业发展”进行调研座谈。全国工商联副主席、全国工商联法律委员会主任、用友软件股份有限公司董事长兼总裁王文京、全国工商联法律部部长王媛出席会议并分别讲话。座谈会由北京市工商联副主席李燕平主持,区工商联主席刘金龙陪同调研,北京市部分行业商会负责人,民营企业家代表等共30人参加了座谈会。

(王　静)

【组织“首都非公经济金融服务周”活动】 8月,市工商联组织了“首都非公经济金融服务周”活动期间在大兴、顺义、昌平设三个专场,组织全市非公企业与银行、担保公司进行项目对接。搭建行业商会、异地商会与银行对接沟通平台,据统计2010年仅民生银行北京分行一家银行就与74家商会签订135亿授信额度,放款已达21亿人民币,并与北京银行、渤海银行、汇丰银行、江苏银行等建立了工作联系机制。本区近百家企业参加了活动。全年共帮助凯迪斯电子等企业协调贷款两千余万元。利用网站发布企业各类供求信息,帮助企业盘活闲置资产,通过努力工作为企业解决实际问题取得一定成效。

(王　静)

【召开非公企业中秋座谈会】 9月19日,区工商联在区政协活动中心组织召开了“非公企业中秋座谈会”,区委副书记王新,区政协副主席、统战部部长李维民出席了会议。座谈会由工商联主席刘金龙主持,40名非公企业家参加了座谈。

(王　静)

【加强对外经济联络工作】 5~12月,积极组织会员企业近百人次参加全国各地组织的招商会、投资展览会、经贸洽谈会、贸易博览会及京津冀优秀民营企业家的交流与合作活动,帮助企业扩大发展、拓展空间。有针对性地组织部分兼职副主席赴上海世博会、云南昆明等地进行实地参观考察,开阔眼界,学习先进经验。通过加强对外联络,为企业拓宽视野、开拓市场提供了帮助

(王　静)

科学技术协会

【概况】 2010年,大兴区科协在区委、区政府的正确领导下,在北京市科协的直接指导下,全面落实科学发展观,团结并依靠广大科技工作者,紧紧围绕全区中心工作,开拓创新,注重实效,工作活力不断增强,举办“科技周”、“全国科普日”、“科技节”等大型主题科普活动,圆满完成了全年各项工作任务,在推进公民科学素质提升、加强科普设施建设、创新科普活动方式、提高科普服务能力、做好区域经济服务工作等方面成效显著,得到了各级领导、社会各界和广大群众的一致认可,为提升全民科学素质、推动本区经济社会全面进步做出积极贡献。

名称:北京市大兴区科学技术协会
地址:北京市大兴区兴政街31号科技大厦
电话:69267061
邮编:102600

【“科技套餐配送工程”知识大讲堂】 1月20日,北京市“科技套餐配送工程”设施农业知识大讲堂到大兴区对农民进行培训。此次培训聘请了北京市农业科学院蔬菜研究中心的专家就西瓜栽培技术及生产中遇到的问题,对来自庞各庄镇的60余名农民进行了培训,并将科技教材及春联送到了在田间地头。

(刘　艳)

【“三下乡”启动式活动举行】 2月8日,“我的北京,我的家”大兴区2010年文化、科

技、卫生“三下乡”启动仪式在魏善庄镇张家场村文化大院举行。区委常委、宣传部长戴明超,副区长王荣彬,政协副主席、科协主席刘月娥等领导出席并参观了图书室、义诊室、书画室等文化大院活动室。区委副书记王新一行对村里的困难户与老党员进行了走访慰问。在本次活动中,区科协科普大篷车还进行了现场科普宣传,捐赠科普挂图8套,科普图书、光盘10箱共计400本。

（刘　艳）

【校外教育工作联席会议召开】　2月9日,“2009年大兴区青少年学生校外教育工作联席会议年会”在少年宫召开。大兴区副区长王荣彬、教委主任李达以及科协等36家联席会议成员单位的有关领导、部分中小学校校长出席。会议进一步明确了大兴区青少年学生校外教育工作联席会议成员单位职责及分工,提出了大兴区青少年学生校外教育工作要点。

（刘　艳）

【北京青少年科技创新大赛闭幕】　3月21日,第30届北京青少年科技创新大赛决赛在通州区台湖学校圆满落幕,本区选手取得历年参赛以来的最好成绩。本次大赛共有680多个科技创新项目进入决赛,来自各区县的20支代表队以及来自美国、德国等11个国家的70余名学生和老师参加了比赛和交流活动。大兴一中的任帅、魏善庄中学的王珊获一等奖,大兴三中的刘金迪、采育中学的高珊、北京师范大学大兴附属中学的宋志文等获二等奖。另外本区选手还获得4项三等奖,大兴二中的郭宇老师获十佳科技辅导员,区科协获优秀组织奖。

（刘　艳）

【永定河沿岸专题调研活动举行】　3月24日,区科协邀请来自中国社会科学院经济研究所、中国农业科学院资源区划所、高校、生产力学会和区委办局的15名专家对永定河大兴段进行专题调研,并联合区发改委举行“大兴区产业发展专项规划”座谈会。座谈会上,专家围绕城市规划与设计、旅游规划、文化创意等领域,提出了许多具有前瞻性和可行性的建设性意见。

（刘　艳）

【“爱鸟周”主题活动启动式举行】　4月6日,大兴区“走进自然,关爱野生动物,促进生态和谐”——“爱鸟周”主题活动启动仪式在北京野生动物园举行。榆垡中学240名中学生参加活动。活动期间发放《林木良种指南》、《中华人民共和国野生动物保护法》、《科学放生野生动物》、《保护野生动物知识300问》等书籍、挂图2000余份。

（刘　艳）

【科普统计工作会召开】　5月11日,“大兴区2009年度全国科普统计工作会”在科技大厦召开,全区40余名科普工作者参加会议。会议安排部署了2009年度科普统计的工作重点,重点落实了将科普统计工作纳入各单位年度工作计划,确定科普统计工作专人负责、专人管理。本次科普统计结果将作为大兴区科普工作开展情况的重要依据。

（刘　艳）

【校园科普报告会举行】　5月13日,大兴区2010年“大手拉小手—科技专家进校园科普报告会”在大兴三小、五小、观音寺小学、庞各庄镇第二中心小学、北京师范大学大兴附属中学5所中小学开讲,共1500名中小学生参加。报告会邀请了中国科学院老科技工作者专家讲师团的5位专家教授,分别作出《如何撰写科学小论文》、《动手学天文》、《低碳生活在身边》等精彩的专题讲座。

（刘　艳）

【第十六届科技周活动举行】 5月18日，大兴区第十六届科技周启动式暨社区科普原创作品汇演在大兴影剧院举行，北京市科协副主席贺慧玲，区人大常委会副主任周静溪，区政府副区长谢冠超，区政协副主席路志权，区政协副主席、科协主席刘月娥莅临本次启动式。本届科技周由大兴区人民政府主办，大兴区科委、科协、文委共同承办，活动主题为“低碳 环保 科技 绿色”，旨在倡导低碳生活，营造美好环境，提高居民科学素质，建设和谐社区，促进城市更美好。科技周期间，按照北京科技周的统一部署，各有关单位，各镇、街道深入企业、农村、社区和校园，采取了专家讲座、科普展览、体验参与等多种形式，组织开展了“清源街道科普节”、“‘我的低碳生活’大兴区青少年科学调查体验活动”、“科普大讲堂”等80余项科普活动，在全区范围内掀起讲科学、学科学、用科学的热潮，不断提升民众科学素质，推动本区加快城市化进程。

（刘 艳）

【兴华园社区科普教育基地落成】 5月19日，大兴五小在兴华园社区建立科普教育基地，揭牌仪式在兴华园广场举行。大兴五小150名小学生参与活动，现场体验了科技互动展品，开展了陶艺制作、数码生活、虚拟世界等社区科普活动。兴华园社区科普教育基地的落成，开创了社区与学校合作建立青少年科普教育基地的新模式。

（刘 艳）

【举办青少年科技创新大赛培训】 9月14日，区科协、教委主办的青少年科技创新大赛培训活动在少年宫举行，全区50余名科技教师参加讲座。此次培训聘请了首都师范大学教授和北京市创新大赛资深评委分别就如何撰写小论文、进行实验设计与研究，如何拓展思路、选题等问题进行讲解，并现场解答师生的问题，取得了实效。

（刘 艳）

【第二十八届学生科技节开幕】 10月19日，由大兴区教委、科协主办的大兴区第二十八届学生科技节在长子营镇第一中心小学举行。区人大常委会副主任周静溪，区政协副主席刘志茹，区政协副主席、科协主席刘月娥，区科学技术委员会党组书记、主任王自学等领导出席开幕式，并参观了“青少年科学魔术师活动”和科技特色项目展示。来自北师大大兴附中、大兴三小、长子营镇第一中心小学的代表进行了典型发言。活动宣布了在重点科技竞赛中荣获全国一等奖和北京市一等奖的获奖名单，为获奖代表颁发奖金17.4万元，共展出展板37块，来自60余所学校的700名中小学生代表参加开幕式。

（刘 艳）

【北京印刷学院科协成立】 10月29日，北京印刷学院科协成立大会暨第一次会员代表大会召开。北京市科协党组书记、常务副主席夏强出席大会并讲话，市科协副主席周立军宣读北京印刷学院成立科协批复，大兴区政协副主席、区科协主席刘月娥，北京印刷学院学院校长曲德森等领导出席了大会。大会通过了北京印刷学院科协委员名单和委员会领导名单，选举北京印刷学院党委书记郑吉春为北京印刷学院科协主席。

（刘 艳）

【北京印刷学院校地企合作周开幕】 11月13日，北京印刷学院举办《北京印刷学院第六届校地企合作周开幕式》。本届合作周以“加强产学研合作，推动研究院建设”为主题，建立健全校地企常设性联络机制，探索产学研结合的新模式，实现科研与产业完全融合。国家新闻署副署长阎晓宏，市教委副主任付志峰、市科委副主任张继红，大兴区委常委郭宝东、副区长王荣彬出席了这次开幕式。

(刘 艳)

【院士专家工作站成立】 12月19日,中关村国家自主创新示范区大兴生物医药产业基地院士专家工作站授牌仪式在北京以岭药业有限公司举行。中国工程院院士王永炎、吴以岭、程书钧院士进站,将开展关键技术联合攻关、重大项目研发、科技交流与合作、高层次人才培养等工作。大兴医药基地院士专家工作站是第一个以科技园区为平台建立的院士专家工作站,它的成立将发挥专业园区聚集产业要素、培育产业支撑能力的优势,提升院士专家工作站的带动力和影响力,为首都地区科技进步和科技创新做出贡献。北京市科协党组书记、常务副主席夏强,大兴区委书记、北京经济技术开发区工委书记林克庆,北京市科协党组成员、副主席周立军,中关村管委会副主任周云帆,大兴区委常委、组织部部长王有国等领导参加了仪式。

(刘 艳)

【中小学生虚拟创造邀请赛决赛】 12月19日,由区科协、教委主办的第五届北京市中小学生虚拟创造邀请赛决赛在少年宫举行,来自13个学校的600余名中小学师生参加活动。经过裁决,大兴五中的王炜等2名同学获得想象力金星奖,庞二小的刘畅文等2名同学获得博学奖,怀柔区实验小学的邵晨呼哲等2名同学获得睿智奖,大兴四小、北京小学大兴分校获最佳创意奖,大兴一小、北师大大兴附中、怀柔区实验小学获最佳模型制作奖。

(刘 艳)

【开展全区人口科学素质调查】 年内,区科协组织了全区首次公民科学素质调查工作,同时对93名调查相关人员进行了培训。本次调查围绕公民基本科学素质状况、对科学技术发展的态度、获得科技信息主要渠道等内容,随机抽取1200户家庭开展入户调查,为推进《全民科学素质行动计划纲要》实施工作和相关政策制定提供了依据。

(刘 艳)

【北京市青年工程师评选】 根据北京市科协文件精神,年内组织各行业进行北京优秀青年工程师的推荐申报工作。经行业主管部门和区科协的推荐和上报,大兴区园林绿化局下属基层单位的两名工程师(大兴区苗圃肖桔清(女)和魏善庄林业工作站张文江)被评为北京市优秀青年工程师。

(刘 艳)

【实施科普惠农、益民计划】 年内,区科协积极争取市科协、市财政和区级资金支持,共投入项目经费321万元,大力推进“科普益民计划”和“科普惠农兴村计划”,并实施项目库管理。创建了北臧村梨园村、青云店大谷店村、采育镇沙窝营村等6个科普示范村,大兴区农业科技成果转化基地和大兴区长子营河津营村2个科普示范基地,重点培育北京御丰园西洋梨专业合作社和北京青科益农蔬菜专业合作社2个优秀农村专业合作组织,表彰并奖励了农业科技服务专家1名(刘华贵)、专业技术指导员1名(齐艳花)、农村致富带头人1名(李瑞平)。创建康隆园社区、金惠园二里、永华南里社区等8个优秀科普社区,1个科普场馆(北蒲州农业展示中心),表彰并奖励王媛、黄心田、孙娜等6个优秀社区科普宣传员。

(刘 艳)

【北京市折子工程项目】 大兴区有10个科普项目被北京市政府列为2010年政府折子工程(第111项),包括4个科普示范村(采育镇沙窝营、青云店镇大谷店、北藏村镇梨园村、长子营镇潞城营二村),5个科普示范社区(清城、香海园、康隆园、滨河北里、车站中里)和星城科普文化广场的建设。年内,所有市政府折子工程项目已完工。

(刘 艳)

【创办大兴科技工作者建议】 年内,区科协积极搭建专家建言献策平台,创办《大兴科技工作者建议》。邀请首都各领域一流专家学者和大兴科技工作者,围绕都市型现代农业建设、永定河水岸经济带规划、地铁经济发展、现代制造业及临空经济产业规划与建设、社区建设和管理等专题,开展调研、座谈和论证,提出对策建议。全年共印发10期,专家学者建言献策49篇,吸引了北京市乃至全国的专家学者、科技工作者为大兴发展建言献策,为区领导决策提供科学参考。

(刘 艳)

【星城科普文化广场设施改建】 年内,区科协对星城科普文化广场的科普宣传画廊和电子大屏幕进行了改建,分别于9月和12月建成完工。新建成的科普宣传画廊和电子大屏幕定期更新宣传内容,更加突出直观性和现代化,方便和吸引更多的群众学习和利用科普知识,为公众提供一个集科学普及、休闲娱乐、文化艺术于一体的大型现代化户外科普场所。

(刘 艳)

【编制居民科学生活手册】 年内,区科协组织编制《居民科学生活手册》,免费向社区居民发放了1万余册,从衣、食、住、行、游、娱等各方面普及生活中的科学常识,以群众喜闻乐见的形式,广泛传播科学思想、普及科学知识、倡导科学方式,提高科普影响力和公众参与度。

(刘 艳)

【编制全民科学素质行动"十二五"规划】 年内,邀请相关专家组成"规划"研究撰写小组,以市科协《北京市全民科学素质行动"十二五"规划》为整体框架,紧紧围绕全区"十二五"规划及中心工作,形成大兴区全民科学素质行动"十二五"规划初稿,同时组织召开座谈会征求相关部门的意见和建议,经过多次研讨和修改,确定了与北京市规划相对接的大兴区全民科学素质行动"十二五"发展思路、战略目标、主要行动和保障措施,为未来五年发展指明了方向,明确了目标。

(刘 艳)

政法·军事

政　　法

政法委工作

【概况】　大兴区委政法委在区委、区政府的正确领导下以“平安大兴”建设为载体，以解决影响社会和谐稳定的源头性、根本性、基础性问题为核心，以深入推进社会矛盾化解、社会管理创新、公正廉洁执法三项重点工作为抓手，始终坚持“抓班子带队伍，抓党建促队建，抓人才强素质，抓基层打基础”的工作思路，认真履行指导、协调、检查、督查的作用，组织、指导维护全区社会稳定、社会治安综合治理、流动人口管理、国家安全人民防线建设和反邪教工作，着力加强思想政治建设、作风形象建设、基层党组织建设、公正廉洁执法以及司法警务公开，为本区政法工作的科学发展提供了坚实的思想基础和组织保障。

名称：中共北京市大兴区委员会政法委员会

地址：北京市大兴区兴政街15号

电话：61298663

邮编：102600

【加强宣传工作】　1月，在大兴电视台开设了“平安大兴”电视栏目，为促进平安大兴、和谐大兴建设提供新的平台和坚强有力的舆论支撑。加强了舆论监督，对造成恶劣社会影响给予及时曝光，增强了职能部门履职的自觉性。同时，充分发挥大兴报“政法综治在线”专刊作用，营造良好的舆论宣传氛围。

（政法委）

【召开推进三项重点工作会】　4月13日，召开大兴区推进三项重点工作会。区委常委、政法委书记马武英主持会议。区委副书记王新、副区长常红岩，区直各有关部、委、办、局主管领导，以及各镇(街道)党(工)委副书记参加了会议。

（政法委）

【校园安全工作】　5月2日，本区召开中小学和幼儿园安全工作紧急会议。区委常委、政法委书记马武英和区委常委、宣传部部长戴明超出席会议并讲话。副区长王荣彬主持会议。区委政法委及区教委、区维稳办、区综治办、区公安分局等有关部门和各镇、街道主管领导参加了会议。

（政法委）

【推广村庄社区化管理工作现场会】　7月7日，区委常委、政法委书记马武英，区委常委、区委组织部部长王有国，副区长常红岩出席会议并讲话。黄村、旧宫、瀛海、亦庄、青云店、北藏村等7个镇党委书记和区委政法委、区综治办、区公安分局等单位主管领导参加了会议。

（政法委）

【公正廉洁执法】 10月19日至22日，区委政法委成立检查组，对区政法各单位公正廉洁执法工作进行监督检查，并组织特邀监督员对32个基层单位进行明察暗访，积极推动了政法队伍建设。

（政法委）

【召开全区政法工作会议】 12月19日全国政法工作会议后，迅速组织召开了全区政法工作会议。区委书记、开发区工委书记林克庆，区委副书记、区长、开发区工委副书记李长友，区委副书记王新，区委常委、政法委书记马武英，副区长常红岩，以及区政法系统、各镇（街道）和有关职能部门主要领导参加了会议。

（政法委）

【全力化解社会矛盾】 年内，督促各有关单位落实信访联席会议、领导包案、挂账督办、信访代理等制度机制，实施一案一策、合力攻坚，着力化解稳控了一批重大矛盾纠纷。全年化解稳控83件重点矛盾。同时，进一步完善检调对接、人民调解进立案庭（法庭）、民调进所、民调进交通支队等调解机制，努力把社会矛盾化解在基层、解决在萌芽状态。

（政法委）

【清理涉法涉诉信访积案】 年内，组织召开公检法“三长”会议，研究解决涉及全区安全稳定、经济发展的重大疑难案件。通过开展清理化解涉法涉诉信访积案专项活动，落实联席会议、情况通报、挂账督办、司法救助、专案攻坚、信访联动等制度机制，努力实现息诉罢访。

（政法委）

【全力维护拆迁拆违秩序】 年内，组织协调各有关单位加强对拟拆迁村（小区）不稳定因素摸排、风险评估和预警，成立拆迁维稳工作组，集中整治私搭乱建、安全隐患等问题。多次召开协调会，重点对观音寺柳林街拆违、青云店镇蔬菜大棚拆违、西红门镇龙海学校拆迁、亦庄等镇拆迁拆违中引发的非正常群体访，协调配合党委政府和相关部门疏导化解矛盾纠纷，合力攻坚，确保了64个村和谐无震荡拆迁。

（政法委）

【探索推广村庄社区化管理】 年内，在西红门镇金星地区16个村庄试点的基础上，在全区151个村（北部72个村，南部29个村）探索推广村庄社区化管理模式。7月3日上午，中共中央政治局委员、北京市委书记刘淇，国务委员、公安部部长孟建柱，北京市委副书记、市长郭金龙，公安部党委委员、副部长黄明，北京市委常委、常务副市长吉林，市委常委、市委秘书长李士祥，副市长刘敬民等市委市政府和公安部领导到大兴区视察调研村庄社区化管理工作。市委政法委副书记、市公安局局长傅政华，副局长高煜、单志刚等市局领导，大兴区委书记林克庆，区长李长友，区委副书记王新等区委区政府领导参加了调研活动。8月11日，在大兴区西红门镇召开了“全市开展村庄社区化管理工作推进会”。市委副书记、政法委书记、首都综治委主任王安顺、市委常委、市公安局局长傅政华、副市长、首都综治委副主任刘敬民、市委副秘书长、市委政法委常务副书记李伟、市委政法委副书记、首都综治办主任、市流管办主任李万钧等多位领导参会，并莅临本区西红门镇考察调研社区化管理工作，大兴区长李长友、区委副书记王新等区委区政府领导参加了调研活动。8月18日，中央政治局委员、中央政法委副书记、中央综治委副主任王乐泉到大兴区专题调研村庄社区化管理工作。先后到本区旧宫镇庑店村、西红门镇大生庄村实地考察了村庄社区化工作情况，并听取了实施拆迁整治、村庄社区化管理、流动人口管理服务等工作情况汇报。

(政法委)

【创新流动人口服务管理机制】 年内,按照“控总量、优素质、调布局”的工作目标,坚持“北清南控、疏堵结合、标本兼治”的原则,集中开展清理整治,大力实施“以补促管”,进一步调控流动人口规模和结构。按照有房未租的每户每年补贴1000元的标准发放补贴,促进了管理各项措施的落实。

(政法委)

【重点地区排查整治】 年内,对44个市、区、镇三级挂账的重点村、治安重点地区、高发案地区开展集中整治,确保了年底全部摘牌销账。

(政法委)

【镇街道综治维稳中心建设】 在全区14个镇、5个街道全部建立综治维稳工作中心,统筹开展矛盾纠纷排查调处、城市综合管理指挥、情报信息研判、基层平安创建等工作。

(政法委)

【群防群治队伍建设】 年内,组建了1000人的专职辅、3248人的专职巡防队员和1768人的流动人口管理员队伍,构建24小时街面、社区(村)全天候、全覆盖的人防网络。

(政法委)

【老旧小区规范化建设】 年内,组织协调区综治办、社会工委、住建委等部门,通过实施封闭改造、建设专职管理队伍、完善技防体系三项工程,解决了54个老旧小区案件高发、防范薄弱、管理不到位等问题,全面改善了老旧小区生活环境和治安环境。

(政法委)

【队伍建设】 年内,进一步深化了“建设平安大兴、服务科学发展”主题教育,按照中央、市委《关于2008年~2012年大规模培训干部工作的意见》的要求,制定了干部培训实施方案,大力开展了岗位练兵和技能比武,加大教育培训的创新力度,建立了政法干警执法质量档案,进一步完善了执法质量考评办法,促进了规范化、制度化建设。

(政法委)

【创先争优】 年内,深入开展“学习型”领导班子、“学习型”党组织创建活动、“听呼声、走百家、送服务”为民实践活动。加强督促检查,区活动办督导组先后多次对市联系点和政法部门窗口单位的工作情况进行了督查和检查,推进了工作的有效开展。通过建立为民实践活动联系点,各单位领导班子成员带头深入基层调研,切实改进了工作作风。

(政法委)

公安工作

【概况】 2010年是大兴公安工作取得重要发展的一年。在区委、区政府和市局的领导下,区公安分局深入推进“三项重点工作”,不断完善打防控一体化工作机制,进一步加强执法规范化建设,努力提升工作标准和队伍战斗力,圆满完成了各项公安保卫任务,有效维护了全区社会和谐稳定。年内,创新并大力推行村庄社区化管理模式,流动人口倒挂村治安状况明显好转;组建千人专职辅警巡逻队,提高街面见警率,在辅助公安机关打击防控街头犯罪中发挥了重要作用。通过有效破解社会治安防控和社会管理基础性难题,大力化解矛盾纠纷,全区社会治安防控体系得到了进一步完善,为从源头上解决“压发案”问题发挥了重要作用。全年共立刑事案件5795起,破4076起,其中,破各类经济案件224起、各类涉毒刑事案件29起,抓获各类违法犯罪人员6746人(含交通拘留695人):共受理各类治安案件18105起,查处各类违法人员16254人。年内,以严厉查处酒后驾车等严重交通违法为重点,加大交通执法、秩序整顿和隐患排查整改力度,累计查处纠正交通违法行为35.9万起,其中查处酒后驾车、闯红灯等四类严重交通违法行为21662起。积极构筑社会消防安全“防火墙”,强化宣传教育、专项治理、灭火救援和灾害处置工作,共行政处罚消防违法行为410余起,督促整改火灾隐患3539件,接处警1937起,其中火警1797起、抢险救援662起,未发生火灾致人伤亡情况。年内,区公安分局在政治思想建设、警察公共关系建设、内外宣传、勤务指挥、科技强警、情报信息、网络安全、户政办理和警务装备、通信保障等方面,相关部门充分发挥了职能作用,为圆满完成各项工作提供了有力保障。全体民警始终保持了坚定的政治立场,齐心协力、顽强拼搏,扎实工作,充分展示了大兴公安队伍奋发有为的精神面貌。年内,共收到群众赠送锦旗186面、感谢信128封,区公安分局被公安部评为打黑除恶先进集体,局属15个集体、27名个人荣获市局级以上荣誉称号。局属1人荣立一等功,5人荣立二等功,122人荣立三等功,局属4个集体荣立二等功,15个集体荣立三等功。

名称:北京市公安局大兴分局

地址:北京市大兴区黄村西大街35号

电话:69239183

邮编:102600

【创新实行村庄社区化管理】 年内,区公安分局于4月份开始在流动人口倒挂村建立集“社区警务站、流动人口管理服务站、巡防工作站”三站合一的“村庄综治中心”,对进出村庄的人员和车辆实行出入证制度;按照实有人口2.5‰、流动人口5‰的比例建立专职巡防队员和流动人口管理员两支村防专职队伍;在村庄内主要街道、胡同安装电视监控设备。

(左宝栓)

【村庄社区化管理模式推广】 年内,区公安分局在区委区政府和市局的领导和支持下,先期在金星地区16个村推行村庄社区化管理模式,取得明显成效。王乐泉、刘淇、孟建柱、郭金龙、王安顺、傅政华等中央政法委、公安部、北京市等各级领导给予高度重视,先后到实地检查指导工作。市局和市委先后在5月27日、8月11日召开村庄社区化管理工作推进会,村庄社区化管理模式在全市得到推广。

(左宝栓)

【村庄社区化管理模式成效明显】 年内,区公安分局顺利推进完成了城乡结合部72个村、新城地区54个老旧小区和南部79个村社区化管理工作,刑事发案得到有效遏制。截至年底,金星地区16个村庄发案下降75.9%,可防性案件下降76.2;后续推进的56个村庄,9月份以来发案下降39.9%,可防性案件下降24.4%;54个老旧小区发案下降39.5%,可防性案件下降18.8%。

(左宝栓)

【加强中心警务站建设】 年内,区公安分局在北部的清源路、黄村镇、金星等3个派出所先后建立了4个中心警务站。自建站投入使用至年底,清源路、黄村镇两个派出所辖区110警情和可防性案件同比分别下降17.1%、9.7%;金星派出所辖区110警情和可防性案件同比分别下降17.1%、9.7%。

(左宝栓)

【组建辅警巡逻队】 年内,区公安分局组建一支由公安分局指导、管理和使用的千人辅警巡逻队。队员主要从各派出所巡逻辅助力量、复员军人、大专院校毕业生和外地公安、政法类院校毕业生中招录,统一服装和执勤装备,上岗前进行基本业务培训和以内务、队列、拳术等为内容的军事化训练;由各派出所民警带领专门从事社会面治安巡逻。自4月25日正式投入使用到年底,辅警专职巡逻队共协助抓获各类违法犯罪嫌疑人1964人;5至12月全区街头发案同比下降50%,其中街头“两抢”案件下降51.6%。

(吕宝泉)

【启动社会面巡逻防控工作】 4月25日上午,区委、区政府在魏善庄北京预备役训练基地隆重举行社会面巡逻防控工作启动仪式。市委常委、市局党委书记、局长傅政华,区委书记林克庆、区长李长友、市局副局长单志刚、市局巡特警总队总队长肖勇,区公安分局分局长陈德宝、政委席思友,以及分局相关业务部门领导、各派出所所长和700余名专职巡逻队员参加了启动仪式。启动仪式上,专职巡逻队员进行了队列和综合格斗术表演。

(吕宝泉)

【维护中小学幼儿园安全稳定】 年内,区公安分局采取有效措施保障校园安全。在学生上下学时段,每天投入民警278人、协警360余人、各类保安人员800余人、社区志愿者550余人;将联网的学校幼儿园监控图像接入分局指挥中心,由专职民警严密监控;指导学校幼儿园健全安防制度,完善处突方案,协调区教委投资100万元完善学校技防设施,为学校配备298名保安员,经过严格审查后上岗;向学校幼儿园发放各类催泪喷射器、防刺服等防护器材900余件。

(夏仲民)

【维护农村两委换届选举期间稳定】 6月,区公安分局全力维护农村两委换届选举期间全区安全稳定。投票选举日当天,共投入警力1050人,加强选举现场秩序维护和社会面控制,有效防止了涉恶、摆势等严重影响选举秩序现象的发生。为有效处置换届选举中出现的突发事件,分局成立由治安、刑侦、巡警等部门组成的30人处置队,共处置各类敏感(案)事件33起,刑事拘留1人,治安拘留1人,警告7人,批评教育249人。

(左宝栓)

【加强流动人口和出租房屋管理】 年内,区公安分局不断强化流动人口和出租房屋管控力度。流动人口登记办证54.2万人,登记办证率达到91.6%。协调组织开展流动人口聚居重点地区清理整治行动45次,清理出租房屋3.5万余户次10.7万余间次,审查流动人口42.7万余人,发现违法犯罪线索133起,查获违法犯罪人员2321人,抓获在逃人员56人,劝返上访人员89人。

(闫海龙)

【加强行业场所阵地控制】 年内,区公安分局加大文化娱乐场所和特种行业管理力度,全年共检查行业场所12000家次,发现解决各种隐患386处,查获各类违法犯罪人员541人,共取缔黑旅店134家、游艺厅28家,处罚1295家,罚款42余万元。

(石克明)

【开展街面治安重点地区整治】 年内,区公安分局加大对市、区、镇三级13处街面重点地区的清理整治和秩序维护,共开展联合执法190余次,分局自行开展专项执法115余次,累计出动各类执法力量1.6万人次,车辆1250余台次,排查整改各类隐患195余处,拆除规范广告牌匾135余个,清理黑车125辆,查处散发小广告人员34人,规范店外经营125家,清理露天烧烤大排档16家22次,查处违法行为70余起,警告违法人员35人,批评教育255余人。

(石克明)

【加大网吧检查与处罚力度】 年内,区公安分局共出动警力500余人次,检查网吧492家次,对5家网吧做出停业整顿的处罚决定,对12家网吧分别做出警告并处罚款的处罚决定,对109家做出警告的处罚决定,共取缔黑开网吧223家,查扣电脑终端数台2290台。

(安济宁)

【强化命案攻坚力度】 年内,区公安分局进一步加大命案侦破和防范工作的攻坚力度。全区共发生命案40起,同比下降20%;破案36起,破案率90%,同比增长2个百分点。工作中,依托命案侦破工作机制,实行挂帐督战,先后破获"4·18"杀人抛尸案、"5·23"杀人焚尸案和"11·25"持枪杀人案等案件。

(吕宝泉)

【深化打黑除恶斗争】 年内,区公安分局始终保持对黑恶势力主动进攻高压态势,坚持做到"早发现、早控制、早打击",遏制黑恶滋生。共打掉恶势力犯罪团伙等30个,抓获犯罪嫌疑人175名,破获各类刑事案件56起。

(吕宝泉)

【遏制侵财犯罪】 年内,区公安分局坚持打团伙、破系列,进一步强化对直接影响群众安全感的入室盗窃犯罪的专业化打击。工作中共破获侵财类案件1281起,打掉侵财犯罪团伙126个,抓获并处理团伙成员451名。实现了诈骗和两抢案件下降、入室盗窃犯罪高发态势得到全面遏制的"两下降一遏制"的工作目标。

(郭振山)

【妥善处置各类群体访】 年内,区公安分局按照早、快、稳的处置原则,积极做好及时预警、快速疏导、依法处理等各环节的工作,共妥善处置各类群体访400批9506人次,化解各类矛盾纠纷2800余起。

(刘长满)

【加大预审深挖破案工作力度】 年内,区公安分局努力提高预审破案在分局破案中所占比重,提高预审对全局打防工作的贡献度;特别是从完善治拘深挖长效机制着手,规范治安案件深挖工作流程,加大对治拘人员深挖力度,切实扭转治拘深挖不力的被动局面,为促进预审破案总量的进一步提升提供有力抓手。预审深挖共破获各类刑事案件1537起,同比增长14.4%,占分局破案总数4031件的38.1%。

(张京城)

【春节前30天打防行动】 在2010年春节前开展的30天打防专项行动中,区公安分局共破案388起,抓获违法犯罪人员865人,其中刑事拘留205人,治安拘留660人;抓获在逃人员28人;共打掉各类犯罪团伙9个38人,其中流氓恶势力犯罪团伙2个18人,破获系列案件27串161起。

(杨超远)

【打防春季攻势】 在2010年开展的打防春季攻势中,区公安分局共破获各类刑事案件301起,抓获各类违法犯罪人员770人,其中,刑事拘留231人,治安拘留539人;打掉犯罪团伙18个69人;破获系列案件19串139起;抓获在逃人员35人。

(吕宝泉)

【完成"两会"警务支援勤务】 3月2日至15日,区公安分局180名支援西城分局"两会"安保警力,协助查获非法上访人员205名,控制精神病人1名,查获违禁品113份,收缴法轮功宣传品4份,查获管制刀具1把,为“两会”顺利召开消除了一批安全隐患。

(杨超远)

【强化外围查控措施】 区公安分局3月1日至3月15日启动“护城河”工程,全力做好“两会”外围安保治安查控工作。安定检查站及其他15个临时卡点,共盘查检查车辆1.2万余辆次、人员2.6万余人次,核查录入车辆2461辆、人员4474人,查获外地进京上访人员1人,收缴管制刀具1把、假印章13枚。

(刘建国)

【完成限放工作】 在2010年元旦、春节、元宵节节日期间烟花爆竹限放工作中,区公安分局分别投入警力625人、1046人、1224人,组织各类群防群治力量41038人、39992人、42280人,确保了三个节日期间全区良好的燃放秩序,全区未发生重大火灾和伤人事故。

(石克明)

【治爆缉枪专项行动】 年内,在3月22日至年底开展的治爆缉枪专项行动中,区公安分局共抓获各类违法人员63人,其中刑事拘留11人,治安拘留42人,警告8人,处罚1人;收缴气枪、仿真枪等各类枪支208支,子弹2320发,炮弹30枚,管制刀具280把以及炸药等大量物品。在市局开展的评比中,大兴分局取得治爆缉枪专项行动环五分局第一、全市局第三的优异成绩。

(石克明)

【4·11专项行动】 在市局部署开展的代号为“4·11”专项行动中,截至年底,区公安分局共打掉黄、赌、毒等各类团伙84个,抓获违法人员662人,其中刑事拘留74人,治安拘留588人。“4·11”专项行动以来,全局110系统共接报卖淫嫖娼和赌博类治安警情235件,同比减少395件,下降62.7%,初步实现了市局制定的下降60%的刚性目标。其中卖淫嫖娼127件,同比减少128件,下降50.2%,赌博108件,同比减少267件,下降71.2%。

(石克明)

【“三电”专项斗争】 年内,区公安分局于4月15至25日、8月15日至25日,组织开展了打击整治违法违规收购“三电”设施违法犯罪活动为主要内容的专项行动,共出动警力500人次,检查废品收购站600余家,查获违规收购“三电”设施类违法人员21人,取缔无照经营站点37家。

(夏仲民)

【完成第22届西瓜节开幕式安保任务】 5月28日上午,大兴区第二十二届西瓜节开幕式在庞各庄镇乐平御瓜园举行,市、区两级领导及各届来宾、群众共300余人参加了开幕式。区公安分局组织各种保卫力量170余人,其中干警140人,协调区城管大队30人,武警100人,圆满完成本届西瓜节开幕式的安全保卫任务。

(左宝栓)

【完成南海子公园开园仪式安保任务】 9月26日,大兴区南海子公园正式开园,当日举行开园仪式。区公安分局出动警力380人负责开园仪式的安保工作,确保开园仪式顺利进行。(随文照片1019)

(石克明)

【完成国庆安保任务】 10月1日至7日国庆节假期间,区公安分局出动警力773人,组织发动各类群防群治力量43691人,在新城地区主要路口、旅游景区周边等易堵部位设置执勤岗42处,并组织开展了夜查整治行动,共查处各类交通违法行为2867起、罚款

43.4万元,有效保障了群众出行安全和全区交通秩序。节日期间,没有发生影响安全稳定的突出问题,没有发生重特大刑事案件、治安案件以及重特大火灾、交通事故。

(杨超远)

【交通秩序整治"秋风"行动】 在10月下旬后开展的交通秩序整治"秋风"行动中,区公安分局共查处违法行为4119起,治安拘留2人,警告125人,核查录入2196人,核查车辆3504辆,交通处罚3994起,罚款773900元,共查扣黑车、人力三轮、摩的共27辆。

(王贵军)

【探索新型指挥模式】 年内,区公安分局积极探索服务实战的新型指挥模式:依托无线调度指挥系统的快速堵截工作法。该工作方法的主要流程为:当接到重大警情时,立即判断现场堵截抓捕可能性,根据电子地图显示位置,迅速调集就近巡逻车开展堵截,并在案件发生地周边适时部署观察力量,形成高压打击威慑,抓住有利时机抓获犯罪嫌疑人。截至年底,通过快速堵截工作法已抓获各类违法犯罪人员260余人,取得了较为突出的工作成绩。

(杨超远)

【创新情报工作机制】 年内,区公安分局情报信息中心推出"每周读一篇经验文章,每周吃透一篇技战法,每周撰写一篇学习心得"的"三个一"工作法,进一步提升情报信息队伍的专业素质,不断创新情报工作机制,推动各项业务工作的有序开展。

(尚东方)

【情报信息工作服务实战能力增强】 年内,区公安分局情报信息部门指导基层派出所采集基础信息24083条,维护基础信息20726条;核查录入基础信息425321条,从中破获刑事案件49起,刑事拘留77人,查处治安案件134起,治安拘留150人,处置在逃人员377人。

(尚东方)

【推行法制员制度】 年内,区公安分局在全局21个派出所实行法制员制度,赋予法制员执法监督、执法考评、法制培训等职责任务,解决基层监督缺失问题,最大化发挥审核把关作用。同时,将法制员作为"第三级培训"中执法办案部分的小教员,定期对本单位民警进行执法培训,提高本单位执法水平。

(张京城)

【加强三室建设】 年内,区公安分局进一步完善执法办案安全防范机制,筹资600余万元,加强"三室"("侯问室、询问室、讯问室")建设,确保"三室"硬件建设达标升级与安全制度风险等级管理软件建设"双落实"。截至年底分局申报注册三室共112间,其中讯问室37间,询问室42间,侯问室37间。其中达到一级标准37间,二级标准57间,三级标准18间。二级以上标准达到83.9%。

(牛凤海)

【狠抓监所建设确保监所安全】 年内,区公安分局对看守所收押室进行了重点改造,增设了办案单位人员等候区、民警休息区、会客区等,安装检察官信箱7个,张贴检务公开页60张,增加监控摄像头14个,更换监控显示器9台;提讯室安装了防护网,新增执法通、照相机、电脑等警用装备15个。对拘留所增强物防,完善技防,安装了第三道大门和通道排风扇等基础设施;扩大了拘留所图书室,与区图书馆鉴定了借阅协议,增加图书760册。

(赵学礼　龙书茂)

【受理公民申请出入境证件】 年内,区公安分局共受理公民出国(境)19103人次,其中受理护照申请9667人次,港澳通行证申请8013人次,大陆往来台湾通行证申请1423人次。同比增加7862人次,上升69.94%;颁发证件17676本,同比增加7498本,上升73.67%。

(梁燕生)

【设立民调室加强民事调解工作】 年内,区公安分局积极争取区委、区政府的支持,在全局21个派出所设立了民调室,配齐了办公设施,并规范了矛盾纠纷调处的程序、制度和规章,协调区司法局,配齐配强民调员;同时,以推进社区化管理为契机,将“民调室”纳入村综治中心建设规划,推选村内德高望重的人员担任民调员。截至年底,派出所和村综治中心民调室共调处各类矛盾纠纷1600余件,实现了“小事不出村、大事不出镇,矛盾不上交”。

(闫海龙)

【维护民警执法权益】 年内,本区共发生各类侵害民警执法权益的案件34起,被侵害民警33人,侵害人48人。针对发生的每起侵害民警执法权益的案件,区公安分局警务督察队都会第一时间到达现场,安抚被侵害民警,对侵害人开展教育,同时协调被侵害民警单位做好民警安抚工作,最大限度保护民警权益。通过工作,48名侵害人中,刑事拘留42人,行政拘留6人,较好的维护了民警的权益。

(吕延德)

【加强交通安全基础建设】 年内,区公安分局交通支队举全警之力对辖区国道、市道、高速公路、区道、主要大街等重点道路存在易引发群死群伤重特大交通事故的静态安全隐患进行全面排查,共排查、治理道路安全隐患80处,增加交通标志281面,安装中心隔离护栏9165米,施划交通标线743.7平方米,复划破损交通标线15535平方米,在全区主要道路增加交通信号灯16处,新增非现场交通违法监控探头17处。

(梁燕生)

【有序推进后勤基础建设】 年内,区公安分局投资2160万元扩建地下停车场,扩建后的地下停车场总建筑面积5377平方米,可停放机动车辆153台;投资2000余万元建设培训基地体能训练馆,建筑面积1624平方米;完成瀛海、林校路、青云店、开发区、兴丰街等5个派出所的办公用房建设及迁址工作;完成看守所天然气改造项目,同时更新两台燃气锅炉,使供暖面积由1万平方米扩大到2万平方米,解决了看守所民警和被监管人员的供暖问题。

(席思友)

【保安队伍发挥辅警作用】 年内,区公安分局保安队伍积极发挥专业辅警助手职能作用。截至年底,保安公司共协警作战320余场次,出动保安员3100余人次,共协助公安机关抓获各类违法犯罪嫌疑人930余名,公安机关经工作从中破获刑事案件和治安案件149起。

(梁燕生)

【开展“爱警日”活动】 8月14日,按照市局的部署和要求,区公安分局开展“爱警日”活动。除当日值班及因公出差的领导外,分局56名处职以上领导全部深入到21个基层派出所及刑侦支队、巡警支队、交通支队、看守所等一线单位,上街面、下社区、到岗台、进监所,替换民警巡逻、站岗、执勤、值守,维护治安、交通秩序,共同开展防控工作,关心关爱一线民警。

(胡海渊)

【开展“关爱学生月”活动】 年内,区公安分局以强化校园环境整治、加强青少年安全防范教育为重点,把每年的9月份作为"关爱学生月",集中开展校园高峰勤务、校园安全大检查、民警爱心助学等活动,作为一项长效机制,推动爱民实践活动深入开展。9月1日,分局党委班子成员及分局各级领导,按照市局部署和要求,深入全区543所中小学校、幼儿园,一线带队落实高峰勤务工作,正式拉开了"关爱学生月"活动序幕。

(胡海渊)

【扎实推进爱民实践活动】 年内,区公安分局爱民实践活动取得一定成效。活动中共发放《大兴公安分局警风评议单》2万余张、警民联系卡5000余张,邀请警风监督员和社会各界人士召开座谈会1200余次,征集各类意见建议400余条。组织开展警民相约警务室活动100余次,有群众8000余人走进公安机关了解基层民警工作。共走访慰问困难群众1392名,送去慰问金(品)3万余元,帮助解决实际困难210余件。共成功化解200多起新矛盾,预防民转刑案件100余起。

(席思友)

【社区民警"四进"大走访】 年内,在1月份开展的为期一个月的以"进社区、进村庄、进企业、进家庭"为内容的大走访活动中,区公安分局社区民警共走访居民户6.1万余户、企业2969家、门店5854个,走访各界群众31.5万余人,检查出租房屋4.4万余户12.3万余间,签订安全责任保证书4.4万余份。通过走访,共摸排破案线索123条,抓获违法犯罪人员250人,化解不稳定因素41件,更新、维护原有基础信息9万余条,新采集基础信息2万余条。

(闫海龙)

【推行"四强两补"培训机制】 年内,区公安分局积极推行以"每周一讲"、"以赛促训"、"送教到岗"(业务职能部门深入基层开展有针对性的业务指导)、"轮值体验"(组织基层派出所骨干民警参加实战业务部门开展的各种突击式工作任务,提高参训民警的实战应用能力)、"入局第一课"、"培训保障"(加大兼职教官培养使用力度,提高榆垡培训基地使用效率,有效利用辖区高校资源)为内容的"四强两补"培训机制,确保分局教育训练工作走上规范化、制度化、体系化的发展道路。

(胡海渊)

【深入推进党建"三级联创"】 年内,区公安分局在创先争优活动活动中,整合党建主体,盘活党建资源,构筑了党委成员包片、职能部门包所、党小组包村(社区)的"三级联创"党建新格局。分局党委成员共深入一线蹲点调研30余次,先后深入27个分管单位听取党风廉政建设责任制工作汇报,并为分管单位民警讲授廉政党课;各级联创主体开展各项联合作业160余次,研究解决重点难点问题67件。联创工作真正实现了以党建带队建促业务的工作目标。

(王学振)

【先进典型推树工作】 年内,区公安分局采取"一二三四"工作法,即组建一支兼职宣传队伍,完善两项(政工领导负责制和奖励激励机制,狠抓三个(发现、培育、宣传)关键环节,丰富四级("身边有先进、单位有榜样、系统有标兵、全局有模范")典型格局,推出了一批以长子营派出所民警张军、交通支队民警顾宏军为代表的在全市有一定影响的先进典型,有力促进了分局业务工作和队伍建设的创新发展。

(胡海渊)

【开展"规范执法"青年民警大比武】 年内,区公安分局在推进"三项重点"工作中,非常重视增强青年民警的专业技能，提高青年民警公正廉洁执法的能力和素质。先后组织治安、巡警、交通、法制、监管、刑侦系统的青年民警开展大比武，有87名青年民警在大比武中获奖。

(胡海渊)

【执法规范化建设工作受到表彰】 年内，在市局法制办在全局范围内开展的执法示范单位评比活动中，区公安分局交通支队被评为“市局执法示范基层科所队”，金星派出所和清源路派出所被评为“市局执法示范派出所”。

(胡海渊)

【开展行业场所治安检查实战训练】 年内，区公安分局于6月10日至13日，组织31名基层派出所民警参加由治安、情报信息、网安等部门联合开展的行业场所集中检查行动，通过实战训练基层民警的治安管理工作技能。在检查行动中，分局在每个工作组里配备了一名业务部门教官，针对工作中发现的问题和重点环节，随时对参训民警进行指导。

(胡海渊)

【开展向张军同志学习的活动】 年内，区公安分局党委高度重视先进典型推树工作。3月21日，分局党委作出《关于向张军同志学习的决定》，局属各单位和广大民警通过召开座谈会、撰写心得体会等多种形式，开展向张军同志学习的活动。为进一步发挥张军同志先进事迹的示范引领作用，分局先后于6月11日和29日，举办了两场“心中好党员 百姓贴心人——北京市群众心目中的好党员张军同志事迹报告会”，在分局队伍内部和群众中引起强烈反响。

(席思友)

【大兴区评为打击发票犯罪行动全国十强】 6月8日，区公安分局协同河北警方成功打掉一个跨京冀两地历年来最大的非法制售假发票团伙，共抓获违法犯罪嫌疑人21人，捣毁印制假发票窝点3个、储藏窝点5个，查获大型印制设备19台，缴获假发票340余万份。打击整治发票犯罪专项行动取得重大战果。7月15日，在公安部于河南省郑州市召开的全国公安机关深入打击整治发票犯罪专项行动现场推进会上，北京市大兴区被公安部评为打击整治发票犯罪专项行动全国十强城市。

(吕宝泉)

【成功处置一起纵火后劫持人质案件】 1月24日，区公安分局成功处置一起纵火后劫持人质案件，安全解救人质，并将犯罪嫌疑人黄某某(男，1975年1月出生，重庆市，原温彻斯工贸有限公司员工)当场抓获。同时，现场明火也被及时扑灭，未造成人员伤亡。经审查，黄尚云系因与离职单位法人存在矛盾，2009年年底离职回老家，后又返回，购置砍刀、工业酒精等作案工具，于1月24日中午来到原单位，引燃该公司厂房，持刀劫持该公司女工张某。

(吕宝泉)

【成功处置一起个人极端案件】 2月27日15时许，红星派出所接报警称：大兴区旧宫镇世纪威涛废品回收站内，一名男子携带煤气罐扬言爆炸。接报后，民警迅速赶赴现场。案发现场，犯罪嫌疑人秦某某(男，1971年8月出生，河南人)怀揣菜刀，手持液化气罐，无视民警的多方劝说。在其低头欲拧开手中的液化气罐放气的一刹那，派出所领导一声令下，现场几名民警同时扑向犯罪嫌疑人，将其当场制服。3月23日，秦小中被依法逮捕。

(杨连江)

【成功处置一起油罐火灾事故】 8月25日

19 时 11 分,大兴区北臧村镇一石油化工公司油罐突然起火,火光冲天,浓烟滚滚,厂房内接连发生两次爆炸,情况十分危及,区公安分局治安支队、交通支队、巡警支队、内保处等单位 100 余名警力及大兴消防支队和临近区县消防支队所属 8 个中队 260 余名消防官兵,27 辆消防车赶赴火场,开展灭火工作。历时 2 个小时成功将火扑灭。经现场清理,未发现人员伤亡,消防官兵和民警无一伤亡。

(夏仲民)

案例举要

【打掉一贩毒团伙】 2009 年 5 月间,区公安分局获取线索:在辖区隐匿着一个特大贩毒团伙。经工作,2010 年 1 月 29 日,分局会同市局相关部门,分别在海淀区一居民小区、北京西客站以及大兴工业开发区内将热西旦·阿布都拉(女,1967 年 5 月出生,新疆人)等 6 名贩毒团伙成员抓获,起获毒品海洛因 1.93 公斤及添加剂 3 公斤。经审查,6 名嫌疑人对贩卖毒品的犯罪事实供认不讳。3 月 5 日,热西旦·阿布都拉等 6 人被依法逮捕。

(吕宝泉)

【破获一绑架案】 3 月 2 日 22 时许,区公安分局勤务指挥处接一男子报警称:其父于 3 月 1 日上午在大兴区芦城外研社附近被数名男子绑架,嫌疑人在强迫事主写下 60 万元欠条后向事主家属索要赎金,后事主家属在交纳了 4000 元赎金及一块祖传璧喜玉石后,事主被放回,嫌疑人同时将事主驾驶的夏利汽车及随身携带手机、首饰等物抢走。3 月 11 日,分局会同市局相关部门将张某某(男,1976 年 11 月出生,本市大兴区人)等 7 名犯罪嫌疑人抓获。4 月 13 日,张某某等 7 人被依法逮捕。

(吕宝泉)

【打掉一恶势力团伙】 年初,区公安分局通过情报搜集获悉在大兴黄村地区盘踞着一恶势力团伙,该团伙在当地寻衅滋事、进行敲诈勒索等违法犯罪活动,并涉嫌以暴力手段非法盗采砂石,严重破坏当地生态环境。7 月 29 日,分局在市局相关部门配合下,一举打掉该涉恶犯罪团伙,抓获张某(男,1975 年 5 月出生,本市大兴区人)等 8 名犯罪嫌疑人,缴获镐把 3 根、砍刀 3 把、钢珠弹 3 盒、汽枪铅弹 4 盒、吸毒用具等物品,初步核实寻衅滋事、敲诈勒索等案件 5 起。

(吕宝泉)

【破获系列盗窃机动车案】 4 月,区公安分局通过工作发现一个流窜于河北与北京数个市县涉嫌盗窃汽车、摩托车的团伙。9 月 6 日,涉嫌盗窃的王某(男,1987 年 4 月出生,河北省人)和涉嫌窝赃的杨某(男,1986 年 7 月,河北省人)被抓获。经讯问,二人交代了自 2005 年以来,伙同他人在河北保定、廊坊及北京大兴、海淀、房山、朝阳等地盗窃汽车 11 起、盗窃摩托车 30 余起和入室盗窃 5 起的犯罪事实。10 月 11 日,王某被依法逮捕,杨某被取保候审。

(吕宝泉)

【破获"11·25"持枪杀人案】 11 月 25 日下午 14 时 30 分许,一名男子闯入旧宫镇庑殿村达龙房地产公司,持枪击中公司董事长赫全根(男,46 岁,本市大兴区人,原籍河南省南阳市)后逃离现场。赫经抢救无效死亡。11 月 27 日,区公安分局在市局统一指挥协调和市局相关部门的配合下,将涉嫌杀人的陈某某(男,1962 年 5 月出生,河南南阳市人)和涉嫌包庇的陈某某等 4 人抓获,缴获仿六四制式手枪一把。经审查,陈交代了因与赫全根产生矛盾持枪将其杀害的犯罪事实。12 月 31 日,陈某某等人被依法逮捕。

(吕宝泉)

【打掉一重大盗抢犯罪团伙】　11月3日,10余名男子手持砍刀、棍棒翻墙进入大兴区长子营镇白庙村某公司院内,将保安人员捆绑,破坏公司监控探头等技防设备,然后将公司内10台电脑及保险柜内财物洗劫一空。12月13日,在市局统一指挥协调下,区公安分局会同市局相关部门及有关分县局,在丰台、大兴以及安徽淮北等地将陈某(男,1975年4月出生,安徽濉溪人)等44名犯罪集团成员抓获。经审查,该犯罪团伙交代了自1994年以来,先后在北京大兴、丰台、通州等地以及天津、河北、安徽等省市结伙抢劫、盗窃作案140余起的犯罪事实。

(吕宝泉)

检察工作

【概况】　2010年,大兴检察院深入贯彻科学发展观,坚持"强化法律监督、维护公平正义"的检察工作主题,围绕中央政法委提出的"社会矛盾化解、社会管理创新、公正廉洁执法"三项重点工作,切实服务"城南行动计划"和"建设宜居宜业和谐新大兴"工作大局,全面履行检察职能,各项检察工作取得新进展。

名称:北京市大兴区人民检察院

地址:北京市大兴区兴华大街二段5号

电话:60236204

邮编:102600

【严厉打击各类刑事犯罪】　年内共受理提请审查批准逮捕案件1293件1755人,同比分别上升18%和11.9%,批准和决定逮捕994件1324人;受理移送审查起诉案件1525件1969人,同比分别上升34.6%和24.6%,向法院提起公诉1377件1841人,法院均做出有罪判决。

(检察院)

【加大查办和预防职务犯罪力度】　年内,初查贪污贿赂案件44件,同比上升76%;立案15件19人,人数同比上升35.7%;大要案8件9人,挽回经济损失200余万元。立案查处首都医科大学临床科技中心原总经理梁宏涉嫌贪污200余万元的大案;大兴区水务局原副局长韩志文挪用公款案、城管监察大队原大队长周长生贪污受贿案等一批有影响的大要案得到法院有罪判决。向区人大常委会专项报告渎职侵权检察工作,制定《进一步加强和改进渎职侵权检察工作方案》,初查渎职侵权案件9件,立案2件,协查4件。与区安监局会签《大兴区生产安全事故报告和调查处理基本程序》,积极介入生产安全事故调查8件,有效提出强化安全事故预警、预防对策建议。积极开展行贿档案查询和宣传活动,为各类企业、单位进行招投标等活动提供行贿档案查询93次。

(检察院)

【健全轻微刑事案件工作机制】　对初犯、偶犯以及因邻里、亲友纠纷引发的轻伤害等案件依法从宽处理273件363人,决定不起诉74人。依法快速办理案情简单、事实清楚、证据确实充分、犯罪嫌疑人、被告人认罪的轻微刑事案件313件350人。对未成年犯罪嫌疑人适用非羁押强制措施38人,对犯罪情节轻微、主观恶性小的未成年犯罪嫌疑人依法适用不起诉14人,建议或同意法院判处缓刑49人。

(检察院)

【健全信访调解工作机制】　年内,办理各类信访案件424件,接待群众来访311人。

(检察院)

【完善符合未成年人特点办案机制】　全年共计办理未成年人犯罪案件169件172人,均做到案前重调查,案中重帮教,案后重回访。加强与家庭、共青团、学校配合,积极构建家庭、学校、社会、司法“四位一体”的未成年人保护体系。

（检察院）

【加强和改进诉讼监督工作】 年内，共办理立案监督案件21件24人，依法监督立案4件5人；不予批准逮捕338人，不起诉88人；追捕23人，追诉漏犯26人，追诉漏罪124起，移送案件线索19份；对刑事案件提起抗诉10件，建议法院再审4件；对民事案件提请抗诉2件，建议抗诉4件，提出再审检察建议3件；对监管场所开展经常性安全防范、交付执行等检查累计307次。对侦查、审判、执行环节的违法办案问题发出书面纠正违法通知书19份，发出检察建议书39份，大部分得到整改回复。在全市诉讼监督案件评比中，先后有1件案件入选全市十大精品案件，2件案件入选全市优秀案件。

（检察院）

【开通行贿犯罪档案查询专用电话】 4月，区检察院开通检察机关行贿犯罪档案查询专用电话，为北京铁电物资供应站、北京艾姆泰克矿业技术有限公司、北京科诺百旺商贸有限公司、北京中航空港建设工程有限公司等多家单位提供行贿犯罪档案电话查询服务，查询结果由院办公室加盖行贿犯罪档案查询专用电子印章后取得。

（检察院）

【邀请视察反渎工作】 5月12日，区检察院召开会议，邀请人大代表、政协委员视察反渎职侵权工作，并向与会人大代表、政协委员赠送《最高人民检察院关于渎职侵权犯罪案件立案标准的规定》单行本。市院办公室、区人大内司委有关领导及甘连舫、赵军等八名市、区两级人大代表、政协委员莅临座谈。

（检察院）

【出台民行检察工作规定】 6月23日，经区检察院检委会第22次会议研究通过，该院出台《民事行政检察和解工作规定》、《民事行政检察息诉工作办法》、《民事行政案件申诉接待办法》等民事行政检察检察工作规范性文件。

（检察院）

审判工作

【概况】 2010年，大兴区法院按照“改进管理、加强学习、完善架构、转变作风、夯实基础、精细司法”的总体工作思路，紧紧围绕“三项重点工作”，充分发挥审判职能作用，努力营造公正高效的法治环境与和谐稳定的社会环境。全年共受理各类案件19503件，同比下降0.17%；审（执）结案件19446件，同比增长0.21%；解决诉讼标的额21.03亿元，同比增长0.1%。其中，受理刑事案件1314件，审结1327件，判处罪犯1790人；受理民商事案件11819件，审结11845件，解决诉讼标的额12.52亿元；受理行政诉讼案件170件，审结169件；受理执行案件6181件，执结6085件，执结标的额8.3亿元。一年来，该院审判、执行、队伍建设、司法行政管理等各方面工作扎实推进，为法院工作实现可持续发展提供了有力保障。年内，该院荣获“首都文明单位标兵”、“北京市集中清理执行积案活动先进集体”、“大兴区文明单位”、“大兴区妇联工作先进集体”等荣誉称号，红星法庭被北京市人民政府授予“北京市敬老、爱老、为老服务先进单位”荣誉称号。

名称：北京市大兴区人民法院

地址：北京市大兴区黄村镇金星西路8号

电话：60238787

邮编：102627

【宽严相济打击刑事犯罪】 年内,全院共审结刑事案件1144件,判处罪犯1530人。对335名罪犯判处5年以上有期徒刑,其中141名被判处10年以上有期徒刑。对5名犯罪情节轻微、有悔罪表现的被告人免予刑事处罚,对503名具有从宽情节的被告人依法适用缓刑。全年刑事附带民事案件调解率达57.29%,赔偿到位数额达980万元。

(法院)

【有效化解民商事纠纷】 年内,本院共审结各类民商事案件11845件,解决诉讼标的额9.2亿元,其中审结婚姻家庭、继承案件2274件,合同案件6299件,权属、侵权及其他民事案件3272件。全院民商事案件调撤率达55.51%,同比提高4.75%。

(法院)

【充分发挥行政审判职能】 年内,本院共审结各类涉及劳动和社会保障、房屋土地、规划、工商等政府机关行政诉讼案件169件,办结非诉行政执行案件125件。

(法院)

【加大执行工作力度】 全年,全院共执结执行案件6085件,执结标的额8.3亿元。

(法院)

【开展中层领导干部竞争上岗】 年内,本院依照公开、公平、公正的原则,组织开展中层干部竞争上岗工作。经过资格审查、笔试、演讲答辩、民主测评、考核考察等一系列工作,6名同志晋升中层干部正职,26名同志担任中层干部助理,其中35岁以下的青年干警19人,占竞争上岗总人数的59.37%。通过竞争上岗,该院中层领导干部队伍的年龄和知识结构进一步优化。

(法院)

司法行政工作

【概况】 2010年,大兴区司法局在编人员110人,其中机关公务员87人,基层司法助理员57人,法援中心5人,工勤13人,公证处5人,执业律师120人。局设立政工科、法宣科、基层科、社区矫正办公室、公证律师管理科、法律援助指导科、法制科、办公室8个科室,一个法律援助中心("148"),19个司法所,下辖23个律师师事务所,1个公证处、17个法律服务所。

名称:北京市大兴区司法局

地址:北京市大兴区兴政街17号

电话:69293146

邮编:102600

网址:http://www.dxsf.gov.cn

【人民调解工作】 年内,区司法局共招聘调解员42名,现全区21个派出所均已进驻。与区工会和人保局共同建立了大兴区劳动争议调解中心,派出两名律师坐班调解中心负责接待和调解工作。民调数量较去年有所增长,年内共调解矛盾纠纷1.0695万件,成功1.0471万件。

(赵志英)

【法制宣传工作】 年内,投入资金60万元,在兴城广场建立了300多米法制长廊。投资12万元,印制市局编印的10种法律知识普法折页20000册,发放到各镇、街道的法律服务室。

(赵志英)

【社区矫正和帮教安置工作】 年内,累计集中教育10场,劳动50多场次,近千人参与活动,心里矫治活动15场次,农业就业技能培训推荐会4场次,就业230人。全市司法局长培训班在大兴中途之家召开现场会,贵州

省、湖南省司法厅及各区县局等来本区中途之家调研，共接待各类参观学习15次，200余人次

（赵志英）

【公证律师工作】 年内，圆满完成第一届北京市大兴区律师协会筹建工作，选举产生了第一届律师协会领导班子。年内，律师共承办法律援助案件292件，参加公益事业和社会活动757次；公证处共办理各类公证事项3500余件，未出现一例错假证，无被投诉现象的发生。

（赵志英）

【法律援助工作】 年内，分别与区域内的监狱和部队签订《合作开展法律援助工作协议书》并设立法律援助工作站，定期组织律师开展进监狱、进部队法律援助咨询活动。与区武装部队建立联系，为每年新兵家属免费赠送法律援助卡。年内共接待法律咨询4804件5676人次，共受理、指派法律援助案件399件。

（赵志英）

社会治安综合治理工作

【概况】 2010年，是首都综治委确定的基层基础建设年。在首都综治委和区委、区政府的正确领导下，全区综治系统紧密结合“城南行动计划”的重大机遇和安全稳定形势，以“平安大兴”建设为载体，抓基层、打基础，紧紧抓住影响社会和谐稳定的源头性、根本性、基础性的问题，不断加强社会管理创新，积极推行了“村庄社区化管理”和“老旧小区规范化建设”，夯实基层综治工作体系，健全了专职群防队伍，严密了治安防控网络，有效提升了综治系统维护社会安全稳定的能力，全区社会治安综合治理工作取得了较大进步。年内，在全市社会治安综合治理工作考核中，获得了全市第七，环城带第一的好成绩，本区连续四年被评为首都社会治安综合治理先进区县。

名称：北京市大兴区社会治安综合治理委员会办公室
地址：北京市大兴区兴政街32号
电话：69261129
编码：102600

【排查整治机构建立情况】 年初，成立了以区委常委、政法委书记马武英、副区长常红岩为组长，区公安分局局长陈德宝、区委政法委副书记、区综治办主任、流管办主任董涛、区委政法委书记张德福为副组长，相关部、委、办、局副职领导为成员的大兴区社会治安重点地区排查整治工作领导小组，统一组织领导全区社会治安重点地区排查整治工作。领导小组下设办公室，办公室设在区综治办，由区流管办等部门抽调同志参加，负责排查整治工作的协调、部署、推进、督促等日常工作。

（于　飞）

【校园安全机构建立情况】 年初，成立了以区委常委、政法委书记马武英、区委常委、宣传部部长戴明超、副区长王荣彬为组长，区委政法委副书记张德福、区委教育工委书记、教委主任李达、区维稳办主任张福长、区综治办主任王福政、区卫生局局长刘华、区委宣传部副部长王青海、区公安分局副局长夏仲民为副组长，相关部、委、办、局和各镇、街道主管领导为成员的大兴区校园安全工作领导小组。领导小组负责对全区维护学校、幼儿园及周边安全稳定工作的组织领导、统筹协调和督促检查；组织有关方面对工作中的重点、难点问题开展调查研究，及时作出决策部署，推动重点难点问题的解决；了解掌握工作推进情况，加强跟踪指导，确保维护学校、幼儿园及周边安全稳定工作取得实效。领导小组下设办公室，办公室设在区综治办，承担大兴

区校园安全工作领导小组的具体工作。

(于　飞)

【村庄社区化机构建立情况】　年初,成立了以区委副书记王新为组长,区委常委、政法委书记马武英,区委常委郭宝东,区委常委、常务副区长谈绪祥,区委常委、副区长李春亭,副区长常红岩,副区长邵恒,区公安分局局长陈德宝为副组长,相关部、委、办、局主要领导任成员的大兴区推进村庄社区化管理工作领导小组,负责全区村庄社区化管理工作的组织领导、统筹协调、调查研究和督促检查工作。领导小组下设办公室,办公室设在区综治办,负责村庄社区化管理工作方案的制定、组织协调、情况掌握和考核验收等工作。各镇(街道)及相关部门也分别成立相应的领导小组,主要领导负总责,对重点、难点问题,亲自抓部署、抓落实,同时,各单位要明确一名副职领导,具体负责村庄社区化管理工作。

(于　飞)

【镇(街道)综治维稳中心建设情况】　年初,在全区14个镇、5个街道全部建成综治维稳工作中心,整合了基层综治、流管、维稳、610、国家安全、公安、司法、信访、城管等部门力量和资源,普遍建立了工作例会、情况报告、分类督办、检查考核等工作制度,统筹开展矛盾纠纷排查调处、城市综合管理指挥、情报信息研判、基层平安创建等项工作,全面提升了基层党委政府驾驭安全稳定形势和社会管理的能力。

(于　飞)

【村(社区)综治工作中心建设情况】　年初,在151个村、64个社区建成警务工作站、治安巡防站、流管站、民调室"三站一室"的村(社区)综治工作中心,有效整合专职巡防队员、流动人口管理员、治安志愿者、小区保安、安全稳定信息员等专群力量4万余人,落实实名制管理,实行网格化巡控,全面提升了村(社区)安全稳定掌控能力。

(于　飞)

【群防队伍建设情况】　年初,本区组建了1000人的专职辅警、3248人的专职巡防队员和1768人的流动人口管理员队伍,坚持走职业化、规范化建设道路。专职辅警主要投放街面,专职巡防队和流动人口管理员下沉到社区(村),初步建成24小时街面、社区(村)全天候、全覆盖的人防网络,明显提升了社会面防控效能、增强了群众安全感。

(于　飞)

【科技创安工程】　年内,共新增监控探头1941个。30家单位、80所校园监控设施联入公安二级平台;有7个镇(街道)建成了以综治维稳中心图像监控系统为平台、以社区(村)、社会单位图像信息子系统为延伸网点的技防基础设施体系,全区科技防范水平明显提升。

(于　飞)

【村庄社区化管理工作】　年内,在西红门镇16个村探索实行了村庄社区化管理,取得经验后,在全区151个村进行了推广。受到了中央和市领导的充分肯定。年内共投入2.21亿,惠及村民及流动人口33.1万。共建成151个"三站一室"村综治工作中心。安装监控探头1501个;修建围墙174296米、值班岗亭360个、电子伸缩门124个、封堵出入口1006个、抬杆233个,配备专职管理人员3956名。

(于　飞)

【老旧小区规范化建设】　年内,对54个最迫切需要改造的老旧小区实施了规范化建设。共改造主出入口172个、新建门卫室141个、安装电子伸缩门54个、抬杆102个;

招聘各类专职管理人员916名;安装监控探头525个、楼宇对讲系统613套。

(于 飞)

【外围治安查堵工作】 年内,区综治办组织协调有"护城河工程"工作任务的南部六镇与相邻的河北廊坊、霸州、固安等地区联系协作,检查盘查各类车辆3.06万车次、4.2万人次,查获违法犯罪人员18人,管制刀具等危险物品23件,非法烟花爆竹48箱,及时消除了各类影响社会稳定的不安全隐患,把危险人员和物品控制在京门之外。

(于 飞)

【校园安全防范工作】 年内,全区174所公办校园和已审批的32所民办校园与公安机关实现联网;321所未登记注册幼儿园内设视频监控设备,全部实行"封闭管理";年内,对校园周边集中清理整治237次,出动执法人员6045人次;同时,组织巡警、巡防员、安保志愿者等各种安保力量在上、下学重点时段实行"高峰勤务",确保了师生人身安全。年内,用于校园安全的经费投入多达3689万元,全区配置专职保安共986名;购买配备物防器材2783件;安装检测监控探头3452个;安装检测红外报警器2015套。

(于 飞)

【铁路护路工作】 年内,全区共清理铁路周边1000米范围内废品经营场所41家,出租摊位650个,拆除铁路周边违法建设80余处,1.7万余平方米,排查解决积水桥梁6座;平整土地8千余平方米,绿化美化7千余平方米。

(于 飞)

【领导调研村庄社区化管理工作】 7月3日,中共中央政治局委员、北京市委书记刘淇,国务委员、公安部部长孟建柱,北京市委副书记、市长郭金龙,公安部党委委员、副部长黄明,北京市委常委、常务副市长吉林,市委常委、市委秘书长李士祥,副市长刘敬民等市委市政府和公安部领导到本区视察调研村庄社区化管理工作。市委政法委副书记、市公安局局长傅政华,副局长高煜、单志刚,大兴区委书记林克庆,区长李长友,区委副书记王新,区委常委、政法委书记、区综治委主任马武英等区委区政府领导参加了调研活动。刘淇、孟建柱、郭金龙等领导到大兴区西红门镇大生庄村实地参观考察村庄社区化管理工作,先后到村头门禁卡口察看了该村通过安街门、把路口、砌围墙、上人防、上技防等手段加强人员、车辆出入管理等情况;到村民家中察看了流动人口、出租房屋规范管理情况,并与村民代表进行交谈,了解房屋出租及流动人口日常管理等情况;到该村"三站一室"综治中心察看了村庄社区化管理相关基础工作台账,并详细了解了村综治中心的组织架构及工作运行等情况。

(于 飞)

军 事

人民武装工作

【概况】 2010年,大兴区人武部在卫戍区党委和大兴区委区政府的正确领导下,坚持学习和实践科学发展观,认真落实卫戍区党委"过好日子,有所发展"和"特别忠诚、特别稳定"的指示要求,按照"抓中心、打基础、保稳定促发展"的总体思路,团结领导全体干部职工,努力推动科学发展观活动先实践延伸、向工作拓展,以内部安全稳定、民兵预备役训练、"双拥模范区"争创、应急力量建设和大学生军训为重点,求真务实,狠抓落实,各项建设取得了长足的发展和进步。

名称:北京市大兴区人民武装部

地址:北京市大兴区兴政街19号
电话:69226045
邮编:102600

【参加冬季野营拉练】 1月,组织12名干部战士和职工,动用车辆4台,参加了卫戍区组织的野营拉练。所有参加人员共行程300多公里,没有发生任何问题,体现了良好的精神风貌和敬业精神。

(陈民贵)

【组织大学生军训工作】 4月至10月,圆满完成7所院校17394人的军训任务。共动用训练枪支5700支/次,射击用枪支420支/次,消耗步机弹128650发,未发生任何问题。

(陈民贵)

【圆满完成征兵任务】 年内,圆满完成了向部队输送257名新兵(其中女兵12名)的征集任务。

(陈民贵)

人民防空工作

【概况】 2010年,区民防局按照北京市民防局工作部署和区委区政府工作要求,结合自身实际,以机关准军事化建设为统揽,紧紧围绕"五大体系"建设,突出"两防一体化"核心,树立"民防为民"的指导思想,抓基础建设,在民防应急组织指挥、城市防护工程建设体系、人防工程安全无事故、民防宣传教育、民防法制体系建设等方面谋求民防事业又好又快发展。年内,被大兴区住房和建设工委评为先进基层党组织。

名称:北京市大兴区民防局
地址:北京市大兴区兴政街19号
电话:69252721
邮编:102600
网址:http://www.dxmf.gov.cn

【疏散演练】 5月7日,区民防局联合西红门镇消防中队在北师大大兴附中举行应对自然灾害疏散演习。

(张书领)

【防空警报建设】 7月13日至21日,完成新安装7台电声防空警报器任务,标绘区防空警报器部署分布和建设规划图,完善防空警报报知手段建设。

(张书领)

【警报培训】 11月12日,区民防局举办"大兴区人民防空警报设施建设管理培训班"。全区14个镇、5个街道及各防空警报设点单位的主管部门负责同志和维护管理人员共80余人参加了培训。

(张书领)

【应急移动指挥车】 12月,815D应急指挥通信车先后参加北京市应急办在通州举行的冬季森林防火演练和区安全生产监督管理局组织的危化品应急救援集结演练。

(张书领)

【指挥场所建设】 8月,区民防局完成区政府折子工程——大兴区08128信息系统工程的方案设计、批复立项、可行性研究评审等前期准备,9月技术人员进场施工,经过4个月建设,于年底竣工。

(张书领)

【人防工程管理】 5月12日,区民防局组织全区相关部门、各街道、镇及工程建设单位、工程管理单位、工程使用单位和使用人召开人防工程安全管理整治行动会议,并与相关单位签订责任书。

(张书领)

【防汛演练】 6月14日,区民防局与天恒公司在亦庄三羊里小区举行人防工程发生雨水倒灌应急演练。

（张书领）

【“国际民防日”社会宣传活动】 3月1日，区民防局联合兴丰街道办事处，在物美大卖场地上广场，以“防灾减灾 共同行动”为主题，共同组织开展“国际民防日”社会宣传活动。悬挂4条宣传横幅，展出20块宣传展板，展示应急指挥车，发放《防灾减灾共同行动倡议书》、《农村避险应急实用手册》、《大兴区防空防灾知识宣传手册》等宣传资料2000余份。区民防局所属5个民防宣教处所分别组织开展不同形式宣传活动。

（崔 彤）

【民防共建宣教中心揭牌】 10月27日，观音寺街道民防共建文体宣教中心举行揭牌仪式。仪式由观音寺街道办事处领导主持，区民防局领导和区社会工委领导分别致辞，北京市民防局副巡视员庄长涛和大兴区区委常委郭宝东为中心揭牌，北京市社会工委社区办、区文委、文明办相关领导及社区居民100余人参加了揭牌仪式。

（崔 彤）

【人民防空创立60周年】 10月31日，区民防局联合林校街道办事处，在黄村街心公园共同组织开展“牢记人防历史，谱写民防新篇”人民防空60年主题宣传，展出人民防空知识、法规展板40块，发放宣传资料2000余份，民防局全体干部职工、林校街道相关领导、工作人员和部分中学生民防志愿者参与宣传。其他民防宣教处所分别以不同形式开展宣传活动。

（崔 彤）

【防护工程建设审批】 年内，区民防局调整完善《固定资产投资人防工程建设标准审查办理流程》及《建设项目人民防空工程建设标准审查内部职责分工及管理规定》，参照市民防局流程和规定，按照本局的人员分工等，明确到人；完善办事指南，重新修改告知卡5种，审批表格、程序单等34份。

（岳山水）

【城市防护工程建设】 年内，区民防局完成规划人防工程12073平方米；收取易地建设费1748万元；对在施人防工程进行了施工检查；竣工认可人防工程面积69600平方米；建筑面积同比增长21%。

（岳山水）

【“十二五”期间人民防空发展规划】 年内，区民防局根据《中华人民共和国人民防空法》及《“十二五”时期北京民防建设发展规划》，结合全区城镇建设、产业发展和北京新机场建设的新要求，全面启动编制《大兴区“十二五”期间人民防空发展规划》工作；成立了规划编制小组，查找整理图纸资料8份；文字资料12份，15万字。

（岳山水）

经济管理

发展改革

【概况】 2010年,区发改委认真落实区委、区政府的总体工作部署,紧紧围绕"统筹资金、推进项目、促进产业、研究形势、编制规划、深化改革、节能减排、价格监管、机场服务"等重点工作,把握机遇,抓住关键,明确任务,狠抓落实,进一步强化发展改革职能,为促进本区经济平稳较快发展做出了重要贡献。全年批复市级政府投资项目40个,批复市级政府投资33.9亿元,拨付到位14.8亿元。累计批复总投资5000万元以上项目82个,批复总投资710亿元。城南行动计划稳步推进,2010重点项目共计32个(其中市直属项目6个),总投资约512亿元,完成投资约320亿元。体制改革工作成绩突出,完成《北京市大兴区国民经济和社会发展第十二个五年规划纲要(草案)》,完成34个专项规划初稿或修改稿,完成《北京市大兴区建设战略性新兴产业综合配套改革试验区实施方案》、《关于统筹大兴区和廊坊市共同建设北京南部新区的基本思路》和《大兴区服务业综合改革试点实施方案》等报告;节能减排工作有序推进,制定《大兴区2010年节能降耗预警调控方案》、《北京市大兴区2010年节能减排工作案》,顺利完成2010年节能目标责任考核工作;价格监测管理机制不断完善,共受理价格咨询、举报案件232件;累计受理案件数达到762件,合计案值金额达1604.83余万元。农村金融综合改革进展顺利,举办了"2010北京农村金融改革论坛",成功发行中小企业短期集合票据,两家村镇银行顺利开业。成立区电力管理协调服务中心。

名称:北京市大兴区发展和改革委员会
地址:北京市大兴区兴华大街三段15号
电话:81296299
邮编:102600
网址:http://dxfg,bjdx. gov. cn

【完成年度计划编制】 年内完成《关于北京市大兴区2010年经济和社会发展计划执行情况与2011年经济和社会发展计划的报告》编制工作,并经北京市大兴区第三届人民代表大会第六次会议审议通过。

(张 婵)

【完成区级政府投资计划编制工作】 年内,完成大兴区2010年区级政府投资计划的编制,并经区三届人大二十六次会议上审议通过。全年安排区级政府投资12亿元,围绕大兴新城基础设施建设、环境治理和能源、社会事业发展和新农村建设四个方面,初步确定120个项目的资金需求。

(王 柏)

【区级政府投资项目审批】 全年共审批区

级政府投资项目53项，完成区级投资12亿元。

（王 柏）

【争取市级政府投资】 全年批复市级政府投资项目40个，批复市级政府投资338838万元，拨付到位148000万元。

（王 柏）

【重点项目票决】 年终，提请区委全会票决的2011年重点项目共6项，包括民生改善、环境提升、产业发展三个方面，总投资估算约104亿元，2011年计划投入约22亿元。

（王 柏）

【重点实施项目完成情况】 年内，涉及本区2010重点项目共计32个(其中市直属项目6个)，其中市政道路基础设施项目12个，生态环境与能源节约项目13个，社会事业与公共服务项目7个。总投资约512亿元，完成投资约320亿元。完工项目7个，在建项目10个。

（王 柏）

【项目审批】 年内，本区累计批复投资项目221个，批复投资总额778亿元。其中，立项项目174项，投资总额720亿元；列入年度计划项目47项，投资总额58亿元。

（甘博雅）

【5000万元以上项目】 年内，累计批复总投资5000万元以上项目82个，批复总投资710亿元。其中，年内计划投资5000万元以上的项目61个，批复总投资627亿元。

（甘博雅）

【城市基础设施建设费收取】 截至年底，累计征收城市基础设施建设费44604.553万元，其中新缴市政费41415.953万元，清欠市政费3188.6万元。

（甘博雅）

【重大项目情况】 本区全年投资5000万元以上重大项目共计139项(列入市级绿通项目81项)。项目总投资1500亿元，年内计划投资366亿元，全年实际完成投资487亿元。其中，续建项目49项，包括政府投资项目5项、社会投资项目44项；新建项目90项，包括政府投资项目19项，社会投资项目71项。其中政府投资项目24项，总投资174亿元。

（鲁 影）

【价格监督检查】 年内，区发改委开展涉农收费、中介组织收费、春节期间绿色通道收费、水资源费收缴使用、限制使用塑料袋收费、H1N1预防流感药品用品、停车场收费、汽车驾驶学校收费、粮油小杂粮市场价格、医疗服务价格和收费、部分药品出厂价格专项检查、检疫检测和技术监督专项检查、教育收费专项检查、冬季农副产品绿色通道收费等专项检查。共监督检查企事业单位、个体工商户等共计592户。查处价格违法案件2件，经济制裁总金额3.835万元，其中没收违法所得金额3.835万元。

（刘 民）

【收费许可证年审】 年内，区发改委加强全区行政事业性收费管理，对全区128个行政事业性单位，进行行政事业性收费情况年审。

（张春红）

【受理价格举报】 全年共受理群众咨询举报232件，与上年同期的264件相比下降了12%，其中咨询148件、与上年同期的149件相比基本持平，举报84件，与上年同期的115件相比下降了27%，举报件办结率100%，回复率100%，退还举报人经济损失9299.5元。

（高凤霞）

【价格专项检查】 年内,在全区先后开展了专项检查(药品和医疗服务价格、疫情防控商品价格、"新进医保药品涨价行为"检查等)、节日检查(元旦、春节、五一、十一、中秋节)、日常检查、处理举报等多项检查。通过监督检查,查处价格违法案件2件、没收违法所得3.8元。

(么林洁)

【价格鉴定】 年内,价格认证中心累计受理案件数达到762件。合计案值金额达1604.83(上年1389.9)余万元,其中刑事案件409件,1593.28万元,治安案件353件,11.55万元。

(陈玉顺)

【政府投资项目自查稽察】 年内,区发改委分别于3月、7月、8月,对《大兴区2008~2010年度政府投资计划》中已拨付区级资金的69个在建项目,开展建设进度、资金使用等情况的自查稽察工作。

(张京红)

【配合市发改委项目稽察】 5月,区发改委配合市发改委稽察办,对本区上年市政府投资未开工的13个项目,进行专项稽察,稽查结果为已开工项目9个,未开工项目4个;7月,针对未开工的4个项目,配合市发改委进行复查,截至7月15日已全部开工建设。

(张京红)

【配合国家发改委专项稽察】 7月,区发改委配合国家发改委稽察组,对本区使用中央预算资金的2个项目(资源安全猪肉冷链技术改造项目、北京九州通医药有限公司医药仓储及配送中心项目),开展专项稽察,并协调项目单位对存在的问题落实整改。

(耿玉新)

【评标专家库网络终端管理】 年内,区发改委对项目的资格预审、施工、监理等222个招投标事项,提供评标专家库网络终端服务,共抽取评标专家1085人次。

(耿玉新)

【跟踪变电站项目建设进展】 年内,与区供电公司建立定期沟通机制,跟踪16个两方投资、4个三方投资老旧居民小区配网改造工程和10个变电站建设项目进展情况。九龙、义和庄、忠兴庄、西梨园输变电工程已竣工投产。

(郭　伟)

【资源综合利用认定】 年内,完成北京市本年第2批国家鼓励的资源综合利用认定工作,全区共有9家企业通过本次认定工作,资源综合利用产品用量达90.6107万吨。

(于　颖　孙　雨)

【康庄集中供热工程】 年内,主厂房及其他设备用房进行内装修完成,5台设备在冬季都已进行过运行试验,有3台锅炉已供暖,供暖面积350万平方米。外网完成98%,并网热力站18座。工程总体完成工程量98%,完成年度工程目标。截至年底,已给5个小区供暖,实际供暖面积100万平方米。

(倪福长)

【城镇居民人均可支配收入增长】 年内,本区城镇居民人均可支配收入24368元,同比增加1820元,增长8.1%。2010年大兴区城镇居民人均生活消费支出15805元,同比增加1708元,增长12.1%。

(韩桂喜)

【统筹城乡就业取得新突破】 年内,两区行政资源整合后,统筹促进本地劳动力就业,全区劳动力5500人进入开发区工作。加大就业指导和培训力度,完成劳动力培训2800余人,实现农村富余劳动力向二、三产业转移1万人。本区城镇登记失业率控制在2.3%以内,登记人员就业率达到65%,“零就业家庭”保持动态消零。依法保障劳动者权益,新签集体劳动合同企业169户,签订工资集体协商企业89户,完成全年任务指标。

(韩桂喜)

【社会保障体系取得新进展】 年内,提高新型农村合作医疗补偿水平,城镇职工五险收缴率均在95%以上,城乡居民养老保险参保覆盖率达到92%,新型农村合作医疗参合率达到97%。为城乡5.2万名无社会保障老人发放福利养老金,建立了以最低生活保障制度为基础的城乡老年社会救助体系。建成保障性住房21万平方米,4457户困难群众住房问题得以解决。

(韩桂喜)

【全区教育基本情况】 年内,各类公办教育资源数量有189个(中学31所,九年一贯制学校2所,小学92所,幼儿园45所,中等职业学校2所,社区学院1所,镇成人学校14所,特教中心1所,少年宫1所)。截至6月,在校学生86429人,教职工9702人。本区已审批的流动人员自办学校12所(小学11所,中学1所),未经审批规范保留的流动人员自办学校18所。全区有4.25万适龄来京务工人员随迁子女,其中,2.04万在公办学校借读,1.07万在已审批的12所流动人员自办学校就读,1.14万在未经审批的流动人员自办学校就读。

(韩桂喜)

【教育教学环境取得新改善】 年内,投入1.8亿元实施学校抗震加固工程,加固面积9万多平方米。安定中心小学和幼儿园新建改造工程竣工;新城北区九年一贯制学校工程开工建设;北臧村九年一贯制学校计划年底开工;大兴第五中学建设工程加紧办理前期手续。公办学校校园“三防”到位,校园防范能力得到加强,营造安全和谐的教育环境。

(韩桂喜)

【公共卫生体系更加完善】 年内,成立卫生局公共卫生信息中心,区社区卫生服务管理中心增编至16名;增设2个卫生监督站;以两区行政资源整合为契机,在亦庄新城增设了120急救工作站和3个社区卫生服务站;卫生系统内部自动化办公系统(OA系统)成功上线运行。成功创建“北京市卫生区”,创建卫生镇1个、爱国卫生红旗单位8个、卫生村25个,健康示范村43个、健康社区17个、健康促进学校36所、健康促进医院2家,新建联村水厂16座、单村水厂76座,改造农村户厕6.36万座。

(韩桂喜)

【和谐社区建设和农村社区服务站建设】 年内,本区有175个社区服务站建设项目列入市委市政府为民办实事项目。截至年底,全区共登记社会组织329个。其中已注册登记社会团体132个包括农业及农村发展类70个、工商业服务类18个、科学研究类5个、教育类3个、卫生类3个、文化类2个、体育类3个、法律类2个、宗教类3个、住宅合作社2个、生态环境类1个、其他类社会团体20个;已注册登记民办非企业单位197个:包括教育类147家、民政类15家、劳动类14家、体育类11家、科学研究类4家、卫生类3家、文化类2家、法律类1家。截至9月底,全区共受理行政许可事项共19个,其中社会组织成立登记8家、变更登记11家,注销登记1家。涉及科研、卫生、文化、工商、法律等多方面领域,成为维护市场经济秩序、弥补社会管理和公共服务不足、满足群众需求、促进社会公平、维护社会稳定的一支重要力量。

(韩桂喜)

【区首家村镇银行开业】 6月28日,北京大兴九银村镇银行正式开业,成为北京市第4家开业的村镇银行。市金融局、人行营管部、北京银监局、九江市政府、大兴区政府等部门参加开业庆典。大兴九银村镇银行是九江银行主发起,由大兴区部分国企、民企和自然人共同发起设立的股份制商业银行,以服务中小企业、服务"三农"经济、服务百姓生活,为金融服务和业务创新的重点。九银村镇银行作为大兴区开业的首家村镇银行,是大兴区金融综合改革的重要成果。

(张天宇)

【区第二家村镇银行开业】 12月6日,北京大兴华夏村镇银行正式挂牌营业,成为北京市开业的第6家村镇银行。原北京市常务副市长、原华夏银行董事长翟鸿祥,市金融局党组书记霍学文、北京银监局副局长段继宁、人行营管部副主任姜再勇、大兴区区长李长友、华夏银行党委副书记、行长樊大志出席开业庆典并剪彩。

(张天宇)

【小额贷款公司运营平稳】 截至年底,区内四家小额贷款公司累计发放贷款564笔、50402万元,贷款余额30728.3万元。其中兴宏小额贷款公司累计发放贷款234笔15162万元,贷款余额7338万元;兴融小额贷款公司累计发放贷款148笔18632万元,贷款余额10743.3万元;兴瑞小额贷款公司累计发放贷款157笔9508万元,贷款余额5547万元;亦庄国际小额贷款公司累计发放贷款25笔7100万元,贷款余额7100万元。

(王　娜)

【金融机构经营稳健】 截至年底,本区金融机构人民币存款余额839.2亿元,比上年末增加68.9亿元,增长22.1%;人民币贷款余额344.5亿元,比上年末增加92.2亿元,增长36.5%。机构经营稳健,未发现突发性事件。

(张天宇)

【事业单位整建制】 4月,区物价检查所通过整建制整体划入行政编制,10月份此项工作完成。其中29人参加培训过渡,1人参加考试过渡,共计转入行政编制30人,工勤编制5人。

(周　华)

【两区统一招商宣传】 8月,两区创新招商工作机制,公开选拔优秀人才组建设立了11个专业专职招商团队开展统一联合招商,招商工作迈上新台阶、实现新突破,成功引进德信、利亚德等109个重大项目,总投资超过600亿元。5月5日两区共同参加上海世博会,在"魅力首都经济推介会"上大力宣传推介两区准备打造的信息产业、制造业、物流业以及文化创意产业等十大新兴产业。5月27日在"第十三届中国北京国际科技产业博览会"上,两区以"服务科技创新、发展十大高端产业、打造北京南部现代制造业新区"为主题宣传推介大兴,现场签约29个重大项目,投资总额超过183.5亿元。5月28日两区产促部门圆满承办了"第22届大兴西瓜节—北京大兴经济发展论坛暨2010招商信息发布会",现场签约10个重大项目,投资总额超过120亿元。9月8日至11日两区参加了"第十四届中国国际投资贸易洽谈会",宣传推介大兴。11月24日至25日,两区共同参加"第十四届北京·香港经济合作研讨洽谈会"开展联合招商,现场签约7个项目,投资总额90亿元。

(产业促进局)

统计工作

【概况】 2010年大兴统计局、调查队(以下简称大兴局队)围绕区委、区政府和市局中心工作,进一步解放思想,开拓创新,团结奋斗，以“两区行政资源整合”为契机，主动工作，拓展统计服务内容，提升统计能力。坚持以人为本，加强队伍建设。加强统计法制、统计信息化和统计宣传工作，提升统计影响力和公信力。采取多项措施，提高统计数据质量。加强与相关部门的沟通协调，精心组织实施第六次全国人口普查工作，高质量完成了2010年各阶段工作任务。经过全体人员共同努力，年内获得多项荣誉：大兴区统计局被区委区政府评为2010年度绩效考核优秀单位，在政府部门中排名第五。在全市统计文化建设工作综合考评中，局队荣获全市统计文化建设综合考评第一名。局队网站建设标准高、内容丰富、方便实用，荣获了大兴区人民政府网站建设先进单位和市局总队网站综合评比一等奖、网站运维奖。在城乡划分清查工作中因组织得力、质量过硬、成绩突出，大兴区统计局被国家统计局评为县级先进集体，在住户调查样本轮换工作中，局队细化制度，周密组织，严格考核，高质量完成轮换工作，获得2010年城镇住户基本情况调查国家级先进集体。

名称：北京市大兴区统计局
　　　国家统计局大兴调查队
　　　北京市大兴区经济社会调查队
地址：北京市大兴区兴政街42号
电话：81295580
编码：102600
网址：http://www.dx.bjstats.gov.cn

【**干部培训**】　年内，全局有126人分别参加电子政务培训，19名科级干部参加任职培训，52名同志参加公务员初任培训，还选派四名同志参加国家统计局举办的全国统计系统专业基础知识培训班。

（郭少玲）

【**课题开发**】　与北京印刷学院、北京石油化工学院合作，就经济普查的资料开发进行深层次的挖掘和利用，年内完成经济普查资料开发21篇。与京南物流基地管理委员会与中物联规划研究院（调研课题小组）就区物流业整体情况及发展现状进行进行交流；与大兴区节能办、经信委及“十二五”规划课题组相关同志就大兴区能源消费形势和节能规划编制等工作进行座谈。

（郭少玲）

【**与相关部门沟通协调**】　年内，加大同区发改委、市统计局、土地储备中心等各部门的协调联系，确保建设项目统计来源准确。与其他7个委办局一起参与“三高”企业退出验收工作，完成了本区15家“三高”企业的评定工作。主动与区商务委联系，征求对统计方法制度改革的意见。每季度主动邀请区节能办、经信委等部门到局队座谈，共同商议节能工作，促进了全区节能工作部门联动机制的形成。

（郭少玲）

【**执法成果**】　年内，大兴局队完成日常执法检查182家，超额51.7%，立案单位28个；回访检查比例达到25%。完成督导检查145家，超额完成20.8%。查处迟报单位52家。

（郭少玲）

【**分析信息获奖**】　年内，大兴局队提供的《扩张经济总量，提升发展内涵，促增长方式转变》、《对本区人口总量激增的思考》两篇文章分别获得市局二等奖和三等奖。市局内网共刊载局队工作动态40条，比上年增加11条，在五个发展新区中排名第二；刊载经济类信息77条，在五个发展新区中排名第一。

（郭少玲）

【**增编补员**】　年内，局队增加了4个事业编制。并于5月和12月分两批共招聘6名工作人员。12月,局队干部职工中为普查中心编制的6名同志过渡为公务员。

(郭少玲)

【发布出版统计公报】 年内,发布全面描述大兴区经济、社会和人民生活一年来发展变化的《大兴区2009年国民经济和社会发展统计公报》,发布反映两区主要经济和社会发展统计数据的《北京南部现代制造业新区经济发展月报》,出版反映新区发展各项数据的《北京市大兴区统计年鉴》。

(郭少玲)

【行政执法案卷获优秀】 1月4日,在大兴区法制办2008年行政执法立案案卷评查工作中,大兴局队报送的3卷行政执法案卷均获得优秀卷。其中,参与全市评查的案卷获得99.5分的好成绩。

(郭少玲)

【完成各种调查任务】 年内,完成2009年国际比较项目(ICP)居民消费品价格调查工作。完成全区935家工业企业2009年四季度能源报表工作,网报率达到了100%。完成主要产品构成情况调查试点工作,30家试点工业企业全部完成数据网上报送。首次完成调整样本单位后工业抽样调查季报工作。此次调查共调查规模以下工业企业126家,个体工业企业243家。开展居民住房需求调查的培训工作。完成城镇居民住房需求调查工作。完成对限额以下批发零售业、住宿餐饮业样本单位抽查走访工作。开展组织工作满意度民意调查工作。完成非公中小企业问卷调查工作。完成1~8月规模以下工业抽样调查工作。完成对全区范围内20家规模以上批发零售、住宿餐饮业企业的统计督导检查工作。完成党风廉政建设民意调查工作。完成第二次法人经营情况调查工作。此次调查大兴区共布置调查单位1217家,占全市调查总量的5.33%。开展群众安全感调查工作,调查涉及全区19个镇、街道,555个村(居)委会。开展工业生产者价格统计权数调查工作。开展循环经济统计试点调查工作。

(郭少玲)

【开展《大兴区统计志》续篇工作】 1月8日,大兴局队召开2001年~2010年大兴区统计志续篇工作动员会,并请区史志办的同志讲授修志知识。

(郭少玲)

【统计服务窗口硕果】 1月14日,行政服务中心统计服务窗口2009年1~12月份均被评为优秀等次,其中有9次被行政中心评为红旗窗口;2人次被评为窗口服务标兵。全年办理办结各类统计登记事项1365件,接待来人来电咨询5400余人次,收到群众表扬信99封。

(郭少玲)

【完成能源统计年报】 2月10日,完成非工业能源和水年报网报和直验工作,大兴区1439家单位网报率达到100%。

(郭少玲)

【完成劳动统计年报】 2月25日,大兴局队完成劳动统计年报工作,共审核、验收5486家单位,其中城镇单位2863家,私营单位1374家,非城镇非私营单位1249家。

(郭少玲)

【完成商业统计年报】 3月17日,大兴局队完成了全区规模以上批发零售、住宿餐饮业、规模以上住宿业会展情况等各类商业统计年报工作,全区规模以上批发零售、住宿餐饮业法人单位应报353家,实报353家,网报率达100%。

(郭少玲)

【完成规模以上工业企业年报】 3月19日，大兴局队完成了规模以上工业企业报表的审核、验收工作，全区规模以上工业企业应报978家，实报978家，上报率达100%。

（郭少玲）

【成立大兴区人普领导小组】 3月5日区政府下发文件，成立了大兴区第六次全国人口普查领导小组，人口普查工作正式开始。

（郭少玲）

【对外交流】 3月26日，天津滨海、上海浦东、重庆两江新区统计同仁来大兴局队交流统计工作。北京市经济社会调查队队长刘亚平出席会议并讲话。新区统计同仁，大兴局队领导班子全体成员，开发区局队主要领导参加了座谈。6月4日，西安市未央区统计局副局长王镇携未央区所辖十个街道统计办主任来到大兴局队交流学习。6月8日，房山局队副队长刘磐生一行四人来大兴局队交流住户调查工作开展情况。

（郭少玲）

【统计从业资格考试报考】 6月12日，大兴区2010年统计从业资格考试报考工作顺利完成。全区报考人数为1360人，比去年增加486人。

（郭少玲）

【完成住户样本轮换工作】 7月9日，大兴局队召开2010年城乡住户调查样本轮换工作动员大会和城镇住户调查样本轮换培训会，全区来自城镇住户调查和农村住户调查的各级调查员90余人参加了动员会。8月6日，大兴局队完成了近1800户农村住户的调查摸底工作后，经过区、镇、村三方商榷最终确定了270户为2011年常规记账户的调查样本。

（郭少玲）

【重点耗能企业督导】 8月25日，大兴局队完成本年全区重点耗能企业督导任务，共督导调查单位15家，这15家单位的能源消费量约占全区规模以上单位能耗的40%左右，有效达到了通过督导以点促面、提升数据质量的目的。

（郭少玲）

工商管理工作

【概况】 2010年，区工商分局紧密围绕市局和区委区政府工作部署，将“建设良好市场生态环境建设”作为今年工作的重中之重。通过深入学习讨论，我们认为：市局党组提出的市场生态环境建设，是市场多元化、需求多样化、管理信息化的必然趋势，具有高度的前瞻性、指导性、操作性，是“三、六”监管体系的深化和延伸，在本区“经济大发展、结构大升级、利益大调整、矛盾大爆发”的辖区市场生态要素变化背景下，为认识复杂的市场现象、解决复杂的监管问题提供了强有力的理论支持。结合辖区市场监管实际，细化“生态圈”中每一环节，深入研究，细致分析，狠抓根本问题，明确提出以“完善三个机制，营造三大环境”为主线，全面提升干部队伍效能最大化，强化推进市场生态环境建设。在区域经济加速发展的重大机遇面前，作为经济健康发展保驾护航重要力量的工商行政管理部门，充分发挥服务职能作用，把握机遇，创造机遇，营造安全投资环境是我们义不容辞的责任。为此，区工商分局将“主体准入见水平、主体规范见成效、主体帮扶促发展”作为工作目标，取得了一定成效。年内，大兴区共有各类市场经营主体108616户。其中：内资登记企业6668户，注册资本2188558万元；公司登记3433户，注册资本1715411万元,实收资本1673285万元;私营企业登记31480户,注册资本4184692万元;外资登记企业515户,投资总额107135.34万美元,实缴资本142150.22万美元;个体工商户登记66544户,资金数额48656.35万元;农民专业合作社登记491户,出资总额19191万元。年内,大兴分局共出动执法巡查人员10491人次,车辆3790辆次,办结各类违法案件674件,罚没款861.53万元,较去年同期分别提高了30.3%和118%。年内,各级新闻媒体共采用稿件1021篇次,《工商研究》出刊21期,刊登调研文章88篇。北京《工商内参》刊登稿件17篇,总阅读人数2015人次。

名称:北京市工商行政管理局大兴分局
地址:北京市大兴区市场路东侧
电话:69253790
编码:102600
网址:http://www.hd315.gov.cn

【党风廉政建设】 全年,区工商分局开展执法监察3次、案件追踪20件次、主体查访43户次、奥标效能监察5次。分局党员干部共拒收礼金30余万余元,拒吃请180余次。

(安迎军)

【教育培训情况】 年内,区工商分局脱产培训完成25期105天867人次的培训任务。全员脱产培训于9月底与电子政务培训考试结合进行,两期培训190人。网上培训完成688学时,累计登录37195次;资料总量3443册;图书资料总点击13140次。累计达到13900学时。

(安迎军)

【市场主体准入情况】 年内,全区共有内资企业36071户,其中公司制企业(含分公司)32344户,私营企业2323户,个体工商户79057户。2010年新设立内资企业2918户,其中公司制企业(含分公司)2800户;内资变更5295户;内资注销305户;私企开业174户,私企变更179户,私企注销30户;个体工商户开业6589户,个体工商户变更6782户,个体工商户注销5692户;迁出本区507户,迁入本区272户;注册在生物基地企业开业29户。农民专业合作社累计发展487户,新设立66户。企业改制登记10户。外资企业设立19户;外资企业变更116户。内资和私营企业注册资本(金)(含个人独资企业、合伙企业出资)6408022万元(2009年为5983224万元)。

(安迎军)

【借势发力促进产业调整升级】 年内,区工商分局对列入拆迁的64个自然村中840户低端行业经营户进行了清理,极大提升了执法的针对性和有效性。依法关停了128家小化工企业,并且在全区95个千人以上的大村全部建立了食品连锁超市和村民公共浴池,使得小食品店、小浴池等易发生安全事故的市场主体无生存空间。在整治清理工作中共清理取缔无照经营1585户,其中:小洗浴17户,小发廊49户,小食杂店83户,废品回收17户。

(安迎军)

【帮扶注册涉农商标情况】 年内,本区共有农民专业合作社491户,主要是从事种植养殖涉农服务行业。区工商分局的帮助指导下申请商标。如"乐萍"、"长青"、"胡家园子"、"京采"、"昌兴"、"九五"等共计21件,其中"乐萍"牌商标被认定为2009年北京市著名商标。

(安迎军)

【商标管理情况】 年内,区工商分局组织7家新申报企业,18家复审企业参加2010年度北京市著名商标工作会。对25家企业人员进行了商标基础知识的测试。9月底,18

件复审商标,7 件新参加认定的商标通过分局初审上报市局。

(安迎军)

【查处商标侵权行为】 截至 10 月底,区工商分局共查处商标侵权案件 68 件,罚没款 76.41 万元。

(安迎军)

【广告案件查处情况】 年内,区工商分局共查处虚假违法广告案件 12 件,罚没款 11.4 万元,从查处案件的性质看,查处的 12 件违法广告案件,其中 1 件是药品案件,1 件印刷品广告,7 件是医疗违法广告案件。

(安迎军)

【为企业融资提供高效服务】 年内,全局共办理抵押登记 41 件,审查抵押物价值 10.64 亿元,企业融资实现 8.43 亿元,为辖区经济,特别是民营企业可持续发展提供了有效支持。

(安迎军)

【合同监管关口前移】 年内,区工商分局在主要车站、有形市场和各村村委会等人员密集场所张贴行政提示,提醒广大加盟商注意防范风险,提高自我保护意识。指导工商所共办结此类合同案件 7 件,罚款 23 万元,调解合同投诉纠纷 25 件,调解金额 21.36 万元。

(安迎军)

【加强对经纪人的有效监管】 年内,全区实有各类经纪人 757 户,全局共作出针对经纪人的相关行政指导 392 户次,112 户原经纪人办理了核减经营范围手续,对 5 起经纪人违法行为立案查处。目前已备案经纪人 474 户,备案率 63%,比去年同期提高近 20 个百分点。

(安迎军)

【市场升级升类管理工作】 年内,辖区共原有市场主体 75 户,正常从事经营活动的 55 户,因拆迁停止经营活动的市场 20 户。截至年底,共立案查处市场主办单位 8 件,结案 8 件,罚款 9.7 万元。处罚市场内经营户 22 件,罚没款 8.8 万元,下发各类行政指导 32 件。

(安迎军)

【网格化监管能力显著提高】 年内,区工商分局网格监管巡查 32069 户,月均巡查 4008 户,在巡查中发现各类问题 4308 件,月均发现问题 537 件,针对巡查中发现的问题,立案查处 199 件,月均立案查处 24 件,责令改正 1929 件,月均责令改正 241 件,行政指导 414 次,月均 52 次。查办各类无照经营案件 179 件,罚没款 113.7 万元,依法移转涉及相关部门职责范围的无照经营 136 户;依法回复公安部门要求吊销卖淫嫖娼场所建议函 2 份。

(安迎军)

【监管重点行业实行台账化】 年内,区工商分局在市场主体网格监管系统内统一建立了网吧、歌舞娱乐、洗浴、化学危险品等 16 个监管风险度高的重点行业监管台账,对台账内主体进行重点监管。截至年底,16 个监管台账已经导入各类重点行业主体 9597 户,占辖区经济户口总数的 8.06%。

(安迎军)

【食品检测情况】 年内,区工商分局共检测食品 1215 个样品,企业自检食品 579 个,消费者送检 28 个,发现 88 个不合格食品,已全市下架 27 个,不合格食品发现率为 7.25%。

(安迎军)

【流通领域食品安全监管情况】 年内,区工商分局共出动执法人员 10101 人次,检查食品经营户 30000 余户次,查处取缔无照经营食品301户,捣毁制假售假窝点30个,查获劣质鸡精、酱油等调味品1410箱、假酒20000瓶、假冒食用油1622桶,查处食品案件132件,罚没款121.33万余元。

(安迎军)

【商品检测情况】 年内,区工商分局联合10家国家相关质检机构对辖区商场、超市、市场等单位销售的商品进行抽样检测,包括:采暖炉、家用电器、开关、插座、服装、鞋、儿童用品、消防用品等14种商品,抽样样品174个。对60件质量不合格商品在辖区采取下架措施,并对19家违法经营单位进行了立案调查,罚没款12万余元。对31起违法经营案件进行了立案调查,已结案29件,罚没款25.28万元。

(安迎军)

【执法办案情况】 年内,区工商分局办理一般程序案件总数625件,罚没款总计834.57万元,其中,不正当竞争案件53件,罚没合计167.69万元;商标类案件75件,罚没款72.23万元;广告类案件13件,罚没款16.2万元;食品安全类案件149件,罚没款122.24万元;消保类案件32件,罚没款7.06万元;企监类案件293件,罚没款403.55万元。其它类案件10件,罚没款45.6万元。诉讼案件12件,行政复议案件2件,听证案件1件,移送案件8件,强制执行案件34件,对外出证32起。作出规制性行政指导1774件,其中行政提示1615件,行政告诫150件,行政约见9件。调停性行政指导6件,助成性行政指导3件。

(安迎军)

【受理消费者投诉情况】 年内,区消协受理投诉案件156件,上述案件均已调解处理完毕挽回经济损失17万余元。

(安迎军)

【技术信息支撑】 年内,技术信息支撑部门与注册科共同推进注册登记预约工作,利用数据中心下载企业登记信息,此工作规范了预约排队办理工商业务的秩序,有效遏制了代办机构恶意预约,提高了注册科的办事效率;更新预约数据库,共下载数据38156条;协助企监科完成《重点行业领域经营主体统计表》,合计下载查找数据47350条;配合商务局完成食品类市场主体清查,共下载数据9505条;配合办公室完成区政府协办核实大兴区低保户身份情况工作;配合各工商所年检工作,利用数据中心下载数据16787条,并传送到相关工商所,为基层年检工作安排奠定了基础。

(安迎军)

【12315基本情况】 年内,区工商分局12315中心共接收消费者申诉案件488件,较去年同期(427件)增加了14.3%;受理举报案件517件,较去年同期(855件)下降了39.5%。企业自行解决消费投诉能力显著提高,分局12315接到的消费申诉数量明显减少。今年以来,成员单位共自行解决消费纠纷725件,调解成功723件,退赔金额20.56万元。

(安迎军)

【城乡结合部举报案件下降】 年内,全局受理的举报案件共计517件,较去年同期(917)减少了400件。其中:黄村所受理举报134件,较去年同期211件减少了77件,下降36.5%;西红门所受理举报77件,较去年同期182件减少了105件,下降57.7%;德茂所受理举报115件,较去年同期171件减少了56件,下降32.7%;城关所受理举报82件,较去年同期127件减少了45件,下降35.4%。

(安迎军)

【消费者协会受理投诉情况】 年内,区消费者协会受理投诉案件156件，回经济消费者经济损失17万余元。在受理的投诉案件中，电视购物，媒体广告购物的投诉居高不下，投诉的种类包括，通讯类，药品类，保健品类，内衣类，化妆品类等。

（安迎军）

【立足职能做好日常巡查】 城关工商所全年共巡查4146户次，发现解决各类问题734件。其中无照经营责令改正562件，函告相关部门69件，强制取缔49件，立案查处54件，罚没款总额525160.47元。

（安迎军）

【高危行业整治情况】 年内，榆垡工商所针对辖区高危行业存在安全隐患问题，积极协调镇政府开展联合整治工作，共开展液化气、成品油、食品经营等各类安全隐患行动13次，检查经营主体934户次，取缔无照经营30余户，立案17件，罚没款3.4万元。

（安迎军）

【依法办案效率高】 年内，德茂工商所共查处各类违法案件86件，入库罚没款共计100万元。其中办理无照经营案件13件；商标广告案件6件；不正当竞争案件7件；食品案件20件；违反登记事项19件；超范围经营1件；产品质量法2件。

（安迎军）

【严格审核五小企业六小场所】 年内，青云店工商所严格审核五小企业六小场所，共受理个体工商户查名637个，个体工商户开业87户，办理个体工商户变更登记185户，注销32户。

（安迎军）

【平台优质服务在细节中体现】 年内，魏善庄工商服务平台共接待咨询10000万人次，办理登记查名3040户、办理营业执照963户，变更营业执照460户，个体注销87户，开办食品流通许可证115户、专业合作社4户。受理举报5件，办结4件；投诉3件，办结2件。

（安迎军）

【促经营主体规范】 年内，西红门工商所年检通过3670户，验照4970户，制发《责令改正通知书》165份；强制注销个体工商户307户；个体工商户开业、变更1296户；发放《食品流通许可证》61户。

（安迎军）

【逐户排查效果明显】 年内，鹿圈工商所层层分解清理取缔无照经营任务，各巡查组按照划分的段区进行逐户逐项排查、登记，围绕重点整治区域、重点整治行业、重点整治市场，提升无照经营整治工作质量。共发出责令改正通知书7份，引导无照经营户自觉补办营业执照126多户，取缔无照经营户21户，查处无照经营案7件，罚没金额7万余元。

（安迎军）

【充分利用合同提高农民收入】 年内，庞各庄工商所“合同指导站”帮助辖区278个西瓜种植户与北京老宋瓜王科技发展有限公司签订《北京市西瓜种植收购合同》278份，使每户增加收入10791元。

（安迎军）

质量技术监督工作

【概况】 2010年，本局紧密围绕大兴区现代化城市发展新区、城南现代制造业基地的全新定位，确定了本局2010年工作总体思路，即:“以改革创新为主线,抢抓城南发展机遇,实现质监事业科学发展;贯彻落实城南行动计划,充分发挥质监作用;切实转变监管理念,开展质监工作宏观调控管理模式的探索和实践,积极构建本区大质量监管工作机制;努力提高科学管理水平,使质监工作服务于大兴经济社会发展的各个领域。”全年各项工作任务圆满完成,质监工作总体水平稳步提高。进一步落实了企业主体责任,显著提高了全区质量管理水平;食品质量安全得到了进一步强化;特种设备安全隐患得到有效遏制;产品质量管理成效显著;计量惠民工程深受社会各界欢迎;标准化建设向更深层次推广;技术机构快速发展,技术保障能力显著提高,行政事业性收费和经营性收入实现了较快增长。

名称:北京市大兴区质量技术监督局
地址:北京市大兴区黄村东里
邮编:102600
电话:69242369
网址:http:dx. bjtsb. gov. cn

【法制建设】 年内,开展执法活动2919起,出动执法人员7290人次;办理立案案件114件,罚没款累计134.30万元,受理消费者投诉228起,端抄黑窝点41个,为消费者挽回经济损失20余万元。行政监督检查方面:检查食品生产企业1513家次。检查工业产品生产企业850家。检查特种设备使用单位435家,检查特种设备1656台套、压力管道73条17124米,下发《特种设备安全监察指令书》176份,消除事故隐患609处。检查计量器具使用单位393家。行政许可及全程代理方面:办理企业标准备案、修改、复审1368个。办理特种设备登记注册2698台,办理特种设备施工前告知书1225份,代办市局行政许可235件。受理组织机构代码证书颁发、变更、注销等事项15930件,制卡8742张,全部在规定时限内办理完毕,满意度100%,无群众投诉,8次被区政府服务中心评为红旗窗口。

(李　浩)

【公共技术服务】 全年检定测试计量器具55715台件,检验特种设备5480台套,完成各类产品委托、监督检验6648个样品。累计完成行政事业性收费671万元,经营性收入510万元。

(李　浩)

【落实企业主体责任】 年内,组织全区402家食品生产企业签订了《食品安全承诺书》,与全区324家特种设备生产、使用、检验单位签订了《特种设备安全责任书》,把企业主体责任落实到了企业;集中开展以“树立企业主体责任”、“质量促和谐”、“关注质量安全”为主题的宣传活动,印制宣传海报12000份,编印《公共管理和公共服务简介》10000份,制作宣传用环保手提袋6000个。

(李　浩)

【确保食品安全】 全年共检查食品生产企业1513家次。发现36家企业存在着不同程度的食品安全隐患,对其中的28家企业责令其限期整改,对其中的8家企业进行了停产整顿。市级监督抽查完成了514个单元的343个样品。按照市局工作部署,对33家生鲜乳制品企业的三聚氰胺和β-内酰胺酶检验报告情况进行了专项整治。圆满完成了72家食用塑料包装企业的专项检查和抽样任务。完成生产许可证年审509个单元399家食品生产企业。圆满完成供世博、供亚运会专项监督检查、抽样任务。全年参加了168家食品生产许可获证企业的实地核查。

(李　浩)

【强化特种设备安全监察】 年内,开展服装熨烫用立式蒸汽锅炉、气瓶、起重机械的整治工作。汇同区安监局、经信委、旧宫、瀛海等镇政府集中清查了问题突出的南小街三村、一村跑马场、树桥、南场西和怡乐庄等地服装大院，监督拆除经检验不合格和非法安装的小锅炉14台，捣毁“土锅炉”31台，严厉打击非法违法使用锅炉行为。联合有关部门，对全区17家液化石油气充装单位、4家永久气体充装单位、3家气瓶检验单位进行了一次全面安全大检查。期间检查各类储罐59台、气瓶1141只，下发《特种设备安全监察指令书》4份。开展了起重机械专项整治活动，规范14家单位合计21台起重机械的使用行为；查处1家使用非法生产的液压升降平台行为，取缔1处非法制造液压升降平台窝点，拆除简易升降机3台。

（李　浩）

【抓好产品质量工作】 年内，共检查生产企业320家次，圆满完成了工业产品、强制性(3C)认证产品、煤炭、农资产品、机动车安检机构的监管任务。集中开展了农资产品专项检查，抽查了农资企业10家15个批次350吨产品。对54家人造板、摩擦材料、机动车制动液、人民币伪钞鉴别仪生产企业进行了监督抽查，并抽取了样品。圆满完成了化肥、农药、建筑防水卷材、防水涂料、特种劳动防护用品、电线电缆、电冰箱等26类191家生产企业的监督抽查任务，抽取样品191个。开展生产许可年度审查和获证现场核查工作。对190家获证企业进行了培训，部署了工业产品获证企业提交年度自查报告及审查工作，参加了30家生产企业的现场核查。开展打击侵犯知识产权和制售假冒伪劣商品专项行动。制订了《专项行动实施方案》，成立了组织领导机构，明确了工作职责、实施范围、工作步骤和具体措施。

（李　浩）

【强化计量管理】 全年共检查实验室计量认证单位37家次，检查计量器具累计1598台(件)，抽查实验室检验报告280余份。开展制造计量器具许可证专项治理行动，检查计量器具制造企业单位28家。加大能源计量工作力度。联系节能站对本区8家重点用能单位进行了检测，根据结果，积极开展了执法检查，并协助用能单位进行整改。

（李　浩）

【宣传教育工作】 全年采集新闻稿件26篇，在新闻媒体发表34篇，其中在市级以上媒体发布新闻5篇；在广播电台、电视台播发新闻19条。采集报送信息262条，市、区两级共采纳132条。编辑刊印《大兴质监信息》12册。在《北京质监》发表文章9篇，刊登动态信息11条，市局网站收录信息21条。更新、维护本局网站信息262条，在政务公开信息系统中录入工作信息44条。

（李　浩）

财税·金融·审计

财政工作

【概况】　大兴区财政局下设30个科室，现有职工150名，局长1名兼任党组书记，纪检组长1名，副局长3名，副调研员2名，工会主席1名，副科级以上干部53名。在区委区政府的正确领导下，积极落实全面、协调、可持续的科学发展观，充分发挥财政职能作用，切实加快财政自身建设，着力构建完善的公共财政，促进大兴区经济社会和谐发展。

名称：北京市大兴区财政局
地址：北京市大兴区行政服务中心
电话：69243237
邮编：102600

【完成2009年度部门决算批复工作】　2～5月完成纳入本区2009年部门决算编制范围的325家行政事业单位的部门决算批复工作，批复率达100%，批复内容包括预算单位财政性资金收入和非税收入上缴资金情况批复，并下发《关于2009年度部门决算的批复》的文件(京兴财[2010]64号)。

(冯汝爱　刘永春　刘　飞)

【参加市局2009年度决算会审工作】　2月10日和3月3日，分别参加了市局组织的2009年度部门决算和财政总决算会审工作并通过审核。

(冯汝爱　刘永春　刘　飞)

【推行非税收入收缴改革】　年内，有效提高了资金收缴率，确保了非税收入及时足额入库。规范单位执收行为杜绝了执收单位挪用、截留非税收入的违规现象的发生。提高了非税收入收缴的透明度，通过非税收入收缴管理系统，全面掌握相关非税收入收缴信息，实时查询非税收入收缴入库情况，实现了对非税收入收缴的全过程监控，强化了对非税收入的监督管理。截至年底，试点单位通过直接缴库和集中汇缴方式将非税收入直接缴入非税收入收缴专户，累计上缴专户1843笔，资金额达8266万元。

(冯汝爱　刘　飞)

【国库集中支付改革工作】　1月起第五批教育部门二级预算单位实行国库集中支付改革，3月31日下发《关于第四批国库集中支付改革试点单位启动集中支付业务的通知》(京兴财[2010]43号)，4月起第四批二级预算单位实行国库集中支付改革，8月与财政授权支付代理银行(工行、农行、建行、农商行)签订为期四年的《委托代理协议》，截至年底，全区共232家单位实行国库集中支付改革，累计支付业务13652笔，支付资金56.2亿元。其中：直接支付业务6755笔，支付资金42.8亿元；授权支付累计下达业务

6897 笔,资金额度 13.4 亿元,支付资金 13.4 亿元。

(冯汝爱　刘　飞)

【总预算会计工作】 年内,共办理资金拨付 480 亿元,共 13021 笔业务,其中:预算内 363 亿元 10882 笔,预算外 37 亿元 1324 笔,社保基金 17 亿元 269 笔,专户 63 亿元 546 笔。非税收入统计按票据分单位和收入项目登记台账 7959 笔,资金额达 228 亿元。每旬、每月和每季度按时编制财政收支旬报、月报、暂存暂付表、非税收入收缴情况等报表,及时报送市局和局领导和相关科室。

(冯汝爱　石月华)

【工资统一发放工作】 年内,累计统发工资 63085 万元,其中:区级 60 家单位统发金额 33416 万元,各镇共 69 家单位教师统发金额 29669 万元,累计统发人数近 16 万人次。

(冯汝爱　刘　飞)

【推行第三批公务卡制度改革】 年内,第三批公务卡制度改革采取集中支付改革试点单位自愿参与的形式推开,5 月初制定具体实施方案,5 月中旬通过金财网完成公务卡改革实施意向调查;5 月 26 日举行第三批自愿参与公务卡制度改革的预算单位座谈会,宣传动员公务卡制度改革;6 月初通过网络反馈确定第三批公务卡制度改革试点单位为公安局、党校和广电中心 3 家单位,并下发《关于第三批纳入公务卡改革制度范围的预算单位实施公务卡改革的通知》(京兴财[2010] 78 号),同时维护公务卡支持系统相关数据;联系代理银行对试点单位相关办卡人员进行公务卡用卡知识培训和指导试点单位统一办理公务卡,发卡后组织财务人员业务培训。截至年底,本区 13 家公务卡试点改革单位累计办理业务 539 笔,消费金额 131 万元。

(冯汝爱　刘　飞)

【镇域内单位账户核查工作】 7 月,组织各镇财政所全面清理核查并上报镇域内行政事业单位在商业银行及其他金融机构开设的所有银行账户信息(不包括教育、卫生部门)。8 月初针对各镇财政所的报送资料,经过认真梳理登记,发现与 2005 年至今区财政已出具账户开立审批通知相比存在漏报的情况,通过与镇相关单位进行第二轮核查补报,此项工作于 8 月中下旬完成,历时近 2 个月,并形成书面核查报告和汇总表上报局领导。11 月下发《关于规范大兴区银行账户管理的通知》京兴财[2010]168 号,要求区属行政事业单位和各金融机构严格执行文件规定,规范账户审批管理。

(冯汝爱　石月华)

【账户管理工作】 全年共开立各种账户 52 个,其中:基本账户 30 个,一般账户 9 个,专用账户 16 个,临时账户 3 个,变更账户 92 个,撤销账户 24 个,备案账户 31 个,出具确认函 45 份。

(冯汝爱　孙　敬)

【召开全区部门决算总结表彰布置会】 12 月 20～22 日,组织召开本区 2009 年度部门决算总结表彰和 2010 年度部门决算布置培训会,全区各行政事业单位、镇(街)财政所,累计 330 户,与会人数共 344 人。

(冯汝爱　刘　飞)

【编制部门预算情况】 年内,区本级部门预算编制采取"一上一下"编制程序。于 7 月开始着手进行对部门预算编制系统进行维护,并开始制定编制 2011 年区本级部门预算的文件,9 月 2 日制定完成《关于编制大兴区 2011 年区本级部门预算的通知》,并下发到区本级 286 家预算单位。10 月 29 日前完成了部门工作预算的"一上"数据汇总。

(张宝玲　李　萌)

【财政收支情况】　年内,区级实现财力3266996万元。其中:一般预算收入总计792474万元,与上年同比减少21382万元,下降2.6%。其中:决算收入合计(财政收入)301382万元,同比增加70525万元,增长30.5%。体制补助98904万元;体制定额补助102036万元;转移支付71382万元;结算补助47195万元;市追加专项补助130008万元;上年结余41567万元。基金收入完成2474522万元。其中:基金决算收入2295073万元,专项补助129895万元,上年结余49554万元;2010年财政支出进一步优化财政支出结构,把解决民生问题作为财政保障的重点,加快构建以人为本的公共财政体系。保证教育、卫生、科技文化等支出的依法增长,2010年区级财政支出3028621万元,比上年同比增加1657021万元,增长120.8%。其中:一般预算支出722317万元,同比减少49216万元,下降6.38%;基金预算支出2304603万元,同比增加1705292万元,增长284.5%;上解支出701万元;安排预算稳定调节基金1000万元。年终滚存结余238375万元。

（张宝玲　李　萌）

【决算报告编报情况】　根据区人大2010年工作安排,2009年区级决算报告及2010年上半年财政执行情况报告于6月开始进行,报告严格按照2009年区级财政执行总决算相关数据编写,主要内容为:2009年区级及区本级决算情况;市级追加专项资金使用情况;预算外资金预算情况;重点支出依法增长情况说明;2010年上半年预算执行情况等。以上内容均于7月初如实向区人大常委会进行报告。

（张宝玲　李　萌）

【财政预算调整报告编报情况】　根据区人大2010年工作安排及年度内财政预算执行现状,对相关预算执行指标进行科学调整,主要内容为:2010年区级及区本级预算调整情况;调整后的支出说明。于8月初向区人大常委会报告。

（张宝玲　李　萌）

【2010年镇级决算分析及说明】　年内,圆满地完成本区2010年度14个镇级决算编制与汇总工作。2010年镇级组织财政收入为107983万元,比上年同期增长34.5%;支出为190630万元,比上年同期支出下降33.1%,主要是由于2010年对镇级的一部分补助通过基金转移支付的形式进行划转,从而使得同期镇级一般预算补助支出较2009年相比,有较大幅度的减少。

（张宝玲　李　萌）

【公安工作】　2010年对公安主要进行了以下投入:千人辅警建设5169万元,公安业务装备购置4990.2万元,公安刑侦、囚犯、治安及办案投入1600万元。

（张新琳　肖　亮）

【保证检察院充分履行法律监督职能】　年内,主要安排检察院职务预防犯罪资金30万元、检察业务装备购置498万元,办案200万元。

（张新琳　肖　亮）

【加大法院投入力度】　年内,投入聘用书记员及法警劳务费288万元;安检设备425.6万元;法院业务装备购置1282万元,办案款690万元,设备维修及物业415万元。

（张新琳　肖　亮）

【保证司法工作顺利开展】　年内,对司法主要进行了以下投入:法制宣传长廊建设65万元,司法业务装备购置155万元,法援及人民调解补助80万元,普法、社区矫正和安置帮教65万元,中途之家建设40万元。

（张新琳　肖　亮）

【后勤服务中心经费】 年内,安排资金1459.89万元,后勤服务中心先后对两座行政大楼的设备、设施进行了更新、维护及保养。

(张新琳 张 婷)

【文化资金投入】 年内,对文化主要投入了,体制划转基层文化活动、星火工程、文化设施更新运维等项目资金1967.7万元;地铁大兴线正式通车大型主题晚会450万元,文化引导资金676万元,区县文化专项资金1458.374万元,"周末场演出计划"和农村公益电影放映补贴项目资金406万元。

(张新琳 张 森)

【全力保障科技三项费依法增长】 年内,区财政局足额安排科技三项费资金545万元,全力保障科技三项费逐年提高。

(张新琳 张 森)

【科学技术普及投入】 年内,投入科普专项主要有:科普惠农兴村和社区科普益民项目经费117万元,科普示范村和科普社区建设80万,区县科普专项经费154万元。

(张新琳 张 森)

【计生资金投入情况】 年内,投入各项人口和计划生育事务资金1975.4万元,主要为:计划生育免费技术服务补助经费207.87万元,计生事业费专项引导资金280.59万元,农村育龄群众免费体检专项经费91.56万元,四级联网专项经费77.6万元,宣传、培训购置等经费579.4万元,流动人口管理与服务经费170万元等项目。

(张新琳 张 森)

【"平安大兴栏目"顺利开播】 年内,投入70万元保障广电中心《平安大兴》栏目顺利开播。

(张新琳 张 森)

【广电中心硬件设施投入情况】 年内,对广电中心主要进行了以下投入,广电中心手机报系统建设583.68万元,消防系统工程236.88万元,高清电视拍摄和制作设备经费60万元。

(张新琳 张 森)

【体育后备人才培养投入】 年内,投入310万元用于本区体育局足球场改造及器材购置。

(张新琳 张 森)

【落实"两免一补"政策】 年内,区财政局安排义务教育阶段"两免一补"、特殊教育学校学生生活补助和高中、中职学生助学金补助等,资助6.37万名学生,资助资金780万元。

(张新琳 李桂春)

【校舍安全工作】 年内,区财政局安排本区校舍安全工程资金13461万元,积极落实市、区两级政府关于开展中小学校舍安全工程工作的各项要求,足额安排本年度本区校舍安全工程计划资金,全力支持保障校舍安全工作顺利开展。按照本区此项工作计划,未来几年将继续加大校舍安全工作投入。

(张新琳 李桂春)

【校园安全保障工作】 年内,区财政投入资金850万元用于校园安全,全区中小学、幼儿园实现了"一校一警"、"一校多警"、"多校一警",并且每所学校都建立了保卫机构,配备了专业保安人员,对全区中小学及职业教育学校安装了252个视频监控设备。

(张新琳 李桂春)

【编制京开路以东地区城市设计工作】 年内,安排资金320万元用于编制京开路以东地区城市设计工作。京开高速公路沿线作为大兴区政府确定的2010年重点建设地区"两线一区”之一,是凸显城南地区城市建设面貌的重要展示主线。

(张新琳　李　娜)

【制定永定河水岸经济带规划】　年内,安排资金160万元用于“制定永定河水岸经济带规划,加快基础设施建设”,区委区政府高度重视永定河生态经济带建设发展,列为本区折子工程。

(张新琳　李　娜)

【第六次全国人口普查经费】　年内,安排资金2409.4万元,用于第六次全国人口普查经费。为科学制定国民经济和社会发展规划,统筹安排人民的物质和文化生活,实现可持续发展战略,构建社会主义和谐社会,提供科学准确的统计信息支持。

(张新琳　李　娜)

【区级政府投资完成情况】　年内,区级政府投资完成200180万元,主要用于支持大兴基础设施建设、道路交通设施建设、环境治理和能源建设、产业发展、教育卫生等社会事业建设和新农村建设。

(荆冬梅　董　迪)

【支持资源能源保障设施建设】　年内,支持镇区电站建设。安排资金9269万元,用于青云店镇、九龙、义和庄三个输变电和配电站建设。支持大兴新城电网改造。安排资金3304万元,用于电力迁改和老旧小区配网用电改造工程。支持供热能源保障建设。安排资金2260万元,支持地热供暖工程和供热整合建设。支持节能减排。安排资金688万元,用于绿色照明工程和建筑节能改造工程。

(荆冬梅　董　迪)

【支持市政道路基础设施建设】　年内,区财政局投资50626万元支持市政道路基础设施建设,主要用于兴华大街市政建设、兴盛路道路改造、三合南巷改造、魏永路污水管线工程、大兴新城街道重要节点户外广告牌匾标识整治工程等。

(荆冬梅　董　迪)

【加强农民种粮补贴资金发放管理】　年内,本区12个镇享受补贴的农户为95996户,补贴总面积61万亩,补贴总金额5534.6万元。其中:小麦补贴的农户为38299户,补贴总面积21.9万亩,补贴总金额2525.7万元;玉米补贴的农户为57697户,补贴总面积39.1万亩,补贴总金额3008.9万元。

(荆冬梅　王晓清)

【扩大区级储备粮存储规模】　年内,区财政局与区商务局、粮油总公司、大兴农发行制定2010年本区新增区级储备粮工作实施方案,扩大区级储备粮存储规模,完成1万吨小麦原粮及500吨大米新增储备任务。

(荆冬梅　王晓清)

【落实家电、汽车摩托车下乡】　年内,本区有14个镇、3个街道办事处财政办理家电、汽车摩托车下乡补贴资金兑付工作,全年累计发放补贴资金752.18万元。其中补贴家电下乡产品10784件,发放补贴资金297.64万元;补贴汽车摩托车下乡产品1285辆,发放补贴资金454.54万元。

(荆冬梅　王晓清)

【商业流通发展资金管理】　年内,区财政局与区商务局共同组织申报商业流通发展项目40个,争取市级商业流通发展资金597.66万元。

(荆冬梅　孙　硕)

【中小企业发展资金管理】　年内,区财政局与区经信委共同组织申报中小企业发展项目

7个,争取市级中小企业发展资金397.52万元。

(荆冬梅　孙　硕)

【加大就业再就业资金投入】 年内,区财政局累计投入资金2492万元支持就业和再就业工作。安置1290名就业困难失业人员从事社区公益性就业岗位工作;对辖区内村级专职就业指导员进行考核奖励;兑现各项区级就业再就业优惠政策。

(赵　丽　张腾蛟)

【提供大病医疗保障】 年内,根据《北京市人民政府关于印发北京市城镇居民基本医疗保险办法的通知》(京政发[2010]38号精神,财政出资3000万元对城镇无医疗保障老年人和学生儿童及城镇劳动年龄内无业居民参加的大病医疗保险进行了专项补贴。

(赵　丽　张腾蛟)

【保证城乡居民基础养老金的按时、足额发放】 年内,区财政局安排专项资金4052.18万元,保障本区17512名符合享受条件的城乡居民基础养老金待遇。

(赵　丽　张腾蛟)

【补助本区居民参加城乡居民养老保险】 年内,对符合政策规定的2009年缴纳了城乡居民养老保险的108944人按照每人30元的标准给予缴费补贴326.8万元;对2009、2010年参保的重度残疾5364人、一般残疾人4024人分别按照最低缴费标准100%和50%的标准给予补贴707.86万元;对低保对象、五保供养对象2383人按照最低缴费标准给予全额缴费补贴228.25万元。

(赵　丽　张腾蛟)

【老年居民福利养老金发放】 年内,区财政局安排专项资金13768.16万元,保障本区52390名符合享受条件的无社会保障老年居民福利养老待遇。

(赵　丽　张腾蛟)

【社会保险基金收支稳步增长】 年内,五项基金累计收缴184975.53万元,支出153541.31万元。其中基本养老保险收缴169854人,收缴额118034.11万元,支出97893.63万元;失业保险收缴148855人,收缴额5330.18万元,支出993.87万元;工伤保险收缴196827人,收缴额3985.40万元,支出2588.74万元;生育保险收缴73393人,收缴额1951.88万元,支出1074.36万元;基本医疗保险收缴238731人,收缴额55673.96万元,支出50990.71万元。

(赵　丽　张腾蛟)

【调查全区劳动力就业基本情况】 年内,财政出资255万元开展辖区内劳动力"信息采集调查"工作,并建立"大兴区劳动力动态监管平台"数据库,为政府制定和调整就业政策提供数据支撑。

(赵　丽　张腾蛟)

【城乡最低生活保障标准调整】 7月1日起,大兴区城低保标准由410元/人·月上调至430元/人·月,农低保标准由170元/人·月上调至210元/人·月。2010年共计发放低保资金1506.7万元,比上年增加81.26万元。

(赵　丽　梁雯雯)

【改善农村优抚、社救对象住房条件】 年内,本区共对282户优抚、社救对象危房进行了维修、翻建,其中优抚对象125户,社救对象157户,拨付资金1255.5万元,有力地保证了优抚、社救对象安全度汛。

(赵　丽　梁雯雯)

【安排专项资金保证"九养"政策顺利落实】

年内,本区安排专项资金1089.38万元用于开展各项“九养”政策,其中包括发放居家养老券、托老所奖励、“孝星”评选等专项工作。

(赵 丽 梁雯雯)

【建立城乡特困人员住院押金减免和出院即时结算制度】 年内,结合本区实际情况,出台了《关于建立大兴区城乡特困人员住院押金减免和出院即时结算制度的实施细则》(京兴民发[2010]63号)。文件规定城乡特困人员定点医疗机构对救助对象需缴纳的住院押金予以60%减免,精减退职老职工住院押金实行67%减免。每人每年住院押金减免额度累计不超过3万元,农村五保人员、城市三无人员、因公致残返城知青住院押金实行100%减免。城乡特困人员办理出院结算手续时,根据在医院实际发生的费用,经基本医疗或新农合报销程序后,对个人应负担的费用部分,按照不同救助比例结算。

(赵 丽 梁雯雯)

【调整义务兵优待金标准】 自2010年冬季征兵开始,义务兵优待金标准由每人每年1.5万元上调到每人每年1.8万元。

(赵 丽 梁雯雯)

【加强流浪乞讨人员解救和管理工资】 年内,区财政安排专项资金65万元保障大兴区救助站运行,确保本区街头救助、有害乞讨行为管理、被拐卖未成年人解救保护、站内管理和服务等工作顺利开展。

(赵 丽 梁雯雯)

【发放2009年残疾人补贴】 年内,区财政安排残保金拨付到各用人单位和福利企业,共拨付363.2万元。

(赵 丽 李 爽)

【聘用残疾人专职委员上岗】 年内,全年共投入资金416.4万元,确保694名残疾人专职委员全部顺利上岗,促进本区残疾人事业发展,更好的为残疾人服务。

(赵 丽 李 爽)

【为残疾人发放居家养老助残券】 年内,本区16到79周岁无工作的重残人员每人每月享受100元居家助残券,全年共发放625.2万元。

(赵 丽 李 爽)

【解决残疾人康复训练】 年内,残疾人社区康复室需配备经济实用,便于社区使用或家庭租借的康复器材和辅助用具、康复知识普及读物。以便开展康复知识、技能培训,娱疗、工疗和心理疏导等康复活动,提供日间照料、转介等康复服务,共拨付资金146.3万元。

(赵 丽 李 爽)

【补助新建残疾人温馨家园,职康站】 年内,对5个新建残疾人温馨家园拨付一次性补助150万元,对15个残疾人职康站拨付一次性补助150万元,共计300万元,用于对残疾人提供职业康复劳动服务进行资金保障。

(赵 丽 李 爽)

【对无固定收入重残无业人员发放补助】 年内,对本区应享受补助的重残人员给予发放,居民每人每月410元,农民每人每月200元,全年共发放资金875万元。

(赵 丽 李 爽)

【推进新型农村合作医疗】 年内,本区参加新型农村合作医疗人员共计294934人,参合率98.7%,筹资标准为520元,其中农民个人负担60元,政府补助460元。2010年政府补助共计1.36亿元,参合农民政策范围内住院费用补偿比例达到60%以上。

(赵 丽 赵秀娟)

【农村改水改厕】 年内,结合新农村建设,财政投入资金2180.25万元用于改造户厕16150座,涉及10个镇80个村。另投入资金520万元,新建、扩建联村水厂3个,改造10座单村水厂。通过改水改厕工作,极大改善了农村生活环境,提高了农民生活水平。

(赵 丽 赵秀娟)

【支持医药卫生体制改革】 年内,区财政局积极调整支出结构,为医改工作做好资金保障工作,2010年卫生投入共计62841万元,比任务数高出12%。

(赵 丽 赵秀娟)

【提升中医药服务能力】 年内,区财政局投入50万元为社区卫生服务中心购置煎药机及艾灸用品,落实社区中医药人才培养,投入150万元用于中医院门诊楼改造,不断提升大兴区中医药服务能力。

(赵 丽 赵秀娟)

【农村孕产妇住院分娩可获财政补贴】 年内,区财政完善农村孕产妇住院分娩、转诊抢救及管理的服务体系。按照住院分娩人均600元标准安排专项资金。对农村低收入家庭中的孕产妇,在享受住院分娩财政补贴及新农合补偿后,剩余部分还可享受贫困医疗救助。对专项资金使用情况进行绩效考评,将考评结果与专项补贴资金挂钩。

(赵 丽 赵秀娟)

【加大农业资金投入力度】 年内,全区共投入农业资金92508.71万元,比2009年72150.21万元同期增长28.22%。其中:区级投入52019.09万元,比去年同期增长20.54%;市级投入40489.62万元,比去年同期增长39.64%。

(史雪洁 彭秋燕)

【加强农业综合开发资金投入】 年内,农业综合开发项目投入财政资金共计12297.4万元,其中:中低产田改造项目6404.4万元,产业化经营项目1800万元,地方立项农业综合开发项目支出4093万元。农业综合开发资金的投入,使本区农业基本生产条件得到极大改善,提高了农业综合生产能力。完成中低产田改造面积4.9万亩,输变电线路42.89公里、开挖疏浚渠道70.12公里、渠系建筑物109座、机耕路52.57公里、改良土壤4.9万亩、造林0.12万亩。完成了2009年都市农业的延续工程3.1万亩。基本实现了农田节能、节水、低耗、增效的目标,所治理土地农田林网化达到100%,林网完好率达到95%以上,极大地提高了农田防护能力。完成2010年中央立项的产业化经营项目四个,其中:种植项目2个、加工项目1个、养殖项目1个。项目按计划批复全部完工并投入使用,项目运行情况良好,达到了预期的效益,其中:年新增总产值6133万元、年新增增加值4911.44万元、年直接受益农户4550户、年直接受益农业人口数13925人,年新增就业人数430人。

(史雪洁 曹劲蓉 彭秋燕)

【扶持设施农业建设】 年内,区财政局共拨付设施农业建设资金3676.8万元,确保建成日光温室822亩、钢架大棚2087.8亩。同时,全区新建并通过市级验收的保护地面积为2909.8亩。

(史雪洁 张海旭 彭秋燕)

【新农村建设工作】 年内,投入资金5278.41万元,用于“三起来”工程建设。在充分利用废弃料和天然能源的基础上,做到节约能源、减少污染,达到环保成效。投入20582.6万元,用于街坊路硬化工程建设。年内,全区完成77个村的街坊路硬化工程建设,建设面积170万平方米,有效改善了村容村貌,方便村民出行。投入资金4024.35万元,用于一户一表改造工程建设。通过实施水厂扩户、更新水源井及村网改造等工程,进一步完善本区用水设施体系,有利于合理开采利用有限的地下水资源,加强科学用水力度,为水利建设的发展打下坚实地基础。

(史雪洁　张海旭　彭秋燕)

【农业金融服务体系建设】　年内,区财政局共安排1107.4万元,用于开展农业保险工作。完成瓜、菜、果、粮食、温室、大棚等种植业投保面积25.5万亩,养殖业投保22.8万头。

(史雪洁　张海旭　彭秋燕)

【保证农业政策性资金投入】　年内,区财政局安排农业政策性资金共计9051万元。启动了“科技助农”工程,选拔和培养了1500名村级科技示范户,开办农民田间学校75所,实用技术培训38万人次,农产品经纪人培训900人次。

(史雪洁　张海旭　彭秋燕)

【支持农业观光园区建设】　年内,区财政局共投入5000万元,对全区6个镇11个农业观光园建设提升工程进行财政扶持,使其达到美化景观、保护环境、提供观光旅游和科技示范的作用,促进区域农民增收,改善生态环境。

(史雪洁　张海旭　彭秋燕)

【平原治沙工作顺利进行】　年内,区财政局投入1350万元,支持全区十个镇及大兴林场实施治沙工程。完成总面积15800亩,包括灌草覆盖、残次林改造、治沙示范区三个子工程建设。有效促进项目区农业产业结构的调整和农村剩余劳动力的转移,增加农民收入,促进地方经济发展。

(史雪洁　孙　震　彭秋燕)

【绿色通道地区补助资金投入】　年内,区财政局安排资金3659万元,用于本区绿色通道永久带、产业带地区建设。完成永久性绿化带29772亩,产业带绿化面积39811.26亩,涉及黄村、北臧村等11个镇8个国营单位无收益期补偿1195万元,产业带养护补助398万元,永久带占地补偿1471万元,永久带养护费595万元。

(史雪洁　孙　震　彭秋燕)

【支持集体林权制度改革】　年内,区财政局投入资金115万元,保证本区2010年集体林权制度改革工作顺利进行。

(史雪洁　孙　震　彭秋燕)

【保障三海子郊野公园工期顺利进行】　年内,区财政局累计安排资金202477.66万元,用于三海子郊野公园一期瀛海镇和亦庄镇段建筑拆迁补偿(152477.66万元)和一期建设资金(50000万元)为三海子郊野公园工期顺利进行提供了有力的资金保障。

(史雪洁　孙　震　彭秋燕)

【瓜菜集中育苗产业提升工程】　年内,区财政局投入资金484.44万元,对瓜菜集中育苗产业提升工程建设进行财政支持,其中主要对瓜菜育苗生产资料及设备购置等进行有力扶持。

(史雪洁　孙　震　彭秋燕)

【控制北运河流域农业面源污染】　年内,区财政局安排282.43万元,用于北运河流域减少农药用量工作。

(史雪洁　孙　震　彭秋燕)

【扶持各种作物补贴】　年内,安排生态作物补贴资金891.45万元,对全区上年秋播小麦和牧草进行补贴,补贴面积达22.31万亩。其中:小麦播种面积22.09万亩、牧草播种面积0.23万亩。较好的发挥了农业生态服务,有效治理季节性裸露农田。安排791.35万元,对全区能繁母猪及优质后备奶牛进行补贴。其中:能繁母猪补贴391.75万元,优质后备奶牛补贴399.60万元。

(史雪洁　孙　震　彭秋燕)

【补贴小型农机具】 年内,区财政局投入资金210万元,用于农机中心购置农机具。推广微耕机、温室卷帘机等小型农业机械,促进设施农业快速发展,提高设施机械化水平。

(史雪洁　白　石　彭秋燕)

【扶持规模化畜禽场升级改造】 年内,区财政局共投入888.46万元,用于规模化畜禽场改造及其粪污治理。

(史雪洁　吴　凯　彭秋燕)

【防疫体系建设】 全年投入资金403.9563万元,用于狂犬病免疫工作。全区免疫注射犬12万余条,狂犬病免疫注射率为100%。投入资金150万元,用于亚洲I型和O型口蹄疫及禽流感(H5型)等动物疫病的抗体监测和防疫工作。投入资金379.1万元,用于美国白蛾防治工作。该项目实施后,保证了全区工农业生产安全,提高全区人民生活环境质量,构建和谐社会及人居和谐的生态环境。投入资金80万元,用于加强对常规林业有害生物防治工作。

(史雪洁　孙　震　彭秋燕)

【水管员队伍建设】 年内,区财政局投入资金780万元,用于大兴区水管员队伍建设工作。此举有利于加强大兴区域内河道维护及巡视力度,有效地防止了河道损毁,保持河道完整性,保证汛期的正常过渡。

(史雪洁　吴　凯　彭秋燕)

【两河管护工作】 年内,区财政局投入资金686.62万元,用于新凤河和南红门灌区(简称两河)管护工作。通过对两河的综合整治和管护,使工程设施得到了维护,解决了往日两岸的脏乱差面貌,呈现出了水清、岸绿、景美的美好景象。

(史雪洁　吴　凯　彭秋燕)

【推进再生水运行工作】 年内,区财政局投入资金443.60万元,用于再生水运行工作。该项目的实施,加大了本区利用再生水的力度、改善了本区水环境、缓解了大兴水资源短缺现状,为充分利用中水资源进行了有益尝试。

(史雪洁　吴　凯　彭秋燕)

【区污水处理工作】 年内,区财政局安排3787.21万元,用于本区污水处理工作。其中黄村污水处理厂2421.96万元、天堂河污水处理厂705.25万元、镇级污水处理厂660万元。

(史雪洁　吴　凯　彭秋燕)

【保障新城滨河森林公园工期】 年内,区财政局投入资金49776万元,用于新城滨河公园工程建设。该工程的实施,对本区新城环境和生态环境起着至关重要的作用,有效提高本区居民的生活质量,实现了人与自然的有机结合。

(史雪洁　吴　凯　彭秋燕)

【会计管理工作】 年内,对17家行政事业单位会计基础工作检查指导,其中:合格单位14家,不合格单位3家。2010年大兴区会计人员继续教育培训人数2787人。

(张艳英　张凤云)

【代理记账机构审批及管理】 4月,对审批通过的代理记账机构进行网上报备,通过报备审核的代理记账机构56户,当年新批准代理记账机构16户。

(张艳英　张凤云)

【会计从业资格报名考试】　年内,会计从业资格考试于3至4月,分别在大兴一中、首都师范大学大兴附属中学、北京师范大学大兴附属中学、财政局财教中心、大兴社区学院进行,应考5474人,通过发证人数1623人;2010年11月22至26日组织2011年度会计从业资格考试报名现场确认工作,报名人数6653人。

(张艳英　张凤云)

【会计专业技术资格报名考试】　5月,会计专业技术(初级)资格考试在北京师范大学大兴附属中学进行。应考1427人,参考860人,合格发证137人;于11月4至8日组织完成2011年度会计专业技术(初级)资格考试报名现场确认工作,报名人数1993人。

(张艳英　张凤云)

【会计人员继续教育培训】　年内,加强服务理念,公开对外的咨询电话,对具有会计继续教育需求的人员来电咨询进行详细的解答,包括每期培训班的学习时间,上课内容等;联系专业的会计教师并如期组织培训学习,组织工作人员但当班主任,对学习的学生进行登记管理,并如实记录学时;对完成学时的培训人员进行资料整理,做到认真准确,并上报会计科。2010年共培训会计人员2787人。

(张艳英　安　波)

【全区政府采购完成情况】　截至年底,共立项371个,涉及政府采购预算22652.74万元,实际采购金额21409.93万元,节约资金1242.81万元,其中:项目采购48项,涉及政府采购预算13822.12万元,实际采购金额12579.3万元,节约资金1242.81万元,定点采购1221项,涉及政府采购预算8830.62万元。

(唐胜明　赵春华)

【行政事业单位车辆管理】　年内,制定整理相关文件,加大政策宣传力度。开展车辆调查,摸清车辆底数。经核查,全区科级以上行政事业单位纳入车辆核编控购管理的单位共有360个。其中处级以上单位90个,科级单位270个。共涉及车辆2034辆,其中在编车辆1078辆(处级在编车辆607辆,科级在编车辆471辆),非在编车辆956辆(其中处级非在编车503辆,科级非在编车453辆),另公检法司单位在用车辆(车辆预算在区财政,车辆控购权属为市直属单位)534辆。通过此次车辆调查工作,全面掌握了全区车辆的基本情况,更好的为财政财务管理提供可靠的基础数据。

(唐胜明　赵春华)

【车辆控编控购和统一保险工作】　年内,共审核车辆增编44辆,审核购置车辆145辆;核实车辆统一保险536.31万元。

(唐胜明　赵春华)

【融资平台公司清理规范】　年内,摸清债务底数。对区内融资平台公司债务进行全面清理核实,并将清理核实后的债务分为三类,即:因公益性项目举借主要依靠财政性资金偿还的债务、因公益性项目举借主要依靠自身收益偿还的债务、因非公益性项目举借的债务。明确偿债责任。根据清理核实后的债务分类情况,落实相关债务人偿债责任,防止转嫁偿债责任和逃废债务。规范公司运作。对主要依靠财政性资金偿还债务的公司,不再保留融资平台职能,对主要依靠自身收益偿还债务的公司,引导其进行商业运作。完善投融资机制。不断探索创新融资模式,逐步形成政府引导、社会参与、市场运作的投融资格局。

(张　虹　贾彦平)

【违规使用财政票据处理】　年内,全区共有

87个用票单位,因违规使用财政票据被查处,共补交税款137.2万元。

(刘永春 王永顺)

【非税收入调查、催收】 年内,结合财政票据审验、发售工作,主动与有关科室、单位认真核实相关收入项目,督促有关单位及时上缴预算内非税收入。全年,全区入库预算内非税收入2280884.85万元,较上年的642118.91万元增长了1638765.94万元,其中基金收入2243315.54万元,较上年的616732.27万元增长了1626583.27万元,其增长额为入库预算内非税收入增长额的99%;而其中的土地出让总价款1598579.65万元,较上年的315692.51万元增长了1282887.14万元,其增长额为基金收入增长额的78.87%,为入库预算内非税收入增长额的78.28%。

(刘永春 王永顺)

【彩票公益金项目申报】 年内,共完成彩票公益金项目申报27项,争取资金3600余万元。

(刘永春 王永顺)

【积极组织调研工作】 4月份,完成了有关科室2010年度调研课题的选定工作。至年底,有关科室共完成调研9篇。

(刘永春 王永顺)

【外资企业财政登记】 年内,企业科共办理外商投资企业财政登记44户,其中企业变更登记31户、新设立登记13户。

(马国岩 高厚忠)

【内资企业年终财务决算】 3月15日,2009年度内资企业年终财务决算工作结束,决算共汇编国有及国有控股企业75家,其中盈利企业38家,占汇编总数的50.7%。共汇总资产总额278.35亿元。

(焦俊君 苍 野)

【外商投资企业年终财务决算】 年内,继续提高2009年度外资企业年终财务决算工作质量,3月19日召开全区外资企业的年终决算工作布置会,认真安排好各个工作环节。7月12日,2009年度外商投资企业年终财务决算工作结束,汇编外商投资企业共198家,汇总资产总额150.7亿元。

(焦俊君 王卓君)

【外商投资企业财务报告核查】 年内,继续加大区外商投资企业财务报告核查工作,通过对2009年度决算录入的198家外商企业逐一进行分析,从企业参加决算情况、经营情况以及企业财务分析编写等多方面考虑确定20家企业;制定核查工作方案,逐一将核查通知书送达被查企业。8月31日,外商投资企业财务报告核查工作结束。

(焦俊君 王卓君)

【再生资源企业增值税先征后返】 年内,继续加大对科室人员的培训力度,加强对退税企业会计人员的培训,对申报退税企业的资料做好核查并及时上报,与市局及财政部驻京办专员及时沟通,保证资料审核及退税的顺畅进行。2010年度共完成41批次增值税先征后返的审核上报工作,退税金额共2454万元。

(焦俊君 苍 野)

【工业企业奖励项目的审核验收】 年内,加强2009年度工业企业奖励项目的审核验收工作。为确保财政资金的正确使用,对企业提交的材料进行严格的审核并有针对性的下企业进行实地验收,对不符合奖励政策的项目坚决予以剔除。共验收合格3家企业,共申报奖励资金1338万元,剔除不合理支出

280万元,审核确定奖励资金1058万元。

(焦俊君 苍 野)

【中小企业贷款贴息项目审核验收】 年内,对企业提交的材料进行严格的审核和现场验收。经审核,符合政策的项目共32个,总贴息金额1000万元,其中用于支持工业企业信用担保体系建设项目2个,贴息金额122万元;用于支持工业企业融资,降低企业融资成本的项目30个,贴息金额878万元。

(马国岩 苍 野)

【地方特产产业中小企业发展资金项目申报】 年内,组织相关财政所学习促进中小企业技术创新和成果转化文件精神;对相关财政所上报的14家企业进行初审和现场调研;经过市局的最终审核,本区4家企业符合文件精神,共争取发展资金895万元。

(马国岩 苍 野)

【促进服务外包产业发展】 年内,参与制订了《北京市大兴区促进服务外包产业发展的若干意见》和《北京市大兴区服务外包配套资金管理办法》等文件,并联合商务局对本区服务外包产业项目进行验收,最终有5个项目符合文件精神,补贴资金共计311万元。

(马国岩 苍 野)

【追加专项资金检查】 3月至5月,配合市财政局监督检查分局检查组对本区2009年度市追加专项资金的收入、拨付、管理和使用情况进行检查,检查涉及资金约262655万元。

(康占杰 崔 威)

【组织会计信息质量检查】 6月至8月,开展会计信息质量检查工作。检查的单位:区林业局、区综合服务中心、区老干部局、区地震局和区档案局。检查的主要内容:执行会计法律、行政法规和国家统一的会计制度情况,设置会计账簿情况,会计凭证、会计账簿、财务会计报告和其他会计资料的真实性、完整性;单位部门预算执行情况、2009年度市区追加大额专项资金的使用情况进行检查。

(康占杰 崔 威)

【治理"小金库"和假发票】 9月,召开全区治理"小金库"和假发票工作动员部署大会。组织行政事业单位对"小金库"和假发票进行自查。10月,在自查自纠的基础上,财政局与区国资委相关部门分别组织"小金库"和假发票的重点检查工作。

(康占杰 崔 威)

【"小金库"摸底排查】 11月,开展党政机关、事业单位"小金库"摸底排查工作。签订"小金库"专项治理摸底排查承诺书328份,上报"小金库"统计表10份。

(康占杰 崔 威)

【完成部分单位办公用房调整】 2月至4月,对涉及办公用房调整的区属14家单位进行调查,核实各单位人员情况及办公需求。出台大兴区部分行政事业单位办公用房调整方案(讨论稿),为政府调整办公用房提供了可靠依据。

(刘秀杰 楚春艳)

【完成区属行政事业单位不良资产清查】 年内,对行政事业单位存在的不良资产所造成的账实不符情况进行调查。截至到10月底,完成各单位不良资产调查表上报工作。截至年底,完成清查不良资产工作调查分析报告。

(刘秀杰 楚春艳)

【完成两级财政专项资金绩效考评】 6月22日,召开2010年财政支出项目绩效考评培训会。7月1日至11月30日期间,配合市局绩效考评中心,完成了市对本区农委、种植业中心的专项考评工作;完成了文委、计生委、社区学院、广电中心、公安局、城管大队、水务局、林业局、农委、民政局、爱卫会11个单位的12个区拨专项的绩效考评工作。

(刘秀杰　楚春艳)

【完成行政事业单位国有资产处置】 年内,完成对区属行政事业固定资产处置项目219个,处置金额7882.66万元。其中:汽车报废项目56个,汽车出售项目23个,汽车调拨项目47个,资产报废项目49个,资产调拨项目41个,资产出售3个。

(刘秀杰　楚春艳)

【落实党风廉政建设责任制】 1月底,完成了145人的责任书签订工作。其中:局领导5人,正科级32人,副科级22人,一般干部及职工86人。

(鲍国祥　沈来平)

【建立干部廉政档案】 9月底,区财政局完成了对全局26个科室全体干部职工的廉政档案建立工作。廉政档案包括了干部职工个人和家庭的基本信息、廉政教育信息、接受廉政谈话记录、奖惩情况、信访举报记录等等。干部廉政档案实行一人一档,由监察科专人管理,适时更新。凡党员干部的考察、任用、调动、组织处理等情况,可以查阅廉政档案。

(鲍国祥　沈来平)

【做好政府信息公开工作】 年内,积极稳妥推进预算信息公开工作。进一步明确了预算信息公开内容、公开程序等有关要求,规范公开信息的内容和文字格式,平稳有序地推进我局预算信息公开工作。建立健全大兴区财政局保密审查制度。根据《中华人民共和国保守国家秘密法》、《中华人民共和国政府信息公开条例》等有关规定,严格按照“先审核后公开”的原则对拟公开的政府预算信息进行事前保密审核。三是积极做好大兴区财政局信息公开工作。通过大兴区财政局网站、区政府门户网站等载体主动公开财政工作动态、通知公告、政策法规、财政预决算信息等各类信息521条。加强大兴区财政局政府信息系统的管理维护。指定专人负责政府信息公开工作,及时更新相关政策信息,认真做好系统维护管理工作,确保政府信息公开的完整性和时效性。

(陈锦鹏　金　熙)

【金财专网建设及签署维护合同】 年内,本区金财专网共连通了295家预算单位。按照市局的统一要求与部署,10月本局与北京市歌华公司签署了大兴区“金财工程”专网租用服务合同。加强对本区金财专网的维护和管理工作,保证各项网络财政业务系统的安全及稳定运行。

(陈　虎　夏　维)

【共产党员献爱心捐款】 7月,组织全局党员干部完成2010年共产党员献爱心捐款,共129人,捐款10080元。

(张文博　李　菡)

【支农政策培训】 9月,区财政局联合经管站对全区农村财会人员进行支农政策培训,共计培训957人。

(张文博　李　菡)

【多样化培训形式提高业务水平】 年内,开展思想政治和党性教育培训。开展知识更新和专门业务培训。开展拓展、防灾等体验式培训。开展心理健康知识培训。开展教育培训网在线培训。“十一五”期间全局共开展培训94次,共计3857人次。其中:处级干部

113 人次、科级干部 1443 人次、科级以下干部 2301 人次。

(张文博 李 菡)

税 务

国家税务工作

【概况】 大兴区国家税务局位于大兴区黄村西大街 8 号。现有干部职工 305 人,内设科室 13 个,直属机构 1 个,事业单位 3 个,税务所 8 个。

名称:北京市大兴区国税务局
地址:北京市大兴区黄村西大街 8 号
电话:69242176
网址:www. bjsat. gov. cn

【税收收入完成情况】 全年累计完成各项税收收入 327442 万元,剔除车辆购置税后累计完成各项税收收入 315922 万元,同比增加 73411 万元,增长 30. 71%;由于市局未分配本局车辆购置税计划指标,在不考虑车辆购置税因素下,完成市局税收收入计划指标 270547 万元的 116. 77%,超收 45375 万元;全年累计实现区级收入 45917 万元,同比增加 10389 万元,增长 29. 24%;完成区政府折子工程 10% 增幅任务指标 39081 万元的 117. 49%,超收 6836 万元。

(陈艳君)

【加强税源管理】 年内,全区现有开业户数 57528 户,较上年同期 42662 户增长 14866 户。其中,私营以上企业 31897 户,较上年同期 27411 户增长 4486 户;个体工商户 25631 户,较上年同期 15251 户增长 10380 户。总管户数仅次于朝阳、海淀、丰台,位居全市第四位。全年,新办税务登记 12040 户、变更税务登记 23198 户、纳税人跨区迁移 448 户(迁入 107 户,迁出 341 户)、注销税务登记 3267 户、认定非正常 2619 户。按照"保总量、调结构、促管理"三个层次,进一步强化税源梯级管理工作,筛查 532 户、总税收规模 190354 万元的企业纳入梯级管理模式,监控比重达 79. 09%。截至年底,推行税控器具 1565 台,销售税控收款机用卷票 2222 卷,销售税控收款机用折票 38750 份,销售通用手工发票千元版 17151 本、百元版 317 本。

(陈艳君)

【货物和劳务税管理】 截至年底,全区共有增值税一般纳税人 7305 户,其中 2010 年新认定 2218 户;加强减免税审批备案及后续管理工作,共计办理增值税退税 727 件次、3743 万元;加强增值税专用发票及其他抵扣凭证管理,共核查增值税专用发票 111 份、异常海关完税抵扣凭证 171 份、异常运输发票抵扣凭证 237 份,查补税款合计 26 万余元;认真做好增值税收入增减因素、税负情况分析工作;开展成品油生产企业应征消费税产品的全面清理,发现有问题企业 15 户、查补入库消费税 244. 67 万元;对上年超标的 800 户小规模纳税人进行了清理与认定工作。增值税小规模纳税人有税户 9389 户,比上年同期增加 2176 户,有税率比上年同期提高了 4. 03%;全年累计征收应税车辆 18166 辆、征收税款 11534 万元。

(陈艳君)

【所得税管理】 年内,实际应参加汇算清缴的 23853 户企业累计入库 22842. 51 万元,与 2008 年同期 7642. 97 万元相比增长 15199. 54 万元,增长率高达 198. 87%。全年,已受理汇算清缴退税 306 户、累计退税金额 5266. 82 万元;严格财产损失集体审批和后续管理工作,已审批通过 14 户企业、累计已审批损失金额 2054. 66 万元,并对 15 户财产损失未报批企业进行实地核查;认真开展企业所得税减免税审批、备案，全年累计受理减免税项目131户；先后对18户企业开展纳税专项评估，4户问题企业补缴企业所得税47万元，亏损企业调整应纳税所得额1915.7万元。

（陈艳君）

【国际税收管理】 全年，全局共备案合同125份，共计开具对外支付税务证明120份；加强境外投资企业户籍管理，做好关联交易同期资料审核工作，做好反避税基础工作。

（陈艳君）

【出口退税管理】 截至年底，全区出口退税认定登记户数共计539户，共计发函38份、接收核实函110份，共计审核审批办理出口退税855户次、10660万元，完成全年退税计划指标，同比增加1155万元；审批办理免抵调库487户次、5528万元，完成市局下达全年调库计划；对41户新办企业出口满十三个月及小型企业进行入户实地核查，并从9月开始利用出口退税咨询服务网对20户重点企业围绕出口退税日常业务开展提醒服务4批次、220条。

（陈艳君）

【个体集贸税收管理】 年内，对辖区从事家具、建材、装饰装潢材料销售等行业的1214户个体工商户进行重新核定并提高定额标准，调整后每月入库税款增收22.8万元，清理完成139户个体工商户基本信息；召开个体集贸市场工作座谈会，与15家市场主办方签订了2010年委托代征协议；协调做好取消集贸市场手工代开发票工作，共计14个集贸市场安装了机打发票系统并已运行使用。

（陈艳君）

【夯实征管基础】 年内，认真做好直属税务分局管辖纳税人的接收工作，全年共迁入16户企业，共计入库增值税2,194.53万元，入库所得税836.37万元；重新规范了各税务所加油站受理申报工作，共初始化加油枪403条，涉及37个加油站、176台加油机；认真开展对家具制造业纳税人实施认定、评估、稽查工作，在核实实际家具制造业564户后，对130户纳税人开展纳税评，发现问题的16户、补缴税款13.27万元；积极清理陈欠税款，严防新欠和隐性欠税的发生，年内共计清理欠税1397.67万元；加大税库银横向联网推广工作，截至年底已推行18844户，推行比例59.10%；全局使用电子完税凭证117251份，使用通用缴款书56739份，应用百分比为67.39%；认真做好综合行政服务中心窗口工作，国税驻厅窗口共获7次“红旗窗口”、10人次被评为“服务标兵”。

（陈艳君）

【宣传服务】 年内，认真开展第19个全国税收宣传月活动，期间共发放各种税收宣传资料(含自行印制)近1.4万份，解答纳税人税务咨询约4000人次，在市区两级媒体刊物发表稿件6篇。做好普通发票流向查询和发票真伪鉴定工作，先后受理电话发票流向查询共计11,000余次，鉴定各类发票2,800余份，出具鉴定证明21份。

（陈艳君）

【依法治税】 年内，稽查局共计受理案件454件，查补税款4311万元，其中3048万元已执行入库。全年共审理终结重大税务案件29件，共计应补税款837.09万元、滞纳金173.69万元、罚款452.05万元；与区公安、地税联合行动一举捣毁大型制售假票窝点5处，存储假票窝点5处，刑事拘留犯罪嫌疑人23人，缴获印制假票设备21台，收缴各类国、地税假发票340余万份，成功破获了近年最大的跨京冀地区非法制售假票案件。对涉及餐饮、房地产、建筑安装、医药、家具制造和销售五个行业的92户企业开展发票专项检查工作。截至年底已全部查结,问题率为100%,查出违法发票(含白条)1868份,涉及金额5401.02万元,查补税款、罚款共计889.33万元

(陈艳君)

地方税务工作

【**概况**】 大兴区地方税务局原名大兴县地方税务局,于2001年4月30日大兴撤县升区后正式更名。原位于大兴区兴政街42号,于2002年10月1日迁入清源路11-1号。2005年8月25日机构进行改革,机关设12个科室;13个税务所;1个稽查局(科级),稽查局下设4个科;1个机关后勤服务中心(事业单位)。全局共有干部职工338人,平均年龄38.36岁,其中党员240人,团员19人,民主党派3人。具有大学本科及以上学历的265人。截至年底,在册税务登记户50788户。其中内资企业共32880户,涉外企业440户,个体工商户16205户,其他企业1263户。内资企业中国有企业282户,集体企业718户,股份制企业1379户,联营企业17户,有限责任公司2539户,股份有限公司72,私营企业27873户。涉外企业中:港澳台商投资企业207户;外商投资企业223户,外国企业10户。

名称:北京市大兴区地方税务局

地址:北京市大兴区清源路11号

电话:69235666

邮编:102600

【**税收完成情况**】 年内,区地税局共组织各项税费收入48.6亿元,同比增收12.2亿元,增长33.5%;其中地方一般预算收入完成41亿元,同比增加10.5亿元,增长34%,完成市局年度计划38.6亿元的106.2%;区级收入完成21.5亿元,同比增加5.3亿元,增长32.7%,完成年度计划17.85亿元的120.5%,对区财政的贡献率达到72%。在区地税局征收的各项税费当中,有4项实现50%以上正增长,14项超过时间进度,其中营业税增长54.1%,占总收比重为51.3%,增收贡献率达71.3%。各行业税收稳定增长,房地产业建筑业稳居主体地位。

(地税局)

【**税政管理工作**】 年内,完成上年企业所得税汇算清缴工作,参加汇缴户数为4832户,实现所得税额41933.6万元。完成1578户独资合伙企业个人所得税核定征收工作。通过网上告知、电话催报、上门服务等方式告知纳税人,年内,年收入12万元自行申报人数达到4652人,完成任务数的136.82%。完成限售股转让所得个人所得税征收管理工作,为第一位限售股转让所得缴纳个人所得税的纳税人开具了《税收转帐专用完税证》。利用税源监控管理平台做好房土税数据比对工作,处理房产数据19022条、土地数据18515条。重视电子台账基础数据的管理,125个项目基础信息登记录入率达100%;加强土地增值税预征管理,开展土增税与营业税、契税及第三方数据的比对,核实数据118条。制定《税收政策咨询受理答复流程》、《土增税清算工作流程》及《土增税清算核定征收工作流程》。

(地税局)

【**纳税评估工作**】 年内,区地税局共对5846户纳税人履行纳税义务的情况进行了纳税评估,其中有问题户数为2900户,有问题率达到49.6%,通过实施税务函告、约谈和税收政策讲解,提请纳税人改正一般性涉税问题,纳税人自行补缴税款、滞纳金和罚款等共计4191万元。以系统指标(房、土同期比对)为主,手工提请类指标为辅,通过两者的有效结合开展日常评估工作。年内,完成评估疑点

户5811户,问题户数2880户,评估补税3923万元。重点开展了房地产开发与经营业及建筑安装业的专项纳税评估工作,共对35户企业开展了专项评估,组织各类税款及滞罚入库268万元。不断探索研究并初步建立了纳税评估制度体系,拟定了纳税评估报告审核制度及评估转稽查制度。

(地税局)

【征收管理工作】 年内,区地税局强化税务登记管理,登记率达到了99.96%;申报率平均每月达到了99.68%,入库率平均每月达到了99.67%以上。制定了《大兴地税局落实市局〈个人出租房屋税收征管工作落实情况专项检查和专项执法检查〉的工作方案》。年内,各代征单位累计代征房产税款1298.08万元,其中各街道、镇流管办共代征房产税款515.5万元,房地产经纪公司代征房产税款782.58万元。各代征单位累计代征营业税款132.34万元,全部由各街道和镇流管办代征。在税务档案管理方面,年内,完成扫描类档案共计1979包,其中2006年331包;2009年1130包;2010年518包。加强发票管理,制定《关于进一步加强工本费管理的工作意见》和《关于进一步加强税控商监督管理的工作意见》,加强对税控商售后服务的控管。制定了《税企交流活动计划》、《办税服务厅管理办法》、《首问责任制实施办法》、《纳税服务举报投诉工作管理办法》和《纳税服务监督考核办法》等相关配套的工作制度,加强了对全局纳税服务工作的监督、管理与考核。安排专人负责对网站的适时更新维护,积极回复纳税人的网上咨询。年内,共更新网站信息3500余条,回复纳税人网上咨询35条。12366“远程坐席”拓展服务层面,丰富服务内容,共处理热线电话咨询7600多件,涉及税收政策、业务咨询等多个方面。

(地税局)

【监察工作】 年内,区地税局层层签订了党风廉政建设责任书,制定并印发《2010年党风廉政建设和反腐败工作重点任务分工方案》,做好《大兴区地方税务局廉政情况综合表》的统计工作。完成了《部门廉政风险识别防控一览表》、《部门廉政风险防控流程图》及《廉政风险防范管理工作手册》。为新录用的干部建立廉政档案。区地税局特邀监察员采取召开纳税人座谈会、发放调查问卷、电话查访、实地走访、听取汇报等测评方式,对各基层科所政风行风建设工作开展了明查暗访活动,召开纳税人座谈会16次,280个企业参加,发放问卷调查表592份。

(地税局)

【政策法规工作】 年内,区地税局制定了《税收执法检查工作规程》,《税收执法问题反馈工作规程》,《窗口处罚撤销工作规程》。年内,开展了1次日常执法检查和2次专项执法检查。检查涉及32项税收执法行为,检查单位覆盖面达到100%。开展企业所得税管理等9项专项执法检查。对17个流动人口管理办公室委托代征单位进行了专项执法检查。对12个税务所减免税政策执行情况开展日常检查,检查户数10422户。召开防范税收执法风险知识讲座。强化风险意识和责任意识,依法办理1起行政复议案件,严把受理、审查、调解、审理四关,做到公平、公正。

(地税局)

【税收稽查检查工作】 年内,区地税局立案检查172户,查补合计7254.23万元,入库合计2055.69万元。在发票专项整治活动中,与区公安局、国税局密切配合,严厉打击制售假发票和非法代开发票违法行为,成功捣毁5个印制、销售发票违法犯罪团伙,查抄窝点12处,查抄各类发票342.8万份。年内,共检查有问题发票526份,票面金额1531万元。其中假发票309份,虚开发票1份,虚假业务 3 份,其他 213 份,共查补税款 101. 68 万元,滞纳金 20. 41 万元,罚款 16. 8 万元。采用自查与检查相结合的方式对 49 户企业进行专项检查,共查补税款 286. 61 万元,滞纳金 63. 82 万元,罚款 25. 1 万元,合计 375. 53 万元,企业自查补税 1126. 04 万元。涉税举报特殊窗口共受理举报案件 213 件,共查补税款 4362. 15 万元、滞纳金 1015. 63 万元、罚款 111. 94 万元,合计 5489. 73 万元。

(地税局)

金　融

工商银行大兴支行

【概况】 中国工商银行股份有限公司北京大兴支行成立于 1984 年,位于大兴区兴政街 24 号,2005 年改制为股份有限公司,现有在职职工 264 人,内设 8 个部室,11 个网点,其中综合网点 8 个,储蓄网点 3 个。年内,实现本外币账面利润 30,894 万元,同比增加 9,941 万元,增长 47. 44%。人民币各项贷款 48. 4 亿元,较上年增加 16 亿元,增长 49. 3%。人民币各项存款 166. 1 亿元,较上年增加 19. 7 亿元,增长 13. 46%。实现中间业务收入 6,700 万元,较上年增加 1,265 万元,同比增幅 23. 28%。

名称:中国工商银行股份有限公司北京大兴支行

地址:北京市大兴区黄村镇兴政街 24 号

电话:69244732

邮编:102600

【信贷业务可持续发展能力得到提升】 年内,工行大兴支行结合区域市场情况,多领域拓展优质客户市场,使信贷业务实现全面发展。在公司信贷方面,深入贯彻分行“三个 10”扩户行动计划和“双百”工程营销活动,大力发展中型企业、小企业、新兴现代服务业等战略性业务,推进信贷结构调整。为土储大兴分中心等支柱客户发放贷款 13. 3 亿元。通过多种融资方式为百利威等 29 户中小企业累放贷款 4. 3 亿元。在个人贷款方面,注重深化与链家、兴远、兴商等重点中介机构的合作关系,保证二手房渠道资源。同时,大力拓展个人房屋抵押贷款,通过完善内外部营销机制,充分利用绿地、“孔雀城”等按揭项目资源,加大对个人房屋抵押贷款的宣传和营销力度,做好个贷业务的经营转型,实现了各类贷款齐头并进、多品种协调发展的业务格局。

(马东齐)

【存款业务保持良好增长势头】 年内,工行大兴支行紧紧抓住南城建设计划所带来的市场机遇,积极支持大兴区基础设施建设、城镇改造和土地一级开发,进一步提升结算服务水平,深入开展层级维护和依托多元化的产品体系,巩固与机构客户的关系,挖掘客户增存潜力,同时,以信贷、工商注册等业务为媒介,大力发展优质新客户,并有效利用法人客户营销管理系统,注重加强对无贷户的综合营销,促进对公存款稳定增长。在储蓄存款方面,加强信贷、机构、网点的联动,从源头把握大额投资项目的资金流向,有针对性地加强对拆迁户的营销,促进对公存款向储蓄存款分流。充分发挥代发工资业务在揽储增存中的源头作用,对此项业务实行积分管理,鼓励全员参与代发工资业务营销,并注重从新开结算账户企业、贷款企业及 POS 商户中发展代发工资业务,以公司业务资源带动储蓄业务发展。积极组织开展直销工作、假日客户维护以及客户沙龙活动,拓展中高端客户市场,使客户结构逐步优化。

(马东齐)

【多渠道挖掘中间业务增收潜力】 年内,工行大兴支行在做好稳存增存的基础上,加强主动负债管理,深入开展对公"1+1"和个金"1+4"的综合营销,使负债业务创收能力得到提高。在对公理财日均及个金"1+4"均超额完成全年任务指标的基础上,实现该类中间业务收入1235万元,较上年增加305万元。逐步完善对客户的配套服务水平,全年完成结算类中间业务收入1417万元,并在代理财政业务、私人银行业务上取得突破。明确从发卡、收单两方面开展工作,挖掘银行卡业务发展潜力。年内完成信用卡31096张、灵通卡85938张、发展特约商户100户、增设POS机具241台、实现银行卡收单19亿元,银行卡业务收入达到1725万元,较上年增长25%。加强信贷类中间业务营销,银行承兑汇票、对公委托贷款、个人委托贷款、担保承诺、信用证、投行、代理对公保险、资产托管等多项业务均实现创收,共实现中间业务收入570万元,为今后有更大发展提供了客户资源和业务拓展经验。

(马东齐)

【抓好服务质量提升】 年内,工行大兴支行重新修订了服务考核管理办法,通过加大现场及非现场检查力度、完善第三方服务评估、开展"回头看"等措施,健全监督体系,保证对检查出的服务问题有落实、有整改、有反馈、有提高。认真治理服务投诉问题,通过建立"首问负责制",认真对待每位客户的咨询和投诉,防止客户投诉升级,减少重复投诉。同时,积极推行行长坐堂制,行长和主管行长定期到网点现场调研、分析、指导与参与服务工作,推动了服务质量的提升。完善渠道建设,加强大堂经理对客户的识别、引导、分流,大力发展银行卡、电子银行等离柜介质以及强化自助机具的运行管理,促进离柜业务快速发展,离柜业务率从77%提高到81%,对于缓解前台排队压力起到了重要作用。

(马东齐)

农业银行大兴支行

【概况】 年内,中国农业银行股份有限公司北京大兴支行坚持以科学发展观统领全盘工作,紧紧围绕各项工作目标,认真做好各项工作,夯实经营基础,强化风险管理,加大市场拓展力度,提高经济效益,加强文明优质服务,提升农行对外形象,勇于拼搏,开拓进取,业务经营、风险防控及企业文化建设等各项工作取得了一定成绩。截至年底,本外币存款余额为172.64亿元,本外币贷款总额为51.17亿元,实现利润2.95亿元。农业银行大兴支行现有在职职工339人,内设7个部,18个营业网点,其中,14个分理处,4个储蓄所。

名称:中国农业银行大兴支行
地址:北京市大兴区兴丰南大街48号
电话:69243488
邮编:102600

【储蓄业务】 年内,农业银行大兴支行在储蓄存款营销工作中通过对重点项目和重点客户营销,拓宽经营思路、创新营销手段,提高综合营销和核心竞争能力,同时加大了对重点个人客户、优质个人客户的拓展与维护,促进了储蓄存款稳定增长。截至年底,大兴支行个人储蓄存款余额102.32亿元,比年初增加25.32亿元。

(邢力简)

【贷记卡业务】 年内,农业银行大兴支行多次对贷记卡业务进行培训,各网点均高度重视,积极联系客户,派出营销人员进社区、进企业、进学校广泛宣传农行贷记卡业务的基本功能和特色服务,解答贷记卡业务知识及相关业务事宜。截至年底,农业银行大兴支行为客户办理贷记卡8915张。

(邢力简)

【信贷业务】 年内,农业银行大兴支行以城南行动项目为重点、以政府项目为突破口,稳健经营中小企业流动资金贷款,使支行公司类贷款经营步入快车道,年内累计发放固定资产贷款23.19亿元,为提高信贷业务资产质量,农业银行大兴支行还将不良贷款压降作为工作重点,信贷审查人员严格把控风险环节,对欠款大户重点关注、专人跟踪、及时跟进清收。年内,正常、关注类法人贷款到期现金收回率达到100%;累计清收不良贷款1.35亿元。

(刑力简)

【负债业务】 年内,农业银行大兴支行坚持立足大兴、面向南城的经营发展思路,发挥“保、抢、挖”精神,结合大兴本地拆迁项目及新拓展客户积极制定营销计划,领导班子成员带头营销,主动与区政府有关部门联系,营销大项目、大客户。年内,农业银行大兴支行成功营销北京市土地储备中心大兴分中心等大客户以及相关镇的拆迁项目。截至年底,农业银行大兴支行本外币各项存款余额为172.64亿元,比年初增加40.43亿元;其中对公存款余额70.32亿元,比年初增加15.1亿元。储蓄存款余额102.32亿元,比年初增加25.32亿元。

(刑力简)

【代理业务】 年内,农业银行大兴支行发动个人客户经理、大堂经理加大宣传力度,主动对办理业务的客户进行讲解和介绍,并发放代理业务宣传材料,网点还实行了捆绑营销的策略营销代理业务。通过主动营销,推动了代理业务的发展。截至年底,共销售理财产品21.5亿元,代理寿险3.98亿元。

(刑力简)

【中间业务收入】 年内,农业银行大兴支行积极转变营销模式,面对新形势下金融市场特点理顺工作思路,把提高中间业务收入作为支行增收工作的突破口。支行依靠创新服务手段,牢固树立以“市场为导向,以客户为中心”的经营理念,把提高中间业务收入作为一项重要的工作目标,截至年底,代理保费收入1481万元,实现电子银行业务收入1657万元。

(刑力简)

【国际业务】 年内,农业银行大兴支行大力加强市场竞争能力,国际业务得到有效发展。在国际业务营销策略上,农业银行大兴支行坚持本外币一体化发展的经营思路,做好一揽子营销。坚持以重点客户为中心的营销理念。坚持以贸易融资带动国际结算的发展战略,还同时利用一切时机大力推广国际业务新产品。坚持高效优质的服务意识。截至年底,农业银行大兴支行国际结算量达到2.14亿美元。

(刑力简)

【合规文化建设】 年内,农业银行大兴支行有效营造合规文化氛围,努力提高柜员素质。支行结合分行基本制度宣讲教育活动,多次组织运营主管学习业务知识和各项规章制度,组织各种培训近20次,各种考试5次。通过宣讲、动员、考试、柜员风险排查、问题整改等方式,在全行营造合规文化氛围,不断提高柜员合规操作意识和风险防范意识,努力提高柜员素质。

(刑力简)

中国建设银行股份有限公司北京大兴支行

【概况】 大兴支行有中长期劳动合同人员211人,平均年龄38.2岁。下设3个部室,2个中心,1营业部、4个升格支行、7个储蓄所。实现本外币账面利润1.82亿元。实现中间业务净收入0.46亿元,本外币全口径存款时点余额121.90亿元;本外币各项贷款时点余额54.02亿元;五级分类不良贷款余额0.09亿元,不良率0.18%。

名称:中国建设银行股份有限公司北京大兴支行
地址:北京市大兴区兴政街25号
电话:69244497
邮编:102600

【公司业务】 年内,三个对公网点。对公存款余额达到53.52亿元,在北京系统郊县行排名第二;企业贷款新增13.5亿元,北京系统郊县行排名第一。

（建行大兴支行）

【个人业务】 年内,个人存款余额68.38亿元,全行129家支行排名第三位,新增在全行129家支行排名第四位。余额在郊区行排名第三位,新增在郊区行排名第四位。个人贷款新增在分行系统郊县行中排名第二;个人类不良贷款控制不良率控制、公积金贷款发放都超额完成分行计划。

（建行大兴支行）

【公积金贷款】 年内,支行加大了公积金贷款的营销力度,通过增加人员,提高服务效率等手段,提高竞争力。公积金贷款发放额和新增额在本地区占比始终保持领先,全年累计发放公积金贷款1622笔、79637.5万元,分行系统郊县行第一,完成全年任务的169.28%。

（建行大兴支行）

中国农业发展银行北京市大兴区支行

【概况】 中国农业发展银行是根据中华人民共和国国务院1994年4月19日发出的《关于组建中国农业发展银行的通知》(国发[1994]25号)成立的国有农业政策性银行,直属国务院领导。中国农业发展银行的主要任务是:按照国家的法律、法规和方针、政策,以国家信用为基础,筹集农业政策性信贷资金,承担国家规定的农业政策性和经批准开办的涉农商业性金融业务,代理财政性支农资金的拨付,为农业和农村经济发展服务。中国农业发展银行北京市大兴区支行以下简称(农发行大兴支行)成立于1997年,位于大兴区黄村镇兴华中里14号楼,现有在职员工21人,内设机构3个部室,1个网点。农发行大兴支行作为直属国务院领导的政策性金融机构,自成立以来,全面贯彻落实国家粮棉购销政策和有关经济、金融政策,为国家实施宏观调控、确保国家粮食安全、保护广大农民利益、促进农业和农村经济发展发挥了重要作用,推进了农业和农村经济的战略性调整,伴随着粮棉流通体制改革和农村金融体制改革进程的加快,农发行大兴区支行认真贯彻党中央、国务院关于"三农"工作的有关方针政策,全面落实国务院对农发行工作提出的各项要求,准确把握和积极落实粮棉油购销政策,继续做好粮棉油储备贷款的供应和封闭运行管理,及时调整和不断完善信贷政策,通过信贷杠杆,促进粮棉流通体制改革,支持国有粮食企业发挥主渠道作用,推动粮棉产业化发展,维护国家粮食安全。

名称:中国农业发展银行北京市大兴区支行
地址:大兴区黄村镇兴华中里14号楼
电话:69209352
邮编:102622

【业务经营情况】 全年支行各项存款37352万元,比年初增加25908万元;人均存款887.90万元,比同期增加166.31万元;贷款余额226593万元,比年初增加124939万元,创建行以来历史最高水平。政策性贷款合法合规;2010年累计实现财务收入7840万元,财务支出4095万元,实际利润3745万元,创建行以来历史最高水平,比上年利润2788万元增加957万元。人均利润197万元,比上年增加43万元。

(于鸿波)

【加强信贷资金管理】 年内,大兴支行在信贷资金管理上,继续牢固树立“既保证资金供应,又减少资金闲置,提高资金使用效益”的工作目标,增强经营核算意识。年内,继续加强资金头寸限额管理,每月下旬前上报上月《资金头寸限额申请表》,资金头寸占用控制在上级行核定的资金头寸限额内;按旬在规定时间内上报《借款计划表》,资金调拨及时合理;每天监测资金头寸变化情况,出具资金头寸报表;制作《财政补贴月报表》,每月报送一次给上级行,保证资金拨付灵活有序;资金档案均按规范化管理要求集中统一管理。在贷款计划安排上,坚持“有保有控”原则,充分保证了政策性贷款计划的足额安排,商业性贷款计划的有效实施,有利支持了大兴支行各项信贷业务的增长。通过检查,本行均按信贷计划管理要求按时编报了全年、季度信贷计划,准确率达100%。加强了对贷款计划执行情况的监测,根据情况及时调整计划,按计划安排使用资金。2010年,本行各项贷款均控制在分行核批的计划之内,仍无超计划放款及空占信贷规模、虚放贷款现象。

(于鸿波)

【财政补贴资金监管】 年内,本行建立了财政补贴资金管理责任制、财政补贴资金管理工作联系制度、财政补贴资金专户管理制度,并能很好的按照制度去执行。行内设置了“财政补贴资金管理岗”,专人管理;对财政补贴资金,特别是粮食风险基金和粮食直补资金的使用均是按照有关文件政策要求执行,未发现超范围列支或滞留。台账、报表齐全正确。我行财政补贴资金专管员均按期测算了财政补贴资金应补数额,台账序时登记、要素齐全,报表在分行规定时间准确上报,且与台账一致;财政补贴文件、报表等资料均按会计档案有关规定保管。全年累计收到各种补贴资金3106万元,保证了专户管理,专款专用。

(于鸿波)

【CM2006系统安全运行】 年内,农发行大兴支行继续认真贯彻落实总、分行对CM2006信贷管理系统的各项工作要求,圆满完成了CM2006系统数据运行管理工作,支行成立CM2006信贷管理系统建设领导小组,按照CM2006系统数据采集工作的步骤全力做好CM2006信贷管理系统运行管理工作。各部门密切配合,客户业务部安排专人对系统进行管理,会计结算部及时提供了相关数据,办公室做好了保障工作,确保了CM2006系统安全运行。

(于鸿波)

【大力发展中间业务】 年内,支行把中间业务发展作为一个工作重点,特别是代理保险和国际业务。我行在营销客户时,将代理保险和国际业务一同营销。在业务营销同时,我行在保险公司的选择上和保险期限上也下了一些功夫继续与太平洋保险公司保持业务关系外,又与中保公司和中华联合保险公司建立了业务关系。对已发放贷款客户,除固定资产必须上保险外,对交通运输工具保险到期后也督促到我行上保险,对部分企业的存货也投了保险。全年累计实现代理保费收入14万元,分别为:1月份4个粮食收储企业1月17日续保;3月份牧羊园3月26日续保;10月份牧羊园10月10日续保。北京市牧洋园生物科技有限公司是出口创汇企业,2007年与我行建立了信贷关系。为了积极营销国际业务,本行积极督促该企业在本行办理国际结算业务。全年,累计办理国际结算业务 1033 万美元,国际结算手续费收入 4.13 万元,外币汇兑收益 4.48 万元;代理保险手续费收入 2.08 万元;其他手续费收入 0.24 万元。

(于鸿波)

【信用等级评定工作】 年内,支行高度重视信用等级评定工作,及时组织客户业务部人员认真学习文件精神,并积极讨论,精心组织,开展好此项工作。按照分行的工作要求,大兴支行在规定时间内完成了信用等级评定工作。确定了 2 个粮食收储企业以及 4 个有商业性贷款的企业为信用等级评定企业。确定评定的企业后,对这 6 家企业进行了信用等级评定工作。相关人员深入企业,并了解经营情况,严格依据企业审计后的财务报表准确采集数据,再对评定的各项评议指标认真进行测算,按照评定标准确定出信用等级并写出评估报告。经过分行企业信用等级评审委员会进行审批,参评的 5 个贷款企业,批复结果为:AAA 级 2 户、AA+级 2 户、AA 级 2 户。

(于鸿波)

【营销政府主导的县域城镇建设项目】 年内,支行行长带队积极到政府有关部门进行走访联系,宣传支行信贷政策、贷款支持范围,贷款优惠条件等。通过努力成功营销到了与兴业银行合作的“瀛海镇六环南区旧村改造”银团贷款建设项目,此项目从我行申请贷款 255350 万元,已发放了两笔贷款,合计 114445 万元。营销到了“大兴区榆垡镇居住区 E 组团土地一级开发项目”,该项目的建设单位北京兴展盛业投资有限公司向我行申请贷款 263602 万元,已经通过总行审批。与北京银行合作,本行做为参加行,参与“大兴区采育镇中心区定向安置房等三个项目的银团贷款,已经得到分行批准,我行计划支持 5 亿元。亦庄农民回迁房项目,总贷款 86 亿元,已经得到了总分行领导的同意。区土储贷款 56 亿元,已介绍给总行营业部。

(于鸿波)

北京农村商业银行大兴支行

【概况】 北京农村商业银行大兴支行下辖 11 个非管辖行(12 个分理处)、1 个大兴支行营业部及大兴支行 7 个部门,在职员工 299 名,其中党员有 144 名,占职工总数的 48.16%;具有初、中级职称的 184 名,占职工总数的 61.54.%;大专以上学历 227 名。占职工总数的 75.92%。上半年末,大兴支行存款在大兴区 10 家金融同业中占比 23.15%,较上年提高了 1.85 个百分点排名由第四位上升到第一位;贷款在大兴区金融同业中占比 17.45%,较上年提高了 6.27 个百分点,排名由第七位上升到第二位。

名称:北京农村商业银行大兴支行
地址:北京市大兴区黄村东大街 9 号
电话:69242482
邮编:102600
邮箱:dxdx_zonghgl@ bjrcb. com

【经营效益稳步增长】 截至年底,实现账面利润总额 1.83 亿元,实现考核利润 1.97 亿元,完成总行下达考核利润指标的 102%。

(农商行)

【信贷业务健康快速发展】 年内,制定了“抓两头,压中间”的贷款营销战略方针,加大营销力度。截至年底,各项贷款总额 43.98 亿元,纯贷款 43.72 亿元,较上年余额增加 11.76 亿元,全年净投放 36 亿元。较上年多投放 15 亿元。同比增幅提高近 70 个百分点。大兴辖区同业贷款占比排名第 5 位。

(农商行)

【负债业务稳健增长】 截至年底,各项存款总额达182.94亿元,较上年增加9.81亿元,在全市28家管辖支行存款规模排名第3位,在大兴辖区金融同业存款占比排名第1位;储蓄存款余额74.18亿元,较年初增加10.33亿元,增幅为16.18%。日均储蓄存款余额为68.97亿元,较上年增加13.93亿元。

(农商行)

【中间业务收入大幅增长】 截至年底,实现中间业务手续费收入2663.78万元,完成年度计划任务2234万元的119.24%。本年度在总行个人金融业务评比中获得"银行卡业务先进奖"。

(农商行)

【银行卡、电子银行业务迅猛发展】 全年,累计实现银行卡消费额12.5亿元,完成年末计划任务指标6.8亿元的183.9%。全行电子银行替代率为64.54%,超过年末任务指标3.9个百分点。

(农商行)

【经营质量攻坚初显成效】 年内,清收存量不良贷款1.70亿元,完成总行下达四季度存量不良贷款净降额指标2.68亿元的63.34%。考虑置换5.44亿元资产因素,比年初不良下降5.16亿元。

(农商行)

【举办城南发展座谈会】 3月18日,北京农商银行与大兴区人民政府在农商行大兴支行举办了城南发展座谈会。大兴区委常委、副区长李春亭,大兴区农委主任汪宝国、大兴区旧宫镇镇长刘景瑞及相关单位负责人,总行白晓东副行长、崔钧行长助理、总行相关部门负责人以及大兴支行、亦庄支行负责人等参加座谈。白晓东副行长感谢大兴区政府长期以来对农商行发展的支持。白晓东副行长表示,非常关注北京市最近出台的城南行动计划,愿意进一步参与到地区经济发展当中,希望就"50个挂账村整治改造工程"及"三海子公园一级土地开发项目"等北京市重点建设工程进展情况及融资需求与大兴区政府进行深入探讨。

(农商行)

【举行公众教育服务日宣传活动】 11月28日,大兴支行宣传工作人员在行领导的带领下,向来往顾客进行宣传讲解如何辨别人民币真伪、持卡人安全用卡、网上银行、个人理财基础知识等。本次活动发放宣传折页等宣传材料1000余份,分别为近200名顾客解答了疑问,收到了较好的宣传效果。

(农商行)

【举办年度业务技能比赛】 12月6日,在大兴支行本部举办了以"提高一线柜员业务素质"为主题的业务技能比赛。比赛共设计算机翻打百张传票、汉字录入、和手工点钞三个专项。共有238人次参加了比赛,有22名选手分别获得专项前五名。

(农商行)

中国银行股份有限公司
北京市大兴支行

【概况】 中国银行北京大兴支行成立于2010年1月,辖属4个经营性支行,共设五部一室。中国银行大兴支行一直致力于为客户提供优质的金融服务,不断拓宽业务领域,积极发展渠道建设,加快做大做强的发展步伐,扩大大兴地区市场份额。全行干部员工认真按照分行战略和规划要求,坚定不移地落实中行北京分行五年发展战略规划和工作精神,紧紧围绕建设首都一流银行的核心目标,坚持业务开拓与内控管理并重的原则,不断提高对客户的服务能力,对市场的反应能力,对风险的控制能力。面对竞争压力与挑战,迎难而上,积极进取,实现了各项业务的新跨越。截至年底,本外币存款余额为87.79亿元,本外币贷款总额为67.25亿元,实现利润2.14亿元。

名称:中国银行股份有限公司北京市大兴支行

地址:北京市大兴区兴丰大街(三段)199号

电话:81291681

邮编:102600

【储蓄业务】 年内,中国银行大兴支行在储蓄存款营销工作中拓宽经营思路、创新营销手段,提高综合营销和核心竞争能力。在对重点项目和重点客户营销的同时加大了对重点个人客户、优质个人客户的拓展与维护,促进了储蓄存款稳定增长。截至年底,大兴支行个人储蓄存款余额39.3亿元,比年初增加5.92亿元。

(中行大兴支行)

【贷记卡业务】 年内,中国银行大兴支行积极发展贷记卡业务,支行领导多次前往网点指导理财经理工作,通过各种活动锻炼员工思维,定期理财例会帮助理财经理找到工作方法,培养大堂人员辅助营销,并制定考核方案,开展自查工作。各网点均高度重视,积极联系客户,派出营销人员进社区、进企业、进学校广泛宣传,解答贷记卡业务知识及相关业务事宜。

(中行大兴支行)

【信贷业务】 年内,中国银行大兴支行以城南行动项目为重点、以政府项目为突破口,稳健经营中小企业流动资金贷款,使支行公司类贷款经营快速发展。为提高信贷业务资产质量,中国银行大兴支行信贷审查人员严格把控风险环节,对欠款大户重点关注、专人跟踪、及时跟进清收。

(中行大兴支行)

【负债业务】 年内,中国银行大兴支行坚持立足大兴、面向南城的经营发展思路,结合大兴本地拆迁项目及新拓展客户积极制定营销计划,领导班子成员带头营销,主动与区政府有关部门联系,营销大项目、大客户。截至年底,中国银行大兴支行本外币各项存款余额为87.79亿元,比年初增加4.1亿元;其中储蓄存款余额39.3亿元,比年初增加5.92亿元。

(中行大兴支行)

【代理业务】 年内,中国银行大兴支行发动理财经理、大堂经理队伍建设,主动对办理业务的客户进行讲解和介绍。与合作单位定期开展合作洽谈、建立进入退出机制。保险公司、证券公司入驻大兴支行,推动代理业务发展。

(中行大兴支行)

【中间业务收入】 年内,中国银行大兴支行以理财产品销售、银行卡、代理保险等产品为突破口,应用创新产品充分挖掘新增长点。积极转变营销模式,面对新形势下金融市场特点理顺工作思路,把提高中间业务收入作为支行增收工作的突破口,作为一项重要的工作目标。截至年末,中间业务净收入实现2412.58万元。

(中行大兴支行)

审计工作

【概况】 2010年,大兴区审计局人员编制61人,在编44人,领导职数4人。设有10个职能科室(所):办公室、人事教育科、财政金融审计科、行政事业审计科、企业经济审计科、经济责任审计科、投资审计科、审计综合科、审计综合二科和内部审计指导所。

名称:北京市大兴区审计局

地址:北京市大兴区清澄名苑31号楼大兴区行政服务中心

电话:81296460

邮编:102600

【审计成果】 全年共完成审计项目28个。查出违规金额983万元,其中应上缴财政2万元;已上缴财政2万元;审计中还发现管理不规范金额109831万元,核减工程造价2407万元,为政府节约资金2407万元。提交审计信息25篇,被采用3篇;提交审计综合报告、统计分析34篇。

(郭　爽)

【预算执行情况审计】 全年,审计中涉及被审计单位304个,其中延伸审计单位197个,共计查出管理不规范金额90885万元。

(郭　爽)

【政府投资建设项目审计】 全年共计完成审计项目13个。包括大兴区青云店镇社区卫生服务中心建设工程跟踪审计,大兴区瀛海学校新建工程竣工决算审计,大兴区第一职业学校校舍改扩建工程结算审计,大兴区少年宫及妇女儿童活动中心建设工程跟踪审计,大兴区采育镇经济开发区02-0085、0102等地块土地一级开发成本核算审计,大兴区第三中学教学楼翻扩建工程跟踪审计,大兴区庞各庄12#地块土地一级开发项目成本支出审计,大兴区南红门灌区农业利用再生水工程跟踪审计,大兴区2007年农民安全饮水工程跟踪审计,大兴区2008年新农村街坊道路硬化工程结算审计,大兴区西旺路道路建设工程阶段性结算审计,大兴区广播电视中心业务用楼改造装修及扩建食堂和业务用房、电台和供电系统改造工程结算审计,大兴区社区学院综合楼翻扩建工程结算审计。审计资金量116209万元,核减工程造价2407万元,为政府节约资金2407万元。

(郭　爽)

【经济责任审计】 全年共完成11个单位的领导任期经济责任审计,包括大兴区庞各庄镇领导任期经济责任审计、大兴区亦庄镇领导任期经济责任审计、大兴区青云店镇领导任期经济责任审计、大兴区农机服务中心领导任期经济责任审计、大兴区环卫服务中心领导任期经济责任审计、大兴区商务局领导任期经济责任审计、大兴区环境保护局领导任期经济责任审计、兴创投资公司领导任期经济责任审计、大兴区统计局领导任期经济责任审计、大兴区民防局领导任期经济责任审计、大兴区种植业服务中心领导任期经济责任审计。共计查出违规金额983万元,其中应上缴财政金额2万元;管理不规范金额18946万元;提出审计建议24条。

(郭　爽)

【专项资金审计(调查)】 年内,完成对玉树抗震救灾捐赠款物的接收、分配、拨付和管理情况的审计。经审计,大兴区共接收捐赠款1265万元,大兴区民政局救灾捐赠事务管理中心、慈善协会和大兴区红十字会在玉树地震抗震救灾资金物资的接收、使用、拨付和管理中,未发生违规问题。

(郭　爽)

【内部审计】 全年完成内部审计项目748个,其中:财务收支审计444个,绩效审计4个,经济责任审计40个,专项资金审计181个,内控及风险管理审计36个,基本建设审计6个,综合审计5个,其他26个,财务决算审签6个。审计总金额1032296.31万元,增加效益35万元,提出审计意见被采纳168条。

(郭　爽)

农　业

农　委

【概况】　大兴区地处北京南郊，素有“京南门户”、“绿海甜园”之称。辖区总面积1036平方公里，辖14个镇，527个行政村，户籍人口59.5万人。“十一五”期间，全区认真落实北京市“221行动计划”，按照“调整基础产业、提升主导产业、发展新兴产业”的总体思路，形成了以蔬菜、西甜瓜、果品、甘薯、花卉、生猪、奶牛、肉羊、家禽为主的九大主导产业，农业总量达到北京市的1/6强，成为北京市重要的农产品供应基地。以“五业促一村”为重点内容，不断转变农业发展方式，拓展农业新功能，都市型现代农业取得了突破性进展，农村产业逐步融合，产业设施不断完善，农村面貌明显改观，农民生活水平显著提升。

名称：北京市大兴区农业委员会会

地址：北京市大兴区兴政街38号

电话：69243974

邮编：102600

网址：http://dx.221.gov.cn

【获批全国绿色食品原料（西瓜）标准化生产基地】　年内，本区庞各庄、魏善庄、榆垡、北臧村四个镇的5.1万亩西瓜生产基地被农业部绿色食品管理办公室和中国绿色食品发展中心评为全国绿色食品原料（西瓜）标准化生产基地，进一步提升了本区农业标准化生产能力、生产水平及效益。

（农委）

【获中国合作经济年度人物开拓服务奖】　北京老宋瓜果专业合作社宋绍堂在由中华合作时报社、中国合作经济杂志社、中国人民大学农业与农村发展学院、中国人民大学中国合作社研究院联合举办的“2009年度中国合作社经济年度成就奖评选活动”中荣获“中国合作经济年度人物开拓服务奖”。

（农委）

【“兴农杯”全国西甜瓜擂台赛成功举办】　5月25日，第二十二届北京大兴“兴农杯”全国西甜瓜擂台赛在庞各庄镇举行。共有来自浙江、河北、天津、北京等4个省市的238名种瓜能手参加比赛。此次擂台赛设大型西瓜重量奖、中型西瓜综合奖、小型西瓜综合奖、甜瓜综合奖、新品种奖、生产艺术奖、优秀组织奖7个奖项，前四个奖项分设冠、亚、季军。最终，来自庞各庄镇南里渠村的宋宝森以单瓜重24.35公斤夺得大型西瓜重量奖冠军。

（农委）

【合作建设万头奶牛示范场】　北京兴牧富民奶牛专业合作社与阜新万事达化工集团有限公司签约，在阜蒙县大固本镇合作建设“万头奶牛示范场”。总体投资完成后可生产高品质牛奶10万吨,销售收入可达3.6亿元,将实现利税3600万元。

(农委)

【政策性农业保险入保工作全面完成】 年内,完成种植业入保面积25.5万亩、养殖业入保22.8万头(只),分别比去年全年增长55%和5%。

(农委)

【获评全国农产品加工示范企业】 年内,本区安定镇北京京酿调味品有限公司被农业部评为第二批全国农产品加工示范企业。本区共有北京京酿调味品有限公司、北京市美丹食品有限公司、北京资源亚太饲料科技有限公司、北京牧洋园生物科技有限公司、北京金维福仁清真食品有限公司、北京市宝金龙食品厂6个全国农产品加工示范企业;共有北京市榆垡农产品加工基地、北京大兴青云店农产品加工基地2个全国农产品加工示范基地。

(农委)

【一二三产业逐步融合】 年内,新建、改造设施农业面积5000亩,设施农业面积达到10.2万亩;提升了20家种猪场,完成10万平方米生态养殖猪舍的土著菌优化;新建了17个蔬菜、甘薯、西瓜育苗基地,已育苗近3000万株;对一批低效果园进行了优化改造,建设水蜜桃基地2000亩;完成“香草主题公园建设项目”苗木栽植工作。通过引进生产线、加强技术改造,推进肉牛、桑椹、酱菜、肉鸭、甘薯等特色农产品深加工,延伸了农业产业链条,实现了农产品加工增值,带动了劳动力就业;三元奶业投资6.8亿元落户瀛海镇。实施了十大农业观光园区提升工程,建设了韩风路设施农业产业带,农业的休闲、生态功能进一步拓展。

(农委)

【农村管理行为逐步规范】 年内,全面启动285个村的农村集体经济产权制度改革,集体林权制度改革有序推进。出台了《关于进一步规范农村土地承包经营权流转工作的意见》;完善了土地流转合同文本;建立了土地流转监测制度。加强了对确权合同的签订和鉴证工作,新签订的30年的家庭承包合同鉴证率达到了100%。

(农委)

【农业服务水平逐步提高】 年内,培养村级科技示范户1500名;建设了100个典型村级科技示范样板田;开办了75所农民田间学校;完成了6.5万人次农民实用技术培训;实施“院区合作”,引进推广新品种新技术近百项;完善了《大兴区基层农技推广体系改革的实施方案》。开展了农产品质量安全专项整治,对大庄、西沙窝批发市场日检测样本75个,对标准化基地抽捡样本1000多个;新建、提升了30个农业标准化基地,积极建设5.1万亩全国西瓜绿色食品原材料标准化生产基地。规模提升农民专业合作社30家,农民专业合作社达491家;组织实施了“农超对接”,全区每天将为家乐福等34家连锁超市和餐饮企业供应近百吨瓜果蔬菜;通过任我在线电子商务平台日销售农产品3吨。

(农委)

【农村环境逐步改善】 年内,完成了72个村庄规划编制、200万平方米街坊路硬化、180万平方米街坊路绿化,改造870公里自来水老化管网,安装20184户一户一表,完成16150座户厕改造、193座农村公厕建设、7个镇的垃圾源头分类处理任务。改造5000盏村内路灯,建设1处地源热泵采暖工程、6处太阳能公共浴室工程及1处秸秆气化扩建工程,新建节能民居610户,既有住房节能改造750户,完成2处雨洪利用工程、22处粪污治理工程。长子营镇留民营村获北京市最美乡村。完成了土地整理和中低产田改造工程6.82万亩。

（农委）

种 植 业

名称:北京市大兴区种植服务中心

地址:北京市大兴区兴华大街三段15号

电话:81296761

邮编:102600

网址:http://www.dxplant.gov.cn

【概况】 全年,全区西甜瓜总面积为9万亩(西瓜8万亩、甜瓜1万亩),其中棚室面积4万亩、中小拱棚面积4万亩、地膜面积1万亩。主要分布在庞各庄、北臧村、安定、礼贤、魏善庄、榆垡六个镇,种植农户2.6万户。主要栽培品种30多个,包括西瓜中果型品种京欣一号、京欣二号、京欣三号、航兴一号、航兴三号,小果型品种京秀、新秀、L600、特大早春红玉、红小帅、黄小凤、黄小帅,小型无籽西瓜品种蜜童、墨童、京玲;厚皮甜瓜品种京玉系列品种、玉金香、一品红;薄皮甜瓜品种京蜜11、雪王8等。全年,全区蔬菜播种面积311004亩,累计上市量105834万公斤,销售收入118248万元,平均单价1.12元/公斤。全年,全区甘薯种植面积2.9万亩,主要分布在庞各庄、北臧村、榆垡、魏善庄等镇,主栽品种为遗138、豫薯10和徐薯23,生产模式以春甘薯为主,平均亩产2400公斤。年内,全区主要粮油作物是小麦、玉米、甘薯、花生、大豆,其中小麦种植面积21.96万亩,主要品种为京9428、农大211、京冬8、京9843等,总产量7356.6万公斤;玉米种植面积39.12万亩(其中春玉米10万亩),主要品种为农大108、宽诚1号、京单28、京科308、中单28、中玉15,玉米总产量16790.3万公斤;甘薯种植面积2.9万亩,亩产480公斤(折粮),总产量1392万公斤(折粮);花生种植面积3.1万亩,亩产210公斤,总产量651万公斤;大豆种植面积0.8万亩,亩产180公斤,总产量144万公斤。

【引进推广新品种新技术】 全年,全区共引进、示范西甜瓜、蔬菜、甘薯新品种(系)133个,重点推广新品种45个,推广面积5万亩。重点推广新技术21项,推广面积5万亩。通过新品种和新技术的推广促进西甜瓜、蔬菜、甘薯主导产业的提升。

（王 坤）

【标准化基地建设】 年内,本区新建7个种植业标准化基地,提升4个种植业标准化基地,10月份通过了验收。

（王 坤）

【都市农业建设】 年内,区种植中心通过与市环境监测站以及建设单位等各方积极协调沟通,于7月底前完成了采育镇哱啰庄蔬菜园区废弃物循环利用示范点建设,11月底前完成了榆垡镇小黄垡村和庞各庄镇甘薯基地两个示范点建设任务。

（王 坤）

【农产品质量安全监管】 年内,区种植中心农产品质量督导检查工作组,对本区内种植业标准化生产示范基地进行检查。共检查示范基地50个,对存在问题的基地发放了整改通知书,限期整改,检查共放整改通知书12份,整改效果显著。

（王 坤）

【国家级标准化示范区建设】 年内,区种植中心按照甘薯、蔬菜两个国家级标准化示范区项目任务书的要求,开展建设工作,于8月完成这两个示范区的建设工作,其中蔬菜平均单产提高600公斤/亩,达到5075公斤/亩,甘薯平均单产达到2560公斤/亩。10月12日,经专家小组打分评审确定甘薯、蔬菜两个国家级标准化示范区全部通过验收。

(王 坤)

【综合试验站工作全面开展】 年内,区种植中心承担国家级西瓜综合试验站1个,北京市果类蔬菜综合试验1个,田间学校工作站12个。果类蔬菜综合试验站承接品种试验示范182个,新技术试验3项,年底有1人获得北京市优秀综合试验站站长称号,2人获得北京市优秀田间学校工作站站长称号。西瓜综合试验站在大兴、顺义各建立了一个百亩以上的生产示范区,试验示范西甜瓜新优品种100个。

(王 坤)

【"种子执法年"启动仪式】 3月11日,北京市种子执法年启动仪式在采育镇文化广场隆重举行。农业部、市局及各区县种子管理站等有关部门共300多人参加了活动。

(王 坤)

【农资市场执法】 年内,区植保站、种子站和农科所三个执法单位采取日常巡查、拉网式检查等形式,对农资经营单位和生产企业开展监管,同时加大联合执法力度。全年共出动执法车辆415余车次,执法人员1385人次,共做出行政警告11起,发出限改142份,查处违法案件12起(当场处罚11起,立案1起),罚款3238元,检查转基因食品生产企业和超市8次,检查了转基因大豆油729桶,代表数量39022桶,散装油0.1吨,代表数量12.78吨。

(王 坤)

【加强全区肥料市场监管】 年内,加大全区肥料市场监管力度,开展法治宣传活动,发放宣传材料1000余份,咨询解答120余人次。对全区17家肥料生产企业的生产情况进行了全面检查,对新增肥料生产企业照了相片和GPS卫星定位,建立了电子档案。开展对有机肥料、水溶肥料产品质量监督检查工作,对3家有机肥厂、10家水溶肥料生产企业进行了抽样检查。

(王 坤)

【育苗及展示基地建设】 年内,筛选并确定了7个西瓜集中育苗大户、4个甘薯集中育苗大户,西瓜育苗大户年育苗量不低于10万株,甘薯育苗大户年育苗量不低于80万株。通过补贴扶持育苗大户的发展,以促进本区西瓜、甘薯产业水平的提升。

(王 坤)

【农业科技成果展示基地提升工程】 年内,完成大兴区农业科技成果展示基地提升工程,完成基地入口大门的立面改造,门卫室和围墙改造;拉膜小广场的建设;办公区人行走廊改造;增建大型单位名称标牌;操作间建设及温室后墙整体墙面粉刷,一栋卫生间建设;基地水泥路面改造,新修道路宽5米、长300米,补修道路宽3米、长160米,共1980平方米;添加了美化环境设施,垃圾桶和长椅。

(王 坤)

【农业实用技术培训】 年内,全区共举办培训班257次,发放技术资料16000份,发送技术短信1442条,科普赶集4次,培训农民52000人次。

(王 坤)

【农民田间学校】 年内,区种植中心共开办了38所农民田间学校,其中新建6所、续建32所,涉及西甜瓜、蔬菜、甘薯三大主导产业及大田作物,其中蔬菜田间学校21所,西甜瓜田间学校8所,瓜菜田间学校6所,甘薯田间学校 2 所,小麦田间学校 1 所,38 所田间学校共有学员 1208 人。

(王 坤)

【全国农民田间学校辅导员到本区学习】 6 月 6 日,全国农业部第三期农民田间学校辅导员师资培训班 40 人,到本区礼贤镇龙头村和东段家务村田间学校工作站进行了参观实习。

(王 坤)

【科技示范户培养】 年内,继续实施“科技助农”工程,确立科技示范户 300 余户,成立 7 个辅导班,其中甘薯辅导班 1 个,西瓜辅导班 6 个,通过组织培训,入村指导,外出观摩等方式培养一批农民技术骨干,带动周边农户发展,并辐射到全区。累计培训人数达 14000 余人次,示范推广了西甜瓜、甘薯新优品种 30 余个,新技术 10 余项。

(王 坤)

【西甜瓜外埠研修班培训】 年内,区种植中心农科所组织 20 名技术人员和瓜农参加西甜瓜外埠研修班,到山东昌乐、寿光等地学习西瓜保护地早熟栽培技术,去河北乐亭学习薄皮甜瓜单蔓整枝多次座果技术,到大连金州学习小型西瓜高密度栽培技术。

(王 坤)

【技术书籍、文章、论文发表及获奖】 年内,区种植中心农科所参与编著的《农民培训需求调研指南》、《农民田间学校建设指南》出版发行。发表“北京市大兴区甘薯产业现状与发展建议”、“耐西瓜根结线虫病砧木筛选试验”、“膜下沟灌中不同灌水量对黄瓜生长势和产量的影响”等 7 篇论文。

(王 坤)

【采摘观光示范项目】 年内,对 50 多个国内外新优西瓜品种进行试验筛选,示范推广丽嘉类型的中果型西瓜、小型无籽西瓜等高端西瓜品种 3000 亩,示范推广耐根结线虫病的西瓜嫁接砧木品种京欣砧 4 号和好合台木共 1000 余亩。打造老宋“瓜趣园”和乐平“御瓜园”两个大型西瓜观光休闲园区,进行树式栽培、盆栽等展示。

(王 坤)

【设施农业智能化精准生产管理系统建成】 年内,在大兴农业科技成果展示基地完成了“设施农业智能化精准生产管理系统”建设工作,包括语音型环境信息采集系统、温室生产信息采集控制系统、温室安全生产监控系统、园区虚拟展示系统。

(王 坤)

【高品质西瓜新品种及观光采摘技术示范推广】 年内,引进西瓜优质品种 20 个,其中中果型西瓜品种“京欣 3 号”和“改良京欣 3 号”推广面积 1000 亩,示范推广优质小果型无籽西瓜品种京玲 3、4、5 号,面积约 100 亩,示范推广鲜食型籽瓜品种 1 个,示范面积 5 亩。示范推广优质耐线虫砧木品种京欣砧 4 号,推广面积 2000 亩。引进西瓜砧木优质品种 6 个。在御瓜园安排特异观光品种 20 个,指导观光园生产技术。田间指导与巡查培训瓜农 200 人。

(王 坤)

【功能性西瓜新品种示范与推广】 年内,区农科所与中国农科院郑州果树所合作开展功能性西瓜新品种示范试验 4 个,引进功能性西瓜品种金兰无籽,小宝无籽,黄玫瑰无籽,黄肉花皮,中兴红 1 号、中农无籽。其中中兴红 1 号、金兰无籽表现较好。

(王 坤)

【第二十二届西瓜节】 第二十二届西瓜节

于5月28日开幕,区种植中心完成了布展工作,展示新品种包括薄皮甜瓜、厚皮甜瓜、小果型西瓜和中果型西瓜等30多个品种,生产制作造型瓜和玻璃艺术西瓜各200多个,贴图瓜500个。

（王　坤）

【国家西甜瓜产业技术研发中心大兴综合试验站工作】　区种植中心农科所,年初,召开了国家西甜瓜现代农业技术体系大兴综合试验站工作会,建立农户种植档案大兴30农户,建立了一个百亩以上的生产示范区,试验示范西甜瓜新优品种100余个,开展西瓜耐根结线虫、薄皮甜瓜的药害试验。

（王　坤）

【蔬菜集中育苗】　年内,扶持发展瓜菜集中育苗基地（大户）26个。共育蔬菜苗1528.66万株,比去年810万株增长88.6%,其中春季育苗828.66万株,秋季育苗700万株。

（王　坤）

【组织菜农到山东省寿光学习】　12月至4月在区农委的安排下,由区蔬菜办带领全区30名菜农分4次赴山东省寿光市进行蔬菜栽培技术的研修。主要学习嫁接黄瓜、丝瓜、大椒、番茄集中育苗管理技术,嫁接黄瓜、苦瓜、番茄、大椒、辣椒、彩椒、茄子、架豆栽培和病害防治技术。

（王　坤）

【设施蔬菜标准园建设项目】　年内,蔬菜标准园建设项目在民安路核心地带的北京凤河现代农业示范区实施,设施农业占地1500亩,涉及北蒲州营村温室500亩、南蒲州营村大棚400亩、永和庄村大棚100亩、温室50亩、罗庄村温室450亩。蔬菜标准园创建达到“五化”即:规模化种植、标准化生产、商品化处理、品牌化销售、产业化经营。

（王　坤）

【设施蔬菜高产高效示范基地建设】　年内,在蔬菜标准园内完成了“设施蔬菜高产高效示范基地建设项目”完成开展新品种、新技术的展示示范工作,面积30亩,推广应用200亩,辐射带动1000亩;开展技术培训、现场观摩2次,培训200人,培养农民技术人员10人。

（王　坤）

【甘薯院区合作项目】　年内,完成“早熟、优质及保健型甘薯生产综合技术示范与推广”项目。在庞各庄镇及周边推广优质食用品种2万余亩。为农户免费发放新优品种30万余株。示范早熟优质甘薯新品种、设施栽培技术,并推广新优品种1000余亩,建设育苗和种薯繁育基地。在庞各庄、青云店镇开展甘薯设施栽培技术研究。甘薯高代育种材料(花青素型、胡萝卜素型)筛选工作。举办了薯农培训班、薯苗现场观摩、科普赶集等活动10余次,培训薯农600余人次,发放宣传材料600余份。菜用品种综合栽培技术与示范推广:在魏善庄镇、庞各庄镇示范推广30%辛硫磷微胶囊防治甘薯茎线虫5000余亩。

（王　坤）

【粮食档案和粮食直补】　按照北京市农业局要求,全年完成小麦、玉米、春播、夏播和秋播粮食种植档案调查表的网上申报工作。7月中旬,完成粮食直补统计汇总工作。全区小麦直补面积为21.96万亩,共涉及11个镇,396个村,38419户,补贴金额约2525.7万元。玉米直补面积为39.12万亩,涉及12个镇,432个村,57797户,补贴金额约3012.3万元。

（王　坤）

【生态补贴】 年内,全区生态补贴小麦面积为22.09万亩,牧草面积为2257亩,涉及11个镇,398个村,38731户,补贴金额约891.5万元。

(王 坤)

【粮食高产创建】 年内,在庞各庄、长子营、青云店、魏善庄和榆垡五个镇建设了3万亩高标准粮田示范方。其中以青云店镇东辛屯村为中心建设一个部级万亩高产示范方,以长子营镇孙庄村和魏善庄镇大狼垡村为中心建设两个市级万亩示范方;在长子营镇和顺场村建设百亩花生示范方。经测产三个万亩高产创建示范方,小麦平均亩产427.8公斤,比目标产量高47.8公斤;玉米平均亩产541公斤,比目标产量高21公斤。百亩花生示范方,鲜花生平均亩产达到310公斤,比目标产量高出30公斤。

(王 坤)

【小麦种子更换】 年内,全区开展了小麦种子更换工作,该项工作分两年实施,本年完成换种面积7.75万亩,换种数量155.2万公斤,主要品种为:农大211、京冬12、京冬17、中麦175和北农9549等,涉及全区六个镇203个村。

(王 坤)

【种粮大户补贴】 9~10月,区种植业服务中心完成了《关于中央财政新增农资综合补贴集中用于粮食基础能力建设》项目,主要内容是对本区青云店、礼贤、采育和长子营四个镇6个村的8个种植面积超过190亩种粮大户的粮田全部进行施用有机肥和土壤深松补贴,总面积3740亩,其中,项目地块每亩施用有机肥500公斤,补贴标准为240元/亩,土壤深松每亩补贴20元。10月7日项目全部完成,共配送有机肥1870吨,深松土壤3740亩。截至11月4日,肥料补贴资金和农机作业补贴资金发放完毕。

(王 坤)

【培肥地力】 年内,北京市农村工作委员会开展的都市型现代农业基础建设工程及综合开发项目进入第二年,由区种植业服务中心负责组织实施的2010~2011年度农田培肥项目,覆盖耕地面积8万亩,包括采育、魏善庄、庞各庄、长子营、榆垡六个项目区,截至到秋播结束,共计配送有机肥28088吨,配方肥3476吨,分别完成任务总数的70.2%和86.9%。

(王 坤)

【耕地质量监测】 年内,在本区耕地质量监测项目实施的青云店、魏善庄、采育、安定、庞各庄、榆垡六个乡镇设置监测点60个,设置标牌,标明监测点名称、GPS定位、土壤类型、土壤质地、设立年限、责任单位、联系电话等内容。进行肥料效益监测试验:设立6个监测点为肥料效应长期定位监测点,并进行肥料效应长期定位监测试验。完成肥料质量监督工作:严格执法,配送肥料每批次抽取样品,保证肥料的质量。

(王 坤)

【测土配方施肥】 年内,全区完成对番茄、黄瓜、辣椒、茄子4种果类蔬菜,及西甜瓜、甘薯等特色产业采集土壤样品760个。进行土壤样品的化验,获得有效数据4560个,发放配方施肥建议卡25200份。确定10个村级示范片,全面落实有包片指导专家、有科技示范户、有示范对比田、有醒目标示牌的“四有”工作。培养科技示范户28名。推广各种专用配方肥1500吨,施用面积达3万亩。利用电视、报刊、互联网、科技赶集、现场会等方式广泛进行宣传,全年共开展宣传活动84次,举办培训班61期,共培训21160人次,发放技术资料49440余份。

(王 坤)

【都市农业走廊综合节水项目】 都市农业走廊综合节水示范工程项目,本区实施地点榆垡刘家铺的梨园,面积是250亩,示范环绕滴灌施肥;礼贤紫各庄,面积350亩,示范微灌施肥。

(王 坤)

【瓜菜水肥一体化高效节水技术集成示范与推广】 年内,区种植中心农科所完成瓜菜水肥一体化技术集成示范与推广项目,实施面积1000亩。实施内容包括滴灌设施改造、滴灌专用肥补贴、"M"畦+"小白龙"水肥一体化技术、发放节水宣传资料、节水宣传展板、组织观摩交流会、发简报、对乡村技术人员和农民开展培训工作。

(王 坤)

【菜田土壤墒情监测】 年内在全区选墒情监测点50个,其中小麦监测点16个,玉米监测点24个,遥感10个,全生育期共监测26次,获得数据3900个。编写墒情信息简报12期。

(王 坤)

【北运河面源污染治理】 年内,对北运河主流域农田开展肥力监测与施肥调查。测土样364个,摸清土壤肥力底数;以问卷形式调查农户施肥400户,摸清农户施肥现状;针对作物的特点以及土壤肥力特点出具配方施肥建议卡3700张。在农科所基地建设秸秆发酵池,进行农田废弃物循环利用试验。

(王 坤)

【土壤蒸汽消毒技术推广】 年内,完成全区土壤消毒755亩,安排了西瓜土壤蒸汽消毒及生物有机肥培肥效果试验一个,效果明显。在北京电视台、大兴电视台、京郊日报都进行了专题报道,还邀请是土肥站的专家进行技术指导。

(王 坤)

【植物检疫】 年内,在榆垡、礼贤等镇设立了6个有害生物阻截带疫情监测点,5月完成监测人员的岗前培训、仪器调试,5月底投入使用。利用监测点共对红火蚁、美国白蛾、黄瓜绿斑驳花叶病毒病、果斑病等11种有害生物进行监测、普查26次。6月17日在长子营镇赵县营村南的小麦田发现小麦腥黑穗病疫情,病田面积62.8亩。发现疫情后区植保站按照植物检疫法规制定销毁方案,6月22日进行销毁,防止疫情扩散。在庞各庄镇发现瓜类果斑病疫情,7月11日施行了销毁。

(王 坤)

【农药管理】 年内,区植保站共检查农药标签1984个;出动执法人员972人次;出动执法车辆304车次;培训281家农药经营单位;进行行政处罚11次,罚款3238元;签订了农药质量安全保证书281份;普法宣传12次,发放宣传材料1.5万余份;检查生产厂家17个次,农药经营单位871个次。

(王 坤)

【番茄黄化曲叶病毒病监测与防控】 年初对全区开展了"灭虱清源"行动。涉及棚数为4680个,面积4057亩,发放30%敌敌畏烟剂4868.4公斤,发放毒死蜱150公斤,烟剂防治面积1.2万亩次。秋季建立综合防控示范点6个,分别为庞各庄镇西高各庄村、礼贤镇东段家务村、魏善庄镇东枣林村、大东种植园、良种场、北蒲洲示范园,示范内容黄板、防虫网、药剂防治、生长调节剂、新型喷雾器、精准施药量具。其中魏善庄镇东枣林村日光温室基地,成为大兴区、北京市植保系统观摩会的示范基地。

(王 坤)

【面源污染控制】 年内,在魏善庄等5个镇的8万亩项目区进行生态粮经、蔬菜、果园生物防治药剂推广，向农民免费发放阿维菌素、小檗碱等低毒农药8吨，赤眼蜂防治“二代玉米螟”6万亩，回收农药废弃包装70万个，建立了一支专业化防治队，专业化服务面积0.75万亩次。

（王 坤）

【北运河流域减少农药用量控制农业面源污染项目】 该项目设在长子营镇共涉及22个村和基地，共发放黄板13万块、防虫网30万平方米、精准施药量具5500套，性诱捕器6000套，施药机12台套、太阳能植物垃圾处理站2座，太阳能诱虫灯26台，建立了2个大兴区北运河流域减少农药用量控制农业面源污染项目综合示范区（大兴区良种场、长子营镇北蒲州基地）。

（王 坤）

【药械补贴项目】 年内，对南10镇的蔬菜种植户采取以旧换新方式推广新型药械2.7万台，完成4.5万亩瓜菜基地和农户的农药使用调研和生物农药、高效低毒农药的订货、连锁配送服务站配货工作，补贴实行一村一卡。

（王 坤）

【甘薯茎线虫病示范区建设】 年内，在庞各庄镇前曹、西高建立200亩的甘薯茎线虫病综合防控示范基地，推广高剪苗、秧苗药剂蘸根、定植前药剂处理土壤、安装太阳能诱虫灯等技术。在庞各庄镇丁村、田窑推广甘薯茎线虫病综合防控技术2000亩。

（王 坤）

【农区灭鼠】 年内，设立了5个鼠情监测点，开展常年鼠情监测。4月12～14日统一投饵，完成农区灭鼠20万亩的任务，防治效果91.5%。11月2～5日开展秋季农区灭鼠面积5万亩。全年推广毒饵站11.22万个。秋季灭鼠采用专业化防治队进行投饵，全部采取毒饵站进行防控，并推广粘鼠板灭鼠技术2000亩。

（王 坤）

畜 牧 业

【概况】 大兴区地处北京南部平原地区，是北京市重要的农产品生产和供应基地。自实施“兴牧富民”工程以来，大兴区动监局严格按照“减量增效，适度规模，符合规划，科学防疫”的原则，合理调整养殖业布局和整体规划，逐步形成了生猪、奶牛、肉牛、肉羊、肉禽、肉鸽特禽为主的畜牧业主导产业群体，产品产量、产值均居北京各郊区县前列，被评为全国生猪调出大县和全国牛奶生产强县，畜牧业产值占大农业产值比例超过50%，已经成为目前本区农民继续增加收入的最为重要的途径之一。

名称：北京市大兴区动物卫生监督管理局

地址：北京市大兴区林校北路25号

电话：69242036

邮编：102600

网址：http://www.dxxm.gov.cn

【推广大兴区生态环保养猪模式】 年内，大力推广“大兴区生态环保养猪模式”，该模式是安全、节能、环保、循环、高效的新型高效养殖模式。消除了猪舍废水、废气、恶臭、粪便对周围环境的污染，达到了零排放。年内，全区累积投资约1100万元，建成现代化生猪标准化养殖示范场15个（出栏500头以上），推广生态生态发酵床1.6万平方米。年出栏优质生猪25万头，年新增效益6100万元。

（郭 鹏）

【种业发展】 年内,大力提升畜禽良种体系。全区建成种业科技示范园1座,新增种业场8个。完成2个规模猪场和3个规模牛场部级畜禽标准化示范场申报工作,并已通过市级验收。使全区种业场总数达到43家,种业收入比上一年增加了34%。发放良种补贴冷冻精液4万余支,提供液氮9000升。加速品种改良。

(郭 鹏)

【养殖场粪污治理】 年内,全区总投资500万元,治理粪污养殖企业22家,5家企业采用设备治理模式,4家企业采用三级曝气治理模式,13家采用生态环保养殖治理模式。

(郭 鹏)

【标准化基地建设】 年内,本区新确定10家区级标准化基地,完成3家市级标准化基地改造升级。全区畜牧业共有国家级标准化示范区1个,各类市级标准化生产基地74个。其中牛场25个,猪场26个,禽场15个,羊场4个,渔场4个。

(郭 鹏)

【畜牧业保险】 年内,将能繁母猪补贴款的发放与能繁母猪保险工作捆绑在一起进行。参保生猪31.97万头,发放补贴400万元。投保奶牛1.2万头。入区奶牛6000余头,发放入区补贴400万元。

(郭 鹏)

【渔业增殖放流】 年内,渔业增殖放流工作分春、秋两个阶段进行,其中4月份,引进优良品种在埝坛水库共放流锦鲤、花白鲢等大规格鱼苗1.25万尾。完成300亩老旧坑塘改造。

(郭 鹏)

【科技培训】 年内,建设典型村级科技示范户"样板田"32个,新建农民田间学校45所。培训农民田间学校指导员31名。组建生猪综合试验站1个,农民田间学校工作站8个,编印各类科技材料4套1.2万册,累积培训区、镇两级人员1.5万人次。

(郭 鹏)

【农业执法宣传】 年内,区动监局大力开展农业法制建设,加大执法力度,开展3.15农业执法宣传周活动。深入乡镇利用发放宣传单、举办培训班等方式,让农民用上放心农用物资,确保生产顺利进行。落实北京市农资打假专项行动,对饲料企业、兽药经营点、奶站、开展专项检查。配合市人大对辖区养殖场的污水排放进行检查,对三个镇的养殖场进行抽查工作;配合渔政加强水产苗种场的违禁药品残留检测工作。积极参加全区防灾减灾宣传活动和"民主法制宣传月"活动,共印制宣传材料3000余份、发放宣传环保袋1000余个。

(郭 鹏)

【畜牧业产量产值】 年内,全区生猪出栏59.6万头,肉羊出栏19.85万只,禽类1446.1万只,鲜奶产量15.6万吨,鲜蛋产量2.2万吨,水产品产量1989.7吨。畜牧业产值完成21.1亿元。

(郭 鹏)

【动物免疫工作】 年内,与各镇、各养殖场、屠宰厂、饲料厂、兽药厂、宾馆饭店及经营性冷库等签订责任书、承诺书共计7150份。免疫各种禽类1509万只次,免疫各种畜类188万头只,免疫注册犬11.43万条,各种疫病免疫率均达到100%。

(郭 鹏)

【举报案件处理】 年内,全局共处理各类举报案件131起。清理泔水猪6213头。收容无主动物59只(小猫),无害化处理14头。取缔活禽滥宰摊位37个、查扣打毛机5台。没收活禽545只、白条鸡284只、病死猪16头,猪肉产品3436公斤、犬1条。

(郭 鹏)

【饲料、兽药、奶产品、水产品监管】 年内,制定了《大兴区饲料、兽药投入品专项整治工作方案》,对辖区兽药生产经营企业、饲料生产企业、大中型养殖场进行拉网式检查。共出动执法人员215人次,检查饲料厂298场次,发放监督笔录、意见书252份;检查奶站56场次,发放监督笔录、意见书112份;查处销毁检验不合格饲料11.76吨、销毁不合格标签5.3万张。

(郭 鹏)

【检疫监督】 年内,区动监局加强产地和运输检疫,严把屠宰检疫关,打击经营流通环节的违法经营行为,全面落实定点屠宰、动物及动物产品检疫、动物防疫监督等工作,确保了上市肉食品安全卫生。产地检疫:全面落实了"四单一证一标识"和"三结合"的产地检疫工作制度,产地检疫率达到100%。屠宰检疫宰前检疫和宰后检疫到位率100%。共检疫猪66.89万头、牛4300头、肉鸭339.69万只;无害化处理生猪2890头、肉鸭5186只。公路检疫共监督检查车辆1.1万车次,共检疫动物300.58万头只,动物产品5.13万吨。劝返不符合进京车辆87车次。

(郭 鹏)

【兽药管理】 年内,检查兽药生产企业22次、兽药经营企业56次,动物诊疗单位48次,出动执法人员215人次,发放监督笔录、意见书252份,没收并销毁假劣兽药共计24种。行政处罚5起、罚款人民币共计14454.4元,没收非法所得5240元。

(郭 鹏)

【基础设施】 年内,到位资金150万元,建设魏善庄、礼贤、长子营三个动物防疫站和魏善庄、榆垡、采育三个中心站,完成黄村、北臧村、瀛海、旧宫、西红门五个镇动物防疫站改造装修;开始动工大兴区动物卫生监督所、动物疫病控制中心化验室、大兴区动物无害化处理场完成了榆垡、庞各庄、采育、安定、青云店、西红门6个动物防疫站和区动物卫生监督所、化验室的改扩建;与武警四支队和各镇建立应急储备人员联动制度,建立起总数320人的区、镇、村三级专业应急人员。150人的武警战士联防人员。

(郭 鹏)

【驻厂官方兽医室全面投入使用】 年内,在区辖北京中瑞食品有限公司和北京资源亚太食品有限公司两个生猪屠宰厂,全面建成驻厂官方兽医室并正式投入使用。投入建设经费3万元,派驻4名官方兽医,聘用签约兽医32名,这标志着大兴区在实施签约兽医辅助下的官方兽医屠宰检疫方面走在全市的前列。

(郭 鹏)

【完成广州亚运会参赛马匹区属安全监管】 8月,广州亚运会参赛8匹赛马从相关区县调入北京大兴京城马匯俱乐部。9月26日,参赛马匹从北京大兴京城马匯俱乐部启运前往广东省。在监管期间,大兴区派驻专人实施监管,细化马匹档案,完善各项监管记录,并顺利完成了马属动物疫病的监测采样及免疫工作。确保参赛马匹安全无疫。

(郭 鹏)

【上海世博会动物食品安全专项整治行动】 5月~10月,为确保2010年上海世博会期间供沪动物及动物产品安全,区动监局采取多项措施开展上海世博会动物食品安全专项整治行动。对现有供沪企业重新进行审核登记备案,并对辖区动物产品经营单位和大型养殖场进行专项整治,此次专项整治行动为期半年。世博会期间,全区累计供沪肉鸭314294公斤,牛肉8750公斤,均未发生动物产品质量安全问题。

(郭　鹏)

【城郊低碳畜牧业发展研讨会召开】　11月20日,城郊低碳畜牧业发展研讨会在本区召开。对低碳畜牧业发展的相关问题进行交流探讨。农业部、科技部、大兴区主管领导及市农业局各处负责人、各区县动监局负责人参加本次会议。会上,由大兴区撰写的《低碳养殖——引领郊区畜牧业发展》的调研文件,得到了各位领导的一致肯定。

(郭　鹏)

农机工作

【概况】　2010年区农机服务中心坚持以科学发展观为指导,以学习贯彻十七届五中全会为动力,紧紧围绕发展都市农业、推广先进农机,服务新型农民的总体工作思路,不断优化农机装备结构,提高农机服务水平,统筹兼顾,重点突出,狠抓落实,农机各项工作均取得了显著成效。全年争取农机总投入4450.44万元。其中落实购置农业机械投入2743.84万元,玉米秸秆还田和土壤深松项目补贴357.6万元,购置监理培训检测设备投入76万元,能源服务站设备购置及路灯维修工时费130万元,农机服务组织基础设施待建设资金1143万元。实现了全区农业机械总动力达到47.7万千瓦,农业机械净值66887万元。拥有大中型拖拉机1359台,拖拉机大中小型配套机具4452台,玉米大中型联合收割机129台,小麦联合收割机141台,农副产品加工机械766台,畜牧养殖业机械494台,林果业机械186台,渔业机械141台,农用运输车21745辆,农田基本建设机械74台。党务工作以开展"创先争优"活动为主题,积极开展各类活动,全年共举办各类学习培训30次,培训党员590人次,承诺为民办实事工作13项。在原有科室的基础上新增监察科,2010年年底全系统正式职工100人,其中干部41人,专业技术人员26人,技术工人15人,高级技术职称2人,工程师8人。

名称:北京市大兴区农机服务中心

地址:北京市大兴区黄村兴政街甲38号

电话:69242421

邮编:102600

网址:http://www.dxnj.gov.cn/wed/njzx

【农机基础设施建设】　全年,争取农业保护性耕作项目资金1143万元,其中中央投入390万元(占34.1%),市级投入530万元(占46.4%),区县配套223万元(占19.5%)。对安定、魏善庄、青云店镇农机站和长子营镇留民营兴旺农机服务专业合作社进行库棚、维修间、零件库、车辆清洗间改造和建设共计7866平方米,地面硬化10522平方米。购置大型玉米免耕播种样机、大型小麦免耕播种机、秸秆粉碎还田机、车辆清洗机、维修工具及仪器设备共计62台套。

(王永涛)

【农机规模化作业服务】　全年,完成农机规模化经营和服务9.12万亩。其中规模化经营1.12万亩,规模化服务8万亩(全程规模化作业服务1万亩,重点环节规模化作业服务7万亩)。北京兴绿禾农业技术服务有限公司在青云店镇北辛店村租种土地1000亩,安定镇农机站在兴安营村租种土地150亩,开展小麦玉米两茬规模化经营模式的探索和试验,为今后大面积实施奠定基础,有效解决城乡一体化进程加快带来的土地无人经营问题。

（王永涛）

【农机购置补贴工作扎实推进】　全年，全区共计落实各类补贴机具1198台套。涉及资金2743.84万元，其中补贴资金1371.92万元。市级以上补贴资金1168.76万元（占总补贴资金的85%）。其中补贴75马力拖拉机75台，玉米收获机57台，小麦收获机10台，小麦播种机1台，玉米播种机1台，增氧机50台，30马力大棚王95台，微耕机200台，卷帘机247台，割灌机10台，7.5KW微孔增氧设备5套，保温被6万平方米。区级资金203.16万元（占总补贴资金的15%）。其中45马力拖拉机15台，30马力拖拉机50台，旋耕机50台，微耕机100台，菜苗运输车5辆，剪枝机7套，甘薯机械20台，猪产床200套，育苗盘4万张。圆满完成了政府为农民办实事任务。

（王永涛）

【玉米秸秆还田和土壤深松】　全年，共新增玉米秸秆粉碎还田和土壤深松面积各3.48万亩，累计达到玉米秸秆粉碎还田7.2万亩，土壤深松3.48万亩。涉及补贴资金357.6万元。制定和下发了《玉米秸秆还田和土壤深松项目管理办法》和《致项目区农民的一封信》等宣传材料，培训作业机手114名，顺利完成了项目任务。

（王永涛）

【玉米机械化收获成果显著】　全年，加大对玉米机械化收获环节的推广力度，累计补贴玉米收获机57台。其中带青贮回收功能玉米收获机2台，自走式玉米收获机55台。完成玉米机械化收获任务17.3万亩，机械化水平44.5%，较去年同比增长20.9个百分点。全区参加北京市十大玉米机组评选活动10个。其中北京金盛地农机专业合作社进入前十名。

（王永涛）

【农机研发工作取得新成果】　全年，区农机中心完成甘薯插秧机、甘薯起垄铺膜机的研发与推广工作，推广甘薯起垄铺膜机10台，甘薯收获机10台，完成甘薯起垄铺膜作业1万亩，甘薯收获作业0.6万亩。引进了4台声波助长机，开展了等离子体播种试验，物理农业技术声波助长技术的试验示范。

（王永涛）

【加强农机宣传培训工作】　年内，配备了1套移动式农机检测线，建立了200平方米的农机培训教室，铺设了900平方米考试场地，完善了农机培训设备。在榆垡、魏善庄和安定镇建立了3所农机培训分校。全年共组织开展微耕机、卷帘机、玉米收获机、甘薯机等农业机械的使用培训和科技下乡活动26期次，培训人员7300人次，发放宣传材料20000份。

（王永涛）

【新农村能源设施维护工作】　全年，对全区10517盏路灯进行统一编号和喷号，建立档案，绘制分布图，规范设施管理。对庞安路、朱马路等重点路段及2006年新农村建设的20个重点村庄的损坏路灯进行控制器及光源的更换，目前已更换控制器500个、光源600个。对青云店镇小谷店村和魏善庄镇赵庄子村的沼气设备出现的储气罐泄露及加热管道损坏等问题进行维修服务，确保新能源设备的高效、持续运转。

（王永涛）

【平安农机示范区县创建活动】　年内，区农机中心积极开展全国“平安农机示范区县”争创活动，实现了无人身伤亡、无火灾、无重大农机事故的“三无”目标,在第二次全国平安农机示范区县的评选过程中被农业部、国家安监总局评为“全国平安农机示范县(市、区)”荣誉称号。

(王永涛)

【农机安全生产检查】 年内,在全区共设农机具年审、年检检审点16个,排除治理安全隐患140处,治理尾气排放超标车辆217台。累计出动执法人员290人次,执法车辆178台次,检查农业机械1061台次,农业机械牌证审核909个。维修网点共开展了2次农资打假活动,检查维修网点87家,检查零配件27种、2100件次。

(王永涛)

林业工作

【概况】 全年完成绿化面积7.3万亩,其中“三北”5万亩,公园绿地1.5万亩,经济林0.5万亩,路河绿化0.3万亩;植乔灌木650万株。林木绿化率达到25.55%,森林覆盖率达到23.21%,城市绿地率33.13%,城市绿化覆盖率40.67%,人均公园绿地10.61平方米。

名称:北京市大兴区林业局

地址:北京市大兴区兴华中路三段15号

电话:81296056

邮编:102600

网址:http://www.dxly.gov.cn./wed/lyj/

【绿色通道管护】 年内,全区绿色通道建设总长度220公里,永久性绿化带面积达29772亩,产业带39811亩,涉及全区十三镇、八个国营单位。按照《北京市绿色通道建设工程永久性绿化带管护管理暂行办法》、《五河十路绿色通道产业带管理暂行办法》的要求,本局组织林权单位对区内实施的京开、京九、京津塘、五环路、六环、永定河等绿色通道进行了管护作业。管护内容具体包括:浇水和防涝、中耕除草、修枝整形、病虫害防治、防风防寒、防火和防止乱砍滥伐、禁止放牧、防止人为破坏、保持林地清洁。方案要求各镇林业站及各林权单位按照方案进行管护作业。

(园林绿化局)

【重点生态建设工程】 年内,六环路重点绿色通道工程,全年完成990亩,栽植各种乔灌木14.68万株。涉及黄村、北臧村、兴创公司、天堂河劳教所、生物医药基地等2镇3国营单位。京山铁路二期绿化工程,全年完成绿化总面积514亩,涉及安定镇、公路局、水务局、北京铁路局四单位。公路河道绿化工程,全年完成绿化长度37.1公里(计划30公里),栽植各种乔灌木139.22万株。涉及魏善庄、安定、庞各庄、黄村、北臧村五镇。

(园林绿化局)

【南海子公园建设】 南海子公园位于北京城南中轴延长线,地处北京主城区、亦庄新城和未来大兴新城中间的核心地带,建设范围是:东起凉水河,西至104国道,北接南五环路,南抵黄亦路,总体面积11.65平方公里,其中公园占地面积7.86平方公里。现在建成的一期工程位于公园的东南部,占地面积159.64公顷。南海子公园的规划建设是落实市委、市政府建设世界城市、城乡统筹、加快南城及南部地区发展的战略部署的重要举措之一,公园从1月16日正式破土动工,9月26日公园一期建成开园,初步建成含五个景区、十六个景点的绿色生态与文化景观。南海子公园的“展风情郊野”,体现在公园精心打造了450亩的水景湿地,植乔木5万余株、灌木10万余株、各种地被植物150万平方米，充分体现了“让城市接近森林、让森林走进城市”的理念，展现了北京南城的生态格局。

（园林绿化局）

【大兴新城滨河森林公园】 大兴新城滨河森林公园，总面积538公顷。公园着力打造“一河三区”万亩大绿地格局：即小龙河绿地、北区公园、中区公园、南区公园。年内公园已经开工建设，拟建面积372公顷。

（园林绿化局）

【全民义务植树】 全年，全区共完成义务植树34万株（墩），其中新植23.5万株（墩）多植10.5万株（墩）。组织18次重大义务植树活动，接待了参加义务植树活动的部市级领导及社会各界知名人士60人次，市区群众、院校学生和企业职工4600余人。

（园林绿化局）

【新农村绿化美化】 年内，完成了榆垡、庞各庄、魏善庄等9各镇的新农村绿化美化工作，涉及村庄117个，实施村庄绿化面积约180万平方米，栽植乔木13万株，花灌木110万株，地被植物80万平方米。

（园林绿化局）

【大兴新城绿化】 年内，创建首都绿化美化花园式单位8个，首都绿化美化花园式社区2个，首都绿化美化园林小城镇1个，首都绿色村庄5个。锦华园小区行政区属大兴新城林校街道办事处，位于大兴城区的西南部，在永华路以南1000米、京山铁路西侧500米处，北邻义和庄铁路小区，西邻建设中的滨河公园。小区绿化改造工程规划总面积18832平方米，改造工程竣工后锦华园小区绿化覆盖率达到38%。工程重点完善提高小区内绿化水平，扩大绿化空间，增大绿量，改造后可增加绿地面积1675平方米，观赏花卉品种增加15个，增加停车位178个，并把小区的原有单纯停车处全部改造为绿荫停车位。有效改善小区的生态环境，达到三季有花香，四季有景赏，停车绿荫下，健身花园中，小憩可愉悦，出入能舒心的效果。

（园林绿化局）

【小城镇绿化】 魏善庄镇地处大兴区中心，是北京市42个重点小城镇之一，总面积81.5平方公里，辖39个自然村，总人口3.25万人。镇党委政府紧紧围绕“产业兴镇、生态谋镇、服务优镇、民乐立镇”的工作理念，着力打造“生态绿镇、建设优美宜居新魏善庄”。到上年末，魏善庄镇全镇林地面积达到2369.06公顷，森林覆盖率达到了36.48%。人均绿地达到53平方米，城镇绿化覆盖率达到57.2%，花园式单位10个，占到全镇2000平方米以上单位的65.7%。

（园林绿化局）

【集体林权制度改革】 2月8日，区委、区政府出台《中共北京市大兴区委北京市大兴区人民政府关于推进集体林权制度改革的意见》（京兴发[2010]3号）。2月11日，北京市大兴区人民政府办公室转发《北京市大兴区园林绿化局关于大兴区集体林权制度改革工作实施方案》。大兴区集体林权制度改革工作正式开始。根据《大兴区集体林权制度改革工作倒排工期实施方案》，12月31日，大兴区集体林权制度主体改革基本结束，全区共有10个镇，317个村，12.62万亩进行了林改。

（园林绿化局）

【果品产业建设】 年内，全区新建、提升标准化示范基地9个，其中新建6个，提升3个。有机栽培首次应用具有高科技含量的三安生物零农残有机果品生产技术，示范面积1000亩，12个果园，共投入使用生产物资

169.1吨,包括土壤净化剂、生态有机肥、植物保护剂、生物制肥素。提升3家、规范5家农民专业合作组织,提高农业组织化水平。从本市及国内科研院所,引进果树优新品种237个,其中梨142个,桃78个,葡萄12个,核桃5个。推广应用人工授粉6万亩,应用天达2116抗寒剂1000亩,幼树套防虫袋1750亩,铺地膜650亩,葡萄避雨设施栽培1200亩。

(园林绿化局)

【林下经济】　全年,全区林下经济完成20501亩,主要有林菌、林禽、林桑、林粮、林药、林草、林油七种模式。其中:林菌完成2940亩,林禽完成190亩,林桑完成3500亩,林粮完成9100亩,林药完成1010亩,林草完成1711亩,林油完成2050亩。涉及采育等九镇和大兴林场1有林单位。

(园林绿化局)

【春华秋实系列活动】　2010北京大兴春华秋实系列活动以"发展都市现代农业、打造和谐生态新区"为主题,举办了2010中华名梨(中早熟品种).第八届全国梨王擂台赛、2010北京大兴"春华秋实"系列活动启动暨中华名梨.全国梨王擂台赛颁奖仪式、2010年"相约金秋,畅游大兴"秋季系列旅游活动、农超对接与农业精品展卖会等系列活动,宣传了大兴以梨为主导产业的新成果。

(园林绿化局)

【采育葡萄文化节】　8月26日~8月30日,第十届北京大兴采育葡萄文化节在采育镇举行。期间举办了第十届北京大兴采育葡萄文化节开幕式暨2010年"采育杯"全国马术场地障碍冠军赛,第十届北京大兴采育葡萄文化节拆迁村劳动力就业培训启动仪式暨人力资源招聘会,第十届北京大兴采育葡萄文化节各分会场活动,启动旅游、采摘活动,"相约采育自驾游"系列活动,参观中国葡萄博物馆,京城马汇(北京)国际马术俱乐部休闲体验等活动。

(园林绿化局)

【安定桑文化采摘节】　6月2日~7月2日,安定镇举办了第九届北京大兴安定桑椹文化节。开展了"夕阳红"老年空竹表演;"乐在其中"象棋、五子棋表演;参观"蓬勃发展中的御林古镇"文化长廊;农民花式跳绳表演;特色产品、手工艺品展卖等活动。

(园林绿化局)

【花卉产业】　年内,"北京信采种养殖有限公司"作为区内重点标准化生产示范基地,新建育苗连栋温室2000平方米,改造日光温室200亩,在全区标准化基地提升工作中荣获一等奖。北京纳波湾园艺有限公司落户大兴,是北京市首家以"市花"月季种苗出口为主的花卉生产企业,该基地位于魏善庄镇,面积200余亩。

(园林绿化局)

【参展国际花卉园艺展览会】　第十二届中国国际花卉园艺展览会于4月14~17日在北京展览馆举办,区重点花卉企业杉友兰业、亮民绿奥共同参展,展示蝴蝶兰、香草植物50余个品种。展会上与山西、上海、广州、山东等地区的25家重要展商达成了合作协议。

(园林绿化局)

【参展月季文化节】　第二届北京月季文化节于5月30日~6月20日在北京植物园举办,本区设计布置的以"大花卉 兴旺业"为主题的展台布景荣获月季造景一等奖。

(园林绿化局)

【森林防火】　年内,本区强化森林火灾防控工作,开展警民联防试点,同时加强巡逻检查森林防火,做到巡逻检查无死角。全年共出动车辆160车次、警力480人次、制止违章用火40余起,查出并消除森林火险隐患72处。

(园林绿化局)

【种子苗木检疫工作】 全年,全区共登记核发林木种子检验员证62个,审核办理林木种子经营许可证2份;种苗产地检疫率达到100%,对出入境苗木、木材等林产品严格实施检疫管理,堵住林业有害生物传播、蔓延的途径。产地检疫率100%,未发现检疫对象。采用无公害防治、常规防治与三代美国白蛾防治相结合,无公害防治率达96%。

(园林绿化局)

【有害生物控制】 年内,在全区范围内,全面推进无公害防治、常规防治与三代美国白蛾防治相结合,在药剂使用上主要为仿生制剂。预防控制面积148.6万亩次,其中:飞防200架次,作业面积11万亩次,地防137.6万亩次。全区林木有害生物防治率达到99.4%,无公害防治率达到95%,测报准确率达到99.75%,成灾率0.03‰。在周边防控形势日益严峻的情况下,全区未发生美国白蛾灾害。

(园林绿化局)

【林政资源管理】 全年,全区办理林木采伐证593份,折合蓄积32761.69万立方米;办理征占用林地15份,其中永久占地12份,临时占地3份,共涉及林地面积37.5386公顷。

(园林绿化局)

【古树名木】 截至年底,全区共有31棵古树,1棵名木。

(园林绿化局)

【林业执法】 年内,本区涉林治安状况良好,接警数量明显减少。共接受警49起,其中存档备查21起、初查立受案27起,移交其他单位1起;全年度立、结案27起,其中林业行政案件22起,刑事案件5起;行政罚款45707元,补种林木1181株,刑事拘留8人。

(园林绿化局)

【园林管理】 3月1日,区园林绿化局开始进行建设项目园林绿化专业审查。这是根据《北京市绿化条例》第二十条、第五十六条相关规定,由大兴区规划行政主管部门核发《建设工程规划许可证》的前置条件。截至年底共审查建设项目121件,涉及绿地235公顷。全区22个公园登记为北京市注册公园。康庄公园被确定为北京市重点公园。

(园林绿化局)

【园林规划】 8月3日,《北京市大兴区魏善庄镇绿地系统规划》通过专家评审。这是北京市园林绿化城乡统筹后完成的全市第一个镇级绿地系统规划。12月,大兴区编制完成"十二五"园林绿化发展规划。提出"一轴、两带,三环、多园、多廊"的绿地空间布局。"十二五"期间,计划新建绿地8830公顷,改造绿地3650公顷,使新区森林覆盖率达到24.5%,林木绿化率达到28%;城市绿地率达到44%,城市绿化覆盖率达到46%,人均公园绿地面积达到15平方米。

(园林绿化局)

水务工作

【概况】 2010年大兴区水务局在市、区党委和政府的领导下,认真贯彻北京市水务工作方针,统筹城乡水务,结合大兴新城建设和新农村发展的需要,以服务宜居宜业和谐新大兴为目标,发展循环水务,建设"民生水务、科技水务、生态水务”。

名称:北京市大兴区水务局

地址:北京市大兴区兴政街40号

电话:69244736

邮编:102600

网址:http://www.dxwater.gov.cn

【南海子郊野公园一期工程】　南海子公园是《北京城市体规划(2004～2020)》和《北京市绿地系统规划(2006～2020)》确定的市域内四大郊野公园之一。公园位于北京南中轴线的东侧,规划范围北至南五环,南至黄亦路,西至104国道,东到凉水河,总体规划面积11.65平方公里,其中公园占地面积7.86平方公里。1月16日,南海子公园一期工程正式开工建设,经过8个月多日的紧张施工,通过垃圾处理,挖湖堆山,园林绿化等多项措施,建成了五大景区,十六处景点,总面积2286亩,其中有水面450亩,公园内的河湖区域容量约70万立方米。公园与南水北调控制区绿化带及麋鹿苑融合后开成约3700亩规模的生态景观区。公园为凉水河流域洪水调度提供了蓄滞场所,改善了北京南部现代制造业新区的周边环境。南海子公园一期工程已于9月26日建成,向市民开园。二期工程规划面积573.06公顷(8596亩)。

(李　轩)

【大兴新城滨河森林公园】　大兴新城滨河森林公园是2010年市、区两级民生水务的重点工程,是建设“京南绿色新城”所实施的环境精品工程之一。公园位于大兴新城中心区,总面积8074亩,其中绿化面积4000亩,种植各类乔木,花灌木104种,80余万株,水面面积850亩,全部为天堂河污水处理厂,生产的再生源。公园由南区的埝坛公园,北区的清源公园和小龙河绿地三大部分组成。总投资规模为9.9亿元,2月开工兴建,到2011年5月28日以大兴第23届西瓜节开幕为契机,正式向市民开园。

(李　轩)

【永定河堤防路加宽工程】　5月30日,区水务局永定河管理所,在汛期前对永定河42.7公里堤防由原来10米加宽到25米,完成险工连接段连锁板护砌22.3公里,百里长堤上的汛房,上下堤道口经逐年完善加固,使永定河大堤防洪能力提高到50年一遇标准,区管河道已达到20年一遇标准,镇村级排沟达到了10年一遇标准。

(李　轩)

【水务百日整治行动】　6月30至10月10日,每晚22点到次日凌晨3点,水务监察大队与水务治安派出所采取联合执法行动,共查处盗采砂石案件40起,行政拘留61人,查扣盗采砂石车辆60余台。在重点河道、坑塘设立警示牌910块,在重点水域安装安全防护栏1300米,清劝游泳、垂钓人员220余人次。检查洗车单位219户,纠正各类违法行为30余起,规劝违规洗车约270人次。

(李　轩)

气象工作

【概况】　2010年,区气象局在大兴区委、区政府和北京市气象局的坚强领导下,学习科学实践发展观,全力做好国庆气象服务和汛期气象服务,努力提高公共服务能力,做好防灾减灾新农村建设等气象服务工作,为大兴区经济社会发展,建设宜居、宜业新大兴做出了贡献。年内,荣获大兴区首都国庆六十周年庆祝活动“最佳服务保障奖”、首都60周年庆祝活动北京市筹备委员会气象服务组赠

"用忠诚回报祖国 为国庆消云减雨"纪念牌、北京市防火安全委员会"消防工作先进单位"、大兴区"绿化美化先进单位称号。

名称:北京市大兴区气象局

地址:北京市大兴区京开路西大兴二中北

电话:69242087

邮编:102600

网址:http://www.dxqs.gov.cn

【气象预报服务工作】 年内,全局常规气象服务通过电话、电视、网络等手段向各级(区、镇、村)领导及社会各界提供及时周到的气象服务,以便各级领导和有关部门组织和指挥防灾、救灾工作。凡预报有降水、≥5级风、大雾、强降温等天气过程时,按时向区委、区政府、区农委、防汛办等提供不定期气象专报。通过区农委信息平台向全区1500部手机用户发布天气信息,达16万余条。接受电视台专访72次,在大兴报、大兴咨询刊登气象预报和农业气象提示50余次。接受电话答询60余次。在遇有>1.0mm以上降水天气过程时,及时统计17个自动站汇总雨量表发传真上报区委、区政府、农委,防汛办和应急办等部门16次。

(气象局)

【专题气象服务工作】 年内,大兴西瓜节、春华秋实、百果节、中、高考期间天气等,全局预报服务人员与市气象台积极开展专题会商,35次发布专题天气预报,为组委会提供了活动期间的天气预报,确保活动的顺利进行,预报与实际出现天气完全吻合。

(气象局)

【气象科普宣传】 3·23世界气象日,区气象局的领导和业务工作人员到大兴区"瀛海二小",进行气象科普宣传活动。业务人员在现场为小学生讲解气象和防雷知识,气象仪器的使用维护,并为小学生发放了气象科普书籍,包括《气象灾害防护指引》、《防雷避险手册》等。

(气象局)

【避雷装置安全检测】 年初,制定了防雷检测管理制度,从管理制度入手,对资料的填写整理归档,仪器的管理和维护,专业技术的学习,安全生产和廉洁自律等进行了规范。在人员上进行了适当调整,启用了年富力强的年轻人带头到第一线进行防雷检测,使本区防雷检测队伍精干,专业知识扎实,年轻有朝气,人员结构更加合理。全年检测700多个单位,3000多个建筑物,验收57个单位,524栋建筑物。保障了国家财产安全。

(气象局)

农村经济管理

【概况】 2010年,区经管站在区委、区政府的正确领导下,围绕"坚持科学发展,走城乡一体化道路,建设宜居宜业和谐新大兴"的总体目标,结合"城南行动计划"与"大兴区和北京经济技术开发区行政资源整合"等重大战略机遇,认真落实党在农村的各项基本政策,创新农村经济体制改革,加强三资管理,确保农村经济不断发展壮大。2010年,区经管站在做好稳定和完善农村基本经营制度的工作中,加大了解决农村土地承包纠纷力度,加快了推进农村集体经济改革的步伐,为增加农民收入,壮大农村经济做出了积极的贡献。

名称:北京市大兴区农村合作经济经营管理站

地址:北京市大兴区黄村镇市场东巷2号

电话:69254754

邮编:102600
网址:http://www.dxjgz.gov.cn

【推行村级“三托管”工作】 年内,区经管站开展了农村财务管理规范化建设工作,对农村集体财务管理规范化试点镇进行考核。结合北京市经管站《关于农村集体财务管理规范化建设的实施意见》,完成了对西红门镇财务管理规范化情况的检查、达标工作。继续加强村级财务预决算工作的检查和指导工作,针对部分村社预决算工作流于形式等问题,进行了督导,制定了整改日程。在严格公章监管,确保用章安全中,区经管站对实行村章镇管的村镇开展公章使用情况季报制度,及时掌握公章使用情况。

(经管站)

【开展农村集体经济产权制度改革】 年内,实际启动改革村285个,已完成改革村236个,累计完成改革村303个。8月25日召开了产权制度改革大会,成立了区级改革领导小组,由区农委、区劳动局、区民政局、区财政局、区信访办、区经管站等相关单位一把手为成员组成领导机构,实行部门联动。领导小组下设办公室,负责改革工作的组织、宣传、培训、政策咨询解答、指导、验收、总结等工作。各镇、村也分别成立了以镇长、村党支部书记为组长的改革小组。按照“区直接领导,镇负责组织,村具体操作,部门搞好服务”的工作机制,制定具体的实施方案和包片包村具体责任人,实行改革不完,人员不撤。利用区电视台、大兴报等多种媒体,进行广泛宣传,区经管站组织编写并发放《大兴区集体经济产权制度改革知识问答》手册15000册,启动市、区、镇、村四级培训,分别对区级督导组、镇级主管领导、村级党支部书记、村主任、清产核资人员进行了共计38次、4000余人的全脱产培训。

(经管站)

【合同规范管理工作】 年内,区经管站共鉴证农业承包合同份数2128份,其中家庭承包2120份,其他合同8份。同时做好农业承包合同的归档工作,所有签订、鉴证合同做到全部立卷归档。

(经管站)

【土地承包经营权流转管理服务】 年内,本区出台了土地流转的指导性文件。制定了《关于积极推进拆迁村农地流转的意见》和大兴区《关于进一步规范农村土地承包经营权流转工作的意见》,明确了土地流转范围和经营内容,合理确定流转期限,健全完善流转程序,保障农地流转收益,提供镇村格式化合同文本,根据形势发展更新增补合同条款。制定了大兴区土地流转合同范本和农村土地承包合同(30年)范本,起草了《致全区老百姓的一封信》。完成了《土地流转调查表》统计汇总工作。

(经管站)

【成立土地承包纠纷仲裁委员会】 大兴区农村土地承包纠纷仲裁委员会于4月7日成立,并制定了《关于落实农村土地承包经营纠纷调解仲裁法的工作意见》。按照《仲裁法》要求,完善农村土地承包纠纷仲裁的相关程序,增补规范的法律文书,完善仲裁厅所需设备,保证仲裁工作有序开展。仲裁委员会成立后,受理仲裁案件7起,全部立案,结案6起,第7起已下发立案通知书,正准备审理;接待各类农业承包合同纠纷及上访案件24起,52人次。各镇分别成立镇级农村土地承包纠纷调解委员会,按照《调解仲裁法》“镇级调解,区级仲裁,司法保障”的总体要求,全区共成立13个镇级农村土地承包纠纷调解委员,组成人员共85人,调解委员会主任由主管经管的副镇长担任,成员涉及经管、司法、信访、妇联、土地规划等相关部门。

(经管站)

【常规审计及村干部离任审计】 年内,全区共审计单位 561 个,其中财务收支审计 422 个,经济效益审计 29 个,专项补贴审计 27 个,财经法纪审计 1 个,干部任期及离任审计 82 个。审计金额共计 359008.8 万元。

(经管站)

【村级专项补助资金管理使用审计】 年内,全区 528 个村应收市区两级专项补助资金 85314856 元,实收专项补助资金 85314856 元。528 个村共计使用专项补助资金 82605106.1 元。其中:用于村干部报酬 10635000 元,占使用金额的 12.9%;用于办公费 3121866 元,占使用金额的 3.8%;用于五保户供养 32356 元;用于集体公益事业费用 68740250.1 元,占使用金额的 83.2%。用于其他支出 75634 元,占使用金额的 0.1%。审计过程中未发现挪用集体公益事业补助资金用于发放干部工资、购置小轿车、移动电话、装修办公场所、农村个人水电费、通讯费、招待费等开支以及超标准订阅报刊和抵顶村级拖欠的生产经营性债务的现象。

(经管站)

【农村种养业监测管理】 年内,本区完成了农村种养业成本、经济效益的跟踪监测工作,共对全区 22 个品种、148 个种养户进行了成本及经济效益的监测,与上年同期数据相比葡萄、花卉、白薯、梨、肉牛、甜瓜及桑椹等品种平均利润有所增长,尤其是葡萄增长幅度较大,达到 71.25%;撰写《大兴农经》期刊 4 期,供各级领导参考。继续对全区 60 个农产品成本核算监测点进行监测,完成了农产品的收入、成本、利润核算监测工作。

(经管站)

【农村经济统计分析】 年内,完成了全区农村收益分配统计报表及低收入农户监测工作。全区农村经济总收入完成 4507756.9 万元,同比增长 8.3%。其中人均劳动所得 1.35 万元,较上年同期的 1.23 万元增长 9.6%。从经济结构分析,一产实现总收入 403661.7 万元,同比增长 2.4%;二产实现总收入 2288257.2 万元,同比下降了 2.4%;三产实现总收入 1170887.4 万元,同比下降了 11.3%。监测全区低收入农户 9054 户,年人均可支配收入 4047.96 元,与上年低收入农户人均可支配收入 3402.24 元比,增长了 18.98%;其中有 3132 户人均可支配收入达到 4500 元以上。从全区经济发展总体情况看,经济运行状况良好,呈现稳步上升趋势。

(经管站)

【加强对农民专业合作社扶持】 截至年底,全区农民专业合作社 492 家,区级示范社 50 家,市级示范社 5 家,市级示范社建设单位 5 家。带动农户 5.9 万户,其中入社农户 2.2 万户,统一组织销售农产品总值 12.35 亿元,合作内容涉及了蔬菜、西瓜、果品、畜禽养殖等多个领域。

(经管站)

【农民负担执法检查】 年内,区管站对全区 14 个镇进行了农民负担监督管理执法检查。年内,全区共拨付村级公益事业补助资金 7145 万元,实际支出 6587.09 万元,占全部资金的 92.2%;尚余 557.91 万元。其中用于公益设施建设费用 2390.16 万元;公益设施维护费用 1111.12 万元,社会管理费用 1848.72 万元,社会事业费用 972.79 万元,村务人员工资 264.3 万元。检查中未发现各镇有截留、平调、挤占、挪用、捆绑使用补贴资金的情况。年内,公益事业补助资金大部分已经足额拨付到村级账户,只有个别镇由于村委会因换届选举,为保证资金安全、有效,镇财政暂未对下拨付。

(经管站)

【提升农经管理信息化水平】　年内,全区继续加大对村级电脑触摸屏的配备范围,触摸屏配备已累计达到83台,其中使用效率高的西红门镇所属村社全部配备齐全。区经管站加强了对触摸屏使用情况的调研,着重对黄村和西红门两镇的有关村社进行了包括农户在内的问卷调查,对触摸屏的使用效果和运行中存在问题进行了充分的分析和研究,为下一步系统的升级做好准备。利用《村管系统》和《农经平台》进行数据的统计、分析、传输工作,完成了对上年数据的传输和更新工作。年内共培训信息人员4批500多人次,进一步提升了全区农村信息化管理、使用水平。

（经管站）

【政策性农业保险工作】　4月,区经管站组织召开了各镇经管站站长及农业保险代办员农业保险动员大会,又会同各镇联合各村做好群众宣传工作,做到家喻户晓,自愿投保,增加政策性农业保险的覆盖面。年内,种植业承保达到9个险种,13个品种,涉及11个乡镇;承包面积达到25.5万亩,同比增长56%;总保费收入达到1543.6万元,其中财政补贴1020.5万元,农户交纳523.2万元。年内风灾、冰雹等灾害天气达21次,全区有10个镇、845村次、24866户次农作物受损,受损的农作物包括蔬菜、小麦、玉米、果树、大棚共计12.94万亩,总赔款金额1157.69万元。

（经管站）

工　业

【概况】 年内，根据北京南部高技术制造业和战略性新兴产业新区定位，坚持以科学发展观为统领，围绕“保增长、调结构、上水平”的工作重点，坚持走“高端、高效、高标准”的发展道路，抢抓机遇、强化措施，积极推进全区工业经济和信息化发展，各项工作取得了一定成效。是年全区实现工业总产值506.5亿元，同比增长19.2%。

名称：北京市大兴区经济和信息化委员会
地址：北京市大兴区兴政东里甲5号
电话：69242912
邮编：102600

【立足长远编制规划】 年内，区经信委组织编制了大兴区“十二五”工业发展规划，“十二五”信息化发展规划，产业发展行动计划，物联网专项规划，北京（大兴）军民结合产业基地发展规划，新能源汽车产业基地发展规划研究等7项规划。

（李淑敏　段红涛）

【抓机制搭平台促发展】 年内，区经信委会同相关部门制定了《关于2010年大兴区工业发展资金使用办法》，支持腾退低效、闲置工业用地和园区基础设施建设，并牵头组建了由相关单位组成的验收领导小组，完成了对资金支持项目的审核工作。会同相关部门制定了《大兴区2010年工业企业贷款贴息资金使用办法》，使用区级1000万元资金，用于中小企业贷款贴息和融资担保费用补贴，降低中小企业贷款成本，促进企业发展。强化“大兴区中小企业投融资服务平台”建设，形成金融机构、镇政府和企业相结合的投融资服务网络。通过企业座谈、融资培训、产品推介、上门服务等方式为中小企业进行贷款融资服务，实现新增贷款2.3亿元。利用国家、市级政策资金，扶持企业发展。年内为全区工业企业争取“国家中小企业发展专项资金”、“北京市工业发展资金”、“北京市信息化基础设施提升计划支持资金”等6大类政策资金，共计6500万元。

（李淑敏　段红涛）

【优化产业结构】 年内，区经信委对全区现有工业闲置资产进行了系统的跟踪调查，建立了闲置资产项目库。全年共计腾退闲置资产项目10家，盘活闲置土地200亩，腾退土地1462亩。对腾退出的土地严格实行项目准入机制，重点引进规模大、产出大、潜力大、效益高的企业，提高土地投入产出率。全年共有10家“三高”企业完成了退出。

（李淑敏　段红涛）

【完善园区基础设施建设】 年内，生物医药产业基地、新媒体产业基地、采育汽车零部件基地和部分镇工业园区，加大基础设施建设力度，全区投入2.5亿元，用于完善道路、电力、市政管线、污水处理厂等基础设施建设，优化了园区发展环境。

（李淑敏　段红涛）

【创新创优创名牌】 年内,北京和田汽车改装有限公司、北京申安投资集团有限公司等共计75家企业进行了固定资产投资和技术改造,投入资金16亿元。年内,共3家企业获市级企业技术中心认定,3家企业获中国驰名商标认定,7家企业获北京市著名商标认定。

（李淑敏　段红涛）

【土地遗留问题解决】 年内,取得土地证企业共3家;手续在办理中的企业共9家,其他项目补办土地手续的各项工作在积极推进中。

（李淑敏　段红涛）

【提升信息化公共服务水平】 年内,完成了大兴信息网改版工作。网站年发布信息1.8万余条,审核公众发布的供求信息近12万条,月访问量达到800万次,在全国区县政府网站绩效评比中蝉联第一名,连续三年获北京市政务网站评比第一名。农业信息平台作为服务农民的新渠道,全年发布农产品供求信息12万余条,促进了农民增收。“数字家园”、“爱农驿站”、农村党员远教系统等信息化基础设施的应用,提升了百姓的信息化应用水平。

（李淑敏　段红涛）

【深化电子政务应用】 年内,通过区级办公自动化系统传输政府文件7000份,提高了效率、节约了成本。全程办公众服务网将区内58家单位的1476个事项纳入系统中,各单位共受理网上申报事项9万余件。

（李淑敏　段红涛）

【信息化服务工作】 年内,为区内委办局、14个镇、5个街道办事处及所有行政村的网络、硬件提供维护、为区级28套应用系统正常运行提供保障,为95家网站提供技术支持,促进全区信息化建设健康、有序发展。

（李淑敏　段红涛）

中关村科技园区

大兴生物医药产业基地

【概况】 2010年,大兴生物医药产业基地迎来了一系列重要的发展机遇,北京生物医药产业振兴规划启动实施,大兴区与北京经济技术开发区资源整合,这些重大战略举措为生物医药产业基地营造了前所未有的外部环境。2010年,生物医药产业基地完成工业总产值54.9亿元,相比2009年34.9亿元增长57.4%;总收入56.6亿元,相比2009年44亿元增长28.4%;工业利润5.26亿元,相比2009年2.94亿元增长78.7%;应缴税金及附加3.05亿元,相比2009年2.54亿元增长19.8%;全年完成固定资产投资约20亿元,增幅达50%。

在园区开发上,大兴生物医药产业基地规划范围内累计已完成征地面积12819亩,完成规划内征地总量近90%;48万平方米住宅拆迁、40万平方米非住宅拆迁接近尾声,实现了“无震荡和谐拆迁”。春林大街、庆丰路等一批停滞的工程也已陆续复工,全年完成基础设施形象进度投资7600万元。结合北京市产业格局的调整、两区行政资源的整合,以及新机场等重大基础设施的建设,完成了拟扩区范围的概念性规划方案。在招商引资和项目落地上,推进深度融合,大兴生物医药产业基地与亦庄联合成立了生物医药重大产业项目招商工作领导小组,充分利用中关村和亦庄的品牌、政策、机制等,加大招商引资力度。2010年与华润、步长、同仁堂等27

个产业项目签约，项目占地3300亩，计划总投资额约171亿，项目全部建成后实现产值预计491亿元。在注重招商引资的同时，创新工作方法、缩短项目周期，加快项目落地，先后完成了康美、协和等6个项目的摘牌，同仁堂处理中心、中检所、四环科宝、协和药厂、康美药业等6个项目开工，启动了33个项目摘牌前筹备工作。

国家新媒体产业基地

【概况】 国家新媒体产业基地于2005年12月31日经国家科技部正式批复成立，是国家火炬计划批复的全国唯一的以新媒体产业为主的专业集聚区。国家新媒体产业基地位于北京市大兴区。基地北区紧邻京开高速，北距天安门16公里，东距京津塘高速公路16公里，距首都国际机场、CBD、中关村科技园区、北京站、北京西站、奥运村等北京核心区域均在1小时车程之内。基地核心区位于首都南中轴路延长线文化创意产业带上。国家新媒体产业基地是北京市奥运文化、历史文化、现代文化的传承与延伸，将与首都功能核心区联成一个有机的文化整体。年内，国家新媒体产业基地起步区研发中心奠基典礼于基地起步区内举行。项目总用地面积87673平方米，总建筑面积88160平方米。总投资约为4亿元。

商业·旅游

商　　业

【概况】　2010年是“十一五”时期的最后一年,也是大兴商务事业大发展、大变革时期。在区委区政府和人大、政协的指导下,大兴商务实现了跨越式发展,发展的水平和质量快速提高,区域商务环境有了巨大改善。大兴城区已由卫星城商业服务体系成功过渡为新城商业服务体系,商业从外流型向满足型、吸纳型转变,外向型经济由传统产业向高新技术产业转变,物流业由传统的仓储物流向现代化物流转变,行业监管由粗放型向精细型转变。商务工作在拉动区域经济增长的贡献显著增强。2010年顺利完成折子工程和重要实事,重大项目得以顺利推进,行业监管水平得以进一步提高,圆满完成了年初制定的工作目标,商务各项工作整体向好。年内社会消费品零售额完成133.7亿元,同比增幅16%,完成区折子工程129亿元的103.6%;实际利用外资11554万美元,同比增长13.2%,连续两年超过1亿美元,超额完成区折子工程;新批外资企业、合同外资、实际利用外资分别比上年增长14.5%、12.6%和46.5%,达到历史新的高位;新批三资企业24个,同比持平;出口商品交货额实现30亿元,同比增长3.1%。其中农副产品出口34815万元,同比增长15.4%,高新技术出口20678万元,同比增长574.7%。

名称:北京市大兴区商务局
地址:北京市大兴区兴华中路甲12号
电话:69241606
邮编:102617
网址:http://www.dxsw.cn

【零售额完成情况】　年内,折子工程圆满完成。全区社会消费品零售总额累计完成133.7亿元,同比增长16%,平均每月完成零售额11.14亿元,绝对额在5个发展新区排第4名,增幅第4名。

(李　刚　王永学)

【拓展“农超对接”平台功能】　年内,利用农超对接平台,拓展了“农超对接、农餐对接、场店对接”活动,全年成功组织2次较大规模的对接活动,有35家农民合作组织与26家商场、超市、餐饮企业签订了购销合同。每年通过平台配送3.2万吨农产品。农产品采购量平均年增长在10%以上,提高农民收入约15%,减少农产品流通成本10%左右,供货量可占全区同期产量的30%。

(李　刚　王永学)

【完善配送中心建设】　年内,完成500平方米冷库及2000平方米商品库房改造,向农村连锁便利店配送低成本商品,在新城地区有效地解决了农产品由地头到餐桌直接对接;

全区开展的两次“三对接”活动,在配送中心平台上完成。市商务委与市社会办共同在大兴区召开了发展社区便民商业推进会,副市长程红、市商务委主任卢彦、市发展委领导等到本区进行调研,并参观了“两网一平台”建设成果,给予了充分肯定。

(李 刚 王永学)

【社区便民服务建设】 年内,发展了20家社区体验超市,升级改造了雪松丽园、长乐兴盛、亿兴隆华3家社区菜市场。

(李 刚 王永学)

【无障碍设施建设】 年内,进一步完善了商业无障碍设施建设。共有物美大卖场、帝园商场、星城商厦、杰通商场、鼎盛人家酒楼等五家企业进行了无障设施改造,实现了商业无障碍设施100%的改造率。

(李 刚 王永学)

【节能改造成果明显】 全区的节能改造工作进展迅速,年内,改造世纪联华清城超市、星城商厦两个企业。70%的商业企业利用三年的时间进行了节能改造,节能率达到了26%。

(李 刚 王永学)

【保障市场运行安全】 年内,每月监测36家重点商场、餐饮、商品交易市场的经营情况及市场动态,并对规模以上的商场超市、连锁企业、农贸市场、社区菜市场的生活必须品应急储备情况进行了调查摸底。

(李 刚 王永学)

【新增商业项目】 年内,新开物美彩虹新城店、亦庄首航国力店、名舍奥特莱斯折扣店、滕王阁家居建材、王府井百货、乐购超市,新增商业面积10.1万平方米,累计商业面积175万平方米,使区内零售业出现多元化发展的态势。

(李 刚 王永学)

【家电下乡成效显著】 年内,积极落实“家电下乡”政策,46家销售网点完成备案,销售家电下乡产品13080台,累计金额3132余万元。

(李 刚 王永学)

【家电以旧换新】 年内,家电以旧换新企业共销售家电69688台,销售金额2.63亿元,回收家电24475台。

(李 刚 王永学)

【汽车以旧换新】 年内,本区办理汽车以旧换新834辆,发放补贴金额861.08万元。

(李 刚 王永学)

【再生资源回收规范体系建设】 年内,在新城地区新建社区再生资源回收站点80家,覆盖了新城90%以上的社区,实现了“三定、四规范、七统一”的规范管理。再生资源分拣中心启动了一期建设。

(李 刚 王永学)

【酒类流通备案登记】 年内,为810家酒类销售网点办理了备案登记。

(李 刚 王永学)

【成品油管理】 年内对88家成品油零售企业进行了经营资格检查,办理了年审手续。

(李 刚 王永学)

【全年争取资金】 年内争取市级扶持资金1879.18万元。

(李 刚 王永学)

【完成粮油供需平衡调查】 3月底前顺利完成了区内80家粮食经营企业(其中:国有7

家)、38 家粮食转化企业、52 家居民户和 54 农户 2009 年度粮油供需平衡调查工作,充实和更新本区涉粮企业数据库。

(李　刚　王永学)

【执法工作成效】　全年生猪屠宰、盐政、促销、酒类等执法累计出动 673 人次,查处盐政违法案件 54 件(未涉及私盐加工窝点,2009 年查处私盐加工窝点 4 个,发案率同比下降 100%),其中立案查处 1 件,没收违法盐产品 16000 公斤,罚款人民币 4000 元;取缔私屠滥宰黑窝点 8 个(2009 年取缔私屠滥宰黑窝点 13 个,发案率同比下降 46%),没收违法屠宰生猪及其产品 25 头;对区内商业零售企业促销活动进行执法检查,共出动执法人员 52 人次,检查零售商 22 户。

(李　刚　王永学)

【盐政联合执法】　6 月,联合河北省廊坊市安次区盐政所开展了为期 3 天的执法检查。在这次联合执法过程中,共出动执法人员 108 人次,集中检查了大兴区安定镇、采育镇、礼贤镇等与河北省廊坊市安次区交界地区的集贸市场、超市、粮油店及小卖部,共检查商户 92 家,作出行政处罚 14 起,没收违法盐产品 545 公斤,罚款 400 元。

(李　刚　王永学)

【盐政专项执法检查】　年内,联合北京市商务委执法办公室、区技术监督局及区教育委员会对区内的 20 多家饲料企业、30 多家食品加工企业及 30 多所学校食堂用盐等情况进行了联合执法检查,共计没收违法盐产品 11625 公斤,罚款人民币 2690.4 元。

(李　刚　王永学)

【开展商务法规宣传】　年内,结合“3·15 国际消费者权益保护日”、“5·15 防治碘缺乏病宣传日”两大主题活动,会同北京市商务执法办公室、区工商局、区卫生局等相关部门开展了一系列的宣传活动。向群众累计发放宣传材料 1200 多份,现场接受群众食盐消费咨询 300 人次。

(李　刚　王永学)

【京南物流基成绩显著】　2010 年是全面完成“十一五”规划的关键之年,京南物流基地被北京市列入重点规划的五大物流基地之一,年内业务收入总额为 26.8 亿元,同比增幅 39.49%;上缴税金 6022.92 万元,同比增幅 64.27%;吞吐量为 3190913.86 吨,同比增幅 24.53%。

(李　刚　王永学)

【参加中国国际物流节】　11 月 10 日~12 日,由中华人民共和国商务部批准、中国交通运输协会主办的第六届中国国际物流节暨第九届中国国际运输与物流博览会在北京国家会议中心举行。京南物流基地在国家级博览会上首次亮相。北京市人民政府副市长程红、中国交通运输协会会长钱永昌、常务副会长王德荣到京南物流基地展台观看宣传视频。

(李　刚　王永学)

【组织开展系列促销活动】　5 月 27 日至 6 月 13 日,区商务委、大兴区商联会联合举办了 2010“活力大兴,魅力新城”之第 22 届西瓜节夏季“品牌消费节”。9 月 18 日至 10 月 11 日,借中秋和“金九银十”之际,结合“2010 北京购物季”系列活动,大兴区商联会组织“迎双节金九银十商品促销活动”。

(李　刚　王永学)

【组织开展商业礼仪培训班】　9 月 28 日,大兴区商业联合会在大兴区政协活动中心举办了 2010 年大兴区商业系统商业服务礼仪培训班。大兴区帝园商城、华堂商场、苏宁电器、鼎盛酒楼、明月海鲜大酒楼等40余家企业200余名骨干员工参加了培训。

（李　刚　王永学）

【“北京市名菜、名点、名小吃”认证活动】 大兴区商联会组织了“北京市名菜、名点、名小吃”认证活动，区内第一批获得“北京市名菜、名点、名小吃”称号的共有14家企业52个品种。

（李　刚　王永学）

【干洗店洗衣机更新改造完成】 4月开始，大兴区商联会参与了由市商务委、市环保局、市工商局联合开展的干洗店洗衣机更新改造的工作，全区共发放政府通告200余份，第一批共有10家企业获得了政府洗衣机更新改造升级补助资金34.52万元，现资金已拨付到位。

（李　刚　王永学）

【早餐工程规范经营】 年内，阳阳快餐有限公司现有早餐门店5家，并在地铁沿线11个站口建立了商亭。以阳阳早餐为代表，大兴区商联会还推荐了眉州东坡酒楼、嘉合一品、麦当劳、肯德基等中外餐厅27家参加北京市第一批早餐经营示范店的评审活动，已经颁牌。

（李　刚　王永学）

【新批外商投资企业】 全年，全区新批外商投资企业24家，与上年度持平。新批外资企业投资总额12578万美元，同比去年13959万美元减少9.9%；注册资本10027万美元，同比去年13815万美元减少27.4%；企业增资与新设立共吸收合同外资18488万美元，同比去年13494万美元增长37%。由香港联拓汽贸有限公司投资的北京嘉世通投资顾问有限公司，投资总额2980万美元，该项目为年内外资投资总额最大的项目。

（李　刚　王永学）

【实际利用外资完成情况】 全年，全区实际利用外资实现11554万美元，与上年同期相比增加1349万美元，同比增长13.2%。全年累计完成全年计划指标10500万美元的110.04%。

（李　刚　王永学）

【对外贸易经营者备案登记】 对外贸易经营者备案登记事项权限由北京市商务委员会下放到区县，全年大兴区共办理对外贸易经营者备案登记事项108项、备案变更登记事项36项。

（李　刚　王永学）

【外贸出口交货值完成情况】 外贸出口商品交货值实现恢复性增长，全年外贸出口商品交货值实现30.04亿元人民币，同比增长3.14%。

（李　刚　王永学）

旅　　游

【概述】 2010年，大兴旅游围绕北京市委市政府提出的“建设世界城市、国际一流旅游城市”的目标，在两区行政资源整合，建设南部现代制造业新区大背景下，坚决实施城乡旅游产业一体化战略，坚持“一区一色”、“一村一品”的特色发展道路，依托全区产业资源，以开发“六大价值”，实现“三个转变”为抓手，重点发展乡村旅游，取得了显著成果。据市统计局、市旅游局最新统计，本区全年旅游产业综合收入达到9.52亿元，同比增长18.4%，增速居全市十个远郊区县第五位，其中乡村旅游收入1.87亿元，同比增长13.1%，实现产业又好又快发展。

名称：北京市大兴区旅游局

地址:北京市大兴区兴政街31号
电话:69245166
邮编:102600
网址:http://www.dxu.com.cn/web/lvyj/

【草莓采摘季正式启动】 1月17日,由区旅游局、采育镇人民政府、北京交通广播1039汽车俱乐部共同主办的2010大兴草莓采摘季-1039采育行活动在采育镇进伟草莓采摘园举行,这也标志着2010大兴草莓采摘季正式启动。

(孔凡静)

【旅游产业综合收入突破8亿】 1月20日,2009年大兴区旅游局依托特色旅游产业资源,科学谋划发展,加强基础设施建设,加大旅游宣传,促进节庆假日旅游,拓展新型业态,发展特色旅游。全年接待游客432.6万人,实现旅游产业综合收入8.04亿元,其中乡村旅游全年接待游客262万人次,实现收入1.7亿元。

(孔凡静)

【5家旅游企业被评为首批北京市乡村旅游特色业态】 2月11日,在首批北京市乡村旅游特色业态评选中,经北京市乡村旅游特色业态评定委员会评定,批准本区青云店镇大东农业观光园、庞各庄镇梨花庄园航天科技观光园为采摘篱园,采育镇玛莱特红酒庄园、长子营镇留民营生态农场为休闲农庄,北臧村镇巴园子满族文化民俗村为民族风苑。

(孔凡静)

【拉动春节旅游市场】 “春节”黄金周期间,全区共接待游客4.53万人次,同比增长10%,实现旅游收入1326万元,同比增长31.1%。其中乡村旅游接待游客3.26万人次,同比增长15.2%,实现旅游收入660.44万元,同比增长52.03%。野生动物园接待游客1.31万人次,收入100.58万元。

(孔凡静)

【庞各庄镇被评为第一批全国特色景观旅游名镇】 4月20日,按照住房和城乡建设部、国家旅游局“全国特色景观旅游名镇(村)示范”评选标准和专家组筛选、评选结果,大兴区庞各庄镇被评选为第一批“全国特色景观旅游名镇(村)示范”。

(孔凡静)

【五一小长假全区旅游市场红火喜人】 5月4日,全区共实现旅游收入1371万元,同比增长55%,接待游客19.6万人次,同比增长105.3%。其中乡村民俗旅游实现收入719万元,同比增长123.1%,接待游客10.5万人,同比增长238.7%。其中野生动物园接待游客6.6万人,实现旅游收入495万元,同比增长64.5%。采育镇进伟草莓基地日均接待游客300多人,其中70%为团队游客,草莓采摘价格40元,人均采摘量达3~5斤。庞各庄梨花村五一期间,全村共接待游客4.5万余人,实现旅游销售收入85万余元,各民俗旅游户3天内雇佣本地短期劳动力500人次。其中接待户韩士永家一天内最多共接待600人就餐,流水收入达到1.5万元/天。

(孔凡静)

【西瓜节系列旅游活动集锦】 第二十二届北京大兴西瓜节期间,区旅游局整合区内旅游资源,以“健康绿色行,欢乐满大兴”为主题,推出系列旅游活动,包括城乡互动和谐游、欢乐瓜乡自驾游、西瓜节趣味狂欢活动等3类主题旅游活动,推出绿色农园游、欢乐家庭游、休闲度假游、特色美食游、民俗风情游、康体健身游、观光体验游等7类特色旅游产品,共精选出22个绿色农园、12个特色美食、12条特色旅游线路和6条精品自驾线路以及32个欢乐家庭、休闲度假、民俗风情、康体健身、观光体验项目等,吸引中外游客过瓜节、游大兴,亲身感受生态大兴、休闲大兴、活力大兴、时尚大兴、美食大兴的独特魅力。

(孔凡静)

【端午假日旅游接待】 6月14日至16日三天全区共接待游客6.36万人次,实现旅游收入548.79万元。其中乡村旅游接待游客3.82万人次,实现旅游收入197.36万元。庞各庄镇接待游客1.86万人次,实现旅游收入38万元,北京野生动物园接待游客2.4万人次,实现旅游收入180万元。

(孔凡静)

【中秋节乡村旅游】 中秋节假期,全区共接待游客9.91万人次,实现旅游收入806.9万元。其中乡村旅游接待游客8.1万人次,实现旅游收入511.6万元。榆垡镇接待游客2.93万人次,收入175.9万元;庞各庄镇接待游客2.8万人次,实现旅游收入196万元;北京野生动物园接待游客1.67万人次,实现旅游收入125.3万元。

(孔凡静)

【"十一"黄金周旅游市场】 "十一"黄金周假期七天,全区共接待游客30.61万人次,实现旅游收入2509.79万元。其中乡村旅游接待游客19.69万人次,实现旅游收入1293.32万元。北京野生动物园接待游客9.8万人次,实现旅游收入735万元。

(孔凡静)

大兴区旅游景点简介

【北京野生动物园】 北京新八景之一。位于北京市大兴区榆垡镇域内,毗邻京开高速公路。礼士路937(支2)、永定门943均可直达,距市区(南三环路玉泉营)39公里。是一座集动物保护、救护、野生动物驯养繁殖及科普教育为一体的旅游景区。北京野生动物园占地3600亩。园区设有散放观赏区和步行观赏区。步行观赏区建有金丝猴馆、珍稀动物馆、木径鸟语、狮狒馆、狐猴岛、狮虎馆、鸵鸟园、孔雀园、袋鼠园、鸣禽长廊、鹦鹉表演场、水禽湖、北方鸟林、热带鸟馆、珍稀鸟馆、夜行动物馆、骑士乐园、儿童动物园和游乐园等无屏障全方位立体观赏形式的动物主题场、馆、30余处。散放区采用乘车进入式,游览车分两种,乘大巴车观赏舒适直观,并配有景点介绍录音。乘大视野笼网投食车观赏惊险刺激,与猛兽仅一网之隔,并安排导游负责全程讲解,在绝对保证安全的条件下可以给动物投食。可依次参观熊区、三色犬区、鹿区、非洲草食动物区、鸵鸟斑马区、虎区、狮区、狼与野猪区。园区共展出动物200多种10000余头(只)。您可观赏到中国特有动物:川金丝猴、黔金丝猴、绿尾虹雉、麋鹿、藏野驴、褐马鸡;珍稀动物:丹顶鹤、棕尾虹雉、白尾稍虹雉、白马鸡、东北虎、孟加拉虎、长臂猿、懒猴、小熊猫、梅花鹿、红腹角雉、白鹇、白天鹅、卷羽鹈鹕、玉带海雕、雕鸮、黑熊、棕熊、荒漠猫、懒猴、岩羊、马鹿、鸳鸯、猕猴、狼、蓑羽鹤、白腹锦鸡、红腹锦鸡、小绯胸鹦鹉、白琵鹭、白鹭、蟒、王锦蛇、及白骆驼、白雉、黑尾蜡嘴、黑脸噪鹛、黑喉噪鹛、白颊噪鹛、黑领椋鸟、貉、赤狐、野猪、矮马;世界各地的代表性动物:蜘蛛猴、火烈鸟、鸵鸟、黑猩猩、长颈鹿、猩猩、非洲狮、狒狒、斑马、牛羚、袋鼠、松鼠猴、节尾狐猴、粗尾沍、卷尾猴、白耳戎、美洲狮、美洲虎、浣熊、驯鹿、鸸鹋、冠鹤、蓝孔雀、黑天鹅、红绿金刚鹦鹉、黄蓝金刚鹦鹉、非洲灰鹦鹉、亚马逊鹦哥,北极狐、金岛狐、臭鼬、兰狐、剑羚、黇鹿、白孔雀、白凤头鹦鹉、葵花凤头鹦鹉、食火鸡、白颊噪犀鸟、小弯嘴犀鸟、豪猪、印度狐蝠、美洲鬣蜥等。所有展示动物均有详尽的中英文说明牌,以及利用场馆环境布置以展板、图板的方式详解动物。是对游人进行科普教育的主要途径。

【南海子麋鹿苑博物馆】 北京麋鹿生态实验中心,又叫南海子麋鹿苑博物馆,是全国青少年科普教育基地和爱国主义教育基地。位于北京市大兴区旧宫三海子地区,距离天安门约20公里,是保存及展示国家珍稀一级保护动物——麋鹿,并进行环境教育和爱国主义教育的博物馆。该馆包括室内展览和室外展览两部分。南海子麋鹿苑为元、明、清三代的皇家猎苑,清朝末期,世界上最后一群麋鹿曾经保存于此。1865年被法国传教士阿芒·大卫发现,随后陆续运往欧洲。1900年,皇家猎苑毁于战乱,麋鹿在中国灭绝。1985年,英国乌邦寺主人塔维斯托克侯爵将38头麋鹿无偿送还中国,在当年麋鹿的灭绝之地——北京南海子修建了麋鹿苑,结束了麋鹿在中国消失近百年的历史。室内展览包括麋鹿沧桑展览和世界鹿类展览,介绍了麋鹿曲折的历史和包括麋鹿在内的鹿类动物特征;室外展览包括麋鹿生活区展、动物之家、诺亚方舟、北京濒危哺乳动物展、世界灭绝动物墓地、护生壁画等,处处体现了环境保护和生态伦理意识,堪为北京户外环境教育的典范。

【中国西瓜博物馆】 中国西瓜博物馆位于全国著名的西瓜之乡——庞各庄镇域内,京开高速路西侧,距市区25公里,礼士路937(庞各庄—礼士路)直达。馆内集中介绍西瓜科技、西瓜文化、西瓜载培和西瓜的悠久历史。展览的内容以科普教育、博古论今为主题。中国西瓜博物馆是迄今为止全国唯一的一个以农业西瓜为主的专业化博物展览馆。博物馆占地总面积为22000平方米,建筑面积4600平方米,主建筑分上下两层,展厅总展线为500余米,有东、西两个展厅,目前馆内存有图片900幅,蜡纸西瓜模型310余个,虎珀种子标本200余种,雕塑模型7组,各类图片18幅,由著名书法美术家制作的艺术作品36件。并设有多功能厅和临时展示,展位面积约为2000多平方米。博物馆前广场可容纳近万人,并设有大型音乐喷泉,馆区东侧有10000平方米雕塑园区,10组青铜雕像讲述着西瓜的故事。我国西瓜种植历史悠久。公元前一世纪,西瓜从陆路经“丝绸之路”传到古代波斯和西域(我国新疆)一带,《前汉书·地理志》记载:“敦煌,中部都尉治部广侯官杜林以为古瓜州,地生美瓜。师古曰即春秋左氏传所云允姓戎聚瓜州者也。其地今犹出大瓜,长着狐人瓜中食之,首尾不出”。西瓜能够在中原百姓间得以普遍种植,是从五代暑期的契丹国(公元916~1115年)开始。然后,从北方传到宋朝,到了南宋时(公元1127~1273年),已是“年年处处食西瓜”了。可见,西瓜在我国种植至少要有2000年的历史了,最先在我国北方地区种植也有1000年历史。椐史料记载,西瓜传入北京的时间是在,石晋天福元年(963年)因契丹有援立之功,石敬塘将幽、蓟等十六州割让给契丹。契丹会回同元年(938年),辽王朝将幽州升为南京,成为辽王朝在华北平原重要的政治中心. 幽州地区与北方少数民族的经济贸易往来增多,西瓜才在幽州地区得以推广。金天德二年命有可议荐新礼“七月,羞以瓜”。羞,即进献。明清时期,北京地区的西瓜,尤以“庞各庄的西瓜”最为著名。明朝万历年间,庞各庄的西瓜就被选为皇宫太庙荐新供品。现在,我国西瓜的种植种类已有上百种,(馆内展出的有200多种)在庞各庄地区种植的也有百余种。种植面积达万亩以上。在革新老品种的同时,也培育出了许多新品种。如:袖珍瓜、观赏瓜、工艺瓜以及目前研制的永久性收藏瓜等都具有一定的观赏性和研究价值。庞各庄的西瓜誉满京畿及至鸣响全球。

【北京中华文化园】 国家3A级景区。位于北京市大兴区黄村镇明春苑教育文化区内。南临五环路狼垡出口500米,423、905、913、937、944、967、977等9条公交线路可直达。距市中心约18公里。它与世界公园、西汉古墓连成一片,是以弘扬中华民族悠久历史文化为主导,园林文化为载体,爱国主义教育为内容的主题公园。中华文化园占地33.3万平方米,南门为司母戊鼎造型,西门是“平首桥足布币”造型,东门把曲腹彩陶盆与陶(gui)组合成动态造型,主体景观由“一魂三园”组成。“一魂”为中华魂艺术墙,“三园”为静园、动园和忆贤园。“中华魂艺术墙”将中华民族上下五千年的历史文明用雕刻的手法浓缩于高2.4米、长2.3公里的墙面上。“静园”占地6.2万平方米,园内有1.5万平方米的湖面,整个景区以湖造景,以山造势,以水得趣,以人生情。与“静园”之伴是一道独特的“龙字墙”,999位历史艺术家、书法家撰写的999个“龙”字绵延于墙面。“动园”是由吉鹿回首、文元殿、竹曲园、文化长廊、音乐喷泉、露天剧场组成。忆贤园由月牙湖和12座仿古四合院组成。中华文化园继承了古代皇家园林的特点,又溶入了现代园林的风格,具有文化、教育、游览、休闲的多义功能。公园定期主题活动有:春季“中华魂阳光行”、夏季“相约绿海田园,激情动感时刻”、秋季“中华历史科学行”。游客乘电瓶车进静园,游历湖光山色;走忆贤园,品味四合院传统生活;观艺术墙,翻阅历史长卷、了解中华文化、感受龙神龙韵;仰视九柱图腾,徜徉于历史长河中,聆听生命的音乐,思考过去,展望未来。

【中国印刷博物馆】 中国印刷博物馆是国家2A级景区、北京市爱国主义教育基地、北京市科普教育基地。位于北京市大兴区黄村卫星城兴华北路25号。距离市中心约15公里。西客站410,礼士路坐937直达,是展示中华印刷文化的专业博物馆。该馆共有建筑面积8000平方米。印刷术是中国古代四大发明之一,它的发明、发展和传播,对社会进步和人类文明起到了巨大的促进作用。因此,人们把印刷术称为“文明之母”。馆内全面展示了中国印刷术的起源、发明和发展的历史过程;近现代以来我国民族印刷业发展的历史;新中国成立以来我国印刷工业现代化进程的历史。馆内设有:“源头古代馆”、“近现代馆”“印刷设备馆”和“综合馆”。位于三层的“源头古代馆”是该馆展陈的重点,它以展板、实物和模型,展现了印刷术起源、发明和发展的历史。在展品中,除必要的复制品外,有宋、元、明、清各个时代的原版珍贵印刷品。在该展厅中,强调雕版印刷术、活字版印刷术、套色和彩色印刷等,都是中国古代的伟大发明。中国古代印刷术的伟大意义还在于它的传播,使之成为了人类共同的财富。中国印刷术在唐代就传到日本,大约于13世纪起,沿着古丝绸之路向西方传播,在波斯(伊朗)、埃及和欧洲各地,都留有雕版印刷的遗物。近现代印刷馆位于二层,分为四个部分:西方印刷技术的传入;近现代印刷技术和工艺;民族印刷业的发展和新中国的印刷工业建设以及钱币印刷、邮票印刷等专题展。位于第一层的综合馆包括国内外知名印刷相关企业的展位和历年来获奖的珍贵印刷精品,还有该馆与德国谷登堡博物馆交换展出的展厅,它是一个精粹浓缩的德国早期印刷史展览。位于地下一层的印刷设备馆展区展陈面积有2200平方米。现展出的设备有70余台(套),包括了自19世纪中期以来近150年间的各种印前、印刷、印后设备。

【北京万亩梨花庄园】 北京万亩梨花庄园,位于北京市大兴区庞各庄梨花村,东临京开高速,西临京石高速,距天安门四十公里。礼士路乘937支2线到福上站,礼士路乘937路(礼士路至庞各庄)到大兴长途站转乘小12路梨花村即到。是北京市最具盛名的古梨树园,号称万亩梨园。每年春天,这里就是花的海洋,真可谓“忽如一夜春风来,千树万树梨花开”。梨花庄园已成功举办了十二届梨花赏花节。金秋送爽之时,这里风舞梨香,“金把黄”鸭梨,更是明朝万历皇帝御封的贡梨。现已成为北京人秋季采摘的必来之地,每年接待踏青赏花,金秋采摘的游客多达十多万人次。万亩梨园里的园中园——新概念梨花庄园,是集素质体验测试、旅游、采摘、垂钓、休闲住宿于一体,具有浓郁乡土特色的景区(点),其中最具特色的素质体验测试,本着增强全民体质,促进全民健康,提高全民素质为宗旨。其内容包括:知识长廊、勇敢道路、智过趣桥、拓展、大型迷宫、攀岩、沙雕、沙漠寻宝、手工制作、爱心喂养、团队拓展、趣味游戏等十多项采用国际先进的素质测试及自然教育理念与实践相结合的项目,作为国内首创的把静态和动态的活动相结合起来,通过体能、心理、生理、智力、爱心等方面的素质测试,让不同年龄层次的参与者在融入大自然的运动中测试自我、了解自我,在运动中享受健康快乐!古朴的万亩梨园,不乏时尚清新与浪漫。春有花海氧吧,充满青春活力;夏有烟芜滴翠,荡尽尘世喧嚣;秋有果实累累,享受丰收的乐趣;冬有瑞雪鞭炮,追忆昔日大年之热闹。

【安定御林古桑园】 安定御林古桑园,位于大兴区安定镇东部。北京市2A级景区,“北京市观光农业示范园”。南礼士路乘937庞各庄线、支2、支4、支7、支线)——黄村长途汽车站——乘5路、3路前野厂站。自104国道安定段转庞采路可达。距北京市区45公里,黄村卫星城18公里,河北省廊坊市20公里,是集观光、采摘、休闲、科普游戏为主的综合性农业观光科普园。大兴区安定镇有着上千年的种桑历史,拥有华北最大、北京地区独有的千亩古桑园,相传自东汉年间已有种植。据《本草纲目》记载,桑椹有补肝益肾、补血明目等功效,历代有“东方神木”和“圣果”之称,中医认为桑椹味甘性寒,有生津止渴、补肝益肾等功效,自古以来就作为水果和中药材被应用,享有“果皇”之称。古桑园始建于2002年,属古无定河(今永定河)洪积沙原,沙土洁净,透气性好,适合桑椹的生长,园区总面积350亩,园内古树446株,新植果桑、乔桑、龙桑垂桑等品种35000余株。其中“树王”胸径近1米,树冠直径约25米,年产桑椹400至500公斤,目前这棵老树已被市林业局列为二级古木保护树木。每年5月中旬举办桑文化采摘节,是观光采摘、民俗旅游、休闲避暑的理想胜地。在2004年通过了北京市有机食品认证。2006年引进了大型青少年户外活动项目。主要景观有桑文化长廊、桑台邀月、万象桑海、御林思踪、文叔谢圣、桑濮怡情、鱼跃濮涧、蔓津石丈、把酒桑麻与丝路花语等。

【留民营生态农场】 留民营生态农场,位于北京市大兴区长子营镇境域内。国家2A级景区、全国农业旅游示范点、联和国环境规划署授予的全球环保“五百佳”之一。永定门乘926支——大兴长途站乘8路至留民营,距市区15公里,北距京津塘高速、六环路入口3公里,南距104国道2公里。农场总面积145公顷,250户,861人。留民营生态农场是在我国率先实施生态农业建设和研究的试点单位。自上世纪八十年代以来,通过大力开发利用生物能和太阳能、调整生产结构、保护生态环境,描准绿色产业和有机食品开发,形成了以沼气为中心促进各业良性循环的生态系统和种养加、产供销一条龙的生产体系。如今的留民营已成为生产发展、村民富裕、村风文明、村容整洁、管理民主的社会主义新农村。农场内有高科技有机农业示范园、生态庄园、生态风情家园、农业公园,加之原有的大型能源转换站和美食会议娱乐中心及26户市级民俗旅游户,形成了以生态观光为中心,民俗旅游为特色的乡村旅游产业。

在高科技有机农业示范区内,发展有机蔬菜基地600亩,包揽各种异国特菜、杂粮、水果和其他有机农副产品,具有观光、采摘、有机食品培训、生态体验等功能。在畜牧养殖区内,蛋鸡笼养和散养量达到20万只,游客可以亲自手提小篮捡拾鸡蛋。民俗文化体验区内共有市级民俗户26户,吃农家饭、住农家院、干农家活、体验民俗文化、购买民俗手工艺品已成为游客首选的民俗活动。在新能源转换区内,建有国际先进水平的大型沼气发酵站和太阳能采暖工程,新能源的开发利用及节约能源对人类生存的重要性在这里体现。生态庄园、生态风情家园、农业公园又是休闲、娱乐的好去处,喂养动物、摇辘轳、推辗子、观赏农具、磨面、骑马、游泳、垂钓让人其乐无穷。美食会议娱乐中心,建有大、中、小会议室13个,同时能容纳1000人会议,1000人就餐,受世人瞩目的留民营"千人饺子宴"就在这里举行。留民营生态农场是集生态观光、民俗旅游、休闲、度假、娱乐、采摘、会议、农家特色美食为一体、具有田园气息的乡村旅游示范点。

交通·邮电

交　　通

公路交通

【概况】 年内,在区委区政府及市交通委路政局的正确领导下,在相关委办局的大力支持配合下,区公路分局认真落实科学发展观,拓宽工作思路,加强制度建设,加强精细化管理,行业管理水平进一步提高,圆满完成全年各项工作任务,为区域经济发展和百姓出行做出了贡献。分局共有干部职工 95 人。机关 44 人,其中干部 41 人,工人 3 人。路政大队 32 人,其中干部 18 人,工人 14 人。收费所 19 人,其中干部 6 人,工人 13 人。

名称:北京市路政局大兴公路分局
地址:北京市大兴区林校北路 6 号
电话:69246408
邮编:102600
网址:daxing@ bjlzj. gov. cn

【年内工作】 年内,轨道交通大兴线、亦庄线建成通车,兴华大街改造、轻轨沿线周边环境综合整治同步完成,蒲黄榆快速路、兴亦路等一批重点道路建成通车。截至年底,全区公路里程达到 2608. 6 公里,其中,国道 33. 6 公里,省道 130. 5 公里,县道 388. 2 公里,乡道 1045. 4 公里。按公路等级分:一级公路 103. 9 公里,二级公路 364. 6 公里,三级公路 319. 9 公里,四级公路 1820. 2 公里。

运输管理

【概况】 大兴区交通局为区政府职能部门,担负着全区客运、货运、汽车维修行业的规划、审批及管理工作。下属有北京市大兴区交通局公路货物运输管理所、北京市大兴区交通局客运出租汽车管理所、北京市大兴区交通局汽车维修管理所、北京市大兴区交通局货物联运服务所、北京市大兴区交通局公路运输稽查大队、北京市大兴区交通局城市稽查队、北京市十里堡公路交通检查站、北京市凤河营公路交通检查站 8 各事业单位。年内,大兴区交通局认真贯彻党的路线、方针、政策、及上级有关公路交通运输的工作部署,全面落实科学发展观,紧紧围绕建设北京新城区的发展目标,认真履行政府职能,坚持依法行政,强化行业管理,保持了全区运输行业健康、稳定发展的良好态势。

名称:北京市大兴区交通局
地址:北京市大兴区林校路 9 号
电话:69299439
邮编:102600
网址:http://dxjt. dxic. gov. cn/web/jtys/

【年内工作】 全区货物周转量 17797 万吨公里,货运车辆 12788 辆,货运量 17. 9 万吨;客运车辆 3948 辆,客运量 7847. 2 万人次。

邮 电

邮 政

【概况】 大兴区邮政局位于黄村卫星城的繁华地段,占地总面积为6700多平方米,建筑面积4300平方米,全局现有从业人员422人。服务面积为948平方公里,服务人口约70.9万人。其中北四镇邮政服务隶属北京市南区邮电局管理。全局共设有邮政支局4个,邮政所21个。

名称:北京市大兴区邮政局

地址:北京市大兴区黄村兴丰大街(三段)88号

邮编:102600

电话:69243042

【邮政业务不断扩大】 年内,大兴区邮政业务总量2577万元,比上年增长9%;累计订销报刊1809万份,比上年增加244万份;订销报刊流转额1383万元,比上年增加204万元。

电 信

【概况】 中国联通北京市大兴区分公司,2010年在册职工219人,劳务派遣员工122人。分公司下设11个科室,6个分局。年内,累计业务收入额完成年计划的100%以上。

名称:中国联合网络通信有限公司北京市大兴区分公司

地址:北京市大兴区黄村西大街12号

电话:69241001

邮编:102600

【业务快速增长】 年内大兴区分公司固网收入额完成年度预算的103.82%,移动业务收入额中2G业务继续保持较快增长水平,收入完成86.47%;3G业务呈现高速发展趋势,收入完成109.72%;宽带用户呈现平稳增长态势,年内净增近万户。

(赵 坚)

【提升网络质量支撑业务发展】 年内,大兴区分公司进一步扩大网络覆盖范围,有效提升了基础网络能力,满足了企业战略发展的需求;同时提升了网络运维的保障质量,实现网络更安全可靠地运行;随着企业信息化水平不断提高,更有力地实现了全方位的支撑能力。年内,分公司进一步扩大了移动网络覆盖率,提高了网络容量,实现了2G、3G基站的快速建设。为提升基础网络服务能力,保障网络运行质量,满足企业战略发展需求,根据北京市“十二五”城市信息化基础设施提升计划和北京联通20M宽带升速整体战略部署,结合大兴区的具体情况,合理安排施工,协调各种资源,提前超额完成2011年度20M光纤入户宽带升速改造任务。

(赵 坚)

【加强维护工作保证网络安全】 在“春节”、“十一”和“汛期”前,大兴区分公司分三次对具备语音数据接入能力的全部局所、有缘交接箱、EPON接入局点、小交换机等设施、设备进行了维护自查,对发现的问题及时进行修改,多措并举,有效降低了基站故障率、缩短故障历时。定期采集修改全部设备局点的基础数据,确保数据更新及时、准确无误,为日常维护工作打下了良好的基础。通过努力,保障了网络整体的安全可靠运行,全年无重大通信阻断事故发生。

(赵 坚)

【规范服务工作】 全年,大兴区分公司共受理各类投诉5750件,1~12月均营业厅服务质量指标得分93.11分,超过目标值2.11分。年内大兴区分公司修改和完善了《大兴分公司2010年服务质量监督检查考核管理办法》和《大兴分公司2010年服务质量检查标准》并认真贯彻执行。年内推出《五项服务承诺》,针对营业厅和入户服务人员加强服务质量管理,对提高分公司的整体服务水平、提升分公司客户满意度起到了促进作用。

(赵　坚)

【建信息化农村】 年内,大兴分公司拓展农村市场,根据公司统一部署,在第四季度开展了农村信息化村发展工作。通过信息化村的发展,提升农村用户固话保有率,同时开拓农村2G市场。年底前公司推出融合业务组合套餐,通过"固话、宽带、手机"构成组合套餐模式,实现套餐消费组内通话全免费的效果,有效降低了家庭、企业综合通信费用,是我公司业务深度融合的战略性产品。自新产品推出后,分公司开展了针对组合套餐的各类营销活动,组合套餐在年内得到了用户的认同与快速的发展。

(赵　坚)

城乡建设

建设管理

【概况】 年内,房地产开发业投资224.8亿元,同比增长58.9%;完成开复工面积805.5万平方米,同比增长88.7%;商品房竣工面积180.3万平方米,同比增长345.2%;商品房销售收入268.7亿元,同比增长174.9%;完成税收18.3亿元,同比增长78.2%。施工企业完成建筑业总产值190.1亿元,同比增长53.8%。完成税收6.9亿元,同比增长33.2%。

名称:北京市大兴区建设委员会
地址:北京市大兴区兴政街29号建设大厦
电话:69243727
邮编:102600

【规范房地产市场秩序】 年内,对群众反映问题较严重、举报投诉较多的房地产企业进行约谈告诫;1月,会同发改委、工商分局对西红门地区房地产经纪机构、开发企业开展联合检查。

(郭建梅)

【第二批政策性住房公开摇号】 1月20日,第二批政策性住房公开摇号仪式圆满结束,共有2137户入围家庭参与摇号,其中经济适用住房入围家庭1156户,限价商品住房入围家庭981户。

(郭建梅)

【开展施工现场合同履约专项执法检查】 年内,开展全区施工现场合同履约专项执法检查工作。成立专项领导小组,制订工作方案。下发检查通知,要求各施工单位积极开展自查。开展施工现场合同履约专项执法检查活动。从5月底开始第一次专项检查,随机抽取合同备案项目22个,检查内容主要包括施工合同主体是否合法、是否订立背离施工合同实质性内容的其他协议、现场劳务管理情况等10项。

(郭建梅)

【措施抓好防汛工作】 年内,成立以行政一把手为组长的防汛工作领导小组,制订工作方案。组建5支抢险队伍,并配备相应的物资。建立防汛工作台账,对221个项目实行重点防控。建立信息发布平台,通过短信平台及时向各工地发布信息。加强检查,5月份共检查工地25项,出动人数100余人次,对存在的问题及时进行处理。

(郭建梅)

【第三次政策性住房公开摇号仪式】 5月19日,第三次政策性住房公开摇号仪式在大兴区政协活动中心举行,本次配售房源585

套,摇号结果于5月20日~22日在大兴信息网、建委网上公布,计划于5月27、28日实施选房工作。

(郭建梅)

【房地产开发企业经营行为专项检查】 年内,成立由副区长任组长、各相关单位一把手为成员的专项检查领导小组。要求房地产开发企业开展自查。要求各开发企业积极开展自查,规范自身经营行为。开展专项检查。从5月中旬开始,由区住建委、发改委、工商局等10个部门分别按各自职能对全区房地产开发企业经营行为进行专项检查。检查中对存在问题较多的6家开发企业下达责令限期整改通知书;对2家企业进行约谈告诫。完善监督平台,设立了举报电话和网上监督平台,对群众举报的问题进行及时处理。

(郭建梅)

【房屋登记大厅对部分业务实行即时受理】 自6月1日起,房屋登记大厅对部分业务实行即时受理,当天领证,受到群众的一致好评,为了保证登记质量,即时发现登记中的问题,每天由固定人员对当天受理的业务按比例进行抽检,通过两个月的实践,及时发现了一些问题并进行改正,切实做到既提高效率又能保证质量。

(郭建梅)

【完成旧版空白权属证书缴销工作】 年内,与北京印钞厂中融印务公司联系,确定了交接办法、手续和人员,共整理各类房屋权属证书证明共8729本,登记造册后全部封箱交由中融印务公司统一销毁。

(郭建梅)

【举办新农村建设施工干部培训班】 6月28日、29日两天,市住房城乡建设委、区新农村办、区住建委建材办共同组织本区2010年新农村75个基础设施建设整体推进村的建设施工管理干部进行建筑技术知识培训,支持本区新农村建设。

(郭建梅)

【强化招投标市场管理】 年内,坚持招投标流程的"阳光操作",把握好"五关":进场交易关、信息发布关、资格审查关、评标关、定标关。同时,针对招投标过程中的关键环节,做好"三个控制":严格中标合同执行制度,控制工程造价;严格抵押担保制度,控制工程工期;严格按设计施工和组织验收,控制工程变更。上半年共办理项目入场登记71项,已发中标通知书44项目,合同价11亿元。通过流程覆盖、重点监管,上半年招投标工作中未发生贪污腐败、弄虚作假行为,从制度上、源头上有效地防止了腐败行为的发生。

(郭建梅)

【全力抓好保障性住房建设】 年内,采取三项措施,扭住关键环节不放松,切实把好事办好、实事办实。抓质量。严格落实《大兴区政策性住房质量监督管理办法》、《北京市大兴区居民小区综合验收办法》,加强对施工管理、安全生产、项目建设等环节的监管,使工程经得起历史和群众的检验,确保居民住上放心房、满意房、舒心房。抓进度。对保障性住房建设情况进行认真梳理,加强调度,确保按期入住。9月底,21万平方米保障性住房项目竣工,将解决本区929户居民的住房问题。严格责任。各项目建设单位作为工程质量的第一责任人,对工程质量负最终责任。住建委、审计局等相关部门以及各镇(街道)按照职责范围,对定向安置住房工作负相应责任。凡参与定向安置住房建设、管理的设计、施工、监理、材料供应、物业管理等单位,纳入政策性住房建设、管理考核范畴,对出现严重问题的,一律列入"黑名单",坚决清除出大兴市场。

(郭建梅)

【强化行政服务工作】 年内,组织各职能部门,对相关办事制度进行了清理和完善。全年共精简审批事项6项,精简审批材料8项。同时,取消了审批事项5个工作日的受理时限,全部改为即时受理;将多个部门层层审批改串联为并联,保证项目审批在建委时间压缩到最短。进一步完善各项制度,规范服务行为。进一步完善了首问负责制、无假日预约办公、一次性告知等规章制度,要求工作人员对前来办理和咨询的事项,不推诿、不懈怠,在第一时间受理。开展政风行风建设。加强对工作人员的理论知识、业务知识培训,切实提高了服务意识和服务水平。

(郭建梅)

【房屋登记大厅提升服务水平】 年内,开通绿色通道。全年为200多为老弱病残孕人员提供优先办理服务,并上门为残疾人、老人办理登记服务。另一方面是建立满意度调查制度。在大厅放置满意度调查卡,由办事群众进行填写,并根据群众反映的意见、建议不断改进工作。

(郭建梅)

【对“三房”申请条件进行调整】 11月,本区对廉租住房、经济适用住房和限价商品住房申请条件进行了调整,申请人已不再受取得本区城镇户籍时间满三年的限制。在其他条件不变的情况下,廉租住房和限价商品住房申请人须有本区城镇户籍,经济适用住房申请人须有本区城镇户籍且取得北京市城镇户籍时间满三年。

(郭建梅)

【举办《北京市物业管理办法》培训班】 12月2日、3日,区住建委、社会办、司法局、民政局共同举办《北京市物业管理办法》培训班,宣讲《北京市物业管理办法》。活动覆盖了全区所有乡镇、街道以及123个社区居委会,得到了区委、区政府的高度重视和市住建委的大力支持。市住建委专门抽调由博士、专家组成的讲师团,针对《北京市物业管理办法》以及《北京市业主决定共同事项公共决策平台》、《北京市住宅区业主大会和业主委员会指导规则》等配套文件进行讲解,帮助物业相关工作人员进一步了解物业管理相关法律、规范出台的背景、目的和作用。此次培训班同时发放相关书籍4000余册。

(郭建梅)

【定向安置用房将实行网上签约】 年内,建立定向安置房管理台账,并纳入市房屋交易权属管理系统,确保安置用房使用更加规范化,做到房屋分配使用的公开、透明,维护安置家庭合法权益。未实行网上签约的定向安置住房项目,今后将不予办理房屋权属登记手续。

(郭建梅)

【孙村组团民顺南路道路及排水工程】 工程位于孙村组团西侧,工程造价832.8万元。2006年9月开工,2010年5月竣工。建设单位为北京黄村企业管理有限公司,设计单位为北京科智成市政设计咨询有限公司,监理单位为北京兴电国际工程管理公司,施工单位为北京市政建设集团有限责任公司。

(姜 山)

【孙村组团民顺路道路及排水工程】 工程位于孙村组团西侧,工程造价802.4万元。2006年10开工,2010年5月竣工。建设单位为北京黄村企业管理有限公司,设计单位为北京科智成市政设计咨询有限公司,监理单位为北京兴电国际工程管理公司,施工单位为北京城建一建设工程有限公司。

(姜 山)

【孙村组团海鑫南路道路及排水工程】 工

程位于孙村组团东侧,工程造价941.8万元。2006年10月开工,2010年5月竣工。建设单位为北京黄村企业管理有限公司,设计单位为北京科智成市政设计咨询有限公司,监理单位为北京兴电国际工程管理公司,施工单位为北京市鑫宣市政工程有限公司。

(姜 山)

【大兴新城天河东路道路及排水工程】 工程位于京九铁路、京开高速公路和魏永路交汇三角地带,工程造价2114.43万元。2008年11月开工,2010年6月竣工。建设单位为北京市大兴区市政园林服务中心,设计单位为北京科智成市政设计咨询有限公司,监理单位为北京兴电国际工程管理公司,施工单位为北京市建华公路工程有限公司。

(姜 山)

【火神庙商业中心】 工程位于大兴黄村镇,建筑面积209780.58平方米,地上14层,地下3层,框架剪力墙结构,总投资30418.639万元。2009年4月开工,2010年9月竣工。北京金色时枫房地产开发有限公司建设,中冶京城工程设计有限公司设计,北京万兴建筑集团有限公司施工,北京华远建设监理有限公司监理。

(姜 山)

【康庄限价房一期】 工程位于大兴黄村镇,建筑面积214500平方米,地上22层,地下2层,剪力墙结构,总投资40755万元。2008年11月开工,2010年10月竣工。北京住总房地产开发有限责任公司建设,北京市住宅建筑设计研究院有限公司设计,北京住总集团有限责任公司、北京住总第一开发建设有限公司、北京住总第三开发建设有限公司施工,北京太平洋建筑工程监理有限公司监理。

(姜 山)

【魏善庄镇卫生院门诊楼、办公楼】 工程位于大兴魏善庄镇,建筑面积6006平方米,门诊楼地上4层、办公楼地上3层,框架结构,总投资1815.2134万元。2008年10月开工,2010年4月竣工。北京市大兴区魏善庄镇卫生院建设,铁道第五勘察设计院设计,北京市房山城建集团有限公司施工,北京正方建设监理有限责任公司监理。

(姜 山)

【榆垡镇社区卫生服务中心综合楼】 工程位于大兴榆垡镇,建筑面积8366平方米,地上5层,框架结构,总投资2005万元。2007年11月开工,2月竣工。北京市大兴区榆垡镇中心卫生院建设,北京科智成市政设计咨询有限公司设计,北京天桥建设集团有限公司施工,北京正方建设监理有限责任公司监理。

(姜 山)

【人民医院急诊抢救中心及教学楼】 工程位于大兴黄村镇,建筑面积15788.2平方米,地上10层,地下3层,框架结构,总投资6757万元。2006年8月开工,1月竣工。大兴区人民医院建设,北京交通大学勘察设计研究院设计,北京万兴建筑集团有限公司施工,北京市中环工程建设监理有限责任公司监理。

(姜 山)

规划管理

【概况】 北京市规划委员会大兴分局成立于1987年3月,2003年3月调整为北京市规划委员会垂直管理。现有职工49人,局内设机构有1室5科1队1中心1所,即办公室、综合业务科、规划科、建设用地科、建设工程管理科、市政交通管理科、规划监察执法队、城建档案信息中心和远大规划设计研究所。分局主要职能是规划的编制、管理、监督及负责城建档案的收集、管理等工作。2010 年共受理各类审批事项 590 件,办结 556 件,平均压缩审批时限 65%;牵头组织相关部门开展地铁沿线道路、绿化、公共停车场、公交场站等 5 大项、29 个小项工程建设;严格执行规划法律法规,加强建设项目规划监督,做好规划验线、验收,2010 年共办理验线 42 件,面积 138 万多平方米,验收 80 件,面积 216 万多平方米,通过与相关部门紧密合作,全区拆除违法建设约 60 万平方米。

名称:北京市规划委员会大兴分局

地址:大兴区兴政街 23 号

电话:69243229

邮编:102600

网址:www.dxgh.gov.cn

【支持各镇建设】 年内,完成全区 14 个镇的规划编制工作,同时,为配合重点镇的镇区一级开发,指导相关镇编制完成《魏善庄镇区一级开发实施方案》、《瀛海镇镇区一级开发实施方案》、《安定镇区一级开发实施方案》、《庞各庄镇区一级开发实施方案》等实施方案;委托北规院编制《榆垡、礼贤两镇机场控制性区内村庄安置房选址研究》。

(史拥宾)

【村庄规划】 从 2006 年至 2010 年 5 年时间内,共组织清华大学规划设计院、北京工业大学规划设计院等 20 家设计单位,分 6 个阶段,先后完成 450 村的村庄规划编制,并已全部经区政府批复,截至年底,除已拆迁和待拆迁村外,村庄规划的覆盖率达到 100%,对统筹城乡发展,指导和推进新农村建设具有重要意义。

(史拥宾)

【市政建设】 年内,组织研究芦东路、芦西路、魏永路东段等区域内公路及新城和重点镇道路;积极配合南水北调、京台高速公路等国家重点工程建设;推进团河 220KV 变电站、2 座 110KV 变电站的规划审批工作;完成康庄、观音寺两个集中供热厂及供暖管线的审批工作;结合旧城改造,城镇一级开发,认真研究大兴新城核心区、海户新村、黄村四五六街、饮马井、海子角等地区道路网规划设计方案;根据小城镇改造进程,组织研究各镇镇区道路网、管线综合设计方案,审查通过瀛海镇三槐堂地区路网、安定镇路网三期、庞各庄镇区道路网方案;组织设计单位开展兴丰大街市政配套工程方案以及新城人口密集地区交通拥堵问题研究;推进地铁大兴线西红门站宜家项目周边地区道路网的规划审批。

(史拥宾)

【规划监督】 年内,依据《城乡规划法》、《北京市城乡规划条例》等法规,严格进行工程竣工验收,对验收不合格的项目不予发放建设工程验收合格证。全年共办理验线 42 件,面积 138 万多平方米,验收 80 件,面积 216 万多平方米。对未经许可擅自变更设计、改变施工图纸等违规建设项目,加大行政处罚力度,已对康庄回迁安置房等 8 个未按规划建设的项目进行了处罚。全年共完成 5 次卫星查违图斑的调查核实工作,协调各镇、各街道进行卫片检查 952 处,发出违法建设停工通知书 107 份,为区城管大队做出违法建设认定函 24 份,通过与相关部门紧密合作,全区已拆除违法建设约 60 万平方米,对违法建设起到了有力的震慑作用。

(史拥宾)

【城建档案管理】 全年共完成档案整编 216 卷,办理市政工程验收 31 件,建筑工程预验收 72 件,接待查询 386 件,充分发挥了城建档案馆的作用。

（史拥宾）

【无障碍工作】　截至年底，本区建设盲道27530平方米，改造老城区无障碍路口245个，全区13家大规模商场、超市有计划、分阶段完成无障碍设施改造，本区医疗系统共投入160万元，对全区22医疗机构的无障碍标示、停车位、厕所等进行改造；全区现有学校无障碍设施已全部改造完成。

（史拥宾）

【信息公开工作】　年内，共受理、答复依申请公开40件，其中同意公开答复10件，信息不存在11件、非本机关信息3件、不予公开信息10件，接待群众咨询50余人次。

（史拥宾）

国土资源管理

【概况】　北京市国土资源局大兴分局（简称“大兴国土分局”）成立于2005年8月17日。分局机关现设有办公室、土地利用科、地籍科、耕保征地科、执法监察科、纪检监察科6个职能科室，编制26人，实有26人，其中工勤人员4人，满编；下设北京市土地整理储备中心大兴区分中心、土地利用事务中心、土地权属登记事务中心、国土资源执法监察队和国土资源管理所（4个）等8个事业单位，编制87人，实有78人。大兴区现辖有14个建制镇、5个街道办事处。2010年，区国土分局坚持以科学发展观为统领，深入学习贯彻落实十七届五中全会精神，紧紧围绕区委区政府中心工作，按照“保增长、扩内需、调结构”的要求，进一步转变观念，改进方法，严格管理，优质服务，积极推进各项工作开展，取得了明显成效。

名称：北京市国土资源局大兴分局

地址：北京市大兴区黄村镇金华寺东路1号

邮编：102600

网址：http://dx.bjgtj.gov.cn

【土地资源】　本区现辖有14个建制镇、5个街道办事处。根据上年度土地变更调查数据，全区土地总面积约1036平方公里，其中建设用地311.94平方公里，占总量30.10%，农用地667.75平方公里，占总量64.43%，未利用土地56.63平方公里，占总量5.46%。（详见下表）

大兴区2010年土地利用现状分类表

地类			面积（公顷）
合计			103595.57
农用地	小计		63066.49
	耕地		41365.06
	园地		8603.27
	林地		6811.10
	牧草地		0
	其他农用地		6287.06
建设用地	小计		36023.6
	城镇及工矿用地	小计	33093.44
		城镇用地	20122.29
		农村居民点	12610.34
		采矿用地	29.11
		特殊用地	331.70
	交通运输用地		2071.07
	水利设施用地		859.09
未利用地	小计		4505.48
	未利用土地		4505.48
	其他土地		0

（夏仁林　金　浩）

【土地供应】 全区供应土地项目58个，土地总面积298.85公顷，涉及政府土地收益134.46亿元。其中经营性项目8个（含上年入市结转项目2个），土地面积82.59公顷，合同约定政府土地收益130.4亿元；招拍挂工业项目25个，土地面积126.62公顷，合同约定政府土地收益1.74亿元；其他项目25个，土地面积89.64公顷，合同约定政府土地收益2.32亿元。

（夏仁林　庞文革）

【建设项目用地预审报批】 年内，在建设项目用地预审工作中，共审批建设项目用地预审119件，用地面积约1940公顷。在建设项目用地报批方面，2010年共受理征地项目64个，总用地面积1397公顷（20951亩），农用地795公顷（11922亩），耕地546公顷（8190亩）。

（夏仁林　刘丽梅）

【土地利用规划工作】 在区国土分局组织下，大兴区区级土地利用总体规划（2006～2020年）成果于11月3日正式得到市政府批准。该成果现已应用于部分预审、征地业务。在区级规划成果基础上，按照镇级土地利用总体规划编制要求，区国土分局组织规划课题组开展了14个镇的镇级土地利用总体规划的编制工作，年内已完成规划初稿并报市国土局规划中心审查。

（夏仁林　吴少蓉）

【地籍管理及土地登记】 年内，共完成土地使用权登记手续254宗，土地总面积为873公顷。土地抵押登记206宗，土地抵押面积（含在建工程）588万平方米，贷款金额247.2亿元；抵押注销登记156宗。共协助法院办理查封、解封案件50件。办理国有土地使用权地籍调查成果确认45件。

（夏仁林　金　浩）

【土地市场交易】 年内，开展工业用地供应。全年共挂牌上市土地25宗，已完成交易22宗，总面积约177公顷，建设用地面积132公顷，实现政府土地收益约1.77亿元。加大经营性土地上市交易数量。截至年底，已完成上市经营性用地13宗，总面积268.3公顷，建设用地面积约143公顷，实现政府收益141亿元。

（夏仁林　朱德良）

【土地整理与储备开发】 年内，区国土分局在土地开发整理工作中，经过验收通过了榆垡镇大练庄项目、礼贤镇祁各庄项目、庞各庄镇常各庄项目、魏善庄镇前苑上项目、青云店镇大张本庄项目、安定镇西白塔项目共6个土地整理项目，完成新增耕地面积9149.27亩；完成采育镇大同营项目、长子营镇李家务项目、安定镇后安定项目共3个项目的初步验收工作，市国土局已委托技术验收单位对3个项目进行技术核查工作，计划于2011年1月中旬进行项目最终验收，预计新增耕地面积2067.49亩；完成榆垡镇留士庄项目等在施项目，已完成总体工程量的90%，完成项目的变化调整及后期收尾工作，并拟计划2011年通过市国土局竣工验收工作。为拉动内需，加大土地储备开发力度，贯彻落实市委市政府决策部署，截至年底，本区完成121亿元投资。年内，总计完成40个项目的耕地补充，面积442.6公顷。全区建设用地占耕地实现了占补平衡，基本满足了土地报批需求。上缴区财政耕地开垦费14102.3万元，杜绝了减免缓现象。

（夏仁林　朱德良）

【国土资源执法】 年内，区国土分局严格国土资源执法，全年共立案查处156宗案件，现已处理95宗；下达《责令改正国土资源违法行为通知书》154份，《国土资源行政处罚告知书》138份，《国土资源行政处罚听证告知书》94份，《国土资源行政处罚决定书》94份；共拆除违法建筑约5.3万平方米，收缴罚款约1524.79万元;移送公安分局涉嫌土地犯罪案件3宗(同时已全部抄备区检察院),移送区监察局土地违法违纪案件106宗,申请区法院强制执行43宗。同时,执法队处理往年未结案件66宗。

(夏仁林　李振江)

【开展主题宣传活动】　年内,区国土分局围绕围绕“珍惜地球资源、转变发展方式、倡导低碳生活”宣传主题组织开展“4·22”第41个世界地球日宣传活动;“6·25”土地日配合市国土局在“鸟巢”宣传和依法行政、行政复议、法制日宣传等宣传工作;在“12·4”全国法制宣传日,在本区宣传依法管地、集约用地和保护耕地为主,制作相关宣传展板、条幅,发放宣传材料800余份。

(夏仁林　李振江)

【信访工作】　年内,区国土分局在信访工作中,实行分局领导带班接访制度。全年共收到群众来信来访涉及土地问题信访件267件,受理266件。其中:市局转来128件。共办结200件。受理群众匿名电话302件,收到市局执法大队转来12336举报72件。与上年同期相比有所上升。

(王万兴　夏仁林)

【全程办事代理】　年内,共受理各项业务1069件,其中,权属登记类859件。征占地类业务210件。

(夏仁林　刘　洋)

防震减灾

【概况】　2007年3月28日,根据市编办、区机构编制委员会相关文件精神,大兴区地震办公室正式更名为北京市大兴区地震局。人员编制15人,设有监测预报科、震害防御科、应急救援科三个科室。大兴区现有地震前兆监测网:两个数字化监测台站,杨堤水动态监测点和榆垡电磁波监测台。四个压磁应力监测台,庞各庄镇四各庄监测台、榆垡村监测台、采育中学监测台、黄村镇佟场监测台。十一个强震监测点。现有C2-1型压磁应力监测仪、电磁波监测仪、地下流体动.静水位数字化监测仪。防震减灾网络化建设已初具规模。

年内,区地震局荣获北京市2010年区县台站观测优秀奖及全市地震系统政务信息工作先进集体。

名称:大兴区地震局

地址:大兴区兴政西街23号

电话:69252460

邮编:102600

网址:www.dxdzb.gov.cn

【防震减灾工作会议】　1月27日,在区地震局信息中心召开全区防震减灾助理员、宏观观测员和前兆台网速报点员2009年度防震减灾总结会。5月10日,区地震局在信息中心召开防震减灾工作会议,会议具体部署“5·12”防震减灾宣传周工作。

(杨　明　梁　娜)

【防震减灾知识宣传】　在国家防灾减灾日(5·12)、国际地球日(4·22)、唐山地震纪念日(7·28)、国际减灾日法制宣传日(12·4)进行地震科普和防震减灾知识宣传。4月21日,区地震局邀请原中国地震局应急救援司司长徐德诗为北京市劳教局全体警官作了一场题为《不畏天灾,科学应对——作好应急准备》的专题报告并向劳教局赠送了《公众地震应急避险要诀》等防震减灾宣传手册。在“5·12”汶川地震二周年纪念日进行防震减灾宣传。宣传周期间,利用大兴报以《以机制为器,构筑百姓安全堡垒——大兴区地震局推行全区防震预警工作纪实》为题,整版专题报道大兴区防震减灾工作。通过教委向全区中小学发放《蟾童》、《皮皮历震记》、《愤怒的星球:地震》等影像光盘及防震减灾知识手册。5月11日,区地震局会同林校街道办事处,共同邀请区人大代表、政协委员共40余人到北京市民防灾教育馆参观体验。5月12日在区行政服务中心通过地震局窗口向驻厅各单位及前来办事民众发放抗震避险宣传手册、环保袋、解答抗震避震问题。5月12日在康盛园小区为社区居民宣传防震减灾知识,向社区居民赠送《地震应急知识手册》、《公众地震应急避险要诀》、防震减灾宣传购物袋及防震减灾知识通讯录。7月28日,区地震局联合清源街道在滨河北区华堂商场门前举行了以"减灾从社区做起"为主题的防震减灾宣传活动,向过往群众发放《公众地震避险要诀》宣传手册。12月4日,大兴区地震局开展了防震减灾法制宣传日活动。着重宣传新的《防震减灾法》及防震减灾的各项方针政策。

(杨　明　梁　娜)

【规范性文件月报与年报工作】 年内,按照大兴区政府法制办要求,区地震局做好规范性文件的月报与年报工作,并做好行政处罚季度报送与行政诉讼的备案工作,全年无一起违法事件发生。

(杨　明　梁　娜)

【地震"三网一员"体系建设】 年内,全区现有地震镇级防震减灾助理员19名,村级防震减灾助理员622名。6月17日至21日组织镇级防震减灾助理员赴四川北川进行防灾减灾考察培训。

(杨　明　梁　娜)

【防震减灾基础设施建设】 年内,全区共有前兆观测点7个,宏观监测点5个,建成区地震局信息中心,实现地震观测数据、地震资料等的汇集、处理、交换及共享。

(杨　明)

【地震台网日常监测】 年内,加强地震监测预报管理,不断提高监测预报水平。震情跟踪严格按照市局要求执行周、月、年中、年度、加密和紧急会商制度,认真分析和处理数据资料,邀请测报人员参加,广泛征求意见,提高会商报告的质量,将会商意见及时上报市局监测预报中心;对出现的异常情况进行认真调查和分析,编写异常落实报告,及时将落实情况上报市局有关部门;对监测台网运行加强检查和维护,未出现缺测现象;加强震情值班管理,节假日、重大政治活动、地震应急期坚守岗位,确保信息畅通;加强宏观监测,区地震局与榆垡野生动物园共同建立北京野生动物园地震宏观监测站,将动物震前异常行为纳入宏观监测体系,对近300多种的野生动物进行系统和规范化监测,改变以往的监测模式,提高监测质量;区地震局与区公安分局联系分别为5个地震综合观测点制作统一的观测环境保护标志;提高地震监测预报的水平,举办两期培训,一期地震知识的培训,一期地震应急培训,通过培训提高地震局全体人员的地震专业素质。

(杨　明)

【应急救援工作】 年内,区地震局建立应急管理机构,强化工作责任,将应急管理工作纳入重要议事日程,定期召开专题会议。成立地震局应急管理工作领导小组,并根据各自职责和任务逐级签订责任书,确保应急工作落到实处。逐步完善应急预案体系,明确工作措施,结合《北京市地震应急预案》修订《大兴区地震应急预案》,使预案更加科学化、合理化。加强业务培训,提高应急工作能力,采取以会带训、会训结合的形势开展培训与宣传工作。完成应急物资储备工作,投资

18万余元对地震应急物资进行购置和更新,以供随时调用。

(杨 明)

市政建设

【概况】 大兴区市政管理委员会是大兴区人民政府的职能部门,于2001年底成立。其职责是负责大兴区城市市政基础设施、公用事业、绿化美化、交通管理、环境卫生、市容环境综合整治、城市管理等。内设机关科室6个,即市政园林工程计划科、市容环境综合整治办公室、供热燃气管理办公室、户外广告审批管理科、法制安全科、党政办公室。

名称:北京市大兴区市政管理委员会

地址:北京市大兴区黄村镇兴华大街3段15号

电话:81296413

邮编:102600

【完成居民小区生活垃圾分类试点工作】 年内,在11个居民小区开展垃圾分类试点。免费发放垃圾分类容器14500套,发放垃圾袋350万只,发放宣传材料20000余册。调配分类运输车辆6辆,更新垃圾分类容器1100只,采取社会化运作、企业方式管理成立了垃圾分类绿袖标指导员队伍,区再生资源回收进驻小区对可回收物收集和运输。年内试点小区的厨余垃圾送南宫垃圾堆肥厂进行处理。

(市政管委)

【开展农村地区生活垃圾减分工作】 年内,全区14个镇共购置发放源头分类桶40800组,保洁三轮车830辆,各类专业垃圾运输车220辆。全区已完成7个镇的垃圾分类储存处理场站建设。1至11月,本区生活垃圾无害化处理量为37万吨,无害化处理率达到了88.7%,超过了"远郊区县生活垃圾处理率85%"的标准要求。

(市政管委)

【规范夜景照明】 年内,本区制定了全区的夜景照明规划方案,并征求了人大和政协的意见。区政府已经将新建夜景照明设施,富强路、兴政街和兴丰大街的路灯改造和节日景观的布置列为2010年的政府实事。完成了部分建筑物的景观照明建设和春节的景观布置和兴政街和富强路的路灯改造,较好的营造了城市的夜景照明环境。根据政府投资情况,逐步新增夜景照明设施的建设工作和改造部分道路的功能性照明。规范功能性照明设施建设的程序,尽可能的调整功能性照明的合理性,努力的创造适合大兴新城的夜景照明设施,给居民营造良好的城市夜景。

(市政管委)

【启动万寿路南延工程】 建设单位为市公联公司,工程涉及本区全约0.76公里,道路红线宽60米,按城市主干路标准设计。年内已取得道路规划方案、设计方案、立项批复,已完成初步设计图纸的编制,正在进行施工、监理招投标工作。黄村镇政府已委托北京银城房地产评估有限责任公司完成征地拆迁预评估工作,本区待市公联公司明确工程拆迁线后启动征地拆迁工作。

(市政管委)

【做好蒲黄榆快速路建设配合工作】 蒲黄榆路南起南五环,北至南三环,建设单位为市公联公司,涉及本区长5.6公里(南五环—南四环),道路红线宽80米,按照城市快速路标准建设。年内已完成道路主体工程。

(市政管委)

【完成黄村垃圾转运站建设】 该站2008年12月29日破土动工,主要工程有分选、压缩车间、综合办公楼、转运设备及车辆,地泵房、室外道路、太阳能地热取暖设备、绿化等项目。10月底建设、安装已完成,并进行了单机调试。用电申请批复后,联动调试年底前可完成。

(市政管委)

【广告牌匾标识的拆除与整治】 年内,全区共计拆除广告牌匾标识18593块,370819平方米(林校路、黄村东西大街、清源路、京开路大兴段、兴政街、兴丰大街、兴华大街、兴业路、金星路及各镇政府所在地一条主要大街)共计22条街(路)。

(市政管委)

【市容环境秩序和治安秩序整治】 年内,集中对市场路、物美大卖场、黄村东西大街等挂账乱点进行了为期三个月的专项整治。先后发放宣传品1万余册、告知书3000余份,区电视台进行了跟踪报道,并连续发布了一周的公告;出动200余人次,分批次、分时段对滞留的违法相对人进行法规讲解和劝离;查处顽固游商52起、治安拘留11人,查处经营工具27辆、查扣经营商品1185件;坚持每天早7点至晚9点实行人盯车巡和无缝隙衔接管理方式,防止了问题反弹。重点对群众反映强烈的火车站、清源东路两个非法占道市场进行了集中治理。对两个非法市场1700个商贩进行了清理和疏导,从根本上解决了长期困扰居民出行难的突出问题。开展街面秩序"百日整治行动"。共查扣各类非法营运车辆735辆,其中,人力三轮72辆,电动三轮车217辆,摩的236辆,黑车210辆,集中销毁人力三轮、电动三轮车、摩的共计173辆,使新城营运秩序得到明显好转。规范主要大街的广告牌匾标识。完成5条主要大街的户外广告牌匾治理,拆除违规户外广告牌匾189块、规范658块。对新生违规广告牌匾发现一块拆除一决,拆除新生违规广告牌匾382块,有力遏制了私设、乱设广告的现象。做好废旧资源回收工作,对新城地区"四横四纵"地区进行废旧资源回收站点建设,彻底取缔游商收购的情况。(四横四纵主要大街即:林校北路,兴政街,黄村东西大街,兴华大街、兴丰大街、京开公路,康庄路和兴业大街)。对回收站点实行规范化管理模式,对新城主要大街的流动回收人员和车辆规范行为,在早晚高峰期,即早7:30至晚18:30期间不得出现在上述主要大街上。

(市政管委)

【加大城乡环境整治力度】 年内,突出抓好公共场所、道路、铁路、河道沿线环境卫生,建立环境宣传、监督、检查长效机制。加大宣传,营造环境氛围。区广电中心把新城拆迁、拆违、城市管理方面的宣传作为全年宣传工作的重点并贯穿始终。成立了专门的拍摄小组、及时开设了相关专栏,对路边烧烤、占道经营、黑车占道、黑摩的非法运营、乱停车、车辆和行人闯红灯、食品安全、文明养犬等顽疾的整治进行全方位报道。前三个季度,共播出相关新闻570余条次,警情播报96期次,首播加重播总时长超过1300分钟。

(市政管委)

供　电

【概况】 大兴供电公司是北京市电力公司所属的一家区域供电公司,负责大兴区1036平方公里的电力供应、销售以及输电、变电、配电设施的建设和运行维护,承担着为大兴区经济发展、居民生产生活安全用电和大兴区及首都政治活动安全供电提供保证的重要任务。截至2010年底,大兴供电公司共有22座35千伏以上电压等级变电站、年售电量约36.8亿千瓦时。公司共有正式职工

303 人,下设 11 个职能处室、7 个工区及大兴新城等 15 个供电所。

名称:北京市电力公司大兴供电公司

地址:北京市大兴区兴政街 1 号

电话:69223535

邮编:102600

【电网规划建设】 区供电公司结合“十二五”打造首都南部制造业新区发展的新形势,按照适度超前和主、配、低网协调并重的原则,完成“十二五”电网规划编制工作,开展电网规划与城市、产业发展规划对接,逐一落实项目、资金、措施。大兴地区主网、配网、低压电网建设扎实推进,先后完成了义和庄 110 千伏输变电工程,大兴地铁电力沟道工程和亦庄地铁电力沟道工程,西梨园 110 千伏牵引站外电源工程,启动并完成忠兴庄、九龙、永和庄等三项 110 千伏输变电工程土建与变电设备安装部分。对 32 条重载和故障率高的配电线路进行综合整治,完成 21 个老旧小区的低压用电设备改造。

(供电公司)

【安全生产】 全年未发生轻伤及以上人身事故,未发生重大及以上设备事故,未发生火灾及负同等责任的重大及以上交通事故,完成 3 个百日安全长周期,全年安全生产无事故。大兴电网成功经受住夏季 78.9 万千瓦历史最大负荷考验,电网保持平稳、安全运行。

(供电公司)

【客户服务】 坚持以客户为中心,加强对 15 个供电营业窗口明察暗访,推行“红旗窗口”和“服务之星”评比活动,强化了窗口人员服务技巧培训。区供电公司公司在全区公共服务行业公众满意度调查中得分名列第一。全年累计受理报装用电及变更用电业务 13261 户,修补电卡 1.1 万户;服务热线受理咨询电话 5.4313 万个,自受理工单 299 件;转派 95598 工单 1.7867 万件;发布停电信息 216 次,电话通知调度协议用户停电 216 次,爱心卡客户回访 480 次。

(供电公司)

【农村电网建设】 全年累计完成 10 千伏老旧线路整治 424.308 公里,村内低压线路改造 169.467 公里,处理缺陷 2862 处。深入开展标准化供电所创建工作,2010 年,魏善庄、西红门、采育供电所已正式被北京市电力公司命名为第一批标准化供电所。

(供电公司)

【违章用电查处】 采取同政府部门、公安机关联合打击窃电,发现违章用电 125 起,追补电费 318 万元。

(供电公司)

【精神文明建设】 深入推进党建品牌建设,充分发挥区供电公司共产党员服务队的服务宗旨,年内获得北京市电力公司文明单位称号,刘丽艳同志获得国家电网公司劳动模范得殊荣。于秀玲同志和共产党员服务队分别获得北京市电力公司“十大首都电力之星”和“十大优秀团队”荣誉称号。

(供电公司)

环境卫生

【概况】 大兴区环境卫生服务中心的前身是大兴县环境卫生管理局。2001 年,更名为北京市大兴区环境卫生服务中心,隶属于大兴区政府。区环卫中心担负大兴新城域内中心所辖区域的环境卫生服务工作。根据《关于印发北京市大兴区环境卫生服务中心主要职责内设机构和人员编制规定的通知》(京兴编[2009]1 号)要求,中心机关设置五个科室:办公室、业务督察科、业务科、人事财务科、设备管理科；下属四个事业队：清扫保洁队、公厕保洁队、垃圾消纳场、垃圾清运队。

名称：北京市大兴区环境卫生服务中心
地址：北京市大兴区黄村镇林校北路5号
电话：69297547
邮编：102600
网址：www.dxhw.gov.cn

【环卫队伍建设】 区环卫中心下属的道路清扫保洁队，现有正式合同工107人、编外合同制工人426人，负责大兴新城域内的中心所辖道路的清扫保洁工作；垃圾清运队现有正式合同工114人、编外合同制工人135人，主要负责大兴新城域内的中心所辖的生活垃圾及渣土的清运、消纳工作；公厕保洁队现有正式合同工11人、编外合同制工人43人，负责大兴新城域内主次干道两侧的中心所辖公共厕所的清扫保洁、维修及粪便清掏处理工作。

（刘　健）

【环境卫生基础设施】 区环卫中心共有生产专用车135辆，其中道洒水车14辆、垃圾收集车17辆、粪便清掏车17辆、餐厨垃圾车6辆、垃圾清运车24辆、垃圾转运车13辆、铲车4辆、干吸车4辆、道路清扫车13辆、自卸车3辆、洗地车4辆、其他生产车辆16辆。

（刘　健）

【环境卫生工作】 年内，垃圾清运继续完善岗位责任制，优化垃圾清运服务，严格执行作业行为规范和奖惩细则等相关制度，日清运垃圾约240吨、日转运垃圾210余吨、日抽运粪便90余吨、日收集泔水5吨左右、日降尘洒水280吨左右。道路清扫保洁面积达到482.4万平方米，实行定路段、定人员、定职责的管理模式和“以机械作业为主，人工清扫为辅助”的作业方式，进行全天候道路保洁，严格执行作业标准及考核办法，业务督察科负责“日巡视、周检查、月评比”的考核管理，确保道路清扫保洁率达到100%。中心所辖公厕45座，其中二类以上公厕9座、环保型公厕17座、水冲式公厕18座、旱厕1座，严格按照质量标准作业，及时对公厕内的门窗、自来水管道等环卫设施进行维修、更换，保证所辖公厕干净整洁和正常使用。

（刘　健）

【餐厨垃圾处理情况】 11月份，中心配合区市政管委对11个试点小区的餐厨垃圾进行运输处理工作，成立了餐厨垃圾运输专业队伍，配备了相关作业车辆，有计划地进行试点小区的餐厨垃圾的运输处理。日出动收集车2台次，日收集餐厨垃圾3吨左右。

（刘　健）

【机械化作业情况】 大兴新城主要大街和门店较多的小巷产生的垃圾，采取垃圾巡回车分段、定时、巡回收集和定点、上门收集相结合的收集措施，杜绝了二次污染，密闭化清运率达100%，垃圾无害化处理率达到98%。大兴新城内主要大街采取机械化作业，日机扫面积约150.5万平方米，机扫率达到70.5%。

（刘　健）

园林绿化

【概况】 北京市大兴区市政园林服务中心前身为北京市大兴区市政园林管理局，2001年更名为北京市大兴区市政园林服务中心，为区属正处级全额拨款事业单位，归口北京市大兴区市政管理委员会。共有6个下属单位：市政养护队、绿化队、康庄公园、儿童乐园、团河行宫遗址公园、北区公园管理中心。目前，区市政园林服务中心在编人员315人。

名称：北京市大兴区市政园林服务中心

地址:北京市大兴区兴丰北大街5号
电话:69242783
邮编:102600

【市政设施养护】 全年发现井盖、雨篦等设施丢失、损坏42起;路面、步道损坏217起;桥下护栏损坏9处,管道、篦井堵塞32处,违章施工处理46起,非本单位产权的设施损坏丢失12起。上报的情况均得到了及时处理和修复,截至11月26日,共维修步道病害5791平方米、道路维修10681平方米、树池口维修249座、清淤疏通管线98处。整修及改造检查井117座,整修及改造篦子井168座。

(李京芮)

【绿化日常养护】 年内,所辖各绿地共浇水15~20遍、施肥3~5遍、色带修剪10遍、除杂草10遍,色带修剪在保证整齐的前提下突出层次,增加立体效果,使各绿地均达到养护等级标准。全年共补植落叶乔木510株、常绿乔木120株、花灌木6000余株、色带植物21万余株、花卉2000余株、草坪1700余平方米,使受害绿地重新恢复原状。

(李京芮)

【绿化病虫害防治】 全年普遍打药8次以上,其中重点地区已打药近10余次,有效地控制了美国白蛾及其他病虫害的发生发展。

(李京芮)

【冬季植物防寒】 年内,加强道路隔离带绿地及路旁绿地的防冻害及融雪剂盐害的防护,在清源路、永华路做防盐围挡11000平方米,新栽植物防寒13700平方米,确保植物安全越冬。

(李京芮)

【康庄公园建设】 康庄公园全年补植绿篱苗木2.55万株,栽植宿根花卉300平方米,补栽草坪600平方米,为各节日摆放鲜花3万余盆。结合全区无障碍设施建设,改造盲道1417米,新建盲道扶手87延米,改造盲道扶手106延米,新建4个无障碍坐便器,4个洗手盆,增加无障碍窗口1个,同时完成园路改造90平方米。

(李京芮)

【儿童乐园建设】 儿童乐园全年补植、移植乔灌木8707株、草坪1000平方米、宿根花卉7.26万芽,清除湖底8000平方米,铺装混凝土路面998平方米。同时协助地铁大兴线施工方完成了揽翠亭彩绘、湖心亭拆建工作,新建知鱼亭2座、重建小桥1座,建成观澜湖、濠浦琴音2个湖区,并为大湖安装了800米临水护栏。

(李京芮)

【团河行宫遗址公园建设】 团河公园全年栽植乔灌木1.74万株,栽植宿根花卉18万芽,播种草坪1.5万平方米,铺设整修园路2300平方米。设立专人保护园内古建,对护栏定时粉刷,并聘请专人对破损石桥进行修缮加固,对古树进行正常养护,积极恢复生态性文化园林景观。

(李京芮)

【丰顺路道路工程及天河东路污水工程】 该工程位于大兴新城东南片区,京九铁路、京开高速公路和魏永路交汇三角地带,全长891.6米。截至11月底,丰顺路完成(除与天河路交叉路口)雨水方沟、污水管线、电力管井、道路底层沥青混凝土铺筑、步道砌筑及道路绿化的施工任务。完成投资953.04万元。

(李京芮)

【天河东路建设工程】 该工程位于大兴新

城东南片区，京九铁路、京开高速公路魏永路交汇三角地带，改造段全长1870米，新建段全长100米，临时路全长712米。本工程2009年完成道路及市政管线的建设工作，本年度完成竣工结算工作。完成投资2894万元。

（李京芮）

【天河东路与丰顺路电力设施工程】 本年度完成了该工程电力设备基础工程及变电箱安装和路灯线缆铺设施工任务。完成投资1248.18万元。

（李京芮）

【天河东路与丰顺路绿化工程】 天河东路共完成绿化68700平方米，种植乔木550棵，丰顺路共完成绿化5324平方米，种植乔木300棵。该工程现已全部完成。完成投资65.32万元。

（李京芮）

【三合南巷改造工程】 该工程西起西旺路，东至兴业大街，道路全长611米，工程于上年7月底开工，当时由于拆迁问题，致使三合南巷西段回民墓地至西旺路段未能进行施工。本年度完成该段拆迁工作，截至目前施工任务全部完工。由于三合南巷北侧步道上高压线未能入地，致使道路路灯不能进行安装。经与大兴市政管委协商，此路段电力改造已列入管委2011年工作计划，供电部门已完成入地设计工作。完成投资2827.98万元。

（李京芮）

【枣林公园西侧路建设工程】 该工程位于大兴新城东片区，是连接枣园路与丽园路的城市支路。本年度内道路、给水、雨水、电力、照明等工程项目已全部完工。完成投资650万元。

（李京芮）

【老旧小区雨污水管线分流工程】 本工程主要对车站中里、车站北里、兴政西里、华昱家园、黄村西里、富强西里、康颐园、康达园8个小区以及部分单位的排水系统进行雨污分流改造。本年度所有施工任务已全部完工，共完成雨污水管线4004米，其中明挖管线2645米，拉管1359米，完成投资1835.26万元。

（李京芮）

【污水置换大修工程】 该工程对丽园路、林校北路、车站北巷、兴业路污水管线进行置换大修。本年度工程全部完工，共计置换老旧污水管道897米，完成投资612.79万元。

（李京芮）

【艺苑桐城东侧路】 该工程位于大兴新城东片区，北临永华路，东临兴华大街、西临兴旺路。工程全长650.28米。本年度完成照明、绿化、交通及雨水、污水、给水、中水、电力市政管线建设任务。完成投资1751万元。

（李京芮）

【南湖路道路中修工程】 该工程西起京开辅路，东至沿滨路，道路全长393.08米。本年度共完成拆除旧步道砖和步道基层各2170平方米，新建基层和步道砖2513平方米，路缘石942米，检查井8个，共完成投资51.72万元。

（李京芮）

【滨河街绿地改造工程】 该工程南起枣园路北至康庄路，道路全长537.099米，占地面积共9885平方米。本次改造新建步道面积1785平方米，沥青混凝土铺装44.8平方米。新增绿化面积8302.4平方米。新砌花墙975米。该工程已于8月验收合格交付使用，完成投资110余万元。

（李京芮）

【矿林路临时道路工程】　该工程位于大兴区物流园区北部,该工程于9月30日开工,10月30日竣工。工程内容包括新建路面2542平方米,新建雨水管线150米,完成投资140万元。

(李京芮)

【地铁文化公园建设工程】　该工程北临西红门规划南环路,南至五环路,东邻兴华北路,西至郭公庄路。场地南北宽257米,东西长1024米,总面积约19公顷(284亩),工程总投资6300万元。该工程于3月正式开工,10月底竣工,11月3日正式免费向公众开放。

(李京芮)

【黄村儿童乐园西部恢复工程】　该工程于11月上旬开工,工程包括:基础建设、给排水、电气、暖气管道、设施及小品、绿化种植工程。改造面积6556平方米,铺装面积1811平方米、绿化面积3236平方米、水体面积1479平方米。目前工程除绿化部分因冬季不能施工外,其他部分已基本完成。

(李京芮)

【北区公园管理中心成立】　6月,北区公园管理中心成立,主要职责:统一管理地铁文化公园、兴旺公园及枣林公园的设施管理维护及公园绿地绿化美化工作;组织管理公园游览;提供其他相关社会服务。

(李京芮)

城管监察

【概况】　大兴区城市管理监察大队成立于2000年,到2010年,暨大兴城管大队成立十周年。目前,机关内设办公室、法制科、督查科、宣教科、指挥中心、政工科、纪检监察科、执法协调科8个科室,共有在编人员279人,工勤53人,总计429人。下设21个分队,新城7个分队,乡镇14个分队。大队设有党委、团委及22个党支部。党委班子共有处级领导6名。截至年底,城管大队拥有城管执法车辆90辆,无线终端对讲机217台。数码取证设备99部。大兴区城市管理监察大队共立案查处各类行政违法案件9313起,行政处罚229.18万元。制止违法行为制止违法行为1万余起,教育违法相对人2.3万余人次。有效解决了一些破坏城市环境、影响区内形象的问题。2010年,区城管大队被北京市城市管理综合行政执法局评为北京市城管队伍作风纪律教育整顿突出单位,荣获北京市城管队伍“百日环境秩序整治”优秀组织奖。

名称:北京市大兴区城市管理监察大队
地址:北京市大兴区林校北路5号
电话:69265010
邮编:102600
网址:www.dxcg.gov.cn

【抓好党风廉政建设】　6月中旬,区城管大队下发《大兴城管大队关于进一步深入开展廉政风险防范管理工作的通知》大队357人共查找三类风险点5000余个,制定防范措施5355项,梳理岗位职责32项,完善规章制度17项,绘制重点岗位风险管理流程图35个。10月底,完成了《大兴城管大队廉政风险防范管理资料汇编》,在大队内部逐步建立起了教育在先、制度制约、监督及时的防范机制。

(郭金红)

【强化队伍政风行风建设】年内,区城管大队对新城6个基层分队进行政风行风了问卷调查,共发放调查问卷60份,收回60份,调查满意率在70%以上。10月,对21个基层分队的政风行风建设情况进行了全面评议,共收集意见建议32条,为大队全面推进队伍正规化建设提供了有效途径。全年,监察科共处理各类违纪案件和执法风纪投诉案件49起,其中,执法态度不好12件,违规执法5件,执法不作为15件,执法打人6件,未及时处理群众举报5件,值班电话接转不及时3件,未遵守大队制度规定3件。批评教育21人次,书面检查5人次。

(郭金红)

【政府信息公开工作】 全年,监察科对大队本年年生成的108条政府信息进行了审核,其中主动公开62条,依申请公开51条,不予公开政府信息6条,达到了政府信息“同步生成,同步审查,同步公开”的工作要求,确保了大队政府信息及时、全面、安全公开。

(郭金红)

【执法工作成效显著】 年内,区城管大队共立案查处各类行政违法案件9313起,行政处罚229.18万元。其中,无照经营、非法营运、非法小广告、违法建设、施工现场等五类案件占到了全部案件总数的76%。全年,大队共查处各类市容环境问题2451起,清除垃圾429吨,退还侵占绿地2000平方米;查处无照经营案件4178件,对15名重点人进行了登记备案;查处各类非法营运行为1036起(黑车231辆,正三轮摩托车297辆,电动三轮车347辆,人力三轮161辆),集中销毁正三轮摩托车80辆;查处非法散发、喷涂、张贴小广告699起,清除4700余处,取缔小广告窝点19个,收缴各类非法小广告217万张,移送停机号码97个;牵头查处违法建设和私搭乱建行为1192起,拆除18万平方米,协助乡镇政府拆除违法建设32万平方米;按照市政管委规划要求查处并拆除违规设置户外广告760块,共计7177平方米;查处施工现场类违法案件158起,处罚夜间施工行为46起,罚款57.5万元。

(吴 铮)

【开展无照经营专项执法】 全年,区城管大队共查处各类无照经营行为4178起,没收三无食品419千克,教育违法人员1.3万人次,处罚2.83万元。无照经营举报量呈现环比快速下降趋势,平均下降幅度9%。

(齐永素)

【严厉打击非法营运】 年内,区城管大队与公安、交通等部门联合开展执法行动63次,1至10月,大队共查处黑车231辆,摩的297辆,集中销毁摩的80辆,移送公安部门拘留32人,截至10月,本区非法营运黑摩的数量较年初下降了80%,取得了显著的效果。

(齐永素)

【严格查处违法建设】 年内,区城管大队联合区相关职能部门和乡镇政府对大兴新城39个社区和7个重点镇开展了大规模的违法建设专项执法检查,截至11月,共查处新城地区违法建设行为(含私搭棚、亭、阁等)812起,拆除违法建设15386.94平方米,配合镇政府查处乡镇地区违法占地、抢栽抢种行为千余起,拆除违法房屋、退还非法占地近40万平方米。

(吴 铮)

【着力解决露天烧烤】 年内,区城管大队先后取缔172个大排档,规范239个烧烤点,重要地区和主要大街杜绝露天烧烤大排档。

(齐永素)

【非法早市治理情况】 年内,区城管大队重点对火车站、清源东路两个非法占道市场进行了集中治理。清理和疏导1700个流动商贩,最大限度地满足了原有商贩“有处可去”,附近居民“有菜可买”的诉求,从根本上解决了长期困扰居民出行难的突出问题。

(齐永素)

【施工工地检查】 年内,区城管大队为改善“绿色施工”工地普查达标率低的实际情况,对城区各施工工地现场进行检查20次,发现问题275个。

(齐永素)

【对违法行为“零容忍”】 年内,区城管大队先后规范门前三包单位582家,拆除户外广告、牌匾720余块,清除窗花广告260余处,规范店外经营930起,占道经营860余起,并协调区保洁中心清运各类垃圾350余吨,使各重点项目周边从建设到落成,全程保持了干净整洁的环境秩序。

(戴京琦)

【抓住关键点位进行布控】 2010年,重点对大兴地铁沿线的13个停靠站点进行情况预判,专项招录50名城管保安员充实到地铁沿线,在地铁线路试运行期间提前进入防控岗位,有效加强了执法力量,确保了地铁线路周边的秩序良好。

(戴京琦)

【热线受理】 年内,区城管大队共受理区行政投诉中心转来的政风行风热线举报共98件,其中执法业务类74件、建议类8件、咨询类3件、建议感想类13件。全部办结完毕,未出现漏报、延报、误报问题。

(刘 蕾)

【视频监控指挥调度工作】 年内,区城管大队共监控发现、处理各类问题2201个,对分队实施指挥调度共计7528余次。其中无照经营1765起,散发小广告30起、店外经营110起、黑摩的242起、擅自设置广告牌匾54起。

(刘 蕾)

【强化责任加强应急值守】 年内,区城管大队进一步加强了应急值守工作的落实,采取普查、抽查等方式,做到早点名,晚抽查,共检查8972次,修改、制定、完善了大队处置公共突发事件、防汛抢险和拆违、强制施工等工作预案、方案36份,为应突工作的开展提供了有力的保证。

(刘 蕾)

环境保护

【概况】 大兴区环境保护局是大兴区人民政府下属职能部门。正处级单位。主要职责是监督检查国家和北京市关于环境保护的法律、法规和规章制度在本区域内的落实;拟定本区环境保护规划、措施并组织实施,建立健全环境保护制度;审核城镇总体规划中的环境保护事项;参与编制本区国民经济和社会发展纲要,并负责监督落实。负责本区重大环境问题的统筹协调和监督管理。承担落实本区污染减排目标的责任。负责本区大气、水体、土壤、噪声、固体废物、有毒化学品、辐射安全以及机动车等污染问题的防治和综合整治监督管理工作。承担从源头上预防、控制环境污染和环境破坏的责任。指导协调、监督本区生态保护工作。建立健全本区环境保护组织管理体系,组织培训环境保护管理人员,指导各镇、街道的环保工作。参与环境保护科技发展、科学研究和技术示范工程;指导环境保护产业发展,推广环保事业的先进技术和先进经验。负责本区环境监测,组织对环境质量进行调查、评估;负责环境形势综合分析,对环境污染预测预警。负责本区环境信息发布工作。组织本区环境保护的宣传教育工作,普及环境保护法规和科学知识,推动公众和非政府组织参与环境保护,提高全民环境意识。承办区委、区政府交办的其他事项。截至年底,局机关内设4个机构:办公室、综合科、管理科、污控科;局属事业单位4个:大兴区环境保护监测站、大兴区环境保护监察大队、大兴区机动车排放管理站、大兴区辐射安全监督管理站；全局共有在编人员114名，其中公务员18名、机关公勤人员4名、参照公务员管理7名、事业编制85名。

名称：北京市大兴区环境保护局

地址：北京市大兴区兴政南巷8号

电话：69243360

邮编：102600

网址：www. dxhb. gov. cn

【空气质量持续改善】 年内，本区全年二级和好于二级天数为256天，任务完成比例为70.1%，比年初制定的68%即248天的目标超额完成8天。

（环保局）

【化学需氧量减排】 全年共实现COD减排1773吨，顺利完成全年化学需氧量减排任务指标。

（环保局）

【二氧化硫减排工作】 年内，区环保局继续完善康庄和观音寺两座大型供热厂设施建设，两座供热厂全年共燃煤9.46万吨，实现SO2排放量持续削减。

（环保局）

【项目审批、验收】 全年，区环保局共审批办结各类建设项目513件，项目总投资约176.73亿元，环保投资5.1亿元；窗口接收外网申请项目1898件，因环评质量问题、不符合环保要求、选址不当等原因退回项目次数1392次，平均提前7天办结，提前办结率55.44%。全年共办结验收项目196件，平均提前20天办结，平均提前率67.44%。

（环保局）

【环保执法监察】 全年，区环保局共出动执法人员1500余人次检查排污单位，共征收排污费188.8万元。其中，污水排污费6.6万元，废气排污费182.2万元。检查排污单位3010家，对41家单位做出警告处理，对468家单位做出限期整改处理，对47家单位进行罚款，处罚金额45.7万元。

（环保局）

【辐射安全管理】 全年，区环保局共对涉源单位进行现场检查47次，对射线装置单位进行现场检查88次，下达限期改正通知书16份，对1家单位作出处罚。10月份，与区卫生局共同举办了医疗卫生机构辐射安全与放射诊疗培训班，对辐射安全法律法规和行政许可程序进行了培训。并对全区医疗卫生机构及工业探伤等16家单位进行联合执法检查。

（环保局）

【黄标车淘汰】 全年黄标车淘汰联合服务窗口共办理黄标车淘汰手续1691件，其中转出1124件，报废567件，共发放鼓励资金1234.37万元。

（环保局）

【机动车排放管理】 全年，区环保局在京路口检测车辆总计169637辆，其中5178辆超标并全部劝返；核查举报共计33辆，超标处罚2辆；入户抽查共计3246辆，合格3246辆；路检查车6582辆，其中黄标321辆，无标847辆，超标处罚135辆；遥感上路共检测156301辆，其中黄标1855辆；对辖区内106家加油站共检查1200多家次，对储油库检查20余次，油气回收系统监督性监测61次；对大兴、富多鑫、天龙三个检测场每周至少巡查二次。

（环保局）

【环境监测】 全区共设降尘采样点4个，全年监测12次；对全年累计28次降雨的pH值、电导率、降水量进行监测；对辖区内7条地表水监测总计 12 次,对考核断面凉水河–小红门、旧宫桥,其中考核项目生化需氧量、氨氮每周监测 1 次,全年累计监测 54 次;对 223 个建成区区域环境噪声网格和 25 条路段交通环境噪声进行监测;完成废水重点污染源监测 12 次;对 7 家污水处理厂监测 12 次;对废气污染源监测 12 次,其中供暖锅炉采暖季每月监测 1 次、生产性锅炉每月监测 1 次;全区废水污染源监督性监测共有 7 家,每月监测 1 次;对纳入环统的 228 台 1678 吨燃煤锅炉进行监测。

(环保局)

【生态创建】 依照《市级生态村建设指标》中"3 大项 15 小项"验收考核标准,年内本区共有 14 个村获得"市级生态村"称号。截至年底,本区已成功创建 3 个国家级生态镇,1 个市级环境优美镇,54 个市级生态村。

(环保局)

【受理环境信访工作】 全年,区环保局共受理群众信访 850 件,办结处理 850 件,办结率 100%。

(环保局)

【开展物流车专项检查】 年内,区环保局对辖区内物流单位进行拉网式检查,共检查 19 家物流车停放地,物流车运营单位 684 家,发放宣传材料 1850 份,检查本市车辆 822 辆,并对 3 辆排放超标车辆进行了处罚,检查外地车辆 1252 辆,其中有 1165 辆是无环保标志车辆。

(环保局)

【加油站环境安全专项检查】 全年,区环保局共检查加油站 1166 家次,油气回收系统监督性监测 55 次,责令限期整改 19 次,对存在问题较严重的 8 座加油站进行了行政处罚,罚款 5.16 万元。

(环保局)

【打击违法排污企业】 年内,区环保局共出动执法人员 1365 人次,检查各类污染企业 1508 家,查处各类环境违法案件 452 起,下达责令限期改正通知书 421 份,对 31 家违法企业予以罚款。对群众反映强烈的 3 起重点案件予以挂牌督办,取缔关停 2 家非法电镀窝点。

(环保局)

北京市大兴区审计局

市区两级领导到大兴区审计局调研

大兴区内部审计协会召开第二届一次理事会

大兴区审计局成立于1983年，在北京市审计局和区委、区政府的领导下，依照《中华人民共和国审计法》的规定，对同级财政预算执行情况、区属国有企业、行政事业单位、政府投资建设项目等进行审计；对区属处级党政领导干部和国有企业领导人员的经济责任进行审计；指导区内单位的内部审计工作。区审计局依法对被审计单位财政、财务收支实施监督检查、对违反国家财经法规的行为采取处理、处罚等行政措施，并通报、公布审计结果、建议行政处理等。

在区委、区政府的带领下，大兴区审计局干部职工坚持"依法审计、服务大局、围绕中心、突出重点、求真务实"的审计工作方针，不断推动审计事业发展，各项工作取得了显著成果。特别是在规范财政资金分配、管理和使用，提高财政资金使用效益，完善投资管理，提高建设资金使用水平，促进党政领导干部廉洁自律方面，充分发挥了审计"免疫系统"功能，为区域经济又好又快健康发展做出了突出的贡献。

市区两级领导高度重视南海子郊野公园建设项目，在公园建成初期，亲临现场考察

大兴区审计局领导及相关业务人员到庞各庄拆迁指挥部察看拆迁工作进展情况

审计人员实地察看政府投资建设的温室大棚使用情况

大兴区审计局表演舞蹈《载歌载舞》

大兴区审计局组织机关全体干部职工参加"北京市审计机关第八届职工运动会"，取得团体总成绩第六名

大兴区委

8月18日，王乐泉、陈冀平、鲍绍坤等中央政法委领导和刘淇、郭金龙、王安顺、李士祥、梁伟、傅政华等市领导到大兴区旧宫镇、西红门镇专题调研村庄社区化管理工作

7月3日，孟建柱、黄明等公安部领导和刘淇、郭金龙、吉林、李士祥、刘敬民等市领导到大兴区西红门镇专题调研村庄社区化管理工作

林克庆、李长友、张伯旭、张书领、高树旺等新区领导多次深入基层，就城乡结合部地区整治和村庄社区化管理工作进行调研指导

拉练检查旧宫镇南街地区村庄社区化管理工作

召开推广村庄社区化管理现场会

区委常委、政法委书记马武英，区委常委、组织部长王有国，副区长常红岩等区领导深入西红门镇检查指导村庄社区化管理工作

政法委员会

8月11日，召开全市村庄社区化管理工作推进会

8月11日，王安顺、傅政华、夏占义、李伟、李万钧、宋贵伦、吴世民等市领导到大兴区检查指导村庄社区化管理工作

区委副书记王新等有关领导实地检查清源街道御花园二里小区智能化系统运行情况

召开校园安全工作总结部署会

召开镇（街道）综治维稳中心情报信息培训会

政法系统召开落实2010年党风廉政建设责任制座谈会

中共大兴

大兴区老干部活动中心

区委区政府高度重视老干部工作，全力保障老干部两项待遇的落实，进一步加强老干部大学和老干部活动中心软硬件建设，为广大老同志提供了安全舒适的学习和活动环境，使得老干部“两个阵地”建设全面提升。

老干部活动中心是全区广大离退休干部的主要活动阵地，随着处级退休干部的逐步纳入，原有活动场地和设备已经不能适应形势发展需要，2010年，在广泛征求老同志意见基础上，区政府投资650万元对原老干部活动中心进行重新设计改造，针对老同志的特点，扩建了原来的健身房、乒乓球室和台球室，新增加了沙狐球室、麻将室等活动场所，配置了适合老同志特点的活动设备，美化了活动中心院落环境。改造后的活动中心室内外活动环境安全舒适、设施品种齐全，内部管理井然有序，同年10月投入使用后，得到广大老同志的高度赞扬。

老干部大学是老干部的主要学习阵地，2009年9月，投资1000多万元的大学新教学楼落成并投入使用，为了进一步加强大学的软件建设，2010年，不断规范学

台球室宽敞明亮

乒乓球室焕然一新

象棋室你攻我守

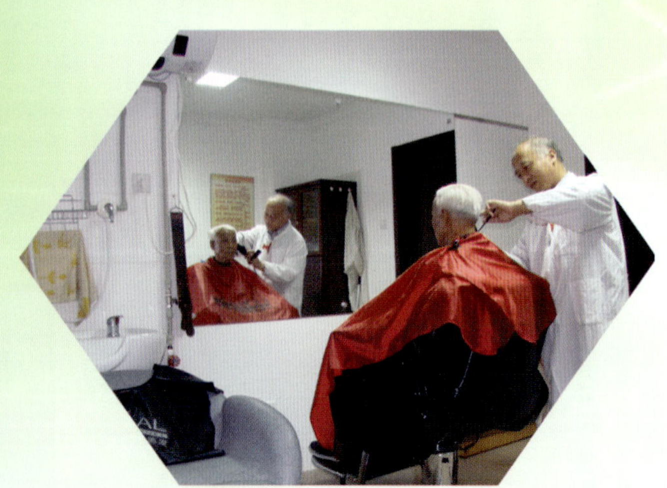
理发室服务热情

校管理，加强教师队伍建设，努力提高教学质量，扩大办学规模，现已开设12个专业，44个教学班，在校学员达到1200余人。学校先后成立了燕南画社、寿青印社、诗词社等社团，利用七一、春节等重大节日深入乡镇、街道、社区，与相关单位联合开展联谊笔会，为老干部送福送寿，2011年春节前，还和中组部老干部大学一起开展送文化下乡活动，得到社会各界广泛赞誉。2009年，老干部大学被评为"全国先进老年大学"，常务副校长王丕金被评为"全国先进老年教育工作者"。2010年，大学被北京市人民政府评为"北京市敬老爱老为老服务先进单位"；张全亮老师的太极拳被评为"北京市非物质文化遗产"；篆书专修班的学员高继林在《书法报》举办的"全国重阳书画展"中获得金奖。

区委常委、组织部长王有国到老干部大学调研

金四方书画联谊笔会

送文化下乡

庆三八书画笔会

结业典礼

大兴区统计局、调查队

市统计局党组书记、局长苏辉来区统计局、调查队，就两区整合后如何做好统计信息服务进行调研。区长李长友、常务副区长谈绪祥参加座谈

区人普领导小组组长、常务副区长谈绪祥与普查员一同入户开展人口普查入户登记工作

区人普办开展人口普查区域划分及小区图绘制工作

丰富多样的统计宣传内刊《关注》

区人普办举行人口普查知识竞赛活动

区人普办开展中小学生人口普查一堂课活动

区统计局、调查队参加全市统计系统文化艺术节合唱比赛

区统计局、调查队为新区（大兴-开发区）提供统计服务

精心筹划　主动工作
统计工作能力全面提升

区统计局召开民主评议基层统计所“面对面”评议会

直辖市功能新区统计部门第一次联席会

2010年是落实城南行动计划的第一年，区统计局、调查队解放思想，开拓创新，团结奋斗，主动工作，统计工作能力和统计服务水平明显提升。

超前谋划，加快构建“两区整合”后统计工作新模式。得知两区整合的情况后，局队集中“精兵强将”组成工作班子专门负责两区整合相关工作，主要领导亲自抓。在最短的时间内，编辑完成了《北京南部现代制造业新区经济发展月报》，与浦东、滨海、两江三个直辖市新区建立了统计信息共享平台，为区委区政府提供准确及时的统计服务。区委书记林克庆在两区处级干部大会上说：“统计部门政治觉悟高，工作主动，前瞻性强”。

精心组织，高质量完成第六次全国人口普查各项工作。2010年，第六次全国人口普查全面展开。我区领导高度重视，周密部署，扎实工作，以“摸清人口底数、服务科学发展”为目标，圆满完成了各项工作任务。

多措并举，法制建设取得新进展。局队法制建设以“奖励先进、通报后进、加强宣传、严厉查处”为主线，加强法制宣传，提高守法意识。对统计工作做得好、数据质量高的调查对象授予“统计信用单位”称号；对提供不真实数据的单位予以处罚和通报。

制定《科级后备干部选拔和任用实施方案》，加强队伍建设。为体现公开、公平、公正，自2010年起，局队实施《科级后备干部选拔和任用实施方案》。2010年6月25日，进行了首次科级后备干部选拔考试。

加强统计文化建设，2009年、2010年连续两年获得了全市统计文化建设综合考评第一名的可喜成绩。局队文化建设围绕中心，服务大局，形成了“忠诚统计，求真务实，乐于奉献，服务发展”的十六字统计文化价值理念。通过丰富多彩的活动，打造大兴统计品牌，提高大兴统计软实力。

区统计局、调查队召开领导班子及各部门负责人参加的上半年统计工作会议

区统计局、调查队进行科级后备干部选拔考试

大兴区

局长:田守信

区委区政府领导慰问驻区部队

2011年，民政各项工作取得可喜成绩，受到上级部门的肯定与支持。（图为国家民政部所属部门人员到我区调研考察民政工作）

2011年，区民政局认真落实承办区级人大建议、政协提案的办理答复工作，代表、委员满意率100%

日益强化对社会福利企业政策指导、审核认定、监督管理，积极引导企业推进规范化建设，维护和保障残疾职工合法权益，全力促进残疾人充分就业。

退伍军人安置率常年保持高水平

民 政 局

春节前夕，国家民政部领导到弘福达养老院问老人

市民政局领导在大兴检查指导工作

区领导慰问优抚对象

首都见义勇为基金会名誉理事长胡昭广慰问舍己救人好少年白子硕的家属

2011年，福利彩票销售量稳步增长，全年实现销售收入1.9亿余元

社区建设稳步推进

大 兴

多方共同研究社救工作

积极促进老年人工作深入发展

党建工作常抓不懈

党政机关干部职工带头捐款

上街宣传婚姻政策法规

干净整洁的办公环境

大力开展防灾减灾宣传教育

鲜花祭、平碑葬等科学文明的殡葬新风正渐成主流

民政风彩

城乡救助水平稳步提高

驻区企业慷慨解囊捐助灾区

“兵妈妈”将母爱送进军营

以推进适度普惠为着力点，大力发展社会福利事业

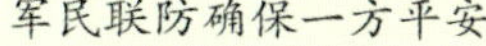

军民联防确保一方平安

军地共建鱼水情深

救灾物资运送灾区

社区文化多姿多彩

大兴区城管

党委书记、大队长 王建军

大队政委、纪委书记 陈克剑

区人大主任张书领调研

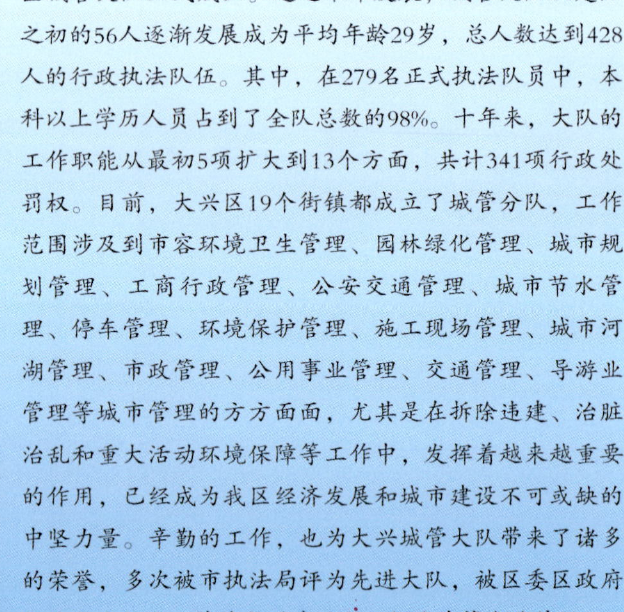

根据北京市人民政府《关于在本市远郊区县组建城市管理综合执法组织》的文件要求，2000年9月28日，大兴区城管大队正式成立。通过十年发展，城管大队从建队之初的56人逐渐发展成为平均年龄29岁，总人数达到428人的行政执法队伍。其中，在279名正式执法队员中，本科以上学历人员占到了全队总数的98%。十年来，大队的工作职能从最初5项扩大到13个方面，共计341项行政处罚权。目前，大兴区19个街镇都成立了城管分队，工作范围涉及到市容环境卫生管理、园林绿化管理、城市规划管理、工商行政管理、公安交通管理、城市节水管理、停车管理、环境保护管理、施工现场管理、城市河湖管理、市政管理、公用事业管理、交通管理、导游业管理等城市管理的方方面面，尤其是在拆除违建、治脏治乱和重大活动环境保障等工作中，发挥着越来越重要的作用，已经成为我区经济发展和城市建设不可或缺的中坚力量。辛勤的工作，也为大兴城管大队带来了诸多的荣誉，多次被市执法局评为先进大队，被区委区政府评为依法行政、精神文明建设和双拥共建等先进单位。

城管大队乔迁新址

开展城管志愿者服务活动

规范市场路四小行业

查处非法运营

大 队

区委书记林克庆到城管大队慰问

区长李长友到城管大队调研

市城管执法局副局长马惠民调研

大队党委班子全体

副区长邵恒调研

城管队员更换新式制服

查处非法灌装燃气

清理非法小广告

查处违法建设

北京市药品监督

党组书记局长：刘忠兴

北京市药品监督管理局大兴分局为北京市药品监督管理局设在大兴区的药品监督管理派出机构，对本行政区域的药品、医疗器械、保健食品、化妆品（简称三品一械）的生产、流通、使用环节进行监督管理，包括行政审批、执法监督和技术监督。

2010 年，药监大兴分局按照“严格准入、科学监管、依法查处、辖区责任”的方针，牢固树立“法治、人文、学习、和谐”药监的工作理念，在保障药品安全，坚持科学监管，加大净化市场力度，实现监管有力有效等方面做了大量的工作。全年，药品抽验 545 批次，完成 550 批次，不合格 3 批次，占总数的 0.54%。化妆品抽验完成 40 批次，全部合格；保健食品 12 批次，全部合格；医疗器械完成 20 批次，其中 3 批次不合格，不合格率为 15%。稽查执法立案 22 起，结案 19 起。没收违法所得 58460.39 元；没收违法药品折合金额 39157.40 元；罚款 66582.40 元。

召开班子扩大会

分局在加强日常监督的基础上，落实层级责任体系，与相关部门联动，陆续开展了系列活动，保障了辖区药品安全。一是全力推进“三品一械”专项整治，构建药品市场安全屏障。二是开展对基本药物生产企业现场检查。三是加强科学管理，规范审批行为，提升服务质量。四是依法行政，加强监督，提升药品监管的保障水平。

开展“安全用药 知识讲座”进社区活动

在行政审批工作中，分局始终坚持公开、透明、规范的原则，做到了标准清楚、程序明确、服务耐心，未发生超时限审批的情况，实现了行政受理零投诉，群众满意率 100%。分局在大兴区行政服务中心设立的服务窗口多次被评为“红旗窗口”。

“七一”前夕组织共青团开展“我与药监共成长”演讲比赛

河北省廊坊市食品药品监督管理局同仁到大兴分局调研交流药品电子监管工作开展情况

管理局大兴分局

召开大兴区打击医疗机构周边非法收售药品专项整治工作会

召开大兴区“安全用药家庭行动”启动仪式

稽查人员接受市药监局11.20专案表彰

参加市局第二届职工运动会

参加市局组织的第五届登山健步走比赛

联合执法检查

参加区直机关工委组织的庆“七一”演唱会

开展消防安全演练活动

大兴区环境

区环卫中心党组书记 主任 冯万鹏

团结奋进的领导班子

为职工办理"京卡·互助服务卡"

"三八"妇女节庆祝活动

职工运动会

密闭式垃圾清洁站收集垃圾

垃 圾 转 运

垃圾压缩车巡回收集垃圾

机 械 化 冲 刷 道 路

推 雪 铲 机 械 作 业

卫生服务中心

中心领导正月初一凌晨慰问一线职工

区总工会领导慰问一线职工

职工运动会

参加北京市职工技能大赛

垃圾压缩车巡回收集垃圾

扫雪铲冰

专业清理小广告

洒　水　降　尘

机械化清扫

中国联合网络通信有限公司

总经理：常宝来

中国联合网络通信有限公司北京市大兴区分公司隶属中国联合网络通信有限公司北京市分公司，经营除寻呼通信以外的所有电信和信息业务，是大兴地区实力雄厚、品牌强劲的基础电信运营商，主要负责为大兴区域内除亦庄、旧宫二镇以外的党政军机关、企事业单位和城、乡居民提供通信服务。

目前，中国联合网络通信有限公司北京市大兴区分公司拥有各类用户已达数十万；国内、国际长途电话可通达世界所有开通长途电话的国家和地区；各类宽带接入、智能通信、数据、互联网、信息、移动通信等类业务不断增长。在长期发展中，分公司不断积累着运营经验，形成了为市场所认可的多种形式的服务体系。客户可以通过电话、互联网以及营业厅等多种方式咨询业务、办理业务并享受完善的售后服务。

和谐奋进的分公司领导班子

常宝来总经理到分局调研指导工作

心系灾区献爱心捐款

分公司领导暑期慰问一线员工

参加北京联通庆祝建党九十周年红歌比赛

举办职工春节联欢会

北京市大兴区分公司

"农技通"手机投入应用，推进农村信息化工作

开展业务宣传活动

多种多样的联通业务满足各类用户需求并带给用户更多实惠

连续四年荣获北京市2010年度交通安全先进单位

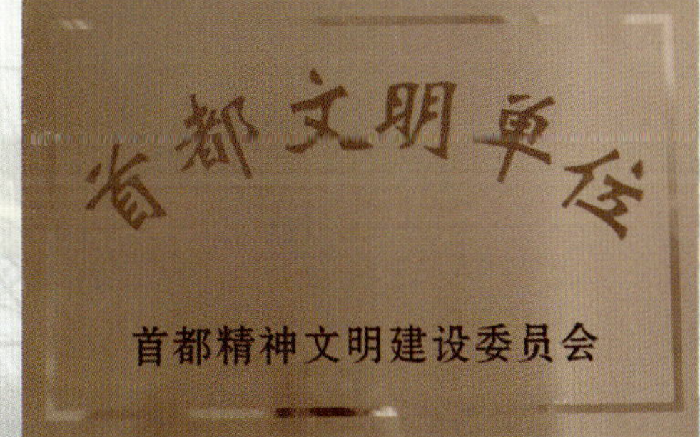

荣获首都文明单位

营 业 大 厅

北京市大兴城镇建设

董事长　牛　杰

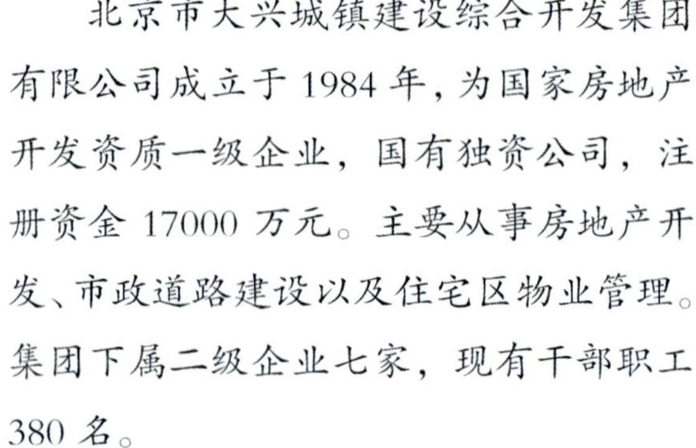

北京市大兴城镇建设综合开发集团有限公司成立于1984年，为国家房地产开发资质一级企业，国有独资公司，注册资金17000万元。主要从事房地产开发、市政道路建设以及住宅区物业管理。集团下属二级企业七家，现有干部职工380名。

集团自成立以来，先后完成商品房开发建设180万平方米；完成土地一级开发总计4520亩；保障性住房建设120万平方米；提供政府办公、社区服务、教育配套用房13万平方米；完成包括兴华大街和兴亦路在内的多条重点市政道路建设与管道施工；物业管理服务总面

集团党委经理联席会

2011年工作大会

集团领导检查市政工地

兴华大街

兴亦路

综合开发集团有限公司

积达300万平米，23000户，近80000居民。

2010年集团公司主要工作围绕政府折子工程、实事工程和重点工程来展开，全年完成投资40亿；年末企业总资产达到53亿，净资产7175万元；上缴税金3589万元；实现利润2038万元；国有资产保值增值率达到120%。

全年完成瀛海西区土地一级开发全部民宅的拆迁任务；完成康庄土地一级开发定向安置房的入住工作；康庄两限房二期实现结构封顶；完成兴华大街改造工程以及兴亦路建设工程。

市委书记刘淇视察兴华大街建设工程

大兴区领导视察瀛海拆迁现场

党员活动

企业文化活动

康庄两限房

瀛海西区定向安置房

北京兴展国有

区领导到榆垡拆迁指挥部莅临指导

与市农担合作签约仪式农担签约仪式

北京兴展国有资产经营公司为国有独资企业,成立于2002年10月,注册资本金2.2亿元。公司主要职能是:为大兴区整体经济和社会发展融资,重点是为区政府投资的基础设施建设项目、公共服务设施、土地一级开发项目融资;为区内国有企业及其它主要工业企业提供融资担保服务,扶持区内企业发展,为农业企业、农村经济合作组织及其他涉农主体提供投资、贷款担保;对各项目单位使用银行贷款及资金支付情况进行监管,并对贷款项目进行概预算及造价评审;对区政府授权的工程项目实施项目代建全过程管理,组织协调各相关单位,确保工程顺利进行;对授权区域进行土地一级开发征占地、拆迁等,并进行公共基础设施建设及回迁房建设,完成对所安排项目的投资、建设任务。截至2010年底,公司总资产138亿元。

2010年公司创新融资方式、拓宽融资渠道,共实现融资14.54亿元,并将光大银行13.5亿元和中信信托4.94亿元过桥贷款顺利地转换成了国开行长期贷款。公司担保平台年审批通过担保项目68个,金额14.03亿;已审批通过的项目中,已经放款的项目共计57个,金额5.8亿元;为农民、下岗工人、退伍军人,未就业大学毕业生提供的小额贷款担保在保项目审批通过共26个,金额145万元,在保项目44个,在保余额247万元。2010年3月注册成立了北京市农业担保有限责任公司大兴分公司,与市农担已签署合作协议框架。2010年11月,兴展融达担保公司注册资金从2亿元增加到30亿元,担保实力显著增强。

全年代建项目共10个,分别是卫生三合一项目、教委项目、法院业务楼扩建工程、老干部局活动中心修缮项目、公安局地下车库项目、公安三合一、检察院附属业务用房、民政局三合一项目和党校修缮工程。其中

大兴老干部局

大兴党校

教学楼及学生宿舍

资产经营公司

检察院奠基仪式

妇幼、疾控建设现场

妇幼、疾控项目和公安局项目为区政府2010年折子工程。在建及完工的项目总计建筑面积7.18万平方米，总投资额3.23亿元。公司按照保质量、保安全、保进度、控投资的“三保一控”原则，完成了年度代建任务。

一级开发方面，庞各庄镇区改造项目顺利完成了民宅6个村，1508个自然院落，38.7万平方米的住宅和10万平方米的非住宅拆迁工作，完成投资32.69亿元；另代龙熙拆迁88个自然院落，拆迁面积2万平方米、代爱达星拆迁69个自然院落，拆迁面积2.2万平方米；庞各庄安置房项目部分楼宇主体结构到12层，完成项目全部土建任务的45%；青云店镇金晶项目完成征地433亩，基础建设达到三通一平，提供上市土地面积342亩，实现投资7169万元，完成土地上市摘牌工作。榆垡项目一级开发完成全部民宅的拆迁工作。完成投资10.4亿元。

大兴区公安系统综合业务用房效果图

公安局地下车库工程

榆垡拆迁地段

庞各庄安置房施工现场

大 兴 供

大兴区区长李长友带队调研电网建设

大兴区人大主任张书领带领人大领导一行来公司视察

2010年，在北京市电力公司和大兴区区委、区政府的正确领导和支持下，大兴供电公司上下以“八字方针”为指导，抢抓首都南部发展的大好机遇，加快推进大兴地区“三张电网”建设与改造步伐，全面完成2010年确定的各项任务和目标，获得北京市电力公司先进单位、文明单位、优质服务先进单位等三项级最高荣誉。

为缓解大兴地区用电紧张情况，公司先后完成多项输变电工程，地铁大兴线外电源工程，并对32条重载和故障率高的配电线路进行综合整治。采用政企共建投资模式，高质量完成21个老旧小区的用电改造。

公司坚持以客户为中心，不断完善和规范服务机制。加强用户风险管控，统筹安排各项生产建设工作，减少停电时间。实施“三新”（新理念、新体系、新形象）优质服务工程，成立大兴供电公司“共产党员服务队”，做到服务于民。主动加强对15个供电营业窗口管理，推行“红旗窗口”和“服务之星”评比活动，强化了窗口人员服务技巧培训。2010年，公司在全区公共服务行业公众满意度调查中得分名列第一。

国家电网公司五一劳动奖章获得者刘丽艳为用户讲解用电安全知识

公司开展安全知识宣传活动

大兴供电公司夜景

电　公　司

公司领导到生产一线指导工作

公司宣传《国家电网公司社会责任报告》

地铁大兴线首个外电源工程发电

公司为"西瓜节"保电

扎实开展老旧小区电力设施改造

积极开展配电线路改造

加快电力设施建设　增加大兴地区电力供给能力

兴　　丰

兴丰街道领导班子成员

领导慰问残疾人

兴丰街道“创先争优”推进会

益民书屋为居民提供看书、休闲的活动场所

慰问社区老党员

兴丰街道老干部座谈会

大兴区首家“红领巾俱乐部”在黄村西里社区成立

两新组织党建

原创节目大赛

大兴区兴丰街道办事处第四届社区运动会

街　道

兴丰街道领导检查消防安全工作

红袖标巡逻队

兴丰街道第四届运动会上拔河比赛

百人空竹表演

兴丰街道书画展

兴丰街道结合民防工程特点建立的文体中心

兴丰街道拆违工作

黄村西里三个一工程

林校路街道办事处

工委书记 张 帆

办事处主任 蒋振峰

2010年，林校路街道工委、办事处在区委、区政府的领导下，在街道全体干部职工和社区工作者的共同努力下，圆满完成了“三个一”工程、财政收入任务指标、社会治安整治和流动人口控制、安全生产、城市环境治理、就业、住房和社会保障等工作任务。以人口文化节为契机，积极推进计生工作；以举办邻里节为平台，增强了居民对社区的认同感和归属感；全面落实“九养”政策，完成社会救助工作；加大城市管理力度，完成了兴华大街南段景观整治改造工作；深入开展创先争优活动，党建工作全面推进；第六次全国人口普查工作取得了阶段性成果；社区规范化建设得到了新的发展；街道的经济和社会事业取得了明显成效。

工委书记张帆深入一线指导工作

街道召开社区工作者大会

国家计生委中国宣教中心——青苹果之家与街道领导一起在区五小开展母亲节感恩在行动

区委书记林克庆视察街道“三个一”工程

市司法局领导视察街道“周五律师在线”工作

工委书记张帆陪同区社工委领导参观社区根雕艺术展

社区趣味运动会上你争我夺

街道温馨家园为残疾人朋友过生日

社区居民在社区邻里节上表演

创先争优主题活动暨表彰大会

第五届社区邻里节表彰大会

清源街道

工委书记:冯 波

办事处主任:王志敏

读书月学习季活动启动

党务工作者后备干部培训班

街道廉政党课

百姓大讲堂

垃圾分类箱进社区

第八届社区运动会

第三届合唱大赛

办事处

区四套班子验收郁花园改造工程

区委书记林克庆慰问滨河西里南区低保户

和谐奋进的街道领导班子

清源人大街工委社会建设座谈会

丽园社区在职党员服务揭牌

和谐社区评估

郁花园二里安保系统升级

街道第四届科普节

“和谐社区温馨家园”启动暨原创节目展演

观 音 寺 街

工委书记：赵长虹

办事处主任：王文斌

观音寺街道民防文体中心成立仪式

街道成立“妇女之家”

社区居民与退伍官兵一起包饺子

文体活动丰富多彩

道办事处

两节慰问

赵长虹书记为短信征集获奖选手颁奖

书画名家走进观音寺

观音寺街道民防文体中心

参加万人太极扇表演１０年８月１４日

观音寺街道承办大兴区首届社区合唱节

天宫院街

工委书记：张新跃

办事处主任：耿晓梅

天宫院街道总工会成立暨第一次代表大会

天宫院街道“人民调解进万家”活动启动仪式

九三学社中央送文化进大兴活动

2010年和谐社区创建评估会

社会工作者培训

社区文艺演出

暑期青少年活动

海西参加区太极扇表演

道办事处

领导视察天堂河小区

班子学习

街道工委书记张新跃视察工程进展情况

法律知识竞赛

便民超市成立

法律知识竞赛

街道领导接受社区锦旗

海南大门改造后

海南中心花园

社区服务中心建设

黄村镇

富余安置房委托代管租赁模式得到了市区两级领导的充分肯定

区领导高度关注我镇节能减排工作

园区建设取得新成就

出租房屋中介式管理不断深化

2010年全镇经济建设和社会各项事业实现了新的突破。财政收入完成2.74亿元，工业总产值完成109.6亿元，社会消费品零售额达到25亿元，全年实际利用外资1200万美元，农民人均纯收入达到17006元。

圆满完成印刷包装产业基地内4个村，1020户民宅的拆迁工作，拓展产业空间1080亩。引进3家投资规模超亿元以上的大项目，投资总额13.2亿元。全镇工业企业实现税收6.4亿元，规模以上企业达到140家。通过完善资产、资本经营模式等措施，搬迁村实现年终总收益8915万元，人均年收益5500元。以枣园尚城为试点，探索富余回迁房集中托管的新模式。

新农村建设扎实推进。农村基础设施建设不断加强，完成了王立庄等20个村的村庄建设规划和产业发展规划。投资4875万元完成前辛庄、郭上坡等15个村的主街道及街坊路硬化工程。完成环境示范村建设工程，村庄环境得到整体提升。

新城建设不断加快。启动并基本完成京开路沿线、核心区和孙村组团所涉及的12个村，4392户的拆迁任务。三合庄、孙村组团54万平方米城市回迁安置房建设项目进展顺利。进一步加大查处非法占地，非法占地违法建设案件数量较去年同期下降70%。城市管理进一步加强，主要道路两侧的环境秩序得到了优化。

完成了观音寺幼儿园和芦城幼儿园改造工程。投入2500万元，新建狼垡社区卫生服务中心。加大就业指导和培训力度，开发就业岗位3000个，转移安置劳动力2235人。精神文明和民主法制建设不断加强。深入开展“五五”普法教育。社会各项事业稳步发展，社会保持和谐稳定。

大兴·黄村

党委书记白立成同志慰问建国前老党员

镇长刘长江同志慰问敬老院

春节期间镇党委政府对拆迁周转期的村民进行走访慰问活动

党委书记白立成同志到拆迁现场与百姓讲拆迁政策

产权制度改革全面推进

深入开展“打非拆违”专项行动

按照“六个一律”的工作要求，对于非法经营予以坚决取缔

深入基层的普法宣传得到了百姓的认可

社工日期间黄村镇各社区组织志愿者美化社区环境

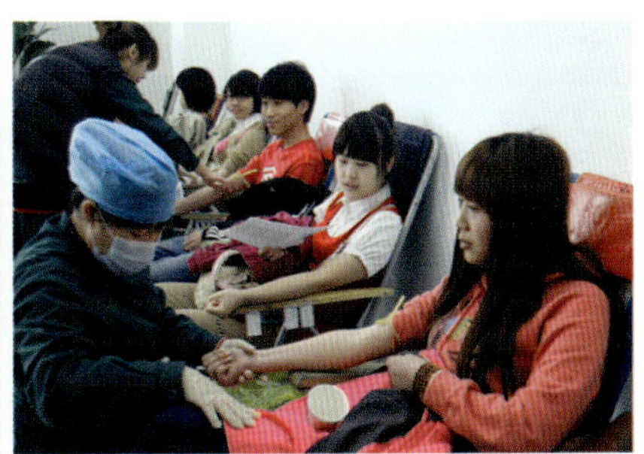
黄村镇各部门积极踊跃参与义务献血活动

大兴区

新当选的镇党委委员

镇党委书记王学军慰问拆迁户

村民为政府送锦旗

党员干部向灾区捐款献爱心

村级电子图书室

以文化促和谐

花园式敬老院

西瓜博物馆

一汽和田

阀门总厂

庞各庄镇

镇长贾卫国到驻军武警部队慰问

镇领导参加区镇人大换届选举宣传日活动

外国大使参观现代农业

农家饭大比武

梨农搭台唱大戏

非物质文化遗产武吵子

金秋采摘

御瓜园

庞各庄中学

建设中的回迁房

魏善庄镇

党委书记贺锐慰问伊庄村困难党员

镇长戴光伟带队慰问部分村干部

2010年度经济工作总结表彰暨生态宜居示范镇建设动员大会

2010年度经济工作总结表彰大会上党委书记贺锐向先进单位颁奖

2010年，魏善庄镇以“立足中部、借势南城、统筹城乡、服务首都”的发展思路为指导，以发展为第一要务，坚持科学发展，全镇经济实现平稳较快增长。镇党委紧紧围绕“产业兴镇、生态谋镇、服务优镇、民乐立镇”工作理念，以规划为先导，科学编制镇区规划，为推动地区科学发展、优势发展、聚势发展提供了有力保障。做优一产，做实二产，聚势三产，以产业联动发展为目标，“调结构、保增长”。以试点镇建设为契机，统筹城乡协调发展，城镇基础设施进一步完善，农业产业化经营有新进展，新农村建设取得新成效。以提高公共服务水平为重点，坚持以人为本，以创建“平安、绿色、人文魏善庄”为载体，进一步优化发展环境，提升软实力。以人民群众满意，老百姓得实惠为出发点和落脚点，紧抓民生工作，和谐社会建设取得新成效。以改革创新为手段，坚持组织建设先行，通过加强镇党委自身建设，建立健全适应新形势要求的领导体制和工作机制，加强村级组织建设，以创先争优活动为载体，有效开展以“党建创优、发展争先、和谐村镇、你我同行”为主题的教育活动，深化党风廉政建设等系列工作进一步加强党的建设。全镇实现了经济建设、政治建设、文化建设、社会建设、生态文明建设和党的建设各项事业的良好发展。

在大兴区无障碍养老助残车发放仪式暨魏善庄镇温馨家园落成揭牌仪式上镇长戴光伟参加揭牌

第三届爱家乡唱家乡卡拉OK大赛

广场舞比赛

大兴·魏善庄

贾春旺等领导参观视察精品梨园

中宣部领导视察古琴制作基地

沈宝昌视察体育极限公园

镇党委扩大会议

三下乡活动中区领导向村民赠书

三下乡活动南海画院的画家为群众现场作画、送春联

奥运冠军到梨园采摘

村庄社区化管理工作

大学生村官团员创先争优拓展训练

位于陈各庄村的月季基地占地200亩

大兴区

副区长李春亭检查三秋

2010年党政工作会

“寻找身边优秀的榜样”演讲比赛

“十星创和谐”文明村户创建总结表彰大会

北京画协青云店笔会

新春团拜会

全国农家书屋演讲比赛青云店启动仪式

“庆中秋 迎国庆 促和谐”京评梆戏曲展演

镇

党政工作会表彰先进

“十创”表彰会

北京市“垃圾减量垃圾分类活动”启动仪式

“爱我家乡 祥和青云”知识竞赛预赛

人口普查

金晶太阳能电池基板及LOW-E玻璃项目奠基仪式

全镇花会调演

大兴区共创和谐评剧票友大赛决赛

长子营镇

吴仪、林克庆到我镇参观考察

西宁市委书记、李春亭副区长到我镇参观考察

中欧各国政党领导参观长子营镇留民营村沼气站

手工艺品受到外国游客的青睐

2010年，长子营镇党委、政府在区委、区政府的正确领导下，深入贯彻落实科学发展观，围绕“依托地区优势，围绕民安路产业带和镇区、工业区基础设施建设，带动两个基地和六个园区发展”的工作思路，真抓实干，开拓进取，圆满完成了各项经济指标和工作任务，初步实现了与北京经济技术开发区对接，落实了镇工业区土地一级开发、劳动力安置和蔬菜配送等重要工作，全镇经济建设和社会事业发展取得显著成效。

一、工业园区发展迅速。深化两区融合，率先与开发区总公司实现对接。一是与北京博大兴投资开发有限公司合作实施466亩土地一级开发，完成前期占补平衡手续及土地补偿工作。二是整合334亩闲置土地资源，实施5家企业腾退，目前已与2家签订腾退协议，腾退土地169亩，年底前将全部实现腾退，为军民结合产业园核心基地建设奠定基础。三是投资1000万元，配套实施污水处理厂工程，优化工业区整体发展环境。四是强化招商引资，引进汽车电子产业园等企业5家，竣工达产后将实现产值6亿元。

长子营镇白庙村的音乐会被文化部颁布为“国家非物质文化遗产”。

长子营镇秧歌队在大兴区康庄公园参加秧歌比赛

长子营镇第二届人民代表大会第九次会议

二、农业项目全面实施。重点建设三大园区。一是累计投资5200万元，建设北京南亚现代农业示范园项目，搭建南方水果的展示平台。截至目前，接待了吴仪等国家、市区领导参观考察8次，接待游客3000人，实现旅游收入20万，园区已经成为大兴区精品农业的典范之一。二是投资2000万元，建设占地1000亩的“晋之园”文化主题公园，已进入建设周期。

三、新能源产业镇建设有序推进。投资360万元，完成朱庄秸秆气化八村联供工程，预计年底实现八村供气，1700余户村民用上清洁能源。争取区发改委调研资金200万元，实施新能源产业镇课题调研，探索新能源镇建设主题和发展模式。

长子营镇安全科人员到镇第一中心幼儿园对全体师生进行了消防安全知识的培训

千人饺子宴 迎春团拜会

我镇孙庄村蛋彩艺术

新农村建设完成的长子营镇留民营村沼气站

大 兴 区

党委书记孟宪金

镇长杨永政

采育地热资源合作开发签约

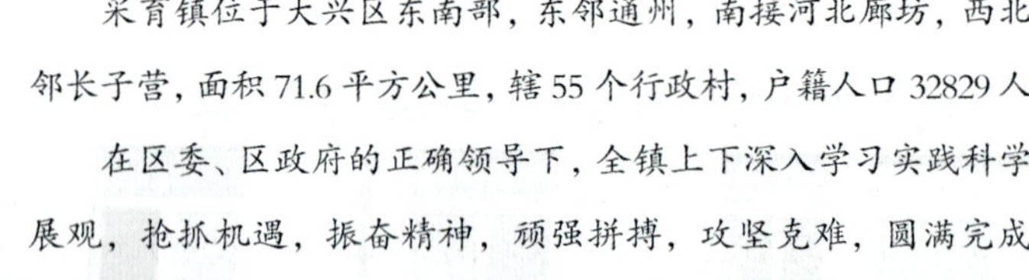

采育镇位于大兴区东南部，东邻通州，南接河北廊坊，西北毗邻长子营，面积71.6平方公里，辖55个行政村，户籍人口32829人。

在区委、区政府的正确领导下，全镇上下深入学习实践科学发展观，抢抓机遇，振奋精神，顽强拼搏，攻坚克难，圆满完成工作任务，全镇经济、政治、文化、社会和生态文明建设迈上了新台阶。年内，完成财政收入3870万元，同比增长27.3%；实现农民人均纯收入1.2324万元，同比增长11.5%。

推进产业项目建设。北汽30辆纯电动轿车下线，北汽学校一期建成投入使用；凤河营地热资源开采3眼井，地热集中供暖一期工程获得区发改委批复。

提升农村生活水平。完成全部村庄的规划编制和街坊路硬化工程；完成村供水管网改造、节能路灯改造与户厕改造；建成韩营村公共浴室。

迎新春书画笔会

秧 歌 汇 演

马 术 比 赛

金宇黑陶工艺展示

采 育 镇

班 子 开 会

孟宪金书记深入一线组织拆违

改善农业生产条件。完成1.2万亩中低产田改造与2.4万亩基本农田治理改造，实施1.3万亩都市型现代农业综合开发；完成雨洪利用380亩、节水滴灌2726亩。

完成中心镇区拆迁。涉及14个村3237个院落70万平米，公产158家15万平米，待回迁1.2万人。启动回迁安置房建设，加快土地一级开发的手续办理以及土地整理工作。

强化综治维稳工作。成立综治维稳中心，设立监控中心，建立校园安全监控网络平台；完成10个村庄社区化管理试点村的基础设施建设和值勤、巡逻人员的落实。

加强支农惠农力度。成功举办第十届北京大兴采育葡萄文化节，圆满完成第八届村委会换届选举工作；有序推进集体经济产权制度改革与林权制度改革；成立镇综合行政服务中心开展“一站式”服务，新农保参保率95%，新农合参合率95%；发放低保金及优抚金306万元；实现农村富余劳动力向二三产业转移就业930人。

新能源汽车下线

“1039采育行”草莓采摘季

设施农业蔬菜种植

葡海田园

新能源汽车展示

大 兴 区

市委书记刘淇调研村庄社区化管理工作

区委书记林克庆到西红门镇大生庄村调研村庄社区化管理工作

西红门镇领导班子

镇党委书记马士刚 检查幼儿园

村庄社区化管理

村庄社区化管理

文化创意产业蓬勃发展

公 园 建 设

西 红 门 镇

市公安局局长付政华、区长李长友到西红门镇老三余村调研

镇长 李强 检查回迁房工地

西红门社会工委成立

宜 家 奠 基

大兴区青年歌手大赛

城南五区交谊舞

党委书记：杜志勇

镇长：于宝贵

班子学习会

镇党委书记慰问贫困户

全镇机关干部学习保险法

镇领导慰问贫困户

植物检疫宣传

世界读书日宣传

礼 贤 镇

区领导慰问贫困户

创先争优促发展学习会

镇领导到民办幼儿园检查安全隐患

党委中心组学习会

组织妇女观摩种植

迎新春文艺汇演

秧歌大赛

党委书记：沈永刚

镇长：何景涛

瀛海镇12平方公里拆迁工作会议

2010年，瀛海镇按照“超常规、高水平、跨越式”发展要求，以“树立科学发展理念，借势打造功能新区，加速推进新型城市化进程”为总体思路，抢抓城南行动等重大战略机遇，全年完成财政收入3993万元，农民人均纯收入达到17469元，综合实力明显增强。

年内，全面启动了市级挂账村整治、南海子郊野公园、北京经济技术开发区扩区12平方公里建设三个项目的拆迁工作，创造出了“瀛海速度”，在政策允许的范围内最大限度维护群众合法权益，实现了和谐无震荡拆迁。加快推进清源东路、三槐堂定向安置住房建设项目等重点工程建设，深入开展“百日整治行动”，规范提升地区城市秩序；对104国道、黄亦路等主要道路两侧及保留村、居民小区等重点部位进行绿化美化环境整治，地区城市形象显著提升。深入开展“四有”工作，积极推进劳动力就业、社会保障、教育医疗等社会文化事业，不断加强政府自身建设，持续开展妇女儿童、老龄、红十字、档案等工作，和谐瀛海建设进一步巩固。

三槐堂村民入住回迁房

三元食品项目建设

雪莲羊绒股份有限公司

国家信访局领导来我镇调研

区委常委郭宝东来我镇听取“四有”工作汇报

党委书记沈永刚春节看望老党员

镇长何景涛春节慰问贫困党员

瀛海镇领导参加植树活动

南海子郊野公园美景

兴亦路建成通车

12平方公里安置房沙盘

瀛海镇区改造安置房沙盘

大兴区

中央政治局委员、中央政法委副书记王乐泉，中央政治局委员、市委书记刘淇就推进社会管理创新到旧宫调研

区委书记、开发区工委书记林克庆到旧宫调研

市土地储备中心领导来旧宫调研

庑殿南场村旧村改造动员会

文体中心篮球场

旧宫镇地处大兴区最北端，与丰台、朝阳、北京经济技术开发区接壤，地处市区边缘，是典型的城乡结合部。镇域面积29.73平方公里，下辖19个行政村，27个社区，其中隶属于南郊农场地域面积是10.1平方公里（15142亩），占镇域总面积的33.8%。流动人口12.7万人，主要来自河北、河南、湖北、山东等省。

旧宫回迁房

地铁亦庄线旧宫东站外景

五环旧忠桥开口

旧宫镇

北京经济技术开发区管委会主任张伯旭调研旧村拆迁改造工作

市规委领导到旧宫调研

2010年"全镇人民齐参与，共建和谐新旧宫"合唱比赛

纪念建党89周年文艺演出

[2010年经济运行情况] 2010年完成财政收入9198万元，同比增长53%；完成各业总收入70.6亿元；完成工业总产值32.6亿元，同比增长2.4%；农民人均纯收入23104元，同比增长5%。社会消费品零售额全年完成12.5亿元，同比增长18%；实际利用外资全年完成140万美元，完成任务280%。

文体中心外景

蒲黄榆路五环路立交

东渠路绿化

旺兴湖二期北区湿地景观

大兴区

区委书记林克庆视察安定工业园区

区领导视察御林古桑园建设工作

镇领导慰问后安定村老党员

领导班子成员组织开展创先争优活动推进大会

区、镇领导出席开幕式

创先争优＋革命歌曲大家唱决赛暨新春团拜会

“新农民新风采伙达营夕阳红业余河北梆子剧

“新农民新风采农民锣鼓区级比赛”

现代化的桑产品加工生产线

安定镇

区领导来古桑园视察

镇领导下基层

安定镇在区委、区政府的领导下，以科学发展观为统领，按照“抓党建、保稳定、夯基础、惠民生、求发展、促和谐”的整体思路，牢牢抓住城南行动和新区资源整合等重大机遇，紧紧围绕城南新市镇建设，兴产业、抓项目、谋规划、保民生、树形象，各项事业协调发展、全面进步。财政收入完成 0.66 亿元，同比增长 29.7%。农民人均纯收入 1.08 万元，同比增长 12% 。工业总产值达到 10 亿元，同比增长 30.1%。农业总产值实现 3.28 亿元，同比增长 5.8%。社会消费品零售额完成 2.17 亿元，同比增长 5.6%。

综合承载能力提高，小城镇建设开创新局面。实施了天然气管网建设工程，有两个燃气压缩站投入使用；完成了中心小学和幼儿园校舍及卫生院改扩建工程，改善了农村教育教学环境和医疗卫生条件；商业街改造工程竣工并投入使用；完成了路网一期建设工程、二期工程正在稳步推进。

就业服务成效显著，民生改善取得新进展。实现农村劳动力就业 940 人，失业再就业 130 人，培训 272 人。城乡居民养老保险参保达到 1.44 人，新型农村合作医疗参合率达到 98%。对 286 户残疾人家庭进行了无障碍改造实地测量及入户施工。

唱响新春　喜迎党的九十华诞
创先争优　共谱安定华彩乐章

创先争优 + 革命歌曲决赛

中央民族大学音乐学院党总支“红色 1+1”活

北京京顺诚基科技发展有限公司

北京日光精细产业园

政府办公楼外景

大兴区

区委书记林克庆、区长李长友到北臧村镇调研

春节期间党委书记温震慰问低保户

北臧村镇第二届人民代表大会第七次会议

北臧村镇2010年工作总结暨表彰大会

近两年，北臧村镇大力发展民俗游、休闲游，受到了游客的热烈欢迎

老舍茶馆与巴园子村开展“城乡手拉手，共建新农村”活动

北臧村镇大力发展民俗游、休闲游，受到了游客的热烈欢迎

区镇两级领导为西大营村的新农村公共文化服务中心揭牌

综合行政服务中心 办事大厅

北藏村镇

镇长听取代表意见、建议

镇领导慰问驻军部队

正月十五花会演出，党委班子成员观看村民表演

北藏村镇培训就业工程启动仪式上镇党委书记温震与同仁堂教育学院负责人签约

北藏村镇建立村级舞蹈队、秧歌队等共计16支文艺队伍，极大活跃了农村的文化娱乐氛围

北藏村镇代表队参加第二届民族健身操舞大赛

北藏村镇舞蹈队踊跃参加大兴区组织的“群众广场舞大赛”

罗奇营社区 内部设施

罗奇营社区 外景

大兴区

书　记：赵显鹏

镇　长：刘素然

广德苑社区居民读书看报，感触新区发展

亦庄镇宝善村拆迁村民选房

2010年，亦庄镇党委、政府在区委、区政府的领导下，以邓小平理论和"三个代表"重要思想为指导，"以科学发展观为统领，按照"坚持科学发展，融入新城建设，加速城市化进程"的总体目标，紧抓两区行政资源整合的契机，扎实工作，努力拼搏，积极推进全镇各项事业稳步发展。

促进产业发展，经济指标稳步提升。财政收入超1亿元，同比增长103.12%；总产值完成14.1 亿元；工业利润完成7807万元；社会消费品零售额完成7.55亿元；外贸出口交货额完成1.3亿元。

以"四有"为抓手，民生工程突显成效。一是全力推进产权制度改革工作，已有19个村推选产生了议事会组织，17村共量化资产16.7亿元，兑现集体净资产增值 3.8亿元。二是落实安置就业"有岗位"，开发就业岗位2846个，推荐成功就业476人，技能培训195人。三是积极落实社保政策，全镇2899人参保，累计发放失业救济金5万余元，投入763万元完成了温馨家园的建设。四是完善组织建设，实现撤制村党支部与社区党支部双轨运行，建立12个社区服务站，完善志愿服务队管理机制，进一步健全社区组织的激励机制和考核体系，强化社区服务功能。

确定重点项目，推进城市化建设。一是稳妥推进拆迁工作。完成X1项目拆迁工作，涉及鹿圈一村等四个村人口3799人；羊南、羊北村406户转非农民全部搬迁上楼；宝善村已全部实现补偿拆迁；完成南海子郊野公园二、三、四期清澄工作。二是投入资金3893万元用于供暖设备、道路、路灯等老旧小区基础设施的改造工程，努力改善群众生活环境。三是围绕亦庄新城建设，强化环境整治。投入1410万元用于市政环境卫生设施的改造；成立专业漂浮物清理队伍；集中开展治理整顿活动，完善了城市管理长效机制，进一步提升了城市管理水平。

加大综合治理力度，实现"平安"发展。充分发挥综治中心的作用，加大对违法违规行为的打击力度；建立和完善对流管协管员的考核与管理机制；完善安全生产台帐，层层落实安全生产责任制；建立信访问题沟通机制、领导干部大接访制度、包点制度，有效维护地区稳定。

亦 庄 镇

区委常委郭宝东到亦庄镇进行“四有”工作调研

亦庄镇“创先争优活动”系列讲座

亦庄镇举办“倡导全民参与垃圾减量分类”启动仪式

举办“建设学习型党组织，争当学习型先锋，树立廉洁自律典范”知识竞赛

亦庄镇人力资源市场现场招聘会

关注弱势群体，温暖照亮童心

亦庄镇防空防灾社会综治指挥中心

继承革命传统，重温入党誓词

亦庄镇承办大兴区“融合发展 共建新区”歌舞大赛

大众科技报“科普进社区”活动

大兴区商务委员会

大兴区商务委主任张丽英联合安监、消防等部门进行“元旦春节”安全生产检查

大兴区商务委联合安监、消防等部门进行“五一”安全生产检查

副区长常红岩带队对华堂商场等规模以上重点企业进行安全生产检查

大兴区商务委主任张丽英带队进行“十一”安全生产联合检查暨查看重点单位“防火墙”工程建设情况

程红副市长参加宜家项目奠基仪式

程红副市长调研任我在线体验店

北京市商务委李薇薇副主任调研任我在线体验店

5月份农业部和市商务委领导在第22届大兴西瓜节暨农超对接洽谈会上观看产品展示

大兴区交通局

局长：张桂海

交通局领导春节前夕到境内公交企业进行慰问

联合区消防支队，对境内公交企业管理人员及从业人员进行消防培训

组织境内公交从业人员进行安全知识考试

交通局稽查人员道路执法

大兴区交通局作为区政府负责交通运输管理的职能部门，主要职责为：

1、研究制订本地区公共交通、客货运输、汽车维修、水路和轨道交通运输行业整体发展的中长期规划并组织实施。

2、指导公共交通、水路交通运输行业的体制改革；研究制定行业管理的办法和措施，引导行业优化结构，协调发展。

3、负责公共交通、出租汽车、旅游客运、汽车租赁、小公共汽车等公共交通运输行业管理；负责本区人力三轮车客、货运输的行业管理。

4、负责本区道路运输、水路运输、以及运输服务的行业管理；负责水上安全监督的管理。

5、负责本区交通运输的组织协调。。

6、负责大兴区国防运动委员会交通战备办公室工作。

大兴机动车维修行业消防演习　　区境内公交站点乘客上下车　　新建设的兴华大街公交候车亭

榆 垡 镇

中央组织部部长李源潮到榆垡镇调研

市委书记刘淇到刘家铺梨园视察梨果业发展情况

国内知名策划公司王志纲工作室为榆垡镇发展进行策划

榆垡村村民观看沙盘

农村两委知识竞赛

榆垡镇旅游发展论坛

采摘节上欢乐的游人

改善农村环境

科·教·文·卫·体

科 技

【概况】 2010年,全区科技工作紧紧围绕区委、区政府的中心工作,按照《北京市中长期科学和技术发展规划纲要》和《科技北京行动计划》的总体要求,全面落实科学发展观,大力推进自主创新能力建设,加快高新技术产业培育,促进产学研合作和科技成果转化,科技创新在应对国际金融危机,促进全区经济社会发展上发挥了重要的支撑引领作用,推动全区科技事业取得了新的进展。

名称:北京市大兴区科学技术委员会
地址:北京市大兴区兴政街31号科技大厦
电话:69244954
邮编:102600
网址:http://www.dxlxl.gov.cn/wed/kw/

【"双百对接"活动启动仪式】 1月22日,区科委在大兴宾馆举行大兴区"双百对接"活动启动仪式,北京市科委农村发展中心、北京农科院、北京农学院、市技术交易中心、市科技协作中心、自然科学基金委员会办公室、软件与信息服务促进中心、科学仪器装备协作服务中心等市科技系统党支部代表,大兴区科委、十个对接村党支部及相关镇农业负责人等60余人参加了此次活动。

(科委)

【重大科技项目管理工作会】 3月30日,区科委在生物医药基地召开重大科技项目管理工作会,就重大科技项目资金使用、管理等涉及的财务制度、准则及项目执行中所遇到的财务问题进行了细致的解答,民海生物、以岭药业、生物医药基地有限公司、新媒体产业基地等企业参加会议。

(科委)

【联合国工业发展组织国际太阳能中心北京太阳能研发与产业基地落户大兴】 4月28日,联合国工发组织国际太阳能中心北京太阳能研发与产业基地授牌仪式在北京天普太阳能工业有限公司隆重举行,联合国工业发展组织投资与技术司司长梁丹,联合国工业发展组织驻华代表处项目调查员马健,联合国工业发展组织国际太阳能中心主任喜文华,中国农村能源行业协会太阳能热利用专业委员会主任罗振涛,北京市经济和信息化委员会副主任姜贵平、区领导谢冠超及联合国工业发展组织国际太阳能中心,北京市经信委,区科委、区发改委、区经信委等单位相关领导出席此次活动。

(科委)

【第十六届科技周正式启动】 5月18日,大兴区第十六届科技周启动仪式在大兴影剧院隆重举行。北京市科协副主席贺慧玲，人大副主任周静溪、政协副主席路志权、区政协副主席、科协主席刘月娥、区领导谢冠超，区科委、区文委等相关各委办局、街道领导参加本次启动仪式。

（科委）

【都市型果蔬科技产业示范工程项目通过验收】 7月2日，区县科技专项——“大兴区都市型果蔬科技产业示范工程”课题，专家组通过详细论证，一致同意通过验收。

（科委）

【开展农业实用技术培训活动】 10月12日，区植保植检站组织榆垡镇香营村和石佛寺村两所农民田间学校的50余名学员，针对当前生产实际开展了“番茄黄化曲叶病毒病及根结线虫病综合防控观摩会”，通过开展实用技术培训，努力提高蔬菜生产管理水平。

（科委）

【大兴区人民政府与北京石油化工学院举行《战略合作框架协议书》签字仪式】 10月27日，大兴区人民政府与北京石油化工学院举行《战略合作框架协议书》签字仪式。区委书记、北京经济技术开发区工委书记林克庆，区委副书记、区长、北京经济技术开发区工委副书记李长友，区委常委、宣传部长戴明超，副区长王荣彬、绳立成以及区科委主任王自学等相关委、办、局负责人，北京石油化工学院党委书记高锦宏、院长郭文莉等领导参加此次活动。

（科委）

【北京印刷学院科协成立】 10月29日，北京印刷学院科协成立大会暨第一次会员代表大会在教A楼报告厅隆重召开。北京市科协党组书记、常务副主席夏强出席大会并讲话，北京市科协副主席周立军宣读北京印刷学院成立科协批复，大兴区政协副主席、区科协主席、区科委副主任刘月娥，北京市科协办公室副主任张玉山，北京市科协科普部霍利民等出席。

（科委）

【科技政策法规培训班】 11月4日至5日，区科委组织开展了大兴区科技政策法规培训活动。专题讲解了国家星火计划、科技型中小企业技术创新基金的申报流程及支持领域；重点新产品计划简介、申报流程及支持领域；北京市科技计划项目(课题)管理办法和项目评审的相关政策。

（科委）

【南海子公园一期景观水处理技术集成与应用示范课题实施方案通过专家论证】 11月12日，北京市科委组织召开了“南海子公园一期景观水处理技术集成与应用示范”课题实施方案论证会，专家组听取了课题组的汇报后，对课题下一步实施给予了良好的建议。

（科委）

【全国产学研合作创新示范基地工作交流会举行】 11月27日，由中国产学研合作促进会和北京市大兴区政府共同主办的首届“全国产学研合作创新示范基地工作交流会”在本区成功举行。科技部党组成员、科技日报社社长张景安，国务院参事、中国产学研合作促进会常务副会长石定环出席会议并讲话，副区长绳立成代表区政府向参会代表致辞。

（科委）

教　育

【概况】 2010年，全区教育系统各学校、各单位以“坚持科学发展，深化教育改革、推进教育均衡，提高教育质量，办人民满意的教育，为大兴经济和社会发展服务”为主题，按照十一五教育发展规划确定的“内涵发展、人才强教、资源统筹、开放创新、均衡和谐”的工作方针，以十一五教育发展规划确定的“教育结构布局优化调整工程、加强未成年人思想道德建设工程、人才强教工程、教育质量提高工程、依法执教全面推进工程”这五大工程为抓手，改善办学条件，促进软硬件建设，圆满完成区委教育工委、区教委、区政府教育督导室2010年确定的各项工作目标。

名称：中共北京市大兴区委教育工作委员会
北京市大兴区教育委员会
北京市大兴区人民政府教育督导室
地址：北京市大兴区兴华大街3段15号
电话：69243338
邮编：102600
网址：http://jyj.dxedu.gov.cn/

【学前教育概况】 年内，全区有幼儿园62所，其中教育部门办30所，民办园20所，其他部门办12所；收托幼儿15225人（外省市4537人）；入园人数7290人，离园人数4416人；教职工718人，其中专任教师427人；其中小学附设学前班39个，收托幼儿1233人（外省市428人）；学前教育普及率91.09%。

（李永奎）

【完成幼儿园验收工作】 年内，区教委学前教育科组织区级验收小组，对12所幼儿园（两所市立园、两所民办园、8所中心园）进行平均六轮的全面视导工作。每轮视导工作均有重点，举行阶段总结与园所活动开放。组织所有验收园园长、业务园长和部分骨干教师参观房山城关幼儿园。最终实现6个“双一园”（2个民办园、2个直属园和2个中心园）、1个“一级园”和5个中心园进入级类管理工作。年内，大兴区镇中心园全部进入北京市幼儿园级类管理范畴，其中35%达到一级办学水平，实现市区两级学前教育规划指标。至此，北京市示范园达到3所，一级一类园达到15园4所。

（李金艳）

【基础教育概况】 2010年，大兴区有小学92所，教学班1258个，在校生40087（外省市17728人），招生6999人（外省市3599人），毕业6592（外省市2600人）；教职工3633人，其中专任教师3079人；小学入学率100%，巩固率99.4%，毕业及格率100%。中学38所，其中初中校21所，完全中学10所，高中校2所，九年一贯制学校5所；教学班819个（初中561个、高中258个）；毕业生8576人[初中5902人（外省市650人）、高中2674人（外省市45人）]；招生9517人[初中6393人（外省市2067人）、高中3124人（外省市337人）]；在校生28670人[初中18871人（外省市4649人）、高中9799（外省市641人）]；初中入学率100%，巩固率99.9%，毕业及格率100%；高中入学率51.71%，毕业及格率90.49%，应届高考录取率81.12%；教职工4331人，其中专任教师3292（初中2201人、高中1091人）。中小学教师学历合格率99.99%，其中，小学教师学历合格率99.3%，初中教师学历合格率99.99%，高中教师学历合格率100%。中小学市级特级教师人数13人，其中，小学特级教师人数5人，中学特级教师人数8人。中小学教师具有高级专业技术职务的906人，其中，小学28人，中学878人。特殊教育学校1所，教学班7个，毕业生4人，招生6人，在校生46人（外省市6人），教职工28人，其中专任教师20人；残疾儿童入学率98.4%。校外教育单位1个，教职工82人，其中专任教师31人。教师进修学校1所，教职工197人，其中专任教师157人。全区中小学图书馆藏书2166626册；校舍占地面积2751410平方米，建筑面积

972892 平方米;固定资产总值 62126 万元;全年教育经费投入 154546.2 万元,其中国拨 110750.1 万元,自筹 43796.1 万元。

(李永奎)

【举办大兴区中小学生田径运动会】 3 月 25 ~ 26 日,区教委和区体育局共同主办“2010 年大兴区中小学生田径运动会”。全区 77 所学校的 888 名中小学生运动员参加比赛。比赛角逐出 8 组 104 个项目的金牌。1 人破 1 项最高纪录,5 人破 5 项区运动会记录。榆垡镇第二中心小学、长子营第一中心小学、庞各庄第二中心小学、采育镇第一中心小学、体校、亦庄第一中心小学获得区镇小学组团体总分前六名;大兴三小、大兴五小、大兴二小获得区直属小学组团体总分前三名;长子营中学、太和中学、体校、安定中学、采育中学、青云店中学获得区镇初中组团体总分前六名;大兴七中、大兴一中、大兴三中获得区直属初中组团体总分前三名;兴华中学、大兴一中、首师大大兴附中、北师大大兴附中、大兴五中、榆垡中学获得高中组团体总分前六名。

(李永奎)

【初三毕业生中考体检】 3 ~4 月,区教委完成初三毕业生体检工作。中招体检首次实行网络化体检,先期对参检人员进行业务培训;在体检工作中,做好质量控制。经过统计,共计完成 5614 人体检工作,其中完全合格人数 1490 人,基本合格人数 3988 人,不合格人数 136 人,分别占学生体检总人数的 26.54%、71.04% 和 2.42%,其中因视力不良受限的人数为 3849 人,占基本合格人数的 96.51%;因视力不合格的人数为 101 人,占不合格人数的 74.26%。

(李永奎)

【中小学校舍安全抗震加固改造】 6 ~8 月,区教委对中小学校舍进行安全抗震加固改造。完成 23 所学校 29 栋楼房的整体加固(8.4 万平方米)及 24 所平房校的整体翻建(4 万平方米)。已竣工面积占三年规划总面积的 55%,在全市各区县中排名第二。区教委调整教学计划保证工期。小学、中学分别于 6 月 20 日、6 月 28 日进场施工,8 月 30 日施工完毕撤场。

(李金艳)

【一中田径队全国比赛获奖】 8 月 10 ~ 13 日,全国中学生田径锦标赛在黑龙江省牡丹江市举行。大兴一中 8 名运动员组成代表队参赛获奖。取得三枚金牌、三枚银牌、一枚铜牌和男子甲组团体总分第二名的成绩。包揽男子 5000 米前三名、初二学生关亚欣夺得两枚金牌。教师战东林被评为本届比赛优秀教练员、关亚欣获优秀运动员称号。学校代表队被授予“体育道德风尚奖”。本届运动会来自全国 110 余所学校的 2000 余名运动员参加比赛。

(李金艳)

【北京市中学生田径运动会创佳绩】 10 月 20 日至 21 日,由北京市教育委员会、北京市体育局主办,北京市学生活动管理中心、丰台区教育委员会承办、丰台体育中心协办的“北京市中学生田径运动会”在丰台体育中心体育场举行。区教委在组织好本区传统校运动会基础上做好选拔、组队、训练等各项工作,选拔出 24 名高中学生组成大兴区代表队参加比赛。代表队经过顽强拼搏,获郊区组团体总分第三名,获奖牌 18 枚。其中,金牌 5 枚、银牌 8 枚、铜牌 5 枚。大兴区代表队获“优秀组织奖”。

(李金艳)

【职成教育概况】 2010 年,全区有公办职业高中 2 所,开设专业 27 个,教学班 129 个,在校生 6441 人(外省市 5244 人),招生

2131人,完成招生计划116%,毕业生2895人,学生就业率99.72%,参加高考录取率100%;教职工601人,其中专任教师451人,学历合格率99.8%,具有高级专业技术职务107人,中级专业技术职务183人;图书馆藏书124769册;校舍占地面积210960平方米,建筑面积196651平方米,固定资产总值13703万元;全年教育经费11205.4万元,其中国拨7024.5万元,自筹4180.9万元。全区共有各级各类成人学校521所,其中成人综合院校——社区学院1所,开设专业8个,在校生3110人,招生991人,毕业701人,教职工100人,其中专任教师77人,教师合格率90%,具有高级专业职务13人,中级36人。镇成人学校14所,村成人学校506所,全年培训208703人次。社会力量办学128所,在校生147265人,全区成人学校图书馆藏书312637册;校舍占地面积177755平方米,建筑面积52580平方米,固定资产总值2372万元;全年教育经费投入2337.6万元,其中国拨1082.5万元,自筹1255.1万元。

(李永奎)

【小学规范化建设工程督导验收】 年内,由区政府教育督导室牵头,会同区教委组成检查验收组,依据《大兴区小学规范化建设工程学校督导验收方案》,对11所中心(直属)小学和11所完小进行督导验收工作。坚持做到软件建设和硬件建设并重。把督导检查验收过程作为促进学校内涵发展、推动全面实施素质教育的过程,强化指导、服务功能,增强学校规范办学、自主发展的内驱力。不断加强和改进评价信息搜集工作。通过到每所学校与领导干部、部分教师进行个别访谈,召开部分学生座谈会,察看教学仪器设备的配备、管理、使用情况和校园环境,查阅相关工作档案资料,进行部分家长问卷调查,深入课堂听课6~7节等,力求获取满足评价所需要的信息。积极探索将学生能力发展情况作为评价教学质量的重要内容。结合督导评价指标体系,以课程标准为依据,在以往对学生动手实验、信息技术、审美能力和体质健康达标情况抽样检测的基础上,年内增加工具书使用测试内容。

(李永奎)

文化文物

【概况】 2010年,区文委按照区委"高举旗帜、围绕大局、服务人民、改革创新"的总要求,结合市文化局开展"群众文化年"的部署,始终坚持文化工作贴近实际、贴近生活、贴近群众,着力加强和推进创意文化、群众文化、精品文化、传统文化建设,促进全区文化工作初步形成了大发展大繁荣的良好局面。

名称:北京市大兴区文化委员会

地址:北京市大兴区黄村兴华路清澄名苑31号

电话:81296737

邮编:102600

网址:http://www.dxlxl.gov.cn/wed/wwnew

【第20届农民艺术节开幕式】 1月16日,大兴区第20届农民艺术节开幕式在大兴剧院举行。市文化局副局长王珠、市文化局社会文化处处长张凤友、区委常委、宣传部长戴明超等市区领导出席了开幕式。本届艺术节以"人文·活力·和谐"为活动主题,围绕"展现城乡和谐、歌唱美丽乡村"举办了原创歌舞大赛、青年歌手大赛、戏迷票友大赛、合唱大赛等一系列活动。

(崔冬明)

【剧院3D设备安装调试完成】 1月,大兴剧院大剧场3D设备安装调试完成,于25日正式放映3D电影《阿凡达》。在郊区当属首家。

(杨 川)

【印刷企业审核登记】 2月1日至5月19日,对全区印刷企业进行了年检审核登记工作,通过年检审核的有203家,暂缓审核登记1家。

(任志英)

【6·26禁毒日宣传活动】 6月26日,区文委行政执法队在清城世纪联华设宣传台,发放宣传材料200余件,接受群众现场咨询100余人次。

(刘 宁)

【打击非法游戏紧急行动】 8月13日至23日,区文委对全区网吧、音像店、电子出版物市场进行排查。于8月16日至18日又联合公安、城管等部门对早市、无照游商进行了查缴和取缔,共检查音像店36家、出动车次36次、出动人员162人、纠正违规经营行为11次、取缔1家、收缴盗版电脑软件500张,无光盘来源识别码的光盘2.2658万张,共计2.3158万张。

(刘 宁)

【营造地铁大兴线沿线艺术氛围】 年内,区文委完成地铁大兴线艺术品方案设计、制作、安装工作,并借鉴奥运雕塑工作经验,成立地铁大兴线艺术委员会,实现全程监制验收。地铁大兴线11个站点中9站设置艺术品,艺术品总面积达400多平方米。通过多种艺术形式的壁画,多角度全方位挖掘、展现大兴富有悠久历史和现代特点的文化内涵,提升了城市文化品质,得到了市规委、城雕办、地铁建管公司专家委员会和区委区政府领导的充分肯定。

(王 伟)

【稳步推进基层文化建设】 年内,益民书屋建设实现了全覆盖,并通过检查验收。完成193个益民书屋建设,补充建设未达标的益民书屋149个。为新建益民书屋配备500余类1700册图书、100多种音像制品,总价值4.4万元。10月开始通过邮局直接为每个益民书屋配送报纸5种,刊物29种。11月底193家益民书屋设备设施全部到位,并正式接待读者。

(王 伟)

【文工程后续设备维护加强】 年内,区文委积极争取专项资金,对527个村级文化信息资源共享工程设备及电脑、电视进行了维护,确保信息资源传递快捷到位,为广大农民及时获得各类所需信息提供了技术支持。数字影厅建设实现了村村有的目标。完成241个农村数字影厅座椅安装、配送的验收工作。全区数字电影设备保有量达到571套(其中,流动设备17套、固定设备554套),实现行政村数字影厅全覆盖。

(王 伟)

【演出任务顺利完成】 年内,继续在全区组织开展农村“文艺演出星火工程”和“周末剧场演出计划”工作。“文艺演出星火工程”演出任务全部完成,市属专业院团演出527场,业余团队演出1054场,观众人数达30万人。“周末剧场演出”完成44场,观众达5万余人。“文艺演出星火工程”和“周末剧场演出计划”,为群众观赏高水平的文艺演出提供了条件,较好地满足了群众追求和享受高雅文化艺术的精神需要。

(王 伟)

【支持新农村文化建设】 年内,向市财政争取专项资金416万元,为长子营等6个镇的19个扩建、新建公共文化服务中心,采购功率较大、效果较好的音响设备。组织有关部门和单位进行了农村文化设施设备管理与使用情况的调研。共完成对554个村级数字影厅、513个文化信息资源共享工程基层服务点、243个益民书屋设施设备管理与使用情况的调查分析,为加大对农村基层文化建设、扶持、管理力度,建立良好的监管机制创造了条件。对全区益民书屋、文化信息资源共享工程基层服务点466名管理员进行了全员培训,提高了管理能力和水平,为更好地发挥基层公共文化服务中心的作用打下了坚实基础。

(王　伟)

【举办全区性文化活动】 年内,围绕"春节"、"元宵节"、"西瓜节"、"春华秋实"、"农民艺术节"等传统节庆日,安排经费699万元,组织举办了共19项规模宏大、内容丰富、形式多样、水平较高、反响良好的节庆文化活动。

(王　伟)

【区图书馆建设成果显著】 全年共办理"一卡通"读者卡4020个,借阅人次达到11.9117万人,书刊流通册次27.3789万册。举办读者活动87次,参加人次达到4.4997万人。送书下乡120次,配送图书4.7296万册次。出版内部交流材料《颂歌》 暨2009年度3个主题征文汇编及《兴图资讯》双月刊。

(王　伟)

【大兴剧院积极拓展业务】 全年共接待观众12.2444万人次,比上年增长15.82%,在新影联院线排名第22位;上座率、场均收入仅次于中国电影博物馆排在第二名,年内获得票房成绩突出奖。承接区内电影放映和会议场次渐多。与区纪委、组织部合作放映了影片《老百姓是天》、《第一书记》等,协助各委办局、企事业单位在剧院组织放映20余场。承接区级会议19场。引进承接大型文艺演出收效大。邀请中国杂技团演出杂技晚会《杂技魅影》、中国评剧院演出评剧《杨三姐告状》、中国木偶剧院演出儿童剧《喜洋洋与灰太郎之记忆大盗》。与何云伟、李菁等知名相声演员合作举办了《笑在金秋相声专场》。承办了由国家文化部主办的全国京剧优秀剧目展演活动,共接待各省、市的9支院团、7个剧目的14场演出,观看人次达到了1.4万人。

(王　伟)

【新华书店业务和服务】 年内,主业经营收入大,共销售码洋827万元,同比增加销售35万元。做好图书展销和服务"三农"工作。坚持图书展销和送书下乡,到采育镇、新安劳教所等单位图书展销共20多次,收到很好的经济和社会效益。

(王　伟)

【严格依法行政和执法】 年内,按照市主管部门通知要求,再次对行政许可事项进行了清理,取消了5项涉及文物工作的行政许可事项,并在文委网站上及时进行了调整。行政许可受理窗口全年共受理行政许可事项64件,办理即办事项276件,接待群众咨询3702人次,没有发生一起超时审批和投诉现象。

(王　伟)

【加强执法检查】 年内,共检查各类文化经营单位1309家(次),其中包括:网吧338家、歌舞娱乐场所213家、电子游艺场所22家、演出活动10家、卫视单位22家、印刷企业384家、图书店102家、音像店187家、文物保护点40次。出动执法人员4308人(次),执法车辆1309辆(次),纠正违规437次;取缔无证经营场所(摊点)36处。全年共受理举报64件,其中市"扫黄打非"办举报中心转来39件,区内举报25件。立案22件,结案22件,罚款共计人民币12.35万元。没收非法音像制品9547张。

(王 伟)

【加大文物的保护力度】 年内,全面展开谢氏墓修缮工作,完成委托施工方设计施工方案、竞标,并于8月开始全面施工。吸收大量社会资金,完成火神庙围墙、东配殿、东耳房的修缮工程。年内为安定东白塔清真寺等三个区保单位进行了消防水改造、消防器材的配备和线路改造。为南海子公园建设博物馆和碑林做了大量准备工作。完成了10余处不可移动文物的定位、拍照、测量、录入等补充工作。完成大兴文物图录的整体编写工作准备出版。

(王 伟)

广播电视

【概况】 2010年,大兴区广播电视中心在大兴区委、区政府和北京市广播电影电视局的正确领导下,认真贯彻落实宣传思想文化工作部署,全力配合区委提出的"坚持科学发展,走城乡一体化道路,建宜居宜业和谐新大兴"的战略思想,以"内容创新工程、品牌塑造工程、事业保障工程、理论研发工程"为突破口,全面提升发展质量,充分发挥广播电视网络等宣传媒介的作用,实现"提升能力、增加手段、扩充阵地"的目标,做大做强广播电视事业产业,为大兴各项事业的发展提供了必要的思想保证、舆论支持、精神动力和文化条件。

名称:北京市大兴区广播电视中心

地址:北京市大兴区兴政街7号

电话:69244977

邮编:102600

网址:http://www.zhhxw.com

【城南行动】 年内,区广电中心加大对"城南行动计划"的宣传报道,除了常规性的新闻报道外,还在《大兴新闻》栏目中开设《城南行动在大兴》、《地铁到我家》等系列报道,进行深入的政策解读,加强了深度报道,加大社会各界对城南行动计划的认识、了解的同时,更能让大家都自觉地参与到这项行动计划中,为之贡献自己的一份力量。

(王开余)

【城镇建设】 年内,区广电中心在新闻栏目中开办《拆迁工作访谈录》、《依法拆违利国利民》、《政府拆迁不让老实人吃亏》、《拆迁住楼房生活新展望》等多个系列报道,集中力量为区委、区政府拍摄、制作《南城奇葩:北京南海子公园》、《砥柱——大兴区拆迁工作纪实》等大型电视专题片,记录了大兴2010年发展中的大事喜事。

(王开余)

【平安大兴】 从1月25号开始,区广电中心在新闻栏目中举办《平安大兴》系列报道。另外栏目从8月份开始加大了对交通不文明现象的曝光力度,每周至少三次记者观察,曝光不文明现象,经过近两个月的连续报道,在行人闯红灯方面取得了一些效果。同时也加强了对占道经营、非法运营等社会面综合治理的报道力度。

(王开余)

【广播改版】 年内,区广电中心广播节目全新改版,运用新的传播技术和新的传播渠道,在北京区县率先实现了网络视频直播。广播节目与网络联动,产生新的娱乐方式和新的节目形态。

(王开余)

【举办讲座】 年内,区广电中心邀请江苏广播电视总台城市频道品牌管理部主任徐明、中央电视台《焦点访谈》、《新闻调查》播出主管孙金岭、山东齐鲁电视台总编室主任魏巍、悠视网总裁助理王健等业界精英,就当前广电业、新媒体技术等领域的热点问题进行讲解,提高全体人员的前瞻意识和实战能力。

(王开余)

卫　生

【概况】 全区有5个街道办事处,14个镇,119个社区居民委员会,527个村民委员会,常住人口136.5万,户籍人口59.1万,有卫生机构480家(不含245家村卫生室),其中非营利性医疗机构303家,营利性医疗机构169家,其他卫生机构8家。有卫生人员9130人,其中卫生技术人员7372人,包括执业(助理)医师2942人,注册护士2639人,实有床位4434张。平均每千人口(常住)拥有卫生技术人员5.40人,执业(助理)医师2.16人,注册护士1.93人、实有床位3.25张。

名称:北京市大兴区卫生局

地址:北京市大兴区兴政街17号

电话:69244335

邮编:102600

网址:http://www.dxws.cn/wed/wsj

【生命统计】 全年出生人口4232人,出生率7.06‰;死亡3591人,死亡率5.99‰;自然增长数641人,自然增长率1.07‰;因病死亡人数3425人,占死亡总人数的95.38%。本区人口期望寿命80.01岁。前十位死因顺位依次为:脑血管病,心脏病,恶性肿瘤,呼吸系统疾病,损伤和中毒,内分泌、营养和代谢及免疫疾病,消化系统疾病,泌尿生殖系统疾病,神经系统疾病,传染病。

(施春杰)

【卫生改革】 年内,启动医疗卫生服务共同体试点,区人民医院、亦庄医院、旧宫镇中心卫生院和榆垡镇中心卫生院4家医疗机构加入北京大学人民医院医疗卫生服务共同体,借助北京大学人民医院资源优势,提高本区医疗机构管理水平和服务能力。加强中医药龙头单位建设,推进广安门医院管理区中医医院进程,建设中医传统治疗区及中华名医墙,对中医医院门诊楼进行装修改造。落实双向转诊和中医专家巡诊制,提高基层卫生技术人员中医药服务能力。落实绩效管理政策,以岗位设置管理为基础,22家公共卫生机构和基层医疗卫生单位实行绩效工资,人员待遇大幅提升。完善绩效考核工作机制,加强绩效考核工作力度,在基层医疗卫生单位初步建立起以服务质量、服务数量和群众满意度为核心的绩效考核机制。

(施春杰)

【社区卫生】 年内,完善社区卫生服务网络,对接亦庄开发区3家社区卫生服务站。不断完善社区卫生服务内涵建设,开展社区卫生服务机构与大型医院预约转诊服务,引导社区居民有序就医;规范健康档案管理,提高电子健康档案建档率。开展老年患者优待服务,接诊69万人次,免收门诊挂号费36万人次18万元。对1000名居民开展脑卒中筛查及干预。培养慢性病防治家庭保健员2006名,规范慢病管理,管理高血压等四种慢病4.21万人。开展岗位培训,全年共有182人取得合格证书,其中39人取得全科医师证书,59人取得社区护士证书,14人取得防保医师证书。举办5次社区全科医生公益性培训,共培训社区医生553人次。加强社区信息化建设及常规数据监测,组织相关培训5场,共142人次。全区34名社区卫生服务机构人员参加市级社区卫生管理干部培训,取得了培训合格证书。积极落实市级中医药"回归扎根"工程,完成48名中医类别全科医师培训工作。

(施春杰)

【农村卫生】 年内,全区有村卫生室245家,全部为村级办,乡村医生269人,诊疗247680人次。为446名符合换发条件的执业乡村医生换发新《乡村医生执业证书》;对403名在岗执业注册乡村医生进行了考核;乡村医生岗位培训362人。落实388名承担公共卫生任务乡村医生的岗位待遇。按照2010年按照《关于补充办理乡村医生城乡居民养老保险工作的通知》,经过充分宣传和遴选,为117名符合办理条件的乡村医生补办了参保手续。

(施春杰)

【新型农村合作医疗】 全年,全区参合29.49万人,参合率97%,筹资水平达到每人520元,个人负担60元,市区两级政府负担460元。共对8.5万人次进行医药费补偿,共计补偿16613.7万元,补偿5000元以上的8432人次,补偿金额9730.3万元。住院补偿率64%,与上年度基本持平。

(施春杰)

【传染病防治】 年内,全区无甲类传染病发生。报告法定传染病20种9001例,发病率1011.35/10万,其中乙类传染病2041例,发病率229.33/10万,丙类传染病6960例,发病率782.02/10万。报告性病病例284人,发病率为33.18/10万;报告艾滋病病毒感染者和患者55例,发病率6.43/10万。处理犬咬伤人员13739人,接种狂犬疫苗和抗狂犬病血清/球蛋白124549人次。举办"大兴区2010年肠道门诊工作培训会",成立两支传染病疫情处理小分队,在区人民医院、北京仁和医院设立腹泻病监测点,开展多病原监测,采样344件,检出56株痢疾杆菌;开展"急性肠道感染"食品及外环境监测工作,采样监测1190件。高频次对手足口病疫情进行分析,调查重症病例58例(死亡1例),停班35个,停园6所,未发生手足口暴发疫情。按照北京市季节性流感疫苗接种工作统一部署,共接种流感疫苗103530人。诊断结核病人259例;新生儿卡介苗接种13362人,门诊PPD监测试验人数5824人,大学一年级学生PPD监测11599人。

(施春杰)

【地方病防治】 年内,本区开展枯水期水氟含量监测,共采样64件,水氟合格62件,合格率97%。丰水期水氟含量监测,共采样64件,水氟合格63件,合格率98%。开展碘盐监测,宾馆饭店、托幼机构、中小学校等单位监测合格率96%;居民户碘盐监测合格率100%;开展育/孕龄妇女尿碘含量及甲状腺肿大发病情况监测:孕妇尿碘合格率52%,育龄妇女尿碘合格率61%,甲状腺肿大率为0%。

(施春杰)

【精神病防治】 年内,全区有精神病患者2553人,其中重性精神病1883人。全年免费给药458人,访视病人12276人次。开展全国重性精神疾病管理治疗项目,年内入组筛查1360例,随访病人5436人次,免费投药458人,应急处置30例,紧急住院治疗33人。

(施春杰)

【学校卫生】 年内,对全区77所中小学校开展学校学生常见病防治、传染病防控工作指导。组织开展对全区学校校医、保健老师的业务培训2场,内容涉及学校常见病防治、学校传染病管理,慢性病干预,合理膳食等。开展"小手拉大手,全家关注腰围"的活动,向全区94所小学(包括村小学)发放"健康腰围尺"四万余个,覆盖率达到100%。开展"我的视力我做主,健康用眼每一天"——爱眼日记保护视力活动,结合"5·31世界无烟日"开展"拒吸第一支烟"签名活动和"我要健康成长·我爱无烟环境”主题绘画征集活动等系列活动，结合“9·20爱牙日”开展口腔保健宣传活动。开展学校物质环境卫生学监测，覆盖率达到100%。开展大兴区学生健康监测、2010年北京市大兴区学校传染病管理监测、2010年北京市大兴区青少年健康危险行为监测、2010年北京市大兴区学校控烟工作效果评估及中小学生烟草使用行为和相关因素监测工作。积极筹备迎接2010年《北京市学校卫生防病工作规划(2006~2010年)》终期考评工作。

（施春杰）

【慢性非传染性疾病防治与管理】 年内，本区继续开展高血压、糖尿病、超重肥胖规范化管理工作和慢病综合干预项目；开展“全民健康生活方式行动”，在青云店镇政府、青云店镇政府食堂和青云店镇大东社区开展示范创建活动；开展“2010年脑卒中筛查与防控项目”；完成“全国慢性病预防控制能力问卷调查”。

（施春杰）

【计划免疫】 年内，全区预防接种建卡合计36522人，建卡率均100%。卡介苗接种率98%，脊灰疫苗99.96%，百白破99.98%，麻疹99.93%，乙肝疫苗99.85%，风疹99.93%，流腮疫苗99.91%，乙脑疫苗99.98%，流脑疫苗99.82%。

（施春杰）

【公共卫生监测与评价】 年内，全区接触有毒有害因素单位共1875家，接触有毒有害因素人数30796人。2010年共对65家存在职业病有毒有害因素单位开展检测，其中检测点数670点，检测件数2649件，合格数2333点，合格率88.1%。开展建设项目职业病危害控制效果评价3个。职业健康体检单位241个6259人。接报职业病发病报告51例，尘肺病例6例(新病例5例)。对60个有毒有害因素单位的284名从业人员进行了培训。

（施春杰）

【健康教育与健康促进】 年内，全区开展对健康促进学校、医院、示范村、健康社区督导。申报健康示范村8个，健康社区6个，开展培训1次，累计参加100人次。36所学校通过市级健康促进学校验收，对已挂牌、缓验及新申报学校共66所67个校区开展了健康促进学校工作指导。推进6所二级医院申报市级健康促进医院。大兴区CDC和林校路街道办事处被列入2010年工作场所健康教育示范点，开展了控烟工作培训。年内，发放宣传品24种，计125983张；开展培训6次，计810人次；开展区级宣传咨询活动16次，参与人数2070人；以基层单位、社区站医生为主要师资，开设健康知识讲座193次，参与人数6999人。在大兴报和法制晚报刊登防病科普知识文章22篇。

（施春杰）

【公共卫生专项检查】 全年共办理许可事项1767户，其中新办655户，延续954户，变更158户。开展了学校食堂、工地食堂、轨道交通工地食堂、餐具集中消毒、大型商场集中空调专项、农村饮用水、游泳场馆专项等公共卫生专项整治行动，共30余项。监督餐饮服务单位10158户次，行政处罚226起，罚款46.9万元；评审食品量化分级单位1826个，其中A级89个、B级867个、C级870个；监督公共场所2023户次，行政处罚25起，罚款1.18万元；完成290个公共场所量化分级，其中A级22个、B级151个、C级117个；完成游泳场馆100%、住宿场所100%、沐浴场所20%的量化分级评审任务。监督生活饮用水442户次，行政处罚0起；共完成食品抽检653件，合格631件，合格率96.63%；公共场所抽检180件，合格179件，合格率

99.4%;生活饮用水抽检78件,合格59件,合格率75.64%,不合格指标主要为细菌总数和大肠菌群。现场快速检测180件,合格率100%。

(施春杰)

【医疗卫生专项检查】 年内,全区开展医疗机构血液透析和临床用血安全、肠道门诊和麻疹疫苗接种、临床试验室、打击违法发布医疗广告、消毒产品等专项检查6次。监督医疗机构1097户次;传染病与消毒614户次;母婴保健26户次;血液管理31户次。实施行政处罚38起,罚款9.82万元。共受理非法行医投诉案件153件,结合日常监督取缔非法行医221户次,依法收缴非法药品5000余公斤,医疗器械240余件,立案处罚24户次,已经缴纳罚款11户,罚没款4.7785万余元;并向公安局移送2起非法行医刑事案件。

(施春杰)

【公共卫生投诉举报】 全年共接各类投诉举报276件,处理率100%,处理及时率100%,反馈率100%,未发生群众上访事件。

(施春杰)

【大型活动卫生保障】 年内,完成春节、“2010年大兴区人大、政协”、“第二十二届北京大兴西瓜节”、“大兴区桑椹节”、“2010年度普通高校招生考试”、“北京高校学生军训基地”、“五一、端午小长假”、“中秋、国庆节”等重大活动卫生监督保障工作10余项。

(施春杰)

【卫生监督人员培训】 年内,组织突发事件调查处理程序、《餐饮服务监督管理办法》、医疗机构执业规范、非法行医现场处理要点、公共场所量化分级管理要点等知识培训20余次。

(施春杰)

【爱国卫生】 年内,认真落实《健康北京人——全民健康促进十年行动规划》,深入开展爱国卫生运动。整合健康教育师资队伍,按照“统一培训、统一安排、统一考核”标准,建立“大兴区健康教育师资库”,深入农村、社区开展健康教育与促进活动460余场、受众6万人次。加强病媒生物防制和公共场所禁止吸烟工作。新建扩建3座联村水厂,改造10座单村水厂;结合新农村建设,加大农村改厕工作力度,完成1.62万座户厕改造任务。

【妇女保健】 全年,全区孕产妇4686人,产前检查率99.62%,建册率99.51%;高危孕产妇发生率49.81%,管理率100%;住院分娩率100%;产后访视率98.14%;孕产妇系统管理率97.87%;围产儿死亡率5.27‰。强化危重孕产妇管理,制定产科质量管理规定,成立产科质量管理专家委员会,畅通区内危重孕产妇转会诊绿色通道。推广妇幼保健综合信息系统,管理儿童7708人,孕妇7142人。流动人口妇幼保健服务试点项目已进入终期评估阶段。亦庄医院二级助产机构通过市级考核验收。为2257名孕妇免费发放叶酸,农村孕产妇住院分娩补助1579名。

(施春杰)

【儿童保健】 年内,全区儿童保健覆盖率100%,儿童系统管理26833人,管理率97.38%;体弱儿管理率100%;新生儿疾病筛查率99.44%,访视率97.61%,听力筛查率100%;新生儿母乳喂养率96.83%,6个月内母乳喂养率95.04%,6个月内纯母乳喂养率78.09%;新生儿死亡率1.69‰,婴儿死亡率3.39‰,5岁以下儿童死亡率4.45‰。

(施春杰)

【计划生育技术管理】 年内,完成全区15家助产机构复验;对37名新申请助产技术服务人员颁发母婴保健技术考核合格证,对19名新申请计划生育技术服务人员颁发母婴保健技术考核合格证,对1家新申请计划生育技术服务机构颁发母婴保健技术执业许可证。

(施春杰)

【女工保健】 全年为690人提供婚前医学检查,婚前医学检查率4.19%,婚前医学检查疾病检出率15.94%;妇女病普查率66.54%,妇女病患病率29.72%。

(施春杰)

【医疗工作】 年内,完善医疗质量管理专家委员会,修订医院医疗质量评价标准,开展两轮医疗质量检查。加强8个区级重点学科建设,周期3年,每学科每年给予8万元资金支持。辖区7家二级医院开通电话预约挂号服务。全年诊疗689.59万人次,其中门诊560.69万人次,急诊59.70万人次,观察室留观11.54万例,健康检查33.43万人次;急诊抢救11412人次,住院危重病人抢救859人次;住院81397人,出院81099人,病床使用率76.61%,治愈率49.6%,好转率45.01%,病死率1.35%。二级医疗机构出入院诊断符合率99.72%,住院病人手术30039人次;住院手术30039例,住院手术前后诊断符合率99.76%,病理检查与临床诊断符合率84.85%。健康检查33.43万人。

(施春杰)

【院内感染管理情况】 年内,将医院感染管理作为全区医疗质量检查的重点内容,全年开展检查2次,并就结果进行了及时反馈;开展医疗废物自查、检查和互查工作,强化各医疗机构安全责任意识,提高医疗废物、医院感染管理整体水平。

(施春杰)

【病历质控情况】 年内,举办"《中华人民共和国侵权责任法》与《病历书写基本规范》培训班",培训150人次;开展病历质量评比活动,评选出二级医院获奖病历28份,一级医院获奖病历16份。

(施春杰)

【护理工作】 年内,重点开展"以夯实基础护理,提供满意服务"为主题的"优质护理示范工程"创建活动;简化护理文件书写内容,推行表格式护理文书;召开"5.12"护士节表彰大会,对全区15个"护理工作先进集体"、72名"优秀护士"予以表彰;83人获卫生部"护龄30年荣誉证书、证章";举办全区护理管理培训班,培训护理骨干150余名。

(施春杰)

【医疗卫生对口支援】 年内,结合医德医风建设,严格监管措施,深入开展对口支援基层医疗卫生服务。将到基层医疗机构服务情况作为职称晋升、岗位晋级的基本条件,二级医院、疾控中心等单位1068名中级以上职称医务人员累计支援基层医疗机构2.29万天,抢救危重病人184人、帮助基层单位开展新业务7项、门诊诊疗2.95万人次。

(施春杰)

【血液管理】 年内,重新核定应急无偿献血志愿者队伍成员信息,建立3269人的应急队伍。加大对区内用血医疗机构、街头采血点的监督检查力度。全年街头自愿无偿献血共计12333人,献血量达23255单位,团体无偿献血1379人,献血量1866单位。办理用血报销69人次,232单位,报销金额49820元。2010年临床用血总量达15598.5单位。

(施春杰)

【麻醉药品、第一类精神药品购用印鉴卡管理情况】 年内,完成麻醉药品、第一类精神药品购用印鉴卡审批2起,办理印鉴卡变更

4起,办理项目9项;组织开展麻醉药品和第一类精神药品医师处方权资格培训和考核工作,为127名培训考核合格的医师授予麻醉药品和第一类精神药品医师处方权资格。

(施春杰)

【医疗设备】 年内,全区医疗设备总资产37756.62万元,本年度新增万元以上设备352台(件)。

(施春杰)

【医学教育和人才培养】 全年共送出进修骨干95名,住院(专科)医师培训人员36名,社区卫生服务康复、口腔等七个专业人员骨干7人,全科医生转岗培训6人,中医类别全科医师转岗培训48人,培养基层医疗机构临床体格检查骨干师资72人,在岗培训基层医疗卫生机构人员4.66万人次。

(施春杰)

【科研工作】 全年,全区43个科研项目在研,3项获批首发基金,共申报市卫生局适宜技术推广项目3项。

(施春杰)

【财务管理】 全年,全区卫生事业费上级拨款36993.18万元,支出33519.67万元;业务收入111435.51万元,业务支出107236.61万元。

(施春杰)

【基本建设】 年内,完成卫生三合一工程外装修;改造8家医疗卫生机构污水处理系统。

(施春杰)

药品监督管理

【概况】 2010年,药监大兴分局在市局党组和区委区政府的正确领导下,全面贯彻执行党的十七届四中、五中全会精神,按照"严格准入、科学监管、依法查处、辖区责任"的方针,牢固树立"法治、人文、学习、和谐"药监的工作理念,在保障药品安全,坚持科学监管,加大净化市场力度,实现监管有力有效等方面做了大量的工作。组织开展了部门联动、专项整治、基础建设、社区宣传等各项工作。

名称:北京市药品监督管理局大兴分局

地址:北京市大兴区黄村西大街26号

电话:69202133

邮编:102600

邮箱:lmh1625@126.com

【打击黑诊所黑药店专项检查】 全年,累计出动执法人员1232人次,完成了全区14个镇、5个街道办事处全覆盖的专项治理工作。取缔黑诊所1户次、成人保健用品店无证经营药品6户次。发放《不得违法经营药品的告知书》350张,张贴《违法经营使用药品医疗器械保健食品告知书》21张,查没违法经营药械、保健品货值金额8万余元。

(药监分局)

【开展阿胶产品专项检查】 年内,分局向25家一级以上医疗机构和有关企业下发了专项检查通知,要求各医疗机构和企业进行自查并上报分局。经检查,未发现辖区内有使用标识为"河北永丰药业有限公司"生产的阿胶及其制品。

(药监分局)

【规范审批行为】 截至11月底,分局共受理行政许可事项673件,其中:受理药品新办筹建等材料354件,目前辖区有药品零售企业499家,批发企业5家;受理医疗器械新办企业164件,目前辖区共有医疗器械2、3类生产企业98家,经营企业711家;受理核发保健食品经营卫生许可证155件,目前辖区保健食品生产企业16家,经营企业348家;化妆品生产企业15家。在行政审批工作中未发生超时限审批的情况,实现了行政受理零投诉,群众满意率100%。分局在大兴区行政服务中心设立的服务窗口多次被评为“红旗窗口”。

(药监分局)

【依法行政加强监督】 年内,分局对14批次抗病毒类药品进行了监督抽验,对检验不合格的“咳特灵”药品按劣药给予了行政处罚。加强了对辖区抗病毒药物、医疗器械和防护用品的动态监测,实施每日信息报告制度,每日上报辖区重点品种的库存数量和销售数量,并设定企业库存基数,根据市场供应变化,要求各企业积极组织货源,全力做好市场采购,维护市场稳定,满足消费需求。全年,稽查执法立案22起,结案19起。没收违法所得58460.39元;没收违法药品折合金额39157.40元;罚款66582.40元。药品抽验545批次,完成550批次,不合格3批次,占总数的0.54%。化妆品抽验完成40批次,全部合格;保健食品12批次,全部合格;医疗器械完成20批次,其中3批次不合格,不合格率为15%。

(药监分局)

体　育

【概况】 2010年,大兴区体育局按照市体育局和大兴区委、区政府的部署要求,不断探索和深化体育改革,围绕“人文北京、科技北京、绿色北京”的战略部署,以不断满足群众日益增长的健身需求为出发点,夯实基础建设,努力构建多元化体育服务体系;以全面落实“全民健身条例”为重中之重,巩固奥运成果,加大全民健身场地建设力度,广泛开展全民健身活动;围绕十三届市运会的举办,积极推动竞技体育发展;强化体育市场管理,抓好体育彩票网络建设,为建设宜居、宜业、和谐新大兴做出了积极贡献。

名称:北京市大兴区体育局

地址:北京市大兴区兴丰大街15号

电话:69253229

邮编:102600

网址:http://dxsports.dxic.gov.cn/wed/tyj

【群众体育】 年内,区体育局针对1047个样本不同的身体特点出具了运动处方,对其今后改善自身健康水平的锻炼方法给予了科学的评价与指导。先后分三批(健身气功、空竹、组织管理)培训三级社会体育指导员299名,组织38名优秀二级社会体育指导员参加了市体育局组织的国民体质测试以及太极拳、健身操舞、健身路径等项目一级社会体育指导员培训班,全部取得了社会体育指导员证书。据统计,全区每年有组织的体育活动参与人数达到80万人次,群众自发组织的健身活动逐年增加。4月,举办了大兴区第四届“和谐杯”乒乓球比赛,比赛历时两个月,全区共有约10万人参与其中,涵盖了全区19个镇、街道办事处所辖的93个社区,524个行政村,最终选拔了3支高水平队伍代表本区参加了全市总决赛。4至8月份,举办了大兴区第八届全民健身体育节。体育节设数十项体育活动,共有82530名运动员参加市、区、镇及社区(行政村)的各项竞赛活动。

(体育局)

【竞技体育】 年内,本区体育健儿表现出良好的精神风貌和竞技水平,421人的代表团有226人进入了单项比赛的决赛,共获得金牌20枚、银牌13枚、铜牌11枚,团体总分达到了588分。被组委会评为市运会精神文明代表团,获得运动会综合成绩二等奖。全年大兴体校向上级体校输送了13名队员,从06年至今共输送队员57名,提前并超额247%完成了本周期的输送任务。

(体育局)

【**体育产业**】 年内,先后四次召开全区体育项目经营单位安全生产工作会议,组织安全生产专项执法检查56次,出动执法人员225人次,检查经营单位160家,消除安全隐患80余处,对5家经营企业下发限期整改通知书,杜绝了安全事故发生。同时,完成了6家体育类民办非企业单位的年审。年初,区体育局成立了体育彩票管理中心,负责开拓彩票销售网点及进行销售员队伍培训,超额完成即开型彩票销售任务的目标。区体育局与新媒体公司共同争取市级产业引导资金4千万元筹建极限运动营地,5月开业运营,共接待来自32个国家和地区的滑板、轮滑和小轮车等极限运动爱好者2600余人次。

(体育局)

【**体育场地**】 年内,区体育局直属体育场馆接待业余训练7万余人次,对社会开放接待群众健身26余万人次,全部为免费开放。区政府将本区农村33套全民健身居家工程更新任务列入了2010年区政府实事工程,此项任务同时也列入了本区新农村建设指挥部办公室的折子工程,工程总投资80.4万元,其中区政府拨款70万元,已全部完工。同时,为采育镇育星苑社区建成了集乒乓球、羽毛球、台球、健身器械和棋牌室等为一体的综合社区健身俱乐部,并在亦庄镇建成了笼式多功能球场一座。采育镇育星苑社区体育健身俱乐部及亦庄镇笼式多功能球场项目已全部完工,投入正常使用。

(体育局)

社会生活

民政工作

【概况】 2010年,大兴区民政局在区委、区政府的正确领导和北京市民政局的直接指导下,坚持以邓小平理论和“三个代表”重要思想为指导,深入贯彻落实科学发展观,以惠民生、广覆盖、强能力、促发展为基本思路,适应大兴、亦庄两区行政资源整合的新形势,积极推进“大民政”建设,在城乡统筹、适度普惠、机制创新等方面取得新突破,为建设宜居宜业和谐新大兴发挥了基础性作用。大兴区民政局被授予“2010年度北京市民政工作绩效管理考评优秀单位”荣誉称号。

名称:北京市大兴区民政局

地址:北京市大兴区黄村观音寺小区双关巷

电话:69251155-8306

邮编:102600

Email:dxmz@ dxmz. gov. cn

【社会救助】 年内,全区3030户、5564人纳入城乡最低生活保障。其中,年内新审核批准149户;因死亡或收入超标撤销287户,保证了动态管理下的应保尽保。城低保标准由月人均410元,提高到430元;农低保标准由年人均2400元,提高到2880元;农村五保供养标准达到年人均6541元,城乡低保和农村五保对象的基本生活得到进一步改善。在免费为农村低保、五保对象参加新型农村养老保险的基础上,将城市低保对象也纳入了免费参保范围,社会救助体系进一步完善。资助农村低保对象4654人加入新型农村合作医疗,其中1476人享受门诊医疗垫付,为60周岁以上农村低保对象办理慈善医疗卡,每人每年500元,农村困难群众看病难的问题得到有效缓解。两节期间,市区镇三级慰问城乡低保家庭,覆盖面100%,发放慰问金(物品)计109.7万元。同时,区投入资金47.5万元对各镇、街大病及火灾特困家庭进行了亲情慰问。加大农村困难家庭危房改造力度,年内安排农村社救对象危旧房改造160户,其中翻建120户,维修40户,已全部完工,农村困难家庭的住房条件得到了有效改善。将低收入家庭子女纳入高等教育新生入学救助范围,通过审核办理《低收入家庭救助证》,确保符合要求的困难家庭子女得到入学救助。坚持“自愿求助、无偿救助”原则积极实施逢九救助与集中救助相结合,接待求助人员402人,依法无偿救助372人,维护和保障了流浪乞讨人员的基本权益。加大超转补助资金调整幅度,补助标准上调11.11%,超转人员生活水平进一步提高;全面落实地退人员生活医疗补助待遇,地退人员及其遗属生活稳定。

(白长坡)

【社会捐赠】 年内,及时组织开展支援青海玉树抗震救灾和“送温暖、献爱心”捐赠活动,先后接收捐款660余万元、171.7万元及衣被4.3万余件,为灾区重建和保障灾民基本生活做出了积极贡献。

(白长坡)

【优待抚恤】 年内,组织617名重点优抚对象分期分批进行了免费体检。危房改造继续推进,计划年内完成125户,每户补助5.4万元,已全部完工,进入验收阶段。

(白长坡)

【复退军人安置】 年内,全年共计接收复退军人259名,其中,城镇籍165名,妥善安置率100%。组织农村籍退伍军人参加亦庄开发区职介中心的现场招聘会,94名农村籍退伍兵就业率100%。

(白长坡)

【基层民主政治建设】 年内,圆满完成了第八届村委会选举。全区527个行政村,因拆迁涉及91个村暂不参加和暂缓选举,实际参选村数436个,共计选出村委会班子成员1330名,其中村主任436名。

(白长坡)

【民间组织管理工作】 年内,全区注册登记社会团体132个,民办非企业单位194个,较好地发挥了服务经济社会的功能作用。

(白长坡)

【殡葬管理】 年内,一馆三墓共计接待祭扫群众33万余人,疏导车辆4.5万余辆,及时制止违章用火3起,做到了“平安清明、文明清明、惠民清明”。

(白长坡)

【婚姻收养登记】 年内,结婚登记7977对,离婚登记1689对,补领结婚证1944对,收养登记84件,并圆满完成10月10日好日子登记高峰的服务工作,无一例违法登记与行政诉讼案件的发生。

(白长坡)

【见义勇为人员权益保护】 年内,受理见义勇为行为申请4例,依法确认2例,对伤、残和家庭困难的见义勇为人员实施了有效救助,组织镇、街民政干部培训和部分见义勇为人员疗养活动,切实维护见义勇为人员的合法权益。

(白长坡)

【社会福利事业】 年内,加大对社会办养老服务机构扶持力度,资助11家社会办养老服务机构189.12万元,用于改善基础设施和设备,提高服务管理水平。落实7个项目,新增床位2191张。超额完成市民政局折子工程分解本区1200张的指标任务,完成24所养老服务机构无障碍设施改造工作,圆满落实了市区两级政府为群众办实事项目,为推进适度普惠提供有利条件。全区50家福利企业预计完成销售收入55827万元,利税2354万元,分别超额完成年计划33%和7%。

(白长坡)

【福利彩票】 年内,福彩发行完成17个新投注站建设,全年,电脑票和即开票共计实现销售款1.9亿余元。

(白长坡)

流动人口管理

【概况】 大兴区流动人口和出租房屋管理委员会(简称大兴区流管委)为全区负责流动人口和出租房屋指导协调和综合管理工作的议事协调机构。2009年来,由区长李长友担任流管委主任,成员单位增至66家,分别由区委、区政府各委办局组成。大兴区流动人口和出租房屋管理委员会办公室（简称大兴区流管办）为大兴区流管委的常设办事机构，正处级单位，主要承担区流动人口和出租房屋管理委员会的日常工作。区流管办有行政编制5人，其中主任1名。大兴区流动人口和出租房屋管理服务中心（简称区流管服务中心），隶属于区流管办，受区流管办委托承担区流动人口和出租房屋管理服务方面的日常事务性工作。区流管服务中心为全额拨款科级事业单位，现有工作人员8名。年内，大兴区流管办在市流管委、流管办和区委、区政府的正确领导下，在两区行政资源整合有利背景下，以科学发展观为指导，紧紧围绕建设宜居宜业和谐新大兴，着眼经济社会与人口、资源、环境的协调发展，将流管工作作为“社会管理的头号工程”，按照“调控有序、服务规范、管理到位、保障有力”的要求，以规模调控为核心，以规范化建设为平台，稳步推进各项流管工作，促进了本区经济发展和社会的和谐稳定。

名称：北京市大兴区流动人口和出租房屋管理委员会办公室

地址：北京市大兴区兴政街20号

电话：69244089

邮编：102600

网址：http://192.168.3.25/min/index.htm

【流管机构规范化建设】 年内，按照市流管委、流管办和区委、区政府的部署，调整充实了区镇两级流管委，由区长和各镇（街道）书记分别担任区镇两级流管委主任。出台加强流动人口服务管理工作意见，制定流动人口规模宏观调控规划；将流管工作列入区委、区政府重要议事日程，多次进行研究和部署。把握经济调节这根红线，从主要依靠行政手段控制向主要通过市场化运作，科学调整地区发展定位、产业政策和产业结构等方式转变；从单纯的治安管理转变成社会管理；将政府引导、宏观调控与基层群众自治、社会单位自管结合起来。实行镇（街道）领导包村（社区）、村（社区）领导包片，管理员包楼门院户的承包制，层层落实属地责任。进一步明确了流管委成员单位职责任务，切实发挥其职能作用。通过重大问题会商、情况报告单、联合整治等机制，增强工作合力，健全了“以块为主、条块结合”的“大流管”工作格局。

（宋　蕊）

【加强基层基础建设】 年内，全区对流管基层基础建设加大了投入，强化软硬件设施的配备。区委、区政府出巨资，用于整合规范打造三支专职队伍。其中给各镇、街道下达了配齐1786人的流动人口专职管理员队伍的硬性指标任务。截至年底，全区共有基层流管服务站327个（新增11个）、自管站252个（新增9个）、管理员1699名（新增59名）保障了流管各项工作的顺利开展。

（宋　蕊）

【健全制度实现规范化管理】 年内，区流管办制定下发了《基础调查工作方案》、《服务管理信息化建设意见》、《规范社区、村流动人口服务管理工作意见》等文件，全面落实情况报告单、考核、奖惩等制度，并试行了北京市来京人员和出租房屋服务站和管理员工作规范，使得基层流管工作有章可循。同时，建立了流管信息平台数据动态监测和每月流管工作情况通报制度，加强了对基层工作的督查力度。

（宋　蕊）

【多措并举开展人口规模调控工作】 年内，区流管办在市流管委、市流管办和区委、区政府的正确领导下，以科学发展观为指导，结合本区功能定位，明确思路，紧紧围绕人口规模调控开展工作，基本实现了“控总量、调结构、优素质”的调控目标。以创新为手段，作为规模调控工作的关键点。针对规模调控工作面临的严峻形势,全区通过三个创新点作为深入推进规模调控的关键点,以实现在底数清、情况明基础上的合理调控。坚持“拆整控”常规打法,作为规模调控的突破点。全区坚持城乡结合部地区整治、重点项目土地储备和人口规模调控的有机融合,打好“拆、整、控”有效成功经验的组合拳,努力破解人口管理调控的难题。强化考核监督力度,作为规模调控的着力点。区流管办以规模调控为目标,专门制定考核指标和方案,严格督办考核进展,有效激励各镇、街深入开展规模调控工作。有效控制了流动人口数量。年底,全区流动人口58.1万人,比年初的61万人,减少了2.9万人,较人口峰值68.6万人下降10.5万人。

（宋　蕊）

【推行村庄社区化】 年内,区委、区政府在总结西红门地区村庄社区化管理成功经验基础上,投入1.3亿元,通过砌围墙、安街门、建岗亭、装监控、增人员等方式在151个村庄和54个老旧小区实行了社区化管理。村庄社区化管理,不仅降低了治安发案率,同时提高了流动人口的登记、采集、录入率,控制减少了“三无”人员,村庄管理进一步规范有序,初步实现了流动人口的有序流动。

（宋　蕊）

【实行“以补促管”,创新调控手段】 年内,在区委、区政府的要求下,区流管办经过反复调研,周密安排,在“南九镇”实施“以补促管”工作。为进一步规范房屋出租市场秩序,保障出租人和承租人的合法权益,有序引导北部拆迁地区流动人口的合理有序流动,防止形成新的聚集区,在充分调研的基础上,拟先行在南部地区推广“以补促管”工作。“以补促管”是由政府出资,委托北京金泰宏业房地产经纪中心为运营主体,在村民自愿的前提下,按照户数和院数就低不就高的原则(一户多院的以户为准,一院多户的以院为准,恶意划分院落的不给予补助金),与有房不租和规范出租的村民签订协议,引导村民规范出租,以补助金补贴村民正规出租行为。工作中,要求每村至少配备一名管理员,按规定对村民履约情况进行巡查监督。此项工作中,南九镇386个村,共有73615户签订协议,发放补助金73479户,占签约户的99.8%。其中有1952户前期拒签户申请签订协议,规范出租户并签订协议560户,解除出租协议496户,共清退违规出租流动人口4865人。此项工作摸清了南部地区的房源底数,且增强了村民意识,规范了出租行为,提高了出租房屋管理的能力,有效延缓了流动人口向南部平移聚集的速度。在北五镇减少6.5万流动人口的情况下,南部地区只增加了近1.2万人。

（宋　蕊）

【强化考核监督】 年内,区流管办认真制定考核指标,指导各镇、街道有序开展人口规模调控工作。年初,按照市区调控人口规模,调优人口结构的要求,区流管办深入各镇、街听取基层意见建议,反复研究,形成规模调控考核意见的初稿。经区领导审核修改,几易其稿,形成《2010年大兴区流动人口规模调控考核办法》下发各镇、街执行。年中,区领导高度关注规模调控进展工作和年终考核情况,区委常委会7月、12月两次听取流管工作和人口规模调控工作情况汇报并提出具体指导意见。为确保人口规模底数清、情况明,区流管办结合工作实际,强化阶段监督,于7月、9月、11月,分三次深入村社进行基础数据的核实抽检,采取重点地区普查、镇域互查和全面抽查相结合的方式,检查组直接入住户、入门店、入企业采集人口信息,查比录入率。三次督查结果显示,全区流动人口的数据录入率逐步递升,接近实有人数。镇、街基础数据采集录入工作日益规范,能够为规模调控工作提供较准确的数据支撑。

（宋 蕊）

【加大“双拆”及人口疏散引导】 年内，区人口规模调控工作通过加大拆迁拆违管住房。坚持以“惠民”为出发点，采取和谐无震荡拆迁，实现重点地区人口下降。全区计划拆迁64个村庄，各镇街对63个区镇两级挂账村加大整治力度。拆迁村涉及流动人口15万余人，北五镇拆迁整治工作疏散流动人口近6万余人。同时，各镇、街加大对违建的排查、发现和拆除力度，共拆除违章66.1万平方米，疏散流动人口18496人。拆迁拆违工作不仅改善了城乡结合部地区的整体环境，极大改善了群众的居住条件，同时在一定程度上遏制了私搭乱建的势头，挤压了低端行业的生存空间，疏散了一批低素质人口。北五镇减少出租户0.6万户，在减少的6.5万流动人口中，有3.2万人属于初中以下人员。

（宋 蕊）

【2010年流管委第一次全会】 3月2日下午，大兴区流管委组织全区48个职能部门、19个镇（街道），在大兴宾馆会议室召开了流动人口和出租房屋管理委员会2010年第一次全体会议。会议由区委副书记王新主持，区长李长友、区委常委、政法委书记马武英、副区长常红岩等领导出席了会议。会议讨论并通过了《2010年大兴区流动人口服务管理工作要点》、《关于开展流动人口和出租房屋基础调查工作方案》、《大兴区实施“以补促管”工作实施细则》、《2010年大兴区流动人口规模调控考核办法》三个文件。

（宋 蕊）

【流动人口和出租房屋基础调查】 3至5月，区流管办开展组织各镇、街道开展出流动人口和租房屋基础调查工作。按照市流管委、流管办的整体工作部署，在各级领导的高度重视和支持下，组织发动各镇、街道及相关职能部门，充分固化“平安奥运”、“国庆平安行动”安保工作经验，坚持条块结合、属地为主的原则，采取多项有力措施，圆满完成了基础调查工作任务。截至2010年6月1日，全区信息平台内流动人口总量545174人，出租房屋总量56063户；基础调查以来全区新登流动人口96842人、核销158962人、更新148377人、迁移11244人，变化量415425条；新登记出租房屋10937户、核销11716户、更新12329户，变化量34982条；通过基础调查，新列管可疑重点人员788人、发现重点出租房屋515间、抓获各类违法犯罪嫌疑人2092人、破案1036起、处罚出租房主360人。

（宋 蕊）

【开展“百日核查”工作】 7月22日至10月30日，区流管办组织各镇、街道分三个阶段开展流动人口和出租房屋基础信息“百日核查”专项工作。以流管信息平台系统为支撑，全面实现流动人口和出租房屋基础信息在社区（村）的直采直录，进一步提高流动人口和出租房屋基础信息的全面性、准确性和鲜活性，确保做到“底数清、情况明”，以已采集登记流动人口和出租房屋信息台账为基础，深入开展“核登”、“核销”、“核准”、“核全”四项工作。经市流管办考核，本区圆满完成了“百日核查”工作，人、房信息采集登记率、核销率均达到95%，完整率、准确率达到100%。

（宋 蕊）

【流管信息平台升级使用】 4月，北京市出租房屋和流动人口采集录入平台二期建设完成并投入使用。区流管办制定了《大兴区关于加强流动人口和出租房屋服务管理信息化建设意见》，迅速组织各镇、街道召开关于平台二期建设工作部署会，确保顺利搭建区、镇（街道）、村（社区）三级流管工作应用平台，实现流管业务网络化办公和基层村（社区）

流动人口信息直采直录。同时,组织各镇、街道做好人员培训工作。4月22日至23日,分两批组织对各镇(街道)流管办主管领导、平台专管干部、工作人员以及选定的小教员,共计90人进行了集中培训。5月30日前,各镇、街道完成了共计48场次分布培训,共培训基层管理员2000余人次。确保了平台二期上线后工作进展顺利。

(宋　蕊)

【为流动人口办实事工程】 年内,区流管办全面落实各项服务措施,作为开展流管工作的推动力。严格按照市流管委《2010年北京市流动人口服务管理工作要点》,通过加大投入,改善基础设施,满足流动人口的水电气热、交通、教育、卫生等需求,不断提高服务质量,做好流动人口的服务工作。期间,我办会同区妇联,在城乡结合部流动人口聚居地西红门、旧宫、黄村等在流动妇女集中的地区创建流动人口姐妹驿站,开展平安家庭创建工作,创新了流动人口妇女接受服务和参与社区建设的平台。通过法律咨询、健康沙龙、家庭教育、心理疏导、实用技能培训和联谊活动,为广大流动人口姐妹中提供实实在在的支持和帮助。截至目前,已在全区建立区级姐妹驿站90个,服务妇女3万余人次,为维护地区和谐稳定中发挥了积极的作用。如黄村镇姐妹驿站及时化解一场东北妇女与本村妇女之间的争执,避免了一起群殴事件的发生。

(宋　蕊)

民族·宗教·侨务

【概况】 年内,在区委、区政府的正确领导和市有关部门的指导下,民委全体工作人员在新一届领导班子带领下,围绕“坚持科学发展,走城乡一体化道路,建宜居宜业和谐新大兴”的目标,夯实工作基础,营造民族团结良好氛围,积极为各民族群众办实事、办好事;依法管理宗教事务;以务实创新精神做好侨务各项工作;加强干部作风建设,提高机关工作能力。

名称:北京市大兴区民族事务委员会
地址:北京市大兴区兴政街31号科技大厦五层
电话:69226329
邮编:102600
网址:http://dxmw.bjdx.gov.cn

【举办归侨侨眷迎新春座谈会】 1月22日,大兴区委统战部、区侨办、区侨联小组、致公党大兴支部联合组织归侨侨眷代表人士座谈会,喜迎新春佳节,共话大兴发展。区侨办主任马海峰、区委统战部副部长陈占山出席座谈会,并发表了讲话,归侨侨眷代表20余人参加座谈,并积极发言,对各级领导的关心表示感谢,对大兴的发展前景充满展望。

(徐晓英)

【检查宗教活动场所安全】 1月29日,区民委(宗教局)认真贯彻落实两办《关于在全区范围内迅速开展安全检查工作的紧急通知》精神,根据本单位实际情况,认真制订工作方案,成立了安全工作小组,明确了具体措施及要求。按照方案,单位一把手亲自带头,走访慰问了宗教教职人员,同时,对宗教活动场所防火、防电及防止煤气中毒等安全进行了认真检查,就春节及“两会”期间安全稳定工作提出了明确要求。

(易艳平)

【赵文芝副主席到本区调研】 3月17日,市政协副主席赵文芝带领部分市政协委员和专家到本区就民族村经济发展情况进行调研。区民委主任杨秀华汇报了大兴区民族村经济发展情况;礼贤、安定、榆垡3个镇主管领导对本镇民族村经济发展情况进行了介绍,区委副书记王新代表区委、区政府对市政协领导的到来表示热烈欢迎。市政协副主席赵文芝、市民委主任申建军做了重要讲话。座谈会后,调研组参观了礼贤镇的肉牛养殖项目。大兴区区长李长友、区委副书记王新、副区长常红岩、区政协副主席路志权、李维民等领导陪同调研。

(易艳平)

【宗教界捐款献爱心】 4月,在市、区宗教爱国团体的号召下,本区各宗教活动场所利用宗教聚会活动,向信教群众介绍西南旱情,仅在几天时间内,共募集捐款合计1万余元。

(易艳平)

【多米尼加侨领访华团参观新农村】 4月17日,多米尼加侨领访华团一行10人,先后来到北臧村镇巴园子市级民俗旅游村;庞各庄镇中国西瓜博物馆和乐平御瓜园参观考察。市侨办副主任杨惠时、主管副区长常红岩、国侨办、市侨办、区侨办及北臧村镇、庞各庄镇的有关领导陪同参观。

(徐晓英)

【清真食品管理工作调研】 4月28日,国务院法制办、国家民委有关领导到本区就清真食品管理立法工作进行调研。实地考察了北京祥聚斋食品公司,市民委副主任马中璞陪同调研。

(李　明)

【清真企业获得市名菜名点奖项】 5月27日,大兴区第22届西瓜节夏季品牌消费节开幕。开幕式上举行了隆重的名菜名点颁奖仪式,北京小青烧烤园的特色酥鸭、北京庞各庄薛家营饭庄的全羊席、北京年糕杨的小枣年糕、北京浩航京福华肥牛城的特色烧饼等菜品获得殊荣,此次活动由市饮食行业协会组织专家评委评选认定。区民委负责同志为5家获奖清真企业颁发了奖牌和证书。

(李　明)

【欢度开斋节】 9月10日,是广大穆斯林同胞的盛大节日——开斋节,大兴区穆斯林群众以各自形式,共同欢庆节日。区政协副主席、统战部部长李维民与区宗教局有关领导到黄村清真寺、榆垡清真寺进行慰问。

(易艳平)

【参加市第三届清真美食节】 9月10日,北京市第三届清真美食节在牛街举行。本区祥益斋、教益斋、天成祥、年糕杨等6家企业参加了展销活动。9月16日,美食节举行了闭幕暨颁奖仪式。大兴区民委获得优秀组织奖。京南第一涮获得清真特色宴席奖。

(李　明)

【调研民族村经济发展】 12月15日,程红副市长带队,市民委主任申建军、市商委主任卢彦等领导到大兴区调研,到本区庞各庄镇的薛营村,考察少数民族村发展清真特色经济情况,并在商户代表京南第一涮进行了座谈。程红副市长对薛营村立足本村实际,发扬民族特色餐饮积极谋发展所取得的成绩给予了充分的肯定;尤其是对本村龙头商户在自我发展的同时,积极为本村解决劳动就业问题所做的贡献进行了高度的赞扬;同时,对今后薛营村的发展提出:要进一步打开思路,开拓创新,积极发掘民族文化的内涵,走民俗文化旅游业等更具前景的发展路子。大兴区委副书记、区长、北京经济技术开发区工委副书记李长友,副区长常红岩以及区商委、工商分局、民委等部门主要领导陪同了调研。

(易艳平)

精神文明建设

【概况】 2010年大兴区精神文明建设工作,在首都文明委的正确指导下,按照区委区政府工作部署,以党的十七大精神、邓小平理论和“三个代表”重要思想为指导,深入学习实践科学发展观,紧密围绕区委“坚持科学发展,走城乡一体化道路,建宜居宜业和谐新大兴”。

名称:北京市大兴区精神文明建设办公室
地址:北京市大兴区兴政街15号
电话:61298680
邮编:102600

【开展“六进”活动】 年内,开展“弘扬传统美德,构建和谐大兴”主题教育进农村、进社区、进学校、进机关、进企业、进家庭“六进”活动。结合新农村建设和农村拆迁工作,着力弘扬孝贤、感恩、勤俭、诚实等美德;举办了大兴区“弘扬传统美德,构建和谐大兴”书法绘画创作系列活动。组织百名书画家创作114幅以“弘扬传统美德,构建和谐大兴”为主题的书法绘画作品,采取办画展、上宣传栏和文化墙,赠书画进社区、进楼门、进家庭等形式,唱响文明和谐主旋律。结合第八个公民道德宣传日,开展了以“孝道-我能”为主题的,以“二十孝”为主要内容的宣传教育活动,做展板30块,发放宣传材料2000多份。

(文明办)

【开展“十百千”先进典型评比竞赛活动】 年内,开展“十百千”先进典型评比竞赛活动,评选了10名“道德模范”、100名“文明之星”、1000个“文明和谐家庭”。

(文明办)

【开展城乡手拉手共建活动】 年内,在全区深入开展“城乡手拉手,共建新农村——大兴乡风文明百村行”活动。积极动员组织文明单位与镇、村结对共建,让城市文明与农村文明优势互补,着力搞好“四帮四促”活动,本区与亦庄经济开发区资源整合后,充分发挥亦庄经济开发区资源优势,积极协调开发区文明单位、文明行业与本区村镇结共建对子,现在已经有了好的开端。现在共建对子已达到194个。

(文明办)

【开展文明教育引领活动】 年内,广泛开展“人人抓环境,个个树形象——大兴发展我行动”主题教育实践活动。重点实施“三边美”工程,加大村边、路边(公路铁路)、河边环境整治力度,及时清除垃圾,搞好绿化、美化、净化,确保辖区内无卫生“死角”。以环卫工人、保洁员、环保志愿者为主体,组成环境文明引导员队伍,引导大家自觉践行社会公德、爱护公共卫生、维护城乡环境。4月19日在“全国文明镇”——榆垡镇举行了大兴区人人抓环境,个个树形象——大兴发展我行动”主题教育实践活动启动仪式;在交通秩序建设上,全面实施文明交通计划,动员社会力量,协同相关部门,开展“关爱生命、文明出行”主题教育活动。倡导机动车礼让斑马线、按顺序行驶、有序停放、行人和非机动车各行其道等“六大文明交通行为”,坚决抵制酒后驾驶、超速行驶、疲劳驾驶、闯红灯、强行超车和超员超载等“六大危险驾车行为”,5月20日星城广场开展了“关爱生命,文明出行,做文明交通参与者”宣传日活动,发放宣传材料1000多份和其他纪念品,并进行签名活动;在垃圾减量垃圾分类工作中,积极会同区市政市容制订工作方案,开展以“周四垃圾减量”活动为载体的宣传教育实践活动,确定了11个社区为市级生活垃圾“零废弃”试点社区,还有12个窗口单位、37个校园作为试点单位，发挥示范引领作用，最近要召开全区动员誓师大会，进一步动员全区居民把“做文明有礼北京人，垃圾减量垃圾分类从我做起”活动开展的扎实有效。发挥宣传阵地作用，努力营造良好氛围更换2期宣传栏，共160多个片面。

（文明办）

【未成年人思想道德建设】 年内，建立健全未成年人思想道德建设的长效机制，努力完善未成年人工作的联席会议、信息通报、督促检查、奖励激励等工作制度，推进学校、家庭、社会“三位一体”未成年人思想道德教育体系建设。继续深化“小公民道德建设”、“争做合格家长，培养合格人才”、“社区文明小使者”等教育实践活动，认真组织好中小学生假期社会实践和网上冬令营、夏令营活动，继续抓好少年军校的教育活动，使德育教育贯穿未成年人活动的每个环节。

（文明办）

街道·镇

中共大兴区委社会工作委员会 北京市大兴区社会建设办公室

【概况】 中共北京市大兴区委社会工作委员会(简称“区委社会工委”)、北京市大兴区社会建设工作办公室(简称“区社会办”)于2009年4月17日正式成立。区委社会工委为区委派出机构,区社会办为区政府的工作部门,实行合署办公,统筹全区社会建设工作。

名称:中国共产党北京市大兴区委员会社会工作委员会

北京市大兴区社会建设工作办公室

地址:大兴区兴政街15号

电话:612985957

网址:shgw. bjdx. gov. cn

【中央非公经济组织指导小组调研】 中央非公有制经济组织开展创先争优活动指导小组办公室主任黄文夫率队,到北京人民电器厂有限公司党支部调研,了解非公有制经济组织开展创先争优活动情况。调研组听取了北京人民电器厂有限公司党支部开展创先争优活动的情况汇报,与企业主、党支部书记、部分党员进行了座谈,参观了科研实验室和生产线车间。市委社会工委委员、市社会办副主任陈建领和大兴区委常委郭宝东等陪同调研。

(田红萱)

【市委领导视察社区建设工作】 11月11日,市社会工委委员、市社会办副主任周开让带领市社会工委、市社会办主要处室负责人到本区进行调研。实地视察了康隆园社区建设工作并召开座谈会听取了大生庄村社区化管理汇报。区委常委郭宝东、副区长常红岩、区委社会工委、相关街道、镇主要领导陪同调研。

(刘 伟)

【召开社会建设工作大会】 3月5日,本区召开2010年社会建设工作大会,市容市政管委、兴丰街道工委、黄村地区办事处代表总结了上年社会建设工作取得的初步成效,部署本年工作重点,区委常委郭宝东、副区长常红岩出席会议,并部署了本年全区社会建设工作的任务。

(解国栋)

【完成大学生社工招录工作】 按照北京市统一部署,本区成立了由区人力社保局、区社会建设办和民政局组成的区选聘应届毕业生、合同期满村官到社区工作领导小组,明确任务、明确职责,对选聘工作进行了精心部署,合理安排,成功招录的应届大学生社区工作者95名,届满村官60名已全部充实至社区服务站。

(解国栋)

【落实社区工作者最新工资待遇】 根据《北

京市加强社会建设实施纲要》、《北京市社区工作者管理办法(试行)》(京办发[2008]20号)、《关于进一步规范社区工作者待遇的通知》(京社领办发[2010]4号),区委社会工委、区社会办制定了《进一步规范社区工作者待遇的实施细则》,并规定各街道、地区办事处,青云店镇自7月1日根据新细则予以执行。

(解国栋)

【组织部分街道干部到城区挂职锻炼】 9月,区委组织部、区委社会工委召开街道、地区干部赴城区挂职工作会议,选派的10名副职领导分别到朝阳区和丰台区相应街道进行为其一个月的挂职锻炼。区委常委、组织部长王有国参加会议并讲话。

(解国栋)

【完成全区社区工作者轮训工作】 年内,将全区123个社区的所有社工分为5组,分别通过集中培训、街道分散讨论、成果展示三个阶段对其进行了为期5个月的培训,将社区中亟待解决的问题集中讨论、深入研究,既为区政府及相关部门出台政策文件集思广益,又提高了社区工作者的专业知识和服务管理素质,强化了社区工作者队伍管理。

(解国栋)

【落实政府购买社会组织服务】 年内,区社会建设工作领导小组办公室积极争取了市级专项资金50万元,完成了8家共10个项目的购买社会组织服务工作,涉及心理健康、才艺培训、书画下乡和参与式社区服务,在项目进行期间多次召开阶段部署会了解进展情况,所有项目已于12月完成并接受了市级财政审计。

(解国栋)

【成立大兴区社会领域党建工作研究会】 年内,制定并下发了《关于成立大兴区社会领域党建工作研究会的意见》,成立了大兴区社会领域党建工作研究会领导小组,组长由区委社会工委书记、区社会办主任张德广同志担任,副组长由区委组织部副部长苏平同志和区委社会工委副书记孟令勇同志担任,领导小组下设办公室,办公室设在区委社会工委党建科。研究会设立五个小组,成员单位包含全区14个镇、5个街道、7家枢纽型社会组织、生物医药基地和新媒体基地。各小组每半年完成1篇调研报告,领导小组每半年组织召开1次社会领域党建工作研讨会,总结交流社会领域党建工作。

(卢　鑫)

【培训社会领域党务工作者】 年内,组织社区党组织、商务楼宇社会工作站、部分"两新"组织党组织负责人共计408人进行培训。采取集中培训与分散自学相结合,共培训时间32学时。集中培训采取集中授课、座谈讨论、经验交流等方式进行,主要内容包括创先争优活动专题讲座、关于区域化党建工作的思考等。建立了全区社会领域党务工作者培训档案,培训出勤情况和培训成绩将作为年终考核的重要依据。

(田红萱)

【"三个一"工程】 年内,为更好的改善老旧小区的居住环境,大兴区在本年年初确定"三个一"工程,即建设一条样板化街道、一个规范化社区和一个标准化街心公园,全年共投入资金5000余万元,拆除违法建设8117.84平方米,铺设道路29682平方米,绿化面积54316平方米,树木补植600株,维修管线3097延米,新建车位1169个,照明设施331盏,公共座椅138个,垃圾箱/桶280个,安防计防设施45处。

(邵　爽)

林校路街道

【概述】 林校路街道办事处地处大兴新城核心区,北靠黄村大街、南接六环路、东临京开路、西至芦求路,辖区面积12.65平方公里。有科室(中心、所)15个,下辖15个社区。辖区居民17136户,常住人口50917人,流动人口10907人;辖区内有以区委区政府及主要职能局为核心的行政事业单位66家;有以中国银行、工商银行、农业银行、建设银行等金融机构8家;有以星城商厦、物美大卖场和火神庙商务中心为代表的商业网点800余家。辖区内交通便利,京开高速公路、通黄路、兴旺路纵横东西南北,京山铁路和京九铁路贯穿其中,主要干道黄村大街、兴政大街、林校北路和兴丰大街、兴华大街、兴业大街三纵三横,始发和途经的18条公交线路和已开通的大兴地铁线拉近了与北京城区的距离。

名称:大兴区林校路街道办事处

地址:大兴区兴华大街三段89号

电话:81295100

邮编:102600

网址:http://www.dxlxl.gov.cn

【党组织和党员承诺】 年内,围绕街道的中心工作和"三个一"工程,辖区基层党组织和党员分别进行承诺,支部承诺事项共49件,党员承诺事项共1589件。

(张命命)

【召开党建协调会】 年内,召开了2次街道党建协调会议,对上年的党建协调工作进行了总结,部署了本年的党建协调工作,对创先争优活动进行了交流和经验介绍。

(张命命)

【党建协调组织】 年内,街道党建协调委员会新吸收5家成员单位,共有成员单位14家;分会成员单位70家,比2009年增加了34家。

(张命命)

【发展党员工作】 年内,指导各社区党支部严格按照发展党员"四制"的要求,坚持发展标准,成熟一个发展一个,全年机关和各社区共发展党员25名。

(张命命)

【流动党员的管理】 年内,街道共有流动党员16名,其中林校北里8名,其余8名分别在车中、铁路、建兴、永华南里社区。各社区党支部将流动党员纳入了社区的日常管理,随时与流出地相互沟通,反馈党员表现情况,落实了对流动党员双向管理。

(张命命)

【慰问党员】 年内,对15个社区的党员联系户、骨干党员47人,困难党员25人,建国前老党员1人,离退休老干部83人全部进行了走访慰问。发放慰问品折合人民币46500元,发放慰问金31310元。

(张命命)

【工会组织建设】 年内,指导各社区分会主席,走访企业,开展建会工作,全年帮助10家辖区内企业建立了工会组织。

(张命命)

【阳光助学活动】 年内,街道为两个困难职工子女申请了每人2000元的阳光助学金。

(张命命)

【老旧小区规范化建设】 年内,街道共完成9个老旧小区69个院落的安防规范化建设任务。新增门卫63人、小区专职巡逻人员75人,新建门卫室9个、伸缩门12个、抬杆28个、门禁504个、监控室25个,摄像头281

个,共投入资金787万元。

(张命命)

【流动人口队伍建设】 年内,按照大兴区流动人口管理委员会流动人口管理员的配置应不少于实有流动人口3‰的要求,公开招聘了20名流动人口管理员,现总数为40名,达到了配置标准。通过业务知识培训,均已达到上岗标准,分配到社区居委会开始从事流动人口管理工作。

(张命命)

【街面秩序"百口整治行动"】 年内,街道成立了街面秩序"百日整治行动"领导小组,累计共出动各类执法力量2200余人次、车辆550台次,共纠正临街商户门窗贴字、未按规范设置牌匾标识250余起,规范店外经营230余家次,纠正擅自堆物堆料现象50余处,查处违规废品回收16处,查处无(证)照运营车辆16辆,处罚游商游贩59人次,查处擅自散发宣传品2起,警告黑车运营137人次,有效遏制了重点地区影响街面秩序的各类违法行为,11月9日,在北京市街面秩序"百日整治行动"检查组的检查中,市场路等所有区挂账重点点位全部销账。

(张命命)

【安全生产监管工作】 在"两节"、"两会"、"五一"节前以及安全生产月期间,分别开展了"消防安全"进社区、"消防安全"进学校、"职业健康"进企业等宣传活动,共计发放宣传材料12000余份,张贴宣传画500张,悬挂横幅100余条。各社区督促企业开展应急演练15次,增强了企业职工、社区居民的安全意识。圆满完成了生产经营单位应急预案备案、安全生产大检查、特种设备安全大检查、有限空间安全检查、对学校及幼儿园进行安全检查等各类专项治理行动。年内,除按大兴区生产安全事故应急指挥办公室要求在行业部门备案的生产经营单位外,共有60家企业、831家"小门脸"生产经营单位的生产安全事故应急预案通过审核并在街道备案;街道与居委会共检查企业1306家,限改142家,立案查处3家,挂黄牌2家。已整改完成136家。发现隐患754条,消除安全隐患689项。

(张命命)

【预防煤气中毒】 年内,辖区用煤火取暖的有411户,入户调查411户,并与煤火取暖用户(单位)签订了安全责任书,先后18次组织社区居委会开展宣传教育工作,制作横幅16条,发放宣传材料3000余份,张贴宣传图画1000余张,发放致辖区居民一封信3000份,增强了广大居民预防煤气中毒安全意识和防范能力。

(张命命)

【养犬管理工作】 年内,辖区共有犬只570只,登记办证64只,年检196只,免疫260只。通过入楼、入户、悬挂横幅、发动宣传材料等形式,积极开展文明养犬、依法养犬宣传教育活动,同时制作横幅16条,发放宣传材料5000余份。组织社区民警、协警、社区专干,深入社区摸排和整治工作,并在15个社区成立了养犬自律协会。

(张命命)

【开展禁毒斗争】 年内,开展禁毒宣传2次,发放宣传材料1400份,制作横幅16条,张贴宣传画200余张,设立橱窗12个,设置展板24块,张贴宣传标语150余条。

(张命命)

【除"四害"工作】 年内,发放各种除"四害"药品300余公斤,设立长效灭鼠、毒鼠站36个。

(张命命)

【垃圾分类工作】 年内,安放户外分类垃圾桶400只,向居民发放户内分类垃圾桶5000只,发放分类垃圾袋40万个。完成辖区内102家企事业单位、餐饮业等餐厨垃圾产生排放调查。

(张命命)

【"小区"改造工作】 年内,街道在对老旧小区的改造过程中拆除违章建筑420平方米;硬化路面2.3万平方米;绿化面积1.2万平方米;新增车位145个;安装垃圾桶40个;安装太阳能灯25盏;新建门房1个,增加门卫8人;安装监控探头14个、门禁(楼宇对讲)8个。改造后的小区三季有花、四季常绿、环境整洁,达到了预期效果。

(张命命)

【"两巷"整治工作】 年内,对红楼东巷非法劳务市场进行专项整治,依法查处红楼西巷非法游商44家,非法停车126辆,取缔无照经营单位14家。建立了夜间环境巡查机制,保持24小时环境整洁。

(张命命)

【政府信息公开工作】 年内,街道生成主动公开政府信息653条,全文电子化率达100%。其中,机构职能类信息37条,法规文件类信息19条,规划计划类信息7条,行政职责类信息29条,业务动态类信息561条。

(张命命)

【人口与计划生育工作】 年内,圆满完成独生子女领证、孕情统计、流动人口管理、育龄家庭信息管理等各项工作指标。办理一胎生育服务证236个,新生儿入户253个,独生子女父母光荣证132个,婚育证明310份,二胎审批16个,孕检131人,特别扶助7对,协会会员入机3322人。完成了203个流动人口人的协查和信息确认工作和364个辖区流动人口0~9岁新生儿童个案信息核实登记统计工作。完成新辖区5629张育龄卡片信息变更工作。实现了"三个100%",即:坚持管理服务及宣传员专项经费落实率100%,坚持奖扶资金落实率100%,坚持婚育管理服务率100%。

(张命命)

【健康宣教工作】 年内,组织开展健康咨询活动9次,3000多人次参加了健康咨询活动。悬挂横幅35幅,发放宣传材料80000多份,文化围裙3000多个,避孕药具3500多盒。

(张命命)

【征兵工作】 年内,街道召开了征兵工作动员会,成立了由街道工委书记任组长的"林校路街道征兵工作领导小组",经过严格的体检,政审,家访等征兵程序,选送了7名优秀青年应征入伍。

(张命命)

【社专职称考试】 年内,组织了41人进行社区专职工作者职称报名考试,有8人考取了助理社会工作师。现在,街道社区专职工作者中有4人获取了中级职称,占全体社区工作者的3.7%,有20人获取了初级职称,占全体社区工作者的18.5%。

(张命命)

【社会救助工作】 元旦、春节、国庆、中秋等重大节日为辖区内低保家庭、残疾人家庭及低保边缘户发放了慰问品和慰问金28万元。年内,办理新申请低保家庭3户,低收入家庭1户,为低保人员23人次申请医疗救助款3.1万元,为困难学生发放助学金12000元。

(张命命)

【优抚工作】 年内,街道优抚对象人员共有

78人,其中伤残军人46人、烈士家属、病故军人家属4人、享受政治待遇烈属3人、参战参试人员2人、义务兵23人。发放优抚对象抚恤金75万余元,报销药费0.3万元。为体现政府对优抚对象的关怀,组织优抚对象到区医院体检中心参加身体检查。年内,为地退、军退、无军籍退休职工发放退休费64万元,报销医药费1.4万元。

(张命命)

【养老(助残)券发放及回收】 年内,为符合条件的518名老年人、163名残疾人发放养老(助残)券711400元,回收养老(助残)券806830元。认定了15家服务商,涉及食品配送、洗衣、理发、家电维修、保健按摩、家政服务、擦鞋、心理咨询、法律服务等行业。

(张命命)

【老年餐桌社区全覆盖】 年内,先后与15家餐饮单位正式挂牌签约,各经营单位专门设置老年人就餐桌位。实现了"老年餐桌"全覆盖。

(张命命)

【老龄工作】 年内,为46名60周岁及以上老年人办理了老年优待证,为159名65周岁及以上老年人办理了老年优待卡,为90周岁及以上老年人发放高龄津贴,累计发放90人次,合计发放金额9000元。

(张命命)

【康复工作】 年内,为368名有需求的残疾人建立康复服务档案,需求项目累计569项。残疾人筛查率100%,康复需求率88%,康复需求建档率100%。截至6月,为351名有需求的残疾人有针对性的提供了康复服务,其中为12人提供医疗康复服务,为82人提供功能训练服务,为158人提供配发辅助器具服务,为42人提供培训服务,为57人提供了心理咨询及知识普及的康复服务,服务率95%。

(张命命)

【残疾人联合会工作】 年内,为3人申请审批了养老保险补贴,补贴100%,为58人办理养老保险审核证复审工作,为17名无固定性收入重残无业残疾人申请了重残补贴,累计为64名重残人员发放补助款232620元。同时为9名残疾人学生和生活困难的残疾人子女发放助学补助款21000元。新办残疾证80个,重残证12个。

(张命命)

【红十字会工作】 年内,在辖区开展了"博爱在大兴"募捐活动,共筹集捐款32040元;为1名大病患儿申报少儿大病救助款20000元;为3名突发事件家庭申请临时救助款11000元。

(张命命)

【殡葬工作】 年内,为居民办理丧葬补贴申领22份,发放丧葬补助共计110000元整。

(张命命)

【双拥工作】 春节、八一期间为辖区内四个共建部队送去慰问品西瓜、猪肉、鸡蛋、蚕丝被、油等折合人民币20000元。年内还开展了六次"送电影进军营"活动。

(张命命)

【见义勇为工作】 年内,为7名见义勇为人员办理公园、博物馆年卡、购飞机票优惠卡,发放见义勇为慰问金11400元。

(张命命)

【住房保障工作】 年内,累计接待居民来访、来电咨询经济适用房、限价房申报4000余人次,受理保障性住房家庭957户,其中已取得北京市备案资格的经济适用房210户,限价商品房561户,协查120户。共为辖区709户居民解决了住房问题。

(张命命)

【周五律师在线】 年内,为社区居民解答法律咨询53件,其中婚姻家庭17件,合同纠纷4件,赔偿纠纷7件,劳动4件,征地拆迁6件,房屋宅基地纠纷13件,其他2件。对33人进行电话回访,除了5个问题未解决外,其他问题均得到了解决。

(张命命)

【人民调解工作】 年内,调解纠纷142件,成功调解141件,调解成功率达99%,其中婚姻家庭6件,邻里53件,赡抚养2件,征地拆迁1件,施工扰民5件,房屋宅基地纠纷5件,物业纠纷27件,其他43件,防止集体(150人)上访1起。

(张命命)

【环境监督管理工作】 年内,与辖区1008个单位签订了"门前三包"责任书。在辖区内巡查50余次,行程300余公里,发现扬尘及裸露地面问题7处,协调施工单位采取建围挡三处、绿化地面7000平方米;发现垃圾点8个,经协调区城管大队、区环卫中心和黄村镇环整办、相关责任单位清除8处,会同城建科应急清除黄良路南侧一处建筑垃圾近100立方米;会同区环卫中心、城管林校分队清除火车站西侧一处建筑垃圾近40立方米。

(张命命)

【兴华大街南段景观改造工程】 年内,制定下发了《林校路街道兴华大街南段景观整治改造工作实施方案》,发放宣传材料2500余份,悬挂横幅12条,入户近2000余人次,召开协调会10次,走访商铺145家,调处纠纷矛盾9起,鉴定临建、违建20处,拆除临(违)建约1100平方米,粉刷了20栋楼房的外立面、改造了59个商铺门店,更换了59块广告牌。

(张命命)

【人大代表建议办结情况】 年内,街道收到办理人大代表议案2件、1号议案的任务分解共18项涉及办事处的任务3项,2号议案的任务分解共16项涉及办事处的任务11项,并有1项为承办单位。代表建议6件,其中主办2件,会办4件。政协提案2件,主办1件,会办1件。街道领导对此项工作非常重视,专门成立了"办理人大代表建议领导小组",责成一名副职领导牵头展开办理工作,在规定的时限内全部保质保量办结完毕,2位代表对街道所做的工作非常满意,并在建议上也签了"非常满意"四个大字。

(张命命)

【代表联系选民网络工作】 年内,3个代表网络工作站共接待选民33站次,接待选民150人,走访选民76人,选民提出建议、意见142件,属办事处落实32件,现已全部落实,代表当场答复94件,形成区人大代表建议16件。

(张命命)

【财政工作】 年内,街道实现财政收入4768万元,完成全年任务指标4586万元的103.96%。

(张命命)

【社区规范化建设工作】 年内,林校路街道兴水、义和庄东里、义和庄南里、车站南里、饮马井、兴华南里和永华北里7个社区通过了规范化社区验收。

(张命命)

【社区公共卫生工作】 年内,召开了5次社区卫生专管员、辖区幼儿园校医培训会，配合卫生服务中心，完成了给辖区单位、流动人口注射乙脑及麻疹疫苗、幼儿园摸底调查和为无保障老年人免费体检工作；组织了6次大型活动（手足口病防控、艾滋病预防，生殖健康知识讲座，哮喘病防治及用药安全知识讲座、无偿献血宣传日活动、口腔卫生知识讲座及免费口腔体检活动等）；在5个市级健康社区分别举办了传染病防治、心血管病防治、科学运动等内容的知识讲座。

（张命命）

【社区体育工作】 年内，街道乒乓球代表队在大兴区第四届和谐杯乒乓球赛中获得一等奖，代表大兴区参加了北京市的比赛；街道组建的50人的气功表演队，在8月8日参加了鸟巢的万人气功表演活动。举办了首届社区趣味运动会，参加此次运动会的居民近600人，集中展示了街道群众性体育健身活动成果。

（张命命）

【科普社区建设】 年内，为永华南里社区和义和庄南里社区各建设30米科普宣传栏，为兴水社区建设60米科普宣传栏，配备图书2000册，新建科普活动中心一个，增设了各类科普活动器材101件。永华南里和铁路两个社区被评为市级优秀科普社区。

（张命命）

【文体活动中心建设】 年内，培养出文化骨干分子300余人，在他们的带领下，已有2000多人到文体中心参加各种活动，经常活跃在社区的有"时装表演、合唱、民族舞、太极拳"等十余支队伍，直接受益的辖区百姓达到3万余人。

（张命命）

【招商引资工作】 年内，企业服务中心共引入企业39家．注册资金2.4亿元。辖区内招商并已形成财政贡献的企业有20家，其中13家企业在规模、从事行业及启动项目等方面为街道的财政收入做出一定贡献。

（张命命）

【精神文明建设】 年内，在社区开展了"快乐假期——社区文明小使者"活动，推荐30名社区青少年参加首都社区文明小使者的评选，推荐2名社区居民参加大兴区十大道德模范评选，推荐6名社区居民参加大兴区百名文明之星的评选，推荐5个单位参加大兴区文明单位的评选，推荐9个社区参加大兴区文明社区的评选。在社区居民中开展"百姓爱心故事"和"诚信征文"征集活动，征集爱心故事文章18篇、诚信征文11篇。18个爱心故事通过连载的形式在大兴报专刊发表了三个专版，进行广泛宣传。在"百姓爱心故事"征集评选活动中，有2人的事迹进入北京市前150名。

（张命命）

【妇联工作】 年内，街道妇联对辖区9户贫困妇女进行慰问，发放慰问金4500元。在社区妇女中开展恒爱行动——组织辖区妇女为贫困孤残儿童编织毛衣19件。在辖区妇女中开展了"每人一元钱，情润灾区渡难关"抗旱募捐活动和抗震救灾募捐活动，收到捐款12555.5元。协调大兴区妇幼保健院为辖区机关、社区600名妇女免费进行了宫颈癌筛查。完成三个姐妹驿站的申报和15个社区的妇女之家挂牌工作。

（张命命）

【失业人员再就业工作】 年内，实现失业人员再就业842人完成指标任务的102.8%。其中，企业招聘562人，超额完成指标的170.3%，就业困难人员就业320人，完成指标任务，就业困难人员就业率75.8%，超额

25.8 个百分点。

（张命命）

【向失业人员提供招聘信息】 年内,联系招聘单位 70 家,举办招聘会 12 次,收集招聘工种 164 类,采集招聘岗位信息 3760 个,完成指标的 125.3%。采取召开招聘会、集中指导、个别讲解和入户走访等形式,进行职业指导 1585 人次,完成指标的 105.7%。推荐就业 360 人,完成指标的 138.5%人。

（张命命）

【开展劳动用工保障大检查】 年内,街道组织开展了劳动用工保障专项大检查,对辖区内 141 家企业单位的劳动用工情况,主要包括签合同、上报险、发工资和企业规章制度进行了走访、询问、检查,涉及职工 8649 人(其中本地工 6520 人、外地工 2129 人)。对 38 家单位在与职工签合同、为职工上保险和劳动制度上存在不足和不规范行为,发放了整改通知,限期整改,对拒不整改的 3 家单位,按照法定程序对其进行了处罚。

（张命命）

【失业金发放】 年内,有 67 人在街道享受失业金待遇。街道坚持每月按时发放,全年发放失业保险金 769 人次,共计 705193 元,发放医疗补助金 94 人次,共计 54956 元。

（张命命）

【退休人员社会化管理】 年内,为 98 名达到退休年龄的人员办理了退休手续,现共有退休人员 922 人。为退休人员发放医疗补缴 35700 元,发放破产统筹外费用 2877 元,补发退休金 124806 元。

（张命命）

【“一老一小”参保情况】 年内,新参保人员 105 人。现有参保儿童 837 人,老人 866 人,无业人员 38 人。为 97 名参保人员报销医药费 14 万元。发放《缴费告知书》2100 份,经核实后变更个人信息 1935 人。

（张命命）

【城乡居民养老参保】 年内,办理城乡居民养老参保手续 214 份,现领取城乡养老人员 21 人。完成大龄参保率 100%。

（张命命）

【全程办事代理服务】 年内,共受理登记了服务事项 6317 件,其中纳入网络办理的事项 6047 件,未纳入网络办理的事项 30 件,面授、电话咨询类事项 240 件,未发现任何不满意的事项和意见。

（张命命）

【社区代办室工作】 年内,街道 14 个社区代办室共登记受理代办事项 4100 件,咨询类 710 件,即办类 3510 件,群众满意率为 100%,办结率为 100%。

（张命命）

兴丰街道

【概况】 兴丰街道办事处地处北京市大兴区黄村新城中心地段。东至京开路中心线;南至黄村大街中心,永华北路中心线;西至芦求路中心线;北至清源路中心线。辖区内道路交通发达,是大兴区经济、文化中心。辖区总面积 9.66 平方公里,有 12 个居委会,296 栋住宅楼,1256 个单元门。总人口 46265;总户数 19062 户;常住人口 40462 人;常住户数 16219 户;京籍常住人口 36313 人;京籍常住户数 14361 户;外埠常住人口 4149 人;外埠常住户数 1858 户;流动人口 5803 人;流动户数 2843 户,单位总数 756 家;中央单位 12 家;市属单位 6 家;区属单位 45 家;物业公司(部门)数 51 家;各类公司和个体户 642 家,分布在各个社区中。

名称:大兴区兴丰街道办事处

地址:大兴区黄村西大街33号

电话:69246902

邮编:102600

网址:webmaster@ dxxfjd. gov. cn

【召开社区工作汇报会】 年内,街道在后二楼会议室召开社区工作汇报会,街道党工委班子成员和社区党政一把手参加了此次会议。街道工委副书记张洪远做了重要讲话,针对辖区实际情况,对重点人、重点群体以及各种不稳定因素做到心中有数;工作中注意协调,讲究方式方法,全面落实责任制。

(韩文禹)

【主题教育活动启动式】 年内,街道"弘扬传统美德 构建和谐兴丰"启动仪式在大兴文化馆小剧场举行,区领导及街道班子全体成员出席了此次活动。此次活动是贯彻落实大兴区开展"和谐社区、温馨家园"主题教育活动的一个重要举措,街道将通过广泛开展丰富多彩的活动,使广大居民真正融入社区,增进邻里和睦,促进社区和谐。每年度开展"十百千评选活动"即"十个"社区文明之星、"百个"邻里互助模范家庭、"千户"尊老爱幼模范家庭。

(韩文禹)

【再生资源回收点进社区】 年内,街道联合区商委在富强南里社区开展"低碳理念,参与资源回收,共建绿色家园"为主题的宣传活动。大力推行资源节约,鼓励循环消费,发挥再生资源回收体系建设的提高资源利用率,现场共发放宣传材料500余份,已完成17个回收点。

(韩文禹)

【万众人力资源服务中心成立】 年内,街道万众人力资源服务中心正式挂牌成立。区劳动局、14个镇、5个街道办事处的有关领导参加了此次活动。服务中心设置政策咨询、个人求职登记、单位招聘备案、技能培训、职介、岗位开发、就业安置、综合服务8个窗口,秉承公正、便民、廉洁、高效的服务理念,致力于辖区劳动力的就业工作,提供就业指导与培训,岗位开发,劳动事务咨询等全面、专业、规范、高效的人力资源服务,为辖区劳动力就业搭建一座服务平台。

(王亚飞)

【"三通"终端缴费工程】 年内,街道为完善辖区一卡通、一网通、一费通"三通"终端缴费工程,经过调查统计,已安装小型缴费终端5台,大型终端2台。

(韩文禹)

【人大代表参加三届五次会议】 年内,代表按照区人大统一部署,认真参加大会,深入开展各项主题讨论活动,并积极建言献策。会议期间,街道区人大代表就本区道路、交通、社区建设与管理、公共设施修建与维护等选民关心的热点、难点问题提出建议21件,议案1件。已答复4件。

(韩文禹)

【优惠政策进社区】 年内,街道组织辖区12个再就业工作站,开展"优惠政策进社区"宣传月活动。共悬挂横幅12条,展板46块,发布就业信息307条,发放就业宣传材料1000余份、环保购物袋600余个。邀请辖区内75家用工单位进行现场招聘,提供就业岗位380余个。截至10月底,街道采取企业招工、办理灵活就业、办理自谋职业等多种形式共安置失业人员就业680人,完成全年总任务的93.1%。

(王亚飞)

【地下空间清理整治】 年内,街道对地下空间进行全面清查,从检查居住人员的暂住证、人均居住面积、到地下空间的安全、消防等几个方面入手,进行清理整治。减少流动人口138人。

(韩文禹)

【社保工作】 年内,街道为退休人员、灵活就业人员、自谋职业人员发放社会保障卡3534张。发放失业金91万元,报销药费12.2万元,为灵活就业人员报销急门诊药费5.01万元,发放自采暖补贴1.27万元。

(韩文禹)

【计生宣传活动】 年内,街道开展了以《人口与计划生育法》为主题的法律、法规宣传活动。悬挂"纪念《人口与计划生育法》实施宣传活动"的条幅3个,张贴宣传标语100张,发放宣传材料300余份,活动中接受育龄群众咨询和答复了有关计划生育法相关内容、计划生育现行生育政策等计划生育法律、法规相关政策和避孕节育措施及药具使用方法等方面的问题百余次。

(王亚飞)

【"温馨家园"启动揭牌仪式】 年内,兴丰街道"温馨家园"在富强南里社区正式挂牌成立,区残联有关领导与街道领导一起为温馨家园揭牌。"温馨家园"建筑面积700余平方米,集康复、文体、娱乐、就业创业、日间照料、爱心超市等多项功能和服务为一体,可基本满足本辖区405名残疾人在康复、培训、娱乐、就业、维权等多方面的需求。

(王亚飞)

【环境整治工作】 年内,街道对辖区的主要道路、街巷、施工工地、居住小区和校园周边进行了突击整治,共清扫路面、小区8万余平方米,清理生活垃圾3处,6立方米。

(韩文禹)

【再就业工作】 年内,街道通过挖掘资源、主动联系、协助办理等方式,共安置失业人员883人。

(韩文禹)

【重阳节慰问老年人活动】 年内,在重阳节到来之际,民盟大兴区工委和街道共同组织召开了九九重阳节慰问老年人活动。区人大、民盟、区政协常委、街道等有关领导参加了此次活动,对辖区20名空巢、贫困、低保、老残、优抚对象等老年人进行了慰问,送去了慰问品。

(王亚飞)

【整顿"小服装"企业】 年内,街道对六小企业中的"小服装"进行摸底统计汇总。同时联合区公安分局、城管、安监局、综治办、及社区专职流管员共计13人,对查出的3家"小服装"企业进行专项集中整治,并对检查发现的3名流动人口进行了核查。

(王亚飞)

【社保大厅改造完成】 年内,街道对社保大厅进行改造,在原有办事功能的基础上新增了大屏幕显示屏,公布大兴区全区用工信息、办事排队系统、综合评价系统、业务流程查询、政策信息查询、社保卡信息查询等多项服务功能。

(韩文禹)

【照明工程】 年内,街道投资186万元,为富强东里、富强南里、黄村东里、黄村中里4个老旧小区安装太阳能照明灯327盏,解决了居民夜间出行不便问题。

(韩文禹)

【完善垃圾分类硬件设施】 年内,街道投资150万余元,采购用户垃圾桶12000个,垃圾袋454.6万个,户外垃圾桶713个,已全部发放到位。

（韩文禹）

【“门前三包”责任落实】 年内，街道与辖区单位、商户共签订《“门前三包”责任书》983份，签订率100%。对“三包”责任落实不积极、不到位的由执法部门给予警告、限期整改等处理。

（韩文禹）

【防汛工作】 年内，街道成立防汛抢险队伍，制订应急预案，筹备防汛物资，做好防汛准备。共筹备铁锹50把、编织袋2000条、彩条布500米、帐篷61顶、救生衣20件、手电30把、雨衣雨鞋各50件（双）、车辆26辆。辖区单位也备齐了铅丝、石料、运输车、铲吊车、发电机、水泵等防汛物资。

（韩文禹）

【拆违工作】 年内，街道联合区公安、城管等执法部门对辖区内私搭乱建等违法建设进行清理拆除，共拆除4500平方米。

（韩文禹）

【“孝星”评选工作】 年内，街道采取个人自荐、社区推荐，街道初选，逐级上报的方式进行，经过层层筛选，共选出“孝星”56名。

（韩文禹）

【退休人员社保工作】 年内，街道为退休人员发放洗理费、补支养老金、丧葬费59万元，申报药费655.8万元，整理退休人员档案1754份；办理小额贷款10万元。

（韩文禹）

【总工会成立暨第一次代表大会】 年内，街道召开了兴丰街道总工会成立暨第一次代表大会。区总工会、街道相关领导参加会议并对街道总工会的成立提出了具体要求。会上选举产生了第一届委员会11人、经费审查委员会3人和女职工委员会3人。

（王亚飞）

【整治交通秩序成效显著】 年内，街道联合区城管、公安、交通、派出所等部门组成联合执法队，对辖区交通秩序进行第二次集中整治。此次行动共出动执法车辆15台，执法人员50人，其中城管队员20名，交通民警10名，派出所民警20名，对辖区人流密集、繁华地区以及各车站周边机动车违章停车、占道经营等行为进行统一查处。行动中共核查录入9人、规范车辆36辆、当场警告9人、拘留阻碍执法相对人4人、收缴刀具1把、违章交通扣车1辆、处罚违法停车31起。

（王亚飞）

【落实校园安保工作】 年内，街道开展了“法制进校园”、“安全进校园”和应急安全演练等活动，组织民警、城管队员、居委会专干和红袖标等人员对学校周边安全隐患进行了排查治理，并对辖区21所中小学和幼儿园安装了一键式报警系统。

（韩文禹）

【独生子女父母领取奖励费】 年内，街道为贯彻落实《北京市人口与计划生育条例》相关奖励政策，组织各社区计生专干召开会议，共为辖区44名女年满55周岁、男年满60周岁的无业独生子女父母发放独生子女父母一次性奖励费44000元。使她们感受到了党和国家对独生子女家庭奖励政策的温暖。

（王亚飞）

【绿化美化工程】 年内，街道投资160万元，对兴华中里等6个社区实施小区道路改造、修建绿化美化景观、改建休闲娱乐设施。

（韩文禹）

【再生资源回收站点进社区活动】　年内,街道联合区商委在富强南里社区开展了以“低碳理念,参与资源回收,共建绿色家园”宣传活动。工作人员以现场咨询和发放宣传材料等方式,向过往群众发放再生资源回收、垃圾分类等宣传材料500余份,并在社区指定回收站点推出了积分换礼品活动,鼓励居民循环消费,提高居民的环保意识。

(王亚飞)

【计生工作】　年内,街道为辖区87名女满55周岁、男满60周岁的独生子女家庭发放一次性奖励费87000余元。

(韩文禹)

【综合行政服务中心正式启用】　年内,街道成立综合行政服务中心。该中心建筑面积816平方米,社保、计生、民政等14个服务窗口,包含社保、最低保障、住房保障、优抚、老龄等52项内容的一站式服务,并配备了等候椅、便民索取栏、饮水机等服务设施。

(王亚飞)

【流动人口出生监测核实】　年内,街道计生办进一步做好流动人口出生监测和服务,根据流管办提供的流动人口信息,对街道12个社区的流动人口出生监测进行了核实,同时对流动人口的居住、持流动人口婚育证、避孕节育、建育龄妇女卡片等情况进行了检查。

(王亚飞)

【预防煤气中毒宣传】　年内,街道组织12个社区及综治办、流管办、安全科人员对辖区内煤火取暖的单位及个人进行了检查。共走访煤火取暖用户85户,出动检查人员53人。其中,检查单位26家,出租房屋59户;发放宣传材料200份,受教育人数达500余人。

(韩文禹)

【落实“温暖一号”工程】　年内,街道联合区城管、工商、公安等部门对龙河路两侧门店及经营炉具商户进行联合检查,此次行动中,共出动执法检查车4辆,人员18人,共检查门店21家。检查中,并未发现门店出售不合格炉具,为辖区居民冬季燃煤取暖安全奠定了坚实的基础。

(王亚飞)

【举行创业项目推介会】　年内,街道召开《创业展示既项目推介会》。辖区12个就业工作站的劳动保障协管员及有创业意愿的失业人员等90余人参加会议。区人力资源和社会保障局劳服中心、职业技术培训学校、街道等有关领导参加会议。会上向失业人员展示了“便宜坊加盟连锁项目”、“都一处加盟连锁项目”、“莱双扬解馋坊餐饮项目”等共计12个投资小、见效快的创业项目,项目投资额从5000元到50万元不等。会后,失业人员与大兴人保局的同志就政策、项目选择等进行了面对面的交流,为辖区内有创业意愿的失业人员搭建了一个展示和交流的平台,以创业带动就业。

(王亚飞)

【“春风行动”活动】　年内,街道开展大龄失业人员和特困低保就业困难人员为主要援助对象的“春风行动专项活动”。这次活动以12个工作站为工作重点,对辖区内的失业人员进行摸底排查,及时掌握失业人员的工作动态,为就业困难群体尽快实现就业创造条件。截至年底,共举办现场招聘会3场,提供岗位2160个,其中达成协议307人,发放《北京失业人员再就业培训优惠政策》、《就业政策须知》等宣传材料1000余份。

(韩文禹)

【开展“百日整治行动”】　年内,街道成立由办事处领导,派出所、城管、工商等部门联合执法整治小组,按照辖区存在实际情况和小组职能,分别进行治理。首先,在帝园商城门前开展“百日整治”宣传活动,向过往群众发放《致广大市民的一封信》1000余份、悬挂宣传横幅5条,发放相关宣传材料5000余份。同时,联合城管、工商等部门出动执法车6辆对龙河路、大中电器门前、兴华街等地点的黑车、违规广告、违法建设等进行整治。

(王亚飞)

【举行“烟花爆竹回收”活动】 年内,街道联合城管、公安、工商等部门在帝园商场门前举行了以“烟花换礼品、不留隐患、确保人身安全”为主题的宣传活动。街道工委副书记、综治办人员、城管、安监局、烟花办等共计30余名工作人员参加。此次活动,共悬挂横幅标语2条,发放宣传材料1000余份,上百名群众参与了烟花换礼品活动,确保了辖区居民的人身安全。

(韩文禹)

【推动双拥工作新高潮】 年内,街道为各社区拨款6千元用于“建军节”期间对各类优抚对象开展双拥活动。同时街道民政和社区居委会共同走访优抚对象32户,为他们送去了价值300元的丝绒被。各社区通过横幅、板报、橱窗等形式广泛宣传双拥工作,为迎接全国双拥模范城“四连冠”营造良好的社会氛围。

(王亚飞)

【开展“送法进社区”活动】 年内,司法所在居委会和法律服务工作室的配合下,到黄村西里社区,开展普法宣传活动。“义务普法宣传员”孟祥贤大妈应邀参加本次活动。此次活动共发放法制宣传材料200余份,展板40块,解答法律咨询5人次。

(韩文禹)

【对用工单位进行日常巡查】 年内,街道组织各社区工作站负责劳动监察人员,对辖区用工单位进行日常巡查。共检查用工单位58家,对签合同、上保险、是否按时发放工资等做了详细记录。

(韩文禹)

【做好生活垃圾分类处理工作】 年内,街道投资60万元,对试点社区进行了垃圾分类工作培训;制作宣传海报8套、发放宣传手册近6000分、宣传光盘12套;印有倡导垃圾分类的环保购物袋12000个、采购并发放户用垃圾桶11700个、户用可降解垃圾袋1136000个;新增户外垃圾容器171个、垃圾袋30000个;组建、培训“垃圾分类指导员”绿袖标队伍79名。

(王亚飞)

【推进和谐社区建设】 年内,街道“一社区一支部率”达100%,以党组织为领导核心的社区组织体系不断完善。实行社区党组织、社区居委会和社区服务站“三位一体”的管理服务体制;截至目前,街道共有社区服务中心1个,社区服务站12处,社区卫生服务站5个,“任我在线超市”7家。

(王亚飞)

【做好老年人工作】 年内,街道共办理发放老年优待卡287个,发放助老券60余万元,办理老年人电子小帮手服务器57份,发放社区90岁高龄老人津贴33600元。

(韩文禹)

【开展助残工作】 年内,街道为25名重残人员办理了“残疾人居家养老助残券”,为30户残疾人家庭申请了无障碍改造项目,共安装尼龙抓杆12个,不锈钢抓杆20个,浴凳30个。

(韩文禹)

【开展养犬年检宣传活动】 年内,街道联合区养犬办、卫生局、民政局、动物卫生监督局等单位在帝园商城前开展了2010年养犬集中年检工作宣传活动。此次宣传共张挂幅3块,发放宣传材料5000余份。咨询问题群众达500余人。

(韩文禹)

【优抚社救工作】 年内,街道为优抚对象定补拨付资金17.3万余元。低保金发放16.5万余元、粮油补助1.15万余元、发放生活困难补助1.93万余元,社会保障金发放共计18.73万余元。为4名低保人员办理了0.41万元医疗救助,为3名优抚对象办理大病医疗补助0.93万元、为4名优抚对象报销医药费0.37万元。为7名退休人员报销医疗费1.27万余元。

(韩文禹)

【募捐工作】 年内,街道在辖区内利用横幅、标语等多种形式,积极弘扬"一方有难、八方支援"的团结互助精神,号召辖区各单位和广大社区居民踊跃为灾区群众捐款。共收到青海玉树抗震救灾捐款52753.1元,"博爱在京城、博爱在大兴"捐款11281.7元。

(韩文禹)

【养老助残券发放工作】 年内,街道一季度共发放养老券447人次,134100元,助残券59人次,17700元。

(韩文禹)

【平安清明文明祭扫】 年内,街道极开展"平安清明、文明祭扫"宣传活动,悬挂横幅20余条,发送"文明祭扫倡议书"22000余份,让居民对传统祭祀的弊端有所了解,使居民自觉进行文明祭祀。

(韩文禹)

【地下空间联合检查】 年内,街道联合区建委、民防局、安监局等部门一行17人,对阳光乐府22#楼人防工程、时代龙河40#楼普通地下室2处地下空间出租场所进行联合检查。分别检查了消防栓、灭火器、安全通道、人员宿舍和出租值班室,对在检查过程中发现的安全通道缺少安全指示地标和安全应急灯不足等问题,已责令上述两家单位立即整改。

(王亚飞)

【保障性住房工作】 年内,街道严格把握保障性住房政策,先后办理经济适用房申请158户,两限房428户,廉租房7户,共解决保障性住房223套。

(韩文禹)

【三个一工程】 年内,街道投资800余万元完成了以黄村西里老旧小区环境整治、三中巷道路改造和兴丰大街兴丰段街容整治为重点的"三个一工程"。共改造雨水管线1970米、地面铺装共计38764平方米、绿化美化5700余平方米等。

(韩文禹)

【全程办事代理运行情况】 年内,全程办事代理工作共受理事项611件,纳入网络监控的有611件,网上办结事项611件,办结率和满意率均达到100%。

(韩文禹)

【环境综合整治工作】 年内,联合城管、工商等有关部门对龙河路等重点区域开展整治专项行动,清除暴露垃圾、灭鼠以及小区卫生死角、清洗广告牌85块,与128家店面签订"门前三包"责任书;在黄村东里、瑞康家园等社区开展"垃圾分类"试点工作,为5680户居民配备了垃圾桶及环保购物袋。

(韩文禹)

【学校周边门店安全检查】 年内,街道组织民警、巡防队员、专职红袖标、居委会干部,配合学校、幼儿园老师、保安做好学生上下学重点时段的安保工作,并组织社区摸清辖区内校园周边门店基本情况,做到定期检查,杜绝各类安全隐患。经查,学校周边共计59个门店。其中餐饮7家,零售10家,销售6家,服装2家,网吧1家,美发4家,美容5家,商场1家,建筑1家,其他类22家。

(韩文禹)

【计生工作】 年内,街道为辖区10户独生子女贫困家庭发放了米、面、油等慰问品及慰问金每户200元,共计2000元。

(韩文禹)

【幼儿园安全检查】 年内,街道联合公安、消防等部门对幼儿园进行了安全检查。经检查,辖区共有11所幼儿园,其中黑园6所,自办小饭桌2个。

(韩文禹)

【民兵整组点验】 年内,根据年度工作安排,为高标准抓好民兵组织建设,提高兵员动员能力,做好遂行非战争军事行动的需要,区武装部对街道民兵防控指挥连88人进行了点验,点验工作进展顺利,区武装部领导对街道民兵工作做出了高度评价和认可。

(韩文禹)

【环境整治工作】 年内,联合城管、派出所等部门开展环境治理工作,成效显著。共在重点点位设置治理工作宣传条幅5个;向龙河路、富强路门店发放告知书105份;查扣门店擅自设置在店外的广告灯箱3个;查扣用于店外经营的煤气罐1个;查扣用于无照经营的煎饼车1辆、三轮车1辆。

(韩文禹)

【领取社保待遇人员资格认证】 年内,街道开展领取社会保险待遇人员资格认证工作以来,针对认证过程中出现的新问题,工作人员亲自到社区现场指导。对工作中需要注意的问题按照区人保局要求及时传达到各社区就业工作站,对于认证过程中出现"特殊情况",及时请示上级领导,使认证工作得以顺利进行。截至年底,共认证领取待遇人员5144人,其中社会化退休986人,企业退休3470人,无保障688人。导入认证系统成功人数952人。

(王亚飞)

【社区工作者培训】 年内,街道在团河会议中心举办了社区专职工作者培训班。来自街道12个社区的80余名社区工作者参加了此次培训。培训内容包括促进社区就业、计生基础知识、社区治安与综合治理、城市社区管理建设、和谐社区创建等。

(韩文禹)

【全程办事代理】 年内,街道全程办事代理工作共受理事项626件,纳入网络监控的有626件,网上办结事项626件,办结率和满意率均达到100%。办理事项较多的是:退休人员医药费的申报145件,低保金、优抚金、退休金发放66件等。

(韩文禹)

【街道为民办实事】 年内,街道辖区内机械化小区与体委居民楼之间的一条长达150米的路,一直以来路面坑洼不平,给居民出行造成严重不便,经多方努力,联系相关单位,终于将此问题解决,经过一周的翻修终于竣工投入使用,使540户居民受益。

(王亚飞)

【开展"社会保障卡宣传服务"活动】 年内,街道开展了"社会保障卡宣传服务"活动。此次活动共发放宣传材料1500余份,发放社保卡方便夹100余个,环保购物袋100余个,解答30余人次退休人员提出的问题。

（韩文禹）

【黑车整治净化交通秩序环境】　年内,街道联合派出所、城管等部门有针对性地开展了黑车整治工作。截至目前,已发放告知书100余份;悬挂横幅23条;警告15人,查扣黑车15辆;纠正违法行为60余起。

（韩文禹）

【加大巡逻力度战绩突出】　年内,街道巡防队认真分析辖区治安形势,有针对性地加强重点部位、重点路段、重点时段的巡逻,战绩突出。共刑事拘留10人,治安拘留92人。其中,盗窃自行车5起,盗窃24起,抓获在逃犯4人,赌博3起,发放小广告1起,电动自行车1起,使用伪造证件12起,冒用他人证件15起,携带管制刀具1起,职务侵占1起,拉活扰序5起,诈骗1起。

（韩文禹）

【劳动用工季度检查】　年内,街道对辖区企业进行季度检查。检查用工单位是否合法用工,是否与职工签合同。共检查30家用工单位,涉及职工2417人,其中签订合同人数2363人,合同签订率97%。对于没有签订劳动合同的,监察队员要求用工单位立即与职工补签合同。维护劳动者合法权益。

（韩文禹）

【社保工作】　年内,街道社保所共接收社会化管理退休人员药费2937人次,申报药费655.8万元。与去年同期相比,人数增加478人次,增幅19.4%。药费金额增加44.2万元,增幅7.2%。

（韩文禹）

【灭蟑灭鼠工作】　年内,街道积极宣传除害防病知识,动员广大居民积极参与,共同做好灭蟑灭鼠工作;统一时间、统一药械、投放到位,集中消杀,确保灭蟑灭鼠活动取得预期成效。共投放鼠药160公斤,发放灭蟑套餐800份。

（韩文禹）

【垃圾分类工作】　年内,街道为黄村西里等四个试点社区发放户外用垃圾收集桶542个,家用垃圾袋341万个。

（韩文禹）

清源街道

【概况】　清源街道办事处地处大兴新城北部。南起清源路,北至北兴路,东起京开高速路,西至京九铁路,辖区面积10.87平方公里。辖区内道路纵横,交通发达,多条公交线路直达市区。年底地铁大兴线的开通,更为新城北部的发展插上了腾飞的翅膀。辖区现有汉、回等26个民族,总人口12万人,有行政机关、企事业单位、大中专院校、中小学和驻区部队等单位486家。街道办事处在职公务员35人,事业单位33人,机关工勤7人,共计75人。下辖24个社区居委会。

名称:大兴区清源街道办事处
地址:大兴区滨河西里17号楼
电话:81295057
邮编:102600
网址:http://www.dxqy.gov.cn
邮箱:dxzts@126.com

【创先争优活动】　年内,街道对597名党员的656项、社区两委的108项承诺登记汇总,督促兑现。建立《创先争优解决实际问题台账》,统计上报86项需解决问题,建立《党员需求台账》,涉及参观学习类、场地需求类、社区服务类等八大类160项。在“百名机关干部联百家”活动中,对弱势群体一对一帮扶。充分发挥了基层党组织、党员凝聚人心、服务群众的作用。

（张铁师　王宝领）

【非公企业党建】　年内，街道探索出了“独、联、靠”的非公企业党组织三类管理模式，已有14家企业被批准建党组织。工会在10家100人以上非公企业建立了组织，会员970人，在24个社区建立了工会联合会。共青团在13个非公企业成立了团支部。妇联在4个社区建立了姐妹驿站。

（张铁师　王宝领）

【信访工作】　年内，共接到居民来信56件（市长信箱43件，信访网上办公系统9件，初信4件），办结率100%；政风行风（行政投诉中心）130件，办结率100%。初访39件，办结率100%。

（张铁师　王宝领）

【档案管理工作】　2月，召开了档案工作会。5月，对街道办事处机关和24个社区35名档案员进行了培训。完成上年档案归档工作，共计立卷892册。

（张铁师　王宝领）

【综合行政服务】　年内，“综合行政服务中心”纳入网络监控受理事项共计11615件，办结11615件，办结率100%，群众满意度100%。收到锦旗7面，表扬信2封。

（张铁师　王宝领）

【就业再就业服务】　年内，城镇登记失业人员就业人数完成816人，其中单位招用人员完成331人，“4050”就业困难人员实现就业457人；组织失业人员培训72人，实现创业21人，带动就业102人；失业人员推荐就业人数1041人，空岗信息采集数4724人次，职业介绍2355人次。

（张铁师　王宝领）

【劳动关系协调工作】　年内，在劳动监察规范一条街工程中，共涉及单位21家，职工319人，签订劳动合同人数283人，缴纳社会保险人数264人。日常巡查199家，进行专项执法大检查4次。完成集体合同5户，实行工资集体协商2户。采集企业信息237家，涉及就业人数2078人，签订劳动合同人数1978人。

（张铁师　王宝领）

【计划生育工作】　年内，办理一孩生育服务证306个，二孩生育服务证18个，独生子女父母光荣证180个，随父入户79个，发放独生子女父母奖励费、一次性奖励费十万余元，建立1所街道人口文化学校，18所社区人口文化示范学校，帮扶76位贫困母亲实现再就业，举办优生优育培训班四期，免费发放叶酸300余瓶，对特扶、残扶对象40人进行扶助。录入流动人口信息平台500余人，签订流动人口计划生育管理责任书400余份，为200余名流动已婚育龄妇女进行免费体检。举办了纪念“7.11”世界人口日暨“9.25”《公开信》发表30周年大型文艺汇演专题宣传活动，组建人口计生宣传队，参加区人口文化送戏下乡活动4场。

（张铁师　王宝领）

【民政救助工作】　年内，为居民办理低保、老龄、残疾人证等各类证（券）800余人；办理各类救助1500余人次，下发各类救助款、补助金、优待券等250余万元；开展大规模的募捐活动2次，共募集善款20余万元；完成了春节、端午、国庆节、重阳节等重大节日的走访慰问活动，共慰问贫困户、残疾人、老年人500余户次。受理保障性住房、廉租房申请1114户，开发7个服务项目、精选39个服务商，发放养老助残服务券109.48万元，为110个老年家庭安装一键通电话。在温馨家园30名残疾人长期活动。

（张铁师　王宝领）

【“三个一”工程】　年内，兴丰大街北段“示范街”共拆除私搭乱建620平方米，修复、硬化破损路面460平方米，垒砌小区围墙及补修铁栅栏500延米，绿化补植200平方米，增加车位50个；丽园示范路完成翻新步道3300平方米，增加果皮箱15个；郁花园“示范社区”组织拆违290平方米，居民自拆2847平方米，翻地补绿4万平方米，中心花园铺设草坪1万平方米、地胶300平方米，补种银杏树60棵、黄杨1.1万平方米，增加车位500个，更换路灯等照明设施198个，更新垃圾桶200个、果皮箱40个，更换小区内座椅100个，更换雨篦子30个，拓宽混凝土路面及修复小区道路1300平方米，安装探头23个；“示范花园”增补乔木60株，灌木86棵，常绿35株，花卉130平方米，色带3380平方米，铺设草坪2800平方米，砌筑花墙150延米。“三个一”延伸拆违1725.53平方米。

（张铁师　王宝领）

【社区开展垃圾分类】　向康隆园、康和园、香海园和郁花园4个试点社区发放垃圾桶14396个、垃圾袋1380304个；配备垃圾分类指导员共计108人。

（张铁师　王宝领）

【百日整治行动】　9月20日，对兴丰大街、滨河街人口居住密集地区的7处店外经营场所(稻香村、烟酒公司、天客隆等)进行了执法检查；对天客隆超市门前2处没有商务局批准店外经营手续的摊点进行现场清理。10月12日，出动联勤联动执法人员30余人，在枣园、郁花园两个自发早市内进行取缔早市宣传工作，共发放500余份《致早市经营商户一封信》，张贴《公告》50余张。10月13日至10月15日，对郁花园、枣园两个自发早市进行清理整顿工作，共出动车辆30辆，清理商贩700余户。11月2日至11月3日，出动联勤联动执法人员20名，执法车辆3辆，对兴华大街沿线4处妨碍交通、影响市容的违建报刊亭予以清理取缔。11月11日上午，对滨河街两侧的无照经营商户、大兴二中周边的非法运营及违章建设进行集中检查，共检查沿线商户40余家，查处5家违章建筑，查处9家无卫生许可证的餐饮商户，查处2家无照经营商户，暂扣2家店外占道广告牌。百日整治行动累计出动执法人次1000余次，执法车次600余次，清理散发、张贴小广告400余起，无照经营400余户，宣传告诫100人，行政指导50起。

（张铁师　王宝领）

【综治维稳工作】　年内，对18个老旧小区实施了“上人防、建岗亭、装探头、安大门”工作，老旧小区新增保安98人，新增岗亭9个，新增伸缩门7个，新增抬杆5个，维修大门6个，新增探头64个、维修80余个，垒砌小区围墙及修补铁栅栏532延米。投资360余万元，在郁花园二里试点，进行智能化系统示范建设。投资180万元升级改造街道城市管理中心，建立7个社区分控中心，增加电子探头40个，实现了社区、街道和派出所网络连接。清理、取缔黑洗浴6家、美容美发厅8家、游戏厅2家，查处黑车35辆、黑摩的28辆，查处散发小广告6起，规范店外经营1起，救助了流浪乞讨人员1人。共排查化解各类矛盾纠纷75件次。

（张铁师　王宝领）

【应急值守工作】　5月，组织机关各部室完成了19个应急预案修订工作，24个社区全部制定了应急预案。6月11日，对机关工作人员和社区居委会主任进行法规和应急知识培训。建立了应急物资储备库，新购尖镐、编织袋、救生衣、除雪工具440件，为24个社区配备灭火器48个。

（张铁师　王宝领）

【流动人口管理服务】 年内,共采集录入流动人口21155人,其中男11410人,女9745人;来京一年以内的8120人,一至三年的6813人,三年以上的6222人。从事职业:建筑施工768人,单位务工11545人,个体经商3031人,其它(包括学生)5069人;文化程度:本科以上的2406人,大专文化3023人,高中及同等学历5942人,初中文化8058人,小学以下984人;出租房屋4408户、9572间,其中平房31户,69间;楼房3455户,7691间;门店823户,1623间,单位出租31户,73间。流管信息系统平台共新登流动人口信息12472人、核销9995人、更新7260条、迁移1854人;出租房屋信息共新登835户、核销262户、更新608条。开展专项整治工作共出动公安、城管、建委、消防、流管等各类专群检查人员4293人,检查出租房屋48738户次,流动人口72736人次,门店823家;签订各类责任书682份;发现并整改火灾、用电等隐患70处;煤气中毒共签订责任书213份,排查隐患24处,落实整改24处。清查辖区内"五小"企业、"六小"场所共102家,有照经营48家、无照经营54家。"五小"企业14家,有照9家,无照5家。"六小"场所88家,有照39家,无照49家。

(张铁师　王宝领)

【法制宣传教育】 5月9日至16日,开展法制宣传咨询周活动,在24个社区及重点地区宣传20余次,发放宣传材料800余份,咨询人数300人次。重点宣传征地拆迁、劳动争议、婚姻家庭、法律援助、房屋买卖、治安管理、流动人口管理、施工扰民、民事诉讼、食品安全、环境保护等与群众生产生活密切相关的法律法规。5月26日至6月26日开展"民主法制宣传月"活动,在香留园、滨河北区、康和园、康隆园、郁花园、学院、丽园南区、兴涛、清源西里等社区开展了讲座、上街宣传、知识竞赛等宣传活动。

(张铁师　王宝领)

【人民调解工作】 年内,24个社区调委会共受理纠纷175件,调解175件,成功175件,其中公民与公民之间纠纷155起,公民与其他组织纠纷20起。包括邻里纠纷115件、施工扰民纠纷17件、婚姻家庭纠纷6件、合同纠纷2件、赔偿纠纷2件、其他纠纷33件。

(张铁师　王宝领)

【宣传工作】 年内,创新开展"联片联学"活动、"和谐社区、温馨家园"、"争、建、创"主题教育活动,有效扩大了理论宣教覆盖面,提高了地区文明程度、公众素养。街道参与全区文化活动水平明显提高,获得乡村戏迷票友大赛一等奖、首届民族健身操舞大赛一等奖、首届社区合唱大赛一等奖和首届社区家庭才艺大赛一等奖。

(张铁师　王宝领)

【总结表彰工作】 年内,清源街道获得了"双拥模范街道办事处"、"思想政治工作优秀单位"、"北京共青团'两节送温暖'突出贡献奖"、"市科普惠农兴村计划 社会科普益民计划组织工作先进集体"、"2010年交通安全先进单位"、"北京市人口计生系统作风建设先进单位(2008~2010)"、"北京市安全生产月活动优秀组织奖"、"快乐假期——争当'社区文明小使者'主题教育实践活动活动组织奖"、"第二届北京市社区健康风采大赛(居民健康素养知识竞赛)优秀奖"9个市级荣誉和"'唱响大兴 共创和谐'大兴区评剧票友大赛组织奖"、"大兴区首届民族健身操舞大赛优秀组织奖"、"大兴区绿化美化先进单位"、"北京市大兴区市容环境卫生相关法律法规知识竞赛组织奖"、"大兴区'乡风文明'主题教育和创新节目大赛组织奖"、"大兴区军(警)民共建单位""大兴区安全生产摄影比赛三等奖”、“大兴区第八届全民健身节围棋比赛总分第三名”、“大兴区‘相约金秋 舞动大兴’群众广场舞蹈大赛二等奖”、“2010 年募捐工作突出贡献奖”、“大兴区第二十届农民艺术节系列活动田野放歌优秀奖”、“大兴区第二十届农民艺术节系列活动原创歌舞优秀奖”、“大兴区第二十届农民艺术节系列活动民防原创优秀奖”、“大兴区第二十届农民艺术节系列活动第四届合唱节二等奖”14 个区级荣誉。

（张铁师）

天宫院街道

【概况】 天宫院街道办事处于 2009 年 7 月底正式组建成立，11 月 1 日开始对外办公。辖区东起郎各庄与黄村镇交接，西至八家东路与被臧村镇交界；南起四个庄与庞各庄交界，北至通黄路与观音寺街道交界，总面积共 33.3 平方公里。辖区内市属、区属企事业单位共 152 家，门店 234 家，1 所职业高中、2 所中学、2 所小学，1 所幼儿园，小商品市场 1 家，医院 1 家。辖区内常住人口 2.4 万人，其中流动人口 7673 人，占 31.6%、特殊人员 774 人，其中低保对象 149 人，下岗失业人员 465 人，残疾人 154 人。辖区内 60 岁及其以上的有 2061 人，18 岁及其以下的 1643。下辖 6 个社区居委会。

名称：大兴区天宫院街道办事处

地址：大兴区黄良路口大庄市场对面

邮编：102629

电话：61250500

网址：http://www.dxtgy.gov.cn

【开展“五型机关”创建活动】 加强街道机关的党建工作，开展争创“五型机关”。即：争创学习型机关，争创服务型机关，争创创新型机关，争创效能型机关，争创廉洁型机关。

（任春红）

【建党 89 周年庆祝活动】 6 月 30 日上午，在首都师范大学附属中学礼堂天宫院街道工委举行隆重集会，热烈庆祝中国共产党成立 89 周年。机关全体人员、各社区党员、部分居民代表、受邀中央单位等 500 余人参加了此次庆祝大会。

（任春红）

【组织党务工作者培训】 10 月 14 日，街道党群工作部邀请大兴区委组织部党管科科长曹仁林同志为机关党支部成员、社区党支部成员、党建工作者等进行了党务工作培训。街道机关、社区共 27 人参加了培训。

（任春红）

【开展党员献爱心活动】 6 月 22 日，按照区委统一要求，党群工作部组织机关党员献爱心捐款活动，这次捐款组织用时短，人员齐，体现了机关党员的高素质，部分入党积极分子和群众也响应号召，参加了捐款活动，献出了自己的一份爱心。机关共捐款 3820 元。

（任春红）

【工会工作】 12 月 23 日，在街道二楼会议室隆重召开了天宫院街道总工会成立及第一次代表大会。大会选举产生了总工会第一届委员会委员 13 人，经费审查委员会委员 3 人，女工委员会委员 3 人。并选举产生了工会主席 1 人、副主席 2 人。经费审查委员会主任 1 人，女工委员会主任 1 人。

（任春红）

【妇联工作】 2010 年 8 月 27 日，街道妇联在海西社区、海东社区、天堂河社区建立了“姐妹驿站”。2010 年 10 月 24 日，街道妇联举办了“大兴发展我参与，我与大兴共成长”知识竞赛。

（任春红）

【《社区与法》到社区】 年内,街道推进法制宣传、法律服务进社区活动。联合圆融律师事务所、社区居委会先后在海子角社区、海子角南里社区、天堂河社区开展法制宣传、法律咨询活动。活动期间发放印有法制宣传标语的购物袋700多个,自制的人民调解法、法律援助便民卡3000多份,为社区居民解答法律咨询,活动让社区居民了解了人民调解法、法律援助等法律知识,为社区居民提供了高效、便捷的法律服务。

(刘爱军 杨海芳)

【环境改造创造宜居新环境】 通过上街、入户、入单位、入门店、开展《市容环境卫生知识竞赛》等形式,大力宣传《北京市市容环境卫生条例》及《大兴区关于进一步加强"门前三包"管理工作实施意见》等精神。制定了《天宫院街道环境治理工作方案》,开展了以"社区是我家 洁净靠大家"的环境整治行动,开展了辛店桥西至京开路小龙河两侧的建筑垃圾、杂草及白色漂浮物清理整治2次,共出动人员165人,出动铲车、洒水车、清运车共计20辆,清除垃圾120吨。针对矿林庄宿舍区脏、乱、差等问题进行了整治,共清理垃圾70吨,建造了3个垃圾池,并设专人每天负责清运。对酒厂宿舍小区内的化粪池进行了全面清淤和疏通,共抽走污水31车,共计248吨,解决了小区内居民家中厕所污水外溢问题。充分调动居民力量,在社区中组建了一支义务保洁队,制定了《天宫院街道办事处组建社区保洁队实施方案》,负责对社区内无物业小区和平房区环境卫生的清洁工作。改变了无物业小区的脏乱差面貌,创造了辖区宜居新环境。

(张金凯 李艳红)

【九三学社进街道】 "九三学社送文化进大兴"活动在天宫院街道海子角南里社区举行,全国政协常委、九三学社中央副主席邵鸿,全国政协委员、九三学社办公厅主任徐国权,北京市政协委员、九三学社北京市委秘书长刘永泰、九三学社中央主席办副主任蒋成华、九三学社北京市委社会工作部部长刘金缓,副区长常红岩、区政协副主席、科协主席刘月娥出席。60余名社区代表参加活动,书画家们泼墨挥毫,尽展所能,将文化送到最基层,送到群众手中。

(赵鸿鹏)

【"三个一"工程情暖人心】 海子角南里、酒厂宿舍、辛店小区、黄徐路北段被列入到年内"三个一"改造区域,总占地面积57600平方米。该工程自4月26日起,历时7个月。工程采用地下、地面、地上立体改造的方式,对小区内道路、排水、围墙、绿化、大门、中心广场等项目进行改造:铺设雨水管线1406米,砌筑篦子井92个、检查井20个,新建泵房三间;铺设路面25934平方米,新建停车位547个、自行车棚14个;垒砌围墙450米,新建大门2个、门房4间;栽种树木550棵、黄杨9000株、玉簪8000株、大花萱草2000棵,铺地栢75平方米、草皮3000平方米;地下电缆铺设3320米,新建路灯108个。

(路宝增 田素静)

【开展丰富多彩活动】 年内,街道在社区文化工作中,紧密结合街道实际,突出社区文化,充分挖掘社区资源,开展各种健康、有益、积极向上的文化体育活动。各社区充分利用邻里节开展丰富多彩的社区文化活动。

(赵鸿鹏)

【第一家便民超市揭牌】 5月27日,街道第一家便民超市正式揭牌,"便民超市"不仅为老弱病残等特殊群体提供上门服务,为特殊群体提供优惠活动。便民超市实行居民自治、义务监督制度,由街道办事处特聘了6名社区义务监督员,对便民超市服务情况进行监督评议,保障服务质量。

(赵淑琴 孙明媛)

【打造创新型科普社区】 天宫院街道海子角南里社区以创新型科普社区为重点,全面推进创新型科普社区建设工作,逐步构建社区科普公共服务网络,全面提升社区居民科学文化素质:继续完成科普楼门建设工作,社区将以一栋楼或一个小区为试点,将一些科普知识制作成图文并茂的展板,打造不同风格的楼门文化;完善信息平台建设,社区建有社区博客,向居民展示科普社区创建工作开展情况,并建有科普 QQ 群,方便与居民交流、沟通、了解居民的科普需求;依托科普基地联盟,鼓励科普基地走进社区,为社区居民服务,同时加强社区与科普基地的联动;完善科普志愿者队伍管理工作,以社区为单位,由社区服务中心对符合条件的人员按照个人自愿报名方式,对科普志愿者逐一编号登记,编造成册,发放科普志愿者标识及工作证,认真做好科普志愿者建档工作;打造绿色阳台建设,社区居民利用自家阳台种植花卉蔬菜等绿色植物,用自己实际行动来提倡低碳生活,践行低碳生活理念。

(赵淑琴 孙明媛)

观音寺街道

【概况】 观音寺街道办事处于 2009 年 7 月 31 日挂牌成立,2010 年 1 月 1 日开始对外办公。观音寺街道东起南北凤河沿线,西至京开路东辅路,南起黄马路,北至北兴路。总面积共 16.4 平方公里。辖区内有 2 家国有企业,7 家市属单位,8 个驻区部队,1 所大学,1 所小学,2 家大型建材市场。年内,辖区内常住人口 73061 人,其中流动人口 34835 人,占 47.7%;重点人员 153 人,低保对象 98 人,在街道存档的失业人员 245 人,残疾人 414 人。辖区内 60 岁(含 60 岁)以上的有 5466 人,其中 80 岁(含 80 岁)以上的 826 人。下辖 12 个社区居委会。

名称:大兴区观音寺街道办事处

地址:大兴区清源路口东

邮编:102600

电话:60282266

网址:http://www.dxgys.gov.cn

【党建工作】 5 月起,街道工委在全街道各基层党支部开展为期 2 年的创建基层党组织、争党当优秀共产党员活动;规范了社区党员发展程序;7 月,街道工委对街道基层先进党支部、优秀党员进行表彰;召开了七一表彰大会。

(观音寺街道)

【工会工作】 2 月,街道成立离休干部“四就近”工作领导小组,社区建立了离休干部“四就近”服务工作办公室;街道总工会积极组织职工参加大兴区安全知识竞赛和各项文体活动;本草方源有限公司工会取得了 2010 年度北京市“安康杯”竞赛优胜单位的称号。2010 年 12 月,街道总工会成立了工会服务站办公室和调解室;街道总工会完成了对辖区内 5 家非公企业工会、12 个社区工会和机关工会 534 名工会会员的录入工作。

(观音寺街道)

【共青团工作】 3 月,街道团工委得到团区委的批复,成立了观音寺街道团工委;5 月,街道共青团与三家企业建立就业创业见习基地,为青年提供实践平台;街道共青团在各社区成立了“志愿者服务站”、“心理咨询服务站”、“法律援助服务队”,每半月为居民提供心理咨询、法律援助等志愿服务。

(观音寺街道)

【妇联工作】 3 月,三八节期间街道妇联开展“送知识”、“送健康”、“送快乐”、“送美丽"4 送活动；4 月，街道 12 个社区成立妇女之家，组织多次活动，丰富妇女生活；街道妇联聘请专家在新安里社区开办了"法律讲堂"。

（观音寺街道）

【组织人事】 年内，完成 41 名协管员招聘工作；完成 7 名事业编工作人员公招；完成 3 名副科竞争上岗；街道分别与事业单位工作人员、新分配的社区工作者签订劳动合同；社区规范化工资工作完成。

（观音寺街道）

【组织建设】 年内，街道办事处辖下 12 个社区已全部建立工、青、妇组织，在规模以上两新组织中成立工会 5 家、发展会员 534 名，团组织 2 家，妇女组织 2 家。

（观音寺街道）

【"创先争优"主题活动】 年内，街道全面推进创先争优活动的开展；规范组工信息员队伍，创办《观音寺街道创先争优活动动态》，建立了组工信息主管领导与信息员联系座谈会议制度。街道组工信息已在区组工动态发表 2 篇，出版《观音寺街道创先争优活动动态》5 期，举办信息员联系座谈会 3 次，培训 3 次。

（观音寺街道）

【四人获评"北京万名孝星"】 年内，社区居民田学民、满桂平、张维素、张素平同志被北京市人民政府评为"北京万名孝星"。

（观音寺街道）

【YBC 基层服务站】 12 月，街道成立 YBC 基层服务站办公室，配备了特定的工作人员。

（观音寺街道）

【温馨家园成立】 10 月 13 日，街道成立"温馨家园"，建筑面积 660 平方米。街道针对不同类别残疾人的特点，对"温馨家园"设置了康复站、职康站、辅具站、图书室、信息咨询及就业指导室、多功能厅等 12 个服务区，为残疾人提供全方位服务，主要包括简单劳动、康复训练、技能培训和综合服务四个服务项目。

（观音寺街道）

【经济指标完成情况】 全年，累计完成财政收入 2330 万元，完成年度预算任务 736 万元的 316.57%。

（观音寺街道）

【拆违工作】 年内，街道成立遏制非法占地违法建设专项整治领导小组，并成立了由 10 人组成的巡逻队，全年组织进行强拆 11 次，自拆 15 次，共拆除 38620 平方米，强拆 16610 平方米，自拆 22010 平方米，其中，柳林园地区共有违法建设 26 处，41828 平方米，1030 户。截至年底，共清退租户 764 户，占该地区总户数的 74.2%；共拆除违法建设 21 处，强拆 4500 平方米，自拆 8500 平方米。同时，给辖区内的北京市未成年犯管教所等 9 家市属单位发放了《北京市大兴区观音寺街道办事处关于坚决制止非法占地拆除违法建设的函》。

（观音寺街道）

【环境整治】 年内，完成了门前三包责任制的签订管理工作。对辖区内主要道路沿线的商户、门店、单位、签订了"门前三包责任书"486 份；重点对团河路、清源东路、黄亦路、南湖路、沐新路、三利工业园路 6 条道路沿线的环境进行了集中整治。清理垃圾 760 吨，拆除广告牌匾 251 块，整治店外经营 440 户，重点对团河路南侧 1000 米长的商业街沿线进行了经营行为的规范，规范商户经营行为 117 户；对京开路沿线的道路交通节点的广告牌匾进行了规范整治,共计640余块,1900余平方米,在京开路沿线形成了较为规范的道路环境;重点对清源东路的非法占路市场、三利工业园非法占路市场进行了清理、取缔、关闭和规范工作,涉及商户1500余家,同时,在新凤河东岸建起了新的规范性便民市场;在环境管理机制建设上,形成了与中央市属单位及部队的协调沟通机制。共召开协调沟通会议4次,研究部署,共同治理环境脏乱难点32处;环境管理工作纳入社区规范化建设考核机制。

(观音寺街道)

【社会治安】 年内,街道成立综治维稳中心,形成完善的领导体系,同时建立健全了各项规章、制度,各相关职能部门集体办公。完善了各社区的防控体系,充分发挥社区巡防队员、红袖标、社区保安及楼门长等群防群治力量,加大对重点人员的排查、管控;完善老旧小区规范化建设,8个老旧小区均安装了红外夜视探头,建立了社区监控室。

(观音寺街道)

【重点地区排查整治】 年内,结合辖区学校、幼儿园周边整治工作和百日整治行动,街道由综治办牵头组织属地派出所、工商所、城管分队、食品监督所,采取联合执法行动共计51次,职能部门出动整治力量850人次,出动车次168次,投入其他治安力量829人次;排除各类治安隐患61件,清理违章停车285辆次,教育散发小广告19起,没收小广告15000余份,清理店外经营和无照经营85余处。

(观音寺街道)

【信访工作】 年内,共接待来访群众来访19批次,来访人数143人,办结11件次(包括5次重访),其中信访办办结9批,城建科办结2批,共受理群众来信17件,接待柳林园地区群众上访6件次,74人,受理柳林园地区群众来访14件。

(观音寺街道)

【安全生产工作领导小组成立】 4月,成立以街道工委书记为组长,办事处主任为常务副组长,各副职领导为组长,相关业务科室为成员的安全生产工作领导小组,同时制订了安全生产领导小组工作会议制度及各成员单位的安全监管职责。

(观音寺街道)

【"119"宣传活动】 11月9日,开展了"119"消防宣传系列活动。街道在办事处门口设立"119"消防宣传活动的主会场,各社区设立分会场,共悬挂横幅25条、放置展板43块,张贴消防宣传口号、标语97条,发放宣传品和宣传图片5000余份,本次宣传,受教育群众达9000余人。

(观音寺街道)

【白蛾防控】 年内,分三次对辖区内各社区、道路、及北京市监狱局、少年管教所、黄亦路、京开辅路等进行美国白蛾普遍防治的统一打药。

(观音寺街道)

【首届人口文化节】 9月21日,举办首届人口文化节暨"9·25"公开信发表30周年文艺汇演。区计生委领导给优秀计生宣传员颁发了证书,来自社会各界的400多名观众观看了演出。

(观音寺街道)

【人口基础信息核查】 1月20日,街道通过开展部门联动,充分利用派出所出生入户信息、流动人口出生监测信息、WIS出生信息、学校、幼儿园信息、计生宣传员入户采集信息等,主要核查内容包括出生人口及其父母相关信息,包括姓名、性别、公民身份证号码、出生日期、现居住地、户籍所在地、现存活状况(出生人口)等。共采集2000年1月1日零时至2009年10月31日24时之间出生的人口共2270人,其中外省市户籍居住在观音寺街道共671人,做到了不漏人、不漏项,不漏登,并按时按质将2270名出生人口基础信息录入微机系统,圆满地完成了人口基础信息采集录入工作。

(观音寺街道)

【举办招聘会】 8月12日上午,在街道办事处综合服务中心大厅,为即将开业的乐购超市,北京人民电器厂举行了主要面向40、50就业困难人员的专场招聘会;8月31日,由观音寺社保所主办,区职业介绍中心协办,在区职介大厅,为王府井百货、中国移动等33家知名企业举行了招聘会。

(观音寺街道)

【完成流动人口出租房屋普查】 制定了流动人口规模调控考核办法,通过“拆违控人,控违控人”的总体调控原则,加强对流动人口的管理和服务。控违控人,有效控制流动人口流入1200人;拆违控人,迁出流动人口2500人。

(观音寺街道)

【社区服务工作】 年内,完善创和谐评估工作中未达标的4个社区规范化建设;对12个社区的固定资产进行了清查,规范了社区基础设施建设;完成购置观音寺南里底商作为社区服务中心办公用房的可行性报告;在新安里、新居里、双河北里、观音寺南里、开发区、团河等6个社区安装了再生资源回收站点,在12个社区中建立14个户外LED显示屏;在社区开设了“金融理财知识讲座”等课程;将辖区内办公用房未达到350平方米的七个居委会的具体材料,上报社工委,申请资金。同时,完成了观音寺社区、泰中花园社区办公用房的购买及装修,对团河社区办公用房的装修正在进行中。

(观音寺街道)

【综合行政服务中心成立】 7月23日上午九点,在办事处综合行政服务中心门前,大兴区常务副区长谈绪祥和大兴区人大常委会副主任靳文浦为观音寺街道综合行政服务中心揭牌。中心设立17个服务窗口,规范服务内容,方便居民。

(观音寺街道)

【就业、再就业工作】 年内,失业人员实现就业480人,完成区下达指标的106%;失业人员免费培训73人,完成区下达指标的121%;开发社区就业岗位457人,完成区下达指标的130%;社区安置失业人员337人,完成区下达指标的129%。

(观音寺街道)

【外宣工作】 年内,通过网络、报纸、电视台、大兴信息等多种载体,全方位开展对外宣传工作,区级以上新闻报刊发稿32篇,大兴区信息上稿189篇,播出电视新闻46次。更新网站信息90条,办理留言回复54条。

(观音寺街道)

【文化体育】 年内,为团河、新居里和开发区整合文化活动空间共计3000多平方米;举办了军警民共建暨“弘美德 创平安 美环境 促和谐 ”主题教育活动启动仪式、“迎中秋”原创舞蹈大赛、社区文艺节目展演、“迎国庆”美文·美图征集大赛活动、居民文化作品及手工艺品制作展览等五项大规模文化活动,直接参与人数达2000多人次。承办了北京大兴第二十二届西 瓜节“活力大兴 魅力新城”首届社区合唱节、“孝道?? 我能”短信征集评选活动和“公民道德宣传日”大型广场宣传活动等三项区级文化活动。

(观音寺街道)

【精神文明创建工作】 年内,开展“科普之夏”系列活动,积极推广低碳生活方式,使低碳生活理念深入到每一个家庭中,增强居民的节能环保自觉性;评选社区文明小使者12名。

(观音寺街道)

【人普工作】 3月30日,成立街道普查领导小组,同时成立街道普查办公室。街道办事处主任王文斌任普查领导小组组长,副主任张俐任普查领导小组副组长、普查办公室主任,统计所所长潘锐任人普办常务副主任。5月13日,辖区12个社区居委会开始招聘、选调社区普查指导员和普查员。共选调、招聘普查工作人员、普查指导员、普查员近400余人。6月28日,统计所在2010年全国城镇住户基本情况抽样调查的大背景下开展辖区城镇住户调查工作。8月15日,街道各社区普查员开始进行户口整顿和摸底阶段的入户登记工作。11月1日,人口普查正式登记开始,街道普查员全面展开入户登记工作。12月20日,街道城镇住户新样本轮换工作,通过各级调查员的不懈努力,经过入户登记、走访、最终确定新样本,顺利完成了新样本试记账工作。

(观音寺街道)

【社区便利店】 年内,为保证居民切实享受到质优、便捷、放心的服务特为10家便利店实行了挂牌经营方式,对各便利店制定了街道监督制约机制和社区居民监督反馈机制,使便利服务真正做到让居民满意、贴心、放心。

(观音寺街道)

【96156社区大讲堂】 自6月份以来,为社区居民先后开设了“金融理财知识讲座”、“未成年人保护法讲座”、“市容环境维护讲座”等课程,共开课8次,接受培训人员650人次。

(观音寺街道)

【社区规范化工作检查验收】 12月初,在7个社区组织开展了,“北京市社区规范化工作检查验收”自评、总评工作,参加考核的7个社区考评分数均在150分以上,达到考核标准。

(观音寺街道)

【档案工作】 年内,街道机关档案室共接收10个科室的文字档案18盒共计157件。其中,永久7盒,共85件;30年2盒共15件;10年9盒共57件。12个社区共计归档文书档案2620件,照片档案429件。

(观音寺街道)

【信息公开工作】 年内,主动公开信息共计106条,其中,机构职能类42条,法规文件类63条,行政职责类1条。

(观音寺街道)

黄村镇

【概况】 黄村镇地处大兴区委、区政府所在地,镇域面积107.6平方公里。辖55个行政村、1个社区、9个筹备组。常住人口16.8万人,流动人口11.5万人。财政收入完成2.74亿元,同比增长55%;七大行业总收入达到172亿元,同比增长29.8%;工业总产值完成109.6亿元,同比增长17.3%;工业销售收入完成115.2亿元,同比增长15.9%;工业利润实现14.3亿元,同比增长23.9%;社会消费品零售额达到22.2亿元,全年实际利用外资1200万美元;农民人均纯收入达到17006元,同比增长10.63%。

单位:北京市大兴区黄村镇人民政府

地址:北京市大兴区清源路9号

电话:69252931

邮编:102618
网址:fengshuping@ dxhc. gov. cn

【对镇人大代表的补选】 7月,在黄村镇第57选区(镇派出所、卫生院)依法补选胡宝琛同志为黄村镇第二届人大代表。

(张宝红)

【通过网络加强人大代表作用】 年内,本镇通过网络工作站共活动50次,代表共走访接待选民1100多人次。收到选民提出的建议3条,并及时给予答复。

(张宝红)

【圆满完成农村党组织换届选举】 年内,本镇党委顺利完成了新一届农村党组织的换届选举工作。现有54个农村党组织,全部按期完成2010年换届选举工作,共产生新一届党支部班子成员187人。其中:支部书记54人。连选连任支部书记46名,占85.19%;新任8名,占14.81%;女性书记8人,占14.81%;45周岁以下10名,占18.52%;大专以上文化程度31名,占57.41%。支部委员133名。连选连任91人,占68.42%;新任42人,占31.58%;女性委员24人,占18.05%;后备干部5名,占50%;大学生"村官"1人。平均年龄47.23岁,35岁以下11人,比换届多9人;高中以上文化程度92人,占69.17%;少数民族(回族)6人。"直选"村党支部12个,占总数的22.2%。拆迁村党支部13个。54个党支部全部一次性选举成功。

(冯淑萍)

【创先争优活动】 4月,开展了两委任期承诺、党员服务承诺、党员建言献策活动,开办了6期"创先争优"大讲堂,在社会领域开展了"五帮五带五提高"主题活动。

(冯淑萍)

【召开建党89周年庆祝表彰大会】 6月28日,镇党委、黄村地区社会工委在外研社国际会议中心召开了全镇千名党员参加的庆祝中国共产党成立八十九周年表彰暨"创先争优"学习教育活动动员大会。会上,全体党员集体重温了入党誓词,并对本镇37个优秀基层党组织和163名优秀共产党员进行了表彰。

(冯淑萍)

【成立社会工委】 9月25日,黄村地区社会工作党委成立,并在山海菜园会议室举行了揭牌仪式,区委常委郭宝东等同志出席了揭牌仪式。

(冯淑萍)

【建立社会领域党组织】 11月,本镇成立了新凤小区等三个社区筹备组党支部和双高花园、郁花园三里二个社区筹建组临时党支部。加强了社区党组织建设和党员队伍的管理。

(冯淑萍)

【层层签订廉政责任书】 年内,本镇党委书记与14位班子成员签订党风廉政建设责任书,与54个村党支部书记签订党风廉政建设责任书,另外班子成员与主管部门负责人签订党风廉政建设责任书,分解责任、规定任务。

(宋金河)

【"四个一"廉政谈话】 年内,及时组织对农村支部换届新当选的187名各支部班子成员进行了集体廉政风险防范及廉政、勤政谈话教育,并对8名新当选的农村党支部书记进行了"四个一"廉政谈话教育。

(宋金河)

【警示教育参观】 年内,组织全镇600余名党员干部集中观看"大兴区农村反腐倡廉警示教育展览”。

(宋金河)

【纪内案件查处】 年内,共收到各类群众举报来信52件,其中区纪委转办举报信14件,区委督查室转办举报信3件,区政府办转办举报信1件,区检察院转办举报信3件,区委办转办举报信1件,镇纪委自收举报信26件,已全部办结。其中1人受到开除党籍处分,1人受到免职处分,1人受到了诫勉谈话和停发工资的处分。

(宋金河)

【工会工作】 年内,本镇工会在规模以上企业中建立10家工会组织。建设完成镇级工会服务站。关注劳模生活,两节期间,对16名市级劳模进行了慰问,并发放了慰问品和慰问金。

(高 川)

【团代会换届情况】 5月15日,召开中国共产主义青年团黄村镇第二次代表大会。大会选举产生第二届委员会书记梁铮,副书记王凯,委员:梁铮、王凯、高川、蒋磊、张少雄、彩娟、鲍旭。

(梁 铮)

【建立妇女之家】 年内,根据北京市妇联文件精神,本镇54个村妇代会全部挂牌建立妇女之家。

(朱素敏)

【妇女培训情况】 年内,本镇提出“女性素质提升工程”,由北京安盛绿化工程有限公司赞助培训资金2万元,对妇女开展技能、健康、家教、礼仪等内容的培训。全年开展各类培训40余期,培训妇女3000余人次。

(朱素敏)

【完成冬季征兵工作】 年内,本镇完成冬季征兵任务。共向部队输送兵源23人,其中男兵21人,女兵2人。高中和相当于高中毕业的占96%,大专以上文化程度的占21%,团员占61%。从文化程度和整体素质上比往年又有了新的提高。

(张彩虹)

【外宣工作】 年内,本镇完成报送各类信息及新闻稿件共669篇,组织机关、基层党员干部学习理论大课堂讲座10次,完成全镇54个村电影放映5400场。

(王凤学)

【争建创活动】 年内,本镇组织召开“争、建、创”主题教育活动总结表彰大会,对全镇评选出的110名“十佳”先进个人和家庭进行表彰。

(王凤学)

【文体活动及星火工程】 年内,本镇成功举办30余场文体活动,本镇的5个剧团及联合周边演出团体在全镇范围内出演160场次,深受群众欢迎。

(王凤学)

【法制宣传工作】 年内,本镇深入开展“五五”普法教育,举办各类法制宣传活动15次,提供法律援助720人次,受益群众万人,法律“六进”及“五个一”工程得到全面落实,发送材料7000余份。

(王凤学)

【折子工程和实事】 年内,全镇完成38件折子工程和11件实事。

(陈 诺)

【海户新村拆迁项目】 年内,全镇已拆迁1022户,拆迁面积191400平方米,拆迁非住宅16200平方米,腾退土地177300平方米。

(肖东伟)

【三合庄项目拆迁及安置工作】 年内,完成三合庄项目拆迁安置工作。其中三合庄拆迁291个院、陈庄子拆迁324个院,拆迁面积15.85万平方米。非住宅拆迁签订补偿协议7户。三合庄回迁安置房1900套,总面积16.08万平方米;康庄丽源回迁安置房176套,总面积1.39万平方米。共计2076套,17.47万平方米。

(肖东伟)

【万亩滨河公园】 年内,各村腾退土地情况,其中宋庄200亩,大洼100亩,东芦350亩,埝坛108亩,现该工程已全面施工。

(肖东伟)

【孙村组团项目】 该项目规划范围内涉及西磁村、东磁村、侯村、薄村,共拆迁925个院,拆迁面积251250平方米,建设回迁安置房面积330000平方米。

(肖东伟)

【四五六街项目】 该项目规划范围内涉及四街、五街、六街,共拆迁民宅756个院,建筑面积11.6万平方米;拆除集体非住宅1.2万平方米。

(肖东伟)

【金星路西延项目】 年内,金星路西延项目涉及镇域内8个行政村,西起芦求路,东至西旺路,道路修建全长2880米,拆迁面积5577平方米。

(肖东伟)

【南水北调工程】 此项工程涉及高家铺、狼一、狼三、狼四共四个村,总占地40930.7平方米,临时占地37015.3平方米。共拆除建筑面积23414.9平方米。

(肖东伟)

【地铁配套义和庄配电站项目】 该项目征用宋庄村集体土地5.203亩,临时占地5亩,已调试供电。

(肖东伟)

【清源东路项目建设】 清源东路全长12.1公里,西起京开辅路,东至亦庄外环路。涉及本镇东磁和三间房两个村45亩土地及50亩边角地。

(肖东伟)

【营业执照审批工作】 年内,严格把好各类营业执照审批关,杜绝违法建设经营的合法性,共审批办理营业执照240个,其中镇、村集体两级企业共计45个。

(李国强)

【前大营新村基础设施建设】 年内,完成前大营新村280亩土地规划、基础材料汇总上报、勘探(600多点)、设计村民住宅(340户)、地上物清理和土地平整等工作。共垫土15万方。

(李国强)

【魏永路扩建工作】 年内,本镇完成魏永路沿线4个村(狼东,狼西,西庄,前大营)158亩征地工作;拆迁非住宅28个单位;完成拆迁村民所需安置用地15亩土地平整。共垫土0.8万方。

(李国强)

【黄村派出所选址】 年内,本镇完成黄村派出所选址,专家评估、可研报告、拆迁预算、设计方案等工作。

(李国强)

【企业建设情况】 年内,本镇固定资产投资达到5.6亿元,主要包括中环二期、京冶轧机轴承等新上项目的投入以及北京铁路信号工厂、北京埃贝斯乐汽车零部件有限公司等重点企业的技术改造、扩产等。

（刘红梅）

【企业科技创新】　重点做好高新技术企业、民营科技企业的认定及各类科技计划的申报工作。完成5家民营科技企业、10家高新技术企业的认定。完成市、区两级科技计划15项。

（刘红梅）

【提升企业品牌效应】　年内，镇域内东南开关厂、雨昕阳光等5家企业获得中国驰名商标及北京市著名商标称号。

（刘红梅）

【成立四有办公室】　年内，本镇成立“四有”工作办公室。宗旨是：让搬迁村民安置就业有岗位、增收经营有资产、稳定生活有保障、服务管理有组织。工作职能是：处理涉及搬迁村民利益的各项工作，切实保障搬迁村民长远利益。

（赵建国）

【顺利完成村委会换届工作】　4月底，镇域内的33个村（拆迁村除外）全部依法依规顺利完成换届选举工作。本届选举依法产生新一届村民委员会33个，新当选村民委员会成员103人。其中主任33人，委员70人。实现党支部书记和村主任“一人兼”的村共17个，完成比例51.5%。

（孙书会）

【社救工作】　年内，全镇完成了17户危旧房改造，其中社救11户（其中1户修缮），优抚6户；为31户贫困家庭子女新生入学争取救助金共计9.7万元；为低保对象16人次报销医药费48134.5元；办理临时救助9个，发放救助款45000元。

（孙书会）

【优抚工作】　年内，本镇为优抚对象122人次报销医药费269293.9元。

（孙书会）

【超转工作】　年内，本镇为超转人员2112人次报销医药费6469131.28元。

（孙书会）

【老龄工作】　年内，本镇评选出62名孝星，并全部被评为市、区级孝星，共获得奖金6.2万元；本市仅有两名同志荣获中华孝亲敬老楷模，镇养老院院长获此殊荣；在落实北京市居家养老（助残）“九养”政策提高老年人生活质量中，上半年共设立服务机构94个，其中购物点19个，洗浴点8个，理发店9个，老年餐桌25个，老年聊天室33个；为全镇770名老人发放了服务券；为45名残疾人办理了购买小帮手电子服务器。

（孙书会）

【残联工作】　年内，本镇为415名重残人员发放了服务券，重残人员可凭券到各服务机构得到服务；为88位80岁以上老年人办理了购买小帮手电子服务器；全区有31个老年餐桌获得奖励，本镇就有13个，共获奖金34万元，其中单户最高奖金拿到5万元；在残疾人康复工作中，为52户残疾人家庭进行了无障碍改造；为21名残疾人申请了辅助器具；温馨家园和职康站活动开展有序，活动项目有攒花、穿珠子、折纸盒，温馨家园和刘一职康站中午提供午餐，活动人员每天在30人左右。

（孙书会）

【住房保障工作】　年内，本镇为549户办理了住房保障申请，全年共摇号7次，有276人摇到了房子（其中两限房摇到了61人，经济适用房摇到99人）。

（孙书会）

【成立社会建设科】 3月,本镇成立社会建设科,统筹协调、指导、管理新建小区居委会筹建、社区建设与管理等相关事宜。

(柴素红)

【加强基层组织建设】 3月,本镇组建了新风小区、长丰园三区、明春西园3个居委会筹备组,完善了这些建成小区的社会建设及管理职能。8月5日,本镇成立郁花园三里和双高花园2个居委会筹建组,筹建组工作人员由原村委会的工作人员组成,采用村委会、居委会筹建组合署办公,实行两块牌子、一套班子的管理体制。按照“双向管理、逐步过渡”的原则,筹建组工作人员同原村委会工作人员职、责相一致,工作互相兼顾,平稳过渡。

(柴素红)

【社区工作者考核】 12月,本镇加大对社区工作者的工作考核力度。进一步完善了拆迁村社会建设工作考核内容,把集体资产经营、劳动力就业、社会保障等民生问题纳入基层目标考核管理体系,加大督查考核力度和奖惩力度,增强基层干部的主体意识、责任意识和大局意识。

(柴素红)

【加强社区规范化建设】 年内,本镇建立了联防联控、治安、消防等服务体系,并制定了一系列的工作制度和监督、奖励机制,做到各项工作有部署,有落实,有检查,有记载。同时为各社区制定了6项具体制度,即分办落实制度、组织协调制度、投诉处理制度、信息上报制度、一口受理制度和首问负责制度。

(柴素红)

【加强社区精神文明建设】 年内,本镇为提高居民群众的整体素质,建设文明和谐社区。各社区成立了秧歌队、书画小组等各类志愿组织;长丰园社区还成立了老年健身球队,代表本区参加了全国健身球大赛,并获得了三等奖。

(柴素红)

【提高社区工作者综合工作水平】 3月,本镇组织了长丰园居委会及3个新筹备组的工作人员进行了为期两天的工作交流和培训,社工委主任讲解了关于社区工作要求及社区工作者应具备的技能和素质,社保、计生、民政等职能科室科长讲解了具体工作,进一步提高社区工作者的管理水平。

(柴素红)

【加大对社区居委会的财政投入】 年内,在本镇党委、政府的高度重视与统筹安排下,各社区参加文体活动的经费由镇财政实报实销,每年填充到社区的经费达20多万元。

(柴素红)

【烟花爆竹管理工作】 年内,本镇对63家危化企业、42家重点防火单位、镇域内的93所学校、幼儿园、1所敬老院、10家网吧、4家农贸市场、2家超市、狼垡地区等重点部位进行了全方位的详细排查,对全镇29家烟花爆竹销售点进行了全面检查,实行严密监控。共发放宣传资料2万余份,悬挂横幅20幅,张贴禁放、限放标志400余张,有效预防和减少了因燃放烟花爆竹而引发的事故和火灾。

(韩鸿钧)

【“119”消防宣传周活动】 年内,在全镇范围内组织开展了“119”消防宣传系列活动。1160余人参加了此项活动,共张贴消防知识宣传画40幅、悬挂消防宣传横幅28条,发放宣传材料1120余份。

(韩鸿钧)

【成立消防志愿者队伍】 年内,全镇组建

1262 人的消防志愿者队伍,其中:村 427 人、企业 820 人、学校 5 人、医院 3 人、机关 7 人。具有大专以上学历的 43 人,具有高中、中专以上学历 519 人。

(韩鸿钧)

【安全生产监管信息系统建设】 年内,本镇制定了《安全生产监管信息系统建设项目工作方案》,在规定时限内完成了本镇生产经营单位摸排工作,共统计有照生产经营单位 3139 家。其中:人员聚集类 929 家;工业生产类 978 家;道路交通运输类 41 家;工程建设类 57 家;其他类 1134 家。

(韩鸿钧)

【农业合作组织】 年内,本镇北京大营宏光肉鸭专业合作社实现入社成员 316 户,分布在 5 个镇域,年销售肉鸭 150 多万只,年产值 3800 万元,每户毛收入 12 万元,纯收入 4 万元以上,同非社员户相比,纯收入提高 70%,人均年增收 8500 元。

(魏铁强)

【农田灭鼠工作】 年内,本镇对 1644.4 亩农田进行灭鼠工作,共计投放灭鼠药 310 公斤,确保未发生鼠疫。

(魏铁强)

【农业安全生产宣传检查】 年内,本镇通过对镇域内的 14 家农机修理网点进行 3 次大检查、验照;对农田作业机手进行 3 次农机知识、安全作业、防火知识培训;对 7514 亩的不同类型设施棚进行安全生产检查,对 739 余户 2326 名外来菜农进行安全生产教育,下发防煤气中毒知识材料、防雷避险、农业气象灾害防御、环境保护宣传手册等共计 2000 余份。

(魏铁强)

【绿化工作完成情况】 年内,本镇芦求路绿化完成植树全长 7.6 公里,两侧绿化 20 米,绿化面积 600 亩,栽植植物 23 万余株。六环路绿化完成绿化面积 84 亩,栽植各类乔灌木 7255 株。三北四期绿化该工程设计面积 3279 亩,栽植杨树、国槐、油松等乔灌木 6 万多株。磁大路完成了磁大路一期绿化工作。

(张金红)

【林改工作】 年内,本镇林改工作涉及 27 个村,共梳理林改合同 299 份。正在进行林改档案整理后续工作,为林改工作的验收保驾护航。

(张金红)

【有害生物防治工作】 年内,本镇重点完成了美国白蛾防治工作。3 次普防防治面积达 40000 亩,出动车辆 100 辆次,人工 2500 多个,各项投资合计 40 万元。全年共监测诱杀成虫 845 头,清除幼虫网目近 1000 株,使用药品 6 吨,较好地控制了虫情的发展。另外较好的完成了柳卷叶蜂及春尺蠖的防治工作。

(张金红)

【林木管护工作】 年内,本镇按时完成了辖区内重点林地的看护、修枝、浇水、涂白等工作,完成管护面积 8000 亩。

(张金红)

【粮食直补工作】 年内,本镇小麦补贴共涉及 7 个自然村 668 户,补贴面积 1644.4 亩,补贴金额 254882 元。玉米补贴共涉及 22 个自然村 1544 户,补贴面积 4435.2 亩,补贴金额 341510.4 元。年底补发上年小麦、玉米优良品种补贴共计 82929 元。

(解凤荣)

【家电下乡】 年内,本镇家电下乡共受理补贴农户 444 户,补贴资金 11 万元。汽车摩托车下乡共受理补贴农户 137 户,补贴资金 50 万元。

(解凤荣)

【防汛抗旱工作】 本镇汛期前完成芦求路沿线单位排水引流工程,完成了 DN1000 污水检查井 106 座,DN300 污水管线 2742 米,DN500 污水管线 1187.5 米,工程已于 5 月完工。解决清源西路、西永路、永华路污水排放问题,利用防毒设备及毒气探测仪,将两处管堵打通,几条公路污水已排放正常。孙村雨洪利用工程,土方开挖 41688 立方米;坑塘引水退水工程,土方 500 立方米,钢筋混凝土水泵井 1 座,阀门井 1 座,砌块检查井 1 座,混凝土顶管 80023 米,主体工程已完工;坑塘台阶工程 6 座;坑塘泵台工程 4 座;排沟工程,全长 1600 米,两岸砌筑 1.1 米高花墙,排沟台阶工程 4 座,已竣工;电缆敷设 YJV22-0.6/1KV-4×10100 米;配电箱安装(PB201)1 台;潜水泵(200QW360-6-11)1 台。

(王瑞金)

【节水工作】 年内,本镇水务站完成 200 多家企业用水户年用水量指标核定;完成 150 户农业用水户变更工作。全年收取企业水资源费 143 万元,共收集上报用水信息 300 多条。

(王瑞金)

【安全供水】 “一户一表”工程,全年完成了孙村共计 525 户、王立庄共计 585 户。

(王瑞金)

【动物防疫工作】 年内,镇防疫站与养殖单位签订承诺书、责任书、协议书共计 156 份;养殖场地消毒面积累计 9685.5 万平方米,畜禽场采样累计 1250 份,全部达标合格标准。举办 2 次养殖培训班;完成 2 次奶牛结核、布病净化,4 次动物的程序化免疫工作,禽流感、亚 I、O 型口蹄疫、高致病性猪蓝耳病,免疫密度 100%。检疫猪累计 5.15 万头、禽 9.65 万只、雏鸡 578.5 万只、佩带检疫标志 85 万枚,保证上市畜禽及畜禽产品的安全。

(李春苗)

【狂犬病免疫】 年内,本镇对注册犬进行集中免疫,完成狂犬疫苗注射 1.617 万条,免疫率 100%。

(李春苗)

【政策性农业保险宣传】 4 月,本镇开展政策性农业保险的宣传工作,涉及农业种植的村有 39 个,下发宣传材料 2500 份,宣传面达到了 100%。共有 7 个村,225 户、1600.8 亩土地上了农业保险(保险品种有:桃 1285.7 亩、梨 80 亩、葡萄 20 亩、小麦 17 亩、玉米 198.1 亩)。9 月 4 日,前辛庄村桃树受雹灾,有 55 户 282.5 亩不同程度受损,经勘察验损,农户得到 7.3 万元的保险理赔。

(闫成永)

【农村土地流转情况】 年内,本镇制定出台了《关于农村土地保护性流转补贴暂行办法》。农户流转村集体统一经营的土地,年底经相关部门验收合格后,依据流转土地的类别,耕地每亩每年 1500 元;划定的基本农田每亩每年 2000 元。土地保护性流转补贴资金,补贴连续三年。年内本镇农户流转村集体统一经营的土地 2528.7 亩、涉及农户 739 户,镇政府发放补贴资金 407.86 万元。

(闫成永)

【农村集体经济产权制度改革】 年内,本镇完成 10 个村集体经济产权制度改革工作。(霍村、高家铺、李村、桂村、北程庄、李庄子、南成庄村、康庄子、陈庄子村、三合庄村)共有股东数 3992 个。其中集体股东 10 个、个人股东 3982 个。股本总额 29632.7 万元。其中:集体股本总额8912.3万元、社员股东股本20720.4万元。设置总股数756895.9股。其中:集体股226275.5股、社员个人股496108.4、劳动贡献股34512股。年底有4个村社(康庄、北程庄、李庄子、南成庄)进行了股份分红,分红总金额1098.7万元。其中:集体股分红329.6万元、社员个人股分红769.1万元。

(闫成永)

【清产核资工作】 全年共完成南成庄、北程庄、李庄子、康庄、三合庄、高家铺、霍村、李村、桂村9个村的清产核资工作,为进一步进行产权制度改革奠定了基础。

(张欣然)

【村级财务专管员的调整】 年内,本镇对不符合任职条件的16名村级财务专管员进行了调整。通过笔试、上机考试、面试共录用8名财务人员,其余村财务专管员由镇财务管理服务中心代理,采用定时到村现场办公的方式。

(张欣然)

【村集体征地补偿款理财】 年内,对全镇42个村进行理财指导,共参与5个项目理财,理财资金达到18.82亿元,年创利9000余万元,从而使村集体增收,并提高了村民的福利待遇。

(张欣然)

【引导村民理财】 年内,通过给北程庄村户代表讲解理财知识,共引导村民理财250万元,年创利15万元。

(张欣然)

【新农村建设】 年内,本镇完成了3个村庄街坊路建设工程,共新建道路102条、大修道路7条,道路面积133480.52平方米,修建排水工程19010延米,投资2448.84万元;新建26座高标准农村公厕,建筑面积1300平方米,投资286万元;完成20个村村庄规划工作;为各村发放高效户用节能灯68300盏;为前大营新村安装了200盏节能路灯。

(马振东)

【镇级公路维修】 年内,本镇完成了两条道路大修及芦城工业区一条道路的维修工程,一条为王桂路(长2710米,宽4.5~5米,面积为13300平方米),公路总造价为1163971.35元,其中镇政府拨款236471.35元,公路局补927500元。另一条为桂郭路(长2273.1米,宽6米,面积为13638.6平方米),公路总造价为1955571元,其中镇政府拨款为819071元,公路局补1136500元。芦城工业区的创新路(长487米,宽12.2米,面积为5941.4平方米),公路总造价为1678582元,全部由镇政府拨款。这三条道路的维修,解决了群众及周边企业出行难的问题。

(肖进德)

【保洁车辆购置和使用情况】 年内,镇政府出资购置了33台车辆,其中环卫车3台、垃圾清运车22台、环卫作业车8台,总费用为1073.86万元。全年共清运垃圾173576吨,保障了镇域内生活垃圾的清运工作。

(肖进德)

【改善垃圾转运站办公环境】 年内,由镇政府出资135万元扩建了后辛庄转运站的办公房屋;同时还出资125.77万元修建了中心食堂、车库、新仓库,改善了中心员工的用餐环境,解决了车辆乱停放的问题,新仓库的建成,使各部门工作更方便。

(肖进德)

【建立融雪基站】 年内保障北区冬季铲冰除雪工作,政府出资39.3万元修建了融雪基站。

(肖进德)

【低端行业清理整治】 年内,对低端行业进行整治,共拆除违法建设 87 宗,约 24 万平方米(其中居住办公类房屋约 9 万平方米,6000 余间,厂库房约 15 万平方米)。

(梁会明)

【基层基础工作】 年内,本镇各村按照本村流动人口总数 3‰的比例配足配齐流动人口专职管理人员 313 名,镇政府每人每月给予 500 元补助,并对管理员实行"五统一"管理,确保基层有足够的力量从事流管工作。

(梁会明)

【中介式服务】 年内,本镇通过村、企业之间的密切合作,村流管站集中办理租赁业务。由村流管站统一组织协调房源,通过中介式租赁服务的出租房主 182 户,企业 47 家,累计涉及流动人口 4963 人。

(梁会明)

【村庄社区化管理工作】 9 月,完成了全镇 28 个村村庄社区化工程的建设。共招聘录用社区化管理人员 1007 人,其中守村把口人员 416 人、专职巡防员 314 人、专职流管员 277 人。共安装伸缩门 78 个、抬杆 81 个、街门 292 个、岗亭 97 个、砌围墙(包括铁丝网、铁艺)19770.26 延米,新建和改建村级综治中心 28 个,面积 4754.728 平方米。28 个村和新凤小区共安装监控探头 410 个,并建立村级和 3 个派出所(黄村、孙村、林校路)监控平台及 1 个镇级监控中心。共投入资金 3000 万元。

(张福申)

【环境治理示范村建设】 年内,本镇完成了后辛庄、太福庄、桂村、李村、霍村、前辛庄六个环境治理典型示范村建设。投资 145 万元对六个村进行了环境整治试点工程,推行了垃圾分类收集、定时收运、分类处理;规范了广告牌匾。村容村貌得到明显改观。

(孔祥动)

【重点地区形象提升】 年内,全镇投资 1000 余万元实施了芦求路金星西路、永华路等沿线两侧的景观墙建设,彻底治理了沿线环境秩序;投资 550 余万元实施了京沪高铁黄村段沿线 14.3 万方积存垃圾渣土清理工程。

(孔祥动)

【基础管理】 年内,本镇市政综合服务中心组建了一支 117 人的专业化保洁队伍,全面负责镇级以上道路的保洁。专业保洁队实行定岗、定路、定标准管理模式,并由督查科每天进行巡查,落实"月评、季考、年总结"的考核机制,确保了镇级以上道路的保洁常态化。

(孔祥动)

【稳定队伍加大投入】 年内,本镇保洁员队伍提高工资福利待遇,每人月工资 1300 元,上"五险"(513.48 元)并统一配备工具、服装。

(孔祥动)

【综合行政服务中心工作】 6 月,根据大兴区综合行政服务中心要求,黄村镇全程办事代理服务大厅改为黄村镇综合行政服务中心。全年共受理代理各类事项 6669 件,办结率为 100%,群众满意率 100%。收到表扬信、感谢信 3 封,连续六年保持了"无红灯"、"零投诉"的佳绩。

(梁　铮)

【政府信息公开工作】 年内,本镇受理依申请公开 5 件,属于本镇范围内的 1 件,回复 1 件,非本机关政府信息 4 件。

(梁　铮)

【信访工作】 年内,本镇共接待群众来访

230 批次,3119 人次;其中到镇上访 173 批次,2060 人,到区信访 42 批次,754 人次;到市上访 12 批次,290 人次;网上办公共受理来信 87 件,市长信箱受理来信 290 件。

(宫　靖)

【化解拆迁纠纷】　年内,本镇参与化解拆迁纠纷工作,共解答拆迁相关法律咨询 500 余人次,调解矛盾纠纷并签订人民调解协议书 53 份,对拆迁工作的顺利进行起到了一定的促进作用。

(朱英东)

【法律援助】　年内,为镇域内群众办理各类法律援助案件 5 件,接待法律咨询 800 余人次,免费代写法律文书 50 余份。

(朱英东)

【教育工作】　年内,本镇为所属 75 所幼儿园、学校安装了“一键式报警器”75 个,远红外探头 201 个。为加强校园安全工作,校园保安投入经费 40 多万元。联合其他职能部门共开展 7 次校园周边整治活动。查扣违规校车共 36 辆。

(刘秀兰)

【计生指标完成情况】　年内,本镇出生人数 556 人,其中一孩 505 人,计划内二孩 30 人,计划外二孩 21 人,无计划外三孩,计划生育率 95.57%。

(徐　红)

【计生宣传工作】　年内,本镇组织 40 余次宣传和义务咨询讲座活动,发放政策法规、生殖健康宣传册 4000 余份,共有 1700 余人次参加了相关活动;定制、发放印有计划生育宣传标语的毛巾 1 万条;在郁花园三里社区新建计划生育宣传一条街。

(徐　红)

【计生协会工作】　4 月 26 日,在孙村中学启动了“黄村镇计生协青春健康教育大讲堂”系列活动,共有近 200 名学生参加了此项活动。

(徐　红)

【生殖健康服务】　年内,镇计生办和两所卫生院联合为全镇 39680 人次的育龄妇女进行了孕检和生殖健康检查,同时为 792 名育龄妇女提供放、取环及人流手术。并针对 459 名妇女病患者进行了跟踪回访,使患者的病情得到有效的治疗。

(徐　红)

【独生子女家庭奖扶特扶】　年内,本镇共有 22 名新进入的奖扶人员和 1 名残扶人员,并为他们建立、健全了档案,奖扶、特扶存折已发放到位。

(徐　红)

【为民办实事情况】　年内,完成先农伟业公司贴息贷款 150 万元的续贷工作,扶持 29 户独生子女家庭的增收致富工程。为独生子女家庭贴息增收上做出了贡献。

(徐　红)

【流动育龄人群的服务与管理】　年内,查验流动人口婚育证明 6148 人次,免费提供避孕药具。同时完成了 11311 名流动育龄人口出生信息核查工作以及 801 名流动人口信息协查工作。

(徐　红)

【基层计生专干队伍建设】　年内,本镇对 18 个村年龄较大的计生专干进行了调整,通过公开招聘方式,进行笔试和面试后,将优秀的、能够胜任当前计生工作需要的年轻人员选拔到计生岗位上来。

(徐　红)

【帮助失业人员就业】 全年,全镇共有885名失业人员实现了就业,失业人员就业率达到79.03%,圆满完成了区镇下达的任务指标。

(张卫方)

【"一老一小"保险落实工作】 年内,本镇,落实城镇居民"一老一小"以及劳动年龄内的无业居民参加大病医疗保险的参保工作。截至年底,本镇享受此项保险人数为1923人。

(张卫方)

【推行城乡居民养老保险政策】 年内,全镇参加城乡居民养老保险人数为16724人,累计参保人数达到23732人,圆满完成大兴区下达的劳动力年龄内92%参保率的任务指标。

(张卫方)

【落实无社会保障居民养老】 年内,本镇共有4910人享受无社会保障老人待遇,并已足额发放。

(张卫方)

【社会化退休人员管理】 年内,全镇共为308人办理了退休,截至年底,本镇实有社会化退休人数为2488人,报销医药费900余人次,报销金额450余万元。

(张卫方)

【落实丧葬费补贴】 年内,全镇共为263人申请审核并发放了丧葬补贴共计131.5万元。

(张卫方)

【社保卡发放情况】 全面推进社保卡工程的准备工作,5月,本镇开始发放第一批社保卡,共计1600余张,为保障持卡人的利益,还利用多种形式宣传,扩大了老百姓对社保卡的认知度。截至年底,共发放社保卡1900余张。

(张卫方)

【新型农村合作医疗】 年内,本镇实际参合人数为33322人,参合率99.7%;累计筹措资金1732万元,累计报销8354人次,累计报销2064万元,有效地解决了农民"因病致贫、因病返贫"问题。

(张卫方)

【产权制度改革和撤村转制】 年内,本镇完成北程庄、李庄子、南成庄、康庄、三合庄、陈庄子6个拆迁村的撤村转制工作;完成桂村、李村、霍村、高家铺4个村的集体资产产权制度改革工作。

(吕万江)

【转非安置工作】 年内,本镇完成三合庄村转非安置工作。其中超转人员为56人,劳动力人员为188人,16岁以下人员为57人。完成劳动力养老、医疗、失业3项保险补缴工作,共计金额1576.84万元,完成超转人员移交工作,共计金额3226.96万元及一次性就业补助费的发放工作。

(蒋　磊)

【劳动力职业技能培训】 年内,本镇主要开设了绿化、叉车、计算机、电工等培训班,共培训人数为438人,其中整班培训382人,零散培训56人。

(蒋　磊)

【招聘会和上岗就业情况】 年内,本镇举办各类大中小型招聘会29场,其中为拆迁村8~14个村举办专场招聘会14场,开发就业岗位10406个,推荐就业人数5896人,上岗就业人数3511人,农民就业1667人,非农业就业1844人。其中拆迁村人员就业1497人,"4050"人员就业348人。

(李 跃)

【就业信息发布情况】 年内,本镇利用短信群发系统发布岗位就业信息29期,发布就业短信52109条,信息栏张贴海报523张,发放招工简章4175份,宣传手册8202份。

(李 跃)

【建立劳动力信息数据库】 年内,采集本镇劳动力就业情况及基本信息,建立黄村镇就业信息数据库,共采集劳动力29897人,农村劳动力18015人,非农劳动力11882人,已就业16385人,未就业13512人,针对企业招工条件,查询数据库劳动力基本信息,及时为本镇有就业需求的劳动力进行岗位推荐和岗位对接。

(李 跃)

瀛 海 镇

【概况】 瀛海位于大兴西北,紧邻北京经济技术开发区,处在由亦庄新城通往大兴新城的黄亦路和104国道交汇处,是连接两个新城的重要结点。辖区总面积36.79平方公里,辖28个行政村,户籍人口21763人。2010年,财政收入完成3993万元,同比增长29.2%;工业总产值实现32.8亿元,同比增长10.8%;社会消费品零售额完成9.7亿元,同比增长8.9%;农民人均纯收入达到17469元,同比增长10.5%。

名称:北京市大兴区大兴区瀛海镇政府
地址:104国道瀛海段38号
电话:69278211
邮编:100076
网址:www.dxyh.gov.cn

【创新争优活动】 年内,本镇村两委承诺130项、党员承诺2512项,评选表彰群众心目中的好党员58人。

(刘 燕)

【基层党建工作】 年内,本镇顺利完成村两委换届工作,按照"四制"标准发展党员32名、转正15人。成立社会工作党委,建立党代会任期制、党政班子成员联系后备干部等制度,推动村干部准职业化管理。抓好党员的教育和管理,通过承诺、送温暖献爱心、清洁日等活动,发挥党员的先锋模范作用。

(刘 燕)

【搬迁工作】 年内,本镇启动实施北京经济技术开发区扩区12平方公里、市级重点村改造、三海子郊野公园建设三个项目,搬迁22个村,涉及6800余户、16000余人。成立"四有办"和搬迁村服务中心,制定《关于建立搬迁村农民长远利益保障机制的意见》,初步建立"安置就业有岗位、经营增收有资产、稳定生活有保障、服务管理有组织"的搬迁村农民长远利益保障机制。

(刘 燕)

【大走访活动】 年内,本镇开展"一访、五送、两调查"情系搬迁村民的大走访慰问活动,组织镇、村干部160余人,分成83个小组,对全镇6439户拆迁村民进行走访慰问。

(刘 燕)

【招商工作】 年内,本镇重点引进投资6.8亿元的三元食品基地及投资1.2亿元的江森汽车配件基地等项目。将镇区规划的3块商业地块列入区商务局招商储备库。三槐堂村地块二期实现上市。盘活蓝天大诚公司闲置商业楼。

(刘 燕)

【产业强镇工作】 年内,本镇加大对优质企业的扶持力度，为5家企业争取扶持资金294万元。全镇服装制造、新型建筑材料制造、机电制造和乳制品加工四大支柱产业布局初具雏形。

（刘 燕）

【城镇建设】 年内，本镇市重点工程清源东路建成通车，黄亦路与104国道交叉口区划拓宽改造工程竣工。镇综合行政服务中心大厅正式启用。三槐堂村定向安置住房建设项目基本完工，第一批拆迁村民即将回迁入住。12平方公里154万平方米的安置房建设全面启动，西区60万平方米回迁房建设已开始施工。

（刘 燕）

【拆除违建工作】 年内，本镇拆除各类违法建设20余万平方米，清理农用地内抢栽抢种树木919亩。完成南海子郊野公园一期拆迁及土地腾退工作。

（刘 燕）

【河道管理工作】 年内，本镇投入720余万元实施了四海支流、姜凤支流中兴庄段的清淤工程，清除淤泥30000余方，清运垃圾4800方，拆除河道两侧违章建筑房屋35间、厕所32个、排污口40个。

（刘 燕）

【节约用水宣传】 年内，本镇利用节水日进行广泛宣传，制作横幅广告、节水宣传用品300余套，节水宣传材料600余份。

（刘 燕）

【新农村建设工作】 年内，本镇完成南宫村和笃庆村一户一表安全饮水工程及未搬迁村8座二类公厕建设。实施20余万平方米的道路硬化和2万余延米的排水沟修建工程。

（刘 燕）

【绿化美化工作】 年内，本镇投入1000余万元对104国道、黄亦路、三东路等主要道路两侧及保留村、居民小区、工业区等重点部位进行绿化美化。栽种各种花卉、树木50000余棵，安装路灯187盏。修建并粉刷了104国道、清源东路等主要道路两侧6500米的景观围墙。

（刘 燕）

【环境设施投入工作】 年内，本镇投入48万余元，购置清扫车1台，三轮车44辆，果皮箱18个，修补大垃圾箱60个。

（刘 燕）

【道路养护维护工作】 年内，本镇陪护路肩85公里，清理排水沟98公里，道路两侧打草两次26万平方米，清理路边沟垃圾及杂物共400余吨，出动人工600余人次。

（刘 燕）

【综合整治工作】 年内，本镇成立综合管理执法大队，开展“百日整治行动”，对镇域内流动人口与出租房屋、违法违章建设、生产安全、城市秩序等进行规范及清理整治。

（刘 燕）

【社区化管理工作】 年内，本镇建立村庄社区化服务管理新机制，通过人防、物防、技防对未拆迁的4个村实施村庄社区化管理。投入1100万元，建立“三站一室”，建设村域围墙1800延米，加装街门71个、技防视频探头110个，规范村级人防力量300余人。

（刘 燕）

【文明文化宣传工作】 年内，本镇开展镇村上街宣传30余次，发放文明宣传画、宣传材料3000多份；发放致搬迁村民一封信6000份；印制瀛海年历10000册；订制瀛海邮政贺卡10000张；组织理财讲座10期；出动宣传车40余次。

(刘 燕)

【粮食直补工作】 年内,本镇粮食直补面积10065.7亩,受益农户2353户,补贴资金89.7万元;生态补贴12.8万元。

(刘 燕)

【家电、汽车下乡工作】 年内,本镇家电及汽车下乡资金补贴共57户、19.13万元,其中家电补贴6户、6件,补贴金额0.13万元;汽车及摩托车补贴124户、124辆,补贴资金48万元。

(刘 燕)

【农村合作医疗工作】 年内,本镇新型农村合作医疗实现参合户数5609户、人数15954人,参合率100%。

(刘 燕)

【农村社会养老保险工作】 年内,本镇参加农村社会养老保险人数10368人,共发放养老金848万元,完成指标任务的103%。

(刘 燕)

【社会保障工作】 年内,本镇为残疾人和老年人发放居家养老助残金额达81万余元。发放丧葬补贴36万元。为411名重度残疾人和老年人配发"小帮手"电子服务器。完成9户困难残疾人家庭无障碍设施改造。为24户农村低保及生活困难家庭发放冬季燃煤自采暖补贴9600元。帮助31户选到限价商品房、42户选到经济适用房。

(刘 燕)

【劳动力就业工作】 年内,本镇举办劳动力就业培训9期,组织各类招聘15次,1600余人成功就业。

(刘 燕)

【教育管理工作】 年内,本镇投入210余万元,配备专职巡防队和巡防车辆,安装"一键式"报警系统,提高校园安全技防能力。改善教育教学环境,完成第二中心幼儿园修缮工作,清理整顿未登记注册幼儿园23所,妥善安置搬迁村学生、幼儿及流动人口学生1100余人。

(刘 燕)

【校园安全管理】 年内,本镇落实校园安全管理工作,为学校、幼儿园统一安装"一键式"报警系统、配备警具(防割手套、喷灌)和12人的校园安全专职巡防队;按照技防探头76个,加高围墙860米、防护网95平方米。

(刘 燕)

【医疗卫生工作】 年内,本镇加强社区卫生服务工作,投入70余万元对卫生院进行修缮,改善就医条件。

(刘 燕)

【妇联培训】 年内,本镇利用"姐妹驿站"开展各类培训、服务活动近200次,参与人员2000余人。

(刘 燕)

【妇联活动】 年内,本镇举办纪念"三八"国际劳动妇女节100周年庆祝大会,开展大众读书活动;配合市妇联、区妇联在瑞合一村"姐妹驿站"举办"服务妇女民生,促进平安和谐"创建活动大会。围绕"庆六一"举办"六一"儿童节汇演,开展幼儿手工制作、幼儿绘画展览竞赛活动,300多名小朋友参加。

(刘 燕)

【献爱心、捐款活动】 年内,本镇组织献爱心、捐款活动3次,共募集捐款21万余元。

(刘 燕)

【农业科技推广工作】 年内，本镇帮助农户引进新的品种和新技术推广，技术引导种植蔬菜面积达5600亩；全镇300亩优质小麦收割后，被区种子公司直接收回；玉米地放赤眼蜂2000亩，防病率达90%以上。

（刘 燕）

【农业科技培训】 年内，本镇组织技术培训3次，参培人数150人。

（刘 燕）

【农民专业合作社示范社项目】 年内，对镇“北京华瀛安绿蔬菜产销专业合作社”进行设施改造，总投资约39万元，用于新建办公室、车间、装车平台等。

（刘 燕）

【农业温室建设】 年内，本镇投入资金480万元，建设办公及员工宿舍和蔬菜加工、分装车间一处，安装智能温室水帘、风机自动控制装置、温室排水设施。

（刘 燕）

【农机监理工作】 年内，本镇加强农机监理工作，顺利完成3210亩小麦收割、3210亩夏玉米播种任务及6855亩玉米、青贮的收获工作。

（刘 燕）

【动物防疫工作】 年内，本镇建立了户养殖电子档案，完成各类疫病免疫注射和消毒共计130余万头份。

（刘 燕）

【计划生育宣传教育】 年内，本镇为育龄家庭免费发放日常生活用品及“爱心扇”1万份；发放《让计生贴近百姓生活》、《婚育新风走入瀛海人家》系列台历8000本；制作《北京市人口与计划生育奖励扶助政策》、《办理计划生育事项指南》系列宣传折页24000份和计生宣传包5000套。

（刘 燕）

【计生健康体检】 年内，本镇开展计生优质服务，免费为6156人次进行健康体检；为45名婚嫁独生子女家庭已婚育龄妇女进行TCT防癌检查；为5830户40岁以上及40岁以下独生子女家庭进行免费体检；为295人（次）流动人口免费做B超、乳透、尿检、TCT防癌等健康体检。

（刘 燕）

【合同清理工作】 年内，本镇对22个拆迁村的经济合同进行了清理，清理经济合同673份。

（刘 燕）

西红门镇

【概况】 西红门镇地处大兴新城北部，地理位置极其优越。镇域总面积31.2平方公里，辖27个行政村，38个住宅小区，9个社区居委会和5个居委会筹备组。户籍人口26970人，流动人口115175人。镇域一、二、三产业比例结构为0.1:54.1:45.8。通过加快实施以西红门商业综合区项目为代表的现代服务业园区、以星光影视园为龙头的文化创意产业园区、以新建工业园区为平台的现代制造业园区和以宏坤理想城为品牌的200万平方米宜居大社区“四大新区”发展战略，形成了以产业功能区为支撑的发展格局。产业结构逐步实现了由传统向现代、由低端向高端、由粗放向集约的加速转变。年内，全镇财政收入1.38亿元，同比增长34.8%。实现税收7.6亿元，同比增长31%。农民人均劳动所得24111元，同比增长11%。全镇经济持续、健康、稳定增长。

名称：北京市大兴区西红门镇人民政府

地址:北京市大兴区西红门镇人民政府
电话:60253111
邮编:100162
网址:www. xhm. gov. cn

【镇域工业平稳发展】 全年,镇域内有工业企业6551家,外资企业60家,个体工商户6103户。形成以影视设备、轻纺服装、彩色印刷、机械制造、房地产业、建材、高档家具、商品物流、食品加工等主导产业。年内工业产值46.5亿元,同比增长14.9%,工业企业呈现良好发展势头。

(方　红)

【轻纺服装产业基地效益明显增长】 年内,园区基础设施日益完善,为园区入驻企业生产和经营提供了可靠保障,工业总产值达到24596.7万元,同比增长43.4%。销售收入达到27920.7万元,同比增长42.7%。

(方　红)

【文化创意产业新区规模效应显现】 年内,投资8.5亿元建设的7万平方米星光卫视使馆区和15万平方米新奥特媒体大厦年内相继建成投入使用,已吸引了全国各省市20余家电视台入驻。同时新华网项目签约落地,星光影视园新媒体中心高端媒体聚集效应已经显现。

(方　红)

【商业综合区航母乘风起航】 12月15日,全球最大的家具用品零售商宜家北京大兴商场正式举行奠基典礼,英特宜家购物中心一期15万平方米正式开工建设,2012年正式开业。

(方　红)

【现代制造业新区优质项目相继落户】 年内,引进注册企业617家,其中注册资金在1000万元以上的项目13个。其中,成功引进"春雪羊绒"、"华科仪"、"德信手机"、"利亚德"、"汉王科技"等多家高科技术制造业企业落户,为调整、优化产业结构,实现全镇现代制造业新区跨越式发展奠定了坚实基础,为增强发展后劲,保持经济持续发展注入了活力。

(方　红)

【环境建设成效显著】 年内,镇政府投资10485万元,重点实施地铁纪念公园、兴华公园、星光文化生态休闲公园、九龙口休闲公园及京开公路沿线、五环路沿线、地铁沿线和京良路沿线"四园"、"四路"利民绿化建设项目,全力打造一批高品质景观亮点和完整的绿化景观带,新增绿化地面积120万平方米,全镇绿化面积达到36%,城镇环境明显提升。

(方　红)

【群众公益福利设施日趋完善】 年内,投资800万元完成了镇域内清真寺老院改造;投资1036万元建设了一个便民菜站和一个便民菜市场;投资1000万元完成了西红门地区骨灰堂新址地上物拆迁。投资1526万元完成小团路、小白楼路的改修工程,完成十万平方米街坊路硬化和修建7782米排水管线。投资103万元完成了新三余村和志远庄村"一户一表"改水工程,解决了410户村民的安全饮水问题。

(方　红)

【农村合作医疗社会保障体系日趋完善】 年内,全镇5436户15094人全部参加新型农村合作医疗,参合率100%,个人筹集资金892500元以全部上缴区财政。1~12月,全镇共报销5583人次,报销金额12947988.3元。其中门诊报销3716人次,2491776.1元,住院报销1867人次,报销金额

10456212.2 元。农村社会养老保险参保率人数 6969 人,金额 7774229.99 元。年内新参保 412 人,金额 522623.99 元,全镇参保达到 99%。同时出台了农民无房户困难家庭住房补助办法,为 74 户困难家庭支付住房补助 29.18 万元。

(方 红)

【农业经济发展状况】 年内,设施蔬菜面积 2000 亩,向首都市场提供各种新鲜蔬菜 1243 万公斤,收入 1523 万元。

(方 红)

【圆满完成第八届村委会换届选举工作】 6 月 17 日,全镇参加换届选举的 17 个村(另有 10 个村因拆迁经区政府批示暂缓选举)依法全部成功完成换届选举工作,7424 名选民中有 7099 名选民参加了投票,参选率达 95.6%。17 个村有 16 个村实现了党支部书记、村委会主任一人兼的目标,一人兼比例达 94.1%。选举产生的 53 名村民委员会成员中,党员 37 人,占 70%,支部委员 28 名,两委交叉任职比例达 53%,有效地改善了村委会的组成结构,彻底消灭了村委会成员中没有党员的"白丁村"现象,加强了基层政权建设。同时,民主推选出村民代表 562 人,17 个村党支部书记、村主任全部当选,党员当选代表 165 人,占代表总数 29.4%,为强化基层民主管理奠定了基础。

(方 红)

【计划生育管理】 全镇育龄妇女 6606 人,其中已婚育龄妇女 4998 人,采取避孕措施的 3549 人,全年出生人口 253 人,计划生育率达 96%,户籍人口人均计生经费 15 元。年内,镇政府加大对基层计划生育目标管理和考核力度,与全镇 27 个村社、9 个社区居委会、5 个社区居委会筹备组、804 个企事业单位、2455 个出租房户主签订了计划生育目标管理责任书。全镇计生专干进行 23 次综合业务知识培训,全镇已婚育龄妇女建立生殖健康档案卡率达 100%,生殖健康检查人数 14721 人次。全年流动人口经费投入 40 万元,对流动人口入户检查 152 次,查验婚育证明 2934 人,流动人口孕检 2014 余人次。开展"关爱女孩"、"生殖健康"、"婚育新风"等活动 20 余次,为 22 户农村独生子女低收入家庭发放贴息贷款 114 万元。2010 年镇政府被评为北京市人口和计划生育工作红旗单位,镇计生办被评为北京市先进集体。

(方 红)

【兴海学校】 兴海学校是大兴区第一所九年一贯制学校,1999 年 7 月成立,位于西红门镇域内,占地 5.3 万平方米,建筑总面积 1.42 万平方米。校区内建有中学教学楼、小学教学楼各一幢,共有 46 个教室,其中理、化、生、多媒体等专用教室 14 个。并配有 400 米塑胶田径场,2003 年建成"兴海远航"网,成为社会教育、学校教育、家庭教育交流平台。2010 年,在校学生 1400 人,42 个教学班。学校干部队伍由 9 人组成,平均年龄 40 岁,其中本科学历 8 人,在续本科 1 人。9 人取得校级干部任职资格证。136 名专任教师,区级学科带头人 2 人,区级骨干教师 6 人,区级骨干班主任 2 人,市、区级"紫禁杯"优秀班主任 10 人。中学部中、高级教师 33 人,本科学历以上的教师 53 人,占中学部专任教师的 91.4%;小学高级教师 50 人,占小学部专任教师的 64.1%。2010 年,中学部获得大兴区教育教学一等奖;小学部被大兴区教委评为实施小学规范化建设先进学校。小学部六年级抽测成绩进入全区优秀行列;中学部初三年级在 100% 会考合格的前提下,共有 14 人升入北京市示范高中校,占北京市户籍考生的 21.9%。

(高 洋)

【双语幼儿园】 全园占地面积 7600 平方

米,建筑面积5508平方米,绿化面积2690平方米,是一所全日制中心幼儿园。本年内,有15个教学班,在园幼儿537名,有教职工74人,其中专科学历23人,本科学历17人,本科在读5人。小学高级教师6人,区级骨干2人。李丹丹、郭雅伟老师在大兴区教师论坛中分获一等奖、三等奖,梁会荣、李丹丹老师在大兴教育研究征文中分获一等奖和二等奖。保健医谢岚涛在信息采集统计工作方面、平衡膳食工作方面、传染病工作方面有创新,业绩突出,在大兴区卫生保健工作总结会上向全区保健医做经验交流。2月,我园在“第三届校园之星艺术风采展示”活动中组织工作突出,表现优异,特授予“全国青少年艺术教育工作先进单位”荣誉称号。2010年04月,我园成为陈鹤琴教育思想实验基地。6月,我园配合北京市“2010年国民体质监测工作”对不同年龄段的176名幼儿进行了体能测试。我园成立的“幼儿足球队”在11月北京市阳光体育抽测中获得好评。4月,向大兴教委装备站申请购置一套厨房设备,共计8万余元,为幼儿用餐提供物质保障。9月我园为每个班级添置了洗衣机、消毒柜和热水洗手器,在寒冷的冬天让幼儿能够用热水洗手。

(高　洋)

【金海学校】 金海学校是一所九年一贯制学校。校址位于北京市大兴区西红门镇金星庄。总占地面积4.749万平方米,教学楼面积为9294平方米,绿化道路面积1.028万平方米,附属设施面积1728平方米,运动场面积2.825万平方米,建有400米的环形跑道及其他较完备的运动器械及场地;图书馆设有教师和学生阅览室,藏书2.6万多册;组织机构有校长兼书记1名、副书记1名、副校长2名、工会主席1名、完小校长2名,有教学班45个,学生1490人,教职工138人,专任教师112人,高级教师9人,区级骨干教师6人,市级“紫金杯”优秀班主任4人,区级骨干班主任4人。年度内开展各种教师主题会32次。

(高　洋)

【西红门镇成人学校】 北京市大兴区西红门镇成人学校成立于2005年9月,是北京市乡镇示范性成人学校。位于大兴区西红镇京开公路东侧同兴园小区内,北面、东面与丰台区接壤。学校占地10.2亩,建筑面积4267平方米。标准教室20个,办公室10个,学生宿舍18间,计算机教室3个、配备电脑120台,多媒体教室1个,远程网络教室一个,藏书12000册的图书馆1个,缝纫机36套,制冷设备24套,电气焊实习车间46工位,中级维修电工实习40套,叉车2部,教学用电瓶车1辆。2007年11月,学校新建一个能容纳150多人的集会议、娱乐功能于一身的多功能厅,这里面,座椅舒适、会议记录方便,墙面经过科学处理,音响效果好,电子屏幕清晰度高,灯光明暗适中,充分体现了现代感,人性化设计。同时学校把原有三个机房进行资源整合,增强了原有的功能,使其实现了网络化管理,并增加了14万册图书的软件,可供百余人同时阅读。2010年成人学校共举办各类培训班55期,总培训25400人次,其中学历教育26人,资格证书749人,农民实用技术培训6400人次,时事政治、法律法规、道德文明、计划生育等培训31600人次。

(高　洋)

【农民教育流动课堂车】 全年,接送培训教师87次;外出法律法规宣传,社区文体活动,民办园校检查57次;为镇政府和各村社成人学校,居委会服务33次;行程1万6千多公里,在本地区的经济发展和社会的和谐稳定工作中发挥了重要作用。

(高　洋)

【技能培训】 全年,举办技能培训27期,

2300人次。其中:叉车培训8期452人次;电焊工培训6期234人次,电工培训3期132人次,计算机培训6期318人次,企业法人安全培训13期1650人次。

(高　洋)

【社区教育培训】 全年,举办社区教育培训17期5620人次。

(高　洋)

【西红门医院】 年内,我院有正式职工90人,临时工59人,退休职工20人。接待门诊量14.2845万人次,实际占用床日为5576日,住院人数679人。

(高　洋)

【计划免疫】 年内,脊髓灰质炎上报接种率100%;百日破、麻疹、乙脑、风疹、流行性腮腺炎、流脑等疫苗上报接种率均在95%以上;强化查漏补种工作共调查学龄前流动儿童5528名,其中无卡儿童66名,无证儿童57名,全部进行了补证补卡,对漏种儿童进行了补种;对外来务工人员的麻疹、流脑接种人群,共接种21个单位,接种3887人次,其中A+C流脑疫苗接种2079人,麻疹疫苗接种1839人,接种率均达到了100%。

(高　洋)

【传染病工作】 年内,对甲型H1N1流感病例的一代密切接触者52人,二代密切接触者10人,归国人员131人进行了入户监测,所检测人员已结束了医学观察。传染病:甲流病例2例、病毒肝炎15例。细菌性菌痢66例、猩红热4例、麻疹11例、艾滋病2例、梅毒16例、淋病11例、流行性腮腺炎15例、风疹0例、手足口266例,其他感染性腹泻211例、水痘83例。艾滋病防治方面,宣传活动14次,发放各类宣传品6220余份,安全套1600个。结核病防治:加强该项目的规范管理,项目人口覆盖率达到100%,新增病例13例,全部落实到各社区进行管理。

(高　洋)

【精神卫生工作】 年内,对45名精神病人进行入户访视共181次,免费发动124人次有效控制精神病人肇事肇祸的发生。共对专管员进行4次培训,出宣传板报4期,对各类人员开展健康大课堂27次,发放宣传材料62种5495余份,开展宣传咨询活动2次,发放宣传材料100余份,展板16块横幅13条,健康大课堂12次。686项目访视60次。

(高　洋)

【妇幼保健工作】 年内,孕产妇系统管理率为99.19%,儿童系统管理率为94.51%,高危产妇管理率100%。

(高　洋)

【社区卫生工作】 年内,社区卫生服务站3个,从医人员11人,接诊人数为15896人。

(高　洋)

【体检工作开展情况】 2010年,我院体检站继续发挥其作用,共进行职业健康监护221人次,健康体检1317人次,办理健康证3389人次。

(高　洋)

【金星卫生院】 年内,本院有正式职工51人,临时职工50人(其中1名乡村医生和2明返聘人员),专业技术人员84名,专业技术人员占职工总数的86%。其中金华园社区医护人员4人,新建社区医护人员9人,志远庄社区医护人员4人,团河社区医护人员4人,二公司门诊部医护人员5人,接待门急诊15.1997万元,比2009年同比增长3.9%,住院床日为1687天,使用率为47.6%。

(高　洋)

【公共卫生工作】 年内,预防接种工作:本市儿童一类疫苗基础免疫率100%(接种1473人次),二类疫苗免疫率100%(258人次);外来儿童:一类疫苗接种20323人次,二类疫苗接种2490人次;学校接种1181人。3月份为外来务工人员免费接种流脑1250人、麻疹1250人。强化查漏补种工作,共调查2577人,补卡322人,补证44人。9月份的麻疹强化免疫工作,共调查9274人,实际接种9209人,(65名儿童属禁忌症未种)接种率100%。截至到11月21日,流感疫苗共接种5314人,其中中小学生4395人,60岁以上老人541人。自费378人。共报告法定传染病12种,传染病发病人数462例,其中乙类传染病84例,丙类传染病335例,其他非法定传染病43例。精神卫生工作:为辖区内33名精神病患者均建立了个人档案。定期访视,上门送药,精神病患者得到了良好控制。健康教育工作:共举办健康课堂大课堂及讲座13次;慢性病讲座9次;传染病防治讲座2次;健康咨询和专题活动6次,咨询人数约1500余人,发放宣传材料3000余份。妇幼保健工作:计划生育手术183例。我院于今年6月进行为本辖区适龄妇女妇女病普查活动,宫颈液基细胞学筛查1485人,共发现非典型细胞77人,低度病变10人,高度病变4人,未发现宫颈癌病人,高危病人均已登记,并追访。乳腺筛查1923人,发现乳腺增生262人,1人发现乳腺外观有改变,自述有外伤史转上级医院进一步就诊,已手术治疗,在追访过程中。截至到9月底,共管理流动儿4390人,合格管理率100%,比2009年的3391人增加22.75%。儿童免费健康体检917人,2010年共管理流动孕妇76人,合格管理率100%。

(高 洋)

【社区卫生工作】 2010年内加强健康档案管理管理率100%,共访视慢病患者1065人次。健康教育讲座57次,参加人数1422余人,咨询525人次,宣传板报43期;为协助卫生服务站做好慢病管理工作,辖区内共筛选出54名家庭保健员,培训4次。完成辖区内16个行政村2752人的健康体检工作,完成辖区内784名无社会养老保障的老年人免费体检及相关资料的整理归档工作。

(高 洋)

【精神文明建设取得新成效】 年内,在村社、社区、机关、企事业单位深入开展了"爱祖国、爱北京、爱家乡"主题教育活动;开展了"文明礼仪、阳光心态、企业文化建设"等百场讲座活动;开展了"百名优秀标兵"评选活动。通过丰富活动内容,拓展实践载体。截至到目前,共开展百姓大讲堂4次,观看经济、科技、法律、文化、廉政、文明礼仪等方面宣教片10次,开展健身活动、才艺展示等活动9次,共制作餐桌文化48期,涉及政策理论、低碳生活、健康知识等多项内容;更换橱窗12期。

(谭洪春)

【发挥文体活动中心的示范和辐射作用】 年内,积极争取市区资金支持670万元,完善寿宝庄、金星庄、新建地区三个分中心建设。目前,寿宝庄、金星庄两个村庄的文化设施全部升级到位,新建地区老年活动中心已于10月份落成并投入使用。从而实现了文体中心的示范辐射功能,推进了全镇文化建设的均衡发展。配合西红门镇星光休闲公园、地铁沿线等四大公园建设,积极向市区争取文化体育项目,目前在建标准篮球场训练场2个,占地面积3000平方米,预计11月竣工;在建乒乓球长廊2个,占地面积800平方米,可同时容纳50余名乒乓球爱好者同台竞技。

(谭洪春)

【文化队伍建设蒸蒸日上】 年内,建立文艺骨干人才库，挖掘文艺工作专业人才，实现人才资源的有效贮备高效整合，目前全镇共有文化社团9个，文艺骨干350余人。强化了村社文化队伍的系统化培训，今年6月集中开展了长绸舞的培训，培训基层文化骨干400余人，并在全区秧歌赛大中一举夺魁。摸索尝试以奖代补的社团文化机制，设立了20万元文化社团奖励基金，用于鼓励引导文化社团发展。

（谭洪春）

【举办城南五区交谊舞大赛】 5月30日，星光影视园2200平方米演播大厅内高潮迭起，作为第二十二届大兴西瓜节系列文化活动重头戏的首届北京城南五区交谊舞邀请赛隆重举行。伴随着优美的旋律，来自大兴、崇文、宣武、丰台、房山（燕山）五区的80对选手在这里翩翩起舞。此次交谊舞邀请赛分为老年组和中青年组两个组别：老年组的平均年龄都在55岁以上，即每对选手的年龄之和都超过110岁。老年组进行慢三、伦巴、平四和探戈四种舞蹈的角逐。中青年组则需参加五种舞蹈的比赛，即在上面四种舞蹈的基础上增加了更具激情和活力的快三五种舞蹈的综合。两个组别分别评出一等奖1对、二等奖2对，三等奖6对。

（谭洪春）

【星光新媒体产业新区显现规模】 由西红门镇星光集团投资兴建卫视使馆区，年内投资8.5亿元人民币，建设7万平方米星光卫视使馆区和15万平方米新奥特媒体大厦相继建成投入使用，吸引了全国各省市二十余家电视台入驻，同时新华网也于年内签约落户星光新媒体产业基地，高端媒体聚集，效应已经显现。

（吴立宽）

【农民回迁安置】 年内，西红门镇城市化步化加速推进，镇域内全年新开工面积80平方米。尤其关系农民回迁安置的四至八期安置房，共计29万平方米全面开工建设，预计两年内全部已选房屋得到安置，农民将告别暂时租房生活状况，真正达到安居乐业。

（吴立宽）

【村庄基础设施持续改善】 年内，实施小团路和小白楼路改修工程，投入1526万元完成了10万平方米街坊路硬化，修建排水管7782米，投入10万元完成了新三余和志远庄一户一表的改水工程，解决了410户农民饮用水安全问题。

（吴立宽）

【整合资源提高就业组织化程度】 年内，本镇充分发挥西红门恒信建业劳务派遣有限公司的平台作用，及时准确掌握企业项目用工需求，通过政府购买公益性岗位加大农民就业指导培训力度，全年共完成农村就业技能培训244人，提供就业岗位1910个。农村富余劳动力向二、三产业转移765人。

（吴立宽）

【社会保障体系日趋完善】 年内，全镇农村社会养老参保率达到99%，新型农村合作医疗参合率继续保持100%。高度重视农村低收入无房户家庭住房困难，出台东区农民无房户困难家庭住房补助办法，及时为东西区74户困难家庭支付住房补助金29.18万元。

（吴立宽）

【镇村社会管理】 全年，投资3000多万元，在东区16个村创造性实施了村庄社区化管理新模式，以镇综治维稳指挥中心为平台，通过实施治安防范常态化，矛盾调处及时话，房屋出租规范化，村民管理自治化，村庄环境整洁化，服务站点便民化等有效手段，促使村庄管理水平提高，环境改善，治安秩序好转，群众安全感对公共服务的满意度大幅提升,村庄社区化作为社会管理创新的有益探讨得到了中央、市、区各级领导的高度评价,已作为典型经验广泛推广。

（吴立宽）

【违法建设防控取得新成效】　年内,本镇组织了60人地土地巡查执法队,配备了5辆依维柯汽车,车上贴有土地执法四个大字。加大非法占地违法建设查处力度。年内共拆除违法建设228宗,总面积达11万平方米。

（吴立宽）

【安全维稳工作得到新提升】　全年共检查生产经营企业3400家,清除各类安全隐患1万余处,由于工作到位,全年未发生重特大安全事故。

（吴立宽）

【计生工作】　年内全镇共有育龄妇女6606人,其中已婚育龄妇女4998人,采取避孕措施3549人,一孩人数226人,全年出生人口253人,计划生育率96%,户籍人口人均计生经费15人,镇政府加大对基层计划生育目标管理和考试力度,与全真27个村、9个居委会、5个居委会筹备组、804个企事业单位、2455户出租房屋户签订计划生育目标管理责任书,全镇计生专干进行了23次业务知识培训,全镇已婚育龄妇女建立生殖健康档案卡率100%,生殖健康检查人数14721人,全年流动人口管理经费投入40万元,对流动人口入户检查152次,查验婚育证明2934人,流动人口孕检2014人次,开展“关爱妇女”“生殖健康”“始育新风”等活动20余次。为22个农村独生子女低收入家庭发放贴息贷款114万元。为此2010年度西红门镇政府被评为北京市计划生育红旗单位。西红门计生办被评为北京市计划生育先进集体。

（吴立宽）

青云店镇

【概况】　青云店镇辖区面积70.3平方公里,耕地面积5.1164万亩。全年,完成财政收入2376万元,比上年同期的1786万元增加了590万元,增长33.0%,完成年度任务(2054万元)的115.6%。全年农业总产值3.49266亿元,完成农业总产值3.49亿元,与上年持平。农民人均纯收入为11182元,比上年9930.7元,增加1251.3元,增长12.6%。

名称:北京市大兴区青云店镇人民政府
地址:北京市大兴区青云店镇人民政府
电话:80281615　80285698
邮编:102605
邮箱:fengzhanxinqyd@163.com
网址:http://www.dxqyd.gov.cn

【村级党支部换届选举】　村级党支部换届选举完成,支部书记中高中及以上文化的有42名,占85.7%,其中9人具有本科学历。支部班子成员中大专及以上文化的有37名,比上届增加了30名,占24.5%,其中1人为硕士研究生;支部书记连选连任41名,占85.4%,支部委员连选连任92名,占60.9%,6名异村任职的书记全部连选连任。9名后备干部中有7名进入支部班子,全镇有7名大学生村官选入支部班子。本届班子成员平均年龄45岁,比上届减少了3岁,支部书记35岁以下8名。

（曹　征）

【村委会换届选举】　此次选举产生村委会成员147人,其中支部班子成员79人,占53.7%。有33个村实现书记主任“一肩挑”,占67.3%,其中8个村完全实现了书记兼主任、支委兼村委两委交叉任职,圆满完成了区委60%的任务指标。

（曹　征）

【建党89周年总结表彰】 镇村两级对188名优秀共产党员、19个“五好”村党支部、8个先进基层党组织和20名优秀大学生“村官”进行了表彰。

（曹 征）

【基层党员队伍建设】 年内，共培训积极分子85名，接收上报入党积极分子67名，发展新党员47名，预备党员转正34名，办理党员组织关系接转手续88名。

（曹 征）

【选拔后备干部】 在全区范围内公开选拔村级后备干部，共有139人报名，103人通过笔试资格审查，其中38人来自黄村等7个外镇，按照总成绩排名确定25人为后备干部。

（曹 征）

【机关人才引进】 年内，通过公开招考，录用了5名公务员，并完成了上年招录的7名公务员转正定级工作，录用了8名事业编制人员。

（曹 征）

【大学生村官情况】 5月通过报名、审查、面试在60个新村官报名者中招录26名较优秀者充实村官队伍。现本镇有大学生村官89人，其结构男36人女53人、本地生59人外地生30人、硕士生6人本科生61人专科生22人、中共党员34人团员55人。除泥营、寺上、中屯、顾庄、孝义等9个村，其余40个村均有2名村官。

（曹 征）

【合同期满村官就业】 年内，合同期满村官共计39名（加06届续聘2名）。其中考入公务员5名，各类事业编制5名，社区工作者7名，国企4名，续聘11名，其他7名。除1名准备考研究生外其余均实现就业，就业率97%。

（曹 征）

【工业发展】 年内，工业产值增加5000万元以上企业5家，其中铁科克诺尔公司完成工业产值68408万元，占全镇工业总产值的25.8%，增加了44391万元，同比增长184.8%；瑞琪米诺桦公司完成工业产值30189万元，占全镇工业总产值的11.4%，增加了17531万元，同比增长138.2%。

（张 俊）

【金晶项目】 6月30日，项目土地摘牌，7月9日取得项目立项，9月17日，取得环评批复，公司注册（营业执照、组织机构代码、公章、税务登记、统计登记）已完成。完成金晶项目地块土地一级开发工作，面积433亩；启动了垡上产业园区二期项目一级开发工作。开发面积100亩（建设用地面积91亩），已办理拨地定桩，勘测定界工作。项目总投资3.65亿元。北京金晶智慧太阳能电池基板及LOW－E玻璃项目已开工建设。

（张 俊）

【产业调整】 年内，完成腾退企业21家，腾退土地100亩，拆除地上物60645.19平方米。完成23家重点退出行业企业实地核查。对22家重点耗能、耗水行业规模以上工业企业加强监管。完成高效照明产品推广项目，登记农户11852户，发放节能灯65270支。完成老企业技术改造投入20830万元，工业企业科技投入939.18万元。

（张 俊）

【企业服务与管理】 年内，完成申报项目10个，拟争取扶持资金697.91万，已到位资金416.31万元，企业新增贷款8890万元。

（张 俊）

【产权制度改革】　年内,36个村开展产权改革工作,远超过区下达的22个改革任务指标,改革村占全镇行政村的73.5%,总户数为9819户,人口为23881人。其中:农户6701户、19684人;非农户3118户、人口4197人。

(张　俊)

【交通安全】　开展对镇域内大客车、大货车的登记备案工作,加强安全监管力度。大客车共备案6辆,大货车共备案8辆。

(任东伟)

【生产经营单位分级分类管理】　年内,分级管理范围的企业805家,(其中工业生产类360家,本区注册280家,非本区注册80家。人员密集类429家,本区注册420家,非本区注册9家。工程建设类1家,属于本区注册。道路交通类1家,属于非本区注册。其他类14家,均属本区注册。)并对纳入分级分类管理范围的805家单位建立了详细的台账。对企业分级分类评价656家,其中评定A级生产经营单位3家,B级生产经营单位304家,C级生产经营单位131家,D级生产经营单位218家。

(任东伟)

【消防工作】　年内,本镇建立了一支由3名消防队员、一辆消防车组成的义务消防队,值班人员24小时值班。成功扑灭火灾32起。

(任东伟)

【安全生产月】　6月13日,本镇在青云店集市举行了安全生产月宣传咨询日活动,活动现场共张挂宣传标语5幅、发放17种宣传材料1800余份、接待群众咨询60余人次,受教育人群达到近6000人次。

(杨　蕊)

【开展"119"消防宣传周活动】　年内,出动宣传车11辆,宣传人员18人次,悬挂消防安全横幅7条,摆放宣传展板24块,发放消防宣传画、预防煤气中毒8招、防火常识等宣传材料5万余份,受教育群众6万余人次,接待群众咨询80余人次。

(杨　蕊)

【农村土地确权】　年内,两个村完成土地确权工作。北店村确权面积910亩,人口550人,期限18年,采用确权不确地的办法。孝义营村确权面积320亩土地,确权人口262人,土地已经落实到户。

(张　俊)

【农田环境管控】　年内,全镇共计拆除农田违章170间,面积约2953平方米,清理377户,1226人,清理人数占总数的46.4%。清理垃圾猪场4个,清理垃圾猪1450头,清拆垃圾猪舍210间,面积10600平方米。

(张　俊)

【粮食直补】　全镇享受粮食补贴政策的小麦面积为24186.6亩,比上年的24980.7亩减少3%,享受补贴资金278.1459万元,涉及农户5143户。玉米面积为34623.6亩,比上年的36242.2亩减少4%,享受补贴资金266.60172万元,涉及农户6584户。

(张　俊)

【农业信息服务】　年内,农信机发送流量23050条、移动代理服务器发送短信流量133658条、镇农业工作动态80条(农委采用25条)、发布农业供求信息1423余条,各类农业信息的发送量均完成年初制定任务指标。

(张　俊)

【新农村路灯安装工程】　年内,本镇分别在小铺头、石州营、马凤岗等13个村安装节能路灯 800 盏。

（杨　蕊）

【第六次全国人口普查】 全镇共核查建筑物 21811 栋,住房单元 24752 个,居住户数 25416 户,共划分普查小区 281 个,共登记总户数 28024 户,登记总人口 73689 人,其中:户籍人口 33184 人,外省市人口 37883 人。

（杨　蕊）

【超额完成社保指标】 全年完成农村劳动力技能培训 250 人,完成任务指标(区里 240 人)的 104%。农村劳动力向二、三产业转移 890 人,完成任务指标(区里 800 人)的 111%。失业人员实现再就业 153 人,完成任务指标(区里 150 人)的 102%。失业人员就业率完成 74%,超额完成 60% 的任务指标、就业困难人员就业率完成 70%,超额完成 50% 的任务指标。城乡居民养老保险参保率达到了 92% 覆盖率的任务指标。大龄续保人员续保率达到 95.7%,完成区下达 90% 的任务指标。发放 196 人的丧葬申请补贴 98 万元(每人 5000 元)。

（杨　蕊）

【社保救助】 年内,受理、审核临时救助材料 9 份,农村特困人员医疗救助材料 2 份,受理低保材料审核、入户调查 45 份,初审合格 7 户。受理、审核、低收入家庭材料、入户调查 50 份,初审合格 3 户。社会保险扩面征缴工作完成了区下达的任务指标。

（杨　蕊）

【社会就业】 年内,共组织举办专场和综合性招聘会 16 场,累计参会企业 97 家,开发就业岗位 3600 余个,其中有效岗位 2000 余个,累计参会人数 4100 人次,达成就业意向 1400 人次。通过招聘会、日常推荐等形式,农村劳动力向二、三产业转移 890 人,其中亦庄开发区实现就业 560 人。

（杨　蕊）

【社会保障】 全镇享受福利养老金人员 4580 人,其中上半年减少 151 人,追回延期领取福利养老金 6200 元。为 508 名在邮局领取养老金的人员更换存折、更新手续,发放 2009 年度城乡居民养老保险对账单 15038 人。

（杨　蕊）

【社保卡发放情况】 截至年底,已发放退休人员和公益性人员社保卡 300 多张,为 3 人办理了社保卡挂失补办手续。

（杨　蕊）

【公益性就业组织与管理】 全镇公益性就业组织人员 61 名,年内对在岗的 55 名符合续签合同人员建立了续签合同台账认定,并报区劳动局审批,经上级部门批准与 55 名人员办理了续签合同手续。接收失业人员档案 109 份,存档的失业人员档案 230 份。

（杨　蕊）

【保民生】 年内,全镇共发放定补 180.8 万元,其中发放优抚定期补助 104.9 万元,低保救助金 75.9 万元。报销优抚人员药费 9.1 万元。大病人员实施救助 2 名,发放救助金共 25000 元。完成危房改造指标 60 户,其中:优抚翻建 37 户、社救翻建 15 户、社救维修 8 户。为城乡低保对象发放临时生活补助 39400 元。新批准低保 7 户,取消低保 11 户,新批准低收入家庭 3 户。为优抚对象发放一次性生活补助 13900 元。组织 75 名优抚对象到大兴中医院进行免费体检。

（杨　蕊）

【残联工作】 年内,开具残疾人鉴定通知 398 份,新办残疾人证 389 例,换证 22 例,现有持第二代残疾人证的残疾人 1298 人。为 16 名残疾人办理残疾人就业保障金专项扶持申请。为 525 名 16～79 周岁符合条件的残疾人办理了北京市市民居家养老助残服务券。处理残疾人信访维权事件 10 起,现已全部解决。无障碍改造指标从 80 户的基础上又争取 100 户。现共有 325 人享有无固定收入重残人员生活补助,82 名残疾人申请并享受了农村特困残疾人生活补助。

(杨　蕊)

【居家养老助残老龄工作】　年内,完成 80 周岁以上老人发放居家养老助残服务券 2033 人次,发放服务券共涉及资金 60.28 万元,回收服务券 407966 元。办理老年人优待卡 258 个,老年证 12 个。审批申办高龄老人津贴 6 人,共发放高龄老人津贴 12000 元,涉及 24 名老人。为 35 名符合条件的老人配备了“小帮手”电子服务器。为 6 名 80 周岁以上的特困老人争取到每人 500 元的重阳节慰问金。

(杨　蕊)

【红十字工作】　开展“博爱在京城,博爱在大兴”活动,提前完成全年的任务指标,捐款 40802.5 元(任务指标 30000 元)。为 49 个村发放 1000 余册家庭急救手册。为 4 名大病儿童发放救助款 6 万元。为 7 名一般救助人员申请救助金每人 3000 元。

(杨　蕊)

【新型农村合作医疗】　年内,本镇应参合 27930 人,实际参合 27372 人,参合率 98%,任务指标提高了 1%。组织发放新农合政策宣传彩页 9700 份,解答政策性咨询 4000 余人次。

(杨　蕊)

【新型农村合作医疗报销】　年内,共接待群众 8000 多人次,受理票据 6 万余张,依法依规安全发放报销资金 1398.8 万元(含 2009 年门诊报销现金 206 万元)。参合农民住院及一级医院门诊留观总计参合报销 4046 人次,报销总额 1192.9 万元,其中住院 1640 人次,报销金额 1057.3 万元,门诊留观 2406 人次,报销金额 135.6 万元。

(杨　蕊)

【征兵工作顺利】　全镇 171 名年满 18 岁的适龄青年上站进行了登记,并对 1124 名适龄青年进行了核验,最终确定 56 名身体条件合格的适龄青年为预征对象,参加政审的 15 人全部是高中以上文化程度,为历年最高,其中 9 人农业户口,6 人非农户口。

(杨　蕊)

【农机工作】　年内,全镇共检验各种拖拉机 50 台,并完成全镇农机驾驶证到期换证工作。农机户购置玉米收获机 12 台、754 型号拖拉机 3 台、45 马力拖拉机 1 台、大棚王拖拉机 1 台,完成购置额 201.78 万元,其中农机户出资 100.89 万元。

(杨　蕊)

【农技站折子工程】　全镇 3 万亩测土配方施肥及有机肥培肥地力工作,完成镇域内 49 个村的取土任务,共取土样 146 个,涉及面积 3 万亩,完成指标的 100%;配送配方肥 320 吨,完成 100%;有机肥培肥地力项目,共配送有机肥 1100 吨,完成任务的 100%;争取补贴资金 85 万元。

(杨　蕊)

【育苗基地建设】　全年两个育苗基地(大东和堡上营)育苗 139 万株,生产种植面积 415 亩。高庄村建立甘薯育苗基地,共育苗 150 万株,选育适合当地种植高产优质品种 16 个,扶持种植大户 20 个。

(杨　蕊)

【农技站门市经营】 全年销售化肥300吨、农药5.5吨、种子98万斤、地膜2吨，销售收入240万元。

（杨 蕊）

【小麦品种更新麦种补贴工作】 年内，共安排小麦繁种田3000亩，繁育品种3个，共计繁育良种40万斤。每亩按40斤种子补贴、每斤种子补助1元，完成21835.5亩，自繁加调剂共调入小麦种子938800斤，为农民争取补贴938800元。另外利用百万元常规种子经营单位的资质为采育和长子营镇争取补贴520000元。

（杨 蕊）

【工商违法案件查处】 全年共立案查处各类案件22件，已结21案件。案件性质涉及食品安全、无照经营、制假售假以及黑网吧等多种类型，罚没款220491.62元，实际入库176158元，没收计算机44台。

（杨 蕊）

【工商年检、验照】 全镇应参加年检的内资企业894户，实际参加年检的内资企业723户，年检率94.96%。个体工商户应参加验照1895户，实际通过验照1894户，验照率99.95%。

（杨 蕊）

【个体工商户注册登记】 全年共受理个体工商户查名624个，个体工商户开业293户，办理个体工商户变更登记136户，注销58户。

（杨 蕊）

【个体工商户专项整治】 全年共出动执法车辆75台次，执法人员210人次，清理五小企业75户，清退75户，对工业区两户不良企业进行了行政处罚，罚没款20000元。

（杨 蕊）

【村庄社区管理化】 全镇共建“三站一室”综治中心6个，共砌围墙4138米，共封闭入口54个，安装大门15个，抬杆17个，设置岗亭18个，安装探头121个，监控平台6个，已经与镇综治维稳中心、派出所联网。共配备专职巡防队员68人，流动人口管理员82人，警务工作人员4人，人民调解员6人。

（杨 蕊）

【出租房屋的统计】 镇流管网统计流动人口为36535人，出租房2976户，比2009年底分别增加15040人和1472户。

（张 俊）

【打击违章建设】 年内，共发现违章442处，规划科共下发停工通知书218份，限拆通知书125份，制作询问笔录125份，下发强拆告知书347份，共组织30余次大规模强拆，拆除面积达8.5万平方米。其中，10月中旬成立35人的城管协管员队伍，专门负责违章的查处。

（张 俊）

【出租房屋综合税征收】 镇流管办已走访376户，符合征税标准户共297户，其中158户已交税，上缴税金50.9万元，完成50万元任务的101.8%。

（张 俊）

【以补促管】 全镇共有7535户签订个人出租房屋规范管理《协议书》，1000元补助金已发放到签约户手中。整体签约率为57.2%，签约率为91.8%。

（张 俊）

【规划审查】 年内，共接到18份新建申请，453份翻建申请，共282户符合条件。全年规划科共受理国土、规划、统计等部门各类卫星拍片200余宗。

（张 俊）

【电网设施建设】 完成魏永路工程征地工作,足额发放高庄第一批拆迁补偿款376.469万元。完成华北电网四村到永和庄变电站输配线路19座塔基的征地、拆迁和补偿工作。配合北京经济技术投资开发总公司完成12平方公里开发项目征用北辛屯村50亩土地工作。

(杨　蕊)

【"系统培训+科技助农"工程】 全镇协议培养农村实用人才49人,农村实用人才队伍发展到481人;培养科技示范户25户,全镇科技示范户147户。新办农民田间学校2所,开展各类田间学校共培训35次,参加培训人数达2274人次。

(张　俊)

【农民合作组织及农业标准化基地】 年内,全镇农民专业合作组织发展到24家,其中今年新建2家、规范1家、提升1家,农业标准化基地达到15家,其中新建标准化基地3家。

(张　俊)

【严打高压态势】 年内,破获各类刑事案件79起,抓获各类违法犯罪人员134名,抓逃15名,同时接处110报警4398件。

(张　俊)

【社会面治安整治活动】 年内,共查处治安案件301件,依法处理违法人员400余名,行政拘留75人,批评教育250余人,警告罚款67人。清理各类黑开违法场所97处,取缔非法场所及网吧19处,查处非法运营车聊70余辆,完成养犬注册6000余条,印发各种宣传材料7000余份,签订煤气中毒等项安全责任书5800余份,消除各类隐患194处。

(张　俊)

【发案情况】 全镇共立刑事案件211件,其中现案183件同比(去年190件)下降了3.7%。

(张　俊)

【打击处理情况】 年内,共打击处理各类违法犯罪人员134人,同比(去年130人)上升了3.1%。刑拘62人,同比(去年75人)下降了17.3%。行政拘留75人,同比(去年55人)上升了36.4%。在打击处理人员中,流动人口106人,占全部被打击处理人员的79.1%。

(张　俊)

【完善文化设施】 年内,新建文化站总面积为668平方米,其中用于排练和演出的小剧场面积200平方米;另配音响室1间、男女化妆室各1间、电教室3间、图书室3间,面积共253.5平方米;其他如办公室、食堂、锅炉房等房屋面积共214.5平方米,并通过与电管站多次联系,对文化站电路进行了更换,将原有的25平方毫米线路增至50平方毫米。

(张　俊)

【镇敬老院基本情况】 镇敬老院固定资产550万元,占地面积11960平方米,建筑面积3178.5平方米,房屋总数122间,其中老人住房73间,锅炉房3间,饮水房2间,库房10间,食堂11间,门道4间,水泵房1间,医务室3间,办公室5间,洗衣室1间,洗浴室2间,工作人员住房7间。现有住院服务对象共计80人,其中五保供养人员14人。年内,从上级主管部门争取到福利彩票专有资金78.5万元,开展了敬老院整体无障碍改造项目。全年共收益80万元。

(曹　征)

【团委工作】 4月,召开第二届二次团的代表会议,增补了6名团委委员(2名团委副书记和4名团委委员);推选出9名参加团区委第二次代表大会的代表。对全镇68个团组织、60个团干部和713名团员青年信息进行了重新登记、审核、更新。对机关、各村、学校、非公团组织团员进行了团费收缴,上缴团费共4500元。

(曹 征)

【信访基本情况】 全镇共受理信访案件262件次,389批次(其中重访61件次,123批次),与去年同期相比,件次上升61.7%(去年162件次),批次上升了60.1%(去年243批次);接待来访群众1399人次(其中重访249人次),比去年同期的556人次上升了151.6%,已办结252件次,办结率达到96.1%;镇级集体访36批次,843人次,比去年同期的12批次上升了200%;区级访25批次,336人次(其中集体访4批次,310人次),比去年同期的8批次上升了212.5%办结率为100%;市级访0批次。共受理来信30件次,比去年同期的9件次上升了233.3%,办结率为93.3%。

(曹 征)

【汽车、摩托车及家电下乡补贴】 年内,受理发放家电补贴农户123户,补贴资金3.69万元;汽车补贴农户105户,发放补贴资金40.4万元。

(任东伟)

【保障妇女权益】 年内,为6832名妇女进行健康体检,政府补贴近10万元;有15名妇女利用小额贷款增收致富。

(任东伟)

【垃圾处理】 年内,镇环整办为各村垃圾箱拉运垃圾1.5万余吨;共接收各村垃圾2万余吨;累计往安定垃圾厂送垃圾1.7万余吨。

(任东伟)

【道路清理工作】 全年,整修路肩、打草达到200余公里,动用土方150多方,共补柏油路2100余平方米。养路队多次清理道路移撒的渣土和垃圾,清运道路两侧乱倒的渣土和垃圾70余方,对镇域内19座桥梁进行安全检测。

(任东伟)

【镇计生办基本情况】 全年,全镇总出生273人,计划生育率达95.2%;开展避孕节育知情选择工程,以技术服务为重点的优质服务,知情选择率达100%,随访服务率达90%;流出已婚育龄妇女的《婚育证明》的办证率达100%;人口与计划生育知识普及率达到90%;信息上报准确率达99%;独生子女父母奖励兑现率100%。

(任东伟)

【免费体检】 截至年底,镇计生办开展育龄妇女生殖健康免费体检活动,共参检3300人,孕环情监测7000余人次,发放宣传资料一万多份,已婚育妇知识普及率95.4%。

(任东伟)

【信息报道工作】 全年,本镇在《大兴报》、《京郊日报》等报纸媒体上刊发新闻88条,大兴报刊登4次。宣传通讯28条,大兴信息刊登信息68条,其中全年工作思路、拆违管控、社区化管理专刊3期。上报大兴电视台新闻68条,采用54条。

(杨 蕊)

【宣传工作】 年内,镇政府网共更新新闻、图片350次,回复网站留言180条。制作《青云镇情》普刊36期,专刊8期,广播80期。制作预防煤气中毒、无照小企业危害、违法建设等宣传条幅500条。制作违章建筑前后对比、宣传镇内特色等展板30块,更新文化墙1000余米。

(杨 蕊)

【群众文化生活】 年内,镇文体中心共组织开展各项文体活动20余次,举办500人以上大型活动近10次,"星火工程"文艺演出100场。

(杨 蕊)

礼 贤 镇

【概况】 礼贤镇是大兴区14个行政区划之一,首都南菜园生产基地,有着"中国特菜之乡"之称。位于大兴区南部,东、南与河北廊坊地区接壤,北临魏善庄、安定镇,西临榆垡镇、庞各庄镇。由原礼贤镇和大辛庄乡合并而成。辖45个行政村,辖区面积93.83平方公里,耕地面积8.42万亩。户籍总人口3.58万人(其中:农业户籍人口2.81万人,非农业户籍人口7383人,户口待定278人)。年内出生人口339人,全镇农业总产值58344.3万元,比上年增长2.1%;工业总产值29910.9万元,比上年增长25%;财政收入1505万元,比上年下降3.7%;农民人均纯收入8680元,与上年持平。

名称:北京市大兴区礼贤镇政府
地址:北京市大兴区礼贤西大街58号
邮编:102604
电话:89272275
网址:http://www.dxlx.gov.cn

【献爱心活动】 年内,本镇组织镇机关和基层全体党员开展"献爱心"捐款活动,共捐款5.29万元;发动全镇广大干部群众为玉树地震灾区捐款12.6万多元,通过区民政部门送往贫困地区和地震灾区。

(马崇礼)

【实施党员干部轮训工程】 年内,本镇以"党员发展程序、党员如何发挥作用及全镇发展前景"为内容依托镇党校举办党员培训班5期,培训1000余人次 ,并为党员下发了党章、入党誓词、党员权利义务等相关材料。

(马崇礼)

【成立联村党总支部】 年内,本镇成立了9个联村党总支,建立党委主要领导抓整体、主管领导具体负责、党总支书记分片负责、党支部书记具体落实的领导体制,并建立了支部书记每年两次专题述职制度。

(马崇礼)

【严格党员发展程序】 年内,本镇发展党员施行入党申请书"双备案"制度、入党积极分子票决制、发展党员双考准入制、党总支审批制。要求农村支部发展党员包村干部必须到会监督,党员亲自签到,镇组织部派专人参会把关会议程序。全年共发展党员68名,发展积极分子120名,三年未发展党员的三个村确定了积极分子。

(马崇礼)

【开展创先争优主题演讲比赛】 年内,有21名机关干部及28名大学生村官报名参加演讲比赛,有19名选手进入决赛。通过演讲展现机关干部和大学生村官的良好精神风貌。

(马崇礼)

【开展党务知识竞赛】 年内,本镇组织全镇57个支部共171名党员参加了党务知识竞赛初赛,按笔试成绩选拔出13个代表队进入决赛。

(马崇礼)

【反腐倡廉建设】 年内,本镇对"副职、科级、村级"三个层面的党风廉政责任书重新修订,进一步明确"一岗双责"责任内容。与镇、村干部签订廉政责任书270份;制定出台《村级干部行为规范》;深入开展"六个模式的教育"(读书式教育、贴切式教育、阵地式教育、互动式教育、讲座式教育、实事式教育),组织机关干部90人观看警示教育片,刻录《以案说法》警示教育片46套,发到每个村支部;组织镇村干部共357人查找风险点6860个,制定防控措施7194项;完善34个科室站所工作职责及人员分工;制定出台32项政府工作规章制度;唱好党风廉政“四部曲”(教育倡廉、制度固廉、家庭助廉、环境示廉),镇机关、村两委干部357人签订了“家庭助廉”倡议书。对镇机关及各基层单位党风廉政建设制度不落实或出现严重违纪行为的,实行奖金、评优1票否决制度。

(马崇礼)

【信访工作】 年内,本镇共受理群众来信12件,其中重信3件,办理市长信箱来信33件,对来信反映问题都已按信访程序成功给予调处和答复,按信访时限答复率100%;接待群众来访共104批596人次,比上年批次下降33%,人次下降50%,其中重访26批198人次。到区级信访为20批40人次,比上年人次下降10%;重大活动、节日期间市级和国家重点区域上访实现零突破。

(马崇礼)

【建立信息报送机制】 年内,镇维稳中心按照不同阶段的中心任务,每天接收各村及各职能部门上报的信息,并向未报或迟报村负责人询问工作状况,消除信息传达死角;接受各职能部门的维稳信息并进行信息确认,对信息进行汇总整合,根据有效信息进行指挥调度,根据每日接收的有效信息制作《礼贤镇维稳工作日报》,进行信息通告。

(马崇礼)

【思想道德建设宣传教育】 年内,镇文体中心配合各部门赶集宣传10次,发放各种宣传材料1.5万份;每周一期镇情,每村发放10份,全年共发放5000多份镇情;组织机关干部学习40次。

(马崇礼)

【文化建设情况】 年内,全镇共有各种文化活动队伍47支,其中秧歌队32支、高跷会2个、剧团5个、吵子会3个、民族舞蹈队1个、小车会4个。45个村文化大院已全部配齐数字影厅、图书室、全国文化信息资源共享工程等文化设备。对45个村文化管理员进行业务知识培训和基本管理知识考试,提高基层文化队伍的管理能力和实际操作水平。

(马崇礼)

【丰富群众文化生活】 年内,本镇举行4次秧歌大赛;花会演出70余场次;举办九月十五传统庙会3天6场的戏曲演出,观众达到3600余人;本镇5个小剧团到周边镇村演出70场;接市区剧团演出135场;答卷发放1万多份;45个村免费放映农业科技、文化等各类影片4500场;参加市、区组织的各种文化活动20次;本镇范围内组织文艺演出2次。

(马崇礼)

【开展体育活动】 年内,本镇45个村都安装了篮球架、健身器材,每个村设一名兼职体育指导员;举办2次全民乒乓球比赛,镇机关和23个村共91名运动员报名参赛,选拔出14名优秀运动员参加了区体育局的比赛。

(马崇礼)

【妇女再就业工作】 年内,本镇4个妇字号基地,其中两个妇字号基地分别被评为市级就业基地和市级妇字号基地,女工郑淑芬被评为北京市创业明星,1.5~1.5幅的“龙腾盛世”作品参加全国农民艺术节展赛,被评为一村一品优秀项目和优秀作品奖,全国农展馆颁发了收藏证书,收藏作品1.2~0.80的精忠报国和忠肝义胆。镇妇联与科技站联合举办蔬菜技术培训班,共培训90余人。与镇社保所在本镇共同举办有金属制品、柳编制品参展的以带动妇女就业为主题的创业项目推介会,全年共举办 5 次,展示创业项目 12 个,带动本地区劳动就业 1000 余人。

（马崇礼）

【开展妇女节 100 周年庆祝活动】 年内,镇妇联组织全镇各单位和机关女干部共 120 人参加庆祝活动;协调区电视台录制本镇有影响力的妇女典型事迹在大兴电视台播放;与区妇联、区公安局共同慰问了工作 30 年以上的老妇代会主任和两名贫困女童,送去慰问金和慰问品。

（马崇礼）

【开展艾滋病知识宣传活动】 年内,镇妇联利用进村入户、开会、随时、集日、到企业等多种形式多方位进行艾滋病知识面对面宣传 1000 余人,发放宣传材料 3000 余份。利用 12 月 3 日法制宣传日进行法律知识宣传,发放宣传材料 2000 余份,接待咨询 50 人,解答问题 18 个,群众 230 人参加。

（马崇礼）

【征兵工作】 年内,本镇完成 325 名适龄青年的登记工作,择优选拔 55 名适龄青年作为预征对象,经过初检、体检和政审,最终选拔出 21 名优秀青年送往军营。

（马崇礼）

【村官工作基本情况】 年内,本镇接受大学生村官 20 人,全镇共有 68 名大学生村官,其中研究生 4 人,本科生 41 人,大学专科 23 人,分配在礼贤镇 45 个村。对村官进行安全信息知识、农信知识培训,培训后所有村官兼任村内的农信、文化、政策的宣传员;组织村官开展"青春建功在农村"演讲比赛,通过培训和组织开展各项活动提高村官素质、发挥村官特长、展示村官风采、培养村官能力、增进村官交流。大学生村官包揽了村内档案整理、会议记录以及文字其他方面的工作。

（马崇礼）

【非法占地违章建筑管控工作】 年内,本镇明确管控"四无"(基本农田上无非法占地违法建设、基本农田上无抢栽抢种、村庄空闲地上无违法建设、宅基地上无二层小楼)目标,与各村、企业单位签订责任书,对在季度考核中达到"四无"的村给予 2000 元的奖励。农建科配备 2 辆专职巡查车,12 名巡查人员对全镇 45 个村实行 24 小时不间断巡查,发现非法占地、违法建设行为当场发放《停工通知书》和《自拆通知书》,现场监督,收缴工具,驱散施工工人,推倒在建违法建设,并对当事人进行现场笔录,立案归档;对相关责任单位下发协办单,对违章建设进行停水、停电;对各村下发督办单,要求各村监督并对违章建设立即查办;镇里设立两部举报电话,鼓励村民举报违法建设;每村设立一名信息员共 45 名,负责本村巡查日报。全年共接举报电话 280 余次,答复群众来信 94 封。发《停工通知书》342 份、《强拆通知书》24 份、《自拆通知书》121 份、《限拆通知书》38 份。共拆除违法建设 35 宗,面积 5.89 万平方米;其中强拆 29 宗,面积 5.79 万平方米,自拆 6 宗,面积 1046 平方米;拔除田间抢栽抢中树木 7600 棵。实现"四无"目标的村 58 个(四个季度累计),兑现奖励资金 11.6 万元。

（马崇礼）

【开展管控宣传工作】 年初,本镇对村支部书记、村主任进行土地现状、土地类别为内容的培训,邀请区拆迁办向群众宣传拆迁政策,参加 300 余人次。在镇村主街道悬挂横幅 100 余条幅、张贴标语 300 余条。入户发放《致全区群众公开信》1.12 万份,覆盖率 100%。

（马崇礼）

【宅基地和纠纷处理】 年内,本镇共审批旧房翻建手续60户,比上年降低83.9%;核实旧房翻建手续189户;分户267份;审核入户申请526份。解决宅基地邻里纠纷31起,比上年增长210%;办理督办事项112份,比上年增长115.3%。

(马崇礼)

【新农村建设进展情况】 年内,本镇完成礼二、礼三、伍各庄三个村村庄规划编制工作。投资2356万元对东黄垡、东安村、柏树庄、王化庄共13个村街坊路面硬化18.54万平方米。投资380万元建设完成东安村沼气站,开始运行供气。完成黎明、小刘各庄两个村3万平方米树木修剪、绿化用地平整等项工作。投资26.4万元为河北头、柏树庄、王化庄、内官庄4个村安装路灯240盏。养护边坡路肩、狼洞及路面210公里,镇级路升级改造10公里,政府主街道绿化改造,栽植黄杨球50株,小柏6000余株及其他花卉3000株。

(马崇礼)

【节能工作】 年内,贯彻政府补贴绿色照明工程,向全镇45个村发放节能灯5.37万只。

(马崇礼)

【成立镇综合行政服务中心】 年内,本镇在全程代办的基础上,成立"礼贤镇综合行政服务中心",11月下旬正式挂牌成立并开始运行。办公地址搬迁到西院瓦房政府,办公面积由原来的40平方米扩大到260平方米,集中劳动社保科、民政科、农建科、计划生育办公室五个科室16名工作人员同址办公,进驻劳动社保、计划生育、保障性住房、老龄等90多个行政许可和服务事项,以公开栏的形式在明显位置公开。服务窗口15个,实行当场受理当场办结"一站式"服务办公模式。年全共受理各类事项958件,其中即办类751件,承办类207件,办结率100%。

(马崇礼)

【全程代办向农村延伸工作】 年内,本镇投资1.9万元为各村受理室制作了展板、门牌、桌签。各村受理室每天有一名村干部值班,负责受理村民申办的事项,村干部在规定的时限内到镇政府代理办结。全年村受理室代办的事项占镇全程办登记总数的75%以上,截至到八月底全程代办向农村延伸工作全部完成,全镇45个行政村覆盖率100%。

(马崇礼)

【农村劳动力就业转移】 年内,本镇农村劳动力向二三产业转移就业914人,超额完成区下达指标84人。对农村富余劳动力518人进行包括电工、叉车、计算机、管道工等职业技能培训。年底按区要求成立"礼贤镇就业管理服务中心"。

(马崇礼)

【农村养老保险】 年内,本镇城乡居民养老保险参保17650人,完成率92.8%;城乡居民养老保险续保7285人,完成率107.22%;城镇老年人参保人数130人,完成率125%;学生儿童参保人数172人,完成率143%;无业居民参保人数41人,参保率195%。为4948位无保障老人发放福利养老金1066.66万元。

(马崇礼)

【合作医疗工作】 年内,本镇新型农村合作医疗参合人数2.46万人,参合率97.6%。住院报销人数2809人,报销金额994.25万元;门诊报销4210人,报销金额67.82万元。

(马崇礼)

【卫生院情况】 年内,镇卫生院占地面积1.52625万平方米,建筑面积7558平方米,医院设有内科、外科、妇科、儿科、中医科、X光、检验、B超等科室,共有60张住院床位,是一所以基本医疗、预防保健、社区卫生服务为主的综合性一级甲等医院。下属有大辛庄门诊部、中医门诊部及9个社区卫生服务站。

（马崇礼）

【卫生院职工组成情况】　年内,镇卫生院共有在职职工140人,其中正式职工88人,临时工52人。聘请退休专家3人,专业技术人员115人,卫生专业技术人员112人,其他人员25人。高级职称5人,中级职称28人,初级职称82人。大学本科21人,占总人数15%;大学专科41人,占总人数29.29%;中专及以下78人,占总人数55.71%。

（马崇礼）

【接诊情况】　年内,镇卫生院接诊治疗总人次6.78万人次,比上年增长2.84%,其中急诊2837人次,比上年增长20.77%;出院人数901人次,比上年增长54.81%;出院床日7512床日,比上年增长66.23%;病床使用率42.3%。

（马崇礼）

【传染病防治情况】　年内,镇卫生院完成辖区内传染病的防治工作。共发生传染病13种,发病人数127例,其中乙类传染病8种52例,丙类传染病3种65例,其它传染病2种10例。出现传染病例以后CDC医生及时进行网络直报,24小时内对病人进行家访,全年共访视95户次。监测流感样病例2.13万人次,其中0~5岁72例;5~10岁32例;25岁及60岁以上44例。儿童计免疫苗接种率100%。全年七苗共接种5647人次,MMR疫苗接种858人次,流脑A+C疫苗接种343人次,白破疫苗接种263人次,1岁加强免疫接种率100%,12月龄免疫接种率100%;对外来务工人员进行流脑、麻疹接种680人次;对中小学生进行乙肝、白破、A+C免疫接种181人次;对适龄人群进行流感疫苗接种4415人,接受咨询200余人次,发放宣传材料300余份。

（马崇礼）

【社区卫生服务】　年内,全镇社区卫生服务站为居民建档8662户,3.44万人,建档率100%。辖区共管理慢病病人1509人,管理率91.3%,其中参加高血压规范管理1069人,管理率83.4%;糖尿病规范管理202人,管理率87.5%;冠心病规范管理152人,管理率87.9%;脑卒中规范管理86人,管理率84.3%。

（马崇礼）

【推广持卡实时结算】　年内,本镇卫生院组织相关人员多次培训,开展多种形式宣传政策,5月20日正式运行,年内共接诊持卡医保患者2266人,农村合作医疗接诊1.47万人,住院直报503人,医院先行垫付133.74万元。

（马崇礼）

【开展健康知识讲座】　年内,卫生院对医护人员进行健康知识培训3次,参加105人次。开展宣传赶集活动5次,发放各类健康教育宣传单1033份。开展高血压、妇幼保健、冠心病、糖尿病等知识健康教育大课堂12次,共有2525人次参加。开展健康咨询活动3次,设服务热线安排各科室有经验的医师接听、咨询、答疑,并有记录,共接待230人次。

（马崇礼）

【为无保障老年人免费体检】　年内,镇卫生院落实老年人优待政策,为老年人免费体检4506人,体检率达85.7%。

（马崇礼）

【计划生育工作】　年内,全镇有育龄妇女1.03万人,已婚育龄妇女7431人,独生子女2363户,人口出生339人。全年共办理独生子女父母光荣证人数256人，办理新生儿入户552人。完成独生子女奖励兑现工作，给45个村2215户独生子女共发放奖励费21.53万元。为164户484名独生子女奖扶、特扶、残扶及低保户入了计划生育家庭意外伤害保险。发放小额贴息贷款扶持低收入独生子女家庭搞家庭养殖致富48户。

（马崇礼）

【拥军优属工作】 年内，本镇为26名现役军人发放优待金19.5万元；为70名优抚对象发放定期抚恤金93.91万元；配合大兴区开展争创全国双拥模范（县）城活动，镇党委、政府主要领导和民政科的同志到本镇小马坊驻军走访慰问，送去鲜肉和鲜蛋，和驻军领导座谈，与驻军官兵开展篮球友谊赛，为官兵放映1部数字影片。

（马崇礼）

【敬老活动】 年内，本镇有65岁以上老年人5300余人，80岁以上高龄老人630余人，90岁以上高龄老人31人。全年办理老年人优待卡361人次，为15名90岁以上老人申请了高龄津贴，为393名低保老人及80岁以上老人申请、发放“电子小帮手”服务器。重阳节期间慰问6名高龄贫困老人和一名百岁老人。协调区医疗服务队为老年人免费体检。民政科与本镇饭庄签订服务协议，开办老年餐桌，为周边老人提供就餐服务。礼贤镇民政科被评为“北京市敬老爱老为老服务先进单位”。

（马崇礼）

【无保障管理救助工作】 年内，全镇有低保户346户，729人，新审批7户，撤销40户，全年共发放低保金128.29万元；为26户28人五保户解决基本生活问题，每人每月享受614.2元最低生活保障金；为234名无业重残特困人员发放生活补助42.12万元；为139名特困残疾人发放生活补助80.46万元。

（马崇礼）

【扶持贫困生工作】 年内，本镇针对部分贫困高校生实际情况，镇实行“单包”和“双包”两类代理机制。对家庭贫困的品学兼优生实行“一包代理制”。对家庭贫困的落后生实行“双包代理制”，既包经济支助，又包思想教育，有6名贫困高校生得到资助，资助金额共2.4万元。

（马崇礼）

【流动人口管理工作】 年内，本镇流动人口比上年减少95人，主要是原先从事废品回收、无照经营和部分务农人员。镇里组建由8名工作人员组成的专职管理队伍，负责全镇外来人口工作，并制定了《管理员工作流程》、《管理员工作考核办法》，从规模调控、规范管理、宣传服务等方面严格考核。每村配备一名兼职管理员，负责本村外来人口的监督管理，每周向镇流管办汇报一次外来人口的活动情况。

（马崇礼）

【流动人口房屋管理工作】 年内，本镇与全镇45个村1.05万户签订了房屋管理协议，完善了《村民自治章程》，制订了房屋出租标准和征收水费、电费、卫生费标准，建立了违反村民自治章程的处理办法和村民自治章程监督机制。

（马崇礼）

【煤气中毒宣传工作】 年内，本镇3次召开各村支部书记、村主任、企事业单位负责人会议，动员部署预防煤气中毒工作。与各村、企事业单位签订预防煤气中毒工作责任书1.8万份。张贴预防煤气中毒宣传画3500张；入户发放《预防煤气中毒告知书》、《民警提示》、《民用取暖炉室内安装使用要求》共2.5万份;组织5次宣传赶集活动,摆放展板12块、发放宣传材料3000余份;由镇文体中心负责,广播站自10月份开始每周举办两次预防煤气中毒专题广播,各村先后3次召开广播会向群众宣传预防煤气中毒知识,张贴各种宣传标识和宣传画;对使用具体情况进行检查,重点对孤老病残户、出租房屋和温室进行检查;并与所有炉火取暖户签订安全责任制。截至年底,全镇印刷安全检查记录3000份、发隐患限改通知书750份。

(马崇礼)

【安全生产监督管理】 年初,镇政府与46家企业和45个行政村签订安全生产责任书,签约率100%。安全生产监督科坚持每周进行抽查,在重大政治活动、重要节假日和每季度进行联合检查,全年累计检查生产经营单位258次,查出各类安全隐患352处,已整改235条,下达安全生产行政执法文书299份,其中,下达责令改正指令书30份、整改复查意见书30份、现场检查记录258份、强制措施决定书11份。

(马崇礼)

【完成涉危单位普查工作】 年内,共出动工作人员8人,筛查生产经营单位45家,对普查出的涉危单位均建立了安全生产台账。

(马崇礼)

【开展特种设备安全监管工作】 全年共专项检查特种设备单位21家,其中涉及锅炉11台、压力容器30台、沼气站1家、压力管道682米、使用焊工单位5处,消除安全生产隐患3条,对北京艺园诚顺家具有限公司无证使用叉车进行了现场封存,并下达强制措施决定书1份。对村委会、企业负责人进行安全生产培训一次。

(马崇礼)

【开展职业卫生专项整治行动】 年内,本镇共检查生产经营单位11家,其中建筑建材业8家、家具制造业2家、印刷业1家,存在各类安全生产隐患26条,此次专项检查下达现场检查记录单11份、责令改正指令书3份、强制措施决定书1份。

(马崇礼)

【开展“安全生产月”活动】 年内,共悬挂横幅5条、宣传展板14块、发放安全生产宣传手册1500册。对村委会、企业负责人进行安全生产培训1次,参加130余人次。

(马崇礼)

【清理整顿废品回收站】 年内,镇政府组织企业办、综治办、流管办、工商、城管、派出所对政府一条街(礼贤—大辛庄路)两侧废品回收站进行清理整顿,取缔无照经营站点7家,停业租赁站点1家。

(马崇礼)

【环境整治工作】 年内,本镇以“环境立镇”为总体目标,实施“政府主导、属地管理、责任清晰、部门考核、经费包干”的管理体制,年内有16个村开始转制承包。镇环境整治中心下设4位片长、5个小组长,建立垃圾中转站,安排镇级垃圾运输车队和镇级保洁员40名负责日常工作,成立村级保洁队共计147名负责各村的日常环境整治工作。

(马崇礼)

【建立健全环整规章制度】 年内,本镇根据各个岗位的工作要求制定人员职责,健全规章制度,分别制定《保洁突击队制度》、《礼贤镇各村保洁员工作制度》、《礼贤镇环卫中心片长管村责任制度》、《礼贤镇环卫中心司机岗位职责》、《礼贤镇环卫中心组长管村责任制度》等相关规章制度。

(马崇礼)

【建立督促检查制度】　年内,本镇责成专人对各村环境卫生每月检查一次,对在检查中出现的死角,由环整中心集中人力进行清除。

(马崇礼)

【垃圾密闭化设施建设】　年内,投资60万元新购置垃圾清运箱60个、保洁三轮车45辆、人力三轮车190辆和1.1万个垃圾集中桶。全年集中转运消纳垃圾1.68万吨,其中送安定垃圾场7846吨、自行消纳9000吨,密闭率98%。

(马崇礼)

【垃圾清理情况】　年内,镇环整中心共有垃圾车14辆、农用三轮车10辆、垃圾箱200个。全年共清理垃圾1.68万吨,清除乱堆乱放1398处,整治小圈柴堆381处,拆除残墙断壁6处,总投资624万元。

(马崇礼)

【开展第六次全国人口普查】　年内,本镇按照《北京市大兴区人民政府关于第六次全国人口普查的通知》(京兴政发[2010]4号)要求,开展本镇范围内的第六次全国人口普查工作。成立了镇党委书记任组长,镇长任常务副组长的普查工作领导小组,一名副职领导任任办公室主任,统计所长任常务副主任,公开招聘10名工作人员和4名统计所人员共14人组成普查办公室。各村成立相应的普查机构,支部书记任组长,村主任任副组长,各村统计员任普查指导员,每个村为一个普查区,每个普查区按80~100户划分普查小区,全镇共分为45个普查区、149个普查小区,每个普查区配备1名普查指导员,每个普查小区配备1名普查员,全镇共选聘45个普查指导员和149名普查员,共动用村级普查工作人员194人。根据本镇实际情况,镇人口普查工作分为建筑物核查和区域划分、清查摸底和户口整顿、现场登记和数据汇总三个阶段,全部人口普查工作历时近一年时间。

(马崇礼)

【民俗观光旅游工作】　年内,本镇农业观光采摘、产品销售接待人次4.54万人次,旅游收入529.62万元,比上年增长127.6%。黎明村西甜瓜采摘园、御鹿苑、园林牧歌餐厅和食用菌基地的采摘休闲游成为本镇旅游业的主打项目。

(马崇礼)

【科技助农工程】　年内,本镇新增科技示范户25户、推荐科技样板田场园15个,其中果园2个、蛋鸡养殖场1个、生猪养殖场3个、奶牛养殖场1个、蔬菜户8个。镇政府聘请山东技术员在全镇15户开展重点技术服务,试验成功番茄和苦瓜套种、越冬温室黄瓜管理技术,并编制成册技术操作规程,向全镇推广;加强对科技示范户年终考核,全年组织科技示范户培训10次;开设养牛、养猪、肉鸭三所田间学校,开办养殖人才培训班8次,培养养殖业农村初级实用人才100名;举办新型农民培训班6期,参加1644人次;利用科普赶集、参观观摩、现场指导等多种形式,针对百姓对农业科技的需求,完成培训1.11万人次。

(马崇礼)

【农民专业合作组织情况】　年内,本镇共有各类农民专业合作组织86家,其中种植业37家、养殖业32家、农机类13家、技术类2家、手工加工类2家。镇政府引导农民专业合作组织发展订单农业和农超对接,引进新品种、新技术,共签订黑冠西瓜订单200亩、生菜订单400亩、农超对接20家,推广中联韩58西瓜300亩,发动16个村640户种植豇豆1180亩。

(马崇礼)

【植树造林】　年内,本镇完成植树造林任

务,植树 12.5 万株,其中完成三北防护林补植补造植树 4.36 万株,四旁植树 8.14 万株。新育苗 10 亩。

(马崇礼)

【林木病虫害防治】 年内,本镇组织 60 人的专业防治队伍,共打药三次,防治林地 3.12 万亩,投入林木病虫害防治资金共计 35 万元。

(马崇礼)

【林木采伐】 全年获林木采伐 44 份,共 3742 株,立木蓄积 883.68 立方米,全年没有发生乱砍滥伐现象和林业案件发生。

(马崇礼)

【森林防火】 年内,本镇开展对林下可燃物的清理和检查工作,共清理林下可燃物 7000 亩;要求森林防火巡查员每天要有巡查记录;对森林防火重点地区死看死守;开展森林防火工作的法律、法规知识宣传,共发放宣传材料 1.5 万份,全年未出现一起森林火灾及火险。

(马崇礼)

【完成土地确权任务】 年内,本镇完成剩余 5 个村的土地确权工作。到年底,全镇 45 个村的土地确权任务已全部完成。

(马崇礼)

【清产核资工作】 年内,本镇清登了集体所有资产,核准了帐内外债权债务,并全部进行了账务调整。

(马崇礼)

【村账托管工作】 年内,本镇开展村账托管自查和整改,在票据使用、合同兑现等管理规程上查找存在问题并制定出整改措施,制订出台了《村级财务工作程序细则》,实行了村级法人登记、机构代码登记和税务登记的统一管理。

(马崇礼)

【规范管理土地合同】 年内,本镇对土地合同进行完善和规范,全镇备案土地确权合同 6380 份,经济合同 748 份。全年调解、处置合同争议 4 起,进行合同变更 25 起。在合同调解工作上在全区创新实行了区、镇、村三级合议办公模式。

(马崇礼)

【政策性农业保险工作】 年内,本镇农村保险服务站农险投保总额 130 万元,比上年增加 45 万元,投保面积 6.15 万亩,赔付金额 200 万元以上。

(马崇礼)

【农机工作】 年内,本镇新购进 6 马力田园微耕机 12 台、大棚卷帘机 38 台、其他机械共 85 台件,更新机械 43 台件,总投资 580 万元。对农机手培训 4 次,参加 200 余人次。顺利完成小麦玉米机收任务。小麦玉米秸秆还田率 89% 以上。

(马崇礼)

【水务工作】 年内,本镇开展节水宣传发放节水宣传读本 200 余册、节水宣传海报 300 余张。维修村内供水管道 30 次。配合中低产田改造工程修建板桥 4 座、管涵 41 处、更新机井 150 眼、清淤疏浚排沟 4.14 万米、铺设农田灌溉管道 1.5 万米。

(马崇礼)

【畜牧检疫】 年内,本镇对全镇饲养的 69.9 万头(只)畜禽进行了免疫抽检,对 2649 头奶牛进行布氏杆菌采血监测。全年生猪检疫 10 万头、禽类检疫 360 万只、疫苗使用 480 万(头羽)。

(马崇礼)

【动物防疫】 年内,本镇组建15人的防疫队伍,负责45个村、27个场、小区养殖业的防控及程序免疫消毒工作。与派出所合作完成9256条犬防疫任务,对61.5万只禽类进行了H5N1的注射免疫,对7.55万头(只)牛、羊、猪进行口蹄疫二联苗免疫注射。购置3套高压消毒机对全镇大规模统一消毒工作3次,动用消毒车辆200辆次,人员600人次。对全镇45个村的养殖场户、4个规模牛场、10个规模猪场、13个小型养殖场及养殖小区、街道以及周边环境进行了火碱喷雾消毒,发放火碱15吨。

(马崇礼)

【发展生态环保养猪】 年内,本镇新建发酵床养猪7000平方米,全镇发酵床总面积达到9万平方米,环境粪污治理达到80%。

(马崇礼)

【主要经济社会指标完成情况】 年内,全镇实现财政收入1505万元,因税源不足,比上年下降3.7%;农业总产值58344.3万元,比上年增长2.1%;工业总产值和工业销售收入分别为29910.9万元和30152.8万元,比上年分别增长25%和28.1%;社会消费品零售额17203.7万元,比上年增长15.9%;外贸出口供货额完成526.3万元,比上年减少66.9%;农民人均纯收入8680元,与上年持平;实现劳动力向二三产业转移914人,超额完成区下达任务。

(马崇礼)

【校园基础设施建设】 年内,本镇共投资174万元完成5项基础设施建设、改造及校园环境美化工程。其中投资14万元完成礼贤民族中学路面改造和校园环境美化工程;投资6万元完成成人学校图书室、阅览室、土肥实验室的改造工程;投资10万元完成中心幼儿园厕所改造及校园环境美化工程;投资4万元完成第一中心校学校围墙加固加高工程;投资140万元完成第二中心校东梁各庄完小校舍翻建工程。

(马崇礼)

【落实校园安全防卫措施】 年内,本镇针对上半年发生的5起校园伤害恶性事件,及时研究制定了《维护校园安全稳定工作方案》、《未登记注册幼儿园安全专项整治工作方案》、《民办中小学、幼儿园及流动人员自办学校校园安全专项整治工作方案》、《中小学、幼儿园校园安全及周边环境整治专项行动工作方案》、《校园安全事件应急方案》,并将各种方案及时贯彻落实到辖区内各中小学、幼儿园,要求各校指派专人负责此项工作。全镇投入人力246人,增加了各校安全防卫力量,同时购置了甩棍、对讲机等物房设施,中心幼儿园及两所私立园所、成人学校等单位安装了视频探头等技防设施。各校完善了学校出入校门制度、门卫管理职责及学校安全保卫方案、应急预案等规章制度,全镇形成整体联动无死角的校园安全运转机制。镇政府投入13万余元为邻路学校增设了警示标志、画斑马线、做减速梗,为全镇各校安装了一键式报警系统。

(马崇礼)

【社区矫正和帮教安置工作】 本镇共有社区服刑人员32人,重点人2人;刑释解教人员116人,重点人1个,一类人员45人,二类50人,三类21人。年内司法所与公安派出所建立了每月信息沟通制度,司法助理员、狱警、社区矫正管理员、村干部对社区服刑人员、安置帮教对象采取多层次走访教育,全年共走访950人次,电话访1220次,为两类人员做思想工作105人次,对重点人员每周走访不少于一次。组织矫正对象到矫正劳动教育基地进行初始劳动3次。司法所协调民政科、社保科对3名有困难的矫正对象实施了临时救助,1 人申请了低保,为 3 名矫正对象介绍了工作。

(马崇礼)

【民事调解和法制宣传】 年内,司法所采取走访村主要干部、村民代表和入户排查的形式,对各村民事纠纷进行调查了解排查,对排查出的纠纷及时开展调处,全年共调处矛盾纠纷 285 起,调处成功 269 起,调处率 100%,调处成功率 90% 以上。其中房屋宅基地纠纷 111 起,婚姻、家庭纠纷 56 起,邻里性纠纷 52 起,经济合同纠纷 14 起,损害赔偿纠纷 19 起,其他纠纷 33 起。针对本镇热点的土地纠纷、宅基地纠纷、赡养纠纷,组织全镇专职调解员开展业务培训,对相关法律知识进行讲解,发放法律图书 800 余册、法律宣传挂图 150 余张,同时利用法制赶集、送法下乡等形式开展多种法制宣传活动 22 次,发放各类宣传资料 1.4 万余份,悬挂条幅 150 余条,接待群众咨询 600 余人次。接待法律援助申请 25 件,办理法律援助案件 8 起。

(马崇礼)

旧 宫 镇

【概况】 旧宫镇地处大兴区最北端,与丰台、朝阳、亦庄开发区接壤,地处市区边缘,是典型的城乡结合部。镇域面积 29.73 平方公里,下辖 19 个行政村(15 个自然村),27 个社区,其中:隶属于南郊农场地域面积是 10.1 平方公里(15142 亩),占镇域总面积的 33.8%。流动人口 10.92 万人、出租房屋 7518 户,主要来自河北、河南、湖北、山东等省。

名称:北京市大兴区旧宫镇人民政府
地址:北京市大兴区旧宫镇 88 号
电话:87963791
邮编:100076
网址:http://www.dxjg.gov.cn/web/jgz/

【经济运行情况】 全年完成财政收入 9198 万元,同比增长 53%;完成各业总收入 70.6 亿元,同比减少 0.2%;完成工业总产值 32.6 亿元,同比增长 2.4%;农民人均纯收入 23104 元,同比增长 5%。社会消费品零售额全年完成 12.5 亿元,同比增长 18%;实际利用外资全年完成 140 万美元,完成任务 280%。

(旧宫镇)

【庑殿南场村拆迁】 年内,拆迁涉及庑殿一、二、三村以及南场一、二共五个村,占地面积 59.55 公顷,搬迁人口 6775 人。疏散流动人口近 3 万人。其中拆迁民宅 1199 院,小别墅 150 余户,企业 200 家。截至年底已基本完成拆迁工作。

(旧宫镇)

【南小街地区推行社区化管理】 年内,在南小街地区推行社区化管理模式,共投入资金 1080 万元,采取人防、技防、物防三管齐下管理方式,使南小街地区治安警情与上年相比下降幅度达 50% 以上,使村庄社会治安秩序彻底改善,流动人口得到有效调控。

(旧宫镇)

【查处非法占地违法建设】 年内,旧宫镇完成十次卫片拆违任务;配合旧村改造拆迁工程,拆除违法建筑面积 1.5 万平方米。

(旧宫镇)

【委会换届选举工作】 年内,全镇共 19 个行政村,其中 9 个村因拆迁延期选举,10 个未拆迁村顺利选出新一届村委会成员,旧宫镇党支部书记、村主任双肩挑比例达到 63%。新一届村委会成员年龄结构、文化层次都优于上届。

(旧宫镇)

【完善文化基础设施建设】 年内,旧宫镇政府投入资金869万元对文体中心进行改造、扩建,建成文体办公楼1598平方米,羽毛球馆及乒乓球馆1198平方米,综合活动楼1300平方米。使群众业余文化生活得到极大丰富。

（旧宫镇）

【加大校园安全工作力度】 年内,投资150多万元,为中小学安装技防设备,保证旧宫镇没有发生一起校园安全事故,协助做好旧宫中学、旧宫二小的防震加固工程,完成成人学校大院的装修改造工程。

（旧宫镇）

【中心幼儿园开园】 年内,旧宫镇向区教委申请北京市改造购置资金200万元,建成了2270平方米的旧宫镇中心幼儿园,并于9月顺利开园。

（旧宫镇）

【计划生育工作】 年内,奖励独生子女父母费兑现率达到100%,对6例违反规定生育的当事人完成了社会抚养费征收的代收工作并做了结案处理。计划生育率99%。

（旧宫镇）

【社区岗位开发】 年内,本镇实现创业任务指标18人,实际实现创业59人,完成指标数的327.8%;带动就业217人,任务指标数是100人,完成指标数的217%;创业项目征集任务指标2个,实际征集3个,完成任务指标的150%;社区就业岗位开发任务指标200个,实际开发274个,完成任务数的137%;社区岗位安置任务指标160人,实际安置257人,完成任务数的160.6%。

（旧宫镇）

【全程代办工作】 年内,本镇现有承办事项40项,其中行政许可事项5项,服务事项35项;属于即办类6项,承诺类30项,上报类4项。截至年底,共受理各类事项871件,其中即办类666件,承诺类181件,上报类24件。以上所办事项均已纳入网络监控,并有详细文字记录。完成率100%,群众满意率100%,没有被投诉事项。所办事项中,企业类175件,其中办理营业执照及其他相关地址证明126件,企业变更48件,卫生许可1件;计划生育类690件,其中新生婴儿入户143件,一胎生育服务证280件,独生子女证144件,随父入户99件,二胎服务证24件;其他类6件(户口迁移)。

（旧宫镇）

【中心卫生院二期投入使用】 4月,本镇1.2万平方米的中心卫生院二期工程投入使用,旧宫中心卫生院聘请同仁医院专家坐诊,开通北京大学医院医疗共同体网,使旧宫地区群众在网上就能享受到优质服务。

（旧宫镇）

【就业工作成效显著】 年内,本镇完成农村富余劳动力转移533人,完成农村就业困难劳动力就业188人,完成城镇失业人员再就业467人。以上均超指标完成任务。

（旧宫镇）

榆 垡 镇

【概况】 榆垡镇位于北京市大兴区最南端,南隔永定河与河北省固安县、永清县相临,东与河北省廊坊市广阳区接壤,西南隔永定河与河北省涿州市相望,北与大兴区的庞各庄镇、礼贤镇相连。镇域东西宽约26公里、南北长约15公里,总面积136平方公里。全镇划分为61个自然村,设58个村民委员会。总人口为60626人(第六次全国人口普查数字),其中农业人口34852人,非农业人口13889人,外来流动人口11885人;有回族、满族、蒙古族、苗族、朝鲜族、彝族、壮族、维吾尔族、布依族、藏族等10个少数民族2275人,占全镇总人口的3.8%;全镇人口密度为每平方公里446人;全镇农民人均年收入13668元。镇内建有榆垡小城镇开发区和南各庄工业园区,年内工业总产值为29.3亿元;现有耕地77820亩,年内农业总产值2.4亿元。镇内建有首都师范大学科德学院、黄埔大学、北京高等秘书学院等3所大学,榆垡中学和郭家务中学2所中学,榆垡中心小学和南各庄中心小学2所小学,中心幼儿园2所。镇内建有榆垡医院和12所社区(村)卫生服务站,并且设有电讯分局、邮政支局、地税所、工商所、公安派出所和公安检查站、法庭等单位。京九铁路、京开高速公路和大广高速高公路贯穿镇域南北。年内,全镇共有机关公务员44人(其中女性14人),任县处级正职职务2人、任县处级副职职务7人,任乡科级正职职务14人,任乡科级副职职务6人,科员13人,试用人员及其他2人,经考核,优秀9人,称职32人,不定等次1人,嘉奖18人,记三等功5人。镇机关工人10人,镇机关单位职工190人(其中正式职工123人)。

名称:北京市大兴区榆垡镇人民政府
地址:北京市大兴区榆垡镇今荣街69号
电话:89218300　89214142
网址:www.dxyf.gov.cn
邮编:102600

【中组部部长李源潮到榆垡调研】　6月10日,中共中央政治局委员、中共中央书记处书记、中共中央组织部部长李源潮就“创先争优”活动到榆垡镇求贤村进行专题调研。中共中央政治委员、北京市委书记刘淇一同调研。

(王玺明)

【市委书记刘淇到榆垡调研】　6月7日,市委书记刘淇围绕“加强基层党组织建设,深入开展创先争优活动”的主题到榆垡镇进行了调研,察看了求贤村荣誉室、数字家园、党员活动室和刘家铺村通过“高接换优、节水滴灌”等技术改良果树品种、增收致富情况,了解两个村加强两委班子建设、开展创先争优活动,为农民提供农业生产生活服务,加强精神文明建设,依托支部加协会形式为村民服务情况。

(王玺明)

【农村党员设岗定责工作】　榆垡镇58个村级党组织进行了农村党员设岗定责工作,将每个村党支部中的党员分成5个小组(生产发展小组、环境整治小组、治安保卫小组,文体文化小组,民主管理小组),集中发挥党员群体优势,形成了“镇党委—片总支—村支部—党小组”的发展管理模式。

(王玺明)

【农村党组织换届选举工作】　2009年12月至2011年1月3日,榆垡镇机关抽调130名干部包片包村指导农村党组织换届选举工作,组织正式党员1357名,预备党员50名、村民代表1578名、户代表261名,经过“两推一选 ”的程序,选举出党总支书记2名,党支部书记56名(其中女支书1名),委员210名,其中:在58名书记中有49名连任,占84.5%;平均年龄51岁;在210名委员中,本科学历9名(比上届多6名),大专学历63名(比上届多18名),高中学历58名(比上届减少12名),初中学历79名(比上届减少20名)。另外党支部书记和村主任“一人兼”的占60%,有9个村为直选党支部,占15%。

(王玺明)

【党风政风行风投诉热线】　1月1日至7月21日,榆垡镇纪律检查委员会共收到党风政风行风投诉热线信件66件,其中咨询类30

件,主要咨询有关拆迁问题;投诉举报类34件,主要投诉内容为举报村干部经济问题、违规建筑问题、村民吃水、买电难等民生问题;还有反映政府机关一些科室及工作人员工作作风问题;建议类1件,感想类1件。已答复59件,正在调查核实7件。

(王玺明)

【信访工作】 上半年,本镇共接待群众来访87批443人次,与去年同期80批289人次相比批次增长8%,人次增长53%。其中,到镇机关集体访的14批282人次,与去年同期5批71人次相比。批次增长64%,人次增长75%;到区机关访的3批4人次,与去年同期4批9人次相比,批次下降25%,人次下降56%;没有到市机关访的;区里批转件6件,均已办结;市长信箱29件,重信7件,已办结25件。

(王玺明)

【第八届村委会换届选举工作】 榆垡镇58个行政村共有农村户籍人口4585.0人(含小城镇户口等可列为选民的人口),有先民32920人,从5月至6月30日完成了第八届村委会换届选举工作,选举出村委会主任58名,村委会委员184名(含主任)。其中:支部书记和村主任"一人兼"的44名,占村主任总数的76%,比上届增加了52%;"两委"交叉任职的104名,占委员总数的57%,比上届增加了13.4%;党员委员144名,占78.3%,比上届增加了12.9%。从文化水平上看,大学本科7名,占3.8%;大学专科60名,占32.6%;高中和中专38名,占20.4%;初中78名,占42.4%。另外,女性委员11名,占6%。村委会委员无党员的有3个村,占村委会总数的5%。

(王玺明)

【妇女联合会工作】 年内,榆垡镇58个行政村配备齐了妇女干部67名,其中35岁以下33人,占总数的49%,高中以上51名,占76%;妇联和计生办为64名村级妇代会主任办理了保额为每人5000元的人身意外伤害保险;以西胡林、郭家务、太子务3个"姐妹驿站"为依托,建起了67个"妇女之家",达到妇女活动全覆盖;开展了"每人捐献一元钱,情系灾区渡难关"活动,共为灾区捐款28897元;5月28日,在刘家铺举办了"农家乐"厨艺大赛活动;为东宋各庄刘海凤、新桥村赵雅梅向上级争取创业资金5000元,妇联与劳动科联合开展了招聘会,为30名妇女解决就业问题;东郭家务、香营、留士庄、小黄垡等村举办了蔬菜大棚培训班,并且举办了民俗文化旅游交流培训会,有70多人参加,其中有妇女56名,占80%;为发展"一品村"村典型,其中有石垡甘薯示范基地、西瓮各庄蔬菜基地、金和服饰基地、刘家铺中国科协示范园等"妇"字号基地;北京绿园天星蔬菜种植专业合作社自2008年创社以来在兰艳娜带领下,周围十几个村200多个贫困户走上了种植致富之路;为3612名妇女姐妹进行了妇女病普查工作,查出乳腺癌1例、宫颈癌3例、癌前病变33例、子宫肌瘤105例、脬腺囊肿65例、阴道炎病994例、乳腺增生487例;表彰了妇代会和先进个人87名。

(王玺明)

【教育概况】 榆垡镇域内有两所中学(一所完全中学,一所初级中学),两所小学中心校,8所完小,2所中心幼儿园,1所成人学校,幼小初高成五位一体的办学模式已经形成。学校布局合理、科学。共有学生3907人,教职工600人,其中中小学专任教师427人,区级学科带头人3人。年内2所中学被评为初中建设优秀校,在大兴区教职工运动会上,榆垡镇囊括了所有集体项目:入场式、团体操、团总分的奖项,全镇中小学获得市、区级集体奖72项,老师获奖524人次,学生获奖444人次。教师中获中级以上职称的占55.8%,大专以上学历的占86%。

(张守成)

【卫生概况】　榆垡镇的专业卫生机构为榆镇中心卫生院,中心卫生院下辖南各庄卫生所。年内,新建综合楼于2月竣工验收正式投入使用,该楼总建筑面积8470平方米,总投资1255万元。5月门诊楼改造开始进行,10月完工,投入使用。投资450万元。有职工166人,其中在编职工120人,非在编职工46人。有副高职称的7人。全年收入总额2011.47万元,同比增长13.86%,其中财政补助收入1056.44万元,占总收入的52.5%,同比减少27.41%,业务收入955.44万元,占总收入的47.59%,同比增长8.48%。门急诊量全年为115992人次,同比增长3.42%,住院病人数,全年为106人次,同比降低30.72%,留观人员3312人次,因此增长9.16%。公共场所从业人员体检办证率为98%,不合格率0.56%,儿童基础免疫接种率100%,中小学预防接种率大于99.8%;本辖区内传染病控制在规定指标以内,全镇结核病人全部规范管理,规范管理率100%;精神病总监护率98%。妇幼保健工作:孕产妇保健管理,孕妇死亡为零,高危孕产妇管理合格率100%,重症高妥产妇追访率100%,产妇系统管理率99.5%,孕产妇早建册率72%。儿童保健管理:围产儿死亡率9.82%,婴儿死亡率2.48%,5岁以下儿童死亡率4.96%,新生儿产后访视率100%,0~6岁儿童管理率98.4%,0~6岁儿童口腔保健覆盖率100%,6个月内母乳喂养率89.45%。榆垡中心卫生院建有12个社区卫生服务站。卫生服务站开展了以下工作:开展基本诊疗活动,接诊病人68779人次,业务收入205.38万元,占卫生院总收入的10.2%;开展慢性病管理工作,全镇慢性病人2071人,管理1728人,管理率83.44%;培养家庭保健人员290人,开展培训36场次;对于26家村医务室,按季度进行考核评分,在检查时发现的问题及时要求整改,确保为辖区内的百姓提供安全可靠的医疗服务;进行计生咨询288人次,发放避孕药具450盒。全镇有3612名已婚妇女进行了妇女病普查,其中患有宫颈癌前病变33人,已确认宫颈癌3人,子宫肌瘤105人,卵巢囊肿65人,阴道炎680人,宫颈炎299人,乳腺增生487人。卫生院已将结果反馈给患者,并对部分疾病进行了治疗。从3月30日至10月21日,镇中心卫生院组织了15人的队伍下乡,逐村对无保障老年人进行了体检,共有2922人参加检查,并将检查结果陆续返回到村民手中。麻疹疫苗强化免疫工作。榆垡中心卫生院从宣传着手,利用镇里的《今日榆垡》报刊,各村的广播,张贴宣传画,制作横幅等宣传方法,提高人群知晓率,对辖区内所有适龄人员进行了摸底调查,在掌握了基本情况后,抽调了18人组成强化免疫小组,分别成立了领导小组,技术保障小组,接种不良反应处置小组,后勤保障小组。接种期间每天有一名副院长带队,并成立一支预备队伍,随时解决突发事件。接种期间,工作人员恪尽职守,认真遵守操作规程。此次共接种适龄人员4543人,接种率达99%。

(张守成)

【医疗共同体启动】　8月31日,大兴区副区长王荣衫,大兴区政协副主席刘志茹,北京大学人民医院王杉院长,陈洪书记,榆垡镇党委书记杨彦光,镇长郑晓毅以及大兴区卫生系统一二级医院院长,在榆垡中心卫生医院参加了医疗共同体启动仪式。王荣衫副区长与王杉院长签署了医疗共同体协议书并举行了揭牌仪式。

(张守成)

【调整供电所岗位设置】　3月,大兴供电公司统一规范机构岗位，根据榆垡辖区内人员，设备情况，榆垡供电所对岗位进行了重新调整设置，分别设立营销班和配电班。设有所长1人、所长助理1人、营销班长1人、营销责任人1人、营销客服负责人1人、配电班长1人、配电负责人1人、综合管理人员1人、农网专责工19人、客服5人。通过岗位调整，使管理更加规范，工作更加合理。

（张守成）

【做好清产核资工作】 10月10日，榆垡供电所按照大兴供电公司的统一要求，全面开展了清产核资工作。共涉及到辖区内13条10KV线路254.229公里；专路2路，2.982公里；125个台区，低压线路216.7公里；以及计量装置1815具的清产核资工作。此次清产核资，榆垡供电所共计核查10KV电缆4.4公里，局属变压器技防528台，完成计量清产核资850户。

（张守成）

【提升线路设备健康状况】 年内，通过对榆垡辖区内线路设备发生的事故的分析反映出在线路维护上还存在的漏洞、存在多起树碰导线造成的事故，设备缺陷也占一定比例。榆垡供电所进一步加大了线路巡视力度，加大了树木修剪力度，以及对老旧设备的更换工作，全年共修剪树木1700棵，清除鸟窝46处，清除设备缺陷36处，完成10KV东押堤路综合整治44.13公里，10KV线路切改5.7公里，分装变压器3台。

（张守成）

【提升优质服务】 10月，榆垡镇城内开通了6处售电联盟缴费网点，并全部正常运转。榆垡供电所营业厅优质服务较上年有了很大提高，实现了优质服务零投诉，电费门收差错率0次，电费回收率达到100%。

（张守成）

【各项指标完成情况】 年内，完成指标值8万元，线损完成值为8.33%，损失电量9139094千瓦时，供电量109650200千瓦时，售电量10051116千瓦时。

（张守成）

【农林牧业概况】 年内，全镇农民人均收入13668.6元。全年农林牧业总产值完成51809.1万元，同比增长2.8%。实施跨年度的中低产田改造工程，总面积1.4万亩，涉及求贤、练庄，西黄垡、刘家铺等村，新打机井64眼，铺设管道60040米，修路19.6公里，中央、市、区、镇四级投资1442万元。

（张德深）

【都市型农业建设】 年内，完成香草主题公园，项目区节水管道铺装，园区围墙建筑，香草栽植。完成梨文化主题公园内机井道路等基础设施建设，新植果树3500株，芦求路果品产业观光带定植核桃、梨、桃、杏等果树1750亩。接待游客42万人次，旅游收入3168万元，同比增长15%。大刘路农业观光带，完成路北侧绿化27200平方米，引进嫁接27个品种的水蜜桃芽200亩。果园治沙面积800亩；南张华“御丰园” 300亩，辛安庄“绿园情”果品生产基地500亩，年内全部完工。共平整土地700亩，硬化路面10000平方米，更新机井10眼，建有机发酵池2个，铺设节水管道500亩，喷药管道300亩，果园生草覆盖532亩，种植植物18.7亩。

（张德深）

【观光休闲农业】 截至年底，本镇有观光园11个，接待观光人次339060人次，采摘产量3458700公斤，总收入3736.2万元。其中设施地采摘产量248400公斤，设施采摘收入379.2万元。

（张德深）

【农作物生产情况】 截至年底,全镇粮食作物种植面积105927亩,总产量42846500公斤,蔬菜种植面积22363亩总产量69262600公斤。瓜类面积34231亩,产量42359500公斤,油料面积7514亩,产量1473200公斤,薯类面积4230亩,产量1819400公斤。

(张德深)

【引进推广农业新技术】 年内,引进都市型果蔬科技示范工程,市区级项目14个,推广种植技术7项,种植面积10000亩,推广设施栽培无公害标准化生产先进实用技术8项。瓜果菜新品种240余种。根据几年来干旱少雨情况正在推广雨养旱作新技术。

(张德保)

【畜禽生产情况】 年末大牲畜存栏1965头、猪91550头、羊25753只、家禽196200只。鲜奶产量7947500公斤、鲜蛋2937600公斤,养牛专业户52户,养鸡专业户47户。

(张德深)

【农业合作组织】 榆垡镇涌现一批具有本地产业特色的各类农民专业合作社。已有蔬菜、西甜瓜、果品、畜牧养殖等农民专业合作社42个,逐渐壮大起一大批农民专业户。26个在册成员(经工商注册)共计3200余人带动农户5000余户。2010年榆垡镇召开农民合作组织经验交流会,通过学习取长补短逐步提高合作社的作用和带动能力。为农民销售梨520000公斤,西甜瓜330000公斤,蔬菜160000公斤,禽蛋230000公斤,生猪8000余头,全年销售收入4870万元。

(张德深)

【农业技术培训】 榆垡科技站与市区科技职能部门联合采取科技入户,科技赶集,现场指导,办田间学校,集体培训多种形式,多渠道进行培训,年内共组织培训12000人次,开办田间种植学校6所,养殖学校5所。9月份57名全科农业技术员参加了由市组织的培训班,经培训后已全部上岗。

(张德深)

【动植物疫病防治】 年内检疫畜禽类72万头,狂犬病免疫10421条,免疫率免疫密度均达100%。年初建立了重大动物疫情防控预案和应急机制。加强口蹄病防控,发放火碱2吨。

(张德深)

【植树造林新农村绿化】 年内,榆垡镇有16年村进行了新农村绿化,完成绿化面积24800平方米,绿化街道42200平方米,建设公共绿地20000平方米,全镇绿化覆盖率达52%,人均占有绿地面积40平方米。年内榆垡镇被首都绿化委员会评为首都绿化先进集体。刘树元被评为绿化积极分子。

(张德深)

【生活用水】 居民小区,工业区生活用水由榆垡镇水厂供应,日供水量30000吨。各村用水为自供水,经区级卫生部门检验符合饮用标准方可饮用,每年由区卫生部门检验一次。水源井深度达350米。

(张德深)

【农业保险】 5月13日至20日连续8天为全镇农户办理农业保险投保手续,共收农业保险费1230.4万元。6月1日是农保起保首日,当天晚上一场暴风雨侵袭,致使17个村,1247户,7692.8亩小麦受损。10月15日完成玉米果树定损工作,定损玉米50个村3559户,受损面积23409.3亩,桃2个村83户669.9亩,梨23个村453户4051亩,全年共赔付407万元。

(张德深)

【举办计划生育知识竞赛】 6月27日,举办了人口与计划生育知识竞赛。这次比赛得到全镇村级计生专干,宣传员的大力支持和积极参与,共组成61支代表队,183人参加。

(王义民)

【年收入亿元以上企业达6家】 年内营业收入达亿元的企业已有6家,其中2亿元以上的企业4家。这些企业是:首航艾启威冷却设备有限公司,年营业收入3.8亿元;北京日月房地产开发有限公司,年营业收入2.6亿元,北京华利嘉工程技术有限公司,年营业收入2.3亿元,北京鹤来科技有限公司,年营业收入2.1亿元,北京牧羊园生物科技有限公司,年收入1.9亿元;北京科兴大地饲料有限公司年营业收入1亿元。

(王义民)

【采取多项措施促经济增长】 年内,本镇增大固定资产投资力度,16个项目新增固定资产投资5626万元,其中设备购置1873万元,新增固定资产529万元。其次三高企业腾退,共有4家企业完成三高企业腾退工作,为高新企业腾出发展空间。第三积极做好外向型企业发展工作,年内已有出口企业19家,出口交货值3亿元。另外注重个体工业发展,年内个体工业企业达127户,从业人员1750人,年营业收入3855万元,利润总额78万元,增加值848万元,劳动者报酬665万元。

(王义民)

【京开高速路改线工程】 京开高速路改线工程,全长8.38公里(辛立村收费站—市界段),涉及榆垡镇7个村,近300农户。总占地面积59.46公顷,设计速度120公里/小时,2009年12月25日动工,2010年12月2日正式完工通车。总投资款47629万元。上下行各3条车道,道路交叉建筑物5座,涵洞10处,大型过河桥一座(永定河桥)。

(刘国纯)

【宣传文体中心工作】 上半年,市级《昨日市情》采用专用刊工期。普条5条《大兴信息》专刊5期,普条67条《大兴报》用稿57篇,其中"严格管控,环境整治"等刊7篇,中央电视台用稿1篇,北京电视台用稿2篇,大兴电视台用稿112篇。

(李国栋)

【新型合作医疗】 榆垡新型农村合作医疗结算中心已累计6552人,报销了住院费和门诊费,报销补偿金额达775万元。每月为弱势群体及时足额下发低保金共计40万元,每季度为优秀对象按时足额下发定补坎和抚恤金共计86万元。上半年共受理118人表葬申请,为亡者家属发放补贴共计46万元。

(李国栋)

【社救对象危房改造】 年内,协调区民政局、败政局争取改造指标,加大危房改造力度,镇民政科通过协调村委会,解决社救对象危房改造从上级争取部分先期启动资金。为全镇社救对象翻建危房15户,修缮8户,9月底全部完成。

(王保华)

【残疾人福利】 年内,为生活困难残疾人245人,下发特困残疾人生活困难补助72100元。重残人员生活困难补助255人,发放生活困难补助610560元。为残疾人办理残疾证,有413人领取了残疾证。

(王保华)

长子营镇

【概况】 长子营镇是大兴区14个行政区划之一,位于大兴区人民政府驻地黄村新城东偏南。是大兴区东部边缘镇,东与通州区大杜社接壤,南与采育镇毗邻,西与青云店镇为邻,北隔凤港河与马驹桥镇相望。全镇村村建有文化大院,建设风格别具一格,图书馆,阅览室,棋牌室,卡拉 OK 音乐厅,数字放映厅齐全,凉棚、石桌、石凳可纳凉休闲,体育健身器材配套齐全。文化大院的美化、硬化、绿化、净化融为一体。全镇总面积 59.71 平方公里,辖 42 个行政村。户籍总人口 2.5237 万人,其中农业人口 2.1082 万人,非农业人口 4155 人,流动人口 5380 人。全镇耕地面积 26.86 平方公里。年内财政收入 2873 万元,同比增长 21%;工业总产值完成 154000 万元,同比增长 12.2%;农业总产值完成 32200.5 万元,同比增长 2.8%;出口商品供货额完成 13221 万元,同比增长 0.99%;社会消费品零售额完成 16676 万元,同比增长 23.1%;工业新增固定资产完成 4.5 亿元,同比增长 28.6%;农民人均收入达到 11264 元,同比增长 12.5%。

名称:北京市大兴区长子营镇人民政府

地址:北京市大兴区长子营镇政府

邮编:102615

网址:www.dxzzy.gov.cn/

电话:010-80265330

【合作建设特色基地】　年内,本镇建立留民营有机农业示范区、北蒲洲现代农业集成示范园、万亩观光果园建设、菜花基地、特色养殖基地建设 5 大特色基地。植保所在昌兴梨园、菜花基地、北蒲洲现代农业集成示范园建立了 3 个试验示范基地;与小麦中心合作,在牛坊繁育京冬 8、京垦 49、石家庄 8 号等新品种,建立小麦新品种繁育基地。东北台建起了 100 亩设施樱桃连栋温室,以东北台为核心的观光果业基地正在形成。

(刘亚男)

【科技助农工作】　年内,本镇新增包括育苗大户、种养殖能手在内的示范户 29 户,达到总数 139 户,新增农村实用人才 42 人,实用人才总人数达到 443 人。培育、规范、提升 6 个农民合作组织,初步确定了科技示范户重点培养对象 30 户,其中向农委申报了 9 户科技示范样板田户。北京市农林科学院信息所为示范户、实用人才培训 5 期,300 人次,并为 45 名示范户申请了蔬菜园艺工证书。

(刘亚男)

【新农村绿化工程】　全年,本镇绿化工程共投资 2907388.05 元,绿化工程的建设内容包括平整绿化用地 49000 平方米,清运渣土 8000 方,栽植常绿树木 26 株,栽植落叶乔木 762 株,栽植花灌木 775 株,栽植大叶黄杨色带 2452 平方米,栽植宿根花卉 69 万株。栽植木本花卉 7000 株,铺种草坪 11400 平方米。

(刘亚男)

【北京凤河现代农业示范区】　年内,建立凤河示范区营销配送网络,与北京博大经开物业管理有限公司合作,实现了向北京经济技术开发区 4 个园区的蔬菜配送,为农产品配送基地建设奠定基础。

(刘亚男)

【鸭广梨基地建设】　本镇鸭广梨基地建设总占地 88.44 公顷(1321.5 亩),园区一期规划内容 839.8 亩征地已完成,建设面积 5.01 公顷(75.1 亩)。项目总投资 2046.87 万元,其中一期建设项目共计 7 大项,项目总投资 871.05 万元,其中申请区级政府资金 600 万元,剩余 271.05 万元自筹;二期建设项目共计 5 大项,包含 18 小项,项目总投资 1175.83 万元。

(刘亚男)

【惠农政策】　年内,小麦直补面积 17081.3 亩,金额 1964349.5 亩,涉及农户 3095 户。生态补贴面积 17081.3 亩,金额 683252 元,涉及农户 3095 户。每月对三品(绿色、无公害、有机）基地检查一次，共14个基地发放农产品安全材料1000份。与市农业局蔬菜处及区农委共同打造本镇以北蒲州基地为核心的国家级标准园建设，标准园共占地1500余亩，年内为标准园发放有机肥100吨，黄板10000张，防虫网15000平方米，遮阳网12000平方米。

（刘亚男）

【失业人员登记情况】 年内，城镇登记失业人员就业人数24人，为区全年任务80人的30.0%。实际现有登记失业人员32人。

（刘亚男）

【农村劳动力就业】 年内，全镇共有903人实现了就业；空岗信息任务指标1900人次，实际完成2620人次；职业指导任务900人次，实际完成1075人次；农村劳动力培训任务210人，实际完成236人；办理农村劳动力转移就业证1022个。同时建立了“农村劳动力管理登记台账”。

（刘亚男）

【经管站工作】 年内，本镇共计22个村部分农户参加投保，涉及参保总面积863.84亩，收缴保费22915.98元。其中：小麦投保320.65亩，收缴保费4489.1元；玉米投保206.49亩，收缴保费2477.88元；设施保护地（日光温室92个、钢架大棚145个）投保240.7亩，收缴保费10640元；露地蔬菜投保11亩，收缴保费209元；果品投保85亩，收缴保费5100元。车辆保险共计完成4辆车，收取保费17116.25元。

（刘亚男）

【农村基础实施】 年内，争取投资3371万元，完成10个村的街坊路建设；积极协调资金800万元，完成本镇15公里的公路大修工程；落实“亮起来、暖起来、循环起来”工程，改造LED路灯660盏、安装节能窗215户、建设节能墙50户，实现农村基础设施进一步完善。

（刘亚男）

【镇村环境面貌改善】 年内，加强环境整治工作，充分发挥长子营镇保洁中心作用，在全镇范围内开展环境评比活动；出资200万元，车辆350余台次，清除垃圾3000余吨；投资127万元，实施补植补造绿化工程，治理面积达3760亩；投资500万元，绿化27个村队，绿化面积38.25万平方米，有效改善了镇域环境。

（刘亚男）

【残联工作】 年内，完成305名残疾人居家养老助残券及244名无业重残人补助的申请及发放工作；完成26名残疾人申请电子“小帮手”服务器的摸底及申报工作；配合区残联做好88名低保残疾人体检工作。组织卫生院6名医生开展“爱心义诊”活动，服务残疾人100人；开展果树管理及康复知识培训4次200余人次。

（刘亚男）

【新能源利用工作】 年内，留民营沼气七村联供工程运转正常，实现了留民营、靳七营等七村1700户村民的清洁能源利用；朱庄秸秆气化八村联供工程已经实现朱庄、赤鲁、和顺场三村供气，李堡、东北台等五村管网已经铺设完毕，年底实现供气。

（刘亚男）

【污水处理厂工程】 长子营镇污水处理厂已于10月20日试运行。厂区内所有设施已安装完毕并进行了设备调试，配套设施、水、电、已全部接通。自开始试运行以来，日处理留民营村内企业及工业区内企业污水500～800吨。并对污水管网进行重新测量，对工业区企业生产用水进行逐一排查,检查出两家(北京林氏化工有限公司、北京英良石材有限公司)排放污染较严重的企业,对其进行限期整改。对污水处理厂至凤河的排水渠进行了清理,共计1500米。

(刘亚男)

【三起来工程】 年内,镇政府向区有关部门争取了670盏LED路灯,该工程投资1005000元,为李堡、永和庄、沁水营等共计19个村进行路灯改造,10月,开展节能灯推广工作,5万多只灯也已下发到各村,使全镇42个行政村10528户村民受益。同时还推广新型节能住宅及节能保温门窗项目。

(刘亚男)

【工业稳步发展】 年内,工业总产值预计完成154000万元,较同期137245万元增长12.2%,完成全年任务150500万元的102.3%。

(刘亚男)

【海棠庄园项目】 年内,海棠庄园土地一级开发项目进展顺利,设计方案已经进入正式报批阶段;海棠庄园旅游度假区项目二期工程进展迅速,新增建筑27栋,建筑面积6000平方米,为旅游业的发展奠定了坚实基础。

(刘亚男)

【特色旅游业】 年内,组织镇域内民俗村、重点观光园、特色宴农家户参加拉动内需优惠旅游促销活动,征集优惠促销方案,由区旅游局统一发放旅游消费伴侣手册1万份。共接待游客30.08万人次,较2009年同期(29.2万人次)增长3%;实现旅游综合收入900.02万元,较上年(865.4万元)增长4%。

(刘亚男)

【乡村特色宴】 年内,罗二村的三八席、留民营村的饺子宴及白金生活生态餐厅的特色宴分别荣获全市100家“最受欢迎的年夜饭”奖,旅游办代表各获奖单位参加了颁奖仪式,并通过新浪网、沸腾都市网、大兴旅游信息网进行了宣传,从吃、住、购等多个方面加强推介,整体地提高了本镇的旅游知名度。

(刘亚男)

【加强培训工作】 年内,本镇共有4名种植高手分4批到山东寿光学习先进的种菜技术,组织本镇农民外出参观5次,共计150人次。

(刘亚男)

【粮食直补工作】 年内,完成本年度粮食直补工作。全年全镇小麦面积17081.3亩,补贴金额1964349.5元,涉及农户3095户。玉米面积28488亩,补贴金额2193576元,涉及农户4756户。

(刘亚男)

【非法占地违法建设整治】 年内,建立健全土地动态巡查机制,杜绝非法占地、违法建设现象。累计实施联合拆违9次,拆除面积5万余平方米。

(刘亚男)

【养老保险和新型医保参保工作】 年内,新型农村合作医疗参合率达98%,报销医药费282万元。5月在全镇开展“城乡养老保险”宣传活动,10月份再次召开了城乡保险工作动员会,通过上集宣传、各村广播等宣传形式,累计发放宣传材料1.2万余份。

(刘亚男)

【帮扶救助】 年内,走访慰问了城、乡低保户207户,317人,共发放春节慰问金6.37万元;慰问低保边缘户220户,每户一袋米、一袋面、一桶油。总计5万元。同时争取红十字会慰问困难户27户,慰问金10000元;慰问80岁以上的特困老人15户,计7500元。

(刘亚男)

【殡葬管理工作】 年内,由社保所受理、民政复审、区民政局审批,共受理申请丧葬补贴180件,171件已发放完毕,共计85.5万元整,与上年同期相比增加36件。并在去年镇域公益性墓地的选址基础上,进一步做好实施阶段的准备工作。

(刘亚男)

【民政工作】 年内,对全镇113名优抚对象完成调标工作,发放现役军人优待金260700元。完成了103名60岁以上困难老人助老慈善医疗卡年审和充值工作,完成了198户359人农村特困人员医疗减免救助卡的确任工作。

(刘亚男)

【教育环境进一步改善】 年内,高度重视校园安全管理工作,投资50万元,建立警务站3个,配备保安15名,为公立校园配备安装摄像头、红外报警器等技防设施;投资150万元,实现长子营镇中心幼儿园建设和搬迁,目前在园幼儿113人,在一定程度上解决了镇区幼儿入托难问题,并在全镇形成了以公立校园为主的教育格局。

(刘亚男)

【社区服务站工作】 年内,完善急诊室的建设、改造,加强医疗救治工作。共组织急诊急救培训6次,参加120人次,提高了整体急救能力。

(刘亚男)

【计生办工作】 年内,完成独生子女家庭小额贴息贷款50万元。加大计生公共投入,扎实开展计划生育综合改革工作。专干培训和考核规范化,制度化、严格管理考核制度,建设一支稳定、优秀的计生队伍,提高管理和服务水平。加大信息化投入,加强人口数据采集与核对,完善全员人口数据库。

(刘亚男)

【"双学双比"活动】 年内,镇妇联由抓科学技术入手,采取多种形式,对广大农村妇女进行技术服务。积极向上级争取政策支持和资金扶持,上半年向区妇联争取创业能手扶持资金两人次、创业女大学生扶持资金一人次,共计10000余元。

(刘亚男)

【文化建设】 年内,规范数字影院建设,加强对放映员的培训的同时,认真做好各村的放映数量,共放映电影3000余场。规范图书共享工程,和区图书馆密切合作对全镇42个村的共享工程进行逐村检查逐村维护。年内与温馨家园和图书馆联合举办了漂流活动。对村级图书室更换图书5000多册。规范星火文艺演出工程,上半年共接待演出20场,观看人数在4000人次。

(刘亚男)

【供电工程】 全年全镇售电量为8790万千瓦时,接收到95598派单抢修任务完成率100%、全年出动抢修队伍1200余次。

(刘亚男)

【农村劳动力培训】 年内,开办农村劳动力职业技能培训班:包括电工班、叉车班、电子装配班、钳工班等共140人,是区年任务210人的67%,是政府折子工程200人的70%。电工班、电子装配班、钳工班培训共计77人、叉车培班训63人已培训完毕。

(刘亚男)

【民族宗教工作】 年内,完成了镇域内的基督教网点的调查摸底工作,全年共涉及9个村100人左右。做好牛坊村天主教堂的日常管理工作,同时与牛坊村、派出所、安全科联手做好平安夜的安全保卫工作,确保平安夜平安无事。

(刘亚男)

【加强监测严格防疫】 年内,镇防疫站结合养殖实际,重点做好高致病性禽流感、口蹄疫、结核、布病等,按照程序免疫,免疫密度达到100%,口蹄疫免疫:牛:2789头、羊:14200头、猪:68000头;高致病性禽流感:蛋鸡:624000只、肉鸡:4700只、肉鸭:976000只;狂犬病免疫:7350条;送检血样:蛋鸡180份,牛1360份,猪150份,肉鸭40份。

(刘亚男)

【防控体系工作】 年内,镇政府与大兴区人民政府签订《大兴区畜牧兽医工作责任书》、防疫站与区动物卫生监督所签订工作责任书,防疫站与13个规模场签订动物疫病防控责任书、与5个经营动物产品个体、超市签订责任书、与25个餐饮单位签订责任书,以保障全区养殖业生产安全和人民身体健康,促进都市型现代化畜牧业发展。

(刘亚男)

【家电下乡工作】 年内,办理家电补贴10批次,累计产品418件,补贴金额10.8万元。共办理汽车下乡51辆,包括:轻型载货车、微型客车,补贴资金17.9万余元。

(刘亚男)

【村庄绿化】 年内,本镇绿化了27个村队,绿化面积38.25万平方米,栽植各种乔、灌苗木11.58万株。宿根花卉17.2万株。

(刘亚男)

【农村土地确权工作】 年内,全镇累计完成确权面积43973亩,确权户数5111户,签订确权合同3539份,发放土地承包经营权证书3539份。

(刘亚男)

【加快路网、基础设施建设】 年内,民安路南延工程已完成地上物清登、评估和补偿,前期道路清理工作,完成了土地预审及规划批复。公路大修工程15公里已完成。基本农田整理项目已修柏油路87120平方米,石渣路97250平方米。

(刘亚男)

【惠农工作稳步推进】 年内,有22台(件、套)农机享受财政补贴,分别是微耕机13台,大型拖拉机4台,玉米收获机5台,共争取财政补贴资金共50.352万元。农机安全宣传5次,定向培训机手15人次。

(刘亚男)

【危房改造工作】 年内,本镇危房改造户共涉及21个村,低保翻建户14户,维修5户,优抚翻建15户,共计34户。区财政局拨资金150.75万元,其中低保对象19户(翻建14户,每户4.5万元,计63万元、修缮5户,每户1.35万元,计6.75万元),优抚对象15户,每户5.4万元,计81万元。

(刘亚男)

【城乡低保工作】 年内,本镇已有城镇低保户9户13人,农村低保户198户,359人,共受理申请审批农村低保户13户,申请低收入家庭4户,通过民政科汇同社保所入户核实,共有5户申请家庭符合低保条件。经与镇卫生院协商,入村到户为全镇204名,低保人员进行了一次系统的检查。上半年为32名患大病及自然灾害的困难家庭申请临时救助197900元。

(刘亚男)

【统计工作】　年内，本镇成立了第六次人口普查办公室，并先期聘用9名工作人员，负责普查日常工作。镇政府先后拨付普查启动资金5万元。加强普查各阶段宣传工作，保证每月上报信息6篇以上。

（刘亚男）

【两委换届工作顺利完成】　年内，完成村两委换届选举工作。全镇共有农村党员1060名，应到会997人，参加正式选举的898名，占应到会党员数的90.07%。选举产生支部书记42名（含两名跨村兼职），其中女支部书记1名；产生支委88名，其中女支委7名，新当选支委30名，包括大学生村官2名（再城营一村村官王武、东北台村官郝学赛）。其中村委会成员中共有党员78名，占全部的60.9%，比上届提高1.9%。新一届村委会班子的平均年龄为47.6岁。村委会成员中高中以上学历的56人，占43.8%；村委会成员中女性9人，占7.0%，其中女村主任1人，女村委8人。总的看，实现了区委提出的60%"一人兼"、"两提高两降低"、应选尽选、确保选举期间农村稳定的四个目标。

（刘亚男）

【社区矫正】　年内共接收社区服刑人员9名；解除矫正7名，在矫正期的共18名，按矫正类别划分包括：缓刑14名，假释：3名；剥权1名。按管理类别划分有A类：8人，B类：6人，C类：2人。重点人：2人。全年无重新犯罪和脱管、漏管情况发生。

（刘亚男）

【司法工作】　年内，司法所（包括调委会和法律服务所）共调处民间纠纷770件，其中常见性纠纷697件。为维护全镇的社会稳定和经济的快速发展做出了积极贡献。

（刘亚男）

【帮教安置工作】　年内，镇司法所管理、教育刑释解教人员共102人，还在帮教期的94人。管理类别分别是一类14人，二类5人，三类5人。重点人8人。全年无重新犯罪和脱管、漏管情况发生。

（刘亚男）

【流动人口管理】　年内，制定《2010年流管工作要点》、《2010年控制流动人口规模管理办法》，完善以村为主的条块结合与网格化巡控机制的工作格局。加强流管站及流管队伍基础建设，在原有8名专职管理员的基础上，镇政府拿出补贴为42个村增加1名村级流管员，强化本村流管专职力量。同时与镇、村两级流管员签订责任书50份，并对其进行岗前业务培训，明确职责、量化考核。调查流动人口累计新登2801人、累计核销2468人、累计更新534人、累计迁移921人；出租房屋累计新登183户、累计核销142户、累计更新280户。

（刘亚男）

【防控煤气中毒工作】　年内，与出租户签订《预防煤气中毒责任书》481份，发放张贴《致长子营镇人民的一封信》、《防煤气中毒八招》、3种不干胶警示帖等材料共800份，做到宣传100%，检查100%，签订责任书100%。同时加大检查和整改力度，检查中共发现146处，其中不合格炉具52处，无烟筒25处，无风斗35处，无弯头21处，安装问题13处；整改完成146处，整改完成100%。

（刘亚男）

【百日整治工作】　年内，制定了2010年政法工作要点及《长子营镇"保冬运，迎春运"百日整治非法运营专项工作方案》，明确各职能科室的职责和任务。在中心大街进行宣传，共出动15名工作人员，车辆3辆，悬挂横幅8条，发放非法运营车辆告知书350份，教育非法运营机动车驾驶员5人。落实社会治安重点地区排查整治工作,累计出动人员220人次,车辆35辆,检查商户190余家。对镇域公路、中心大街及各校园周边进行了现场勘查,对存在隐患的主要路口安装了减速丘4条计总48米,学校周边安装减速丘5条总计30米。

(刘亚男)

采育镇

【概述】 采育镇位于大兴区东南部,东邻通州区,南与河北省廊坊市接壤,西和北与长子营镇毗邻。东西长9.1公里,南北宽7.87公里,总面积71.6平方公里。全镇辖55个行政村,年末全镇户籍人口32829人,其中农业户口25448人、非农业户口7381人;流动人口8280人;年内全镇出生人口196人,计划生育率95.41%。年内,全镇完成工业总产值18.4亿元,农业总产值3.7亿元,社会商品零售额3.3亿元,实际利用外资218.5万美元。农民人均纯收入1.2324万元,同比增长11.5%。

名称:北京市大兴区采育镇人民政府
地址:北京市大兴区采育镇政府
电话:80272275
邮编:102606
网址:www.dxcy.cn

【财政收入】 年内,完成财政收入3870万元,同比增加831万元、增长27.34%,完成年度预算3495万元的110.73%。

(陈宝艳)

【折子工程】 年内,完成凤韩路等4条道路建设;加强镇级巡防队建设,提升全镇群防群治综合能力,完成各项重大活动的安全保卫工作;制定流动人口规模调控办法,控制流动人口无序增长;完成农村户厕改造2301座;推进村级干部异村任职工作,完善村级干部政策保障机制;提高村级计生专干的队伍建设,对本镇计生专干队伍进行调整、培训;大力实施农民实用技术培训工程,年内完成培训3000人次以上;加大关爱和救助弱势群体力度,筹建"爱心超市"。

(陈宝艳)

【重点工程】 年内,启动镇区回迁安置房一期工程建设;推进本镇经济开发区扩区,制定采育汽车零部件基地发展相关配套政策,加快新能源汽车等项目建设;完成"恒盛波尔多"推广节水滴灌工程1000亩;完成韩风路2.4万亩基本农田整治改造工程;完成大黑垡等10个村1.3万亩中低产田改造工程;实现农村劳动力向二三产业转移500人以上;完成12个重点推进村基础设施建设;完成生态休闲公园项目建设;研究拆迁上楼农民的基层组织建设,理顺管理体制。

(陈宝艳)

【为民办实事】 年内,组织残疾人各类培训520人次,安置残疾人再就业17人;为584名80周岁以上老人及408名重度残疾人服务,发放居家养老(助残)服务券100余万元;年内,共计办理残疾证333个;镇温馨家园职康站举办了残疾人技能展示活动。

(陈宝艳)

【农业概况】 年内,完成凤河营等5个村1.2万亩中低产田改造工程;改造建设镇区水厂2座;完成12村供水管网改造工程,累计投资195万元,改善了2130户、5253人的安全饮水问题;新发展农民专业合作组织1个,提升农民专业合作组织1个,新建标准化基地2个、提升2个,三品基地新建2个,使本镇累计发展标准化基地20个、有机食品基地4个、无公害农产品基地20个;完成平原治沙(残次林改造)712亩、播草灌沙2330

亩、播草盖沙400亩,发展林下种植1000亩;发展设施保护地6370亩。

(陈宝艳)

【农业科技培训及推广情况】 年内,共举办关于葡萄、蔬菜植保培训班9期,培训人数900余人次,发放各种科技材料2400余份,请专家实地为农民解决疑难问题20余次。

(陈宝艳)

【林权制度改革情况】 年内,累计完成12个村、325户、1056人、1977.12亩林地的摸底调查,签订书面合同325户。

(陈宝艳)

【民俗旅游概况】 年内,旅游咨询服务中心建成并投入使用,发展民俗旅游村4个、民俗旅游接待户156户,建设提升各种观光采摘园135个,从业人员达3483人,年经营收入达6685.9万元;再次开通“大观园至采育镇”旅游专线活动,本活动共接待游客800人,旅游收入5.7万元;举办“FM103.9我的郊游生活-采育葡萄采摘文化节活动”,本活动共接待游客1800人次,旅游收入17.5万元。完成玛莱特红酒庄园项目的提升工程。

(陈宝艳)

【开发区建设概况】 年内,完成北汽学校一期、成名家具、邮电出版社、东方诚鼎、昌搏众邦5个项目建设并投入使用;新引进航盛电子、恒隆转向系统、协众空调3个项目。

(唐翠玲)

【第一中心小学及附属幼儿园工程】 年内,第一中心小学及附属幼儿园工程项目总投资5400万元,占地21100平方米,建筑面积14000平方米,完成各项前期手续办理,主体结构基本完工。

(唐翠玲)

【中心镇区拆迁工作】 年内,完成了中心镇区拆迁工作。共涉及14个村3237个院落70万平方米,公产158家15万平方米。

(唐翠玲)

【镇区回迁安置房项目】 年内,启动85万平方米的镇区回迁安置房项目建设工程,分为A、B、C、D四个地块,共有回迁安置房7989套,其中A、B、C三个地块共53万平方米于6月18日动工。

(唐翠玲)

【村委会换届选举】 年内,完成第八届村民委员会换届选举工作。其中书记、主任一人兼的村有26个,比例达到62%,两委交叉任职比例达到28%。

(唐翠玲)

【“以补促管”工作】 年内,完成一期11731户的登记审批工作,发放补助金1173.1万元,完成签约户标牌的装订工作。

(王 海)

【拆除违章违建】 年内,处理市、区反馈的非法占地、违法建设举报150件,群众电话及信件举报160件;查处非法占地10处,复原土地12亩;查处耕地内盗采沙土5次;停止违法建设28处,限期拆除59处,强制拆除15处,共计43000平方米。

(王 海)

【计划生育工作】 年内,开展“母亲节”捐款活动,共捐款1100元;7·11人口日宣传发放宣传材料近万份;举办计生政策法规、优生优育、生殖健康培训班8期,1000余人参加;建立青少年教育基地,在学校内对青少年进行生理卫生和性生理、性心理教育;举办优生优育培训班,孕期预测,对节育期夫妻开展“伴侣”服务,进行避孕知识指导;

进行更年期保健知识教育;对男性开展“关注男性健康”服务,进行男性生殖健康知识教育。

(王 海)

【流动人口计生管理】 年内,在各村均建立了流动人口登记册,实行“一人一卡”,做到了“人来有登记,人走有注销”,全年共建卡片439张,查验《婚育证》837次。

(王 海)

【医疗保险工作】 年内“一老”参保130人,“一小”参保110人,“无业居民”参保30人。

(陈宝艳)

【转移就业】 年内,举办小型招聘会46场,专场招聘会2场,参会求职者累计达到3100人次,参会单位达到136家,转移就业900人。

(陈宝艳)

【汽车摩托车、家电下乡情况】 年内,本镇共购买107辆汽车摩托车,兑现资金39.3万元,家电下乡705户,购买商品766件,兑现资金17.6万元。

(陈宝艳)

【文化活动】 年内,组织文艺骨干参加区文委举办的交谊舞、京、评、梆票友大赛、原唱歌舞大赛等九项活动。其中,在民族健身秧歌大赛中获得一等奖;在“和谐大兴、家庭才艺大赛、“沐浴书香、快乐成长”少儿暑期阅读展示活动、“大兴区图书馆2010年度基层服务点综合业务知识竞赛”三项活动中,本镇代表队均获得二等奖;在“相约金秋、舞动大兴”2010年群众广场舞大赛中获得三等奖,在南九镇是唯一获奖镇,其他各项活动分别获得了优秀奖和表演奖。

(陈宝艳)

【送电影下乡工程】 年内,完成“2131”送电影下乡工程,流动电影放映100场,固定电影放映5205场。

(王 海)

【社区化管理】 年内,推行村庄社区化管理试点,完成10个试点村的基础设施建设和值勤、巡逻人员的落实。

(陈宝艳)

【第六次全国人口普查】 年内,完成第六次全国人口普查,对本镇55个普查区、147个普查小区、14个虚拟普查小区的户口进行整顿和摸底,本镇现有人口总数30858人,暂住人口总数5987人。

(王 海)

【综合行政服务中心投入使用】 年内,综合行政服务中心建成并投入使用,进驻部门有社保科、村镇规划科、计划生育、民政科和综合窗口,共计22个窗口,服务项目共计109项。

(陈宝艳)

【信访工作】 年内,本镇接待群众上访183批次1183人次,其中集体访29批次812人次,与去年同期相比,上访批次下降18.3%,人次上升26.3%,集体访批次下降17.1%、人次上升51.5%。

(王 海)

【矛盾化解工作】 拆迁期间,镇党委、政府在拆迁指挥部设立了由镇信访办、司法所牵头的矛盾调解处,对各种纠纷进行调解。矛盾调解组接待群众咨询450人次,成功调解拆迁纠纷30余起,出具调解协议书10份,引导当事人采取诉讼途径解决3起。

(王 海)

【专职巡防队伍建设】 年内,本镇组建了由治安志愿者、流动人口管理员、安全稳定信息员等77人组成的专职巡防队，将本镇划分为7个治安防控片，专职巡防队分为7组，全力维护本镇的社会安全稳定。

（陈宝艳）

【教育系统安全防范】 年内，中小学及幼儿园成立了33人的校园安全巡逻队，在重点时段，对校园周边进行管控，加强外围防控力度。

（王 海）

【校舍抗震加固工作】 年内，对我镇部分中小学校舍共计371间进行了抗震加固工作。

（陈宝艳）

【安全生产】 年内，共检查生产经营单位765家次，开具现场检查记录687份，责令改正指令书526份，强制措施决定书22份，整改复查意见书548份。共检查出安全生产隐患2218项，已全部整改。

（王 海）

【"三级联创"工作】 年内，建立村级两委承诺内容台账229项、党员承诺制1299人次1521项；不断健全、完善、落实党员需求档案台账及困难党员帮扶台账，争取上级困难党员补助资金18000元。

（陈宝艳）

【廉政风险防范管理】 年内，镇机关干部查找风险点，涉及37个科室，165人，共查找各类风险点个人1881条，集体风险点476条，制定防控措施2357条。村级55个村，441人，共查出各类风险点4846条，制定防控措施4846条，集体风险点826条。

（唐翠玲）

【政风行风建设】 年内，起草了本镇政风行风建设的实施方案，成立领导小组，设置办公室，聘请了6位人大代表、政协委员为特约监督员，划分了五个评议小组，重点评议单位8个。通过各科室自查自纠、明察暗访查出问题31条，制定了整改措施。

（唐翠玲）

【人大工作】 年内，召开了镇二届六次、七次人代会，分别听取并审议了两个报告。两次会议共征求到群众生活、城镇建设、路网建设、水利建设、交通安全、医疗卫生、社会治安、环境整治、产业结构调整等方面建议和意见36条。

（王 海）

【体育工作】 年内，参加区体育局举办的健身秧歌、乒乓球等比赛；在蓝天花园小区建立室内健身房1个。

（陈宝艳）

【征兵工作】 年内，本镇适龄公民1719人，应征公民660人，兵役登记242人，核准登记594人。组织应征青年进行初检，对初检合格人员进行政治审查，通过三级联审、区域联审层层筛选、严格把关，本镇16名新兵光荣入伍。

（唐翠玲）

【宣传工作】 利用采育信息网公布信息员上报、刊登信息情况。年内，共有135人向宣传部办公室投稿，收到投稿1215篇，出刊《采育信息》普刊22期，刊登1168条，未登47条，平均刊登率96%。

（王 海）

【妇联工作】 3月8日，联系区医院妇科专家为本镇妇女、女村官和机关女干部举办了女性知识讲座，进行义诊。

（王 海）

北臧村镇

【概述】 本镇辖区总面积60平方公里,西临永定河大堤,南与庞各庄镇接壤,属永定河冲积平原,地势平坦,全镇大部分纳入大兴新城规划,辖23个行政村。中关村科技园区大兴生物工程与医药产业基地坐落在镇域内。南六环路、京开高速路、兴良路、芦求路穿境而过,937、943、957、新城1路、21路、23路、24路、27路、28路、30路公共汽车往返于北京市区和镇域之间,地铁大兴线延伸至该镇,交通便利、位置优越。年内,全镇常住总人口32130人;农林牧渔业总产值实现13807.8万元;地方财力达到14430.8万元;农民人均纯收入1.3158万元,同比增长13.3%;共有组织关系的党员1079名,其中拆迁村党员258名;党组织方面,共有党委1个,党支部38个。该镇是永定河畔一片充满生机与活力的绿色大地,这里空气新鲜,环境优美,有着“永定河畔绿色港湾”的美誉。绿色生态旅游业作为一项朝阳产业,在本镇已形成“一盘棋”的格局。

名称:北京市大兴区北臧村镇人民政府

地址:北京市大兴区北京生物工程与医药产业基地天富大街10号

电话:61253100

邮编:102609

网址:http://www.dxbzc.gov.cn/web/bzcz/

【农业概况】 年内,本镇农业总人口1.109万人,农业总户数4055户,劳动力8301人,农作物播种面积4.2856万亩,其中:粮食作物1.1366万亩,经济作物2262亩,蔬菜作物2.3603万亩,西瓜5593亩,果树种植面积9689.4亩。西甜瓜被农业部认定为无公害食品;梨、葡萄被北京市安全食品办公室认定为安全食用农产品。

(杨亚松)

【农业产值】 全年,全镇农林牧渔业总产值13807.8万元,其中:农业产值9620.7万元,林业产值509.9万元,牧业产值3670.8万元。

(杨亚松)

【种植业情况】 年内,本镇种植业以瓜菜为主导产业。西瓜种植面积为5593亩,主要有京欣系列、航兴系列、高番茄红素、京秀、早春红玉、L600等大小西瓜品种。蔬菜种植面积23603亩,主要蔬菜作物有黄瓜、西红柿、芹菜、油菜、茄子、豇豆、丝瓜等。年内,小麦种植面积2188亩,玉米种植面积8353亩,花生种植面积1405亩,甘薯种植面积2037亩。

(杨亚松)

【林业情况】 年内,本镇共有经济林面积645.96公顷,果树种植面积9689.4亩,其中梨树3329.9亩,桃树5013.5亩,核桃1000亩,其他果树346亩。果树高接换优总面积2230亩。其中:丰水790亩,黄金840亩,爱宕360亩,黄冠40亩,其他200亩。

(杨亚松)

【工业概况】 年内,本镇工业企业及个体工业一共157家,主要包括机械制造、木器加工及家具制造、机加工、医疗器械制造、建材制造、石油制品加工、包装印刷、服装制造8个行业。工业总产值完成73040.5万元,工业销售收入完成86006.2万元,工业利润完成674.8万元,出口供货额完成8100万元,实际利用外资完成50万美元,商品零售额完成4338.7万元。

(巴洪亮)

【工业固定资产投入】 年内,8家工业企业固定资产投入完成8774万元。

(巴洪亮)

【招商引资】 年内,北京耐力达沙砖厂,140

亩集体建设用地被北京华宇地源科技发科有限公司盘活，总投资5000万元。兴工鸵鸟厂，320亩地被5家企业盘活，总投资12000万元。

（巴洪亮）

【工业资金补贴】 年内，为北京欧陆宝石化产品有限公司申请区级资金补贴，共争取到补贴资金8万元。

（巴洪亮）

【工业科技活动】 年内，本镇申报高新技术企业1家，民营科技企业2家。积极开展科学技术普及活动，共组织科普活动四次，科技经费总投入44万元，组织农民实用技术培训4500人次，专业技能和学历再教育培训200人次。梨园村成功创建“科普示范村”，该项目获得区级项目资金30万元。

（巴洪亮）

【工商管理工作】 年内，全镇共年检企业909家，个体工商户2175家，注销企业46家，注销个体工商户29家。吊销企业92家，吊销个体工商户1058家。新注册企业63家，个体工商户194家。

（巴洪亮）

【食品安全监管工作】 年内，对镇域内17家食品生产、加工企业进行监督检查4次，协调区卫生局、卫生监督站、质监局做好餐饮及食品零售单位的食品卫生工作，与食品企业签订了《食品安全责任书》。

（巴洪亮）

【转非村剩余资产处置】 年内，本镇组织制定实施了《大兴区本镇人民政府关于天宫院等六个整建制转非村剩余资产处置的指导意见》，建立了不同于《股份制改革》的《剩余资产处置办法》。同时，多次同生物医药基地进行协商，大胆创新村级剩余资产处置方法：除对在校大、中专学生以及16周岁以下人员一次性发放教育补贴5万元外，还确定了虚拟留地和委托经营两种收益形式。据统计，天宫院、砖楼、周庄、北臧村及中臧村五个村的拆迁转非村民共实现虚拟留地350亩，共获得收益35万元；委托经营产生收益3200万元，人均收益从9000至16000元不等。

（王光宗）

【村级集体经济产权制度改革】 年内，本镇完成了对23个行政村产权制度改革工作任务，包括清产核资、人员界定、劳龄登记、建章建制等相关工作。建立了新型集体经济组织——村级股份经济合作社，自然替代原经济合作社。村级股份经济合作社设立股东代表大会、董事会、监事会。

（王光宗）

【农村经济管理信息化建设】 全年，录入数据库10个，报表37套，指标1154个，汇总23个村报表851套，指标26542个。

（王光宗）

【生物医药基地范围内非住宅拆迁】 年内，本镇共涉及7个村（大臧村、北臧村、中臧村、砖楼、天宫院、周庄子和罗奇营）、镇政府单位、镇政府外租单位、供销社、粮库、经中实业和国有出让用地企业，共176户，建筑面积39万平方米。截至年底，已签订补偿协议161户，已签建筑面积33.3万平方米。未签户还有15户，未签面积约5.7万平方米。

（肖　峥）

【三起来工程】 年内，全镇新装LED节能路灯400盏（任务指标270盏，申请增加130盏），结合实际情况分别安装在马村、西大营村、赵家场村、桑马房村、皮各庄三村和北高各庄村，涉及道路里程约20千米。建设太阳能公共浴室两座,建筑面积均为200平方米,建设地点分别为西王庄村和前管营村。浴室设置储热水箱1台,其有效容积为6吨,日供应45℃以上的热水6吨,理论上每天可以洗浴约150人。

(肖　峥)

【村庄社区化管理】　年内,本镇采取多项具体措施(筑围墙、安街门、把路口、设岗亭、人车凭证出入),投入资金1864万元,修建护网34000余米,修建围墙600余米,设置26个岗亭、抬杆,安装铁艺大门74个,安排人员力量24小时职守,有效保证了村庄的安全稳定。

(孙建民)

【强化专职防范力量】　年内,本镇组建一支65人专职巡防队伍。专职巡防队共参加包括大兴区消防日演练、安全生产演练等5次大型演练、参与拆违行动11次、发现镇域内各种安全隐患600余处。

(孙建民)

【公路建设】　年内,镇公路管理站修建公路10公里,并完成了4座危桥改建,为村民出行提供了交通便利。

(陈世恒)

【环卫设施】　年内,镇保洁中心在政府的大力支持和帮助下,新建了1座垃圾消纳厂,修建5座公厕并投入使用。

(陈世恒)

【雨洪利用工程】　年内,镇水务站在合众力源建设雨洪利用工程1处,新增蓄水能力6.6万立方米。

(翟木林)

【旅游采摘】　年内,全镇成型采摘园12个,民俗户121户,民俗旅游收入1300万元,占旅游收入的75%,在全区名列前茅。

(陈　伟)

【妇联工作】　年内,全镇共开展手针、编织、芽苗菜种植各种技能培训12期,参与群众共计1700人次。镇妇联积极响应市区妇联号召,通过短信平台向全镇群众发出“每人一元钱,情润灾区渡难关”的倡议。仅仅半天时间,便收到全镇各界群众捐款达1万多元。后又为玉树震区捐款2000元。年内协调卫生部门入村为已婚育龄妇女(流动育龄妇女)进行健康检查二次,参加检查人员2000多人;发放独生子女父母奖励费21万元;通过贴息贷款,帮扶农村独生子女低收入家庭增收致富,年内共为12户独生子女家庭办理贴息贷款近100万元;申领了区“蓝天双服项目”和市区部门的“流动人口服务项目”,为人口计生工作的开展和服务育龄妇女增设了平台。

(田秀荣)

【妇代会换届】　年内,本镇组织17个(不含拆迁村)村进行妇代会主任(计生专干)换届,其中11个村妇代会主任连任,6个村为新任职。换届后妇代会主任的综合素质较以前有所提高,高中以上文化程度15人,占88%,比换届前提高36%;年龄结构得到优化,平均年龄41.5岁,比换届前下降4岁。

(田秀荣)

【林权制度改革】　年内,按照区林改办的工作部署扎实推进,本镇顺利完成了集体林权制度改革,涉及13个村,面积6641亩,用材林1665亩,经济林4976亩,涉及户数1397户,人数2581人。

(吕宝和)

【信访工作】　年内,本镇接待群众来访88

件,1121人。其中,剩余资产安置29件,转非安置问题12件,发放生活费问题9件,宅基地问题12件,拖欠农民工工资问题8件,其它18件。

(赵金忠)

【动物防疫】 年内,镇动物防疫站坚持“预防为主、综合防治”的方针,对猪、牛、羊、鸡、鸭、犬、鹅等动物按程序进行免疫。其中包括牲畜口蹄疫、高致病性禽流感、高致病性猪蓝耳病、猪瘟、鸡新城疫、狂犬病等病种进行免疫,做到免疫率100%,布病、结核病、马传贫检疫净化,做到检疫净化100%。年内,全镇牲畜存栏共计:猪12250头、肉牛72头、禽类95500只、犬5043条、羊6100,马86匹。

(张俊仁)

【两委换届】 年内,本镇充分发扬基层民主,顺利完成两委换届工作,实现“一人兼”村数8个,比例为47%,预期吻合度为55%。两委交叉任职人数15人,交叉任职比例29.4%。

(王 琦)

【团委情况】 年内,全镇现有团委1个,基层团总支1个,基层团支部54个,包括23个行政村、5个企事业单位,14个“两新组织”,共有青年6800人,团员620人。

(周 涛)

【服务青年就业创业】 年内,镇团委积极引导有创业意向的青年参加创业培训,为他们提供创业项目;开展叉车、电工等培训班技能培训6期,取证168人;积极联系镇内企业,在4家单位建立创业就业实习基地,为团员青年提供实践锻炼的机会和平台。

(周 涛)

【流动人口普查】 年内,镇域内有流动人口19735人,主要来源于河北、山东、河南、四川、黑龙江等25个省市。有出租房屋1376户,4086间,涉及到17个行政村。

(巴洪茂)

【房屋出租以补促管】 年内,本镇对17个非拆迁村的1990户符合规范出租房屋的宅基地使用权人或房屋所有权人,每年给予1000元的补助金。

(巴洪茂)

【镇卫生院情况】 年内,镇卫生院拥有500mAX光机、彩超、B超、全生化、多导联心电图机等大型设备,有中级职称专业技术人员13名,初级职称人员24人,乡村医生9名,通过公开招聘,逐步补充各级各类人员7名。

(韩永刚)

【社区卫生服务情况】 年内,镇域内共有社区卫生服务站5所,中级专业技术职称人员2人,初级专业技术职称4人,乡村医生6人,月门诊人次在2012人左右。开展医疗、预防、保健、康复、健康教育、计划生育指导六位一体的服务,实行零差率药品销售,免费发放避孕药具。

(韩永刚)

【西大营村公共文化服务中心揭牌】 年内,西大营村公共文化服务中心举行落成揭牌仪式。西大营村文化大院总投资200余万元,建筑面积900平方米,内设图书室、数字家园、娱乐室、篮球场、戏曲舞台等,为西大营村农民提供了一个良好的学习、娱乐、健身场所。

(郭彩凤)

【人民调解】 年内,镇各级人民调解组织共调解各类矛盾纠纷512件,其中成功对486

件基层矛盾纠纷进行了调解。年内,镇司法所组织开展了14次的矛盾排查走访工作,共排查出基层矛盾纠纷25件,并成功地对这25件矛盾纠纷进行了调解。组织人民调解委员会工作人员开展业务培训2次,并针对拆迁后所引发的重大家庭矛盾纠纷开展专项人民调解行动,对维护社会和谐发挥了重要的作用。

(郭 静)

【社区矫正】 截至年底,镇司法所共管理社区服刑人员35人,其中,A类人员4人,B类人员24,C类人员7人。年度内新接收12人,年度内解除管理18人。年内,本镇司法所共组织社区服刑人员参加社区矫正初始教育7次,开展集中教育4次,组织镇内社区服刑人员开展公益劳动254次,开展主题教育活动4次,并在重大节日期间与“两类”人员签订保证书,所管社区服刑人员未发生影响本地区社会稳定事件,未发生重新犯罪情况。

(郭 静)

【帮教安置】 截至年底,镇司法所共管理帮教安置人员37人,其中一类人员2人,二类人员33人,三类人员3人。年度内新接收9人,年度内解除管理2人。

(郭 静)

【对属地经营单位检查】 年内,全镇共计检查企业488次,发现安全生产隐患1184处,发放限期整改通知书172份,向上级主管部门移交立案3家,处罚3家企业,处罚金额6万元。

(赵建全)

【残疾人情况】 年内,镇域内共有518余名持证残疾人,有100余人无证但有不同程度的劳动障碍,共涉及残疾人家庭500余户,占全镇总户数的7%,其中,有劳动能力的人占55%。

(王广齐)

【残疾人就业安置】 年内,镇民政科向企业发放各种宣传材料900余份,先后安置残疾人25名。

(王广齐)

【残疾人保障】 年内,镇民政科为186名符合条件的重度残疾人办理养老助残券,为195名残疾人办理城乡居民养老保险补助,为187名残疾人办理新型农村合作医疗保险。

(王广齐)

【城乡低保】 年内,全镇农村低保户共86户165人,城镇低保共10户18人、集中五保户共12户、分散五保户共5户。

(王广齐)

【社会救助】 年内,镇民政科为贫困户、低收入家庭发放慰问金共计87400元;为低保户发放米126袋,面126袋,油252桶,肉630斤,折合人民币共计13万元。对7名患大病人员实施临时救助,发放救助金21000元。

(王广齐)

【危房改造】 年内,本镇完成8户社救、优抚对象的危房翻建工作,发放危房翻建补助资金33.8万元。对住房漏雨严重而且本户没有能力进行维修的2户低保户提供帮扶资金0.4万元。

(王广齐)

【优抚工作】 年内,全镇有老复员军人、老烈属等优抚对象23人,参战参试对象24人;为14名义务兵家属发放优待金21万元。

(王广齐)

【超转人员情况】 年内,镇民政科为罗奇营村17人办理了超转人员手续,为北臧村、天宫院4人办理了病残超转人员手续。年内,共有超转人员789人,其中病残34人,孤老2人。共为超转人员发放生活补助和医疗补助10455030元,为超转人员报销医疗费3621659.37元

(王广齐)

【社会保障】 年内,镇劳动和社会保障科受理新申请低保25份,入户调查25户,指导8户符合条件的低保家庭填写申报材料。发放低保金43.7万元;发放优抚金56万元,报销优抚药费3.18万元;新增参战参试2名,为24名参战参试人员发放抚恤金9.36万元,报销药费5.27万元;受理丧葬补贴113份,发放丧葬补贴56.5万元。为全镇1753名城乡无保障老年居民发放200元福利养老金。

(代克增)

【城乡居民养老保险】 年内,镇劳动和社会保障科举办养老保险政策大讲堂活动,参与群众5000余人,完成参保4083人。大龄不足15年人员参保2645人,完成续保任务的121%。

(代克增)

【和谐劳动关系】 年内,本镇实施拖欠农民工工资专项治理活动,解决企业拖欠农民工资案8起,涉及人员190人,涉及金额60万元。对企业召开三方座谈会议,培训落实劳动政策和签订劳动合同与集体合同注意事项。选择17家企业签订集体合同,16家企业签订集体协商工资协议书,上报和谐劳动关系单位12家,典型企业1家。

(代克增)

【转非安置】 年内,镇劳动和社会保障科向3118名转非劳动力发放了一次性就业补助金,为280名达到退休年龄的人员办理退休手续,为50名退休人员手工报销药费31万余元,为811名超转人员办理超转非领取手续,发放占地村医疗保险手册及补助存折各3000余个。

(代克增)

【廉政风险防范管理】 年内,本镇建立完善有关廉政风险防范管理工作的规章制度29项,其中属于"三重一大"事项决策制度的6项,属于工程建设领域的1项。廉政风险防范工作向基层129个拥有公共权力的岗位和部门进行了延伸,共查找风险点1482个,制定防控措施1479条。

(谢永德)

【党风廉政宣传教育】 年内,本镇组织广大党员干部开展年内度《廉政准则》知识测试;参观廉政教育警示展;结合村级"两委"换届,邀请区纪委宣教室主任左乐恩对全镇17个村新当选的"两委"干部成员进行了反腐倡廉教育。

(谢永德)

【履行监督检查职责】 年内,镇纪委共参与镇村两级招投标事项9项,通过严格把关,未发生因工程招投标引发的问题。全镇共有6个村申请村级重要事项事前咨商9件,通过事前咨商决定可以办理的事项有7件,缓办的事项2件。

(谢永德)

【民主评议政风行风】 年内,本镇深入开展民主评议政风行风工作,共发放测评表453份,聘任区人大代表、镇党代表、镇人大代表等政风行风评议员6名。受理"政风行风和行政投诉热线"来访信件30件,其中建议类2件、感想类3件、咨询类13件、投诉举报类12件。

(谢永德)

【案件查处】　年内,本镇共受理纪内信访案件2件,立案1件。

（谢永德）

【人口普查】　年内,镇统计所顺利完成全镇第六次人口普查工作。全镇共划分为23个普查区、125个普查小区,共招用普查指导员23名,普查员128名,共普查人口38297人,其中常住人口30383人,暂住人口730人,出生人口339人,死亡人口251人,港澳台及外籍人口3人。

（庐　禾）

【镇中心幼儿园情况】　年内,中心幼儿园共有教职工13人,正式教师7人,其中在编3人,2人由中心小学借入,2人由中学借入,临时工6人,其中有指标临时工2人。新增图书60套,复印机1台,儿童玩具20套,玩具柜22个,班台1台,双层床5张,办公电脑4台,幼儿床25张,传真机1台,铁文件柜4个,铁五节柜2个,激光打印机1台,打印机1台,厨房设备1套。

（王维强）

【镇中心小学情况】　年内,本镇中心小学教职工101人,已有区级骨干教师9名,其中语文骨干教师2名,语文骨干教师2名,劳技1名,美术1名,品社1名,骨干班主任3名。该校现有领导干部9人,本科学历8人,专科学历1人,平均年龄44周岁。

（王维强）

【教师培训活动情况】　年内,镇中心小学从师德教育、基本功技能提高训练、现代信息技术学习、新课程理念、教育的艺术以及教育科研能力培养、学校安全工作等诸多方面对全校教师进行了培训。

（王维强）

【中学师资情况】　北臧村中学现有教师55人,其中本科教师43人,高级职称10人,中级职称23人,学历和职称均符合要求。4名教师在外支教,临时工4人。

（王维强）

安定镇

【概况】　安定镇总面积77.8平方公里,辖33个行政村,常住人口9173户,户籍户数9171,外来户数807,常住人口29963人,户籍人口29315人,流动人口2745人,全镇从业人员16988人,其中第一产业11572人,第二产业2218人,第三产业3198人,生产经营单位88家,旅游接待户11户,观光园12家。2010年全镇财政收入6606万元人民币,同比增加1514万元人民币,增长29.7%;农民人均纯收入完成10876元人民币,同比增长12%;社会消费品零售额完成21700万元人民币,同比增长5.6%;工业总产值完成10亿元人民币,同比增长30.1%;农业总产值完成32800万元人民币,同比增长5.8%。

名称:北京市大兴区安定镇人民政府
地址:北京市大兴区安定镇
电话:80235618
邮编:102607
网址:anding5618@126.com

【党建工作创新】　年内,按照安定镇党委制定的“抓党建,保稳定,夯基础,求发展,促和谐”的整体工作思路,围绕“党支部书记规范化管理,发挥党支部核心作用,党员队伍教育管理,农村精神文明建设村级团组织建设”这条主线,安定镇党委决定在全镇农村基层党支部以联村共建的形式建立6个联村党总支,坚持“就近便利,优势互补,因地制宜,协调发展,统筹兼顾,讲求实效”的原则,设立党总支书记,党总支副书记,党总支委员。创建联村党总支要达到进一步加强党委和基层党支部的沟通,使党委、政府各项工作向村级进一步延伸,方针、政策得到进一步落实,切实发挥基层党支部战斗堡垒作用的目标。10月31日,区委组织部副部长苏平同志参加了联村党总支成立大会,并为6个联村党总支授牌。

(肖春林)

【镇党委重视大学生村官的管理】 年内,通过采取"帮、训、炼、督、考"加强对大学生村官的管理,使大学生村官快速适应基层岗位和环境,不断提高了村官的实际工作能力,取得了良好效果。在2010年村党支部换届选举中有5名大学生村官被选入支部班子,2007届大学生村官合同期满已实现就业,其中有7名大学生村官录取为公务员,事业编制6名,社区工作者4名,续聘1人,其他工作人员4人。

(肖春林)

【桑产业建设】 年内,全镇完成果桑嫁接换优1000亩,桑椹总产量达到了1000吨,企业收购668吨,农户自销332吨。借助第九届北京大兴安定桑椹文化节平台,在安定御林古桑园进行了产品展销,主要产品有桑椹汁、桑椹酱、桑椹茶、桑椹果冻等系列桑产品。

(肖春林)

【农业基础设施建设】 年内,本镇实施南部、西部两期基本农田保护示范区建设工程,涉及东白塔、西白塔、堡林庄、后安定、东芦各庄、西芦各庄等22个村,面积4万余亩,总投资7000余万元,年底前已全部完工。新打机井80眼,节水管道218公里,田间路硬化49万平方米,增加变压器40台,铺设地埋线路75公里,新修桥涵148座,植树5.36万余株。

(肖春林)

【绿化美化工程】 年内,本镇总投资700万元,实施京山线绿化美化工程,由农办和林业站抽调专人负责此项工作,制订实施方案,严把新植树木的质量关,新植树木需要占用农户土地,我们进行入户宣传,与农户签订土地补偿协议,把京山线绿化美化工程做好、做实。此工程绿化总面积910亩,总长8.4公里,树种有白蜡、金枝槐、杨树、法国梧桐等20余种,花卉品种有紫薇、玉兰、地桃、女贞等40多种,共计栽植各类树木4.5万余株,形成了京山线两侧的立体绿化观光带。年底全镇共完成新农村绿化单位13个,完成道路绿化和街心绿化等各种植树工作,栽植国槐、白蜡、千头椿、紫薇、连翘、海棠、月季等林木和花卉16.33万株、墩,播种二月兰4500平方米,圆满完成了镇政府布置的绿化美化工作。

(肖春林)

【旅游观光园改造提升工程】 年内,本镇御林古桑园、亮民绿奥观光农业园、圣泽林梨观光农业园被列入全区观光休闲农业园区,提升工程争取农业补助资金1900万元,主要工程包括;园内和园区周边道路4.3万平方米,停车场4.5万平方米,道路标识20个,绿化美化8300平方米,排水沟长870米,还建有大门景观、科普文化长廊,休闲设施,在御林古桑园西南侧还建设了早熟果品采摘园,占地面积400亩,品种有早杏,并配备机井5眼,铺设节水管道400亩。

(肖春林)

【建土地流转模式】 年内,本镇以兴安营村为试点,成立了兴安营蔬菜产销专业合作社,通过合作经营促进农业产业化的发展,转变农民的生产方式,提高百姓的生活水平,从而推进了城镇化的进程。兴安营蔬菜产销合作社已经与农户签订入社合同105份,面积363亩,其中温室面积16亩,钢架大棚入社面积146.1亩,粮田209亩,已发放保底收益金30万元,已经进入设施改造升级工作中的42栋高标准日光温室主体工程和水、电、路配套设施建设已完成。

(肖春林)

【发展设施农业】 年内,本镇利用设施农业发展政策,共计发展保护地580余亩,其中日光温室212亩,钢架大棚360亩,连栋温室6000平方米,涉及东芦各庄、西芦各庄、兴安营、后安定、马各庄、西白塔六个村。其中在东芦各庄建设了占地100亩高标准的蔬菜有机生产示范基地,前期投资近1000万元,在后安定村建设了占地300亩的钢架大棚基地,投资450万元。通过实施农村的种植示范,提高了蔬菜生产种植水平,增加了农民的收入。

(肖春林)

【建设农业标准化生产示范基地】 年内,本镇为了促进都市型现代农业发展,重点抓34家农业标准化基地的新建和提升,新建了北京安定团结养殖有限公司,安定镇前辛房国山精品黄金梨园2家标准化基地,提升了北京兴安营番茄专业合作社北京安辛果园基地2家标准化基地,4家基地均通过区农委等有关部门的验收,使先进的生产技术、优新品种可以向周边的村户辐射推广,从而带动了全镇农业生产水平的提高。

(肖春林)

【粮食直补工作】 年内,镇政府依据政策要求,农办、财政所组织完成了申报、核实、公示、资金发放等工作。全年小麦及玉米的粮食直补工作中共涉及享受补贴种植面积7.47万亩,受益农户10527户,补贴资金672.37万元,农资综合补贴资金336.04万元,生态作物补贴面积2.56万亩,受益农户4318户,补贴资金102.49万元,全部补贴资金已经落实到种植农户手中。

(肖春林)

【小麦换种工作】 年内,安定镇进行了小麦种子优良品种的更换,涉及32个村,更换面积1.52万亩,换种32.76万公斤,基本上实现了全镇小麦优良品种种植。

(肖春林)

【农机购置补贴】 年内,全镇落实各类补贴农机具67台套。涉及资金29.4万元,其中补贴资金145.2万元,75马力拖拉机4台,45马力拖拉机4台,30马力拖拉机7台,玉米收获机12台,温室卷帘机14台,微耕机15台,施耕机7台,菜苗运输车1辆,剪枝机4套,割灌机6台,圆满完成了政府为农民办实事的任务。

(肖春林)

【雨洪二期工程建设】 年内,水务站对东白塔村坑塘和能达农场坑塘进行了二期工程施工。其中,东白塔村坑塘的有效利用面积为40亩,平均整治深度13米;能达农场坑塘的有效利用面积为10亩,平均整治深度3.5米,两处坑塘治理后,年可蓄水16.4万立方米,于5月完工。

(肖春林)

【全国第六次人口普查工作】 年内,进行了全国第六次人口普查工作,首先建立了镇、村级人口普查领导机构,召开动员会,大力宣传人口普查的意义。在摸底宣传和人口普查宣传月中共挂横幅435条,张贴公告3000多张,发放宣传画340套,宣传手册1.2万册,发放《致调查户一封信》和《普查员承诺书》共计2.4万份,制作户外广告牌9块共120平方米,悬挂道旗3公里,160根灯杆共320面,培训人口普查员174人次,发放户口核对表1万张,其它表格10种共9850张,发放物资3类共500余份,清查户数9682户,清查人口34779人,在全镇普查人员的共同努力下于年底胜利完成我镇全国第六次人口普查工作。全镇登记户数9297户,人口34253人(包括武警特战大队124户,842人)。

(肖春林)

【安全生产管理工作】 年内,本镇制定了安全生产执法工作方案和安全员管理制度,全年检查企业、商业店铺873家次(包括联合检查),开具执行文书144份,其中责令改正指令书81份,整改复查意见书57份,强制措施决定书6份,整改消除隐患431处,移交安监局执法违法企业11家,行政处罚罚款5.7万元。

(肖春林)

【就业服务工作】 年内,对全镇劳动力就业情况进行摸底调查,制定具有针对性的培训方案。采用培训班和讲座等形式对农村劳动力、失业人群进行培训36期达3200多人次,举办参加专场或综合性招聘会,开展日常职业介绍共28场达1800多人次,本镇与用工单位实行"空岗服务"制度,截至年底,全镇完成农村劳动力就业940人,失业人员再就业130人。

(肖春林)

【完善环境建设】 年内,镇域分别建立村级公路管护、镇区三支保洁队伍、村级保洁队伍192人,增设4名片长,公路保洁队伍70人,分为3个小分队,每个小分队负责60公里的区、镇、村三级公路沿线环境治理和垃圾清运工作。镇政府投资50余万元购置钩机1台,打草机5台,电动三轮车3辆,人力三轮车100辆,自卸车2辆,同时还为7个村保洁队增设30辆人力三轮车,推动环境整治工作的开展。另外还开展了"美丽庭院"评选、"小手拉大手共建和谐家园"等一系列专项活动,形成了"人人动手、户户参与"的良好环境治理氛围。

(肖春林)

【村庄社区化管理】 年内,本镇组建了镇综治维稳中心,下设综治工作办公室,负责各项工作的组织实施,制定了综治维稳中心10项工作制度,全镇设立了5个综治分中心,负责全镇33各村的社会治安综合治理工作,按程序招聘35名治安专职巡访队员,经过培训统一分配到综治分中心,开展治安巡逻,实现了村庄社区化管理。

(肖春林)

【财政收支情况】 年内,1~9月份全镇完成财政收入5311万元,完成全年任务5856万元的90.69%,比上年同期的3701万元增加1610万元,其中固定税收入完成1366万元,比上年同期的1159万元增加207万元,增长17.86%,共享税收入完成3945万元,比上年同期的2542万元增加1403万元,增长55.19%。1~9月份完成财政支出4332万元,完成全年预计支出6030万元的71.84%。

(肖春林)

【村庄绿化美化】 年内,全镇开展了以"创建和谐新村,绿化美化家园"为主题的春季植树绿化美化活动。从3月份开始,对后安定 、沙河、高店等13个村庄进行绿化美化项目施工,绿化总面积22.65万平方米,绿化树种主要有国槐、千头椿、月季等20个品种,种植乔灌木共计12.91万株。镇政府为沙河村还修建了村民休闲文化广场,种植木槿、大花月季、国槐、丁香等10多个品种的树木达2000余株,提升了全镇村庄绿化覆盖率。

(肖春林)

【新农村建设】 2009年街坊路建设涉及13个村,建设工程总量为32万平方米,已于2010年7月初竣工。2010年街坊路道路硬化工程涉及车站、伙达营、大渠、周园子等8个村,总工程量为19.7万平方米,总体造价

3115 万元,已于 10 月底完工。户厕改造工程涉及 6 个村庄,改厕 2006 座。新建公共浴池 10 座,涉及 10 个村庄,去年 11 月中旬开始施工,该工程利用地源热泵,新型保温墙体,太阳能热水泵系统三项新技术,一年四季均可使用,该工程已于 2010 年 5 月中旬全部完成并投入使用。安定镇在推广大型沼气站的同时,先后在沙河、于家务开始示范推广户用沼气工程,登记建设用户已于 2010 年 9 月全部建设完成并投入使用,经过一段时间试运行,得到了村民的肯定,此工程已通过区相关单位的验收。

(肖春林)

【提高农村老人生活质量】 年内,本镇为 466 名 80 岁以上老年人发放养老服务券,为 90 岁以上老人发放高龄津贴 4.37 万元,对 60 岁以上老年人免收普通门诊挂号费,免费建立健康档案,认真开展尊老敬老志愿服务活动,定期招募志愿者到敬老院开展义诊文艺演出等志愿服务,平时利用广播和集市宣传等形式宣传老龄政策法规,加大老年人的维权力度,为老年人提供法律援助。

(肖春林)

【提升农村医疗水平】 年内,政府投资 20 万元为安定卫生院购置口腔科医疗设备,方便群众就医,加强医师技能培训,邀请区中医院专家帮带青年医师 82 人次,参加卫生服务岗位培训 1050 人次,深入各村、企业、学校开展健康知识讲座 12 场,大型宣传 8 次,发放各类宣传材料 2 万多份,为困难群众办理"农村特困人员医疗证",确保了困难群众的就医,与此同时还开展了送医、送药活动,受到村民好评。

(肖春林)

【公益事业】 年内,本镇 33 个村每村享受公益事业补助资金 15 万元,4 月份全部拨付到位,总金额 495 万元,2009 年公益事业补助资金结余 111.36 万元,2010 年可支配公益事业补助资金 606.36 万元,截至 6 月底各村支出总额 231.25 万元,其中:公益设施建设费用 20.43 万元,公益设施维护费用 18.03 万元,社会管理费用 107.6 万元,社会事业费用 82.89 万元,村务人员工资 2.3 万元,结余资金 375.11 万元。

(肖春林)

【财物审计】 6 月,日常收支审计共计 2664.2 万元,其中收入类票据 1243.86 万元,支出类票据 1420.34 万元,在执行双审过程中对不符合财务收支手续的票据进行清退并作为年终对村财务工作考核的重要依据。

(肖春林)

【农业保险】 年内,镇经管站组织召开了个村党支部书记参加的农业保险动员会和相关工作人员的培训会,大力宣传农业保险的政策,下发各种宣传材料 2000 余份,有 32 个村的农户为西瓜、桃、梨、葡萄、苹果、蔬菜、小麦、玉米、大棚投保,共计参保 8828 亩,比上年增长 7058 亩,增长率 399%,收缴保费 15.62 万元,比上半年增长 12.04 万元,增长率 336.6%。因自然灾害导致不同程度的受灾,受灾面积达 1500 亩,经过查勘定损,为徐柏 26 户大棚,28.5 亩理赔 7.93 万元。为堡林庄一户梨理赔 300 元,合计理赔总额 7.96 万元。

(肖春林)

【咨商情况】 截至 9 月,本镇事前咨商领导小组共召开村级重大事项事前咨商会议 11 次,涉及 33 个村,咨商议题 98 个,镇咨商领导小组提出指导性意见 280 条,为村级决策提供了科学、合法、正确的依据。上半年共组织 2 个村就树木拍卖等进行招标投标 3 次,总标底 64 万元。村级重要经济专项招标投标增加村级重大经济专项的透明度得到了村民的一致好评。

（肖春林）

【计划生育宣传】 年内，镇计生办为了提高群众对计生工作的认识，利用“世界人口日”、“母亲节”、“世界地球日”上街宣传3次，发放各类计生宣传材料2000多份，发放避孕药具430盒。4名计生专干在参加“大兴区三基岗位练兵和知识竞赛活动”中，安定镇获优秀组织奖。自编自演的京东大鼓《基本国策记心间》，先后被镇桑椹文化节和全区7·11计生宣传文艺汇演定为演出节目，上半年完成宣传报道24篇，大兴信息采用4篇，大兴报采用1篇，区计生委的“大兴人”杂志采用6篇。日常与文体中心合作，每周二利用广播进行计生工作宣传，让群众更方便更直接的了解计生生殖健康、避孕节育、优生优育知识。

（肖春林）

【计划生育管理】 4月，召开了全镇人口和计划生育工作会议，提出了2010年人口和计划生育工作的总体思路和奋斗目标，全面部署了2010年的主要工作任务，制定了《2010年安定镇计划生育目标管理责任制实施方案》。区计生委为我镇176对新婚夫妇举办“优生优育知识”培训班，镇计生办邀请镇妇幼保健站的大夫为新婚夫妻讲优生优育知识讲座，并发放宣传材料，免费为新婚夫妇发放叶酸，以减小新生儿的出生缺陷。与卫生院联手建立孕妇孕期跟踪服务机制，并签订知情同意书，提高出生人口素质。加强流动人口计划生育管理，建立村计生专干与流动人口协管员定期交流沟通制度，建立流动人口信息月出生台账，对无《原籍婚育证明》的要限期补办。对于企业流动育龄妇女，要首先与企业法人签订责任制，要为每名企业育龄妇女签订责任书和建立卡片台账，详细记录婚育状况。经过镇级审核确认本年度新增奖扶对象2人，特扶对象1人，伤残扶对象2人，全镇共有64人享受农村计划生育家庭奖励扶助政策，上半年兑现三扶助资金9.7万元，已全部打卡发放到位，为放弃二孩生育指标且领取独生子女父母光荣证家庭，一次性奖励1000元。认真落实贴息贷款惠民政策，年内共完成75万元的贴息贷款，其中17户独生子女家庭通过小额贴息贷款扩大了种植、养殖规模，增加家庭收入。

（肖春林）

【捡拾弃婴入户】 年内，安定镇捡拾的孩子最大的已到了中考年龄，经过民政、公安、计生、派出所四部门联合商洽，对有关证件进一步核实，为安定镇13名捡拾弃婴办理了相关手续现均已入户。

（肖春林）

【信访工作】 1～11月，本镇共接待群众镇级来访36批135人次，与去年同期的24批48人次，批次上升了12批，人次增加了87人次，其中村委会换届期间引发的集体访6批72人次，截至10月底到区上访12批31人次。北京市信访办系统市长信箱转办、交办的信访件共计55件，其中来信15件，来访21批，市长信箱收到的信件共计19件，此信访件均按规定时限办理完毕，办结率100%，未出现受理的信访事项被纠正或重查，办理意见被撤销、变更及行政诉讼败诉的案件。初信初访办结率100%，重信重访办结率100%，本镇没有中央、市联席办、市信访办交办的信访积案。

（肖春林）

【查办案件】 年内，镇纪委共接待纪内信访举报案件18件，查证属实3件，收缴违规资金2.09万元，人民法院依法判决1件，查证涉嫌违法1件，现已移交经侦队进一步调查。

（肖春林）

【优抚社救工作】　年内,在春节期间对优抚、社救对象入户走访慰问64次,发放宣传材料24份,与分散五保户签订责任书8份。为13个村25户危房改造发放了救助金,其中,优抚对象10户发放补助金54万元,社救对象15户发放补助金67.5万元,两项共发放补助金121.5万元。2010年为青海玉树灾区红十字会送温暖献爱心活动共捐款近30万元。对607名残疾人进行筛查,为有需要的残疾人建立了康复服务档案,其中为28人提供了医疗康复服务,为79人提供功能性服务,为283人提供了配发辅助器具服务,为58人提供培训服务,为138人提供了咨询及知识普及康复服务。通过摇号配售方式有17户取到了房源,截至11月底,有13户申请低保,经入户调查后共有8户符合低保标准。全镇优抚对象报销医疗费用26人次,报销金额2.93万元,农村特困人员医疗垫付234人次,报销金额3.31万元,年底共受理城乡居民丧葬补助审批120人,发放丧葬补助金60万元。

（肖春林）

【低保对象增减】　年内,本镇共有低保对象249户,460人,其中城市低保15户,27人;五保对象18户,18人;农村低保216户,415人。上半年共核减城乡低保待遇6户13人,其中因病死亡3户5人,学生毕业工作后家庭收入发生变化3户8人。

（肖春林）

【化解矛盾纠纷】　年内,信访办要求村级每周都要召开一次矛盾排查会,镇级每月要组织召开由各科室领导及有关部门参加的矛盾排查工作会议。年底共召开矛盾排查会11次,镇村两级共排查出矛盾纠纷52件,已化解49件,正在化解3件。通过诉讼渠道解决两委换届选举、土地补偿等信访问题10件,在排查矛盾纠纷中按照归口办理的原则,协调相关科室解决了房基地审批、宅基地纠纷、新农村建设工程、粮食直补、征占地补偿、土地确权遗留,优抚社救等方面的矛盾纠纷共28件。

（肖春林）

【生态果林管理】　年内,本镇共举办各种形式的果树技术培训班4次,受训人员达到300人次,技术人员主要讲解针对个别果树新品种的抚育管理,和老果树特别是老梨树的更新复壮等技术的讲解,而后现场实习,让农民在课上学到新知识,把新技术运用到实际生产中。林业站与后安定村贾尚、亮民绿奥果树观光园共同开发,培育大樱桃苗木40亩,育苗2万株,引进大樱桃新品种5个,分别为大地红、岱红、黑珍珠、沙米豆,拉宾斯,为安定镇大樱桃的开发利用奠定了坚实的基础,通过开展新技术培训使本镇的600亩弃管老梨树重新回到正常的生产轨道,年内大兴区举办的梨王擂台赛上本镇共获得各种奖项30个,其中梨王奖1个,风味皇后奖1个,金奖7个,优质奖21个,获奖总数居全区之冠。

（肖春林）

【美国白蛾防控】　年内,本镇根据上年度虫情分布特点,重新划定责任区,同防控负责人签订责任书,设立严格的奖惩制度,镇林业站专门组建了一只80人的查、防、治专业队伍,全方位的开展工作。三月底利用6天的时间在全镇安装黑光灯97盏,遍布全镇33个村庄及较大果园、苗圃、花卉等林地。5～10月份完成三次普防工作,面积达到4.5万亩,另外还组织了一支由58人组成的查防美国白蛾幼虫网幕人员,对镇域内的村庄、苗圃、果园等地进行拉网式的检查,全镇出动喷药车12辆,打药人员20多人,查防人员38名,区委区政府特责成区林保站协助我镇开展飞机防治,共飞行20个架次,飞防喷药面积2万余亩。

（肖春林）

【森林防火工作】 年内,本镇与相关单位签订防火责任书45份,利用广播、标语、发放宣传品、巡回宣传车等一系列方法,提高广大群众的防火意识和积极性。防火期间,召开广播会5次,悬挂宣传牌40块,张贴标语570张,发放宣传品1万多份,特意制作挂历、台历2000份,围裙2000份发给林地周边的干部群众,使森林防火更加深入人心。镇政府投资35万元,购置了大量的灭火器16台,灭火车辆和数名风力灭火机,还建立了一支精明强干的扑火小分队,举办培训班4次,培训人员150多人次,防火期间全镇组织了大规模的除草工作两次,完成林网除草5.5万延长米,完成片林除草1100亩,打防火隔离带45条,动用民工3650人次,车辆541台次,及时清理了火灾隐患。

(肖春林)

【污水处理】 年内,安定镇污水处理自2005年兴建以来共投资500万元,污水处理厂经过升级改造,日污水处理能力上升到1500吨,彻底解决了园区内污水排放问题,满足了安定镇北工业园区和周边企业的需要,减少了污染物的排放,污水处理厂通过了环保局相关部门的检测,达到了国家排放的标准,7月18日污水处理厂正式投入使用。

(肖春林)

【工业经济运行情况】 全年,全镇工业总产值10.3亿元,同比增长34%,主营业务收入为10.9亿元,同比增长55%,税收3267万元,同比增长23%。

(肖春林)

【招商引资】 年内,全镇共引进投资5000万元,重点企业6家,分别是多元环球水务公司,北京市大禹防水工程集团有限公司,北京同心机械制造有限公司,中化化工科学技术研究总院项目,富思特制漆北京有限公司和北京奇威斯特联合技术公司,其中多元,大禹王,同心械三个项目已开槽动工,其他项目还在加紧办理有关手续,预计2011年开工。

(肖春林)

【商业街回迁】 年内,安定镇商业街三期改造工程全部完工交付使用,通过办公室科室人员的努力,利用节假日的时间与商户洽谈,于6月顺利地完成了商业街的回迁任务。

(肖春林)

【青礼路两侧商业街改造】 为了治理店外经营,门前脏、乱、差,改善经营环境,对青礼路两侧商业用房进行拆迁改造,计划拆迁32户,拆迁面积6400平方米,新建商业用房148套,建筑面积2万平方米,总投资3600万元,2010年完成拆迁面积5200平方米(共计25户),完成建筑面积1.5万平方米,交付使用商业用房70套,9000平方米,累计投资2800万元。

(肖春林)

【工业区建设】 年内,镇政府投资75.87万元,工业区蒸气流量表工程于5月15日开工建设,7月15日竣工,使本镇的物业管理更加规范,为企业用气提供了方便。安定工业区防水导流工程11月1日开工建设,总投资420万元,12月底竣工,彻底解决了本镇化工基地的排水问题,减少了污水的排放。

(肖春林)

【待遇认证工作】 年内,本镇有效保障领取社会保险长期待遇的人员共认证4956人,其中领取基本养老金离退休人员301人,领取城乡居民养老金的人员806人,领取城乡无社会保障老年居民养老保险待遇的人员3843人,领取工伤定期职工4人,领取供养亲属抚恤金的2人。

(肖春林)

【加大教育投入】 安定镇中心小学和幼儿园建设工程于2009年6月开始施工,2010年8月1日竣工,9月1日已投入使用,政府投资2109.5万元新建镇中心小学综合教学楼,建筑面积7236平方米,和占地面积为1.66万平方米的风雨操场。投资731万元新建镇中心幼儿园,建筑面积3059平方米,拥有9个教室,可容纳300多名儿童。投资350万元,新建占地面积875平方米,建筑面积1016平方米的礼堂。投资800万元为后安定小学、通洲马房小学、西芦各庄小学201间教室和18间办公室,建筑面积共计4275平方米进行了抗震加固。年内,政府还出资17.56万元对全镇143名优秀初、高中毕业生进行奖励。年内,本镇中小学"硬件达标"、"软件规范"达到了《北京市中小学办学条件标准》。

(肖春林)

【社会保障】 全年,全镇共发放失业金92人次,5.99万元,发放医疗补助金7人次,832.86元,做到了及时、足额发放"一老一小"大病医疗保险参保率超额完成任务,截至年底城乡居民养老保险参保完成1.44万人,新型农村合作医疗参合率达到了98%;完成了286户残疾人家庭无障碍改造实地测量及入户施工工作。

(肖春林)

【畜牧业基本情况】 年内,本镇具有一定规模的畜禽养殖小区14个,养殖场20个。奶牛存栏2996头,肉牛780头,羊1.53万只,猪2.7万头;鸡18.25万只,鸭3万只,鹅1534只,犬7174余条,分布在33个自然村和单位企业。

(肖春林)

【畜禽的免疫与检疫】 年内,安定镇动物防疫站根据市主管部门的要求和畜牧业生产过程中的程序化免疫规定,全年共免疫猪18.71万头,奶牛1.1万头,肉牛2799头,羊4.33万只,免疫率及耳标佩戴率100%。全镇蛋鸡存栏18.25万只,肉鸭存栏3万只,其他禽类7283只,免疫率100%。按程序应免动物免疫密度为100%。本镇奶牛散养户226户,肉牛散养户286户,生猪散养户636户,羊散养户374户,每次口蹄疫都要首先进行免疫,防疫人员都要逐户、逐只进行免疫和耳标佩戴。全镇犬注册7174余条,免疫7174条,免疫率为注册犬的100%。防疫站针对辖区内各类畜禽养殖情况进行了全面的自查和送检,完成了在监督部门下达的血样监测工作,送检各类监测样品有:奶牛布病、结核的抽样送检4846头份,亚I型和O型口蹄疫3720余份,肉鸭禽流感2050余份,犬30余份,各类棉式子240余份,检验结果未发现任何异常现象。对镇域内的养殖场区,主要街道和集市都要做好消毒灭源工作,对公共场所和一些消毒死角由镇防疫站组织人员车辆进行大面积消毒。全镇共发消毒药品:火碱5吨、蓝光35箱、宝碘30箱、益康20箱、二氧化氯40箱等。

(肖春林)

【弱势群体帮扶工作】 年内,镇政府加大了对老年人的维权力度,为39名高龄老人发放补贴4.7万元。为37名老年人提供法律咨询及援助,维护老人家的合法权益。为737名残疾人建立康复档案,安定卫生院入村为3000名60岁以上老年人体检。为583名残疾人配发辅助器具,出资6.5万元。对9户因意外造成困难的家庭实施临时救助,帮助其度过难关。为低保人员提供技能培训、就业信息等服务,现已帮助22名低保人员实现就业。

(肖春林)

【桑椹文化节】 5月,成功举办了第九届桑椹文化节，传承了“以桑椹为媒，广交天下朋友，宣传生态安定，推动地区旅游”的办节宗旨，突出了文化特色，打造出了独具安定特色“蓬勃发展中的御林古镇”文化长廊，展出了安定镇基层党建，基础设施，工农业发展，农民精神文明风貌，小城镇建设等各个方面的图片，显示了安定镇的经济实力和日新月异的发展，为烘托开幕式的节日气氛还在全镇各项文化活动获奖作品中选取8个精彩节目进行演出，如：“相约古桑园”农民风采展示，“夕阳红”老年空竹表演，“乐在旗中”象棋表演等，受到广大来宾和群众的好评，同时对安定镇的特色工农业产品、手工艺品进行展卖，突出了全民参与桑椹文化节的特色。

（肖春林）

【精神文明建设】 年内，本镇加大了宣传力度，不断提高“村村通”广播的质量，以本土化、特色文化为指向，宣传部共录制广播节目260期。把党和政府的方针政策送进千家万户，在村委会换届选举期间，充分利用横幅标语，宣传栏等宣传形式扩大宣传覆盖面，悬挂宣传横幅210条，编发《安定镇村委会换届选举工作简报》七期，上报区选举信息10余条，制作专题广播60期，截至9月本镇上报信息331条，被《大兴信息》采用73条，其中专刊1期。政府投资26万元加强新农村文化建设，为全镇的大鼓队、空竹队、秧歌队等26支群众性文体队伍配备服装，音响等道具，利用共享工程，数字影厅放映数字电影2700多场，丰富群众文化生活。年内我镇认真开展主题教育活动，如：“迎新春，促和谐”文体活动汇演，有23支代表队800余人进行了精彩表演，同时还有3个业余文化剧团演出了传统戏剧和现代京剧，受到万名群众的好评。春节前夕，大兴区书法家协会会员，书法家来安定镇现场挥毫泼墨，为村民书写对联和福字，免费赠送对联700多幅。在开展“红歌大家唱”歌咏比赛中，有96名歌手参加比赛，通过评选，伙达营村合唱队获得合唱一等奖，伊广江获得独唱一等奖，同时还评出二等奖4个，三等奖7个。另外镇政府还为20个新建益民书屋配齐了书架，阅览桌椅等设备。丰富了广大村民的业余文化生活。

（肖春林）

【流动人口基本情况】 年内，本镇现有流动人口2745人，占本镇常住人口的9.4%（常住户籍人口29315人）。外来人口分别来自26个省、市、自治区，其中主要来自河南580人，河北745人，山东263人，山西177人，四川129人，等五个省市共1894人，占全镇流动人口总数的69%。有1880人在我镇79个企事业单位务工，占流动人口总数的68.5%；329人从事个体经商，占流动人口总数的12%；在本镇租地务农的有206人，占流动人口总数的7.5%；在校学生233人，占流动人口总数的8.5%；学龄前儿童71人，占流动人口总数的2.6%；其他行业26人，占流动人口总数的0.9%。

（肖春林）

【流动人口的管理】 年内，本镇按照区流管委的要求，结合本镇实际，为33个村配备了流动人口管理员，与各村的党支部书记，企事业单位法人代表签订了责任书，并将流管工作列入年终考核，建立了奖励机制。为做好以补促管工作加大宣传力度，共发放宣传材料1.2万多份，横幅标语150多条，全镇145名参与以补促管工作人员三次入户宣传、登记、绘制各户村民的房屋居住平面图，全年共签约合同户数7620家，占全镇户数的85%以上，补助资金762万元全部发放到位。自9月开始，镇政府多次组织流管办、综治办、安全科、工商所、派出所、供电所等职能部门对出租房屋内的“五小”、“六小”企业进行多次联合执法检查，共出动100多车次，300多人次，清理“五小”、“六小”企业36家，涉及流动人口186人,有29名低素质流动人口迁出安定镇域,有效遏制了外来流动人口快速增长的压力。冬季镇政府强化流动人口和村民的煤气中毒工作,加大检查宣传力度,充分利用有线广播,横幅,标语,张贴宣传画,发放年历、宣传画片1万多张,风斗8000多个,做到了家喻户晓,人人皆知。流管办、综治办、派出所等职能部门对企业职工宿舍、建筑工地、流动人口大院和出租房屋等流动人口集中的场所和各村农户每周检查一次,填写检查记录,并与各用煤取暖的单位、个人、出租房主签订预防煤气中毒责任书。进一步规范了对流动人口的管理。

(肖春林)

【科技人员培训】 年内,安定镇农业综合服务中心实施了百名农技人员培训计划,聘请了中国知网、北京农科院、农职院、植保站、区蔬菜办、农科所等农业专家、教授进行专业知识的专题讲授,利用远程教室集中培训12次,共计1058人次;全年组织下乡培训16次,共计2815人次;组织农业技术人员外出观摩8次,共计377人次,观摩了市蔬菜中心,昌平小汤山种植园和大兴区内几个新技术、新品种示范基地;农科院、农职院专家李明远、鲁韧强、司亚平、武占会等还利用田间地头为农民培训5次,共计305人次;全年开展电脑培训45次,参加人达900多人次。农服中心对学员采用笔试答卷、实际操作技能成绩的高低和农情信息上报质量选拔出30名农情员,对30名农情员进一步进行业务培训,如:农业信息的采集、农情报送、基层农技推广、平台使用、网络信息查询、农业科技等,通过培训使学员了解了农业发展的最新动态,掌握了农业最先进的科研成果及产品营销策略,掌握了农情信息的采集报送等相关技能,提高了为农业服务的能力。

(肖春林)

【加大设施蔬菜的扶持力度】 年内,镇农服中心协助兴安营设施蔬菜土地合作社建设日光温室40栋,实行肥料、农膜、农药等物资统一采购、配送。聘请农科院,区植保站专家指导培训病虫害的防治技术,制定防治措施。着力扩大佟家务、善台子推广嫁接茄子种植面积130亩。在杜庄屯村推广西红柿嫁接种植96亩,示范户马劲松种植嫁接茄子3亩,同比不嫁接的茄子增产23%,增收30%。示范户郭建于种植嫁接西红柿2亩,亩产达1.85万斤,同比增长25%,增收25%。为了更好地推进"一村一品一色"工作进程,镇农服中心为专业村提供物化补贴,为西芦各庄村农民购买嫁接冬瓜苗35万株,补贴资金7万元。为于家务村提供育苗盘5000张、基质600袋、叶面肥150公斤、黄板1万张;为潘家马房提供高钾复合肥100袋。为马各庄村调运保护地西瓜苗5.2万株,种植面积80亩,平均每亩增收40%。以镇农服中心为平台建立网络销售农产品,北京新发地蔬菜批发商直接到兴安营村长期收购各种蔬菜,年收购量达800多吨。天津外贸公司收购西芦各庄村小型冬瓜750万斤,为村创造经济价值1200多万元,以高出市场20%的价格收购潘马房甘薯30多万斤,为后野厂村于和林销售食用菌4万多斤,收入12万余元。解决了农产品销售难,增加了农民收入。

(肖春林)

【农村党组织换届选举】 年内,安定镇党委为了搞好农村党支部换届选举工作,党委多次组织一班人学习市委市政府、区委区政府以及各级领导的讲话精神和工作安排,先后召开党委会议6次,专门组织全体机关干部就选举工作进行学习动员,统一思想,提高认识。成立了以党委书记为组长,主管副书记为副组长,副职镇领导共同参加的镇选举工作指导小组,负责全镇农村党支部换届选举工作，成立了以组织部长为主任，相关部门领导和业务骨干23人组成的镇选举办公室，下设5个专项小组，具体组织换届选举工作。根据全镇的实际情况制定出了我镇农村党支部换届选举的实施方案和换届选举的日程安排表。为确保此次党支部换届选举工作依法有序，首先加大宣传力度，采取挂横幅、贴标语和致“全体党员”一封信、开展广播宣传等形式，宣传有关法律、法规和政策，营造了浓厚的依法选举氛围，与此同时还层层建立责任制，从副职领导到机关科室干部，都定出了包片、包村责任书，实行责任追究，确保换届选举工作顺利进行。镇党委以会代训等方式先后培训包村干部、支部书记5次，自2009年11月初，镇党委采取下村调查，了解、倾听村干部汇报，召开不同形式座谈会进行摸底分析，梳理各村存在的主要问题和潜在矛盾，确定重点村、难点村。本镇采取了正式选举和分批次选举循序渐进的方法，先易后难，对33个村分成三批次选举，对重点村要先化解矛盾，加强包村干部的力量，确保换届选举的顺利进行。本镇33个党支部共有党员1074人，有选举权的党员1074人，共有933名党员参加投票选举，参选比例为86.9%，按选举规程，全镇共选举产生村党支部书记33人，支部委员102人，其中连任的党支部书记27人，占81.8%，党支部成员中高中以上文化的70人，占51.9%，平均年龄47.5岁，其中35岁以下的19人，占14.7%，5个行政村实行了党支部书记直选全部顺利产生，有4个村党支部书记由镇党委委派担任。安定镇33个村党支部的换届选举工作于1月底顺利完成。

（肖春林）

【村委会换届选举工作】　4月，安定镇村委会换届选举开始，镇党委多次组织班子成员认真学习，传达区委和上级领导的指示精神，研究部署选举工作，成立了由党委书记为组长，主管副书记为副组长，副职镇领导共同参加的镇选举工作指导小组，负责指导全镇的换届选举工作，成立了以组织部长为主任，相关部门领导及业务骨干共27人组成镇选举办公室，下设5个专项小组，具体组织换届选举工作。加大宣传力度，增强选民依法选举意识。全镇共悬挂横幅201条，标语1650条，发放“致村民一封公开信”8927封，为选举工作营造了良好的舆论氛围。本镇实行了以党委书记为第一责任人，对选举工作负总责，党委副书记具体抓，副职领导干部包片、包重点村，机关科室包村的换届选举工作，并层层签订责任书，根据实际情况制定了《换届选举工作的奖惩办法》。为依法做好选举工作，首先使选委会成员和包村干部熟悉“两法一规程”，以会代训等方式培训包村干部11次，共培训1025人次，培训村党支部书记、村选委会及工作人员7次，共培训835人次，镇出资为33个村统一购置了遮阳网和挡雨布。针对有闹事倾向的村增强警力，抽调工作能力强的机关干部进行增援，针对矛盾、意见突出的村，组织50名教师担任代书处工作人员，避免出现争议和矛盾。为确保选举成功和农村稳定，先抓比较稳定的村，在集中力量抓问题多的村，全镇的选举工作分2批进行。全镇共有选民23434人，选举日参加投票选民18514人，参选率为79%，按照选举规程全镇共选举产生村委会成员101人，其中党员63人，占62.4%，实现“一人兼”的村20个，占60.6%，支部委员当选村主任3人，占9%，普通党员当选村主任的1人，占3%，村主任连选连任的13人，占39.4%，村委会成员中高中以上文化的43人，占42.5%，平均年龄为45.9岁，其中40岁以下的19人，占18.8%，推选产生村民代表778名。一次选举成功的村18个，占

54.5%,另行选举的村15个,占45.5%,没有重新选举的村,顺利完成区委下达的任务指标。

(肖春林)

庞各庄镇

【概况】 庞各庄镇位于北京南郊,距区政府所在地大兴新城12.5公里。西依永定河,东至魏善庄镇界,北和北臧村镇相邻,南与榆垡镇接壤,镇域总面积109.3平方公里。辖区内有53个行政村,户籍总人口4.2187万人,其中农业户籍人口占79%。年内,财政收入首次突破亿元大关,完成1.08亿元,同比增长34%;农业总产值完成7.2亿元,同比增长4.3%;农民人均纯收入达到13078元,同比增长10.3%;国税完成22041.3万元,同比增长93.2%,地税完成3.96亿元,同比增长40.9%。

名称:北京市大兴区庞各庄镇人民政府

地址:北京市大兴区庞各庄镇

电话:89287833

邮编:102601

网址:http://www.dxpgz.gov.cn/web/pgznew/

【经济指标完成情况】 年内,工业总产值完成34.80亿元,同比增长26.4%;工业收入完成33.37亿元,同比增长34%;工业利润完成1.4亿元,同比增长42%;工业增加值完成4.57亿元,同比增长24%;出口供货额完成1.17亿元,同比增长6%;社会消费品零售额完成5.95亿元,同比增长20.36%。

(庞各庄镇)

【加快“三高”企业退出力度】 全年工业园区内共腾退小散低劣型企业3家,腾退土地面积174.716亩,腾退的土地空间将吸引规模大、效益好、产业优的高新技术企业入驻,进一步提高土地利用价值和优化产业发展空间,逐步壮大庞各庄镇高端产业规模,推动镇域产业优化升级。

(田　奕)

【区级折子工程进展顺利】 区级折子工程博洛尼家居集成项目和昆仑润滑油厂配套工程项目进展顺利,项目落成预计可形成1.5亿元税收,辐射带动280人就业,有力促进本镇一、二、三产业融合发展。

(田　奕)

【新农村基础设施建设成果显著】 年内,全镇投资5511万元,完成四各庄等19个村总面积394934平方米的街坊路硬化工程;投资450万元,完成北章客等14个村总面积87812平方米的村庄绿化工程;完成14个村2688座户厕改造工程,7个村13座公厕建设工程;购置了8000套垃圾分类筒,下发到41个村8000个农户家中;为9个村安装了620盏节能路灯。

(田　奕)

【落实“以补促管”工作】 年内,本镇签订协议7927户,发放补助款792.7万元,流动人口无序增长势头得到控制。

(田　奕)

【建立非法占地、违法建设的管控机制】 年内,成立20人的土地巡查执法队伍,全年拆除违建共144宗23054平方米,有效遏制了违建蔓延势头,为经济社会发展营造了良好氛围。

(田　奕)

【社会保障覆盖面不断扩大】 镇政府补贴101万元,使全镇参加新型农村合作医疗人数累积达到33788人,参合率达到100%,全年报销医药费1665万元;全镇参加城乡居民养老保险人数累积达到17649人。

(田　奕)

【加大困难群体帮扶力度】 年内,本镇安排430万元专项资金,加大困难群体帮扶力度,帮扶民政对象1360人。

(田 奕)

【完成校舍改造工作】 年内,完成6所学校的校舍改造工程和中心幼儿园搬迁改造工程,办学条件持续改善。

(田 奕)

【为妇女免费体检】 年内,为独生子女家庭中2500名已婚育龄妇女进行免费体检,不断提高人口素质和健康水平。

(田 奕)

【社区化管理工作】 年内,本镇建立6个综治维稳分中心,在10个村试点推进社区化管理工作。

(田 奕)

【完善全程办事代理制工作】 年内,继续完善全程办事代理制和"一站式"服务,全年受理事项7629件,群众满意率达到100%。

(田 奕)

【落实人大代表建议】 全年共收到代表意见建议34条,办结率和满意率均为100%,有效促进了各项工作的开展。

(田 奕)

【完成春季造林和绿化工程】 年内,完成三北补植补造工程、新农村绿化工程和路河绿化工程,共种植各类乔灌木约37万余株,取得良好的绿化效果。

(李德环)

【顺利推进水务改造工作】 年内,完成四季春农艺示范基地和西义堂村共计500亩滴灌节水工程,设施使用良好。年内10个改水村建成村级管网。

(李德环)

【推进科技助农工程】 全镇发展瓜菜、果品、甘薯、畜牧、农机173名农村科技示范户。借助农民田间学校、科技入户、科普赶集等方式,全年共培训农民7600余人次。

(李德环)

【新品种引进和科技项目落实】 年内,引进京玲无籽、改良京秀为代表的西瓜品种60多个,推广示范面积865亩。引进中农16黄瓜等蔬菜品种15个推广1420亩。引进推广甘薯新品种3个,应用面积3000多亩。

(李德环)

【新技术示范应用】 年内,重点引进示范了春季保护地多层覆盖技术、蔬菜穴盘无土集中育苗技术、西瓜长季节种植、蔬菜根结线虫防治等技术,推广面积2000亩以上。

(李德环)

【落实农机补贴】 年内,帮助农民订购大棚王等补贴农机具40余台,落实补贴总额100万余元。

(李德环)

【农产品安全生产】 全镇各类农民专业合作社发展到70多家,北京情系农家农产品产销专业合作社和北京创新薛营奶牛专业合作社完成合作社规范项目,北京庞各庄西瓜专业合作社和北京老宋瓜果专业合作社完成合作社提升项目。新发展无公害认证基地2家,同时针对三品基地、标准化基地和农业投入品销售点加强检查,确保了农产品安全生产。

(李德环)

【做好流通渠道建设】 年内,继续拓展流通渠道,结合“农超对接”活动,与沃尔玛、绿环园、美廉美、超市发等六家超市建立了供货协议,稳步推进了“庞各庄西瓜”品牌建设。

(李德环)

【防疫检疫和生物安全工作】 年内,为17个规模养殖场和2120户散养户开展好服务,完成了全镇37万头只畜禽的防疫免疫任务。多部门联合重拳打击泔水猪养殖,共收缴运输泔水用大桶42个、熬泔水大锅25个、清理四各庄、民生、西义堂、东中堡、张新庄5个村泔水猪2200余头,并对清理圈舍完成全面消毒。同时,较好完成了美国白蛾、田鼠等有害生物的防控工作。

(李德环)

【发放政策性补助资金】 年内,发放2009年保护地建设补贴、粮食直补和生猪补贴政策性补贴等1000余万元。

(李德环)

【农业保险和防灾抗灾】 年内,全镇共参保面积57416亩,参保农户9076户,涉及西瓜、蔬菜、果树共计9个险种,并在风灾、雹灾后积极配合保险公司进行勘察现场,农户获得灾情赔付,减少了社员的损失。

(李德环)

【启动村集体资产盘活】 本镇对梁家务和河南两个村办理了委托贷款手续,涉及资金7300万元,利率6.5%,有效增加了村集体收入。

(李德环)

【试行集体资产运营新模式】 年内,在尊重群众意愿的基础上,试行集体资产运营新模式,将10个村8000余万元土地补偿款存入定期账户,可增加集体收入近800万元,比存入专户增收近10倍。

(田　奕)

【“双锁制”管理村级公章】 专门设立村级公章管理使用办公室,对各村村委会和村经联社两枚公章进行统一存放管理,并设立专柜(一村一柜)存放村级公章,实行“双锁制”,镇经管站责成一人专门负责各村公章的管理。镇专管人员保管专室钥匙,村财务专管员保管本村专柜钥匙,做到单方无法提取公章使用,形成完善的制约和监督机制。

(李建柱)

【旅游收入明显增加】 年内,接待游客56万人次,旅游产业综合收入1.89亿元(含龙熙),旅游收入6500万元,其中乡村旅游收入2000万元。

(贾凤敏)

【打造万亩古梨园旅游区】 年内,镇政府投资500余万元实施的中国古梨文化园景观道路基础设施建设工程在梨花文化节前完工。该工程建设地点位于梨园贡树景区周边,在留并保护现状梨树的前提下,利用原有的田间路和空闲地进行施工。包括:景区主路采用彩色透水砼铺装,路宽4米,长约1500米;景区步行道采用压印艺术地坪铺装,路宽1.2米,长约2000米;停车场主路面积约1800平方米。

(贾凤敏)

【梨花文化节】 梨花节期间,全镇共接待中外游客8.3万人次,旅游收入超过500万元。由于气候原因,本年的花期比去年较晚,五一期间,到梨花村的各地游客大增,全村共接待游客45000余人,实现旅游销售收入850000余元,各民俗旅游户3天内雇佣本地短期劳动力500人次。其中接待户韩士永家一天内最多共接待600人就餐,流水收入达到

15000元/天。

（贾凤敏）

【西瓜节】 第二十二届西瓜节在庞各庄镇乐平御瓜园举办，为庞各庄旅游业带来了商机，节日期间共接待游客约近10万人次，实现旅游收入超过1000万元。西瓜节期间庞各庄镇提供的精品采摘园，接待游客30000多人，其中乐平御瓜园、老宋瓜园平均每天接待人数达3000人。

（贾凤敏）

【采摘文化节】 采摘文化节重点在梨花村，这个时期以乡村旅游为主旋律，农家采摘就餐是主要内容，接待采摘游客55365人，采摘收入实现456.76万元。

（贾凤敏）

【旅游资源宣传途径】 年内，投资10万元制作宣传册1万册，纪念邮票7000册，并在中国旅游资讯大全中做了专版，全面推介瓜乡旅游卖点，拓宽宣传覆盖面，提高瓜乡旅游形象。

（贾凤敏）

【富兴农观光园提升工程】 北京富兴农旅游设施配套建设工程项目位于庞安路南北顿垡村，项目用地约14公顷，2010年内完成总投资283.58万元，其中申请区政府资金200万元，其余资金自筹。建设内容为在原有基础上新建园区大门、门房25平方米、停车场1500平方米、厕所70平方米及指示路标、节能路灯、洗手池、休闲竹亭等工程。

（贾凤敏）

【航天之光观光园提升工程】 北京航天之光农业园提升工程项目位于李赵路北赵村，项目用地约19公顷，2010年内完成总投资1013.37万元，其中申请区政府资金650万元，其余资金为自筹。建设内容为在原有基础上新建大门100平方米、道路9000平方米、绿化6000平方米、公厕140平方米、围墙315米。休憩凉亭29平方米、配电增容300KVA、小型泵房15平方米，并配套打井、水电管线、景观小品和指示路牌等。

（贾凤敏）

【赤道风草莓樱桃采摘观光园提升工程】 项目位于李赵路北张公垡村，项目用地约占地15.08公顷，2010年内完成投资388.29万元，其中申请区级资金250万元。建设内容为在原有基础上新建大门及门房25平方米、停车场3360平方米、厕所140平方米、道路4934平方米及景观配套工程、水电配套设施、标牌和改造日光温室等。

（贾凤敏）

【举办第22届“兴农杯”全国西甜瓜擂台赛】 5月25日，来自北京、河北、河南、山东等10多个省市的260多名种瓜高手带着精心培育的西甜瓜，云集本镇东方绿洲生态园，角逐第22届“兴农杯”全国西甜瓜擂台赛。最终，南里渠村的瓜农宋宝森带来的西瓜品种天尊重达24.35公斤，夺得大型西瓜重量组冠军。

（赵红银）

【荣获首批“全国特色景观旅游名镇”】 4月初，本镇从全国400多个竞选村镇中脱颖而出，成为首批“全国特色景观旅游名镇”。全国特色景观旅游名镇（村）评选活动，是由国家住房和城乡建设部与国家旅游局组织开展的，从去年1月起开始申报。按照活动要求，全国各地根据当地村镇特色景观和旅游发展实际情况，只有景观特色明显、旅游资源丰富并已形成一定旅游规模、人居环境较好的镇、村才能参加申报，本镇以其盛产瓜果等旅游资源优势、独特的景观特色和良好的人文环境而获此殊荣。据悉,此次全国共有105个镇(村)入选,大兴区只有本镇获此殊荣。

(赵红银)

【户口整顿和摸底】　年内,本镇在各村和人员较多的集贸市场等场所悬挂横幅、摆放展板、张贴宣传口号和宣传海报,强化人口普查人人参与的意识。宣传阶段工作共悬挂横幅265条,宣传材料20000余份。结合培训课件对230余名普查员进行详细的辅导,通过举例、做练习题等方式,提高他们的工作水平。此次人口普查中,全镇共划分53个普查区,206个普查小区,调查了16540户。入户调查时每位普查员按要求做到入户调查时参照普查小区图,逐户调查,不重不漏,确保整顿摸底数据的真实性和准确性。顺利完成人口普查户口整顿和摸底登记工作,并进行了查遗补漏,结合派出所、民政部门、卫生部门、殡仪馆及区人普办等有关部门返回的相关数据,对户籍人口、出生人口、死亡人口、港澳台和外籍人数、归侨和侨眷人数进行再次核实,确保准确无误。

(周　威)

【发展甘薯新品种开拓新市场】　年内,本镇引进甘薯新品种120余个,新品种推广面积3000多亩。甘薯推广品种以遗薯138为主,随着市场需求的不断增加,新品种的种植也有了明显的增加。该镇福上村陈景龙去年共种植甘薯23亩,主要以遗薯138为主,还种植了红心王、京变、紫罗兰、密薯等新品种。总产量10万斤,总收入7万元。当时他出售的甘薯0.5~0.6元左右,新品种的价格在0.8~1元/斤左右。由此看出新品种不仅丰富了市场需求,增加了经济效益而且有很大的发展空间。发展新品种、引进新技术是甘薯发展的必然趋势。

(李德环)

【强制拆除违法建设取得明显效果】　12月21日,我镇在相关部门支持下联合执法,对南章客、南地、东黑垡、梁家务、薛营五个村的13处违法建设进行强制拆除和地上物清理工作,面积达15800平方米,有效抑制了违法建设的蔓延趋势。

(刘　克)

亦庄镇

【概况】　亦庄镇总面积39.6平方公里,辖12个居委会,5个村民居委会(鹿圈一村,鹿圈二村,鹿圈三村,鹿圈四村,宝善庄,村民已搬迁上楼,村庄尚未撤制)。镇党委下设67个党支部,其中4个撤制村党总支,20个撤制村党支部,5个农村党支部,7个社区党支部,31个企事业党支部。户籍人口2.6万人,流动人口2.6万人。全年出生人口381人,完成率97%,死亡人口79人,死亡率0.3%。年内,全镇实现税收4.19亿元,同比增长71%;财政收入10355万元,同比增长5257万元,增长103.12%;工业总产值完成14.1亿元;工业利润完成7807万元,同比增长0.7%;社会消费品零售额完成7.55亿元,同比增长16.2%;外贸出口交货额完成1.3亿元,人均劳动所得1.1997万元。

名称:北京市大兴区亦庄镇

地址:北京市大兴区亦庄镇

电话:67889441

网址:http://www.dxyz.gov.cn/web/yzz/

【产权制度改革工作全面铺开】　年内,集体资产产权制度改革工作全面进行。在20个撤制村中,已有19个村推选产生了议事会组织,头号村推选了户代表。有12个村(富源庄,常庄子,碱南,碱北,董场,二号,肖庄,天恩庄,广德,九号村,大粮台,隆盛场)的剩余集体净资产量化工作已经完成,量化剩余集体净资产9.7亿元,向股东兑现剩余集体净资产增值3亿元,发放股权证8468本;7个村(头号村,九号村,羊南村,羊北村,双南,双北,西五号)相继完成了可分部分的兑现工作,兑现金额2.6亿元。5个村(双南,双北,羊南,羊北,西五号)的清产核资工作已经完成,小羊坊清产核资工作正在进行中。

(李怀宾)

【完成剩余集体净资产委贷工作】 年内,镇党委、政府与北京经济技术开发区签订合作协议,搭建资产经营平台,将完成产权制度改革村的股份量化资产,以委托贷款的形式向开发区总公司发放贷款,贷款期限三年,贷款利率按照年利率不低于6%计算利息,采用浮动利率计息,暂定三年,委贷金额共计9亿元。

(李怀宾)

【安置就业】 年内,亦庄镇征地转非人口达19798人,其中适龄劳动力11331人。有4935人选择安置工作,6396人选择自谋职业。累计登记求职人员650人,推荐2030人次,求职推荐率252%,同比增长25%;与开发区内103家企业建立合作关系,开发就业岗位2846个,推荐成功就业476人,登记求职就业率达73%;完成劳动力技能培训195人,全部实现就业;失业人员再就业完成425人。

(李怀宾)

【落实社保政策】 年内,亦庄镇有2899人参加城乡居民养老保险,参保率达90%,有189人享受了老年保障待遇;一老一小参加医疗保险人员达到843人;累计发放失业救济金789人次,发放金额5万余元,为失业人员报销药费9.33万元,报销医疗费164.8万元;累计发放社保卡1136张。为老年人办理老年优待证和优待卡700余张,投入763万元,完成了温馨家园的建设。

(李怀宾)

【完善组织建设】 年内,为加强撤制村组织建设,推选产生了19个集体资产产权制度改革议事会组织,保证了各村产权制度改革的顺利进行。审批成立了17个居委会,现已成立12个居委会,建立了12支由1000多人参加的志愿者队伍,居民自我管理,自我服务的能力进一步增强。

(李怀宾)

【拆迁工作】 年内,鹿圈一村、鹿圈二村、鹿圈三村,鹿圈四村共涉及农户1167户,人口3799人,土地面积2200亩,拆迁工作基本完成。羊坊南村,羊坊北村涉及406户(其中羊南村228户,羊北村178户),土地面积8万平方米,至6月底转非农民全部搬迁上楼。宝善村拆迁涉及住宅192个院落,面积5.5万平方米,非住宅37万平方米,地上物850亩,全部实现拆迁。南海子郊野公园项目二、三、四期工程亦庄段于3月完成清登工作,涉及非住宅面积30万平方米,地上物850亩,截至年底已完成90%,保证了南海子公园规划的顺利实施。

(李怀宾)

【改造老旧小区】 年内,亦庄镇政府投入3893万元,用于老旧小区改造,其中投入3544万元用于各社区及物业公司供暖设备维修及改造;投入237万元用于社区道路改建;投入112万元,用于贵园小区路灯安装及改造工程。

(李怀宾)

【强化环境整治】 年内,亦庄镇开展大规模环境整治行动12次,动用人力1750余人,车辆设备460余台,清除垃圾和轻漂物等1000余吨;埋设水泥墩(桩)300余根。

(李怀宾)

【完善城市管理长效机制】 年内,镇政府投入1410万元用于市政环境卫生设施的改造和各公司加强环境卫生建设专项资金;投入100万元成立了一支专业漂浮物清理队伍;投入260万元用于城管分队队员培训和改善办公条件、完善执法车辆等。提升了城市管理水平。

(李怀宾)

【矛盾调处工作】 年内,建立协调机制和处理信访事件机制。对信访问题,第一时间沟通,引导群众通过正常渠道,正当程序诉求。在全镇建立信息员队伍,有35名信息员,每周上报排查情况,每月召开一次信访排查例会。建立领导干部大接访制度,每周二、四镇政府副职以上领导干部,到信访办亲自接待上访群众。

(李怀宾)

【关注弱势群体】 年内,18个社区(村)21名残疾人进行2次培训,为19人发放此三项补助(城镇特困、农村特困、城镇待业)1.5万元;投资763万元建成温馨家园并投入使用;完成100多户残疾人家庭无障碍设施建造工作。为老人办理老年优待证和优待卡700余个,共发放居家养老(助残)券60余万元,重阳节慰问老人使用资金10万元,发放高龄津贴6万元。

(李怀宾)

【加强医德医风建设】 年内,亦庄医院坚持"三个结合"的做法,即日常考核与年终考核相结合,组织考核与社会群众监督相结合,重要部位和重点环节人员考核与增强工作透明度相结合,落实医德考评措施。214名医务人员进行了考评,其中优秀45名,良好157名,一般12名,无较差人员。

(李怀宾)

【做好持卡实时结算业务】 年内,亦庄医院历经四个多月,完成HIS系统接口改造,三大目录库对照、数据测试、人员培训、制度建立与完善等工作,顺利地经过医保持卡结算验收。四月底开始持卡实时结算,持卡结算37091笔费用,垫付款达230余万元。

(李怀宾)

【强化免疫工作】 年内,亦庄医院采取了设置路卡,临时停车场,错峰接种,搭建留观区等多种措施,完成7879人的麻疹免疫接种任务,市、区督导组给予了充分肯定。流感疫苗接种2347人,学生接种3061人。乙类传染病259例,同比下降11%,丙类传染病595例,同比下降15%。

(李怀宾)

【两会安保行动】 "两会"期间,党委政府统一领导,综治部门协调,公安机关担当主力,相关部门协同配合,社会各界广泛参与的群防群治格局。做到"重点人员有人看,敏感部位有人守,复杂场所有人控,重点路段有人巡,突发事件有人报"。八个物业公司,十二个居委会共发动志愿者、竹竿队、扫帚队28支约1000人巡逻检查,确保"两会"的安全稳定。

(李怀宾)

【社区治安 群防群治】 年内,整合和规范保安队伍、护厂队、护村队和巡防队伍建设,使群防队伍发挥预防、控制的作用。民警下到社区(村),采取包片的形式加强对所辖地区的治安防范力度。现有专职巡防队员176人,治安志愿者2500余人,民兵50人,流动人口管理员(专职、兼职)136人,其他防控力量400余人,警力46人。由于措施得力,亦庄镇无重大案件和影响较大的治安案件发生,无越级访,无邪教活动,无吸、贩毒现象发生。

(李怀宾)

【普及低碳环保知识】 7月,亦庄镇举办了"争当文明小使者,做文明有礼亦庄人"活动。亦庄中学、亦庄小学的师生参与垃圾分类的知识普及和实践活动。各企事业搞好门前"三包"和周围环境保卫工作;各社区开展了治"四乱"活动,营造了整洁优美的环境。

(李怀宾)

【精神文明建设宣传栏】 年内,亦庄镇40个单位的宣传栏,均达到市级示范栏标准和优秀栏标准。宣传栏的宣传形式新颖,面向大众,内容及时更换,宣传报道了党的路线、方针、政策,歌颂好人好事、文化文艺活动,普及科普知识、历史知识、地理知识,成为宣传精神文明的窗口。

(李怀宾)

【参加区级文化活动】 年内,参加大兴区组织举办的歌舞、戏曲、综合类艺术活动16次、411人次。原创歌舞《防灾减灾为人民》获得一等奖。代表大兴区参加城南五区《旋动城南》交谊舞大赛,获得二等奖,单项三等奖。原创舞蹈《十送红军》获得一等奖。原创舞蹈《爱我中华》、《好一个花鼓灯》均获得二等奖。《争创和谐之家共建和谐大兴》家庭才艺展示获得三等奖。

(李怀宾)

【镇域内文化活动】 年内,组织了12次综艺活动,参加人676人次。四月,镇党委、团委、文体中心联合举办了《首届业余歌手大赛》区文委专家担任评委,参加歌手35名,决出一、二、三等奖6名。9月,两个合唱团在文体中心广场举办了《纪念抗日战争胜利65周年红歌演唱会》,参加演出人员100人,观众1000人。在贵园小区、鹿海园社区分别组织了《热烈庆祝中华人民共和国成立61周年文艺演出》,观众达2000多人,深受居民的欢迎。亦庄书协、美协常年组织活动,帮助鹿海园社区、晓康社区成立书画班。有1人参加了北京书法家协会,有8人加入了大兴书法家协会。在参加各种书法、绘画比赛中,有多人获奖。

(李怀宾)

【体育活动】 年内,本镇参加大兴区组织的太极拳大赛获得二等奖,羽毛球大赛4个组三人获得第一名,一人获得第二名;参加《大兴区第八届全民体育艺术节》,两个秧歌队分别获得一等奖和二等奖;参加大兴区组织的围棋、象棋比赛,获得象棋第一名,围棋团体第二名。7月,本镇组织了趣味运动会,比赛项目有篮球投篮、飞镖、投掷沙包等,有500多人参加了趣味运动会。

(李怀宾)

【获奖情况】 亦庄镇成人学校《亦庄镇企业法人安全培训》获北京市农民教育培训优秀项目二等奖。闫宝成家庭被中华全国妇女联合会全国五好文明家庭创建活动协调小组授予《第七届全国五好文明家庭》光荣称号。亦庄镇第一中心小学在北京市教育委员会第十三届学生艺术节中管乐展演获得二等奖。

(李怀宾)

【参加白板课题研究】 3月,中心小学,选展李峰老师参加区级使用白板的培训和白板的调研活动,三年级三班和二年级三班,四年级一班安装了白板,组织了5次课题组听课活动,9月17日,组织全体教师参与的"观看交互白板教学优秀课例及研讨",教科研活动。在《全国教育重构研究》的中期成果评比中2人获得课例二等奖,一人或三等奖。在大兴区"首届交互白板环境下教学创新与实践活动即《点亮智慧课堂》说课大赛"活动中,1人荣获一等奖,2人荣获二等奖,1人荣获三等奖。

(闫宝成)

【法制教育】 亦庄第一中心小学,9月7日,校法制副校长、亦庄派出所、政委赵学海同志为全校师生宣讲了一堂精彩的法制教育课。

(闫宝成)

【第二中心幼儿园开园】 9月1日,北京市大兴区亦庄第二中心幼儿园开园,它是一所北京市一级二类全日制公立幼儿园,落座于北京亦庄鹿海园地域博兴八路东侧(紧邻亦庄二小),占地面积7899平方米,建筑面积5663平方米,总投资1285万元,规划20个教学班,可接收220人,现有教职242人,前勤保教人员24人,全部持有教师资格证,保育教师证,其中教师全部为大专及以上学历。园所周边环境为居民生活区,交通方便,户外活动场地充足,教室宽敞明亮,各班配有先进的教学设备,如钢琴、电视、电脑、录音机等,这些软、硬件条件为日后打造集“现代化,高品质”于一身的幼儿园奠定了坚实的基础。

(闫宝成)

【专项资金的使用】 年内第二幼儿园利用专项资金近13万元,美化园内环境,为19个教室增加了展示板,家长联系栏,制作了对外宣传栏,班牌,购买保健室必备设备和所需药品等。同时利用多方筹措的资金和办公经费月23万元,为园里添置了公务车一辆,对食堂进行局部改造,更换了部分幼儿餐具和汤桶,为住宿教师安装了空调及热水器,对主要部门安装了防盗门和防护网,更换全园灭火器,添置了室外的消防器材及安全防护设备,为教师添置必备的教学指导用书,这些投入,改善了办园条件,消除了安全隐患,美化了园所环境,方便了教师出行,加快了无纸化办公进程。

(闫宝成)

【科研兴校科研兴教】 亦庄中学在队伍建设方面,除组织自主学习,团队研修,交流讲座外,还强调了“培研一体”有各级各类课题,14项,基本做到人人有课题。领导干部率先垂范,举动了教师进行教育教学研究的热情,10月,成功举办了首届“亦慧论坛”,16位教师,将自己的研修成果与大家进行了分享交流。在区校长论坛,教师论坛活动中,获得了3个一等奖,4个二等奖,7个三等奖。

(闫宝成)

【学历培训】 成人学校始终抓牢学历教育这一学校事业发展的经济生命线,不断提高镇域内居民,失地农民,企业职工的文化素质,在巩固老班的基础上,大力扩展新生力量。主要在党校原有3个班,电大1个班,农大3个班的基础上,农大又招了2个班,共110名新生,目前在校生450人,年内在社区学院的大力支持下,成立了中央电大本科班的教学点,招收本科班20人。新生的增加为学校带来了生机。

(闫宝成)

【农民转岗培训】 年内,亦庄成人学校圆满完成区教委职称科的农民实用技能培训500人的指标任务,培训人数685人,超额完成全年指标任务,培训后就业人数500人,就业率达80%,成人学校镇域内失地转岗劳动力的培训,促进失地农民就业的做法,受到亦庄镇政府的表彰,学校开设了企业法人安全培训439人,园林绿化培训30人,电梯司机班培训了178人,水暖管工培训38人。

(闫宝成)

魏善庄镇

【概况】 魏善庄镇位于大兴区新城东南8公里,距市区25公里,地处大兴区中心腹地,总面积81.3平方公里,辖39个自然村,总人口3.25万。西距京开高速公路5公里,北距六环路3公里,紧临南苑机场,京九、京山铁路、京沪高铁从镇域内穿过,交通便利,具有得天独厚的区位优势。

名称:北京市大兴区魏善庄镇人民政府
地址:北京市大兴区魏善庄镇政府
电话: 89231375
邮编:102611
网址:http://www. dxwsz. gov. cn

【抓好党风廉政建设】 年内,本镇39个基层单位、28个职能科室、镇党委政府及244人在工作中结合实际,开展廉政风险防范查找风险点工作。镇副处级以上领导干部查找廉政风险点23个,制定风险防范措施30项,镇科级及以下干部查找风险点1154个,制定风险防范措施1213项,村级查找廉政风险点602个,制定风险防范措施639项。

(孙世良)

【推进农业产业化进程】 年内,本镇先后建起千亩精品梨基地、食用菌生产基地、金维畜牧公司等十余个种养殖基地,采取种植养殖基地加农户方式引导农民参与市场经济,实现农业产业化经营;积极发展农产品包装及深加工企业,以果品、食用菌、牛肉、小杂粮的包装加工为重点,实现生产与市场的"对接";启动农副产品销售网络,建立农产品销售协会等销售组织,拓宽农产品销售渠道,截至年底,本镇已成立农民合作组织14个,农产品销售网站4个、大型农产品批发市场1个;举办各种培训班,引导农民自觉参与农业产业化经营,全年已有100多名民参加了创业培训。

(孙世良)

【完善基础设施】 年内,积极推进镇区房地产起步区建设,建成高品质住宅6万余平方米。完成镇区土地一级开发项目建设规划及实施方案的编制,为实施开发奠定基础。投资2956万元建设社区卫生服务中心,提高全镇的医疗水平。投资354万元建设农民就业培训学校,进一步优化全镇的教育、教学条件。建成庞安路(魏善庄镇段)绿色通道、京山铁路(魏善庄镇段)绿色生态走廊,完成磁大路改扩建工程。完成10多万平方米的村内道路建设,铺设田间路20多万平方米,进一步加强镇域环境建设,提升整体形象。

(孙世良)

【多项措施帮扶弱势群体】 全年共发放困难补助160余万元,爱心超市发放米、面、油两次,折合资金10万元。报销优抚人员医疗费减免7万余元,慈善医疗费报销23000元。为424名80岁以上老人发放养老服务券,每月共42400元。全年共完成捐款30000元,培训初级救护人员100人。完成残疾人家庭无障碍改造250户,更换第二代残疾人证542人,为224名残疾人发放养老服务券。解决低保危房改造25户,争取资金112.5万元。改善优抚人员危房7户,争取资金37.8万元。

(孙世良)

【改善农民生产生活条件】 年内,本镇利用中低产田改造工程、生态治理工程、土地整理工程,改造农田4.5万亩。全镇通过新植各种林木20多万株、花草6000多平方米、为十个村3000多户农民新建了水冲式厕所;新修镇村级公路32公里,安装太阳能路灯230盏、新建高效节能吊炕1009铺;全面启动了有线电视村村通和数字广播村村通工程,进一步提升了农民的生活质量。

(孙世良)

【丰富群众文化生活】 年内,以镇业余文化剧团为主体,开展送戏下村系列活动。为24个村配备数字影厅设备,受益群众2万余人。依托文化大院开展科普教育,春节期间为农民赠送书画、春联等作品千余幅。

(孙世良)

【龟鳖养殖基地落户本镇】 年内,该基地由北京科创龟鳖繁育专业合作社投资260万元建成,占地6亩,育有鳄龟、中华鳖、美国鳖等种龟,繁育的种龟销往杭州、郑州等地养殖场,年收入80万元。基地积极开发繁育项目,研究成功龟鳖无水冬眠这一科技成果,开创了龟鳖无水冬眠养殖全国第一例。

(孙世良)

【获得"最受喜爱的民俗户"奖】 年内,本镇崔书义、李景友等十家民俗旅游服务部在由北京市旅游局、北京市商务委员会、北京市文化局、北京市公园管理中心、北京晚报等多家单位联合举办的主题为"游不尽的北京城、品不够的京味年"的"2010北京请您来过年——春节十大系列群众评选活动"中获得"最受喜爱的民俗户"奖项。

(孙世良)

【保障村民委员会换届选举】 年内,本镇设立选举组织机构,确保宣传和动员到位。召开换届选举动员培训会,成立换届选举工作指导办公室,抽调28名机关干部组成四个工作组,采取集中办公的方式全面保障选举工作顺利进行。加强包片包村力量,确保工作指导到位。根据各村实际重新调整领导包片、干部包村部署,抽调79名政治素质好、法制观念强、熟悉选举并善于做群众工作的干部包村,保证每村至少2名包村干部。

(孙世良)

【领导参加极限体育营地开营仪式】 5月15日,北京时尚体育公园一期、北京伍得沃德极限体育营地举行开营仪式,营地位于本镇星明湖度假村内,拥有目前世界顶级的室内外极限运动设施。北京市政协副主席沈宝昌、国家体育总局体育经济司司长、中国极限运动协会主席刘扶民、中国极限运动协会秘书长魏星、大兴区副区长王荣彬、北京市体育局产业发展处处长邓旭等领导出席了开营庆典。

(孙世良)

【提高困难农民生活水平】 年内对全镇困难户住房情况进行调查。争取项目资金85.5万元,为18户生活困难、房屋破旧的村民进行危房改造,并在施工期间对工程质量进行严格监督。为39个村的5260户农民发放农业补贴308余万元,切实提高了农民的收入水平。引导困难农民与农业龙头企业金维福仁畜牧有限公司共建养殖协会,该项目争取配套资金200万元,每个被扶持户年均可增加纯收入2000余元。

(孙世良)

【法国农业和渔业部部长到本镇考察】 7月15日,法国农业和渔业部部长勒梅尔一行8人到本镇北京金维畜牧有限公司就肉牛养殖、品种改良、牛肉制品检测等方面进行参观、考察。农业部国际合作司姚向君司长及本区有关领导陪同考察。

(孙世良)

【奥运冠军到本镇观光采摘】 9月26日,国家体育总局训练局举重队、田径队运动员和教练员一行74人来到本镇精品梨园进行观光采摘,其中包括现役奥运举重冠军刘春红、曹磊等著名运动员。

(孙世良)

【积极改善镇域发展环境】 年内协调派出所、流管办等相关部门对出租房屋、种养殖大棚、农贸市场等区域开展针对消防、生产等方面的联合大检查,发放宣传手册1000余份,查获假醋、假酱油180余箱,排查安全隐患54处。设立群众咨询服务台、意见箱,公布监督投诉电话,并采取日常督查和年终考评相结合的方式对窗口工作人员工作情况定期进行检查、考核。投资1000万元,对镇污水处理厂进行升级改造,并配套建设中水回用工程。

(孙世良)

人 物

组织机构负责人名单

中共北京市大兴区委员会

书　　记:林克庆
副书记:李长友　孟令华(11月免)
　　王　新(11月任)
常　　委:林克庆　李长友
　　孟令华(11月免)　李艳萍(女)
　　马武英　王　新
　　郭宝东　戴明超
　　谈绪祥(12月任)　朱家林
　　张晓林　李春亭(2月任)
　　王有国(11月任)
区委办公室主任:王宗刚
督查室主任:冀学光(副处级,2月免)
　　张振东(副处级,9月任)
组织部长:王　新(12月免)
　　王有国(12月任)
宣传部长:戴明超
精神文明建设委员会
　　办公室主任:吴凤琴(女)
统战部部长:彭喜忠(兼,12月免)
老干部局党组书记、局长:王雅玲(女)
政法委书记:马武英
综治办主任:董　涛
研究室主任:王志刚
区直机关工委书记:郭宝东(2月免)
区直机关工委常务副书记:张　浩
防范和处理邪教问题领导小组办公室
　　(610办)主任:李广林
区国家保密局局长:陈　澈

中共北京市大兴区
纪律检查委员会

书　记:李艳萍(女)
副书记:魏文元(6月免)　石连瑛(女,10月免)
　　李广成(3月免)　李尚贤(6月任)
　　王少权(6月任)　芦君英(女,10月任)
常　委:李艳萍(女)　魏文元(6月免)
　　石连瑛(女,10月免)　李广成(3月免)
　　李尚贤(6月任)　王少权(6月任)
　　芦君英(女,10月任)　王文喜
　　王金星(女)　刘奎义
　　李福齐　关　卓

北京市大兴区人大常委会

主　任:张书领
副主任:李永贵　周树慧(11月免)
　　周静溪　陈晓英(女)
　　邓景全(不驻会)
委　员:王向荣　王海英(女)　牛翠花(女)
　　邓文伟　甘连义(回)　刘玉彬
　　刘国栋　刘景波　杨丽霞(女)
　　杨秋元　吴继江　张　涛

张宝生 邵德江 赵 力(女)
赵金维 韩占生 韩启霞(女)
程永庆 霍振祥

办公室主任:邵德江
代表联络室主任:吴继江
财政经济委主任:牛翠花(女)
内务司法委主任:王向荣
教科文卫委主任:刘景波
城乡建设环保委主任:杨秋元
农村工作委员会主任:张宝生

北京市大兴区人民政府

区 长:李长友(1 月任)
副区长:张晓林 潘新胜(11 月免)
李春亭 常红岩(女)
王荣彬(11 月任) 曲凤宏(9 月免)
邵 恒 绳立成(11 月任)
谢冠超(11 月免)
政府办公室主任:李维民
督查室主任:王 森(副处级,9 月免)
张廷武(副处级,9 月任)
发展和改革委员会党组书记、主任、产业促进局局长:绳立成
(12 月免产业促进局局长)
区委发展和改革工作委员会书记:谷振环
产业促进局局长:吴志成(兼,12 月任)
区委教育工委书记:李克仁(2 月免)
李 达(2 月任)
教育委员会党组书记:李 达(3 月免)
李广成(3 月任)
教育委员会主任:李 达
督导室主任:陈占山(2 月免)
李广成(3 月任)
科学技术委员会党组书记、主任(知识产权局局长):王自学
民族事务委员会主任(宗教局局长):马海峰(回)
区委建设工委书记、建委党组书记:王九如(12 月免)
建设委员会主任、房改办主任:李学元(12 月免)
区委住房和城乡建设工委副书记、住房和城乡建设委员会党组书记、主任(住房保障和改革办公室主任):
李学元(12 月任)
市政管理委员会主任:刘学忠(12 月免)
市政市容管理委员会主任:刘学忠(12 月任)
区委农工委书记:郭宝东(2 月免)
汪宝国(6 月任)
区委农工委常务副书记:赵长虹(6 月免)
农业委员会党组书记、主任:汪宝国(12 月免)
农村委员会党组书记、主任(兼农业局局长):汪宝国(12 月任)
文化委员会党组书记、主任:许玉增
人口和计划生育委员会党组书记:陈照立
人口和计划生育委员会主任:
帅淑敏(2 月免) 甘连义(2 月任)
政府法制办公室主任:刘宝君
信访办公室党组书记:董宝祥(6 月免)
王坚翔(12 月任)
信访办公室主任:杜克前
监察局局长:魏文元(6 月免)
李尚贤(6 月任)
民政局党委书记:孙 强
民政局局长:田守信
司法局党组书记、局长:焦守强
财政局党组书记、局长:郑怀志
人事局局长、编办主任:
佟秀全(满,12 月免人事局局长)
人事局党组书记:吕广才(12 月免)
劳动和社会保障局党组书记、局长:靳文浦(12 月免)
人力资源和社会保障局党组书记、局长:石国钧(12 月任)
交通局党委书记:郝洪生(7 月免)
交通局局长:张桂海
商务局党委书记:庞亚雄(12 月免)

商　务　局　局　长:张丽英(女,12月免)
商务委员会党委书记:庞亚雄(12月任)
商务委员会主任:张丽英(女,12月任)
卫生局党委书记:李颖华
卫　生　局　局　长:刘　华
区审计局党组书记:石连瑛(女,7月免)
审　计　局　局　长:郭金江
环境保护局党组书记:郭福生(7月免)
环境保护局局长:李文影
水　务　局　局　长:张春才
工业局党委书记:石惠明(12月免)
工业局局长(乡镇企业局局长):
李书深(12月免)
信息化办主任:刘尚先(12月免)
经济和信息化委员会党组书记:
石惠明(12月任)
经济和信息化委员会主任:刘士忠(12月任)
体育局党组书记:李　兵
体　育　局　局　长:年晓波
统计局党组书记、局长:汪锡锟
林业局党委书记:刘春起(12月免)
林业局局长、绿化办主任:董玉峰(12月免)
园林绿化局党委书记:刘春起(12月任)
园林绿化局局长、绿化办主任:
董玉峰(12月任)
动物卫生监督管理局党委书记、局长:黄文明
安全生产监督管理局党组书记、局长:
李尚贤(6月免)　李延国(6月任)
旅游局党组书记、局长:何立楼
法院党组书记、院长:李　民(12月免)
马来客(12月任)
检察院党组书记、检察长:赵　成
维护稳定办公室主任:杜志勇(6月免)
流　管　办　主　任:董　涛
综合行政服务中心主任:刘士忠(12月免)
刘尚先(12月任)
外　事　办　主　任:袁书林
城管大队党委书记、政委、大队长:
周长生(2月免)　焦守强(2月任)
民防局局长:聂艳荣(女)
地震局局长:邓宝银(女)
台办主任:冷雄师
区委社会工委书记、社会工作办公室
主任:张德广(2月任)

中国人民政治协商会议北京市大兴区委员会

主　　席:高树旺
副主席:刘志茹(女)　彭喜忠
路志权　刘月娥(不驻会)
郭　耕(不驻会)　秦天刚(不驻会)
秘书长:李书会
常务委员:于志强　马海峰
王自学　王柏行
王雅玲(女)　甘连童(回)
冯乐平(女)　吉建宁(女)
吕　民(满)　刘　辉
刘玉广　刘占忠
刘虎林　江　欣(女)
孙守江　李　盈(女)
李书会　李宝亭
张玉华　张正喜
张永平(满)　陈　芳(女)
陈寿利(回)　郑志华
赵建红(女)　赵晓晨
赵德维　南　寅
贾卫国　钱宏伟
郭　巍(女)　曹　炜
常树东(回)　董贺琴(女)
办　公　室　主　任:刘虎林
研　究　室　主　任:刘　辉
专委会工作一室主任:李彦玲(女)
专委会工作二室主任:崔希明
专委会工作三室主任:王凤森
专委会工作四室主任:邓明华(6月免)
魏文元(6月任)

群众团体

区总工会党组书记、主席:杨丽霞(女)
团 区 委 书 记:贾卫国
区妇联党组书记、主席:郭少英(女,2月免)
张 伟(女,2月任)
科 协 主 席:刘月娥(女)
文 联 主 席:王凤强
工商联党组书记:董贺琴(女,2月免)
陈占山(2月任)
工 商 联 主 席:刘金龙
残 联 理 事 长:翁维贤
红十字会党组书记、常务副会长:孙 勇

事业单位

区委党校党委书记、常务副校长:鲍广会
区政府机关后勤服务中心党组
书记:孔凡考
区政府机关后勤服务中心主任:靳锡珍
史 志 办 主 任:李福增
老龄委办公室主任:康文利
档案局党组书记:于学强(12月免)
舒林辉(12月任)
档 案 局 局 长:于学强
广电中心党组书记、主任:李岭涛
种植业中心党委书记、主任:陈殿玉
农机中心党委书记、主任:孙广春
经管站党组书记、站长:李 强
市政园林中心党委书记、主任:孟庆龙
环 卫 中 心 主 任:郑之勇

企业单位

兴展国有资产经营公司党委书记:
芦永忠(3月免) 郑怀志(3月任)
兴展国有资产经营公司经理:
芦永忠(3月免) 张艳林(3月任)
大兴宾馆党委书记、经理:李宝珍(女)
粮油总公司党委书记:董金龙
粮油总公司党委副书记、经理:
于长江(2月免) 王建国(2月任)
商贸公司党委书记、经理:李建国
煤炭公司党委书记、经理:孙连科
物资公司党委书记、经理:邓文伟
城建开发集团公司党委书记:唐纪元
城建开发集团公司经理:牛 杰
京南住房开发有限责任公司党委
书记、经理:崔鸿雨
兴创投资有限公司党委书记、
总经理、董事长:张 涛
供销社党委书记、主任:姜万祥
中共中关村科技园区大兴生物医药基地工委
书记:黄维荣(人大副巡视员,3月免)
温 震(3月任)
中关村科技园区大兴生物医药基地管委会
主任、开发经营中心董事长:温 震
中关村科技园区大兴生物医药基地开发
经营中心总经理:杜红世 (6月免)
新媒体产业基地党委书记:张艳林(3月免)
曹 辉(6月任)
新媒体产业基地管委会主任:曹 辉
大兴经济开发区开发经营总公司
董事长:曹 辉(6月任)
大兴经济开发区开发经营总公司
总经理:杜红世(6月任)

街道、镇

清源街道工委书记、办事处主任、
人大工委主任:甘连义(回,2月免)
冯 波(2月任)
兴丰街道工委书记、办事处主任、
人大工委主任:鲁德祥
林校路街道工委书记、办事处主任、
人大工委主任:赵建海
观音寺街道工委书记、人大工委

主任:赵长虹(6月任)
观音寺街道工委副书记、办事处
主任:王文斌(6月任)
天宫院街道工委书记、人大工委
主任:梁建青(6月任)
天宫院街道工委副书记、办事处
主任:张新跃(6月任)
黄村镇党委书记、地区党工委书记:白立成
黄村镇党委副书记、镇长、地区党工委副
书记、办事处主任:李延国(6月免)
刘长江(6月任)
庞各庄镇党委书记、人大主席:左东明
庞各庄镇党委副书记、镇长:
张　伟(女,2月免)
王学军(2月任)
北臧村镇党委书记、人大主席:
梁建青(2月任人大主席)
北臧村镇党委副书记、镇长:王志敏(女)
榆垡镇党委书记:金卫东
榆垡镇党委副书记、镇长:杨彦光
礼贤镇党委书记、人大主席:王少权(6月免)
杜志勇(6月任)
礼贤镇党委副书记、镇长:王文斌(6月免)
于宝贵(6月任)
魏善庄镇党委书记、人大主席:
张德广(2月免)　贺　锐(2月任)
魏善庄镇党委副书记、镇长:张　帆
青云店镇党委书记、人大主席:闫德强
青云店镇党委副书记、镇长:
冯　波(2月免)　冀学光(2月任)
采育镇党委书记、人大主席:
贺　锐(2月免)　芦永忠(2月任)
采育镇党委副书记、镇长:孟宪金
长子营镇党委书记:孙洪伟
长子营镇党委副书记、镇长:张　辉
安定镇党委书记、人大主席:张　明
安定镇党委副书记、镇长:张新跃(6月免)
荣俊艳(女,6月任)
旧宫镇党委书记、地区党工委书记、人大
主席、地区人大工委主任:张　岭
旧宫镇党委副书记、镇长、地区党工委
副书记、办事处主任:刘景瑞
西红门镇党委书记、地区党工委书记:王　健
西红门镇党委副书记、镇长、地区党工委
副书记、办事处主任:马士刚
亦庄镇党委书记、地区党工委书记、人大
主席、地区人大工委主任:赵显鹏
亦庄镇党委副书记、镇长、地区党工委
副书记、办事处主任:刘素然
瀛海镇党委书记、人大主席、地区党工委
书记、地区人大工委主任:
石国钧(12月免)
沈永刚(12月任)
瀛海镇党委副书记、镇长、地区党委副书记、
办事处主任:沈永刚(12月免)
何景涛(12月任)

双管单位

北京市大兴区人民武装部部长:朱家林
北京市大兴区人民武装部政委:张耀邦
北京市路政局大兴公路分局党委
书记、局长:黄建强(2月免)
王少辉(2月任)
北京市规划委员会大兴分局党组
书记、局长:李金龙
北京市公安局大兴分局党委书记:
陈　曦(9月免)
陈德宝(9月任)
北京市公安局大兴分局局长:陈德宝
北京市公安局大兴分局政委:席思友
北京市大兴区气象局局长:刘双印(9月免)
李永成(9月任)
北京市工商局大兴分局党组
书记、局长:侯春哲
北京市大兴区质量技术监督局党组
书记、局长:刘冬青(女)
北京市大兴区国家税务局党组

书记、局长:陈　柯

北京市大兴区地方税务局党组书记、

局长:沈永奇(10 月免)

冯守利(10 月任)

北京市大兴区邮政局党委书记、

局长:孟宪友(满,6 月免)

贺希录(6 月任)

北京市大兴区药品监督管理局党组

书记、局长:刘忠兴

北京市大兴区烟草专卖局党组书记、

局长:李学梅

北京市国土局大兴分局党组书记、

局长:赵建华

全国先进人物

汪锡锟　男,汉族,中共党员,在职研究生学历,现任大兴区统计局党组书记、局长。1955 年 10 月出生,1973 年 12 月参加工作,1981 年步入统计大门,自 1995 年起,任大兴统计局长,后兼任党组书记。在履职局长的 16 年里,一个"硬"字支撑着他带领团队在全市统计系统的前列,经他主政统计的这些年,大兴统计工作实现了"从幕后到前台、从边缘到主流、从简陋的办公条件到独立的'统计大楼'"的变化。大兴统计实现了从传统到现代、由弱到强的历史蜕变。他创造性地开展了"统计信用单位"评选活动,此活动一经开展,便在企业中产生了积极反响。他敢于成为统计改革的带头人,2006 年,借助于国家统计局和市局总队统计改革的大背景,汪锡锟在区县建队和街乡"撤科建所"中抢占了先机。经多方沟通协调,大兴区委、区政府在北京区县中最早批准成立 18 个基层统计所,新增 99 名公务员编制。2006 年 11 月 15 日,北京市统计管理体制改革现场会暨大兴区统计局基层统计所揭牌仪式在大兴区举行。此后,大兴统计局又在全市率先成立经济社会调查队。大兴区统计所正式挂牌,标志着北京的这项改革又迈出了新的步伐。他严把数据质量关,力抓人员管理和人才培养工作,积极落实"科技强统",加快统计工作信息化、现代化建设步伐。在他工作的 30 年里,大兴统计局集体多次受到表彰,他本人也是业绩显赫。2009 年 1 月 14 日,在全国统计工作表彰会上,汪锡锟同志被授予"全国统计系统先进工作者"荣誉称号,享受省部级劳动模范和先进工作者待遇,同年又被评为国家级全国第二次经济普查先进个人。2010 年被评为 2009 ~ 2010 年度中国信息报社统计宣传工作先进个人和北京市第一次全国污染源普查工作先进个人。他撰写的《大型普查的组织工作研究》被评为北京市第三届优秀统计科讨论文三等奖,《大兴区工业化与城市化进程评价》被评为北京市优秀统计分析报告一等奖,《大兴区适度人口发展研究报告》被评为北京市统计局一等奖和区优秀调查研究成果一等奖。

李德强　男,汉族,1965 年 1 月出生,中共党员,研究生学历,高级统计师和高级经济师职称,1985 年 1 月毕业于北京农业职业学院,分配到北京市统计局农业统计处,同年 3 月调到大兴县统计局,1998 年 1 月任副局长,2007 年 8 月任国家统计局大兴调查队队长。他坚持学习,与时俱进。参加工作的 20 多年里,先后完成了电视大学统计专业、首都师范大学政法专业大学本科的学习,首都师范大学政法系硕士研究生课程班、北京市委党校哲学专业研究生班的学习。1995 年 11 月参加全国统考取得了统计师中级职称,2002 年获得领导干部 BFT 英语 C 级证书,2004 年 9 月考取了高级统计师职称,同年 12 月考取了高级经济师职称。他爱岗敬业,精益求精。步入统计行列的二十多年来,在完成一张张统计报表、组织一次次的普查调查、制定一项项规章制度，他都监守精益求精的准则。他加强管理，开拓创新，完成《统计局调查队绩效考核管理办法》，编写了每个岗位的职位说明书，梳理了工作流程，明确了工作职责和任务，使统计管理更加科学化、规范化，从而提高了工作效率。他廉政勤政，以身作则。他最喜欢的廉政格言是“其身正，不令而行；其身不正，虽令不从”。在分管财务工作期间，他严格执行财经纪律和财务制度，他常说的一句话是“工作横比，力争上游；生活纵比，知足常乐。”由于他工作上肯钻研有创新，在基本单位普查中，他所提出“四库合一”的模式被市局认可，并在全市推广。他所组织或直接领导的1996年的第一次全国基本单位普查、2000年的第五次全国人口普查、2004年的第一次全国经济普查、2008年的第二次全国经济普查，大兴区都获得了国家级先进单位的荣誉称号，他个人也先后多次获得各级部门的表彰。他撰写的《对本区人口总量激增的思考》获得北京市统计局、国家统计局北京调查总队三等奖并在《大兴调研》上发表，《浅析人口普查中的责任成本》、《就房价说统计》先后在《数据》杂志上发表。

张 伟 女，全国城乡妇女岗位建功先进个人，张伟同志是大兴区妇联党组书记、主席，她将急党政所急，帮妇女所需，为广大妇女服务作为自己义不容辞的责任。2008年，被授予北京市“三八”红旗奖章荣誉称号。区妇联编制少，包括主席在内仅7人，女同志都有一个共同的特点：认真，凡是都要求自己干就要干好，随着中关村科技园区大兴生物医药基地、国家新媒体产业基地和大兴经济开发区的迅速发展，解决失地妇女的就业问题，成了区委、区政府需要解决的首要难题，更成为张伟主席义不容辞的责任。她选择了在礼贤、北臧村等镇举办编织培训班，一期就是十几天，中间穿插参观学习活动。100多期的免费培训，不仅使姐妹们的就业观念有了转变，而且掌握了手编和钩织的技能，她不仅鼓励她们学下去，还把课堂搬到了每个村，几年中，有上百个村都办了几期、十几期班，有5000名姐妹参加了培训，而且掌握了1~4门的加工技能。每人月收入达到了600~1500元。全区妇女通过加工业每年增收800多万元。政府难题就这样被解决了，大兴妇联系统不仅围绕政府工作做工作，还成为了北京市妇联树立的典型。发展手工艺品加工业只是妇联参与政府工作的其中一项，在种植业、养殖业、民俗旅游业中，她与妇联结合着姐妹们的切实利益，为她们尽心推介着适合她们的项目，2008年6月10日，北京市农林科学院副院长、畜牧兽医研究所所长亲自将北京市农林科学院畜牧兽医研究所肉鸽养殖试验基地的牌子授予长子营镇泰丰养殖场。经她牵线搭桥，将泰丰养殖场场长闫玉凤与北京市农林科学院畜牧所的潘裕华教授结成对子，三年来，潘教授100多次亲临养殖场指导。对乳鸽人工孵化、人工育肥技术及种鸽饲养管理等进行指导，并共同研制乳鸽饲料配方。在专家的指导下，养殖场技术提高了，规模扩大了，还扶持了30个困难户，带动108户，户均增收2万元，这也是她帮姐妹们找到的一个致富的好方法。做了这么多的工作，为姐妹们办了这么多的实事，区妇联其实只有7名同志，她说：她的工作量可真不少。因为要切实帮助到每一位妇女，所以，她常常要每个镇、每个村地跑，走进农村妇女家里，看到农村妇女在生产中需要什么，妇联到底能为她们做些什么。

闫玉凤 女，全国城乡妇女岗位建功先进个人，闫玉凤是长子营镇泰丰肉鸽养殖场场长，养殖场占地8万平方米，150余间养殖棚，肉鸽存栏量2万余只，年销售量150万只，实现年产值1500万元，年纯利润150万元，是目前北京市最大的鸽子养殖场之一。如今这里的鸽子带着浓郁的乡土气息，已经飞到了中央领导、人民大会堂的国宴上。而闫玉凤一名普通的农家女,经过几年的艰苦历炼,也已成长为了一名出色的女厂长。2006年,长子营镇泰丰养殖场被命名为北京市“双学双比”示范基地,2009年,闫玉凤被授予北京市“三八”红旗奖章荣誉称号。2005年,在北京市妇联推出的“三院联动进农户 科技服务农家女”活动中,闫玉凤与北京市农林科学院畜牧所的潘裕华教授结成对子,五年来,潘教授100多次亲临养殖场指导。对乳鸽人工孵化、人工育肥技术及种鸽饲养管理等技术进行指导,并与泰丰共同研制乳鸽饲料配方。在专家的指导下,泰丰养殖场提高了养殖技术,扩大了养殖规模,并带动了周边养殖业的发展。2009年,他们重点扶持了周边以残疾人为主的30个农户,带动农户108户,户均增收2万元,提供种鸽和技术,并统一收购、销售,同时,全国各地乳鸽养殖者慕名来学习技术的有100多人,他们都进行了培训,乳鸽养殖技术已扩展到全国,她每年都向希望工程捐两、三千元钱,到今年已坚持了整整10多年。闫玉凤还一直帮扶着村里的一个傻孩子,每逢过节过年,闫玉凤不仅给他买吃的、穿的,还会让他带几百块钱回家,闫玉凤这个普通的农家女,从对养鸽一无所知到养鸽能手,从艰难的创业之初到目前京郊肉鸽养殖业的“领头雁”,充分体现了农家女吃苦耐劳、自强自立的精神和品格。

王永军　男,现任大兴区住房和城乡建设委员会副主任。2010年度,被评为全国质量监督先进个人。2009年,王永军时任大兴区建设工程质量监督站站长,负责大兴区域内建设工程的质量监督、安全生产监督、施工现场管理等。管理与服务并举,较好地完成了各项工作,大兴区建设工程质量监督站连年荣获北京市监督系统先进单位、北京市建委系统安全生产管理先进单位,王永军个人连续多年被评为北京市监督系统先进个人。被《大兴报》第80期以《良心是工作的尺度—记大兴区建设工程质量监督站站长王永军》进行了人物宣传。至09年底,大兴区在监工程999项,面积608万平方米。大兴区建设工程质量监督站办理竣工验收备案204项。监督市政工程112项;地铁工程8个标段;处理工程质量信访投诉15起;全年共检查工地936次,出动人数2769人次;共排查出各类安全隐患3887个 ,质量问题3391个;被停工整改工地33个,行政处罚24起,简易处罚9项,总共罚款金额45.1万元;确保大兴区建设工程质量、安全受控。

王永军认为服务的关键在于提高工作效率,提高工作效率的关键在于加强队伍的作风建设。通过细化监督站工作人员行为守则,组织监督员签订党风廉政建设责任书,签订反商业贿赂工作责任状,不断提高干部群众的政治素养;通过定期观看反腐倡廉教育视频录像,做到警钟长鸣。随着国字头等大型建筑集团进驻大兴施工,带来了不少好的施工工法和施工现场管理经验。为保障本区施工质量和管理水平能够较快提高,王永军带领全区在施工程项目经理120多人到地铁一标段进行参观学习用幻灯片方式向大家介绍了保证工程质量的做法和施工管理经验。区属施工单位受益匪浅,这种能够跳出政府执法监督,以服务和帮助的做法得到大家一致肯定,会后大家的掌声持久不衰。王永军在打击违法违规行为上,决不手软。他在监督站订立了严格的执法制度。在大家的努力下,大兴区建设工程质量、安全行政处罚起数、行政罚款数额连续三年在全市名列前茅。严厉的处罚使有些人靠蒙混过关搞建筑的日子过不下去了,王永军经常受到不同方式的恐吓威胁。但他认为:行得正,问心无愧,他们最后会理解的。2009年王永军创新了网格监督管理方法,出台《监督站工作人员效率手册》、制定《施工现场安全度汛管理办法》、《施工现场主要管理项目确认单》等等。在修订大兴区建设工程质量监督交底后,使各参建单位能够清晰的了解质量安全监督工作和管理要求。工程应急管理、工地食堂管理、防控 H1N1、防止工人宿舍煤气中毒、防治工地扬尘、施工现场防汛、消防防火、渣土运输、销纳等纷繁复杂的任务,简明高效的送到各参建单位手中,使工作有条不紊。2010年王永军建立了质量安全监督月报制度,从工程项目部—监督员—组长—站长逐级上报质量安全监督月报,分析总结后,出台当月的大兴区建设工程质量安全月报,然后针对性安排下月工作,客观上对所有工程进行了整体巡视,发现漏洞、消灭隐患,主观上个层次人员从被动工作到主动工作。王永军坚持安排把"民生工程"当做质量监督管理的重点来抓。每月必查,并联合市监督总站对保障性住房进行每月一次联合检查;同时申请财政资金,对保障性住房工程的主要材料和结构实体进行抽样检测,对塔吊、起重机械运行情况进行专项检测,用科学数据给工程质量安全定性,避免偷工减料、弄虚作假和设备带病工作。通过控制建材质量、结构质量、主要使用功能和安全生产隐患,从根本上控制工程质量。另外为防患未然,他还扎实做好应急管理工作,带领人员分别在兴城广场、物美大卖场广场进行施工安全知识宣传,发放宣传品,给工人讲解安全注意事项;在火神庙施工现场进行文艺演出;每年利用短信平台向工地发送防汛等预警信息 20 余次,接收人次 3000 余人;组织开展地铁、建筑工程进行应急救援演练;同时对建筑工地积极防控 H1N1 流感传染;督促 289 家施工单位建立了《建设工程事故应急预案》和各项制度。

关明煜 男,汉族。1972 年 2 月出生 网格责任人是三级网格管理中核心力量,决定着网格化监管工作的成败。大兴分局黄村工商所关明煜同志在履行网格化管理工作中,把网格化监管与辖区的实际情况相结合,以夯实基础性工作为核心,明确工作思路,在查处无照经营、承办违法经济案件、加强各类市场主体监管、服务地方特色经济等工作上,体现出了较强的履职履责能力。多年以来他始终践行着"甘当主力甘当苦力"的首都工商精神,刻苦钻研工商业务,努力开拓,锐意创新,出色地完成了上级领导交给的各项工作任务。在积极完成内务工作、巡查工作及各类专项整治任务的同时,仅近两年来,关明煜同志带领全组共查处各类经济违法案件 100 多起,上缴财政罚没款 130 多万元,为维护辖区良好的经济秩序做出了突出贡献。他自勉的格言是:心地无私天地宽,徇私枉法永不沾。2008 年上半年他在查处一起外资企业违法经营案件时,当事人为减轻处罚,购买了十几张数千元面值的购物卡企图贿赂工商执法人员,但是关明煜等办案人员顶住各种压力,不受利诱,公正执法,最终当事人的十几张购物卡一张也没有送出去,心悦诚服的接受了处罚。几年来,他拒收礼金近 60000 元,拒吃请 30 余次。投身工商事业十几年,关明煜舍弃了多少与家人的团聚,儿子都上小学了,没有一起过过一个生日;父亲瘫痪卧床五年,不能尽孝床头。做为一名工商人,他没有被各种困难所击倒,兢兢业业、勤勤恳恳的战斗在工商工作的最前沿。无论是在抗击"非典"、阻击"禽流感"的第一线,还是在各种专项整治的工作中都留下他积极肯干、勤奋工作的身影。他的付出得到了领导和同志们认可和赞扬,2006 年 1 月他终于实现了自己的愿望成为了一名光荣的中国共产党党员,也是在这一年里他荣获了北京市工商局 2005 年度"北京市工商行政管理系统优秀经济卫士"荣誉称号,并荣获个人三等功。

全国先进集体及个人

先进集体

全国城乡妇女岗位建功先进集体

大兴区妇联

全国维护妇女儿童权益先进集体

大兴区妇联

全国学习型家庭创建示范社区

天宫院街道天堂河社区

清源街道滨河北里社区

第二次全国经济普查国家级先进集体

大兴区经普办　黄村镇经普办

西红门镇经普办　榆垡镇经普办

先进个人

第二次全国经济普查国家级先进个人

汪锡锟　李德强　于世文(女)

孙永立　崔书忠　陈玉润(女)

巩国防　邵瑞霞(女)　于淑惠(女)

秦剑锋　孟　喆　程德贵

王　玮　胡振美(女)　李　雪

潘　锐　梁　旭　解兰悦(女)

梁振梅(女)　马秀杰(女)　杨丽娟(女)

邝　禾(女)　张文霞(女)　张晓林

赵建海　李月菊(女)　田德祥

全国百家语文教师评选全国优秀语文教师

黄仕泽

全国质量监督先进个人

王永军

全国中小学图书馆先进工作者

刘洪涛(女)

全国宗教系统“五五”普法先进个人

徐晓英

北京市先进集体及个人

先进集体

北京市2010年《中办通讯》工作特等奖

大兴区委办公室

2010年北京市人口和计划生育红旗单位

西红门镇政府

2010年北京市“百日整治行动”先进集体

西红门镇政府

2010年首都绿化美化小城镇

西红门镇政府

2010年首都全民义务植树先进单位

西红门镇政府

2010年北京市交通安全先进单位

西红门镇政府

第二次全国经济普查市级先进集体

清源街道办事处经普办

瀛海镇经普办　采育镇经普办

礼贤镇经普办

北京市统计系统先进集体

大兴区统计局信息网络管理科

北京市敬老爱老服务先进单位

区妇联

2009年度北京市妇联系统调研工作先进集体

区妇联

北京市家庭道德实践宣传月活动优秀组织奖

区妇联儿童部

《北京市实施〈中华人民共和国妇女权益保障法〉办法》知识竞赛三等奖

大兴区代表队

《北京市实施〈中华人民共和国妇女权益保障法〉办法》知识竞赛优秀组织奖

区妇联

北京市妇女儿童工作先进集体

区委组织部　区人力资源和社会保障局

区计生委　区妇儿工委办公室

北京市妇联工作先进集体

庞各庄镇妇联　魏善庄镇妇联

清源街道兴华园社区妇联

榆垡镇求贤村妇代会　区国税局妇委会

区人口计生委妇委会

天恒建设工程有限公司妇委会

北京市“三八”红旗集体

区林校路街道社保所

区审计局财政金融审计科

大兴区兴秀手工艺品产销协会

北京乐平西甜瓜产销专业合作社
黄村镇第一中心小学
榆垡镇西瓮各庄村
西红门双语幼儿园
区林业保护站
区人民医院心内科重症监护病房

北京市校外教育先进集体

区妇女儿童活动中心

2010 年北京市家庭教育主题周活动优秀组织奖

区妇联

2010 年北京市家庭教育主题周活动优秀创意方案奖

区妇联《家庭成长工程》方案

北京市双拥模范街道

兴丰街道

北京市住房保障工作先进集体

兴丰街道

北京市人口和计划生育工作先进集体

兴丰街道

北京市敬老爱老为老服务先进单位

兴丰街道

北京市首都综治办、北京市公安局百姓心中最平安社区

兴华中里

北京市计划生育协会先进集体

富强南里

北京市敬老爱幼为老服务先进集体

富强南里

北京市先进居委会

康居

北京市生活垃圾分类社区贡献奖

瑞康家园

北京市生活垃圾分类社区贡献奖

黄村西里

北京市首届农民艺术节歌舞合唱大赛获合唱组最佳风采奖

清城

北京市第六届老年合唱大赛银燕奖

清城

北京市民族杯健身操舞大赛三等奖

清城

北京市首届农民艺术节歌舞合唱大赛歌舞组二等奖

黄村东里

北京市民族杯健身操舞大赛三等奖

黄村东里

北京市民族健身操舞三等奖

黄村中里

北京市 2010 年住房保障工作先进集体

大兴区住房保障服务中心

北京市工商行政管理系统先进单位

大兴工商分局

北京市工商行政管理系统先进工商所

大兴分局黄村工商所
大兴分局庞各庄工商所

北京市工商行政管理系统先进集体

大兴分局登记注册科
大兴分局企业监督管理科(私营个体经济监督管理科)

北京市健康促进学校

大兴一小

北京健康促进学校

青云店中学　青云店第一中心小学
孙村中学　北京小学大兴分校

北京市节约型示范学校

北京小学大兴分校　大兴一中
大兴八中

北京市语言文字规范化示范校

青云店中学

北京市爱国卫生先进单位

榆垡中学

北京市普教系统优秀教职工之家

榆垡第二中心小学　大兴红星中学
旧宫镇第一中心小学

北京市教育信息化工作先进单位

榆垡第二中心小学

北京市先进班集体

榆垡第二中心学校六(2)班
大兴八中高二(1)班
青云店中学初三(4)班
长子营镇第二中心小学六年级(2)班
大兴八小六(2)班

北京市三八红旗单位

黄村镇第一中心小学

北京市敬老文明模范学校

北京师范大学大兴附属中学
黄村镇第一中心小学
青云店第一中心小学　大兴二幼

“十一五”北京市中小学美育研究先进学校

滨河小学

全国学校艺术教育工作先进单位

滨河小学

北京市体育传统项目学校

长子营第一中心小学　大兴一中

首都绿化美化花园式先进单位

大兴一中

奥林匹克教育学校体育后备人才培养基地检查评估优秀学校

大兴一中

北京市中小学资源建设与应用先进单位

北臧村镇中心小学

北京市检察机关先进集体

公诉一处　公诉二处　民行检察处
研究室

北京市检察机关先进个人

刘建波　熊　正　刘　涛(女)
定云峰　申朝辉　徐富才
王　磊(女)

北京市检察机关办案集体三等功

公诉一处　公诉二处

北京市检察机关办案集体嘉奖

民行检察处　反贪局　侦查监督处

北京市团委五四红旗团支部

团支部

侨务工作先进单位

北京市大兴区人民政府侨务办公室

2006 年至 2010 年北京市信访排查调处工作先进集体

大兴区信访办公室

市级人口与计划生育工作先进个人

王志敏　宁西全　田秀荣

先进个人

2010 年北京市人口和计划生育先进个人

鲁大春

2010 年北京市人口和计划生育先进个人

王　芳

2010 年北京市优秀党务工作者

史立君

2010 年北京市“百日整治行动”先进个人

宗文浦

2009 ~2010 北京市黄标车淘汰工作先进个人

姜兰英

2010 年北京市“百日整治行动”先进个人

马连义

“十二五”期间北京市老龄工作先进个人

袁瑞江

北京市先进工作者

周冠华

北京市第一次全国污染源普查工作先进个人

汪锡锟

2010 年度数据杂志社优秀通讯员

白志楠

2010 年北京市政府统计系统业务能手

赵丽娜

第二次全国经济普查市级先进个人

勾金鹏(女)　孙　超(女)　韩淑娟(女)
胡晓华(女)　裴彦君　吴秀京(女)
穆学英(女)　许　文(女)　裘　涛(女)
陈萌(女)　贾冬生　门爱辉
安文俊(女)　查雪梅(女)　任喜敏(女)
刘　超　崔　岚(女)　贺艳萍(女)

许迪鑫　马　冬(女)　张松林
张　新　孙　倩(女)　杨俊丽(女)
杨亚洁(女)　吴　捷　焦雅宁(女)
王占辉　刘　量　吴淑敏(女)
杨建萍(女)　胡俊杰　李绍田
刘文红(女)　张宇峰　张芝君(女)
李　彬　董宪如　毕紫珍(女)
王　淼　张　伟(女)　赵殿录
刁彦博　邓艳静(女)　李慧炳
崔云龙　马静伟(女)　王　贺
张欣辉　周　威(女)　赵子意
郝　然(女)　吴　薇(女)　左凌云(女)
王国良　赵　伟　石宝华
赵桂君　赵艳玲(女)　钱桂琴(女)
王彩霞(女)　李　丽(女)　王仲球
王锦惠(女)　李　博(女)　李　宁(女)
王　菁(女)　刘晓坤(女)　俞锡明
韩小芳(女)　曹　铮(女)　聂振生
白　超　田项韬　孟佳循(女)
朱小龙　王　冉(女)　张汉强
候颖梅(女)　孙　迪　段金蕊(女)
江显东　曹慧玲(女)　章淑萤(女)
白志楠(女)　陈　晓(女)　程维兰(女)
李永刚　王　然(女)　朱泽天
袁凤英(女)

北京市人口和计划生育先进工作者

张　伟(女)

北京市妇联系统先进个人

李　燕　佟　云　刘爱红　张建红
田秀荣　毛淑凤　宋书秀　张文华
杨雅男　林新文　王利芳　张桂荣

北京市“三八”红旗奖章

郑兰华　李艳芬　赵建玲　王大舜
李彦玲　邓　娟　田淑华　闫玉凤
栗书平　李如意　张红云　王亚秋
刘文侠　杜　琳　徐增凤　朱素敏
佟　云　刘爱红

北京市巾帼创业明星

蔡雪晴　冯乐平　李如意　郑书芬
杨连景

北京市妇女儿童工作先进个人

张　凌　杜桂玲　王春晖　周　红
刘建泉　高瑞红　胡广文　刘　颖

2010 年度北京市妇联系统优秀调研成果三等奖

张　伟　李　燕　孙景涛　金丽丽

北京市文明示范家庭

王宝荣　高　波　常宝峰　王振龙
石进来　赵洪艳　舒天雪　王广芳
孙延华　王　悦　彭鸿军　刘秀梅
张书平　朱丽军　刘淑敏　赵秀芳
杨长正　赵春民　樊良柱　高　静

“安利杯”暑期亲子互动活动创意大赛

施　莉　张伯轩　王长亮

北京家庭教育公益贡献人物

李　燕　栗书平　朱素敏

2009 年度北京市妇联系统优秀调研成果三等奖

贾连营

北京市先进工作者

胡秀荣(女)

北京市住建委系统先进工作者

王永军

北京市住建委系统先进工作者

杨占忠

北京市工商行政管理系统 2010 年度先进个人

李雪松

北京市工商行政管理系统 2010 年度优秀科长

张文海　赵少杰(女)

北京市工商行政管理系统 2010 年度优秀经济卫士

刘　建　袁宝桂(女)　杨景智
吴继兵　夏立思　刘　丰

北京市工商行政管理系统 2010 年度先进工作者

刘树池　杨茗菲(女)

2010 年北京市师德先进个人

张　俊(女) 武　静(女) 董翠娟(女)
杨　霞(女) 张秀梅(女) 孙海曼(女)

2010 年北京市教育系统劳动模范

杨凤娟(女)　何艳梅(女)

北京市先进工作者

何艳梅(女)　杨凤娟(女)

北京市优秀少先队辅导员

聂精通　李素芝(女)

首都教育十大新闻人物

张景浩

北京市优秀教练员

李明新

北京市群众心目中的好党员

吕小英

第二十三届北京市中小学紫禁杯优秀班主任二等奖

张雨会

第二十三届北京市中小学紫禁杯优秀班主任二等奖

梁常芳

第二十三届北京市中小学紫禁杯优秀班主任一等奖

姚林涛

2006 年至 2010 年北京市信访排查调处工作先进个人

李桂玉

北京市 2009 年内黄标车淘汰工作表彰奖励先进个人

赵永金

北京市大兴区第三届人大代表名册

付艳玉(女)　杨启功　石国钧
赵玉生　张　蕊(女)　麻美艳(女)
李敬民　张晓林　马树占
薛天龙(回)　邓彦会(女)　肖进德
黄维荣　周子文　李长友
吴立燕(女)　邵　恒　张志瑾(女)
程翠英(女)　霍振祥　邢　军
王建民　张　浩　于书顺
李广瑞(女回)　王志敏(女)　梁建青
张　伟(女)　赵　成　左东明
张　弘(女)　甘连斌(回)　李顺利
田德成(回)　蔡雪晴(女)　张　伟
陈陆友　宋绍堂　仇俊国(女)
赵　力(女)　林克庆　黄怒波
张德广　刘玉荣(女)　张　帆
姜海琳(女)　赵金维　周广森
刘玉彬　沈宝清　黄亚娟
王　新　李景臣　王文斌
吴颖凤(女)　安　娜(女回)　李永贵
周静溪　段桂芹　石建海
董永宽　王少权　孟继先
张　欣　崔慧芬　杨　雷
邓文伟　肖志伟(女)　张建国(回)
周　岩　文生仓　张新跃
高　娜(女)　徐明旺　郭宝东
张　明　孙凤彪　高树旺
冯　波　杨宪龙　谷书利
闫德强　刘金廷　邵德江
吴继江　孙加兰(女)　刘宝山
高　燕(女)　许　杰(女)　王彩霞(女)
牛翠花(女)　赵淑兰(女)　周　颖(女)
刘国恩　郭宝旺　戴明超
李红梅(女)　栗宝龙　宋玉华
孙洪伟　贺　锐　杨丽霞(女)
申艳坤　李　玉　林金河
张书领　张　辉　吴振明(女)
常春颖(女)　张占林　王宗刚
陈晓英(女)　贾荣宽　焦俊英(女)
马永芝(女回)　张洪林　李金龙
李　民　金卫东　贾玉荣(女)
李瑞平　张路颖(女回)　何宗福
韩占生　谷万水　李艳萍(女)
杨彦光　李国斌　李秀敏(女)

吴兆辉(满)　赵月华(女)　牛占山
吴秀敏(女)　刘　耕　李献河
张　涛　马武英　吕筱军(女)
赵　莉(女满)　王　旭　祖月华(女满)
周树慧　张　楠(女)　袁　静(女)
刘宝银　刘景瑞　于广昌
张　岭　刘德凤(女)　王发兴
沈永刚　张燕杰　白立成
靳文浦　顾兰英(女)　王启春
郑　蕊(女)　王洪靖(女)　王向荣
刘焕民(女满)　王　健(满)　洪　梅(女满)
李书华(女)　王有国　吕树平
马士刚(回)　崔　萍　陈　华(女回)
甄众学　赵盛伟　李秀亭
刘宏伟(女)　邓　娟(女)　甘连义(回)
曾志国　牛　杰　索继玲(女)
冯若兰(女)　程永庆　杨永立
邓景全　张兆新　段春辉(回)
赵建海　刘淑玲(女)　高瑞昆
张海艳(女)　孙秋生　王丽娟(女满)
朱家林　张耀邦　刘世贵
马利新(女回)　邵东海　王俊霞(女)
刘国栋　杨秋元　谷秉生
张福义　王　黎(女)　鲁德祥
赵微微(女)　杨祥启　董　淳
郭艳玲(女)　张德胜　杨国平
张宝生　郑怀志　绳立成
刘景波　李　达　韩启霞(女)
赵显鹏　田守信　李学元
孟庆龙　王海英(女)　李书深

大兴区政协第三届委员会委员名单

高树旺　刘志茹(女)　路志权
李维民　彭喜忠　刘月娥(女)
郭　耕　秦天刚　李书会
赵建红(女)　计剑桥(女)　赵金金(女)
江　欣(女)　张　裔(女)　孙玉浩
张　民　张　令　鲍建军
曹　辉　王俊丽(女)　马文祥
王柏行　陶　鲲　白建松
薛建团　李广银　靳书顺
路志学　董　锐(女)　安春玲(女)
石连瑛(女)　刘希海　刘玉忠
靳文浦　曹美兰(女)　肖翠玲(女)
张寿海　刘素然　贾卫国
武德洪　刘金红(女)　汪　影(女)
陈利萍(女)　赵淑琴(女)　郑淑影(女)
王　健　王启春　陈　妤(女)
周　涛(女)　刘虎林　刘　辉
申越山　刘玉广　李新华(女)
张永平　赵云龙　黄宪文
孙凤臣(女)　李士芬(女)　郑志华
刘春华　刘建忠　樊晓燕(女)
刘　寅　刘　蕊(女)　刘春庆
李国斌　崔成奇　张凤山
周刘来　赵艾琴(女)　王雅玲(女)
王自学　冯乐平(女)　芦永忠
张春红(女)　马永德　王景山
王朝柱　毛光祥　任宝全
刘彦梅(女)　刘德贵　张玉华
张学功　李　盈(女)　李　颖(女)
侯书娟(女)　姚美红(女)　寇国栋
马海峰　梅春波　庄申安
陈俊英(女)　于志强　王冬香(女)
曹永峰　吕　民　任钟华
刘　青(女)　李振茹(女)　邵英会
吴　培　余汉华　孙守江
张正喜　刘钧贻　郑传标
南　寅　邓明华　马海峰
宋玉林　李宝亭　丁言信
马士刚　薛宝成　王善永
甘立娟(女)　甘连童　陈淑英(女)
李炳强　宛品正　常树东
曾　浩　董贺琴　姜　澜(女)
王凤家　王克华　石　岳(女)

冯春光　　刘宝君　　马凤英(女)
刘占忠　　马彦芳(女)　　刘振娥(女)
邢留生　　陈寿利　　张海香(女)
白　羽　　张凤成　　郑和平
杨书桓　　陈　芳(女)　　赵德维
洪国柱　　郭　巍(女)　　曹　炜
孙智敏(女)　　黄梅强　　宗广义
魏翠萍(女)　　张　新　　季守荣(女)
金永生　　张国香(女)　　高　捷
曲　燕(女)　　李成川　　李松岷
吴山永　　周颐昌　　黄建强
寇润庭　　张岩刚　　张国庆
宋薛宣　　钱宏伟　　郝　望
黄立鸿　　孙连科　　何邦喜
韩殿朋　　栗景池　　杨海霞(女)

刘金龙　　刘玉泉　　李　强
周艳芝(女)　　任文涛(女)　　王海云(女)
刘彩云(女)　　杜彩芬(女)　　陆佰荣(女)
赵　宁(女)　　靳利娟(女)　　吉建宁(女)
马　涛　　于建福　　刘　霞(女)
刘汀丽(女)　　刘树江(女)　　孙福翠(女)
邵　莹(女)　　芦长兰(女)　　张美新(女)
李洪祥　　黄淑燕(女)　　赵建国
赵建玲(女)　　冯米香(女)　　尹思鸥(女)
侯文学　　魏　薇(女)　　冉　薇(女)
韩　辉　　韩翠竹(女)　　李彦玲(女)
王凤森　　郭雪微(女)　　冷雄师
刘国亮　　苏云明　　杨秀华
张　凌(女)　　郭和文　　李　燕(女)
瞿春生

统计资料

社会经济综合指标
（附社会经济综合指标统计表）

大兴区2010年经济发展情况

	单位	2010年	2009年	增减%
辖区面积	平方公里	1036	1036	–
村民委员会	个	527	527	–
社区居民委员会	个	123	119	3.4
户籍户数	万户	24.3	23.6	3.0
非农业户	万户	13.5	13.1	3.3
户籍人口	万人	59.1	58.6	1.0
非农业人口	万人	28.4	27.7	2.5
常住人口	万人	136.5	115.9	17.8
地方财政收入	亿元	30.1	23.1	30.5
地方财政支出	亿元	70.0	77.2	–9.3
区域税收	亿元	81.3	60.6	34.1
各项存款余额	亿元	842.7	691.1	21.9
各项贷款余额	亿元	344.9	252.3	36.7
规模以上工业总产值	万元	4562767	3656475	24.8
社会消费品零售额	亿元	133.7	115.3	16.0
全社会固定资产投资（项目建设地）	亿元	422.7	354.2	19.3
建筑业总产值	亿元	190.1	123.5	53.8
城镇居民人均可支配收入	元	24368	22548	8.1
农民人均纯收入	元	12335	11132	10.8

	单位	2010 年	2009 年	增减%
税收合计	万元	813089	606384	34.1
第一产业	万元	1243	1063	16.9
第二产业	万元	308815	242168	27.5
工　业	万元	240261	190698	26.0
建筑业	万元	68554	51470	33.2
第三产业	万元	503031	363153	38.5
交通运输、仓储及邮政业	万元	28185	24398	15.5
信息传输、计算机服务和软件业	万元	3801	3874	-1.9
批发和零售业	万元	93453	75843	23.2
住宿和餐饮业	万元	6123	4633	32.2
金融业	万元	13516	9216	46.7
房地产业	万元	182766	102550	78.2
租赁和商务服务业	万元	54235	37834	43.3
居民服务和其他服务	万元	57943	63569	-8.9
教育	万元	10467	7569	38.3
卫生、社会保障和社会福利业	万元	3423	601	469.6
文化、体育和娱乐业	万元	5618	5881	-4.5
公共管理和社会组织	万元	2755	2017	36.6
其他行业	万元	40746	25168	61.9
各项存款合计	万元	8426546	6910874	21.9
#居民储蓄存款	万元	4381373	3693537	18.6
人民币存款	万元	8392169	6873554	22.1
居民储蓄存款	万元	4358388	3669547	18.8
定　期	万元	2628914	2230951	17.8
活　期	万元	1729474	1438596	20.2
企业存款	万元	3002313	2297490	30.7
农业存款	万元	12735	52660	-75.8
机关团体存款	万元	340585	360419	-5.5
其他存款	万元	678147	493437	37.4
外币存款	万元	34377	37320	-7.9
#居民储蓄存款	万元	22985	23990	-4.2
各项贷款合计	万元	3448708	2523452	36.7

	单位	2010 年	2009 年	增减%
人民币贷款	万元	3448708	2523452	36.7
农业贷款	万元	415335	309692	34.1
工业贷款	万元	275138	115055	139.1
商业贷款	万元	244463	112649	117.0
建筑业贷款	万元	18830	14830	27.0
房地产业贷款	万元	699079	426735	63.8
个人住房贷款	万元	471051	438072	7.5
其他贷款	万元	1324812	1106419	19.7
外币贷款	万元		827	
农业	*	*	*	*
农林牧渔业总产值	万元	482141	478765	0.7
#农业	万元	262249	267808	-2.1
牧业	万元	208948	201222	3.8
农产品产量	*		*	*
粮食	吨	233162	242614	-3.9
蔬菜产量	吨	891227	914077	-2.5
生猪出栏	万头	59.6	59.2	0.8
禽蛋产量	吨	21476	22017	-2.5
牛奶产量	吨	162318	176061	-7.8
家禽出栏	万只	1446.1	1454	-0.5
出栏羊	万只	19.8	20.0	-0.9
出栏肉牛	头	9949	8354	19.1
工业	*	*	*	*
规模以上工业总产值	万元	4562767	3656475	24.8
都市工业	万元	1745337	1449110	20.4
高技术产业	万元	309502	181043	71.0
民营科技工业	万元	1997113	1675356	19.2
外商投资工业	万元	1355453	1152488	17.6
建筑业	*	*	*	*
建筑业总产值	万元	1900681	1235471	53.8
房屋建筑施工面积	万平方米	1103.4	476.9	131.4
房屋建筑竣工面积	万平方米	290.6	196.4	48.0

	单位	2010 年	2009 年	增减%
批发零售住宿及餐饮业	*	*	*	*
社会消费品零售额	万元	1336950	1152543	16.0
#规模以上商业	万元	960457	770933	24.6
按商品用途分	万元	*	*	*
吃类商品	万元	483584	427242	13.2
穿类商品	万元	127214	131904	-3.6
用类商品	万元	562935	485659	15.9
烧类商品	万元	163217	107738	51.5
按行业分	万元	*	*	*
批发零售业	万元	1141614	1000822	14.1
住宿业	万元	14190	13543	4.8
餐饮业	万元	181146	130830	38.5
其　他	万元		7348	
房地产业	万元	*	*	*
自年初累计完成投资(项目建设地)	万元	2248201	1414898	58.9
房屋施工面积	万平方米	808.5	426.8	89.4
#住宅	万平方米	573.5	303.2	89.2
房屋竣工面积	万平方米	180.3	40.5	344.8
#住宅	万平方米	120.1	29.0	313.8
商品房销售面积	万平方米	199.3	94.5	111.0
#住宅	万平方米	190.1	84.9	123.9
商品房待售面积	万平方米	28.6	13.2	117.6
#住宅	万平方米	12.0	4.5	168.7
商品房销售额	万元	2686765	977346	174.9
#住宅	万元	2533626	868241	191.8
固定资产投资	*	*	*	*
全社会固定资产投资(项目建设地)	万元	4227076	3542255	19.3
#基础设施投资	万元	1076764	1065101	1.1
#城镇及农村非农户投资	万元	1858054	1995512	-6.9
按产业分	万元	1978875	3542255	-44.1
第一产业	万元	6989	15408	-54.6
第二产业	万元	267679	187413	42.8

	单位	2010 年	2009 年	增减%
工业	万元	266924	187132	42.6
建筑业	万元	755	281	168.7
第三产业	万元	3952408	3339434	18.4
房地产开发投资	万元	2248201	1414898	58.9
#住宅	万元	1548763	756148	104.8
旅游业	*	*	*	*
接待总人数	万人	434.5	433.0	0.3
#民俗旅游	万人	265.0	262.6	0.9
营业收入	万元	95212	80418	18.4
#民俗旅游	万元	18669	16511	13.1
从业人员	人	14058	15216	-7.6
#民俗旅游	人	10478	11531	-9.1
对外经贸	*	*	*	*
新批三资企业个数	个	24	24	
实际利用外资额	万美元	11554	10205	13.2
出口总额	万元	300406	291257	3.1
#农副产品出口	万元	34815	30166	15.4
#高新技术产品	万元	20678	3065	574.7

附　　录

中共北京市大兴区委文件

京兴发[2010]1号　中共北京市大兴区委,北京市大兴区政府关于加强地区办事处工作的意见(1月8日)

京兴发[2010]2号　中共北京市大兴区委,北京市大兴区政府关于加强街道办事处工作的意见(1月8日)

京兴发[2010]3号　中共北京市大兴区委,北京市大兴区政府关于推进集体林权制度改革的意见(2月8日)

京兴发[2010]4号　中共北京市大兴区委,北京市大兴区政府关于加强绿化美化建设工作的意见(2月25日)

京兴发[2010]5号　中共北京市大兴区委关于印发2010年组织工作要点的通知(3月4日)

京兴发[2010]6号　中共北京市大兴区委关于印发2010年宣传工作要点的通知(3月4日)

京兴发[2010]7号　中共北京市大兴区委关于印发2010年党风廉政建设和反腐工作要点的通知(3月4日)

京兴发[2010]9号　中共北京市大兴区委关于印发2010年统战工作要点的通知(3月3日)

京兴发[2010]10号　中共北京市大兴区委关于印发2010年调查研究工作要点的通知(3月4日)

京兴发[2010]11号　中共北京市大兴区委关于转发区政协常委会2010年工作要点的通知(3月9日)

京兴发[2010]12号　中共北京市大兴区委关于转发区人大常委会2010年工作要点的通知(3月10日)

京兴发[2010]13号　中共北京市大兴区委关于印发区委常委会2010年工作要点的通知(3月22日)

京兴发[2010]14号　中共北京市大兴区委,北京市大兴区政府关于印发第二十二届北京大兴西瓜节节庆活动实施方案的通知(4月6日)

京兴发[2010]15号　中共北京市大兴区委关于印发大兴区领导干部任期经济责任审计结果运用办法(试行)的通知(4月21日)

京兴发[2010]16号　中共北京市大兴区委关于在全区基层党组织和党员中深入开展创先争优活动的实施意见(4月26日)

京兴发[2010]17号　中共北京市大兴区委关于进一步加强和改进工会工作的意见(5月20日)

京兴发[2010]18号　中共北京市大兴区委关于印发大兴区争创全国双拥模范区“连冠”参评实施方案的通知(5月21日)

京兴发[2010]19号　中共北京市大兴区委关于推进学习型党组织建设的实施意见(6月13日)

京兴发[2010]20号　中共北京市大兴

区委关于进一步深化争先创优活动的意见(6月15日)

京兴发[2010]21号　中共北京市大兴区委关于转发中共北京市大兴区人大常委会党组进一步加强和改进人大工作的意见(6月21日)

京兴发[2010]22号　中共北京市大兴区委,北京市大兴区政府关于查处非法占地和违法建设责任追究暂行办法的通知(7月27日)

京兴发[2010]23号　中共北京市大兴区委,北京市大兴区政府印发关于大兴区重点工程建设项目分类分级监督检查意见(7月27日)

京兴发[2010]24号　中共北京市大兴区委,北京市大兴区政府关于推进村庄社区化管理促进城乡一体化建设的工作意见(8月27日)

京兴发[2010]25号　中共北京市大兴区委关于进一步加强和改进处级领导班子思想政治建设的意见(9月18日)

京兴发[2010]26号　中共北京市大兴区委关于印发贯彻落实2009～2013年北京市党政领导班子建设规划纲要实施方案的通知(9月18日)

京兴发[2010]27号　中共北京市大兴区委,北京市大兴区政府关于印发推进大兴区医药卫生体制改革实施方案的通知(10月15日)

京兴发[2010]28号　中共北京市大兴区委关于加强人民政协政治协商制度建设的意见(10月15日)

京兴发[2010]29号　中共北京市大兴区委,北京市大兴区政府关于推进社会服务管理创新的实施意见(11月6日)

京兴发[2010]30号　中共北京市大兴区委关于进一步规范农村土地承包经营流转工作的指导意见(11月6日)

京兴发[2010]31号　中共北京市大兴区委,北京市大兴区政府关于建立拆迁农民长远利益的意见(11月6日)

京兴发[2010]32号　中共北京市大兴区委关于制定大兴区国民经济和社会发展第十二个五年规划的建议(12月1日)

京兴发[2010]33号　中共北京市大兴区委、开发区工委关于深入推进人才工作的意见(12月28日)

京兴发[2010]34号　中共北京市大兴区委、开发区工委关于为高层次人才提供专项服务工作的意见(12月28日)

京兴发[2010]35号　中共北京市大兴区委、开发区工委关于鼓励高层次人才来大兴区北京经济技术开发区创新创业的意见(12月28日)

京兴发[2010]36号　中共北京市大兴区委关于广泛开展“连民心、送温暖、促和谐”慰问活动的安排意见(12月29日)

京兴文[2010]1号　中共北京市大兴区委关于北京市大兴区人大、政协选举结果的报告(1月8日)

京兴文[2010]2号　中共北京市大兴区委关于办理周树慧退休手续的请示(1月8日)

京兴文[2010]3号　中共北京市大兴区委关于芦德才同志因私赴澳大利亚新西兰旅游的请示(1月14日)

京兴文[2010]4号中共北京市大兴区委,区政府关于表彰2009年度综合行政服务工作和全程办事代理工作先进单位优秀领导和先进个人的决定(1月28日)

京兴文[2010]5号　中共北京市大兴区委关于张伯旭、谈绪祥、张晓林同志任免职的通知(2月3日)

京兴文[2010]6号　中共北京市大兴区委关于核实谢冠超同志工资的请示(2月4日)

京兴文[2010]7号　中共北京市大兴区委关于核实绳立成同志工资的请示(2月4

日)

京兴文[2010]8号　中共北京市大兴区委关于核实王坚翔、舒林辉同志工资的请示(2月4日)

京兴文[2010]9号　中共北京市大兴区委,中共北京市大兴区政府关于表彰2009年度经济工作先进单位和个人的决定(2月8日)

京兴文[2010]10号　中共北京市大兴区委,北京市大兴区政府关于大兴区2009年度对大兴有突出贡献的集体和个人情况通报(2月12日)

京兴文[2010]11号　中共北京市大兴区委关于北京市大兴区第三届人大常委会第二十二次会议表决结果的报告(3月3日)

京兴文[2010]12号　中共北京市大兴区委,北京市大兴区政府关于表彰2009年度人力资源和社会保障工作先进单位和个人的决定(3月8日)

京兴文[2010]13号　中共北京市大兴区委关于办理彭喜忠同志退休手续的请示(3月12日)

京兴文[2010]15号　中共北京市大兴区委关于区级领导干部年度考核工作的情况报告(3月13日)

京兴文[2010]16号　中共北京市大兴区委,北京市大兴区政府关于表彰2009年度人口和计生工作先进集体先进个人的决定(3月26日)

京兴文[2010]17号　中共北京市大兴区委关于李维民同志晋升工资的请示(4月6日)

京兴文[2010]18号　中共北京市大兴区委关于靳文浦同志晋升工资的请示(4月6日)

京兴文[2010]19号　中共北京市大兴区委关于徐忠道同志因私赴美探亲的请示(4月8日)

京兴文[2010]20号　中共北京市大兴区委关于邀请市委领导参加第二十二届北京大兴西瓜节开幕式的请示(5月20日)

京兴文[2010]21号　中共北京市大兴区委关于贯彻落实《中共北京市委关于进一步完善区县党委领导班子配备改革后工作机制的意见》的报告(6月1日)

京兴文[2010]22号　中共北京市大兴区委关于林克庆等35名同志正常晋升工资的请示(6月1日)

京兴文[2010]23号　中共北京市大兴区委关于马来客同志晋升工资的请示(6月1日)

京兴文[2010]24号　中共北京市大兴区委关于为周树慧同志办理退休手续的请示(6月1日)

京兴文[2010]25号　中共北京市大兴区委关于贯彻落实2006年北京市政协工作会议和京发[2006]11号文件精神情况的自查报告(7月8日)

京兴文[2010]26号　中共北京市大兴区委关于为彭喜忠同志办理退休手续的请示(7月14日)

京兴文[2010]27号　中共北京市大兴区委关于邀请市委领导参加“创业大兴活力新区”大兴区创业促进会暨中国青年创业国际计划(YBC)大兴办公室成立大会的请示(7月28日)

京兴文[2010]29号　中共北京市大兴区委,北京市大兴区政府关于实施垃圾分类及指导员队伍建设工作进展情况的报告(8月26日)

京兴文[2010]30号　中共北京市大兴区委关于提请市委常委会议审议《关于大兴区实施村庄社区化管理的工作汇报》的请示(8月31日)

京兴文[2010]31号　中共北京市大兴区委关于邀请市委主要领导参加北京南海子公园开园及中检所项目开工启动仪式的请示(9月8日)

京兴文[2010]32号　中共北京市大兴

区委关于核定张义祥同志工资的请示(10月18日)

京兴文[2010]33号　中共北京市大兴区委,北京市大兴区政府关于庞各庄镇梁家务村征地纠纷工作进展情况的报告(10月22日)

京兴文[2010]34号　中共北京市大兴区委关于师职军转干部张义祥同志安置情况的报告(10月28日)

京兴文[2010]35号　中共北京市大兴区委关于周静溪等6名同志职务调整的请示(11月12日)

京兴文[2010]36号　中共北京市大兴区委关于王金富同志因私赴台湾旅游的请示(12月2日)

京兴文[2010]37号　中共北京市大兴区委关于芦德才同志因私赴台湾旅游的请示(12月2日)

京兴文[2010]38号　中共北京市大兴区委关于王维彦同志因私赴台湾旅游的请示(12月2日)

京兴文[2010]39号　中共北京市大兴区委关于周树慧同志因私赴加拿大旅游的请示(12月10日)

京兴文[2010]40号　中共北京市大兴区委关于王新等同志兼任社团领导职务的请示(12月15日)

京兴文[2010]41号　中共北京市大兴区委关于李学元、郑怀志同志任前公示情况的报告(12月20日)

京兴文[2010]42号　中共北京市大兴区委关于徐忠道同志因私赴台湾旅游的请示(12月27日)

中共北京市大兴区委办公室文件

京兴办发[2010]1号　中共北京市大兴区委办公室,北京市大兴区政府办公室关于在全区范围内迅速开展安全检查工作的紧急通知(1月27日)

京兴办发[2010]2号　中共北京市大兴区委办公室,北京市大兴区政府办公室关于印发区属处级机关单位组织购买首座御园住房工作实施方案的通知(3月4日)

京兴办发[2010]3号　中共北京市大兴区委办公室关于转发2010年社会建设工作要点的通知(3月15日)

京兴办发[2010]4号　中共北京市大兴区委办公室关于印发常委会2010年议题计划的通知(3月16日)

京兴办发[2010]5号　中共北京市大兴区委办公室,北京市大兴区政府办公室转发市纠风办关于清理评比达标表彰工作有关事项的通知(4月6日)

京兴办发[2010]6号　中共北京市大兴区委办公室,北京市大兴区政府办公室关于进一步精简会议文件改进文风会风的通知(4月6日)

京兴办发[2010]7号　中共北京市大兴区委办公室,北京市大兴区政府办公室关于印发推进三项重点工作分工方案的通知(4月12日)

京兴办发[2010]8号　中共北京市大兴区委办公室,北京市大兴区政府办公室关于机关事业单位工作人员受刑事处罚及纪律处分后相关问题的处理意见(4月12日)

京兴办发[2010]10号　中共北京市大兴区委办公室,北京市大兴区政府办公室关于做好大兴区第八届村民委员会换届选举工作的意见(4月26日)

京兴办发[2010]12号　中共北京市大兴区委办公室,北京市大兴区政府办公室关于加强全区土地一级开发工作的意见(4月26日)

京兴办发[2010]13号　中共北京市大兴区委办公室,北京市大兴区政府办公室关于印发2010年对镇街道办事处和区直单位科学发展绩效考核办法的通知(5月19日)

京兴办发[2010]14号　中共北京市大兴区委办公室,北京市大兴区政府办公室关于印发《北京市大兴区机构编制管理暂行办法》的通知(7月7日)

京兴办发[2010]15号　中共北京市大兴区委办公室,北京市大兴区政府办公室关于印发《大兴区全面推进农村集体经济产权制度改革工作的意见》的通知(8月24日)

京兴办发[2010]16号　中共北京市大兴区委办公室,北京市大兴区政府办公室关于严禁组织公款旅游的通知(9月17日)

京兴办发[2010]17号　中共北京市大兴区委办公室,北京市大兴区政府办公室关于加强2010年中秋节国庆节期间全区安全管理工作的通知(9月21日)

京兴办发[2010]18号　中共北京市大兴区委办公室,北京市大兴区政府办公室关于在重阳节期间开展敬老月活动的通知(9月26日)

京兴办发[2010]19号　中共北京市大兴区委办公室,北京市大兴区政府办公室关于印发中共北京市大兴区纪律检查委员会机关主要职责内设机构和人员编制规定的通知(10月22日)

京兴办发[2010]20号　中共北京市大兴区委办公室关于成立大兴区关心下一代工作委员会的通知(12月16日)

京兴办发[2010]21号　中共北京市大兴区委办公室、开发区工委办关于成立大兴区、北京经济技术开发区征地拆迁开发建设工作领导小组的通知(12月17日)

京兴办发[2010]22号　中共北京市大兴区委办公室,北京市大兴区政府办公室关于做好2011年春节期间有关工作的通知(12月29日)

京兴办发[2010]23号　中共北京市大兴区委办公室,北京市大兴区政府办公室关于印发大兴区地方志工作规划(2011~2020年)的通知(12月31日)

京兴办文[2010]1号　中共北京市大兴区委办公室,北京市大兴区政府办公室关于认真做好大兴区2010年"两会"有关工作的通知(1月3日)

京兴办文[2010]2号　中共北京市大兴区委办公室,北京市大兴区政府办公室关于贯彻落实党代会人代会政协会议精神的通知(1月13日)

京兴办文[2010]3号　中共北京市大兴区委办公室,北京市大兴区政府办公室关于报送2009年度受国家级表彰的集体与个人名单的通知(1月21日)

京兴办文[2010]4号　中共北京市大兴区委办公室,北京市大兴区政府办公室关于核定区政府部门机构名称的通知(2月1日)

京兴办文[2010]5号　中共北京市大兴区委办公室,北京市大兴区政府办公室关于表彰2009年度党政系统信息工作先进单位和先进个人的通报(2月4日)

京兴办文[2010]6号　中共北京市大兴区委办公室,北京市大兴区政府办公室关于上报安全检查工作情况总结的通知(2月25日)

京兴办文[2010]7号　中共北京市大兴区委办公室关于印发区委部门重点工作折子工程的通知(3月4日)

京兴办文[2010]8号　中共北京市大兴区委办公室关于印发2010年重点决策事项督查安排的通知(3月15日)

京兴办文[2010]9号　中共北京市大兴区委办公室,北京市大兴区政府办公室关于调整大兴区民族宗教工作领导小组成员的通知(3月30日)

京兴办文[2010]10号　中共北京市大兴区委办公室,北京市大兴区政府办公室关于成立城乡结合部建设领导小组的通知(4月1日)

京兴办文[2010]11号　中共北京市大兴区委办公室,北京市大兴区政府办公室关

于调整大兴区双拥工作领导小组成员的通知(4月2日)

京兴办文[2010]12号 中共北京市大兴区委办公室,北京市大兴区政府办公室关于调整大兴区保密委员会组成人员的通知(4月6日)

京兴办文[2010]13号 中共北京市大兴区委办公室,北京市大兴区政府办公室关于调整大兴区突发公共事件应急委员会组成人员的通知(4月13日)

京兴办文[2010]14号 中共北京市大兴区委办公室,北京市大兴区政府办公室关于印发大兴区开展向青海玉树抗震救灾捐赠活动的实施意见的通知(4月19日)

京兴办文[2010]15号 中共北京市大兴区委办公室关于调整区维护稳定工作领导小组成员的通知(5月31日)

京兴办文[2010]16号 中共北京市大兴区委办公室,北京市大兴区政府办公室关于调整区处理信访突出问题及群体性事件联席会议召集人及组成人员的通知(5月31日)

京兴办文[2010]17号 中共北京市大兴区委办公室,北京市大兴区政府办公室关于北京市大兴区突发公共事件应急委员会名称变更的通知(6月11日)

京兴办文[2010]18号 中共北京市大兴区委办公室,北京市大兴区政府办公室关于调整北京市大兴区机构编制委员会组成人员的通知(6月7日)

京兴办文[2010]19号 中共北京市大兴区委办公室,北京市大兴区政府办公室关于调整中共北京市大兴区委外事工作领导小组成员的通知(6月11日)

京兴办文[2010]20号 中共北京市大兴区委办公室关于组织召开社员(村民)代表例会的通知(6月21日)

京兴办文[2010]21号 中共北京市大兴区委办公室,北京市大兴区政府办公室关于做好全区党政机关企事业单位干部职工年休假工作的通知(7月4日)

京兴办文[2010]22号 中共北京市大兴区委办公室关于参加北京市秘书学会"学习感悟实践"主题征文活动的通知(8月6日)

京兴办文[2010]23号 中共北京市大兴区委办公室关于调整大兴区国防动员委员会领导成员的通知(8月23日)

京兴办文[2010]24号 中共北京市大兴区委办公室,北京市大兴区政府办公室关于调整大兴区贯彻落实党风廉政建设责任制领导小组成员的通知(8月23日)

京兴办文[2010]25号 中共北京市大兴区委办公室,北京市大兴区政府办公室关于调整大兴区廉政风险防范管理工作领导小组成员的通知(8月23日)

京兴办文[2010]26号 中共北京市大兴区委办公室,北京市大兴区政府办公室关于调整大兴区第五届区志编委组成人员的通知(8月23日)

京兴办文[2010]27号 中共北京市大兴区委办公室,北京市大兴区政府办公室关于调整大兴区对台工作领导小组成员的通知(8月23日)

京兴办文[2010]28号 中共北京市大兴区委办公室,北京市大兴区政府办公室关于调整大兴区台胞权益保障协调小组成员的通知(8月23日)

京兴办文[2010]29号 中共北京市大兴区委办公室,北京市大兴区政府办公室关于调整大兴区人口和计划生育工作领导小组成员及成员单位职责的通知(8月23日)

京兴办文[2010]30号 中共北京市大兴区委办公室关于调整大兴区精神文明建设委员会成员的通知(8月23日)

京兴办文[2010]31号 中共北京市大兴区委办公室关于调整大兴区新农村建设指挥部组成人员的通知(8月23日)

京兴办文[2010]32号　中共北京市大兴区委办公室关于调整区委政法委员会组成人员的通知(8月23日)

京兴办文[2010]33号　中共北京市大兴区委办公室关于调整大兴区维护国防利益和军人军属合法权益工作领导小组成员的通知(8月23日)

京兴办文[2010]34号　中共北京市大兴区委办公室关于调整大兴区防范和处理邪教问题领导小组成员的通知(8月23日)

京兴办文[2010]35号　中共北京市大兴区委办公室,北京市大兴区政府办公室关于进一步完善区领导及区直单位联系学校制度的通知(8月30日)

京兴办文[2010]36号　中共北京市大兴区委办公室,北京市大兴区政府办公室关于开展"送温暖 献爱心"社会捐助活动的通知(9月9日)

京兴办文[2010]37号　中共北京市大兴区委办公室,北京市大兴区政府办公室关于调整大兴区老龄工作委员会成员的通知(9月17日)

京兴办文[2010]38号　中共北京市大兴区委办公室关于征订2011年度《秘书工作》、《中办通讯》杂志的通知(12月3日)

京兴办文[2010]39号　中共北京市大兴区委办公室、开发区工委办关于成立大兴区、北京经济技术开发区人才工作协调领导小组的通知(12月1日)

京兴办文[2010]40号　中共北京市大兴区委办公室关于成立大兴区人才工作领导小组的通知(12月1日)

京兴办文[2010]41号　中共北京市大兴区委办公室关于组织召开社员(村民)代表例会的通知(12月27日)

京兴办文[2010]42号　中共北京市大兴区委办公室,北京市大兴区政府办公室关于认真列席区三届人大六次会议的通知(12月29日)

京兴函[2010]1号　中共北京市大兴区委关于大兴区残疾人联合会理事长副理事长人员调整征求意见的函(1月17日)

京兴函[2010]2号　中共北京市大兴区委关于鲍广会同志拟任职征求意见的函(4月21日)

京兴函[2010]3号　中共北京市大兴区委关于赵志新同志拟任职征求意见的函(4月21日)

京兴函[2010]4号　中共北京市大兴区委关于孙龙广同志任职征求意见的复函(6月28日)

京兴函[2010]5号　中共北京市大兴区委关于曹庆安同志拟任职征求意见的函(10月28日)

京兴函[2010]6号　中共北京市大兴区委关于段建男等同志任职征求意见的函(12月10日)

京兴函[2010]7号　中共北京市大兴区委关于郑怀志、杨丽霞同志任免职征求意见的函(12月23日)

北京市大兴区政府文件

京兴政发[2010]01号　北京市大兴区人民政府关于奖励2009年度大兴区科学技术奖获奖单位的决定

京兴政发[2010]02号　北京市大兴区人民政府关于表彰2009年度政府信息公开和网站建设先进单位和先进个人的决定

京兴政发[2010]03号　北京市大兴区人民政府关于表彰2009年度依法行政先进单位和先进个人的决定

京兴政发[2010]04号　北京市大兴区人民政府关于开展第六次全国人口普查的通知

京兴政发[2010]05号　北京市大兴区人民政府北京市大兴区绿化委员会关于表彰

2009年度绿化美好先进集体和先进积极分子的决定

京兴政发[2010]06号 北京市大兴区人民政府关于人事任免的通知

京兴政发[2010]07号 北京市大兴区人民政府 北京市大兴区人民武装部关于表彰2009年度人民武装工作先进单位和先进个人的通报通知

京兴政发[2010]08号 北京市大兴区人民政府 北京市大区人民武装部关于印发2010年民兵组织整顿工作方案的通知

京兴政发[2010]09号 北京市大兴区人民政府关于表彰2009年度安全生产工作先进集体和先进个人的决定

京兴政发[2010]10号 北京市大兴区人民政府关于印发大兴区特邀监察员和廉政监督员聘请管理办法的通知

京兴政发[2010]11号 北京市大兴区人民政府关于印发大兴区开展2009年土地卫星片执法检查工作实施方案的通知

京兴政发[2010]12号 北京市大兴区人民政府关于印发处理未批先用产业(工业)项目用地实施方案的通知

京兴政发[2010]13号 北京市大兴区人民政府关于印发大兴区2010年节能减排工作方案的通知

京兴政发[2010]14号 北京市大兴区人民政府关于印发大兴区第十六阶段控制大气污染防治工作方案的通知

京兴政发[2010]15号 北京市大兴区人民政府关于人事任免的通知

京兴政发[2010]16号 北京市大兴区人民政府关于划转非政府投资工业和信息化固定资产项目核准备案职责的通知

京兴政发[2010]17号 北京市大兴区人民政府关于印发成立大兴区镇街道综合行政服务中心工作意见的通知

京兴政发[2010]18号 北京市大兴区人民政府关于区有关部门配合整治非法占地违法建设行为的通知

京兴政发[2010]19号 人事任免通知

京兴政发[2010]20号 北京市大兴区人民政府关于印发加强全区定向安置住房建设和管理意见的通知

京兴政发[2010]21号 北京市大兴区人民政府人事任免通知

京兴政发[2010]22号 北京市大兴区人民政府关于印发大兴区区属机关事业单位医疗保障制度改革暂行办法的通知

京兴政发[2010]23号 北京市大兴区人民政府关于印发大兴区土地储备工作实施方案(试行)的通知

京兴政发[2010]24号 北京市大兴区人民政府 北京市大兴区人民武装部2010年冬季征兵命令

京兴政发[2010]25号 北京市大兴区人民政府转发北京市人民政府关于进一步加强和改善行政执法工作意见的通知

京兴政发[2010]26号 北京市大兴区人民政府关于印发大兴区进一步推进供热计量改革工作方案的通知

京兴政发[2010]27号 北京市大兴区人民政府关于下达2010年城镇退役士兵安置就业指标的通知

京兴政发[2010]28号 北京市大兴区人民政府关于榆垡镇居住区A-C组团土地一级开发项目有关工作的通知

京兴政发[2010]29号 北京市大兴区人民政府关于公布行政规范性文件清理结果的通知

京兴政发[2010]30号 北京市大兴区人民政府关于人事任免通知

京兴政发[2010]31号 北京市大兴区人民政府关于印发大兴新城地区环卫体制改革方案的通知

京兴政发[2010]32号 北京市大兴区人民政府关于人事任免的通知

京技管[2010]118号 北京市大兴区人

民政府 北京经济技术开发区管理委员会关于成立两区重大产业项目联合招商工作领导小组的通知

北京市大兴区政府办公室文件

京兴政办发[2010]01号 北京市大兴区人民政府办公室关于印发大兴区2010年在直接关系群众生活方面拟办重要实事的通知

京兴政办发[2010]02号 北京市大兴区人民政府办公室关于印发2010年区政府折子工程的通知

京兴政办发[2010]03号 北京市大兴区人民政府办公室关于发布2009年度大兴区自主创新产品的通知

京兴政办发[2010]04号 北京市大兴区人民政府办公室关于印发大兴区粉尘与高毒物品危害治理专项行动工作方案的通知

京兴政办发[2010]05号 北京市大兴区人民政府办公室关于印发大兴新城滨河森林公园项目工作方案的通知

京兴政办发[2010]06号 北京市大兴区人民政府办公室转发大兴区集体林权制度改革工作实施方案的通知

京兴政办发[2010]07号 北京市大兴区人民政府办公室转发区农委区经管站关于落实调解仲裁法工作意见的通知

京兴政办发[2010]08号 北京市大兴区人民政府办公室关于调整大兴区绿化委员会成员的通知

京兴政办发[2010]09号 北京市大兴区人民政府办公室关于印发2010年大兴区全程办事代理制工作意见的通知

京兴政办发[2010]10号 北京市大兴区人民政府办公室转发区经济和信息化委员会关于2010年大兴区经济和信息化工作意见的通知

京兴政办发[2010]11号 北京市大兴区人民政府办公室关于印发2010年区政府常务会议议题计划的通知

京兴政办发[2010]12号 北京市大兴区人民政府办公室关于印发2010年区政府重点工作折子工程督查任务书的通知

京兴政办发[2010]13号 北京市大兴区人民政府办公室关于印发区政府领导工作分工的通知

京兴政办发[2010]14号 北京市大兴区人民政府办公室关于成立大兴新城核心区商务中心项目建设领导小组的通知

京兴政办发[2010]15号 北京市大兴区人民政府办公室转发市政务公开领导小组办公室关于2010年北京市政务公开工作要点的通知

京兴政办发[2010]16号 北京市大兴区人民政府办公室关于严格落实配合综合执法部门整治非法占地违法建设行为要求的通知

京兴政办发[2010]17号 北京市大兴区人民政府办公室关于印发大兴区2010年全面推进依法行政工作要点的通知

京兴政办发[2010]18号 北京市大兴区人民政府办公室转发市政府办公厅关于贯彻国务院办公厅通知精神为青海玉树地震遇难同胞举行哀悼活动的通知

京兴政办发[2010]19号 北京市大兴区人民政府办公室关于调整大兴区复员退伍军人安置工作领导小组成员的通知

京兴政办发[2010]20号 北京市大兴区人民政府办公室转发市政府办公厅关于加强对行政机关公文中涉及字母词审核把关文件的通知

京兴政办发[2010]21号 北京市大兴区人民政府办公室 北京市大兴区人民政府法制办公室关于印发大兴区行政规范性文件审核制定程序的通知

京兴政办发[2010]22号 北京市大兴

区人民政府办公室转发市政府法制办公室关于城乡结合部改造涉及违法建设若干问题答复意见的通知

京兴政办发[2010]23 号　北京市大兴区人民政府办公室转发区监察局关于大兴区行政服务窗口单位投诉举报管理办法的通知

京兴政办发[2010]24 号　北京市大兴区人民政府办公室转发市防火委关于印发北京市构筑社会消防安全防火墙工程工作部署会议领导讲话文件的通知

京兴政办发[2010]25 号　北京市大兴区人民政府办公室转发区市政市容委关于开展户外广告和牌匾标识专项整治工作方案的通知

京兴政办发[2010]26 号　北京市大兴区人民政府办公室关于印发北京市大兴区园林绿化局(北京市大兴区绿化委员会办公室)主要职责内设机构和人员编制规定的通知

京兴政办发[2010]27 号　北京市大兴区人民政府办公室转发市政府办公厅关于转发市安委会办公室进一步加强本市有限空间作业安全监管意见的通知

京兴政办发[2010]28 号　北京市大区人民政府办公室关于划城市园林绿化工作职责的通知

京兴政办发[2010]29 号　北京市大兴区人民政府办公室关于进一步加强基层应急管理工作意见的通知

京兴政办发[2010]30 号　北京市大兴区人民政府办公室关于印发北京市大兴区商务委员会(北京市大兴区粮食局)主要职责内设机构和人员编制规定的通知

京兴政办发[2010]31 号　北京市大兴区人民政府办公室转发区食品办关于开展乳制品和含乳制品食品安全整治工作方案的通知

京兴政办发[2010]32 号　北京市大兴区人民政府办公室关于开展行政规范性文件清理工作的通知

京兴政办发[2010]33 号　北京市大兴区人民政府办公室转发区人力社保局关于建立镇(街道)就业管理服务中心意见的通知

京兴政办发[2010]34 号　北京市大兴区人民政府办公室关于转发北京市大兴区生活垃圾异地处理经济补偿费使用管理暂行办法的通知

京兴政办发[2010]35 号　北京市大兴区人民政府办公室关于印发大兴区推进依法行政工作报告制度的通知

京兴政办发[2010]36 号　北京市大兴区人民政府办公室转发市政府办公厅关于北京市城市环境秩序百日整治行动方案的通知

京兴政办发[2010]37 号　北京市大兴区人民政府办公室转发区市政市容委关于贯彻落实北京市供热采暖管理办法实施意见的通知

京兴政办发[2010]38 号　北京市大兴区人民政府办公室关于成立大兴区架空线入地专项整治领导小组的通知

京兴政办发[2010]39 号　北京市大兴区人民政府办公室关于印发打击侵犯知识产权和制售假冒伪劣商品专项行动实施方案的通知

京兴政办发[2010]40 号　北京市大兴区人民政府办公室转发市农委关于印发夏占义、王孝东同志在 2010 年重点小城镇规划建设及产业发展培训班上讲话的通知

京兴政办发[2010]41 号　北京市大兴区人民政府办公室关于印发《大兴区扫雪铲冰工作方案》的通知

京兴政办发[2010]42 号　北京市大兴区人民政府办公室转发区财政局关于做好年终清理账户资金工作意见的通知

京兴政办发[2010]43 号　北京市大兴区人民政府办公室转发市政府办公厅关于印发调整下放建设项目环境影响评价审批权限规定的通知

京兴政办发[2010]44号 北京市大兴区人民政府办公室转发北京市规划委员会等有关部门关于印发《北京市村庄规划建设管理指导意见(试行)》的通知

学校、幼儿园(所)

幼儿园

学校名称	邮政编码	学校地址	联系电话
北京市大兴区第一幼儿园	102600	大兴区兴业路西侧	010-69254346
北京市大兴区第二幼儿园	102600	北京市大兴区育才北巷2号	010-69242302
北京市大兴区第三幼儿园	102600	北京市大兴区富强西里小区	010-69252455
北京市大兴区第四幼儿园	102600	北京市大兴区清源西里小区	010-69255334
北京市大兴区第五幼儿园	102600	北京市大兴区第五幼儿园	010-69242296
北京市大兴区第六幼儿园	102600	北京市大兴区第六幼儿园	010-69242613
北京市大兴区民族幼儿园	102600	北京市大兴区兴华大街55号	010-69260861
北京市大兴区第七幼儿园	102600	北京市大兴区双高小区	010-60294001
北京市大兴区团河小学附属幼儿园	102614	北京市大兴区团河苑小区	010-61299583-616
北京市大兴区第七小学附设幼儿园	102600	大兴区富强西里	010-69242373
北京市大兴区少年宫蓓蕾艺术幼儿园	102600	北京市大兴区黄村西大街27号	010-69239173
北京市大兴区黄村镇观音寺幼儿园	102600	北京市大兴区观音寺小区	010-69254706
北京市大兴区黄村镇芦城中心幼儿园	102612	北京市北京市大兴区黄村镇芦城中心幼儿园	010-61232046
北京市大兴区小星星双语艺术幼儿园	102600	北京市大兴区郁花园东区	010-60258754
61565部队幼儿园	102600	北京东大兴海子角	010-66325193
北京市大兴区新安里幼儿园	102600	北京市大兴区新安里幼儿园	010-61290166
北京市大兴区南希双语幼儿园	102600	北京市大兴区南希双语幼儿园	010-69247582
北京市大兴区幸福泉翡翠城幼儿园	102600	北京市大兴区翡翠城香留园109号	010-60231372
北京市大兴区黄村镇观音寺小学附属园	102621	北京市大兴区黄村镇观音寺附属园	010-69242754

北京市大兴区黄村镇一中心高米店小学附属园	102600	北京市大兴区黄村镇一中心高米店小学附属园	010-61232192
北京市大兴区黄村镇天堂河小学附设幼儿园	102609	北京市大兴区黄村镇天堂河小学附设幼儿园	010-60270919
北京市大兴区黄村镇义和庄小学附设幼儿园	102600	北京市大兴区黄村镇义和庄小学附设幼儿园	010-61212864
北京市大兴区黄村镇后辛庄附设幼儿园	102612	北京市大兴区黄村镇后辛庄附设幼儿园	010-61201649
北京市大兴区黄村镇第三中心小学附设幼儿	102600	北京市大兴区黄村镇邢各庄村	010-61260710
北京市大兴区西红门兴海双语幼儿园	100076	北京市大兴区西红门兴海双语幼儿园	010-60251470
北京市大兴区琴岛金钰双语艺术幼儿园	102627	北京市大兴区琴岛金钰双语艺术幼儿园	010-60226363
北京市大兴区绿林苑才艺幼儿园	100076	北京市大兴区西红门路绿林苑小区 22 号楼	010-67921188
北京市大兴区西红门镇新建完小附设幼儿园	100076	北京市大兴区西红门镇新建完小附设幼儿园	010-81284385
北京市大兴区旧宫镇红星幼儿园	100076	北京市大兴区旧宫镇红星幼儿园	010-67981368
北京市大兴区旧宫镇德茂幼儿园	100076	北京市大兴区旧宫镇德茂幼儿园	010-67958073
北京市大兴区博雅双语艺术幼儿园	100076	北京市大兴区旧宫镇育龙家园 15 号楼	010-87912022
北京市大兴区金枫阳光双语幼儿园	100076	北京市大兴区旧宫镇宣颐家园	010-87911146
北京市大兴区青云店中心幼儿园	102606	北京市大兴区青云店镇	010-80284027
北京市大兴区采育镇中心幼儿园	102606	北京市大兴区采育镇中心幼儿园	010-80275696
北京市大兴区安定镇中心小学幼儿园	102607	北京市大兴区安定镇中心小学幼儿园	010-80235006
北京市大兴区礼贤镇中心幼儿园	102604	北京市大兴区礼贤镇中心幼儿园	010-89276081
北京市大兴区榆垡镇中心幼儿园	102602	北京市大兴区榆垡镇中心幼儿园	010-89217887
北京市大兴区榆垡镇南各庄中心园	102603	北京市大兴区榆垡镇南各庄村	010-89261274

北京市大兴区庞各庄镇中心幼儿园	102601	北京市大兴区庞各庄镇中心幼儿园	010-89287218
北京市大兴区庆国完小附属幼儿园	102601	北京市大兴区庞各庄镇庆国完全小学	010-89288143
北京市大兴区庞各庄镇田园幼儿园	102601	北京市大兴区庞各庄镇定福庄	010-89251248
北京市大兴区北臧村镇中心幼儿园	102609	北京市大兴区北臧村镇中心幼儿园	010-60276121
北京市大兴区魏善庄镇中心幼儿园	102611	北京市大兴区魏善庄镇中心幼儿园	010-89201440
北京市大兴区魏善庄镇半壁店中心幼儿园	102611	北京市大兴区半壁店	010-89236186
北京市大兴区长子营镇中心幼儿园	102615	北京市大兴区长子营镇上长子村东	010-80265310
北京市大兴区长子营镇第二中心小学附设园	102611	北京市大兴区	010-80219344
北京市大兴区瀛海镇第二中心幼儿园	100076	北京市大兴区瀛海镇第二中心幼儿园	010-69288069
北京市大兴区瀛海镇四海幼儿园	100076	北京市大兴区瀛海镇四海幼儿园	010-69288069
北京市大兴区瀛海镇第一中心幼儿园	100076	北京市大兴区瀛海镇第一中心幼儿园	010-69278164
北京市大地双语幼儿园	100176	北京市经济技术开发区天华园二里二区25楼	010-67879167
北京市大兴区二十一世纪实验幼儿园	100176	北京经济技术开发区天宝中街5号	010-67896727
北京市大兴区美格双语幼儿园	100176	北京经济技术开发区天华园三里	010-67878946
北京中芯幼儿园	100176	北京市经济技术开发区泰河园四里三区	010-58026782
北京市大兴区新世纪幼儿园	100176	北京市亦庄新世纪幼儿园	010-67898331
北京市大兴区亦庄镇中心幼儿园	100176	北京市大兴区亦庄镇中心幼儿园	010-67866074
北京市大兴区小大人幼儿园	100023	北京市大兴区亦庄小羊坊	010-58020763

小　学

学校名称	邮政编码	学校地址	联系电话
北京市大兴区第一小学	102600	北京市大兴区兴华中路三段 30 号	010-69246005
北京市大兴区第二小学	102600	北京市大兴区黄村西大街 96 号	010-69200341
北京市大兴区第三小学	102600	北京市大兴区黄村兴丰大街第三段 76 号	010-69242806
北京市大兴区第四小学	102600	北京市大兴区黄村镇车站南里 20 号	010-61212448
北京市大兴区第五小学	102600	北京市大兴区兴政西里商场南巷	010-69243090
北京市大兴区第六小学	102600	北京大兴黄村富强东里	010-69243993-8110
北京市大兴区第七小学	102600	北京市大兴区富强西里	010-69242373
北京市大兴区第八小学	102600	大兴区黄村红楼西巷 11 号	010-69252212
北京市大兴区第九小学	102600	北京市大兴区黄村镇清源西里小区	010-69241877
北京市大兴区滨河小学	102600	北京市大兴区滨河小学	010-69257992
北京市大兴区枣园小学	102606	北京市大兴区枣园小学	010-69260298
北京市大兴区团河小学	102614	大兴区团河苑小区内	010-61299583-616
北京小学大兴分校	102600	北京市大兴区清澄名苑北区	010-69201329
北京市大兴区体育运动学校	102600	北京市大兴区黄村镇兴丰大街 69 号	010-69250080
北京市大兴区黄村镇第一中心小学	102600	北京市大兴区黄村镇金华寺东路 3 号	010-69262863
北京市大兴区黄村镇一中心高米店小学	102600	北京市大兴区黄村镇原第二中心小学校址	010-61232192
北京市大兴区黄村镇西黄村小学	102612	黄村镇芦城村	010-61233190
北京市大兴区黄村镇小营小学	102600	北京市大兴区黄村镇小营小学	010-69294893
北京市大兴区黄村镇大庄完全小学	102600	大兴区黄村镇大庄村	010-61258975
北京市大兴区黄村镇义和庄小学	102600	北京市大兴区黄村镇义和庄村	010-61212864
北京市大兴区黄村镇天堂河小学	102609	北京市大兴区黄村镇天堂河	010-60270919

北京市大兴区黄村镇狼各庄民族小学	102609	北京市大兴区狼各庄村	010-60275725
北京市大兴区黄村镇观音寺小学	102621	大兴区黄村镇观音寺小区	010-69242754
北京市大兴区第十小学	102612	北京市大兴区黄村镇西芦村	010-61239436
北京市大兴区黄村镇第二中心小学	102613	北京市大兴区黄村镇第二中心小学	010-61222208
北京市大兴区黄村镇第三中心小学	102600	北京市大兴区黄村镇孙村	010-61268647-8018
北京市新世纪双语实验学校	102600	北京市大兴区新居里	010-1296418
北京市大兴区兴海学校	100076	北京市大兴区西红门镇	010-60252689
北京市大兴区金海学校	100076	北京市大兴区西红门金星团河路金海学校	010-61285377
北京市杏泽学校	100076	北京市大兴区旧宫镇小红门路28号	010-87912541
北京市大兴区金海学校新建小学	100076	北京市大兴区西红门镇新建小学	010-81285294
北京市大兴区西红门镇志远小学	100076	北京市大兴区西红门镇志远庄	010-61281825
北京市大兴区旧宫镇第一中心小学	100076	北京市大兴区旧宫镇富有旧宫第一小学	010-87913397
北京市大兴区旧宫镇南街小学	100076	北京市大兴区旧宫镇南街一村	010-51062887
北京市大兴区旧宫镇第二中心小学	100076	大兴区旧宫镇德茂庄德义街1号	010-67987353
北京市大兴区青云店镇第一中心小学	102605	北京大兴区青云店镇	010-80281021
北京市大兴区青云店镇小回城小学	102605	北京大兴区青云店镇小回城村	010-80221397
北京市大兴区青云店镇第二中心小学	102605	北京市大兴区青云店镇垡上村西	010-80211408
北京市大兴区青云店镇南大红门完小	102605	北京市大兴区青云店镇南大红门村西	010-80211572
北京市大兴区采育镇第一中心小学	102606	北京市大兴区采育镇西二村	010-80271213
北京市大兴区采育镇第二小学	102606	北京市大兴区采育镇南三村	010-80275296

北京市大兴区采育镇辛店小学	102606	北京市大兴区采育镇南辛店村	010-80272634
北京市大兴区采育镇第二中心小学	102616	北京市大兴区采育镇大皮营二村	010-80209734
北京市大兴区采育镇大同营完小	102616	北京市大兴区采育镇大同营村	010-80209414
北京市大兴区采育镇第三中心小学	102608	北京市大兴区采育镇凤河营村	010-80202845
北京市大兴区采育镇张各庄小学	102608	北京市大兴区采育镇张各庄小学	010-80202845
北京市大兴区安定镇中心小学	102607	北京市大兴区安定镇政府东侧	010-80231472
北京市大兴区安定镇通州马坊完全小学	102607	北京市大兴区安定镇通州马坊村	010-80239592
北京市大兴区安定镇高店完全小学	102607	北京市大兴区安定镇高店村	010-80238364
北京市大兴区安定镇西芦各庄完全小学	102607	北京市大兴区安定镇西芦各庄村	010-89231042
北京市大兴区安定镇后安定完全小学	102607	北京市大兴区安定镇后安定村	010-80232194
北京市大兴区安定镇东白塔民族小学	102607	北京市大兴区安定镇东白塔村	010-80231764
北京市大兴区礼贤第一中心小学	102604	北京市大兴区礼贤镇招贤路1号	010-89273003
北京市大兴区礼贤镇孙营完全小学	102604	北京市大兴区礼贤镇孙营	010-89273085
北京市大兴区礼贤镇荆家务完全小学	102604	北京市大兴区礼贤镇荆家务村	010-89272313
北京市大兴区礼贤镇西里河完全小学	102604	北京市大兴区礼贤镇西里河	010-89272351
北京市大兴区礼贤镇龙头完全小学	102604	北京市大兴区礼贤镇龙头	010-89236098
北京市大兴区礼贤镇小马坊完全小学	102604	北京市大兴区礼贤镇小马坊	010-89276687
北京市大兴区礼贤镇第二中心小学	102602	北京市大兴区礼贤镇第二中心小学	010-89221774
北京市大兴区礼贤第二中心小学东梁完小	102602	北京市大兴区礼贤镇第二中心小学东梁完小	010-89221714

北京市大兴区礼贤第二中心校杨各庄完小	102602	北京市大兴区礼贤镇第二中心小学杨各庄完小	010-89221147
北京市大兴区榆垡镇第一中心小学	102602	北京市大兴区榆垡镇榆垡村	010-89213453
北京市大兴区榆垡镇太子务小学	102602	北京市大兴区榆垡镇太子务村	010-89214713
北京市大兴区榆垡镇留士庄民族小学	102602	北京市大兴区榆垡镇留士庄村	010-89299712
北京市大兴区榆垡镇石垡小学	102601	北京市大兴区榆垡镇石垡村	010-89298715
北京市大兴区榆垡镇第二中心小学	102603	北京市大兴区榆垡镇南各庄村	010-89261274
北京市大兴区榆垡镇曹辛庄小学	102603	北京市大兴区榆垡镇曹辛庄村	010-89261024
北京市大兴区榆垡镇曹各庄小学	102603	北京市大兴区榆垡镇曹各庄村	010-89261513
北京市大兴区榆垡镇南张华小学	102603	北京市大兴区榆垡镇南张华村	010-89215647
北京市大兴区榆垡镇崔指挥营回民小学	102603	北京市大兴区崔指挥营回民小学	010-89261552
北京市大兴区榆垡镇小店小学	102603	北京市大兴区榆垡镇小店村	010-89261183
北京市美亚学校	102601	北京市大兴区庞各庄镇	010-89287866
北京市大兴区庞各庄镇第一中心小学	102601	北京市大兴区庞各庄镇幸福村	010-89287621
北京市大兴区庞各庄镇庆国完全小学	102601	北京市大兴区庞各庄镇庆国完全小学	010-89288143
北京市大兴区庞各庄镇北顿垡完小	102601	北京市大兴区庞各庄镇北顿垡村	010-89288203
北京市大兴区庞各庄镇南顿垡完小	102601	北京市大兴区庞各庄镇南顿垡村	010-89228143
北京市大兴区庞各庄镇薛营回民小学	102601	北京市大兴区庞各庄镇薛营村	010-89287749
北京市大兴区庞各庄镇第二中心小学	102601	北京市大兴区庞各庄镇定福庄村	010-89251248
北京市大兴区庞各庄镇曹各庄小学	102601	北京市大兴区庞各庄镇曹各庄村	010-89251890

北京市大兴区庞各庄镇赵村小学·	102601	北京市大兴区庞各庄镇赵村	010-89259800
北京市大兴区庞各庄镇张公垡小学	102601	北京市大兴区庞各庄镇张公垡村	010-89251074
北京市大兴区庞各庄镇留民庄小学	102601	北京市大兴区庞各庄镇留民庄村	010-89255544
北京市大兴区庞各庄镇梁家务小学	102601	北京市大兴区庞各庄镇梁家务村	010-89251084
北京市大兴区北臧村中心小学	102609	北京市大兴区北臧村镇北臧村	010-60276134
北京市大兴区北臧村镇皮各庄小学	102609	北京市大兴区北臧村镇皮各庄	010-60276151
北京市大兴区北臧村镇马村小学	102609	北京市大兴区北臧村镇马村	010-61259546
北京市大兴区北臧村镇天宫院小学	102609	北京市大兴区北臧村镇天宫院	010-60276264
北京市大兴区北臧村镇诸营小学	102609	北京市大兴区北臧村镇诸营村	010-60271152
北京市大兴区魏善庄镇第一中心小学	102611	北京市大兴区魏善庄镇魏善庄村西	010-89201757
北京市大兴区魏善庄镇西芦垡小学	102611	北京市大兴区魏善庄镇西芦垡村	010-89266070
北京市大兴区魏善庄镇王各庄小学	102611	北京市大兴区魏善庄镇王各庄村东	010-89243255
北京市大兴区魏善庄镇后大营完小	102611	北京市大兴区魏善庄镇后大营村	010-89202987
北京市大兴区魏善庄镇第二中心小学	102611	大兴区魏善庄镇耒庄村北500米	010-89231346
北京市大兴区魏善庄镇东研垡小学	102611	大兴区魏善庄镇东研垡村中心	010-892331704
北京市大兴区长子营镇第一中心小学	102615	大兴区长子营镇河津营村	010-80265140
北京市大兴区长子营镇北泗完小	102615	大兴区长子营镇北泗村	010-80265140
北京市大兴区长子营镇郑二营完小	102615	大兴区长子营镇郑二营村北	010-80265140
北京市大兴区长子营镇第二中心小学	102600	北京市大兴区朱庄村西口	010-80219499

北京市大兴区瀛海镇第一中心小学	100076	北京市大兴区瀛海镇第一中心小学	010-69278013
北京市大兴区瀛海镇第二中心小学	100176	北京市大兴区瀛海镇第二中心小学	010-69286063
北京市大兴区瀛海镇四海小学	100176	北京市大兴区瀛海镇四海村	010-69287317
北京市大兴区亦庄镇第一中心小学	100176	北京市大兴区亦庄镇贵园北路6号	010-67884238
北京市大兴区亦庄镇三羊小学	100023	北京市大兴区亦庄镇小羊坊	010-87396468
北京市大兴区亦庄镇第二中心小学	100176	亦庄镇博兴八路东侧鹿海园	010-67883319-843

中　　学

学校名称	邮政编码	学校地址	联系电话
北京市大兴区德茂中学	100076	北京市大兴区旧宫镇德茂庄德裕街14号	010-67994560
北京市大兴区第四中学	102600	北京市大兴区黄村兴华中路54号	010-69242285
北京师范大学大兴附属中学	102600	北京市大兴区黄村镇碱河桥北侧	010-69252066-8012
北京市大兴区第七中学	102600	北京市大兴区兴丰北大街2段215号	010-69247408
北京市大兴区狼垡中学	102613	北京市大兴区黄村镇狼垡村	010-61222224
北京市大兴区郭家务中学	102603	北京市大兴区榆垡镇郭家务村	010-89263890
北京市大兴区朱庄中学	102606	北京市大兴区长子营镇朱庄村	010-80210489
北京市第二〇七中学	102612	北京市大兴区黄村镇芦城南口	010-61239856
北京市大兴区礼贤民族中学	102604	北京市大兴区礼贤民族中学	010-89272068
北京市大兴区红星中学	100076	北京市大兴区瀛海镇工业区	010-69277284
北京市大兴区北臧村中学	102609	北京市大兴区北臧村镇西	010-60278045
北京市大兴区亦庄中学	100176	北京市大兴区亦庄镇广德中巷1号	010-67882070
北京市大兴区兴海学校	100076	北京市大兴区西红门镇	010-60256891
北京市大兴区魏善庄中学	102611	北京市大兴区魏善庄东大街西侧	010-89201948
北京市大兴区旧宫中学	100076	旧宫东路61号	010-87965730
北京市大兴区垡上中学	102605	北京市大兴区垡上村东	010-80211684-611
北京市大兴区定福庄中学	102601	北京市大兴区定福庄中学	010-89251348-1008

北京市大兴区采育中学	102606	北京市大兴区采育镇福苑路	010-80271973
北京市大兴区长子营中学	102615	北京市大兴区长子营镇沁水营村	010-80265152
北京市大兴区大辛庄中学	102602	北京市大兴区大辛庄中学	010-89221107
北京市大兴区庞各庄中学	102601	北京市大兴区庞各庄镇西义堂村北	010-89287415
北京市大兴区金海学校	100076	北京市大兴区西红门金星团河路金海学校	010-61285377
北京市第十四中学大兴安定分校	102607	北京市大兴区安定镇	010-80231474
北京市大兴区榆垡中学	102602	北京市大兴区榆垡镇今荣街	010-89218989
北京市大兴区孙村中学	102600	北京市大兴区黄村镇孙村	010-61268436
北京市大兴区第六中学	102609	北京市人兴区京开路甲 54 号	010-60277764
北京市大兴区凤河营中学	102608	北京市大兴区采育镇凤河营村凤荣巷 5 号	010-80202814
北京市大兴区太和中学	100176	北京市大兴区瀛海镇太和中学	010-69286016
北京市大兴区第八中学	102600	北京市大兴区黄村镇康庄路 40 号	010-69299807 转 8403
北京市大兴区第五中学	102600	北京市大兴区红楼西巷 20 号	010-69246724
北京私立君谊中学	102600	北京市大兴区金惠园小区君谊中学	010-60259042
北京市大兴区兴华中学	102600	北京市大兴区兴华北路	010-69294840
北京市大兴区第一职业学校	102612	北京市大兴区黄村镇后辛庄村东	010-61201064
北京市大兴区兴达中学	102600	北京市大兴区兴达中学	010-61244703
北京市大兴区第三中学	102600	北京市大兴区黄村镇三中巷 7 号	010-69252449-2502
北京市大兴区体育运动学校	102600	北京市大兴区黄村镇兴丰大街 69 号	010 69250080
北京市大兴区青云店中学	102605	北京市大兴区青云店镇	010-80281019
北京市美亚学校	102601	北京市大兴区庞各庄镇	010-89287866
北京市大兴区第一中学	102600	北京市大兴区黄村镇兴政街六号	010-69242569
北京市杏泽学校	100076	北京市大兴区旧宫镇小红门西路 28 号	010-87912541

医疗机构

北京市大兴区人民医院
单位地址:北京市大兴区黄村西大街26号
邮　　编:102600
联系电话:60283015

北京市大兴区中医医院
单位地址:北京市大兴区黄村兴丰北大街(二段)138号
邮　　编:102600
联系电话:69207782

北京市大兴区红星医院
单位地址:大兴区瀛海镇中兴南路3号
邮　　编:100076
联系电话:67992043

北京市大兴区妇幼保健院
单位地址:大兴区黄村兴丰大街(三段)203号
邮　　编:102600
联系电话:69247278

北京市大兴区精神病医院
单位地址:大兴区黄村镇黄良路口北侧
邮　　编:102600
联系电话:61216048

兴丰街道社区卫生服务中心
单位地址:北京市大兴区富强路20号
邮　　编:102600
联系电话:60283792

北京市大兴区黄村医院
单位地址:大兴区卫星城兴丰大街56号
邮　　编:102600
联系电话:60283618

北京市大兴区瀛海镇中心卫生院
单位地址:北京市大兴区瀛海镇瀛海路
邮　　编:100176
联系电话:69271800

北京市大兴区亦庄医院
单位地址:北京市大兴区亦庄镇政府南100米(广德北巷6号)
邮　　编:100076
联系电话:67870497

北京市大兴区西红门医院
单位地址:北京市大兴区西红门镇欣荣北大街28号
邮　　编:100076
联系电话:60245399

北京市大兴区旧宫镇中心卫生院
单位地址:北京市大兴区旧宫镇庑殿路32号
邮　　编:100076
联系电话:87972870

北京市大兴区榆垡镇中心卫生院
单位地址:大兴区榆垡镇榆垡路
邮　　编:102602
联系电话:89213168

北京市大兴区青云店镇中心卫生院
单位地址:北京市大兴区青云店镇五村
邮　　编:102605
联系电话:80281032

北京市大兴区庞各庄镇中心卫生院
单位地址:北京市大兴区庞各庄镇繁荣村
邮　　编:102601
联系电话:89287912

北京市大兴区礼贤镇中心卫生院
单位地址:大兴区礼贤镇西
邮编:102604
联系电话:89271505

北京市大兴区采育镇中心卫生院
单位地址:大兴区采育镇东二营村
邮　　编:102606
联系电话:80273329

北京市大兴区安定镇中心卫生院
单位地址:北京市大兴区安定镇
邮　　编:102607
联系电话:80235981

北京市大兴区亦庄镇鹿圈卫生院
单位地址:北京市大兴区亦庄镇鹿圈一村
邮　　编:100176
联系电话:67883420-8018

北京市大兴区魏善庄镇卫生院
单位地址:北京市大兴区魏善庄镇魏善庄村西
邮　　编:102611
联系电话:89201952

北京市大兴区黄村镇孙村卫生院
单位地址:北京市大兴区黄村镇孙村组团横三路西侧
邮　　编:102600
联系电话:61268040

北京市大兴区黄村镇芦城卫生院
单位地址:北京市大兴区黄村镇芦城西大街53 号
邮　　编:102612
联系电话:61231400

北京市大兴区西红门镇金星卫生院
单位地址:北京市大兴区团河路金荣园小区东里
邮　　编:100162
联系电话:61285883

北京市大兴区长子营镇卫生院
单位地址:北京市大兴区长子营镇长子营村
邮　　编:102615
联系电话:80265583

北京市大兴区北臧村镇卫生院
单位地址:北京市大兴区北臧村镇北臧村
邮　　编:102609
联系电话:60276179

北京市大兴区魏善庄镇半壁店卫生院
单位地址:北京市大兴区魏善庄镇
邮　　编:102611
联系电话:89231341-806

北京市大兴区疾病预防控制中心
单位地址:北京市大兴区黄村镇兴政街 17 号
邮　　编:102600
联系电话:69243653

北京市大兴区卫生监督所
单位地址:北京市大兴区黄村镇兴政街 17 号
邮　　编:102600
联系电话:69201203

北京市大兴区社区卫生服务管理中心
单位地址:北京市大兴区富强路 20 号
邮　　编:102600
联系电话:60283799

北京市大兴区医学教育培训中心
单位地址:北京市大兴区黄村镇佟场村
邮　　编:102612
联系电话:61213683

北京市大兴区结核病预防控制中心
单位地址:北京市大兴区黄村镇林校路车站南里
邮　　编:102600
联系电话:61216022

北京市大兴区农村改水项目办公室
单位地址:北京市大兴区黄村镇佟场村医学培训中心院内
邮　　编:102612
联系电话:61214795

北京市大兴区新型农村合作医疗管理中心
单位地址:大兴区黄村镇佟场村医学培训中心院内
邮　　编:102612
联系电话:61211367

北京市大兴区公共卫生信息中心
单位地址:北京市大兴区黄村林校北路 24 号
邮　　编:102600
联系电话:60283502

公证处、律师事务所、法律服务所

黄村镇司法所
单位地址:大兴区黄村镇司法所
邮　　编:102600
联系电话:69262673

清源街道司法所
单位地址:大兴区清源街道司法所
邮　　编:102600
联系电话:69262799

兴丰街道司法所
单位地址:大兴区兴丰街道司法所
邮　　编:102600
联系电话:69292944

林校路街道司法所
单位地址:大兴区林校路街道司法所
邮　　编:102600
联系电话:81295112

西红门镇司法所
单位地址:大兴区西红门镇司法所
邮　　编:100076
联系电话:60244338

亦庄镇司法所
单位地址:大兴区亦庄镇司法所
邮　　编:100076
联系电话:67889179

旧宫镇司法所
单位地址:大兴区旧宫镇司法所
邮　　编:100076
联系电话:87963497

瀛海镇司法所
单位地址:大兴区瀛海镇司法所
邮　　编:100076
联系电话:69278094

庞各庄镇司法所
单位地址:大兴区庞各庄镇司法所
邮　　编:102601
联系电话:89287880

北臧村镇司法所
单位地址:大兴区北臧村镇司法所
邮　　编:102609
联系电话:61253192

榆垡镇司法所
单位地址:大兴区榆垡镇司法所
邮　　编:102602
联系电话:89218390

魏善庄镇司法所
单位地址:大兴区魏善庄镇司法所
邮　　编:102611
联系电话:89231369

采育镇司法所
单位地址:大兴区采育镇司法所
邮　　编:102606
联系电话:80272666

安定镇司法所
单位地址:大兴区安定镇司法所
邮　　编:102607
联系电话:80235496

礼贤镇司法所
单位地址:大兴区礼贤镇司法所
邮　　编:102604
联系电话:89274364

青云店镇司法所
单位地址:大兴区青云店镇司法所
邮　　编:102605
联系电话:80282148

长子营镇司法所
单位地址:大兴区长子营镇司法所
邮　　编:102605
联系电话:80265265

天宫院街道司法所
单位地址:大兴区天宫院街道司法所
邮　　编:102629
联系电话:61250531

观音寺街道司法所
单位地址:大兴区观音寺街道司法所
邮　　编:102600
联系电话:60282275

大兴区法律服务所

北京市大兴区黄村镇法律服务所
地　　址:大兴区黄村镇政府院内
电　　话:69262673
邮　　编:102600

北京市大兴区清源街道法律服务所
地　　址:大兴区清源街道办事处院内

电　　话:69262799
邮　　编:102600

北京市大兴区青云店镇法律服务所

地　　址:大兴区青云店镇人民政府院内
电　　话:80282148
邮　　编:102605

北京市大兴区庞各庄镇法律服务所

地　　址:大兴区庞各庄镇人民政府院内
电　　话:89287880
邮　　编:102601

北京市大兴区瀛海镇法律服务所

地　　址:大兴区瀛海镇人民政府院内
电　　话:69278094
邮　　编:100076

北京市大兴区采育镇法律服务所

地　　址:大兴区采育镇人民政府院内
电　　话:80272666
邮　　编:102606

北京市大兴区旧宫镇法律服务所

地　　址:大兴区旧宫镇人民政府院内
电　　话:87963349
邮　　编:100076

北京市大兴区榆垡镇法律服务所

地　　址:大兴区榆垡镇政府院内
电　　话:89218390
邮　　编:102602

北京市大兴区魏善庄镇法律服务所

地　　址:大兴区魏善庄镇政府院内
电　　话:89231369
邮　　编:102611

北京市大兴区安定镇法律服务所

地　　址:大兴区安定镇政府院内
电　　话:80235496
邮　　编:102607

北京市大兴区西红门镇法律服务所

地　　址:大兴区西红门镇政府院内
电　　话:60244338
邮　　编:100076

北京市大兴区亦庄镇法律服务所

地　　址:大兴区亦庄镇政府院内
电　　话:67889179
邮　　编:100176

北京市大兴区林校路街道法律服务所

地　　址:大兴区林校路街道办事处院内
电　　话:69292934
邮　　编:102600

北京市大兴区兴丰街道法律服务所

地　　址:大兴区兴丰街道办事处院内
电　　话:69292944
邮　　编:102600

北京市大兴区北臧村镇法律服务所

地　　址:大兴区北臧村镇政府院内
电　　话:61253192
邮　　编:102609

北京市大兴区长子营镇法律服务所

地　　址:大兴区长子营镇政府院内
电　　话:80265265
邮　　编:102600

北京市大兴区礼贤镇镇法律服务所

地　　址:大兴区礼贤镇政府院内
电　　话:89274364
邮　　编:102601

公　证　处

北京市志城公证处

地　　址:大兴区兴政街 17 号
电　　话:69240442
邮　　编:102600

大兴区律师事务所

北京市坤宇律师事务所

办公地址:北京市经济技术开发区宏达北路 10 号北京万源商务中心 502 室
办公电话:67864220
传真电话:67864366

邮政编码:100176

北京市三维律师事务所

办公地址:大兴区康颐园小区1号楼1单元202室

办公电话:60246919

传真电话:60246939

邮政编码:102627

北京市一格律师事务所

办公地址:大兴区黄村镇龙河路18号万兴集团办公楼5层

办公电话:60237353

传真电话:69258188

邮政编码:102600

北京市兴涛律师事务所

办公地址:北京市大兴区黄村镇康庄路19号

办公电话:60242857

传真电话:60242857

邮政编码:102600

北京市华实律师事务所

办公地址:北京市大兴区清城时代广场C座606室

办公电话:69256031

传真电话:69256031

邮政编码:102600

北京市川泽律师事务所

办公地址:北京经济技术开发区天华南街3号长新花园别墅A-38楼

办公电话:67869686

传真电话:67869686

邮政编码:100176

北京市博涵律师事务所

办公地址:北京大兴区旧宫西路93号

办公电话:52383499

传真电话:67967674

邮政编码:100076

北京市景春律师事务所

办公地址:北京大兴区黄村镇清源西里小区综合办公楼302室

办公电话:69226077

传真电话:69202852

邮政编码:102600

北京市圆融律师事务所

办公地址:大兴区黄村原生墅90号1单元302室

办公电话:60237373

传真电话:60237373

邮政编码:102600

大兴区法律援助机构

北京市大兴区法律援助指导科

电　　话:69258041

地　　址:大兴区司法局院内

大兴区法律援助中心

电　　话: 81296050

地　　址:大兴区兴华路三段15号大兴区综合行政服务中心司法局窗口

大兴区法律援助中心青云店镇工作站

地　　址:大兴区青云店镇人民政府院内

电　　话:80282148

大兴区法律援助中心庞各庄镇工作站

地　　址:大兴区庞各庄镇人民政府院内

电　　话:89287880

大兴区法律援助中心瀛海镇工作站

地　　址:大兴区瀛海镇文体中心楼内

电　　话:69278094

大兴区法律援助中心采育镇工作站

地　　址:大兴区采育镇人民政府院内

电　　话:80272666

大兴区法律援助中心旧宫镇工作站

地　　址:大兴区旧宫镇人民政府院内

电　　话:87963349

大兴区法律援助中心榆垡镇工作站

地　　址:大兴区榆垡镇农服中心

电　　话:89218390

大兴区法律援助中心魏善庄镇工作站

地　　址:大兴区魏善庄镇政府院内

电　　话:89231369

大兴区法律援助中心安定镇工作站

地　　址:大兴区安定镇政府院内

电　　话:80235496

大兴区法律援助中心西红门镇工作站

地　　址:大兴区西红门镇政府院内

电　　话:60244338

大兴区法律援助中心亦庄镇工作站

地　　址:北京经济技术开发区(亦庄)广德中巷5号

电　　话:67889179

大兴区法律援助中心林校路街道工作站

地　　址:大兴区林校路街道办事处院内

电　　话:69292934

大兴区法律援助中心兴丰街道工作站

地　　址:大兴区兴丰街道办事处院内

电　　话:69292944

大兴区法律援助中心北臧村镇工作站

地　　址:大兴区北臧村镇政府院内

电　　话:61253192

大兴区法律援助中心长子营镇工作站

地　　址:大兴区长子营镇政府院内

电　　话:80265265

大兴区法律援助中心礼贤镇工作站

地　　址:大兴区礼贤镇政府院内

电　　话:89274364

大兴区法律援助中心黄村镇工作站

地　　址:大兴区黄村镇政府院内

电　　话:69262673

大兴区法律援助中心清源街道工作站

地　　址:大兴区清源街道办事处院内

电　　话:69231363

大兴区法律援助中心妇联工作站

地　　址:大兴区黄村镇长兴公寓401号

电　　话:69247703

大兴区法律援助中心工会工作站

地　　址:大兴区黄村镇兴丰北大街9号区总工会

电　　话:69238148

大兴区法律援助中心团委工作站

地　　址:大兴区黄村兴政街15号区政府内团委

电　　话:61298661

大兴区法律援助中心残联工作站

地　　址:大兴区黄村兴政街20号

电　　话:69220413

大兴区法律援助中心老龄委工作站

地　　址:大兴区黄村兴政街15号区政府内老龄委

电　　话:61298544

大兴区红十字会

中国红十字会总会党组书记、常务副会长王伟到大兴区红十字会调研

市、区领导“两节”慰问困难户

召开一届理事会四次会议

参加北京市“红十字与世界城市知识竞赛”获二等奖

海子角西里社区红十字服务站急救日开展宣传募捐活动

北臧村镇红十字会开展宣传活动

成立造血干细胞捐献者资料库北京管理中心大兴工作站

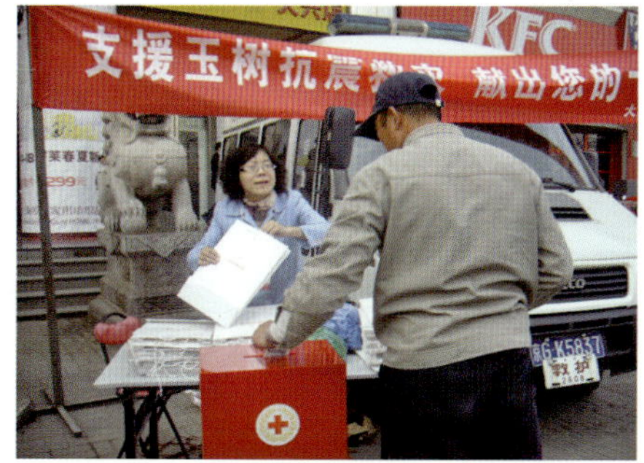

支援玉树灾区街头募捐

高校学生演示心肺复苏

参加北京市群众性救护技能演练

大兴一中

校长　荣俊利

大兴一中始建于 1956 年，原名黄村一中。1978 年被确定为大兴区唯一的一所重点中学。2002 年 10 月，学校被评为北京市首批示范性高中。

学校地处大兴卫星城，目前占地 60,000 多平方米，建筑面积 45，660 平方米。现有教学班 62 个（其中普通教学班 58 个，国际部小班化留学生班 4 个），在校学生总数 3000 人，教职工总数 308 人。学校现有专任教师 226 人，其中，特级教师 6 人，高级教师 120 人，博士 3 人，硕士 45 人；全国优秀教师 9 人，市区级学科带头人、骨干教师 86 人，北京市"紫禁杯"优秀班主任 16 人，区级骨干班主任 15 人。

多年来，学校全面落实国家的教育方针，把"依法治校，以德树人"作为学校的办学方针；把"为学生成功人生铺路，为教师专业成长搭桥，师生互动，共建和谐校园"作为学校的办学理念；把"管理高效、教育优质、特色鲜明"作为突破口，努力创建和谐校园。因而形成了校风正、教风严、学风浓的校园氛围和积极进取、平和阳光的校园文化。经过不懈的努力，近几年学校的教育教学质量，师生素质有了显著提高，每一年都有至少 10 人考入清华大学或北大大学，一本升学率超过 70%，本科升学率突破 95%。2008 年高考，我校文科学生姜坤佯同学以 659 分的优异成绩名列北京市前 20 名。2009 年高考，我校黄荟汀同学以数学 150 分的优异成绩，名列北京市单科第一名。

学校在以提高教学质量为核心的基础上，坚持以人为本的原则，注重学校的科学发展和特色发展。启动了"强师工程"，制定并实施了"绿色科研计划"、"雁阵行动计划"，成立"青年教师沙龙"和"名师工作室"，促进了教师专业发展。学校积极实施素质教育，全面提高学生素质，形成了以德育、体育、科技、艺术为特色的校园文化。自 1996 年以来，学校共有 7 名同学因为全面发展被北京市教委授予"十佳中学生"称号。学校田径队发展迅速，战果辉煌。仅 2008 年至今，获得世界中学生运动会一金一银，获得亚洲中学生运动会 2 枚金牌，全国体育比赛 10 枚单项金牌、2 项团体金牌、打破 2 项全国记录，市级比赛获 62 枚金牌。学校社团活动蓬勃发展，目前拥有科技社、街舞社、摄影社、魔术社、文学社、话剧社等近 30 个社团。其中科技社团在北京市、全国乃至国际比赛中屡创佳绩。

学校先后被授予"北京市高中学校特色建设项目学校"、"北京市德育先进学校"、"北京市基础教育课程建设先进单位"、"北京市科研先进单位"、"北京市中小学信息化工作先进学校"、"北京市中小学艺术教育特色学校""首都绿化美化花园式单位"等市级以上荣誉称号 40 多个。

学校将站在新的历史高度和教育改革的前沿，总结经验，展望未来，抓住机遇，迎接挑战，努力发挥名校的辐射和引领作用，办人民满意的学校。

王岐山总理参加我校高二 3 班的主题班会课

区委书记林克庆为考入清华北大学生颁发奖学金

FLL 社学生参加机器人世锦赛

经典诵读比赛

青年教师基本功考核

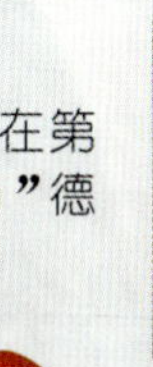

荣俊利校长在第七届“日出之旸”德育研讨会上致辞

一年一度的学生艺术节

我校隆重召开第七届“杏坛飞花”教学研讨会

我校学生获世界中学生运动会金牌

学校领导班子成员

区教委领导深入课堂

大兴区黄村镇

追求卓越　铸造辉煌

校长：郝素梅

向着现代化农村教育品牌学校迈进的黄村镇第一中心小学黄村镇第一中心小学由 1 所中心校、7 所完小组成，是全区小学规模最大，完小最多，师生人数最多的一所地处城乡结合部的农村镇中心校。

教职工 285 人，其中，副高级职称 2 人、中级职称 181 人。专任教师 274 人，包括专科以上学历 201 人；特级教师 1 人，市级学科带头人 1 人，市级骨干教师 10 人，区级学科带头人、骨干教师、骨干班主任及科研骨干教师 63 人。开设教学班 96 个。毕业生 462 人，招生 517 人，在校生 3170 人。

在郝素梅校长的带领下，学校坚持“以人为本，科研兴校”的办学方略，坚持“面向全体，为学生一生发展奠基”的办学理念，独创农村中心校“1+X”管理模式。以现代教育技术研究为突破口，以英语教学、心理健康教育建设为特色，以教研促教改。以培养学生创新精神和实践能力为目标，全面提高教育教学质量，推进素质教育，现已经发展成为一所“管理理念先进、教学特色鲜明、教学设备领先、教学质量一流、师资力量雄厚”的现代化学校。

学校先后被命名为“全国现代教育技术实验学校”，“全国外语实验学校”，“北京市基础教育系统电化教育优类校”，“北京市中小学信息化工作先进学校”，“北京市基础教育科学研究先进学校”，“北京市中小学德育工作先进集体”，“北京市阳光心语行动示范校”，“北京市文明礼仪示范学校”，“北京市校园环境示范学校”，“首都先进少年军校”，“首都（警）民共建标兵单位”，“北京市健康促进学校”，大兴区“小学示范学校”，“全面育人办有特色学校”，“教育教学质量一等奖”等称号。

所有的工作、所有的成绩表明：黄一中心正健康稳定、朝气蓬勃地朝向全国先进窗口学校的目标迈进！2010 年，我校成为北京市首批数字化校园实验学校，显示了我校在信息化方面的示范作用。我们将以此为契机，以饱满的热情、良好的精神风貌投身于大兴教育事业的发展，为大兴教育的大兴做出贡献！

团结 务实 创新的领导集体

学校召开首届教育科研周

第一中心小学

大兴区第九届小学校长教育思想论坛在我校成功举办

我校尹素敏老师在第三届全国中小学交互式电子白板现场课比赛中获一等奖

丰富多彩的社团活动为学生搭建多样平台

我校师生参加"京南杯"小学生诵读大赛荣获一等奖

组织学生赴大兴区法院参观学习培养法制观念

学生为地震灾区同胞献爱心

社会实践活动丰富学生生活

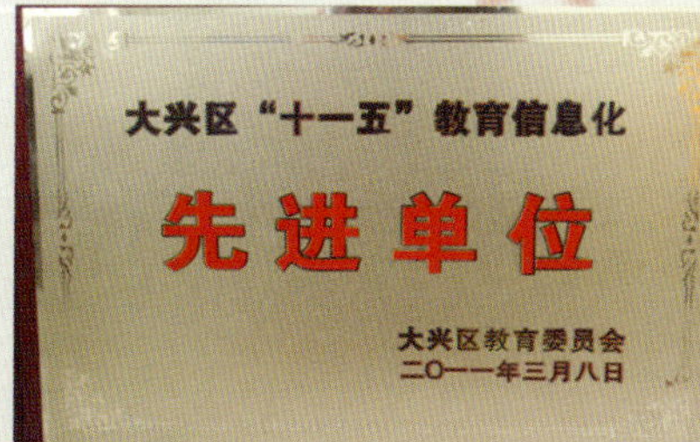

学校荣誉

向着现代化农村教育品牌学校迈进的黄村镇第一中心小学

大 兴 区

大兴少年宫、大兴区校外教育办公室主任：巴文丽

团拜会上王荣彬副区长和小演员交流

美国晶晶合唱团来访和少年宫学员同台献艺

少年宫学员与sos村儿童新年联欢会

——热烈庆祝北京市大兴区少年宫建宫25周年

地处首都之南的北京市大兴区少年宫，建于1986年，是大兴区唯一一所集艺术、体育、科技、德育于一体的综合性校外教育活动场所。建宫25年来，始终站在全区教育的战略高度，以全面实施素质教育为己任，以"全面提升校外教育质量"为核心，积极发挥校外教育特有的培训、引领、服务的功能，以贴近和服务广大未成年人为宗旨，以加强思想道德教育为核心，以培养创新精神和实践能力为重点，以质量求生存，以活动促发展，实现了"我们一同快乐成长"的育人理念！

大兴少年宫以五节为引领,并依托少年宫为主阵地开展丰富多彩的开放日、一日营、科技活动俱乐部、月末精彩剧场活动、校外教育大讲堂活动"、北京市青少年未来工程师大赛、快乐阳光童歌会北京赛区比赛等活动，受到了社会、家长、学校的好评。同时，少年宫充分挖掘、利用大兴区的资源优势，发挥校外教育联席会成员单位的作用，为青少年校外活动搭建更广阔的活动平台。

孩子们在少年宫快乐的参加游戏节活动

承办北京市未来工程师大赛

少年宫

越南河内少年宫代表团来我宫交流访问

游戏节上SOS村村长向少年宫赠送锦旗

大兴区兴星少儿艺术团是大兴少年宫精心打造的儿童艺术社团，2010年进行了扩编，由两个分团扩展为八个分团，参加各级各类演出竞赛活动近百次。参加北京市校外艺术节的小合唱连续四年获得一等奖……合唱团因成绩突出被认定为北京阳光少年合唱团。

回首25年的办宫历程，人们看到了大兴少年宫一道道美丽动人的风景。心若在，梦就在！大兴区少年宫25年的追梦之旅，演绎了美好而纯真的美好梦想，使得大兴区校外教育得到了稳步发展，为广大青少年健康成长，为区域和谐、科学发展做出了积极的成效和显著的贡献。面对未来，巴文丽主任激情豪迈："'十二五'期间，我们要紧抓大兴校外教育发展的战略机遇期，开拓创新，形成合力，结合大兴新城、亦庄新城、航空新城建设，全面谋划我区校外教育的布局与发展，全面推进校外教育的公益性，努力实现校外教育与学校教育、社区教育、家庭教育的有机结合，为青少年儿童的健康成长贡献智慧与力量，用实际行动谱写大兴校外教育的新篇章！"我们相信，勤奋的思考，不懈的耕耘，大兴少年宫人一定会梦想成真！

大兴少年宫和华夏未来童中心举办联谊活动

2011年新年团拜会演员与来宾合影

异彩纷呈的校外活动，吸引着我区广大少年儿童

儿童游艺场，孩子们快乐成长的乐园

富 力 地 产 香港联合交易所上市编号：2777

富力地产(香港联合交易所上市编号:2777)成立于1994年,集房地产设计、开发、工程监理、销售、物业管理、房地产中介等业务为一体,拥有国家建设部颁发的一级开发资质、甲级设计资质、一级物业管理资质及一级房地产中介资质，成功于2005年7月14日在香港联交所主板上市，于2006年5月12日正式被纳入恒生中国企业指数、恒生综合指数系列及恒生流通指数系列成份股，成为国内首家获纳入该指数的房地产发展商；并于2006年6月1日起被列入摩根士丹利中国指数。优秀的市场表现，使富力地产上市不久就跨入国内市值最高的房地产企业之列。

据国家统计局数据，富力地产 2005-2009 年连续五年蝉联全国房地产行业综合实力第一名。从广州大本营至北京、天津、西安、重庆、成都、惠州、沈阳、三亚、南京 ······ 富力地产已布局12个核心城市。

富力地产一直致力于营造文明社区，还原自然和谐于人居环境，积极推动城市建设进程，为整个中国市场建造大量高品质的住宅项目，而北京富力城、北京富力又一城、广州富力城、广州富力桃园、天津富力城、西安富力城和重庆富力城等单项建筑面积超过50万平方米的旗舰项目更是其中的扛鼎之作。

除了精彩纷呈的住宅项目，富力地产还有重点地发展商业地产、酒店、物流地产等业态。在广州，富力地产率先拿下 CBD 中心所在地珠江新城，共取得15个地块。其中包括与全球著名连锁酒店管理集团 -- 万豪国际集团和凯悦酒店集团合作，共同打造属于国际酒店业顶级品牌的"广州富力丽思 · 卡而顿酒店"和"广州富力君悦大酒店"两家超五星酒店。在北京，富力地产也增加了商业楼宇的开发力度，商业地产的拓展，不仅满足了企业长期投资收益的需要，更提高了国内现代化商业地产的顶级标准。

"建更多优质物业，给城市添彩"的开发理念将一路引领富力地产不断地开拓进取。

北京新城兴业

集团领导参观售楼处

区领导视察施工工地

红木林爱心公益文化节

北京新城兴业房地产开发有限公司为北京城建新城投资开发有限公司全资子公司，隶属于北京城建集团。2010 年 3 月成立，具有房地产开发、投资咨询及物业管理等业务资质。公司以“同心图治、唯实创新、追求卓越”为企业精神，全方位致力于城建地产的高品质、高效化发展。

目前公司开发的红木林项目，位于大兴新城核心区，距离地铁 4 号线大兴枣园站仅 350 米。该项目总建筑面积 17.5 万平米，其中 9 栋高层板楼，4 栋叠拼别墅，配有商业及幼儿园。红木林产品覆盖 45 平米的一居到 110 平米的四居，两梯四户的全通透户型，产品具备高附加值、高舒适度、低总价的高性价比属性。另有40套200平米左右的高舒适度叠拼别墅。红木林的园林设计，通过坡地、草坪、乔木、水系，在高低错落、层次丰富的微地形中，营造出生动和谐的美国南加州自然景观。

红木林项目精心组织施工，保证工程质量。施工单位曾经参与了国家体育场（鸟巢）、国家大剧院、首都机场等国家大型建筑施工。

红木林攀赢人生活动

红木林样板间实景

红木林售楼处实景

房地产开发有限公司

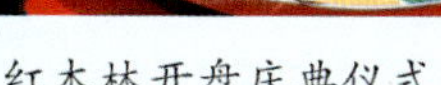
红木林开盘庆典仪式

朝气蓬勃的管理团队

红木林项目由一支年轻的、有朝气、充满活力的管理团队进行运作。他们以客户为中心，不断追求产品创新、营销创新，关注客户需求，打造和谐舒适小区。组织了最强喜事、摩梭爱心公益文化节、红木林杯足球联赛等一系列客户参与的活动，获得良好的人气与口碑。2011年荣获搜房网、搜狐焦点网及新浪乐居网最值得期待楼盘奖、最具人气楼盘奖、2011中国城市新地标（北京）及北京市园林局颁发的2011年度北京市“十大园林优质工程奖”等奖项。

公司本着重信兴利，服务社会的企业宗旨，竭成为大兴区的繁荣和谐发展做出积极贡献！

员工参观“复兴之路”展览

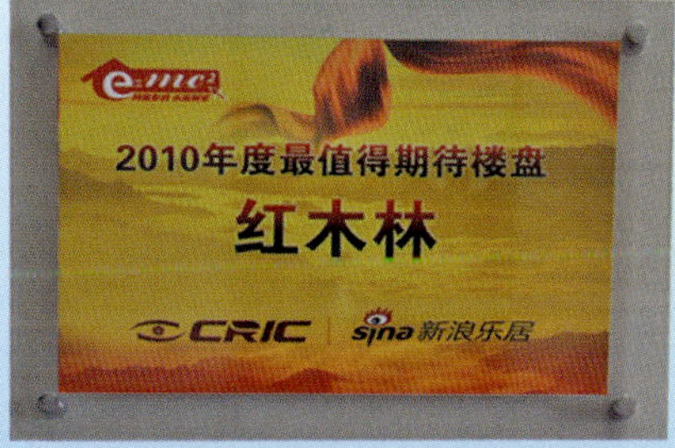

红 木 林 项 目 荣 誉

东方时尚驾驶学校

董事长：徐雄

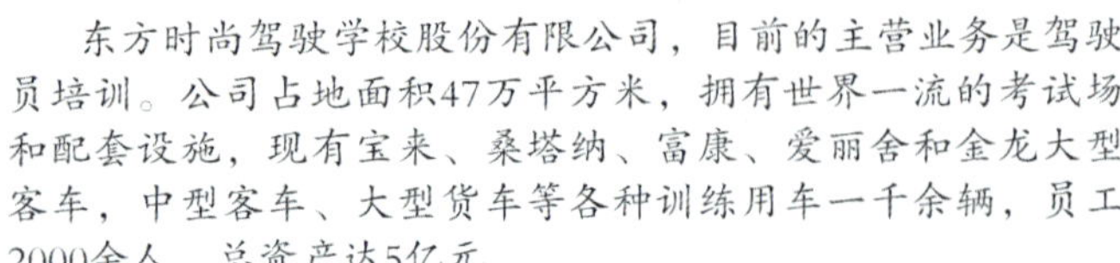

东方时尚驾驶学校股份有限公司，目前的主营业务是驾驶员培训。公司占地面积47万平方米，拥有世界一流的考试场和配套设施，现有宝来、桑塔纳、富康、爱丽舍和金龙大型客车，中型客车、大型货车等各种训练用车一千余辆，员工2000余人，总资产达5亿元。

公司先后荣获中华人民共和国民政部“全国民办非企业单位自律与诚信建设先进单位”称号，颁布单位“消费者信赖的质量、服务放心单位”、“中国民办教育创新与发展贡献奖”、“中国优秀企业”、“质量、安全、信誉AAA企业”称号，北京市公安局公安交通管理局“全市驾驶员培训行业星级驾校”称号，并获得工商联系统“北京非公经济参与奥运，服务奥运先进集体”、“文明单位”称号，工商业联合会“2008年度社会责任爱心奖”等多项荣誉称号。2009年，公司承担了为国庆60周年群众游行彩车培训驾驶员的光荣政治任务，荣获首都国庆60周年群众游行指挥部颁发的“首都国庆60周年群众游行支持贡献单位”荣誉称号。

公司坐落于北京市大兴区金星西路，拥有花园般的环境、酒店式的服务，建有目前国际硬件设施标准等级最高的训练和考试场，也是全国第一个“残疾人驾驶汽车训练示范基地”，拥有外籍学员资质，年培训学员数量和考试合格率均居同行业之首。

法规培训教室

模拟教室

教练用车

班　车

股份有限公司

公司把“全力打造和谐的东方时尚”作为战略目标，在内部管理方面，坚持“以人为本”的管理理念，建立了党支部和工会组织的上下沟通机制。在事业发展的同时，不断提高员工的福利待遇，增强了公司的凝聚力和向心力。

成就铸就了品牌，辉煌奠基为历史。展望未来，东方时尚人始终保持着清醒的头脑——我们的事业永无止境，要战胜昨天的自我，不断地超越自己，为构建“和谐交通”做出更大的贡献！

爱心捐助

荣誉榜

户外水吧

咖啡厅

夜景训练场地

学校大门

北京万兴建筑

董事长.总经理 谷秉生

集团领导班子

鲁班奖

公司承建的中国康复研究中心综合康复楼工程获得“鲁班奖”

中国康复研究中心综合康复楼工程内部装潢

授予：
北京万兴建筑集团有限公司
为2005年度
中国诚信单位
二〇〇五年十二月

2007詹天佑大奖
住宅小区优秀单项奖
优秀工程质量奖
奖给：北京世纪风景住宅小区E区工程
中国土木工程学会住宅工程指导工作委员会
詹天佑土木工程住宅科技发展专项基金委员会
颁
2007年8月

公司荣誉

公司承建的北京西单文化广场改造工程

公司承建的国家防总办公大楼加固改造及内外装修工程

集团有限公司

公司承建的火神庙商业中心（总面积23万平方米）工程

兴集房地产开发公司开发建设的泰中花园6号楼

万兴集团具有国家房屋建筑工程施工总承包一级、市政公用工程施工总承包一级、建筑装修装饰工程专业承包一级、文物保护工程施工专业承包一级、房地产开发二级资质。同时还是大兴区目前唯一一家取得《压力管道预安装资格许可》的施工企业。万兴集团是集建筑施工、房地产开发、市政及管道施工、设备安装、装饰装璜、仿古建筑、建材试验为一体的具有综合生产能力的建筑企业。集团自2006年以来步入了快速发展的阶段，产值年均以15%的速度递增，现年产值已突破了23亿元，年开复工面积达320多万平方米，近五年累计上缴税金达近3亿元。集团所属兴集房地产开发公司已累计完成开发建筑面积近100万平方米，为集团的发展提供了经济方面的强有力支持和保障。

万兴集团连续8年被评为大兴区“纳税先进单位”，并连续8年通过了银行信用“AAA”级的认证。此外，集团实现了ISO9001质量管理体系、ISO14001环境管理体系、OHSMS18001职业健康安全管理体系三个体系的整合，先后荣获“中国诚信企业”、“全面质量管理银屋奖、金屋奖”、“北京市重合同守信誉单位”、“国家计量认证合格单位”、“档案工作目标管理国家二级”、“大兴区重点企业”、“首都文明单位”、“安康杯”竞赛优胜企业等称号。

万兴集团成立以来创出了近60项奖项、竣工“长城杯”工程、150多项市区级文明安全工地。特别是继2007年获得国家“詹天佑”优质工程奖、2009年获得国家优质工程银质奖后，集团承建的中国康复研究中心综合楼工程获得2010年度全国工程质量的最高奖项—“鲁班奖”，实现了大兴区建筑工程质量国家金奖零的突破，翻开了万兴集团建筑施工技术和质量管理工作崭新的一页。

公司承建的古建筑修缮工程

公司员工参加辖区社区运动会

公司承建的大兴新城康庄集中供热（5台100吨锅炉，供热面积1000万平方米）工程及供热设备、压力管道安装

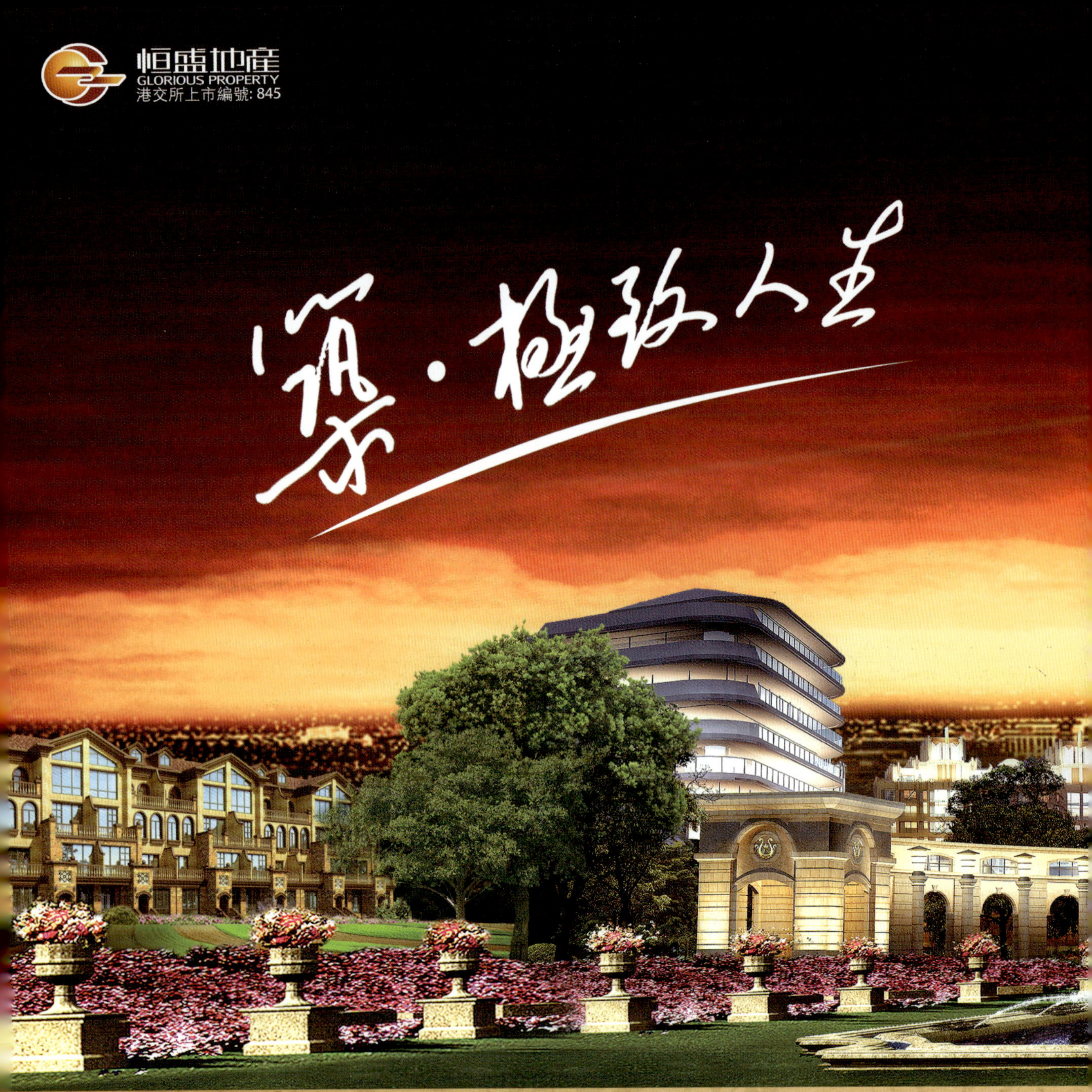
恒盛地產
GLORIOUS PROPERTY
港交所上市編號: 845
築·極致人生

恒盛合天和信（北京）房地产开发有限公司简介

我司是一家秉承人文地产、绿色地产、科技地产的开发理念，致力于开发优质精品物业的专业房地产开发公司。

公司成立于2002年，注册资金1.3亿元，为香港恒盛地产下属全资子公司，主要运营总规模达150万平方米的恒盛波尔多小镇项目，实施一个大型、复合型地产造镇计划。

现公司架构为五部两室（开发配套部、工程管理部、营销管理部、计划预算管理部、财务资金管理部、综合办公室、总工程师室）。这是一支年轻的团队。这批年富力强的专业管理团队将以最大的热情投入到恒盛地产的伟大事业中。

北京梦狐服饰科技开发有限责任公司

梦狐董事长—张士军先生

中国竹纤维第一人—张士军先生，梦狐董事长，于2000年率先着手研制并成功推出新型的环保原料——竹纤维产品，引起了纺织行业的一次革命。确立了"珍爱生命，回归自然，开发环保产品，引导绿色消费，保护人类赖以生存的大自然"的宗旨与理念，全力打造"21世纪生态纺织品研发生产基地"，秉承"低碳、健康、缔造财富"的经营使命。

梦狐发展历程简介：

梦狐公司是在中国即将加入WTO的2000年之际，为了新世纪新起点和迎接下一轮国际行业竞争，董事长张士军毅然率先投资北京埝坛工业开发区（现生物医药产业基地），征地39,997平方米，于2001年7月16日破土动工，兴建的一家集科研开发、生产营销、对外贸易于一体的大型绿色环保纺织服装生产基地。

都市中的世外桃源——梦狐总部

纺织协会会长（原纺织部部长）杜钰洲亲切接见了张士军先生，并连连称赞张士军先生"中国竹纤维第一人"

公司自2003年投产以来，规范经营，强化管理，先后通过ISO9001国际质量管理体系认证和ISO14001国际环境管理体系认证，同时获得连续几届获得"AAA级信用企业"，"北京市先进扶贫企业"，"中国最具生命力百强企业"等荣誉称号。开发的天然竹纤维产品获得了多项国家专利，被列入"北京市火炬计划"、"高新技术企业"。梦狐竹纤维研究开发中心开发的"生物质分离提取技术"2008年被列为"国家火炬计划项目"，并先后通过日本纺织协会，欧洲环保纺织品安全认证权威机构（Oeko-Tex Standard 100），以及通用公证行（SGS）等国际认证机构的测试认证。

梦狐现有下属企业：北京梦狐服饰科技开发有限责任公司、北京梦狐宇通竹纤维研发中心、河北迎星阁时装有限公司、河北宁晋梦狐外贸定点生产厂和以迎星阁为主组成的凤来仪服装集团，形成了一个强大的集团生产力。

梦狐公司自2001年首家推出竹纤维产品以来，通过十年的不断研发推广，目前深受广大消费者喜爱，同时也被各级政府采购和推荐。竹纤维产品为保护人类健康和提高生活质量作出重大贡献。

开发循环经济 倡导低碳生活

一项“绿能生物质分离提取”重大发明技术问世

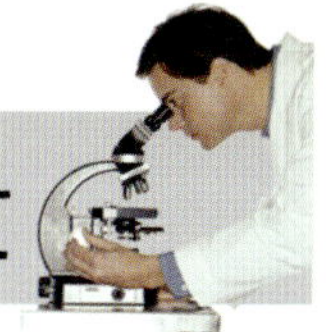

2009 年 12 月，大兴区李长友区长亲临梦狐考察“生物质分离提取”重大发明技术，和成功提取的植物“碳纤维”延伸产品。

为解决目前环境污染和响应国家“节能减排”的号召，梦狐公司在为解决“竹纤维”提取过程中的污染问题，历经八年，成功的破译研发出了一项零污染、零排放、高利用率的“绿能生物质有机组分分离工艺技术”。

此项技术经充分试验，不仅适用于竹子，而且可对木材、果枝、灌木、芦苇、秸杆甚至杂草类都能有效的分离提取出纤维素、半纤维素、木质素及所含有的各种有机成份，原料利用率高达100%。其延伸技术涉及到纺织、造纸、能源、化工、建材及航空航天、军事等几大领域。

该项技术的问世，彻底攻克了国内外一百多年来一直延用的传统“酸碱法”制浆技术瓶颈。首先，从源头彻底解决了政府付出极大代价进行治理的制浆造纸业“黑液”排放问题，同时获得了大大高于“纤维素”价值的多种副产品，这项发明技术的重大突破，一定会对当前“节能减排”推展低碳循环经济，产生快速的推动作用，也势必引发相关领域产生一次重大变革。

此项发明技术的产业化与实施一定会产生重大的经济效益和社会效益，一定会使我国在这一领域走在世界最前沿。

竹皇® 五大礼品系列

国家发明专利产品
北京梦狐宇通竹纤维研究开发中心监制

国家火炬计划项目

咨询电话：010-61251898　梦狐官方网站：WWW.DREAMFOX.COM.CN

北京宏伟

董事长:王洪增

北京宏伟建筑工程有限公司成立于1993年是北京宏伟集团公司的主体企业。经过十几年的艰苦创业，目前已发展成为一个以建筑业为主业，集房地产开发、物业管理、社区供热、砼生产、建筑材料销售以及建筑设备租赁等为一体的多元化综合性企业集团。

集团公司拥有法人企业7家，下设13个分支机构。企业注册资金5000万元，年生产总值超过4.5亿元。公司现有员工600余人，其中大专以上学历人员占员工总数的80%以上，具有中高级以上技术职称人员160余人，超过员工总数的25%。

集团公司始终坚持“科学管理、质量第一、以人为本、诚实守信”的宗旨。在全行业率先通过了GB/T19001、GB/T24001和GB/T28001三系一体的标准认证。集团连续多年被北京市地方税务局评为纳税A级企业，2007年至今连续多年荣获全国“安康杯”竞赛优胜企业称号。

集团公司始终以市场为先导，在积极开拓市场的同时，加强企业内部管理体系的建立和完善。经过几年的探索和实践，目前集团公司已经建立起一整套适应企业发展的制度化管理模式。

集团公司在建筑领域积累了丰富的经验，实现了跨行业多元化发展。2011年宏伟公司继续向跨行业经营的方向发展，把立足建筑业、稳定建筑业、走出建筑业做为企业发展的新目标、新方向。

集团公司以科学发展观统领全局，秉持“开拓、务实、敬业、奉献”的企业精神，坚持为客户创造价值、为员工创造前途、为社会提供优质服务的企业理念，力求将集团打造成“技术一流、人才一流、质量一流、管理一流、作风一流、服务一流”的现代和谐企业。

公司承建的聚福园小区

北京宏伟集团公司下属各单位：

北京宏伟建筑工程有限公司市政工程分公司；北京宏伟建筑工程有限公司装饰工程分公司；北京宏伟兴业建筑工程有限公司；北京宏伟恒泰建筑设备租赁有限公司；北京懋隆混凝土有限责任公司；北京福盛物业管理中心；北京福盛供热管理中心；北京红门鼎坚商贸有限公司；北京宏胜侨建材商店

公司承建的北京市仁和医院门急诊楼项目效果图

集团管理方针：

遵守法规　诚实守信　科学管理　优质创新
文明施工　减少污染　以人为本　构建和谐
提高效益　与时俱进

地址：北京市大兴区西红门镇兴都巷1号
联系电话：60203879、60201508（传真）

公司承建的怀柔区光织谷项目

集团公司

总经理王玉侨同志在为四川汶川地震灾区捐款现场接受记者采访

公司董事长王洪增同志、总经理王玉侨同志与足球俱乐部的球员合影

公司承建的北京市仁和医院门急诊楼工程获得结构长城杯奖项

公司员工向玉树灾区捐款

公司党支部受到上级党委表彰

公司获得的“全国工程建设质量管理优秀小组”奖项

公司连续三年获得“全国安康杯竞赛优胜企业”奖项

北京宏伟集团公司新办公楼效果图

公司承建的理想城小区

公司承建的魏善庄镇一品嘉园小区

大兴宾馆

大堂

民主生活会

召开大兴宾馆2009年度总结表彰会

5月27日召开创先争优活动动员大会

1月20日召开了第二届二十次职工代表会

参观房山区堂上村《没有共产党就没有新中国》词曲创作地

宾馆开展年度冬春季火灾防控专项行动

组织全体党员和入党积极分子在多功能厅观看大型反腐倡廉系列电视短剧《以案说纪》

会议室　　健身中心　　客房　　餐厅

北京大兴宾馆是京郊首家绿色生态型酒店，位于大兴区政府西侧,距京开高速路500米，距天安门18公里，交通便利，是接待会议、旅游团体、商务洽谈为主的三星级饭店。

宾馆设有各种类型会议室10个，其中最大的可容纳600人。是您圆满举办各种会议及会议用餐、舞会、商务洽谈、授课培训、学术交流、小型展览、大型演出、新闻发布、喜庆婚宴等各种聚会活动的理想场所。

宾馆设有大、中、小餐厅16个，可同时接待1000人就餐。餐厅备有川、鲁、粤、淮扬菜以及大兴乡土风味的美味菜肴和自助餐，西餐厅备有西式大餐。1993年还首创了地方风味的“西瓜宴”。餐厅菜肴均采用联合国生态第一村的无公害绿色食品。

宾馆现有单人间、双人标准间、五人套间、高级套房、总统套房等各类客房216间.套，客房内设中央空调、国际直拨电话、闭路电视、高速宽带网接入国际互联网等服务设施。客房用品及员工服装均为无污染的环保产品，客房舒适、优雅，适合不同层次宾客的需要。

宾馆内设保龄球、游泳、电子游艺、乒乓球、台球、射箭、砂冰壶、健身、大型卡拉OK歌舞厅、豪华KTV包房、洗浴、桑拿、美容美发、商务中心、旅行社、商场和洗衣房、票务中心等服务设施。

大兴宾馆以热诚周到的服务，无公害的绿色产品，倡导健康消费的环保企业形象，是宾客清新、自然、舒适的家园。

北京市大兴区

公司参与承办国家粮食科技活动周

公司重大工业项目签约

公司举办专题法律培训

北京市大兴区粮油总公司，是北京市大兴区区属国有粮油贸易龙头企业。其前身为大兴县粮食局，成立于1953年，2004年7月，政企分开成立北京市大兴区粮油总公司。公司注册资金5000万元，拥有总资产5.1亿元，占地1056亩，下属全资企业16家，参股企业4家（兴融小额贷款公司、九银村镇银行、科兴大地饲料公司、古船福兴食品公司），职工319人。管控模式为总——子公司模式。是以粮食贸易为基础性业务，以仓储物流、粮油食品加工、资产投资管理为成长发展性业务的多元化、集团化企业。大兴区粮油总公司重点担负着国家、北京市和大兴区三级粮食储备任务和军粮供应任务，担负着维护国家粮食战略稳定、区域粮食安全的重要职责。

公司举办会计知识竞赛

公司参股的北京大兴九银村镇银行开业

粮油总公司

公司与北京古船食品有限公司合作成立北京古船福兴食品有限公司

公司参股的北京市兴融小额贷款股份有限公司开业

公司开展消防安全培训

青云店粮食收储库全国职工书屋揭牌

公司开展消防演习活动

大兴国家粮食储备库铁路专用线

大兴区粮油总公司

北京市建华公路

董事长 王宝全

北京市建华公路工程有限公司创建于1982年，注册资金11010万元，注册地址：大兴区瀛海镇三东路106号，法定代表人：王宝全。企业是以承接综合市政工程、房屋建筑施工为一体的施工总承包壹级企业，拥有市政公用工程施工总承包壹级资质和房屋建筑施工总承包壹级，混凝土预制构件专业叁级资质。

我公司具备雄厚的技术力量 ：有工程技术人员总数239人。其中中级职称110人，高级 职称35人，注册一级建造师35人，注册二级建造师18人，技术工人能够做到持证上岗。

近年来，公司主要承接的工程有：2009年清源路（团河—KT+600）工程二标段，通州区马桥镇镇区路网建设工程，2010年中标魏永路（K1+640—规划二路）工程二标段，通州区内环路云景南大街段道路工程（一标段），河西区X38号地块搬迁房工程五标段。2011主要在施工程有北京经济技术开发区南12平方公里的路南区博兴南路工程，通惠排干渠桥梁工程，土建项目有X75号地块搬迁房工程等等，在施工过程中，我们坚持质量第一，安全第一，坚持把每个工程都做到优质工程。

工程有限公司

和谐 高效
优质 创新

我公司于 2006 年 6 月通过了三体系认证工作，并运行良好。为进一步增强施工力量，我公司投入近千万的资金从国外购买了先进的施工机械，使公司的硬件设施迈上了新的台阶。

我们始终坚持以质量求生存，以信誉求发展，科学管理，以优质的产品质量和高品质的服务赢得了各级主管部门的一致好评。随着公司的日渐成熟壮大也必将以更为优质的工程奉献给社会。

专注公路价值
感受公路魅力

大兴区公安消防支队

支队党委书记、支队长潘立鹏

支队党委副书记、政治委员康胜

大兴区隆重召开构筑消防安全防火墙工程暨社会单位四个能力建设工作部署大会，全面部署推进大兴区火灾防控工作

2010年，在区委区政府的坚强领导下，消防支队始终以胡锦涛总书记"三句话"总要求为指引，扎实推进市消防局"三化、七个新突破"工作部署，特别是新一届支队班子成立以来，坚持以"创先争优"为抓手，从难、从严开展训练和演练，全力推进落实打造首都消防铁军，在今年全市打造首都消防铁军比武竞赛中获得优异成绩；树立社会单位和派出所试点，以点带面推进消防安全"防火墙"工程和社会单位消防安全"四个能力"建设；树立"全国看北京，北京看大兴"的首创意识，以大生庄社区化管理试点为契机，探索落实消防安全社区化管理；广播、电视、网络、平面媒体等"四位一体"的消防安全宣传模式进一步巩固；细化完善执法质量绩效考核"、"警务公开"、"消防监督错时检查"等34项消防行政执法制度，执法规范化水平进一步提升；区综合应急救援支队于12月初挂牌成立，大兴区的应急救援工作迈上新的台阶；支队圆满完成北京市重大灾害事故应急救援综合演练任务，得到了各级观摩领导的高度评价。

大兴区综合应急救援支队挂牌成立　　严格依法开展消防监督检查　　在魏善庄烟花爆竹仓库开展灭火救援演练

消防官兵为社区群众和民警现场演示救援技术　　深入开展打造公安铁军大练兵活动　　开展地震救援集结演练

魏善庄第一中心小学

校长：李洪祥

领导班子合影

我校地处首都中轴线上，与京沪铁路相邻。下属三个完小，各具特色，有以小班教学为特色的后大营小学；有以开展民族体育运动为特色的西芦垡小学；有以环境育人为特色的王各庄小学。

拥有一批具有良好的个性和心理品质；有丰富的学科知识和拓展能力，先进的教育教学理念与较高水平的教学艺术相结合，能运用现代化教学手段提高教学水平；具有加强的教学能力、教研能力和动手操作能力，具有鲜明的个性化教学风格，教育创新能力强。农村教育的标志性学校特征农村一流的现代化的设施的教师群体。

我校致力于培养“会学习、善思考、学创造、有个性；明道理、懂交往、谋发展、信心强”的学生，具有关心他人的品格，且善于观察与思考；充满自信。

近年来，在李洪祥校长的带领下，我校荣获了“北京市基础教育课程改革实验先进单位”、“北京市培训示范校”“北京市科研先进校”“大兴区课程教材改革先进校”、“大兴区科研先进校”、“扩大推广马芯兰教改实验先进校”、“实施素质教育、提高教育质量先进校”等。现在，学校以生命教育为切入点，向农村一流特色校稳步迈进。

镇先进支部

大兴区落实《学校体育工作条例》

先进学校

大兴区教育委员会
二〇一〇年十二月

魏善庄镇第一中心小学：

实施小学规范化建设工程软件建设

先进学校

大兴区教育委员会
大兴区人民政府教育督导室
二〇一一年一月

规范化督导先进

魏一小生命教育年会

毕业生远足——锻炼意志 增加本领

第一届阳光少年集体

对学生进行安全教育

航模小组同学在练习中探索飞行原理

魏一小第一节科技艺术节

采育中学

采育中学始建于1952年，是大兴区的第一所中学，六十年来，为大兴区的教育事业做出了不可磨灭的贡献，进入新世纪，在新一代采中人的共同努力下，树立新形象、探索新思路，为全面提高农村地区教育教学水平而不懈追求。

采育中学新校区2005年8月竣工，现已投入使用，位于采育镇东侧。总占地面积125亩，建筑面积38000平米，拥有主体楼5栋，学生教室54个，实验室30个，学生专用教室16个；还有报告厅、校园网络、400米塑胶跑道、高级餐厅及学生宿舍楼等现代化设施。学生住宿条件优越，就餐环境良好，体育设施完备。校园文化优美和谐、整洁大方，既能给学生神清气爽的愉悦感受，又能使其受到潜移默化的思想熏陶。

学校现有教职工170人，其中高级教师21人，一级教师70人。区级骨干教师10人。党员45人。一线教师全部为本科及以上学历。初、高中学生近1000人，住宿生300余人。

我校坚持“德育为首，全面育人，以人为本，和谐发展”的办学思路，先后获得“北京市绿化美化花园式学校”、“北京市科技示范校”、“区教育教学二等奖”、“区教育科研先进单位”、“五四红旗团委”等荣誉。在未来的几年里，采育中学将努力办成校园环境更美，育人氛围和谐，管理机制健全，特色教育成果显著，教学成绩稳步提高，全面落实好素质教育的农村教优质学校。

参加区艺术节合唱调演

第二届德育研讨会

区教委扈岩江副主任莅临我校听课

学校秋运会开幕式

金鹏科技论坛甘薯实验

学校环保乐队参加区内大赛

礼贤镇第一中心小学

校长：王四清

和谐奋进的校领导班子

北京市大兴区礼贤镇第一中心小学创办于1954年，地处历史上有着“礼贤下士”之称的京南古镇——礼贤，是大兴区最大的一所民族小学。学校现有42个教学班，教职员工139人，在校生948人，现占地面积25000平方米，校舍建筑富有民族特色，校园融学园、花园、乐园为一园，为农村儿童营造了一个优质的育人环境。

学校以“培养全面发展，学有所长，善于交往，身心健康，勇于创新，具有中华美德的现代人”为育人目标；以“人和文化”为魂，力求构建“平等、团结、互助、和谐”的校园氛围。

2003年校园重建以来，学校备受市、区领导的重视，有了城区的优质教育资源的注入，学校在各个方面的工作有了更快的发展。被市委市政府评为“首都民族团结进步先进单位”，先后获得市教委、区教委颁发的“北京市科研先进单位”、“北京市民族团结教育示范校”、“北京市文明礼仪示范校”、“大兴区小学示范校”、“大兴区教育教学一等奖”等120多个奖项。

承办北京市民族学校校本课程推进会教师代表与领导、专家合影留念

合唱小社团参加大兴区艺术节连续四届荣获区级二等奖

北京市民族体育运动会喜获佳绩，市民委领导与我校师生合影留念

成功举办大兴区民族学校传统体育运动，开幕式师生民族舞展示

民族采风课上学生们正在汇报小组研究成果

彰显民族教育特色的校园

北京市大兴区第五小学

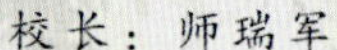

校长：师瑞军

未来工程师荣获全国一等奖

大兴五小创建于1981年，学校现有南北两个校区，南校区位于大兴区兴政西里商场南巷，占地面积6600平方米，建筑面积6015平方米，体育场地2200平方米。北校区位于兴华园小区西侧，占地面积6015平方米，建筑面积3795平方米，体育场地3840平方米。学校现有教学班41个，学生1799人。学校现有教职工131人，其中高级专业技术职称4人，中级专业技术职称83人，具有大学本科学历教师97人，大专学历23人，市区级学科带头人及骨干教师25人。

建校三十年来，学校共获区级及其以上奖励879项，其中国家级及市级奖励97项，教师获区级及以上奖励1536项，其中政治荣誉奖362项，个人素质奖791项，业务素质奖383项。学生获区级及其以上奖励每学期均在三百人次以上。

缅怀先烈 旗帜飘扬

红领巾与祖国同行 祖国荣誉高于一切

师生同庆“六一”儿童节

老师我们爱您

迎奥运火炬进京

今天我入队

中国建设银行北京大兴支行

人员与机构情况　大兴支行有中长期劳动合同人员211人，平均年龄38.2岁。下设3个部室，2个中心，1营业部、4个升格支行、7个储蓄所。

主要业绩指标　实现本外币账面利润1.82亿元。实现中间业务净收入0.46亿元，本外币全口径存款时点余额121.90亿元；本外币各项贷款时点余额54.02亿元；五级分类不良贷款余额0.09亿元，不良率0.18%。

【公司业务】三个对公网点。对公存款余额达到53.52亿元，在北京系统郊县行排名第二；企业贷款新增13.5亿元，北京系统郊县行排名第一。

【个人业务】个人存款余额68.38亿元，全行129家支行排名第三位，新增在全行129家支行排名第四位。余额在郊区行排名第三位，新增在郊区行排名第四位。个人贷款新增在分行系统郊县行中排名第二；个人类不良贷款控制不良率控制、公积金贷款发放都超额完成分行计划。

【公积金贷款】大兴支行加大了公积金贷款的营销力度，通过增加人员，提高服务效率等手段，提高竞争力。公积金贷款发放额和新增额在本地区占比始终保持领先，全年累计发放公积金贷款1622笔、79637.5万元，分行系统郊县行第一，完成全年任务的169.28%。

支行行长李清泉给滨河网点发放表扬卡

为更好地服务全区中小企业，建行专家向我区中小企业家介绍业务

建行为我区商业企业培训员工

建行服务全区第一

丰富多彩的“三八”活动

员工们在认真学习北京建行党委一号文件

ICBC 中国工商银行 北京大兴支行

北京分行领导到网点检查指导工作

开展“服务创造价值”主题培训

召开制度执行年活动部署动员大会

表彰劳动竞赛分行级先进集体和标兵

直销团队到部队开展产品直销活动

工商银行大兴支行成立于1984年，主营存款、贷款、结算业务等。现有职工264人，内设8个部室，12个网点。部室包括：综合管理部、人力资源部、内控监察保卫部、运行管理部、信贷管理部、公司业务部、个人信贷业务部、个人金融业务部。网点包括：营业部、体育场网点支行、红星网点支行、兴丰街网点支行、西红门网点支行、清澄名苑网点支行、丽园路网点支行、大兴经济开发区网点支行、龙河路网点支行、黄村第一储蓄所、黄村第三储蓄所、碱河桥储蓄所。

工商银行大兴支行自成立以来，坚持“以客户为中心”，大力拓展优质市场，促进资产、负债、中间业务的协调发展，业务规模和盈利水平呈现良好增长态势。在管理上，狠抓制度创新、制度学习、制度执行、制度检查与辅导等基础工作，使员工的业务素质和服务能力显著提升，实现了以纪律促规范、以服务提形象的工作目标，同时也为提升可持续发展能力奠定了坚实基础。

业务发展离不开大兴区政府、各委办局及广大客户的鼎力支持，工商银行大兴支行将秉承一贯严谨的工作作风，积极践行“您身边的银行，可信赖的银行”的庄重承诺，在此也希望社会各界给予监督与帮助，共同携手为大兴经济的腾飞贡献力量。

赴军博参观汶川抗震救灾成果展

参观金融系统反腐倡廉建设展

组织团员赴狼牙山开展团日活动

北京银行大兴支行

总行领导到大兴支行调研

与农发行领导进行会谈

支持新农村建设座谈会

2011年管理部年初工作会议

大兴支行开展社区公益行活动

北京银行大兴支行成立于2006年，下辖2个营业网点，分别设在大兴区兴政街29号和兴华大街212号。支行网点设备先进，业务品种齐全，可办理人民币存款、贷款、票据、结算业务，办理外汇存款、结售汇、国际结算业务。办理各种银行卡，代理保险业务，代缴费业务等。为满足业务发展的需求，北京银行正在区域内计划新筹建两家营业网点，有效的为客户提供便捷的金融服务。

北京银行大兴支行坚持以支持中小企业发展为举措，始终坚持以人为本，开拓务实的工作作风，以“跨越式发展”作为支行行动指南开展工作。通过综合性的管理，科学化的考核，激发支行员工的工作积极性，提高集体凝聚力，强化营销理念，使各项业务都取得了优异的成绩。

随着大兴区经济飞速发展的步伐，大兴支行经过几年的奋勇拼搏，创造了显著的经营业绩，实现了优异的综合效益。成绩的取得离不开区里各级政府部门及客户对我们的支持，我们将一如既往，秉承“真诚，所以信赖”的服务宗旨，充分利用我行服务中小企业的成熟模式和品牌优势，为区域内中小企业从业务服务、产品创新、方案设计等方面提供全方位、个性化的金融服务，努力打造成大兴区的金牌银行。

客户明星选拔赛选手合影

管理部开展支行结对子活动

大兴支行荣获全行排舞比赛第三名

中国农业银行北京大兴支行

党委书记、行长钱宝莲

签订城乡一体化协议

中国农业银行股份有限公司北京大兴支行是大兴区四大国有银行之一，近几年来，大兴支行认真贯彻落实总、分行制定的经营战略，以加快发展为主线，以控制风险为重点，大力推进营销工作，强化内部管理，促进网点转型。同时，抓好金融产品创新，提升为客户服务质量，巩固和提升了农行在大兴区的主流银行地位。

作为农业银行北京市分行下辖的一级支行，服务功能完备，业务种类齐全，可办理人民币存款、贷款、结算业务，办理银行卡业务，办理票据贴现，代理发行金融债券；代理发行、代理兑付、销售政府债券，买卖政府债券；代理收付款项；外汇存款、贷款，外汇汇款、兑换，国际结算，结汇，售汇，代理国外信用卡付款，其总行在中国人民银行批准的业务范围内授权的业务；代理与贷款抵押标的物相关的财产保险、家财险、长期寿险、健康险、人身意外伤害保险等。

大兴支行本部设有7个部，下辖18个营业网点，其中，1个营业部，17个分理处，遍及大兴区各主要乡镇。大兴支行拥有一支高水平的服务团队，打造了客户经理（公司和个人）、风险经理、大堂经理三支队伍，同时还拥有先进的自助设备和信息网络系统，能够为广大客户提供高效、快捷的金融服务。到2010年底，支行本外币存款余额为172.64亿元，本外币贷款总额为51.17亿元，实现利润2.95亿元。

领导班子与先进工作者合影

分行领导与大兴区政府领导座谈

分行领导到网点调研

整洁的办公环境

员工深入网点进行营销

北京农商银行 BEIJING RURAL COMMERCIAL BANK 大兴支行

和谐奋进的支行领导班子

北京农商银行大兴支行秉承“客户为本，用心服务”的宗旨，致力于支持首都新农村建设和城乡一体化发展，成为大兴区金融支农不可替代的主渠道。

截至2010年末，大兴支行下辖13家非管辖支行，共31个营业网点，网点区域内市场占有率达到35%；在岗职工388人，中层管理人员45人，平均年龄38岁；大兴支行资产总额197.58亿元，负债总额197.2亿元；存款规模在全市28家管辖支行中排名第3位，在大兴辖区金融同业存款占比排名第1位；各项存款余额194.64亿元，其中对公存款112.95亿元，储蓄存款81.69亿元；各项贷款余额（含贴现）49.03亿元，其中涉农贷款余额39.8亿元，占全部贷款的80%；全年净投放36亿元，较上年多投放15亿元。同比增幅提高近70个百分点，大兴辖区同业贷款占比排名第5位。

“浓情 浓意 农商行”，北京农商银行大兴支行将不断提升金融服务水平，进一步提高经营效益和管理水平，充分发挥我行在大兴区的金融支农主力军作用，努力把我行建设成为以支持“三农”为品牌特色的“规范、诚信、创新、一流”的新型股份制商业银行。

支行针对社区居民、大学生村官开展的金融知识培训

行长徐金生到观音寺分理处检查工作

支行党支部开展红色之旅

支行举办新春联欢会

支行干净整洁的自助银行

支行营业部正在召开晨会

支行营业厅宽敞明亮的营业环境

中国农业发展银行 大兴支行

AGRICULTURAL DEVELOPMENT BANK OF CHINA

支行行长钱耿主持召开全体职工大会

大兴支行主持召开银团贷款座谈会

中国农业发展银行北京市大兴区支行以下简称（农发行大兴支行），现有在职员工21人，内设机构3个部室，1个网点。

农发行大兴支行作为直属国务院领导的政策性金融机构，自成立以来，全面贯彻落实国家粮棉购销政策和有关经济、金融政策，为国家实施宏观调控、确保国家粮食安全、保护广大农民利益、促进农业和农村经济发展发挥了重要作用，推进了农业和农村经济的战略性调整，伴随着粮棉流通体制改革和农村金融体制改革进程的加快，农发行大兴区支行认真贯彻党中央、国务院关于“三农”工作的有关方针政策，全面落实国务院对农发行工作提出的各项要求，准确把握和积极落实粮棉油购销政策，继续做好粮棉油储备贷款的供应和封闭运行管理，及时调整和不断完善信贷政策，通过信贷杠杆，促进粮棉流通体制改革，支持国有粮食企业发挥主渠道作用，推动粮棉产业化发展，维护国家粮食安全。

2010年末，支行各项存款37352万元，比年初增加25908万元；人均存款887.90万元，比同期增加166.31万元；贷款余额226593万元，比年初增加124939万元，创建行以来历史最高水平。政策性贷款合法合规；2010年累计实现财务收入7840万元，财务支出4095万元，实际利润3745万元，创建行以来历史最高水平，比上年利润2788万元增加957万元。人均利润197万元，比上年增加43万元。

分行年度综合考核均未发现问题，干部职工队伍稳定，工作热情高，干劲足。2010年度分行综合考核名列第5名，位居一类行。

支行党支部书记、行长钱耿带领员工进行建党纪念活动

大兴支行参加兴丰街道社区运动会并取得两项冠军

柜员在工作中

中国农业发展银行北京市大兴区支行外貌

北京大兴支行

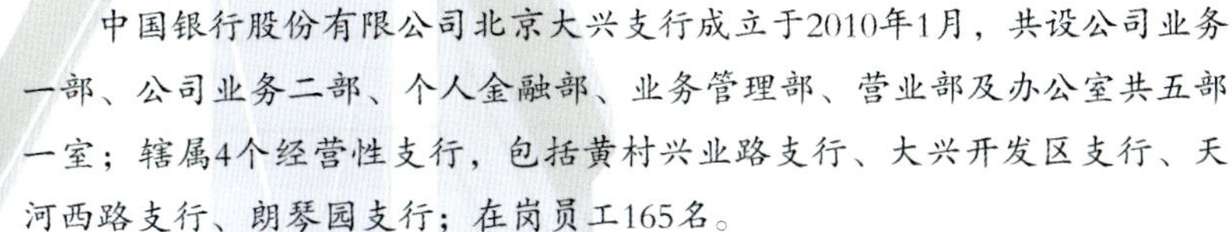

中国银行股份有限公司北京大兴支行成立于2010年1月，共设公司业务一部、公司业务二部、个人金融部、业务管理部、营业部及办公室共五部一室；辖属4个经营性支行，包括黄村兴业路支行、大兴开发区支行、天河西路支行、朗琴园支行；在岗员工165名。

中行大兴支行一直致力于为客户提供优质的金融服务，不断拓宽业务领域，在办理日常业务的基础上，专业、全面的外汇业务是我行一大特色，包括外汇存款；外汇汇款；外汇贷款；外币兑换；国际结算；结汇、售汇；代理国外信用卡付款；办理代客外汇买卖等外币业务。

作为一家新成立的支行，中行大兴支行拥有一支年轻充满活力的队伍，全员上下致力于为广大人民提供全面优质的金融服务。我行认真落实北京分行2011年各项工作部署，坚持贯彻分行各项工作精神，紧紧围绕“科学发展观”，坚持贯彻“审慎经营、持续发展”的经营方针，积极推进“以客户为中心，以市场为导向”的经营管理模式和业务发展模式的转型；积极开展内控建设和全面风险管理；深入开展创先争优活动。秉承中行“追求卓越”的核心价值观，追求“诚信、绩效、责任、创新、和谐”。以全员营销、加大考核力度，开展各种竞赛业务为手段，充分调动全体员工的积极性，不断提高对客户的服务能力，对市场的反应能力，对风险的控制能力。牢牢把握一切发展机会，求真务实，开拓创新。各项措施卓有成效，各项业务蒸蒸日上。

大兴支行党委书记、行长：祁煜

网点每日开晨会

春节慰问拆迁军烈属

三八节主题活动

亲切迎宾 优质服务

宽敞明亮的营业环境

黄村桥商贸有限公司

公司总经理：徐海涛

公司正门及商铺

黄村桥商贸有限公司，始创于2007年，是大兴区黄村镇最大规模的综合性市场。

本公司位处于大兴区黄村镇（京开高速）东侧，南六环北300米处；周边有四个行政村（饮马井村，海子角村，辛店村，王立庄村）环绕，居民区及在建居民区数个。对于农副产品的消耗与集散，突显其优越的地理位置和便利的交通条件。

市场总占地面积100亩，总建筑面积4.2万余平米，拥有经营部面360个，固定摊位400多个，露天批发场地2万多平米，蔬菜自产区2000多平米。主要经营各种蔬菜类、肉食类、禽蛋类、粮油类、熟食类、水产品类、干货类、调味品类、水果类等农副产品，共计20个大类，10000多个花色品种。产品来自全国各地，并以地产为主，销往全国各地。极大的带动了本地区农副产品的生产加工业的发展。

烟酒批发

副食品销售区

豆制品销售区

露天批发市场水果区

百货区

霍氏文化产业集团

集团董事长霍振祥与英国前首相布莱尔在上海

集团总裁霍建民与新昌县委书记

霍氏集团是具有深厚实力的多元化企业，总部位于北京，是在整合了多家知名品牌公司之后成立的。集团拥有很好的政府关系和雄厚资源，立足于打造学习型、创新型，充满活力和希望的企业。我们重视人才的引进和培养，在不同领域中都引进了同行业顶尖的人才，并建立了完善的内部人才梯队。霍氏集团本科以上学历者占75%，其核心管理层都是在大型集团化企业具有8年以上管理运营经验的资深专业人士，其中80%以上具有高级专业资格证书。

霍氏集团涉及的产业领域广阔，分别涉及“石油化工、物流、快消品、能源科技、金融投资、旅游服务、耐用消费品”等不同产业，各产业领域均具有十分良好的发展前景，目前总资产近10亿元，年利润超过人民币1个亿，集团在全国主要城市建立了分支机构，业务范围分别覆盖华北、华东、华南、西部区域，其产业发展已经延伸国外，在美国和香港均有投资。霍氏集团在北京市大兴区投资控股公司超过七家，是大兴区纳税大户之一，借助大兴区的地理优势，充分聘用当地人才，为大兴区的发展做出了不懈努力。

霍氏集团的发展宗旨是：做民族企业，创民族品牌，建百年基业，树行业口碑“，集团所有的产业均提倡用专业的服务，利用品牌优势，打造一流的品牌。集团致力于打造国内多元化发展的民营旗舰企业，实现“百年基业“的目标是霍氏集团赋予自己的神圣使命。

霍氏集团旗下拥有全资控股及参股公司超过十家，其中物流、绿色能源、茶业被集团定位为三大支柱产业。

办 公 楼

百 利 威 物 流

仓 库

量 子 灯

天 祥 店

垃圾处理机

北京市宝金龙食品厂

厂长刘宝山

刘宝山，现任北京市宝金龙食品厂厂长兼党支部书记，大兴区人大代表，同时兼任大兴区工商联执委。在他的带领下，企业现发展成为资产13653万元，年产值1.5亿元，年上缴税金1300万元，职工560人的北京市农产品加工龙头企业。

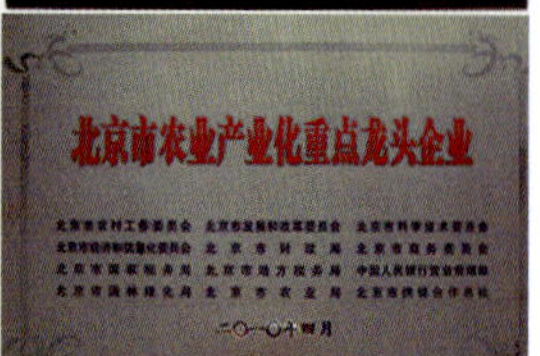

荣誉

厂长刘宝山深入生产车间检查

北京市宝金龙食品厂是全国农产品加工示范企业、北京市农业产业化重点龙头企业，主要生产腐乳产品，是北京王致和腐乳生产基地。企业位于大兴区青云店工业区，全厂占地面积150亩，现有职工560人。2010年产值1.5亿元，销售收入1.4亿元、纳税1300万元。

为了提高管理水平，保证产品质量，企业先后通过了ISO9001:2008、HACCP、QS及ISO22000：2005认证，产品达到了食品生产的国际要求。企业扩大生产规模后迅速发展，工人工资也不断提高，由原来400—600元增加到现在的每月每人工资1600———5000元，同时企业为全厂职工上了社会保险，使职工在失业、医疗、工伤、养老、生育等方面都有了可靠的保障。

企业发展不忘奉献社会，积极社会公益活动，每年赈灾活动中都捐款捐物，向本镇的青云店中学、小学进行捐款，为镇政府抚贫济困的"爱心助学"捐助，为镇敬老院捐款，出资为孝义营村修路建公园、进行全村厕所改造、为该村的全体村民上医疗保险。企业将不断带动本地区经济的发展，同时为进一步推动王致和产业的发展，提高中华民族产品在世界上的地位做出积极的贡献。

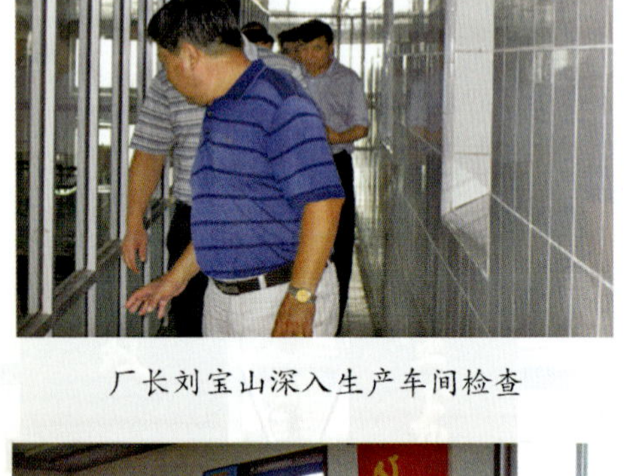

产 品

生产车间一角：前期发酵室

生产车间一角：腌制房

生产车间一角：灌装生产线

厂门口

北京伟豪铝业有限责任公司

大兴区政协委员
公司董事长　张正喜

北京伟豪铝业有限责任公司（简称北京伟豪）成立于1997年，位于大兴清源路，是一家民营股份制高科技企业，以研制、开发、生产铝箔、铝板、铝带为主，拥有两项国家专列，三大系列、十二种品种、175种规格系列的产品，其各项技术指标均处于国内领先地位，达到国外同类产品水平。其中，公司的电子铝箔产品形成了具有核心竞争力的研发、生产、制造体系，拥有独立的自主知识产权，是国内行业先锋，是中国电子铝箔重要的生产基地。

北京伟豪现拥有职工200人，年生产能力10000吨，年销售收入近三亿。已通过ISO9002国际质量体系认证。并获得国家级“火炬计划项目证书”、“重点新产品证书”；市级“高新技术企业证书”、“北京市高新技术成果转化项目” 、优秀企业管理奖”，2002年获北京市经济委员会 “北京市第十六届企业管理现代化创新成果一等奖”， 2004年入选中国新闻社“中国最具竞争力中小企业500强”，同年被中国有色金属加工工业协会评为“中国铝箔行业十强”。2000年董事长张正喜被北京市人民政府授予“北京市劳动模范称号”； 2005年被中国有色金属加工工业协会授予“优秀企业家”称号。

北京伟豪以“爱国、敬业、协作、服务”为企业精神，以“方便、快捷”为经营理念，建立了一套科学、规范且行之有效的企业管理制度，形成了具有伟豪特色的企业管理模式。北京伟豪竭诚为社会提供一流的产品和服务。共同为材料工业的发展，民族工业的振兴贡献一份力量！

公司与北京科技大学校校企合作暨爱心助行签约仪式

电子铝箔

电子铝箔

高、中、低压铝电解电容器阳极用铝箔

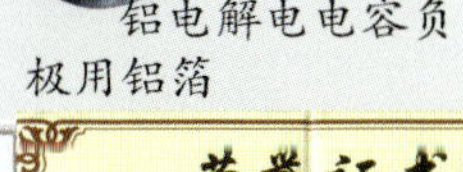

铝电解电电容负极用铝箔

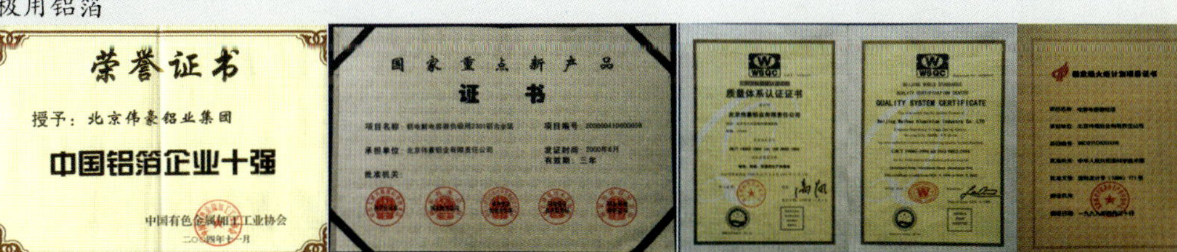

公司下属企业丹东伟豪产业车间

公司办公楼

北京人民电器厂有限公司

BEIJING PEOPLE'S ELECTRIC PLANT CO.,LTD.

北京人民电器厂有限公司是一家专业电气研制企业，成立于1992 年，座落在北京国家新媒体产业基地，具有 A、B 两个厂区，总建筑面积 5.36 万平方米。

北京人民电器厂有限公司隶属于首瑞（北京）投资管理集团有限公司，与集团下属的北京固安祥电气有限公司、北京翠祥电气元件有限公司、北京固安祥电力电子有限公司共同构成了一条完整的电气产业链，能够为用户提供完整的电气技术解决方案和相关产品。

董事长、总经理：南寅

打造全球特种电气研发制造基地

中央统战部领导来厂指导工作

区委书记林克庆来厂调研

政协主席高树旺来厂调研

技术人员赴国外考察

党员参观李大钊纪念馆

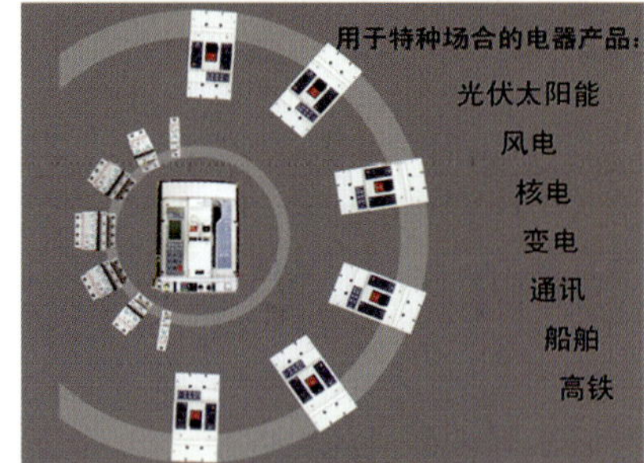

公司产品

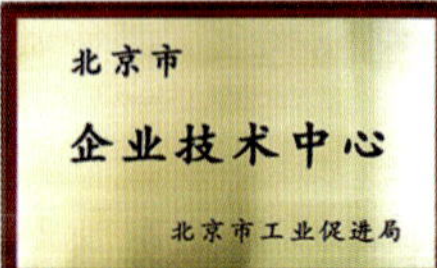

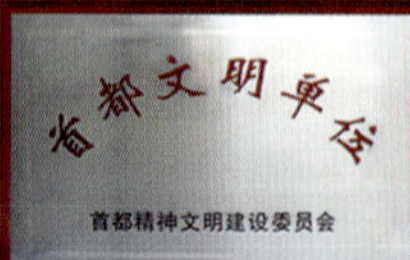

A区厂景　　B区厂景

北京兴水水务有限责任公司

办 公 楼

格 栅 间

进水泵站

北京兴水水务有限责任公司成立于2003年11月20日，由北京兴创投资有限公司和北京京城水务有限责任公司共同出资。公司主要负责黄村污水处理厂的运营管理和设备设施的维修、维护，于2004年4月1日正式运营。

黄村污水处理厂是大兴区首次利用国外政府贷款建设的城市市政基础设施项目，被北京市列入"九五"期间重点建设的环保工程和凉水河流域的污染治理项目之一，被国家列入海河流域的污染治理项目。水厂主要接纳卫星城污水一、二、三干线及污水一、二干线导流管线收集的污水，现服务区域为大兴新城京九铁路以东地区部分建成区，北起规划北环路，南到林业干部管理学院南路，西起京山、京九铁路，东到规划东环路，总面积约35平方公里。工程一期建设规模日处理污水8万吨，远期为12万吨；厂区占地4.62公顷，采用奥贝尔氧化沟二级生化处理工艺，处理后的水质达到国家二级排放标准。污水处理厂工程于1998年4月正式开工，2000年7月建成并正式投入使用。污水处理厂的建成使黄村卫星城的城市污水处理率达到80%以上。大大减少了污水对本地区地下水源和下游河道的污染，实现了资源的综合利用，缓解了黄村地区水资源紧缺的状况。污水处理厂的主要设施包括：进水泵房、粗细格栅、沉砂池、氧化沟、沉淀池、鼓风机房、污泥处理、总变电室、中控室等。

兴水公司成立运营后，一直按照城市污水处理设施建设运营市场化、企业化的原则和"高水平经营城市"的要求，不断完善企业自身建设，对将首都建成整洁、优美的国际化大都市，增强经济可持续发展能力具有重要意义。

钟式沉砂池

奥贝尔氧化沟

二沉池出水

污泥浓缩池

生产区全景

北京金色时枫房

公司董事长 冯玉良

冯玉良先生，上世纪六十年代生人，党建管理专业毕业，早年从政，曾就职于大兴工商局，大兴区政府办公室，历任大兴区团委副书记，大兴区旅游公司副总。1996年开始从商，并创建北京隆顺达房地产经纪有限公司。经历四年的积累，投身于房地产行业，创建了北京方正房地产开发有限公司，成功开发了那尔水晶城项目，此后不久，于2006年创建北京金色时枫房地产开发有限公司，任董事长。

北京金色时枫房地产开发有限公司是2006年4月成立的一家中型民营企业，从事商业地产开发，公司注册资金为3.2亿元，机构设置齐全，下设总经理办公室、行政办、计划发展部、开发部、工程部、预算部、财务部、销售部、策划部、招商部、客服部等近十个职能部门。目前我公司旗下拥有房地产经纪公司、装饰工程公司、物业管理有限公司等分支公司。

本公司的前身为北京方正房地产开发有限公司，方正地产成功运作了总建筑面积为24万平米的那尔·水晶城项目，该项目先后获得“影响北京地产的特色名盘奖”、“最佳创新楼盘奖”、“城南优秀楼盘奖”、“北京地产年度特色名盘奖”等多个奖项，成为大兴乃至京南地区的知名楼盘。

目前，本公司正在进行一期占地规模约50000㎡，建筑面积约22万㎡的大型商业----火神庙国际商业中心的开发。火神庙国际商业中心位于大兴区黄村卫星城的核心商业地带，项目占地约5万平米，总建筑面积近22万平米，地上约14万平米，最高7层，地下约8万平米共3层，是大兴区政府的重点工程。我们从2006年就开始着手进行项目的市场调研及定位分析，与美国ADG集团合作，聘请国际级商业设计大师李文先生亲自担纲进行概念设计，最终形成了现在的shoppingmall+步行街的商业模式，既符合北方城市商业布局及经营的特点又融入了美式步行街的聚客理念，项目落成后无疑将成为大型的商业地标，城市名片，建成后将成为大兴区乃至整个京南地区新的标志性商业建筑群。

本公司秉承务实严谨，与时俱进的思想，对公司及项目实行科学的管理，聚集了一大批行业内的精英人士，在整个团队的共同努力下，公司正在逐步走向新的高峰，创造新的辉煌。

过去项目——水晶之星

那尔·水晶城小区

地产开发有限公司

那尔·水晶城小区

火神庙国际商业中心夜景鸟瞰

北京市中建利源物资经营有限责任公司

总经理：陈国柱

公司成立于1994年，隶属于中国建筑二局第三建筑公司，03年改制为有限责任公司。05年被建设部确定为“钢筋自动化加工技术示范基地”。年度营销钢材20余万吨，年加工成型钢筋20万吨，是全国最大的商品（成型）钢筋加工基地和供应商。公司主营：建筑钢筋加工及配送、建筑钢材及材料销售、货物进出口、技术进出口、代理进出口。并先后为中建总公司系统、北京建工集团系统、北京城建集团系统、北京住总集团系统、总参通信部、奥运场馆建设单位等重大工程提供优质的成型钢筋。多年来，公司凭着良好的信誉，与中国农业银行、深发展银行、工商银行等都保持良好的合作伙伴关系。是北京市金属材料商会常务理事单位，并连续几年被评为：“优秀会员单位”、“兰格钢铁网北京地区营销50强”等。公司始终以“为政府所认可、为伙伴所认可、为客户所认可、为员工所认可”为经营宗旨，“自力更生、艰苦奋斗”的企业精神，努力铸造具有集工贸一体的大型钢筋加工配送企业。

公司地址：北京市大兴区魏善庄镇龙海路13号院
邮政编码：102611
公司网站：http://www.uszjly.com;
联系电话：010-89202001（贸易部）；010-89203889（销售热线）
010-89203677（加工厂）

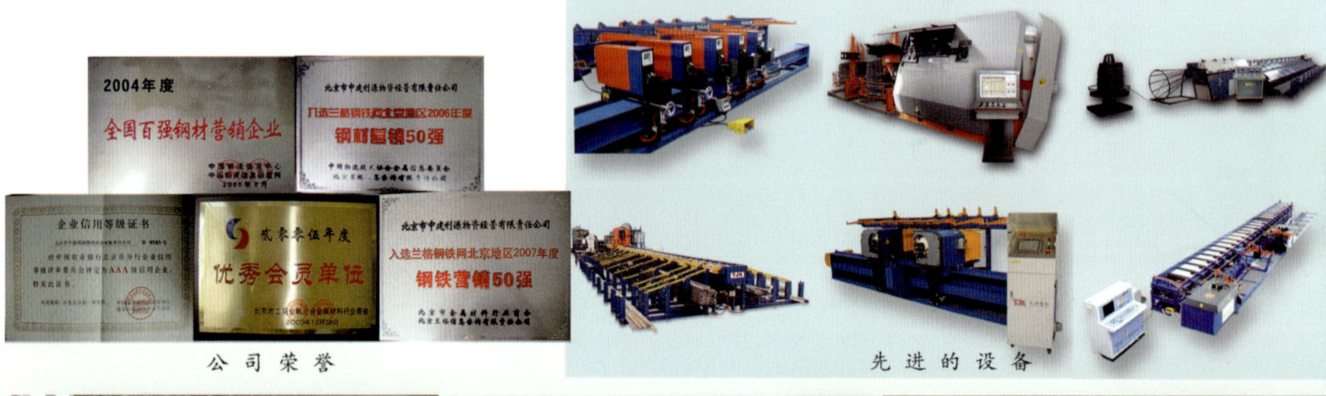

公司荣誉

先进的设备

北京新城兴业

集团领导参观售楼处

区领导视察施工工地

红木林爱心公益文化节

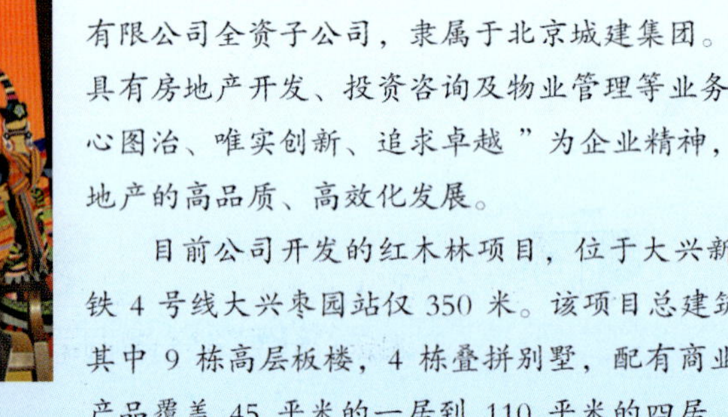

北京新城兴业房地产开发有限公司为北京城建新城投资开发有限公司全资子公司，隶属于北京城建集团。2010 年 3 月成立，具有房地产开发、投资咨询及物业管理等业务资质。公司以“同心图治、唯实创新、追求卓越”为企业精神，全方位致力于城建地产的高品质、高效化发展。

目前公司开发的红木林项目，位于大兴新城核心区，距离地铁 4 号线大兴枣园站仅 350 米。该项目总建筑面积 17.5 万平米，其中 9 栋高层板楼，4 栋叠拼别墅，配有商业及幼儿园。红木林产品覆盖 45 平米的一居到 110 平米的四居，两梯四户的全通透户型，产品具备高附加值、高舒适度、低总价的高性价比属性。另有40套200平米左右的高舒适度叠拼别墅。红木林的园林设计，通过坡地、草坪、乔木、水系，在高低错落、层次丰富的微地形中，营造出生动和谐的美国南加州自然景观。

红木林项目精心组织施工，保证工程质量。施工单位曾经参与了国家体育场（鸟巢）、国家大剧院、首都机场等国家大型建筑施工。

红木林攀赢人生活动

红木林样板间实景

红木林售楼处实景